Walter Buchegger
Klaus Markowetz

Exekutionsrecht

2. Auflage

2017

Lehrbuch

VERLAG
ÖSTERREICH

Univ.-Prof. Dr. Walter Buchegger
Dr. Klaus Markowetz, PG DipICA (London)
Institut für Zivilprozessrecht, Insolvenzrecht und Vergleichendes Prozessrecht, Johannes-Kepler-Universität Linz, Österreich

www.verlagoesterreich.at
Gedruckt in Deutschland

Satz: Druckfertige Vorlage der Autoren
Druck und Bindung: Strauss GmbH, Mörlenbach, Deutschland

Gedruckt auf säurefreiem, chlorfrei gebleichtem Papier

Bibliografische Information der Deutschen Nationalbibliothek

Die Deutsche Nationalbibliothek verzeichnet diese Publikation in der Deutschen Nationalbibliografie; detaillierte bibliografische Daten sind im Internet über http://dnb.d-nb.de abrufbar.

ISBN 978-3-7046-6744-1 1. Aufl Verlag Österreich
ISBN 978-3-7046-7810-2 2. Aufl Verlag Österreich

Vorwort zur zweiten Auflage

Nach der guten Aufnahme der Erstauflage bei der Leserschaft haben wir die zwischenzeitlichen Neuerungen behutsam in das Werk eingearbeitet. Diese betrafen naturgemäß vor allem die Änderungen im Rahmen der Mobiliarexekution und die Schaffung des neuen Dritten Teils „Internationales Exekutionsrecht" durch die EO-Novelle 2016 BGBl I 2016/100.

Das IRÄG 2017, das bei Drucklegung noch Gegenstand parlamentarischer Behandlung war, fand bereits Eingang in die Darstellung.
Quellen wurden berücksichtigt, soweit sie bei Abschluss des Typoskripts vorlagen.

Für Anregungen sind wir wiederum dankbar, da sie uns helfen, das Werk in der Auflage zu pflegen.

Wir danken Herrn Mag. *Christian Jetzinger* für seine Hilfe bei der Literaturrecherche.

Unser besonderer Dank gilt Frau *Claudia Erhartmaier*, die erneut mit unermüdlichem Einsatz in gewohnt akribischer Weise die technische Aufbereitung des Typoskripts durchgeführt hat.

Linz, im Juni 2017

Walter Buchegger
Klaus Markowetz

Vorwort zur ersten Auflage

Mit dem vorliegenden Lehrbuch wird eine systematische Aufbereitung des österreichischen wie des internationalen Zwangsvollstreckungsrechts vorgelegt. Das Werk wendet sich an Studierende und Praktiker gleichermaßen; es soll einen Überblick über das exekutionsrechtliche Regelungsgebäude vermitteln.

Die Exekutionsordnungs-Novelle 2014 BGBl I 2014/69 wurde bei der Darstellung ebenso bereits berücksichtigt wie die EuGVVO neu. Damit sind wir in der Lage, dem Leser das derzeit aktuellste Werk zum österreichischen wie internationalen Zwangsvollstreckungsrecht vorzulegen.

Literatur und Judikatur wurden berücksichtigt, soweit sie bei Drucklegung vorlagen.

Für Anregungen sind wir dankbar, dienen sie doch der Pflege des Werks in der Auflage.

Unser besonderer Dank gilt Herrn *Mag. Dominik Rammelmüller* für seine redaktionelle Unterstützung. Vor allem aber möchten wir uns bei Frau *Claudia Erhartmaier* bedanken, die mit unermüdlichem Einsatz in gewohnt akribischer Weise die technische Aufbereitung des Typoskripts durchgeführt hat.

Linz, im August 2014

Walter Buchegger
Klaus Markowetz

Inhaltsverzeichnis

Dritter Teil. Parteien und Verfahrensbeteiligte

Vierter Teil. Verfahren

Fünfter Teil. Exekutionsklagen

Sechster Teil. Immobiliarexekution

Achter Teil. Die Naturalexekution – Individualleistungsexekution

Neunter Teil. Sicherung

Zweites Buch. Anfechtungsordnung

Drittes Buch. Internationales Exekutionsrecht

Abkürzungsverzeichnis

aA	anderer Ansicht
aaO	am angeführten Ort
AB	Ausschussbericht
ABGB	Allgemeines Bürgerliches Gesetzbuch vom 1. 6. 1811 JGS 946 idgF
ABlEG	Amtsblatt der Europäischen Gemeinschaften (seit 1958 bzw. 1968); zitiert mit Band (Jahr) Seite
AbgEO	Abgabenexekutionsordnung vom 30. 3. 1949 BGBl 1949/104 idgF
ADV	Automationsunterstützte Datenverarbeitung
aE	am Ende
aF	alte Fassung
AGB	Allgemeine Geschäftsbedingungen
AktG	Aktiengesetz vom 31. 3. 1965 BGBl 98 idgF
AnfO	Anfechtungsordnung vom 10. 12. 1914 RGBl 337 idgF
AngG	Angestelltengesetz vom 11. 5. 1921 BGBl 292 idgF
Anm	Anmerkung
AnwBl	Österreichisches Anwaltsblatt (seit 1970); zitiert mit Jahr, Seite (Abhandlungen) oder Jahr/Nummer (Entscheidungen)
AnwZ	Österreichische Anwaltszeitung (1924 bis 1938); zitiert mit Jahr, Seite
arg	argumento
AO	Ausgleichsordnung vom 10. 12. 1914 RGBl 337, wv am 10. 9. 1934 BGBl II 221 außer Kraft seit 1. 7. 2010
APSG	Arbeitsplatz-Sicherungsgesetz 1991 BGBl 1991/683 idgF
arg	argumento; argumentum (folgt aus)
Art	Artikel
ASGG	Arbeits- und Sozialgerichtsgesetz vom 7. 3. 1985 BGBl 104 idgF
ASVG	Allgemeines Sozialversicherungsgesetz vom 9. 9. 1955 BGBl 189 idgF
AußStrG	Außerstreitgesetz (BGBl ausgegeben am 12. 12. 2003) BGBl I 2003/111 idgF
AVG	Allgemeines Verwaltungsverfahrensgesetz vom 21. 7. 1925 BGBl 274 wv am 31. 1. 1991 BGBl 51 idgF
BAO	Bundesabgabenordnung vom 28. 6. 1961 BGBl 1961/194 idgF
bbl	Baurechtliche Blätter (seit 1998); zitiert mit Jahr, Seite; Entscheidungen mit Jahr/Nummer
Bd	Band
BeilNR	Beilagen zu den Stenographischen Protokollen der Sitzungen des Nationalrats; s auch BlgNR
BFG	Beteiligungsfondsgesetz vom 18. 2. 1982 BGBl 1983/111 idgF
BG	Bezirksgericht; Bundesgesetz
BGB	(deutsches) Bürgerliches Gesetzbuch vom 18.8.1896 dRGBl 195 idgF
BGBl	Bundesgesetzblatt; zitiert mit Jahr/Nummer
BGH	(deutscher) Bundesgerichtshof
BlgNR	Beilagen zu den Stenographischen Protokollen der Sitzungen des Nationalrates
BMJ	Bundesministerium für Justiz
BPG	Betriebspensionsgesetz BGBl 1990/282 idgF
B-VG	Bundes-Verfassungsgesetz vom 1. 10. 1920 BGBl 1 wv 1929 BGBl 1930/1 idgF

BWG	Bundesgesetz über das Bankwesen (Bankwesengesetz), erlassen im Rahmen des Finanzmarktanpassungsgesetzes vom 30. 7. 1993 BGBl 532 (samt V des BMF vom 6. 9. 1994 BGBl 730) idgF
bzw	beziehungsweise
dRGBl	deutsches Reichsgesetzblatt; zitiert mit Jahr (Teil), Seite
DSG	Datenschutzgesetz 2000 vom 13. 7. 1999 BGBl I 1999/165 idgF
DZWiR	Deutsche Zeitschrift für Wirtschafts- und Insolvenzrecht (seit 1991)
E	Entscheidung
EB	Erläuternde Bemerkungen
ecolex	Fachzeitschrift für Wirtschaftsrecht (seit 1990); zitiert mit Jahr, Seite
EFSlg	Ehe- und Familienrechtliche Entscheidungen, herausgegeben von F. Hluze und P. Litzlfellner; zitiert mit Nummer
EF-Z	Zeitschrift für Ehe- und Familienrecht (seit 2006); zitiert mit Jahr, Nummer
EGEO	Einführungsgesetz zur Exekutionsordnung vom 27. 5. 1896 RGBl 78, wv am 2. 12. 1952 BGBl 1953/6, idgF
EGJN	Einführungsgesetz zur Jurisdiktionsnorm vom 1. 8. 1895 RGBl 110 idgF
EGMR	Europäischer Gerichtshof für Menschenrechte
EGZPO	Einführungsgesetz zur Zivilprozeßordnung vom 1. 8. 1895 RGBl 112 idgF
EheG	Ehegesetz vom 6. 7. 1938 dRGBl I 807 idgF
EKEG	Bundesgesetz über Eigenkapital ersetzende Gesellschafterleistungen (Eigenkapitalersatz-G – EKEG), verlautbart als Art I GIRÄG 2003 BGBl I 2003/92 idgF
EMRK	Konvention zum Schutz der Menschenrechte und Grundfreiheiten vom 4. 11. 1950 BGBl I 1958/210, 1964/59 idgF
EO	Exekutionsordnung vom 27. 5. 1896 RGBl 79 idgF
EO-Nov 1991	Exekutionsordnungs-Novelle 1991 BGBl 1991/628
EO-Nov 1995	Exekutionsordnungs-Novelle 1995 BGBl 1995/519
EO-Nov 2000	Exekutionsordnungs-Novelle 2000 BGBl I 2000/59
EO-Nov 2003	Exekutionsordnungs-Novelle 2003 BGBl I 2003/31
EO-Nov 2005	Exekutionsordnungs-Novelle 2005 BGBl I 2005/68
EO-Nov 2008	Exekutionsordnungs-Novelle 2008 BGBl I 2008/37
EO-Nov 2014	Exekutionsordnungs-Novelle 2014 BGBl I 2014/69
EPG	Eingetragene Partnerschaft-Gesetz vom 30. 12. 2009 BGBl I 2009/135
Erläut	Erläuterungen zum Ministerialentwurf/zur Regierungsvorlage
ERS	Sammlung von Rechtsmittelentscheidungen in Exekutionssachen, herausgegeben von der Arbeitsgemeinschaft der Rechtspfleger in Exekutionssachen beim Exekutionsgericht Wien; zitiert mit Jahr, Nummer
etc	et cetera
EuBagatellVO	Verordnung (EG) Nr 861/2007 des Europäischen Parlaments und des Rates vom 11. 7. 2007 zur Einführung eines Europäischen Verfahrens für geringfügige Forderungen, ABl L 199 vom 31. 7. 2007
EuEheVO	Verordnung (EG) Nr 2201/2003 des Rates vom 27. 11. 2003 über die Zuständigkeit und die Anerkennung und Vollstreckung von Entscheidungen in Ehesachen und in Verfahren betreffend die elterliche Verantwortung, ABl L 338/1 vom 23. 12. 2003
EuErbrechtsVO	Verordnung (EU) Nr 650/2012 des Europäischen Parlaments und des Rates vom 4. 7. 2012 über die Zuständigkeit, das anzuwendende Recht, die Anerkennung und Vollstreckung von Entscheidungen und die Annahme und Vollstreckung öffentlicher Urkunden in Erbsachen

	sowie zur Einführung eines Europäischen Nachlasszeugnisses, Abl L 2012/201
EuGH	Europäischer Gerichtshof
EuGVÜ	Übereinkommen vom 27. 11. 1968 über die gerichtliche Zuständigkeit und die Vollstreckung gerichtlicher Entscheidungen in Zivil- und Handelssachen, BGBl III 1998/167 und 209
EuGVVO	Verordnung (EG) Nr 44/2001 des Rates vom 22. 12. 2000 über die gerichtliche Zuständigkeit und die Anerkennung und die Vollstreckung gerichtlicher Entscheidungen in Zivil- und Handelssachen, ABl L 12/1 vom 16. 1. 2001
EuGVVO neu	Verordnung (EU) Nr 1215/2012 des Europäischen Parlaments und des Rates vom 12. 12. 2012 über die Zuständigkeit und die Anerkennung und die Vollstreckung von Entscheidungen in Zivil- und Handelssachen, ABl L 2012/351 vom 20. 12. 2012
EuInsVO	Verordnung (EG) Nr 1346/2000 des Rates vom 29. Mai 2000 über Insolvenzverfahren, ABl L 160/1 vom 30. 6. 2000
EuKoPfVO	Verordnung (EU) Nr. 655/2014 des Europäischen Parlaments und des Rates vom 15. Mai 2014 zur Einführung eines Verfahrens für einen Europäischen Beschluss zur vorläufigen Kontenpfändung im Hinblick auf die Erleichterung der grenzüberschreitenden Eintreibung von Forderungen in Zivil- und Handelssachen, ABl L 189/59 vom 27. 6. 2014
EuMahnVO	Verordnung (EG) Nr 1896/2006 des Europäischen Parlaments und des Rates vom 12. 12. 2006 zur Einführung eines Europäischen Mahnverfahrens, ABl L 399 vom 30. 12. 2006
EuSchutzMVO	Verordnung (EU) Nr. 606/2013 des Europäischen Parlaments und des Rates vom 12. 6. 2013 über die gegenseitige Anerkennung von Schutzmaßnahmen in Zivilsachen, ABl L 2013/181 vom 29. 6. 2013
EuUVO	Verordnung (EG) Nr 4/2009 des Rates vom 18. 12. 2008 über die Zuständigkeit, das anwendbare Recht, die Anerkennung und Vollstreckung von Entscheidungen und die Zusammenarbeit in Unterhaltssachen, ABl L 7 vom 10. 1. 2009, S. 1, idF VO Nr. 517/2013, ABl. Nr. L 158 vom 10. 6. 2013 S.1, zuletzt berichtigt durch ABl. Nr. L 281 vom 23. 10. 2013 S. 29
EuUnterhaltsVO	siehe EuUVO
EuVTVO	Verordnung (EG) Nr 805/2004 des Europäischen Parlaments und des Rates vom 21. 4. 2004 zur Einführung eines Europäischen Vollstreckungstitels für unbestrittene Forderungen, ABl L 143/15 vom 30. 4. 2004
EuZW	Europäische Zeitschrift für Wirtschaftsrecht (seit 1995); zitiert mit Jahr, Seite
eV	einstweilige Verfügung
EvBl	Evidenzblatt der Rechtsmittelentscheidungen (bis 1938); zitiert mit Jahr/Nummer; seit 1946 Beilage zur ÖJZ, zitiert mit ÖJZ Jahr/Nummer
EVT	Europäischer Vollstreckungstitel
EWR	Europäischer Wirtschaftsraum
f, ff	folgende, fortfolgende
FamRÄG 2009	Familienrechts-Änderungsgesetz 2009 BGBl I 2009/75
FamRZ	Zeitschrift für das gesamte Familienrecht (deutsch; bis 1962 Ehe und Familie im privaten und öffentlichen Recht); zitiert mit Jahr, Seite
FamZ	(österreichische) Zeitschrift für Familienrecht; zitiert mit Jahr, Seite
FBG	Firmenbuchgesetz vom 11. 1. 1991 BGBl 10 idgF
FN	Fußnote

FS	Festschrift
GAngG	Gutsangestelltengesetz BGBl 1923/538 idgF
GBG	Allgemeines Grundbuchsgesetz vom 2. 2. 1955 BGBl 39 idgF
GdZ	Österreichische Gemeinde-Zeitung; zitiert mit Jahr, Seite
GedS	Gedächtnisschrift
GEG	Gerichtliches Einbringungsgesetz vom 18. 9. 1962 BGBl 1962/288 idgF
gem	gemäß
GenG	Gesetz über die Erwerbs- und Wirtschaftsgenossenschaften vom 9. 4. 1873 RGBl 70 idF BGBl 1974/81, 1976/91, 1982/371 idgF
GenIG	Genossenschaftsinsolvenzgesetz RGBl 1918/105 idgF
Geo	Geschäftsordnung für die Gerichte I. und II. Instanz vom 1. 3. 1930 BGBl 74, wv durch BGBl 1951/264, idgF
GerH	siehe GH
GesBR	Gesellschaft Bürgerlichen Rechts
GesRÄG 2013	Gesellschaftsrechts-Änderungsgesetz - GesRÄG 2013 BGBl I 2013/109
GesRZ	Der Gesellschafter (seit 1972); zitiert mit Jahr, Seite
GewO	Gewerbeordnung vom 29. 11. 1973 BGBl 1974/50 wv BGBl I 1994/194 idgF
GGG	Gerichtsgebührengesetz vom 27. 11. 1984 BGBl 1984/501 idgF
ggt	gegenteilig
GIN 2006	Gerichtsgebühren- und Insolvenzrechts-Novelle 2006 BGBl I 2006/8
GIRÄG 2003	Gesellschafts- und Insolvenzrechtsänderungsgesetz 2003 BGBl I 2003/92
GlU	Sammlung von zivilrechtlichen Entscheidungen des kk Obersten Gerichtshofes, herausgegeben von J. Glaser und J. Unger, fortgeführt von Walther, Pfaff, Schey und Krupsky (1853 bis 1897); zitiert mit Nummer
GlUNF	Sammlung von zivilrechtlichen Entscheidungen des kk Obersten Gerichtshofes, Neue Folge begonnen von J. Glaser und J. Unger, fortgeführt von Pfaff, Schey, Krupsky, Schrutka von Rechtenstamm und Stepan (1898 bis 1915); zitiert mit Nummer
GmbH	Gesellschaft mit beschränkter Haftung
GmbHG	Gesetz vom 6. 3. 1906 über Gesellschaften mit beschränkter Haftung RGBl 58 idgF
GOG	Gerichtsorganisationsgesetz vom 27. 11. 1896 RGBl 217 idgF
GP	Geschäftsperiode, Gesetzgebungsperiode
GS	Gedenkschrift
GZ	Österreichische Allgemeine Gerichtszeitung (1850 bis 1931); zitiert mit Jahr, Seite
hA	herrschende Ansicht
HaRÄG	Handelsrechts-Änderungsgesetz BGBl I 2005/120
HausRG	Gesetz vom 27. 10. 1862 zum Schutz des Hausrechtes vom RGBl 1862/88
HeimArbG	Heimarbeitsgesetz 1960 BGBl 1961/105 (Wv) idgF
HG	Handelsgericht
hL	herrschende Lehre
hM	herrschende Meinung
Hrsg	Herausgeber
hrsg	herausgegeben
hRsp	herrschende Rechtsprechung
Hs	Halbsatz

HUÜ	Übereinkommen über die internationale Geltendmachung der Unterhaltsansprüche von Kindern und anderen Familienangehörigen, ABl. Nr. L 192 vom 22. 07. 2011 S. 51
idF	in der Fassung
idgF	in der geltenden Fassung
idR	in der Regel
ieS	im engeren Sinne
iFamZ	Interdisziplinäre Zeitschrift für Familienrecht (seit 2006); zitiert mit Jahr/Nummer, Seite
immolex	Entscheidungs- und Informationsdienst für neues Miet- und Wohnrecht (seit 1997); zitiert mit Jahr, Seite
ImmZ	Österreichische Immobilien-Zeitung (1950 – 1960, 1965ff); zitiert mit Jahr, Seite
Infas	Information für Arbeit- und Sozialrecht (seit 1984); zitiert mit Jahr, Seite
IPR	Internationales Privatrecht
IPRax	Praxis des internationalen Privat- und Verfahrensrechts (deutsch; seit 1981); zitiert mit Jahr, Seite
IPRG	Bundesgesetz vom 15. 6. 1978 BGBL 304 über das internationale Privatrecht (IPR-Gesetz) idgF
IO	Bundesgesetz über das Insolvenzverfahren (Insolvenzordnung), mit RGBl 1914/337 als KO verlautbart, seit dem IRÄG 2010 (BGBl I 2010/29) als IO in Kraft idgF
IRÄ-BG	Insolvenzrechtsänderungs-Begleitgesetz BGBl I 2010/58
iSd	im Sinne des
IV	Insolvenzverwalter
iVm	im Verein mit; in Verbindung mit
iwS	im weiteren Sinn
JAB	siehe AB
JABl	Amtsblatt der österreichischen Justizverwaltung (1921 bis 1938, 1945ff); zitiert mit Jahr/Nummer
JB	Judikatenbuch des Obersten Gerichtshofes
JAP	Juristische Ausbildung und Praxisvorbereitung (seit 1990); zitiert mit Jahr, Seite
JEV	Journal für Erbrecht und Vermögensnachfolge (seit 2007); zitiert mit Jahr, Seite
JN	Jurisdiktionsnorm vom 1. 8. 1885 RGBl 111 idgF
JRP	Journal für Rechtspolitik (seit 1993); zitiert mit Jahr, Seite
JWG	Jugendwohlfahrtsgesetz vom 9. 4. 1954 BGBl 99 idgF
Jud	Judikat(ur)
JZ	Juristenzeitung (deutsch; seit 1951); zitiert mit Jahr, Seite
KartG	Kartellgesetz vom 8. 6. 2005 BGBl I 2005/61 idgF
KG	Kommanditgesellschaft
KindNämRÄG 2013	Kindschafts- und Namensrechts-Änderungsgesetz 2013 BGBl I 2013/15
KO	Konkursordnung vom 10. 12. 1914 RGBl 337, siehe IO
krit	kritisch
KSchG	Konsumentenschutzgesetz vom 8. 3. 1979 BGBl 140 idgF
KTS	Zeitschrift für Insolvenzrecht. Konkurs–Treuhand–Sanierung (deutsch; bis 1988: „Konkurs-, Treuhand- und Schiedsgerichtswesen“); zitiert mit Jahr, Seite
LBG	Liegenschaftsbewertungsgesetz vom 27. 2. 1992 BGBl 1992/150 idgF

LG	Landesgericht
LGVÜ	Übereinkommen vom 16. 9. 1988 über die gerichtliche Zuständigkeit und die Vollstreckung gerichtlicher Entscheidungen in Zivil- und Handelssachen, ABl L 319 (BGBl 1996/448)
LGZ	Landesgericht für Zivilrechtssachen
lit	litera (Buchstabe)
LTG	Liegenschaftsteilungsgesetz vom 19. 12. 1929 BGBl 1930/3
mE	meines Erachtens
MietSlg	Mietrechtliche Entscheidungen; zitiert mit Nummer
MinE	Ministerialentwurf
MoMiG	(deutsches) Gesetz zur Modernisierung des GmbH-Rechts und zur Bekämpfung von Missbräuchen dBGBl I 2008 Nr 46 S 2026
MuR	Medien und Recht (seit 1983); zitiert mit Jahr, Seite
MRG	Mietrechtsgesetz vom 12. 11. 1981 BGBl 520 idgF
MRK	siehe EMRK
mwN	mit weiteren Nachweisen
MV	Masseverwalter
NBlRA	Nachrichtenblatt der österreichischen Rechtsanwaltschaft (1928 – 1938, 1950 – 1969); zitiert mit Jahr, Seite
nF	neue Fassung
NJ	Neue Justiz (deutsch; seit 1947); zitiert mit Jahr, Seite
NJW	Neue Juristische Wochenschrift (deutsch; seit 1947/48); zitiert mit Jahr, Seite
NO	Notariatsordnung vom 25. 7. 1871 RGBl 75 idgF
NÖ JurGes	Niederösterreichische Juristengesellschaft
Nr	Nummer
NRsp	Neue Rechtsprechung des OGH, Jahresbeilage zur ÖJZ (seit 1988); zitiert mit Jahr/Nummer
NWG	Notwegegesetz vom 7. 7. 1896 RGBl 140 idgF
NZ	Österreichische Notariatszeitung (1858 – 1938, 1949ff); zitiert mit Jahr, Seite
NZA	Neue Zeitschrift für Arbeitsrecht (deutsch; seit 1984); zitiert mit Jahr/Nummer
ÖA	Österreichischer Amtsvormund (1998 – 2008); zitiert mit Jahr, Seite
ÖBA	Österreichisches Bankarchiv (seit 1953); zitiert mit Jahr, Seite
ÖBl	Österreichische Blätter für gewerblichen Rechtsschutz und Urheberrecht (seit 1952); zitiert mit Jahr, Seite
OGH	Oberster Gerichtshof
OGHG	Bundesgesetz vom 19. 6. 1968 über den Obersten Gerichtshof BGBl 328 idgF
OG	Offene Gesellschaft
ÖGZ	Österreichische Gemeindezeitung; zitiert mit Jahr, Seite
ÖJZ	Österreichische Juristenzeitung (seit 1946); zitiert mit Jahr, Seite; das Evidenzblatt der Rechtsmittelentscheidungen seit 1946 wird zitiert mit EvBl Jahr/Nummer
OLG	Oberlandesgericht
ÖRPfl	Der österreichische Rechtspfleger (seit 1980); zitiert mit Jahr, Seite
ÖStZ	Österreichische Steuerzeitung (seit 1988); zitiert mit Jahr, Seite
ÖZW	Österreichische Zeitschrift für Wirtschaftsrecht (seit 1974); zitiert mit Jahr, Seite
PersFrG	Bundesverfassungsgesetz zum Schutz der persönlichen Freiheit vom 29. 11. 1988 BGBl 1988/684 idgF
RAO	Rechtsanwaltsordnung vom 6. 7. 1868 RGBl 96 idgF

RATG	Rechtsanwaltstarifgesetz vom 22. 5. 1969 BGBl 189 mit angeschlossenem Rechtsanwaltstarif (RAT) idgF
RdA	Das Recht der Arbeit (seit 1951); zitiert mit Jahr, Seite
RdW	Österreichisches Recht der Wirtschaft (seit 1994); zitiert mit Jahr, Seite
RG	Reichsgericht
RGBl	Reichsgesetzblatt
RGZ	Entscheidungen des Reichsgerichts in Zivilsachen (1880 - 1945); zitiert mit Jahr (Band)/Nummer
RIW	Recht der internationalen Wirtschaft (deutsch, seit 1954); zitiert mit Jahr, Seite
RLG	Rechnungslegungsgesetz vom 28. 6. 1990 BGBl 475 idgF
RPflG	Rechtspflegergesetz vom 12. 1. 1985 BGBl 1985/560 idgF
RPflE	Sammlung von Rechtsmittelentscheidungen in Exekutionssachen, herausgegeben von der Arbeitsgemeinschaft der Rechtspfleger in Exekutionssachen beim Exekutionsgericht Wien; zitiert mit Jahr/Nummer
Rsp	Rechtsprechung
RV	Regierungsvorlage
RWZ	Österreichische Zeitschrift für Recht und Rechnungswesen (seit 1983); zitiert mit Jahr, Seite bzw. Jahr/Nummer, Seite
Rz	Randzahl
RZ	Österreichische Richterzeitung (1907 - 1938; 1954 ff); Abhandlungen zitiert mit Jahr, Seite; Entscheidungen zitiert mit Jahr/Nummer
S	Satz; Seite; siehe (am Satzanfang)
s	siehe
sog	sogennanter/e/s
SozBeG	Sozialbetrugsgesetz BGBl I 2004/152 idgF
SozSi	Soziale Sicherheit, Zeitschrift für die Österreichische Sozialversicherung (seit 1948); zitiert mit Jahr, Seite
SPG	Sicherheitspolizeigesetz vom 3. 10. 1991 BGBl 1991/566 idgF
StenProt	Stenographische Protokolle
StGB	Strafgesetzbuch vom 23. 1. 1974 BGBl 60 idgF
StGBl	Staatsgesetzblatt für die Republik Österreich; zitiert mit Jahr/Nummer
stR, stRsp	ständige Rechtsprechung
StWG	Starkstromwegegesetz 1968 BGBl 1968/70 idgF
SVDolmG	Sachverständigen- und Dolmetschergesetz vom 19. 2. 1975 BGBl 1975/137 idgF
SWK	Österreichische Steuer- und Wirtschaftskartei (seit 1925); zitiert mit Jahr, Seite
SZ	Entscheidungen des österreichischen Obersten Gerichtshofes in Zivil- und Justizverwaltungssachen, veröffentlicht von seinen Mitgliedern (seit 1919); zitiert mit Band/Nummer
TN	Teilnovelle zum ABGB; erste TN 12.10.1914 RGBl 276; zweite TN 22.17.1915 RGBl 208; dritte TN 16.3.1916 RGBl 1916/69
TP	Tarifpost
UGB	Unternehmensgesetzbuch dRGBl 1897/219, als HGB in Österreich eingeführt durch dRGBl 1938 I 1999, seit dem HaRÄG (BGBl I 2005/120) als UGB in Kraft idgF
URG	Unternehmensreorganisationsgesetz, verkündet als Art XI des IRÄG 1997 BGBl I 114, idgF
UrhG	Urheberrechtsgesetz vom BGBl 1936/111 idgF
UrlG	BG betreffend die Vereinheitlichung des Urlaubsrechtes und die Einführung einer Pflegefreistellung BGBl 1976/390 idgF

USchG	Unterhaltsschutzgesetz vom 17. 2. 1960 BGBl 59 idgF
UVG	Unterhaltsvorschussgesetz vom 20. 5. 1976 BGBl 250 idgF
uU	unter Umständen
V	Verordnung
v	vom, von
VBG	Vertragsbedienstetengesetz 1948 BGBl 86 idgF
VersRdSch	Die Versicherungsrundschau, Fachzeitschrift für Sozial- und Vertragsversicherung (seit 1998); zitiert mit Jahr, Seite
verst	verstärkter
VersVG	Versicherungsvertragsgesetz vom 2. 12. 1958 BGBl 1959/2 idgF
VfGG	Verfassungsgerichtshofgesetz vom 12. 5. 1953 BGBl 85 idgF
VfGH	Verfassungsgerichtshof
VfSlg	Sammlung der Erkenntnisse und wichtigsten Beschlüsse des Verfassungsgerichtshofes, neue Folge (1921 – 1933, 1946ff); zitiert mit Nummer
vgl	vergleiche
VVG	Verwaltungsvollstreckungsgesetz vom 21. 7. 1925 wv BGBl 1991/53 idgF
VwGG	Verwaltungsgerichtshofgesetz 1985 vom wv BGBl 1985/10 idgF
VwGH	Verwaltungsgerichtshof
WBl, wbl	Wirtschaftsrechtliche Blätter (seit 1987); zitiert mit Jahr, Seite
WEG 2002	Wohnungseigentumsgesetz 2002 BGBl I 2002/70 idgF
Wobl	Wohnrechtliche Blätter (seit 1991); zitiert mit Jahr, Seite; Entscheidungen mit Jahr/Nummer
WR	Der Wiener Richter (1998 – 2005); zitiert mit Jahr, Seite; Entscheidungen mit Jahr/Nummer
wv	wiederverlautbart
Z	Ziffer
Zak	Zivilrecht aktuell (seit 2005); zitiert mit Jahr, Seite; Entscheidungen mit Jahr/Nummer
ZAS	Zeitschrift für Arbeits- und Sozialrecht (seit 1998); zitiert mit Jahr, Seite
zB	zum Beispiel
ZBl	Zentralblatt für die Juristische Praxis (1883 – 1938); zitiert mit Jahr, Seite bzw. Jahr/Nummer
ZFR	Zeitschrift für Finanzmarktrecht (seit 2006), zitiert mit Jahr, Seite bzw. Jahr/Nummer, Seite
ZfRV	Zeitschrift für Rechtsvergleichung (seit 1998); zitiert mit Jahr, Seite
ZIK	Zeitschrift für Insolvenzrecht und Kreditschutz (seit 1995); zitiert mit Jahr, Seite bzw. Jahr/Nummer, Seite
ZinsO	Zeitschrift für das gesamte Insolvenzrecht (deutsch, seit 1998), zitiert mit Jahr, Seite
ZIP	Zeitschrift für Wirtschaftsrecht (deutsch, seit 1980; bis 1982 Zeitschrift für Wirtschaftsrecht und Insolvenzpraxis); zitiert mit Jahr, Seite
zit	zitiert
ZPO	Zivilprozessordnung vom 1. 8. 1895 RGBl 113 idgF
zT	zum Teil
zust	zustimmend
zutr	zutreffend
ZustG	Bundesgesetz vom 1. 4. 1982 BGBl 200 über die Zustellung behördlicher Schriftstücke (Zustellgesetz) idgF
ZVN 2009	Zivilverfahrens-Novelle 2009 BGBl I 2009/30

ZVR	Zeitschrift für Verkehrsrecht (seit 1988); zitiert Jahr, Seite; Entscheidungen mit Jahr/Nummer
ZZP	Zeitschrift für Zivilprozess, begründet von Hermann Busch (deutsch; 1879–1943, 1950/51 ff); zitiert mit Band, Seite

Literaturverzeichnis

Adolphsen	Jens Adolphsen, Europäisches Zivilverfahrensrecht, 2. Auflage (Berlin, Heidelberg 2015)
Angst/Oberhammer, EO	Peter Angst und Paul Oberhammer (Hrsg.) und Bearbeiter, Kommentar zur Exekutionsordnung, 3. Auflage (Wien 2015) [*Autor* in Angst/Oberhammer[3] § und Rz]
Angst/Jakusch/Mohr	Peter Angst, Werner Jakusch und Franz Mohr, Exekutionsordnung samt Einführungsgesetz, Nebengesetzen und sonstigen einschlägigen Vorschriften, Taschenkommentar, 15. Auflage (Wien 2012)
Angst/Jakusch/Pimmer	Peter Angst, Werner Jakusch und Herbert Pimmer, Exekutionsordnung samt EGEO und Nebengesetzen, 15. Auflage (Wien 2009)
Apathy, Bürgerliches Recht	Peter Apathy (Hrsg.), Bürgerliches Recht, acht Bände: Band I Peter Bydlinski, Allgemeiner Teil, 7. Auflage (Wien 2016); Band II Silvia Dullinger, Schuldrecht Allgemeiner Teil, 6. Auflage (Wien 2017); Band II Peter Apathy und Andreas Riedler, Schuldrecht Besonderer Teil, 5. Auflage (Wien 2015); Band IV Gert Iro, Sachenrecht, 6. Auflage (Wien 2016); Band V Ferdinand Kerschner/Katharina Sagerer-Forić, Familienrecht, 6. Auflage (Wien 2017); Band VI Bernhard Eccher, Erbrecht, 6. Auflage (Wien 2016); Band VII Brigitta Lurger und Martina Melcher, Internationales Privatrecht, 2. Auflage (Wien 2017); Band VIII Peter Apathy, Peter Bydlinski, Silvia Dullinger, Bernhard Eccher, Gert Iro, Ferdinand Kerschner, Brigitta Lurger, Martina Melcher, Andreas Riedler und Katharina Sagerer-Foric, Prüfungstraining, Fallrepetitorium mit Lösungen, 4. Auflage (Wien 2014)
Bajons	Ena-Marlis Bajons, Zivilverfahren, Grundzüge des Prozesses und der Exekution (Wien 1991)
Bartsch/Pollak/Buchegger	Robert Bartsch, Rudolf Pollak, fortgef. Walter Buchegger (Hrsg.), Österreichisches Insolvenzrecht, Kommentar, 4. Auflage, Band I (Wien 2000); Band III (Wien 2002); Band II/2 (Wien 2004); Band IV (Wien 2006)
BeitrZPR I, II, III, IV, V, VI	Beiträge zum Zivilprozeßrecht I (Wien 1982), II (Wien 1986), III (Wien 1989), hrsg. von Walter Buchegger und Richard Holzhammer; Beiträge zum Zivilprozeßrecht IV (Wien 1991), V (Wien 1995), VI (Freistadt 2002) hrsg. von Walter Buchegger
Breinl/Kodek	Reinhard Breinl und Anneliese Kodek, EO – Exekutionsordnung idF EO-Novelle 2008, 3. Auflage (Wien/Graz 2008)
Buchegger	Walter Buchegger, Insolvenzrecht, 2. Auflage (Wien 2013)
Buchegger, Ausgleichserfüllung	Walter Buchegger, Die Ausgleichserfüllung (Wien 1988)

Buchegger/Roth	Walter Buchegger und Marianne Roth, Zivilprozessrecht, Sammlung kommentierter Fälle, 4. Auflage (Wien 2013)
Burgstaller, Pfandrecht	Alfred Burgstaller, Das Pfandrecht in der Exekution (Wien 1988)
Burgstaller, EZPR	Alfred Burgstaller, Europäisches Zivilprozeßrecht (Freistadt 2001)
Burgstaller, IZVR	Alfred Burgstaller (Hrsg.), Internationales Zivilverfahrensrecht, (Wien 2001)
Burgstaller/Neumayr/ Geroldinger/Schmaranzer	Alfred Burgstaller, Matthias Neumayr, Andreas Geroldinger und Gerhard Schmaranzer (Hrsg.) und Bearbeiter, Internationales Zivilverfahrensrecht, 3 Bände (in Teillieferungen, Wien seit 2003)
Burgstaller/Deixler-Hübner, EO	Alfred Burgstaller, Astrid Deixler-Hübner (Hrsg.) und Bearbeiter, Kommentar zur Exekutionsordnung, 4 Bände (in Teillieferungen, Wien seit 1999/2000); [*Autor* in Burgstaller/Deixler-Hübner § und Rz]
Burgstaller/Deixler-Hübner/ Dolinar	Alfred Burgstaller, Astrid Deixler-Hübner und Hans Dolinar, Praktisches Zivilprozeßrecht II, Außerstreitverfahren und Exekutionsverfahren, 5. Auflage (Wien 1997)
Canstein	Raban Freiherr von Canstein, Lehrbuch des österreichischen Zivilprozeßrechtes, Band II, 2. Auflage (Berlin 1893)
Chini/Frölichsthal, BWG^2	Leo W. Chini und Georg Frölichsthal, Praxiskommentar zum Bankwesengesetz, 2. Auflage (Wien 1997)
Chini/Oppitz, BWG	Leo W. Chini und Martin Oppitz, Bankwesengesetz – Kommentar (Wien 2011); beachte auch die Änderung bei Chini/Frölichsthal
Cranshaw/Hinkel	Friedrich L. Cranshaw und Lars Hinkel (Hrsg.) und Bearbeiter, Gläubigerkommentar Anfechtungsrecht, 2. Auflage (Heidelberg 2014)
Czernich/Tiefenthaler/Kodek	Dietmar Czernich, Georg E. Kodek und Peter G. Mayr, Kurzkommentar Europäisches Gerichtsstands- und Vollstreckungsrecht, 4. Auflage (Wien 2015)
Czoernig	Ferdinand Freiherrn von Czoernig, Vorlesungen über die Executionsordnung (Wien 1898)
Deixler-Hübner	Astrid Deixler-Hübner, Die Nebenintervention im Zivilprozeß (Linz 1993)
Deixler-Hübner/Klicka	Astrid Deixler-Hübner und Thomas Klicka, Zivilverfahren. Erkenntnisverfahren und Grundzüge des Exekutions- und Insolvenzrechts, 9. Auflage (Wien 2015)
Dellinger, BWG	Markus Dellinger (Hrsg.), Bankwesengesetz – Kommentar, Loseblatt (Wien seit 2010)
Dellinger/Mohr	Markus Dellinger und Franz Mohr, Eigenkapitalersatzgesetz, Kommentar (Wien 2004), zitiert mit Randzahl
Denkschrift	Denkschrift zur Einführung einer Konkursordnung, einer Ausgleichsordnung und einer Anfechtungsordnung (Wien 1914)
Dullinger, Aufrechnung	Silvia Dullinger, Handbuch der Aufrechnung (Wien 1995)

Dworak/Schaumberger/Wachter	Johann Dworak, Michael Schaumberger und Heinz P. Wachter, Der fehlerfreie Exekutionsantrag, 4. Auflage (Wien 2017)
Edtstadler	Karl Edtstadler, Ein Streifzug durch die Exekutionsordnung (Linz 1951)
Fasching	Hans W. Fasching, Zivilprozeßrecht, Lehr- und Handbuch, 2. Auflage (Wien 1990); zitiert mit Randzahl
*Fasching/Konecny*²	Hans W. Fasching, Andreas Konecny (Hrsg.) und Bearbeiter: Kommentar zu den Zivilprozessgesetzen, 2. Auflage: 1. Band (Wien 2000), 2. Band, 1. Teilband (Wien 2002), 2. Band, 2. Teilband (Wien 2003), 3. Band (Wien 2004), 4. Band, 1. Teilband (Wien 2005), 4. Band, 2. Teilband (Wien 2007), 5. Band, 1 Teilband (Wien 2008), Ergänzungsband zum Zustellrecht (Wien 2008); [*Autor* in Fasching² § und Rz]
*Fasching/Konecny*³	Hans W. Fasching, fortgeführt von Andreas Konecny (Hrsg.) und Bearbeiter: Kommentar zu den Zivilprozessgesetzen, 3. Auflage: Band I (Wien 2013), Band II/1 (Wien 2015), Band II/2 (Wien 2016), Band II/3 (Wien 2015), Band IV/2 (Wien 2016)
Fasching, Konkurs	Hans W. Fasching, Konkurs, Ausgleich und Zwangsvollstreckung bei Gemeinden (Wien 1983)
Feil, EO	Erich Feil, Exekutionsordnung – Kommentar, 5. Auflage (Wien 2011) [*Autor* in Feil und § Rz]
Feil, EV	Erich Feil, Einstweilige Verfügung, 2. Auflage (Eisenstadt 1990)
Feil/Marent	Erich Feil und Karl Heinz Marent, Exekutionsordnung – Kommentar (Wien 2008)
Fink/Schmidt/Kurzböck	Herbert Fink, Alfred Schmidt und Wilhelm Kurzböck, Handbuch zur Lohnpfändung, 3. Auflage (Wien 2002)
Fritscher	Otto Fritscher, Die Gehaltsexekution in der Praxis, 2. Auflage (Wien 2004)
Fürstl	Carl von Fürstl, Die österreichischen Zivilprozeßgesetze. Bd II: Die Exekutionsordnung mit Erläuterungen (Wien 1899)
Gaul/Schilken/Becker-Eberhard	Leo Rosenberg, fortgeführt von Hans Friedhelm Gaul, Eberhard Schilken und Ekkehard Becker-Eberhard, Zwangsvollstreckungsrecht, 12. Auflage (München 2010)
Geimer/Schütze	Reinhold Geimer und Rolf A. Schütze, Europäisches Zivilverfahrensrecht – Kommentar, 3. Auflage (München 2010)
Gitschthaler/Höllwerth	Edwin Gitschthaler und Johann Höllwerth (Hrsg.), Kommentar zum Außerstreitgesetz, bearbeitet von Susanne Beck (Wien 2013)
Gleixner	Robert Gleixner, Fibel für den Gerichtsvollzug (Wien 2012)
Heller/Berger/Stix	siehe Neumann/Lichtblau
Heller/Trenkwalder	Michael Heller und Franz Trenkwalder, Die Exekutionsordnung in ihrer praktischen Anwendung, 3. Auflage (1934)
Hess	Burkhard Hess, Europäisches Zivilprozessrecht (Heidelberg 2010)

Holzhammer, ZVR	Richard Holzhammer, Österreichisches Zwangsvollstreckungsrecht, 4. Auflage (Wien 1993)
Holzhammer/Roth	Richard Holzhammer und Marianne Roth, Exekutionsrecht und Konkursrecht – Grundstudium, 6. Auflage (Freistadt 2008)
Jauernig/Berger	Friedrich Lent, fortgeführt von Othmar Jauernig und Christian Berger, Zwangsvollstreckungs- und Insolvenzrecht, 23. Auflage (München 2010)
Jauernig/Hess	Friedrich Lent, fortgeführt von Othmar Jauernig und Burkhard Hess, Zivilprozessrecht, 30. Auflage (München 2011)
Karollus, EKEG	Martin Karollus, Kommentierung des EKEG in Buchegger (Hrsg.), Österreichisches Insolvenzrecht – Kommentar, 1. Zusatzband (Wien 2009)
Karollus/Schulyok, Leistungen	Martin Karollus und Peter Schulyok, Eigenkapitalersetzende Leistungen. Eine fallorientierte Darstellung für die Praxis (Wien 1998)
Klauser/Kodek	Alexander Klauser und Georg E. Kodek, Jurisdiktionsnorm und Zivilprozessordnung – Österreichisches und Europäisches Zivilprozessrecht, 17. Auflage (Wien 2012)
Klein/Engel	Franz Klein und Friedrich Engel, Der Zivilprozeß Österreichs (Mannheim 1927)
Kletečka/Schauer	Andreas Kletečka und Martin Schauer (Hrsg.) und Bearbeiter, ABGB-ON, Kommentar (Wien 2010) [*Autor* in Kletečka/Schauer § und Rz]
Kodek/Mayr	Peter G. Mayr und Georg E. Kodek, Zivilprozessrecht, 3. Auflage (Wien 2016)
König, Anfechtung	Bernhard König, Die Anfechtung nach der Insolvenzordnung, 5. Auflage (Wien 2014)
König, EV	Bernhard König, Einstweilige Verfügungen im Zivilverfahren, 5. Auflage (Wien 2017)
König/Mayr	Bernhard König und Peter G. Mayr (Hrsg.), Europäisches Zivilverfahrensrecht in Österreich (Wien 2007)
Koziol/Bydlinski/Bollenberger	Helmut Koziol, Peter Bydlinski und Raimund Bollenberger (Hrsg.) und Bearbeiter, Kurzkommentar zum ABGB. Allgemeines bürgerliches Gesetzbuch, Ehegesetz, Konsumentenschutzgesetz, IPR-Gesetz, Rom I- und Rom II-VO, 5. Auflage (Wien 2017)
Koziol/Welser	Helmut Koziol und Rudolf Welser, Grundriss des Bürgerlichen Rechts, Band 1 fortgeführt von Andreas Kletečka, 14. Auflage (Wien 2014), 15. Auflage (2017); Band 2 von Rudolf Welser und Brigitta Zöchling-Jud, 14. Auflage (Wien 2015)
Laurer/Borns/Strobl/Schütz M./ Schütz O., BWG	H. René Laurer, Rainer Borns, Johann Strobl, Melitta Schütz und Oliver Schütz, Bankwesengesetz – Kommentar, 3. Auflage (Wien 2011)
Laurer/Schütz/Kammel/Ratka	H. René Laurer, Melitta Schütz, Armin Kammel und Thomas Ratka, Kommentar zum Bankwesengesetz, 4. Auflage, Stand 29. Lieferung (Wien 2017)
Leidenmühler	Franz Leidenmühler, Europarecht – die Rechtsordnung der Europäischen Union, 2. Auflage (Linz 2015)

Mayr, EZPR	Peter G. Mayr, Europäisches Zivilprozessrecht (Wien 2011)
Mini	Harald Mini, Exekutionsverfahren, 3. Auflage (Wien 2015)
Mohr, Fahrnisexekution	Franz Mohr, Fahrnisexekution (Wien 1996)
Mohr, Kontenpfändung	Franz Mohr, Die vorläufige Kontenpfändung – EuKoPfVO (Wien 2014)
Mohr, Lohnpfändung	Franz Mohr, Die neue Lohnpfändung (Wien 1991)
Mohr, Zwangsversteigerung	Franz Mohr, Die neue Zwangsversteigerung (Wien 2000)
Mohr/Pimmer/Schneider, EO[16]	Franz Mohr, Herbert Pimmer und Birgit Schneider, Exekutionsordnung, Taschenkommentar, 16. Auflage (im Erscheinen, Wien 2017)
Neumann	Georg Neumann, Die Exekutionsordnung (Wien 1900)
Neumann/Lichtblau	Georg Neumann und Ludwig Lichtblau, Kommentar zur Exekutionsordnung, 4. Auflage neubearbeitet von Ludwig Viktor Heller, Franz Berger und Leopold Stix (Wien 1967–1976)
Neumayr/Nunner-Krautgasser	Matthias Neumayr und Bettina Nunner-Krautgasser, Exekutionsrecht, 3. Auflage (Wien 2011)
Petschek	Georg Petschek, Zivilprozessrechtliche Streitfragen, (Wien 1933)
Petschek/Hämmerle/Ludwig	Georg Petschek, Ekkehard Hämmerle und Otto Ludwig, Das österreichische Zwangsvollstreckungsrecht (Wien 1968)
Pollak	Rudolf Pollak, System des österreichischen Zivilprozeßrechtes mit Einschluß des Exekutionsrechtes, 2. Auflage (Wien 1930–1932)
Rauscher	Thomas Rauscher (Hrsg.), Europäisches Zivilprozess- und Kollisionsrecht, EuZPR/EuIPR – Kommentar, 4. Auflage, 5 Bände, Band I (Köln 2015), Band II (Köln 2015), Band III (Köln 2016), Band IV (Köln 2015), Band V (Köln 2016)
Rechberger, Exekution	Walter H. Rechberger, Die fehlerhafte Exekution. Tatbestandsmängel, Mängel der Wirksamkeit und Nichtigkeitsgründe im Exekutionsverfahren und deren Ursprung (Wien 1978)
Rechberger, ZPO	Walter H. Rechberger (Hrsg.) und Bearbeiter, Kommentar zur ZPO, 4. Auflage (Wien 2014)
Rechberger/Oberhammer, ExR	Walter H. Rechberger und Paul Oberhammer, Exekutionsrecht, 5. Auflage (Wien 2009)
Rechberger/Simotta	Walter H. Rechberger und Daphne-Ariane Simotta, Grundriss des österreichischen Zivilprozessrechts – Erkenntnisverfahren, 8. Auflage (Wien 2010)
Rechberger/Simotta, ExV	Walter H. Rechberger und Daphne-Ariane Simotta, Exekutionsverfahren, 2. Auflage (Wien 1992)
Riedler, Zivilrecht	Andreas Riedler (Hrsg.), Zivilrecht, acht Bände: Band I, Andreas Riedler, Allgemeiner Teil, 6. Auflage (Wien 2015); Band II, Andreas Riedler, Schuldrecht Allgemeiner Teil, 5. Auflage (Wien 2015); Band III, Andreas Riedler, Schuldrecht Besonderer Teil – Vertragliche Schuldverhältnisse, 5. Auflage (Wien 2015); Band IV, Andreas Riedler, Schuldrecht Besonderer

Teil – Gesetzliche Schuldverhältnisse, 4. Auflage (Wien 2015); Band V, Andreas Riedler, Sachenrecht, 4. Auflage (Wien 2015); Band VI, Andreas Riedler, Ferdinand Kerschner und Erika Wagner, Familienrecht, 3. Auflage (Wien 2015); Band VII, Andreas Riedler und Peter Apathy, Erbrecht, 5. Auflage (Wien 2015); Band VIII, Andreas Riedler, Ferdinand Kerschner und Erika Wagner, Internationales Privatrecht, 4. Auflage (Wien 2015)

Roth/Duursma-Kepplinger — Marianne Roth und Henriette Duursma-Kepplinger, Exekutions- und Insolvenzrecht, 10. Auflage (Wien 2016)

Rummel, ABGB^{3} — Peter Rummel (Hrsg.) und Bearbeiter, Kommentar zum Allgemeinen bürgerlichen Gesetzbuch in zwei Bänden, 3. Auflage, Band I (Wien 2000); Band II, 1. Teilband und 2. Teilband (Wien 2002); 1. Ergbd (Wien 2003) [*Autor* in Rummel § und Rz]

Rummel/Lukas, ABGB^{4} — Peter Rummel und Meinhard Lukas (Hrsg.) und Bearbeiter, ABGB, Kommentar zum Allgemeinen bürgerlichen Gesetzbuch, 4. Auflage (Wien seit 2014, ca. 20 Bände)

Säcker/Rixecker — Franz Jürgen Säcker und Roland Rixecker (Hrsg.) und Bearbeiter, Münchener Kommentar zum Bürgerlichen Gesetzbuch, Band 11, 6. Auflage (München 2015)

Schack — Haimo Schack, Internationales Zivilverfahrensrecht, 6. Auflage (München 2014), 7. Auflage (München 2017)

Schopper/Vogt — Alexander Schopper und Nikolaus Vogt, Eigenkapitalersatzgesetz (Wien 2003)

Schwimann, ABGB^{3} — Michael Schwimann (Hrsg.) und Bearbeiter, Praxiskommentar zum Allgemeinen Bürgerlichen Gesetzbuch samt Nebengesetzen, 3. Auflage: Band 1 (Wien 2005); Band 2 (Wien 2006); Band 3 (Wien 2006); Band 4 (Wien 2006); Band 5 (Wien 2006); Band 6 (Wien 2006); Band 7 (Wien 2005) und Ergänzungsband (Wien 2007) [*Autor* in Schwimann, ABGB, § und Rz]

Schwimann/Kodek, ABGB^{4} — Michael Schwimann, fortgeführt von Georg E. Kodek (Hrsg.) und Bearbeiter, Praxiskommentar zum Allgemeinen Bürgerlichen Gesetzbuch samt Nebengesetzen, 4. Auflage, Band 1 (Wien 2011), Band 1a, (1. Auflage, Stand der 4. Auflage, Wien 2013), Band 2 (Wien 2012), Band 3 (Wien 2012), Band 4 (Wien 2014), Band 5 (Wien 2014), Band 5a (1. Auflage, Stand der 4. Auflage, Wien 2015), Band 6 (Wien 2016), Band 7 (Wien 2016), Band 8 (Wien 2017) [*Autor* in Schwimann/Kodek, ABGB, § und Rz]

Schwimann, Taschenkommentar — Michael Schwimann (Hrsg.), ABGB Taschenkommentar mit EheG, EPG, KSchG, ASVG und EKHG, 3. Auflage (Wien 2015) [*Autor* in Schwimann § und Rz]

Seiser — Hannes Seiser, Exekutionsrecht, 10. Auflage (Wien 2016)

Sperl Hans Sperl, Lehrbuch der bürgerlichen Rechtspflege (Wien 1925)

Walker Gustav Walker, Österreichisches Exekutionsrecht, 4. Auflage (Wien 1932)

Widhalm-Budak Katharina Widhalm-Budak, Anfechtungsrecht, 2. Auflage (Wien 2013)

Zechner, Forderung Alfons Zechner, Forderungsexekution (Wien 2000)

Zechner, EV Alfons Zechner, Sicherungsexekution und Einstweilige Verfügung (Wien 2000)

Erstes Buch

Exekutionsordnung

Erster Teil

Einführung in das Exekutionsrecht

I. Grundlagen

A. Wesen

1. Eigenmachtverbot und staatliches Exekutionsmonopol

Die eigenmächtige Verschaffung beanspruchter Leistungen ist verboten (§ 19 ABGB). Es ist allein Sache des Staates, Zwangsvollstreckungsmaßnahmen zu setzen:

Der berechtigte ***betreibende Gläubiger*** hat grundsätzlich das Gericht zur Durchsetzung seines vollstreckbaren Anspruchs anzurufen. Dieses übt dann auf den leistungsunwilligen ***Verpflichteten*** unmittelbaren ***staatlichen Zwang*** aus und verhilft so dem Gläubiger zu der ihm zustehenden Leistung.

Das Zwangsvollstreckungs- oder Exekutionsrecht ist somit die Summe der Normen, die das Verfahren zur Umsetzung vollstreckbarer Ansprüche in tatsächliche Leistungen durch unmittelbare staatliche Zwangsgewalt regelt.

Auch ein Schiedsgericht ist nicht in der Lage, Vollstreckungshandlungen zu setzen, die Parteien können dergleichen auch nicht vereinbaren (Art I EGEO). Die Durchsetzung von Schiedssprüchen ist Sache der Gerichte (§ 1 Z 16 EO).

2. Durchsetzung von Anspruchsgrundlagen – Exekutionstitel

a) Leistungsentscheidungen im streitigen und außerstreitigen Erkenntnisverfahren

Basis jedes Zivilprozesses ist die Geltendmachung einer tatsächlichen oder vermeintlichen privatrechtlichen Anspruchsgrundlage.

■ Das ***materielle Recht*** für sich vermag dem Anspruchsberechtigten nicht zu seinem Recht zu verhelfen; es knüpft an generell abstrakte Tatbestände Rechtsfolgen.

Deren Existenz allein führt im Idealfall zu einem, dem materiellen Recht entsprechenden Verhalten, ohne dass es einer gerichtlichen Dazwischenkunft bedürfte.

■ Werden die Normen des materiellen Rechts nicht befolgt, so ist der Zivilrechtsweg, das streitige ***Erkenntnisverfahren,*** zu beschreiten: Es dient der Abklärung, ob der Anspruch tatsächlich besteht und auch beweisbar ist, ***es beantwortet die eingebrachte Klage mit einem Urteil.***

Wir müssen unterscheiden:

- Soll über das Bestehen oder Nichtbestehen eines Rechts oder Rechtsverhältnisses eine ***Feststellung*** erfolgen, so erreicht der Kläger im Erfolgsfall mit Rechtskraft des Urteils sein Verfahrensziel.

- Gleiches gilt, wenn Rechte oder Rechtsverhältnisse zwischen den Parteien abgeändert oder aufgehoben werden sollen, wenn das Gericht mithin eine ***Rechtsgestaltung*** vornehmen soll.

- Wenn allerdings dem Beklagten ein ***Tun, Dulden oder Unterlassen*** auferlegt wird, wenn das Gericht ihn zu einer ***Leistung*** verpflichten soll, so bedarf es nach Rechtskraft der Sachentscheidung eines zusätzlichen Schrittes:

Die Einhaltung des im Urteil enthaltenen Verhaltensbefehls ist bei Nichterfüllung nach den Bestimmungen der EO mit ***Zwangsvollstreckung*** durchzusetzen.

Mithin sind im Rahmen des streitigen Zivilprozessrechts allein ***Leistungsurteile*** Gegenstand der Zwangsvollstreckung, sofern Rechtskraft eingetreten ist oder aber ein die Rechtskraft nicht aber die Vollstreckbarkeit hemmendes Rechtsmittel offensteht, so wie dies bei der außerordentlichen Revision gegen Berufungsurteile (§ 505 Abs 4 ZPO) der Fall ist (§ 1 Z 1 EO). Sie sind ***Exekutionstitel nach § 1 Z 1 EO.*** (Siehe dazu unten Vierter Teil III.).

Der zivilrechtliche Anspruch des Gläubigers wird mit dem Entstehen des Exekutionstitels zum vollstreckbaren Anspruch.

- Auch Leistungsbeschlüsse aufgrund eines ***außerstreitigen Erkenntnisverfahrens*** sind vollstreckbar (§ 1 Z 6 EO).

b) Keine Ausschließlichkeit der Leistungsentscheidung als Basis für die Zwangsvollstreckung

Neben den genannten Leistungsentscheidungen nach Anspruchsgrundlagendurchsetzung (§ 1 Z 1 bis 4 und 6 EO) nennt die EO noch zahlreiche weitere Grundlagen für die Zwangsvollstreckung.

Diese Urkunden sind in §§ 1 und 2 EO aufgezählt; wir unterscheiden neben gerichtliche, verwaltungsbehördliche und nichtbehördliche ***Exekutionstitel.*** (Siehe unten Vierter Teil III.).

3. Dreigleisigkeit staatlicher Zwangsvollstreckung

Die staatliche Zwangsvollstreckung ist dreigleisig:

- ***Privatrechtliche Ansprüche*** (seien es bürgerlich rechtliche oder sonderprivatrechtliche, wie etwa arbeitsrechtliche) unterliegen der Zwangsvollstreckung durch die ***Gerichte*** nach den Bestimmungen der EO und des EGEO;

- ***Verwaltungsbehördliche Individualleistungsbescheide*** sind nach dem Verwaltungsvollstreckungsgesetz – VVG wv BGBl 1991/53 idF BGBl I

2013/33 von den jeweils zuständigen Bezirksverwaltungsbehörden: § 1 VVG zu vollstrecken, es sei denn die Exekution wird durch besondere Vorschrift den Gerichten zugewiesen (§ 1 Z 10 bis 15 EO);

Natürliche Personen, juristische Personen des Privatrechts sowie Bund, Länder und Gemeinden können die Eintreibung einer ***Geldleistung*** unmittelbar beim Exekutionsgericht beantragen. Andere juristische Personen öffentlichen Rechts können dies nur, soweit ihnen zur Eintreibung einer Geldleistung die Einbringung im Verwaltungsweg (politische Exekution) gewährt ist (§ 3 Abs 3 VVG).

- ***Abgabenbehördliche Zahlungsbescheide***, Rückstandsausweise, oder Lastschriftanzeigen unterliegen der Zwangsvollstreckung nach der Abgabenexekutionsordnung – AbgEO.

Merke: Verwaltungsbehördliche wie finanzbehördliche Exekutionen erfassen Mobilien, nicht aber Liegenschaften und sonstige Vermögensrechte.

4. *Grundprinzipien*

a) Spezialitätsprinzip und Prioritätsprinzip – Singularexekution statt Generalexekution

■ Es gilt das ***Spezialitätsprinzip:*** Durch eine laufende Exekution wird nicht auf das gesamte Schuldnervermögen gegriffen, vielmehr ***auf einzelne Vermögensgegenstände,*** an denen der betreibende Gläubiger ein gerichtliches Pfändungspfandrecht begründen lässt.

Da hier jeder Gläubiger für sich handelt, sprechen wir von ***Singularexekution.***

Reicht der Verkaufserlös gepfändeter Sachen nicht hin, um eine vollständige Gläubigerbefriedigung zu erreichen, so wird dieser Vorgang wiederholt, meist aber von Vornherein so viel gepfändet, dass eine Gläubigerbefriedigung zumindest absehbar erscheint.

Erfasst werden hierbei Mobilien (Fahrnisse, Forderungen, Ansprüche und andere Vermögensrechte) ebenso wie Immobilien.

■ Die EO bekennt sich überdies zum ***Prioritätsprinzip:*** Jeder einzelne ***singulare Spezialvollstreckungsakt*** unterliegt einer ***zeitlichen Reihung:*** „Wer zuerst kommt, mahlt zuerst."

Von verschiedenen Gläubigern begründete Pfandrechte sind daher nach Rängen zu reihen, wobei das jeweils vorrangige Pfandrecht wenn möglich vollständig zu befriedigen ist und ein nachrangiges nur aus etwa verbliebenem Realisat der verkauften Pfandsache berücksichtigt wird.

Anders im Rahmen der Insolvenzordnung – IO. An die Stelle der ***Spezialexekution*** der EO tritt im Insolvenzverfahren die ***Generalexekution,*** an die Stelle des ***Prioritätsprinzips*** das ***Paritätsprinzip:*** – alle Gläubiger sind gleich zu behandeln

IO:

▪ Ein Exekutionstitel iSd § 1 EO ist dort nicht non Nöten, es muss etwa kein Gerichtsurteil erstritten werden. Dem einzelnen Gläubiger ist die individuelle Rechtsverfolgung verboten (§ 10 IO); an ihre Stelle tritt eine ***kollektive Rechtsverfolgung, eine Generalexekution:***

Das ***Insolvenzverfahren*** fasst die Gläubiger in einem einheitlichen Verfahren zusammen, die Insolvenz des Schuldners macht sie zu einer Verlustgemeinschaft, die einen ***Ausfall***, die Differenz zwischen geschuldetem und im Insolvenzverfahren erhaltenen Betrag (Quote), *verhältnismäßig* tragen muss.

▪ Durch die Verfahrenseröffnung bildet sich die ***Insolvenzmasse.*** Sie besteht aus dem pfändbaren Schuldnervermögen zum Zeitpunkt der Verfahrenseröffnung und seinem pfändbaren Erwerb während des Verfahrens (§ 2 Abs 2 IO).

Die *Insolvenzmasse unterliegt mit dem Beschluss auf Eröffnung des Insolvenzverfahrens dem* ***Insolvenzbeschlag,*** es entsteht daran ***Verstrickung,*** aus ihr werden die Gläubiger befriedigt. Die Insolvenzgläubiger müssen ihre Forderungen im Insolvenzverfahren anmelden. Der Insolvenzverwalter trägt sie in ein Anmeldungsverzeichnis ein.

Er hat sich zu jeder Forderung in einer ***Prüfungstagsatzung*** zu äußern; bestreitet weder er die Forderung noch ein bestreitungsbefugter anderer Gläubiger, so ist die Forderung ***insolvenzmäßig festgestellt*** und im Rahmen insolvenzmäßiger Befriedigung zu berücksichtigen.

Die Insolvenzgläubiger sind gleichmäßig nach Quoten zu befriedigen: ***paritätische Gläubigerbefriedigung aufgrund von Zwangsvollstreckungsparametern.***

b) Geldexekution und Naturalexekution – direkte und indirekte Exekution

Soll mit der Exekution ein Zahlungsanspruch befriedigt werden, sprechen wir von ***Zahlungsexekution.*** Die EO sieht dazu den Zugriff auf Immobilien (§§ 87 bis 248 EO) wie auf Mobilien (§§ 249 bis 345 EO) vor.

Die ***Mobiliarexekution*** umfasst die Exekution auf bewegliche körperliche Sachen (Fahrnisse), auf Forderungen, Ansprüche und auf andere Vermögensrechte des Verpflichteten.

Die Zahlungsexekution ist überdies stets eine ***direkte Exekution:*** Der im Exekutionstitel vorgesehene faktische Zustand wird durch Wegnahme und Veräußerung von Vermögensstücken des Verpflichteten hergestellt.

Sind dagegen Individualleistungen Gegenstand der Zwangsvollstreckung, so greift die ***Individualleistungsexekution (Naturalexekution);*** sie soll dem betreibenden Gläubiger womöglich die Sache oder das Verhalten des Verpflichteten verschaffen, welche der Exekutionstitel vorsieht.

Anders als die Zahlungsexekution kommt die Naturalexekution mit den Mitteln der direkten Exekution mitunter nicht aus, insbesondere dann nicht, wenn der Verpflichtete eine unvertretbare Handlung, eine Duldung oder Unterlassung schuldet (§§ 354, 355 EO).

Hier sieht die EO die ***indirekte Exekution*** durch Geld- und letztlich auch Haftstrafen zur Willensbeugung vor (§§ 355 bis 366 EO).

Andere Formen der Individualleistungsexekution betreffen: Herausgabe oder Leistungen beweglicher Sachen, Überlassung oder Räumung unbeweglicher Sachen, Einräumung oder Aufhebung bücherlicher Rechte, Aufhebung einer Gemeinschaft (durch Real- oder Zivilteilung), Grenzberichtigung, Bewirkung vertretbarer Handlungen (§§ 346 bis 353 EO).

Schuldet der Verpflichtete die Abgabe einer Willenserklärung, so ersetzt das rechtskräftige Urteil die Willenserklärung (§ 367 EO).

Dem betreibenden Gläubiger einer ergebnislosen Individualleistungsexekution steht aber auch die ***Interessenklage*** (§ 368 EO) offen, mit der er seinen Schaden durch die Nichterfüllung der Individualleistung einklagt; mit dem erstrittenen Urteil kann er dann Geldexekution führen.

Vor Einbringung der Interessenklage ist freilich auf die Fortsetzung der Individualleistungsexekution zu verzichten.

B. Verfahrensüberblick – Gerichte und Gerichtspersonen

Jedes ***Exekutionsverfahren*** setzt einen gültigen ***Exekutionstitel*** voraus (oben I. A. 2). ***Das Exekutionsverfahren zur Hereinbringung von Geldleistungen (Geldexekution) zerfällt in drei Teile:***

► Das ***Bewilligungsverfahren:*** Die anspruchsberechtigte Partei bringt einen Exekutionsantrag an, der bei Vorlage aller Voraussetzungen mit einem ***Exekutionsbewilligungsbeschluss*** beantwortet wird.

► Das ***Vollzugsverfahren:*** Auf Antrag des Anspruchsberechtigten werden Vollzugshandlungen gesetzt, werden z.B. Fahrnisse durch pfandweise Beschreibung ***gepfändet und verwertet,*** Forderungen mittels Doppelverbot gepfändet und dem betreibenden Gläubiger mit gerichtlichem Beschluss zur Einziehung oder an Zahlungs Statt überwiesen.

► Das ***Verteilungsverfahren:*** Durch Verwertung erzielte Erlöse werden nach dem Prioritätsprinzip auf den/die betreibenden Gläubiger mit ***Verteilungsbeschluss*** aufgeteilt.

Für alle einzelnen Verfahrensschritte ist das nach §§ 18 und 19 EO örtlich zuständige ***Exekutionsgericht*** (§§ 4, 17, 82 EO) berufen. Exekutionsgerichte sind *stets Bezirksgerichte*. Siehe dazu im Einzelnen Zweiter Teil.

Die Beiziehung fachmännischer Laienrichter (so wie im Erkenntnisverfahren vor den Arbeits- und Sozialgerichten) findet im Exekutionsverfahren nicht statt, auch dann nicht wenn ein Urteil eines Arbeits- oder Sozialgerichts vollstreckt werden soll (§ 50 EO).

Der funktionellen Zuständigkeit des ***Rechtspflegers*** kommt neben dem ***Richter*** große Bedeutung zu (§ 17 Abs 2 RPflG).

Die Ausübung unmittelbaren Zwangs bei Vollzugshandlungen (Pfandweise Beschreibung, Taschenpfändung, Wegnahme, Versteigerung usw.) obliegt den ***Gerichtsvollziehern (Vollstreckungsorganen).***

Beachte: Alle Gerichtsstände der EO sind Zwangsgerichtsstände, Prorogationen daher generell verboten (§ 51 EO).

C. Parteien und vom Verfahren tangierte Personen

Das Exekutionsverfahren ist grundsätzlich ein ***Zweiparteienverfahren,*** in dem betreibender Gläubiger und Verpflichteter einander gegenüberstehen.

- ***Betreibender Gläubiger*** ist, wer einen Exekutionstitel (§ 1 EO) zu seinen Gunsten aufweisen kann, wer mithin anspruchsberechtigt ist (§ 3 Abs 2 EO).
- ***Verpflichteter*** ist der im Exekutionstitel als Schuldner Ausgewiesene (§ 5 EO).

Soll die Exekution für oder gegen andere Personen als die im Exekutionstitel Genannten geführt werden, so ist die erfolgte Einzelrechtsnachfolge nach Titelerlass mittels öffentlicher oder öffentlich beglaubigter Urkunde nachzuweisen (§ 9 EO).

Kann eine solche nicht beigeschafft werden, so hat der (neue) betreibende Gläubiger gegen den (neuen) Verpflichteten die ***Titelergänzungsklage (Purifikationsklage)*** nach § 10 EO zu erheben, mit der die Validität des Exekutionstitels für den neuen betreibenden Gläubiger oder gegen den neuen Verpflichteten, mithin das *Bestehen eines Vollstreckungsanspruchs des Klägers gegen den Staat festgestellt* werden soll (SZ 50/30, JBl 1989, 453).

Dieser dem Exekutionsverfahren vorgeschaltete Zivilprozess folgt den allgemeinen Zuständigkeitsbestimmungen der JN und den Verfahrensregeln der ZPO.

Im Exekutionsverfahren herrscht ***Vertretungsfreiheit:*** Das Einschreiten Bevollmächtigter ist zulässig, es gibt keine Anwaltspflicht, weder vor dem BG noch vor dem Gerichtshof (§ 52 EO).

Dritte werden von einem Exekutionsverfahren in verschiedenen Fällen tangiert:

Ist das Exekutionsobjekt eine Forderung, ein Anspruch oder ein vergleichbares Vermögensrecht, das dem Verpflichteten gegen den Dritten zusteht (z.B. Arbeitslohnforderung), so wird dieser als ***Drittschuldner*** in das Verfahren einbezogen.

Das Exekutionsverfahren in gemeinschaftliches Wohnungseigentum oder in Miteigentum tangiert letztlich auch den nicht im Exekutionsverfahren stehenden Miteigentümer.

Auch versehentlich kann ein Dritter in das Verfahren involviert werden, etwa wenn eine ihm gehörende aber beim Verpflichteten vorgefundene Fahrnis gepfändet wurde. Dem Dritten bleibt hier letztlich die Exszindierungsklage (§ 37 EO), mit der die Teilaufhebung der Exekutionswirkungen für die im Fremdeigentum stehende Sache erreicht werden soll.

D. Vollstreckbarer Anspruch und Vollstreckungsanspruch

Ein zivilrechtlicher Anspruch, der in einem Exekutionstitel verbricft ist, wird dann zum ***vollstreckbaren Anspruch,*** wenn auf dem Exekutionstitel eine ***(Rechtskraft- und) Vollstreckbarkeitsbestätigung*** (§ 7 Abs 2 EO) angebracht ist.

Voraussetzung für ihre Erteilung ist der Ablauf von Leistungs- und Erfüllungsfristen, mithin die Fälligkeit der geschuldeten Leistung; bei gerichtlichen Titeln auch die Unzulässigkeit von Rechtsbehelfen oder Rechtsmitteln, die geeignet sind, den Eintritt der Vollstreckbarkeit hinauszuzögern.

Beachte: Im ***vereinfachten Bewilligungsverfahren*** ist anders als im ***regulären*** (§ 54 Abs 2 EO) die Vorlage des Exekutionstitels samt Vollstreckbarkeitsbestätigung nicht erforderlich (§ 54b Abs 2 Z 1 e contr. iVm § 7 Abs 1 und 2 EO).

Das bedeutet nicht, dass eine solche hier entbehrlich wäre: Dem betreibenden Gläubiger ist nach Einspruch des Verpflichteten (§ 54c EO) die Titelvorlage mit Vollstreckbarkeitsbestätigung aufzutragen (§ 54d EO).

Hat der betreibende Gläubiger einen ***vollstreckbaren Anspruch,*** so ***entsteht bei Vorliegen aller Verfahrensvoraussetzungen ein korrespondierender Vollstreckungsanspruch gegen den Staat:***

Es ist dies die exekutionsrechtliche Ausprägung des Justizgewährungsanspruchs, der uns bereits im Zivilprozess als Rechtsschutzanspruch begegnet und der auch im Insolvenzverfahren als Teilnahmeanspruch wiederzufinden ist.

Zu den Verfahrensvoraussetzungen/Exekutionsvoraussetzungen siehe unten Vierter Teil IV. B.

E. Pfändung und Verstrickung

■ Durch die ***Pfändung*** wird das ***Pfändungspfandrecht*** an der in Exekution gezogenen Sache begründet und es entsteht ***Verstrickung***: Die Verfügungsgewalt (nicht die Inhaberschaft) geht vom Schuldner auf den Staat über.

Es herrscht das ***Verbot der Kahlpfändung:*** Kraft gesetzlicher Vorschrift unpfändbare Sachen oder Geldbeträge haben dem Schuldner zu verbleiben, sind ***nicht der Exekution unterworfen*** (zB. der Katalog unpfändbarer Fahrnisse in §§ 250, 251, 252 EO oder das Existenzminimum nach §§ 291a ff EO iVm den Existenzminimumtabellen).

Beachte: Mitunter kommt es gar nicht zu einer Pfändung, so bei der Immobiliarexekution: Zwangsverwaltung und Zwangsversteigerung von Liegenschaften kommen ebenso ohne Pfändung aus wie die Begründung einer Zwangshypothek; diese verschafft dem betreibenden Gläubiger nur eine Sicherheit, über die er in der Folge verfügen kann, ist aber ebenfalls keine Pfändung.

F. Verwertung

Im Rahmen des Verwertungsverfahrens werden die gepfändeten Exekutionsobjekte einer bestmöglichen Versilberung zugeführt. Versteigerung und freihändiger Verkauf sind zwei von mehreren Beispielen.

Die EO spricht auch schlicht vom ***Verkauf.***

G. Verteilung

Tritt nur ein betreibender Gläubiger auf, so wird der Erlös ihm ausgehändigt, soweit seine Forderung nach Kapital samt Zinsen und Nebengebühren und Verfahrenskosten reicht. Im seltenen Fall verbleibenden Überschusses ist das restliche Realisat dem Verpflichteten zu erstatten.

Treten mehrere betreibende Gläubiger auf, so ist hinsichtlich der Verteilungsmasse aller gepfändeten und verkauften Gegenstände ein ***Verteilungsbeschluss*** auf der Basis der Spezialität und Priorität der Rechtsdurchsetzung zu fällen.

II. Rechtsquellen

A. Die Rechtsquellen des Exekutionsverfahrens

Grundlage des gerichtlichen Zwangsvollstreckungsrechts ist das ***Gesetz vom 27. Mai 1896 über das Exekutions- und Sicherungsverfahren (Exekutionsordnung – EO) RGBl 1896/79 (ausgegeben und versendet am 6. Juni 1896).***

Die Exekutionsordnung wurde durch ein ***Einführungsgesetz (EGEO)*** mit ergänzenden Bestimmungen *mit 1. Jänner 1898 in Kraft gesetzt* (Art I EGEO); das EGEO wurde mit BGBl 1953/6 wiederverlautbart und mit dem GBG BGBl 1955/39, der EO-Novelle 1991 BGBl 1991/628 und dem Ersten Bundesrechts-Bereinigungsgesetz – 1. BRBG BGBl I 1999/191 geändert.

Die Abkürzung „EO“ wurde, obwohl bereits allgemein in Gebrauch, erst mit der EO-Novelle 2005 BGBl BGBl I 2005/68 amtlich in die Gesetzesüberschrift eingefügt.

Beachte: Der Begriff „Exekution“ ist in Deutschland unüblich, man spricht dort ausschließlich von „Zwangsvollstreckung“, eine auch in Österreich übliche Bezeichnung. Das deutsche Vollstreckungsrecht ist Bestandteil der dZPO.

Die EO wurde geändert durch: die GEN RGBl 1914/118, die dritte Teilnovelle zum ABGB RGBl 1916/69, das Gesetz StGBl 1919/95, die 2. Strafprozessnovelle StGBl 1920/321, die ***Exekutionsnovelle 1922*** BGBl 1922/460, die Kundmachung des BKA BGBl 1922/558, die Verordnung der Bundesregierung zur Betragsanpassung BGBl 1922/647, die Fünfte GEN BGBl 1925/183, das BG BGBl 1927/67, die Sechste GEN BGBl 1929/222, die Achte GEN BGBl 1933/346, die 4. EVHGB dRGBl I S 1999/1938, die V dRGBl I S 2443/1939, die LohnpfändungsV 1940 dRGBl I S. 1451/1940, das Gesetz über Maßnahmen zur Wiederherstellung der österreichischen Rechtspflege StGBl 1945/188, die WGN 1947 BGBl 1948/26, das AHG BGBl 1949/20, das Berggesetz BGBl 1954/73, das GBG BGBl 1955/39, das LohnpfändungsG BGBl 1955/51, das BG BGBl 1956/158, das BG BGBl 1967/193, das Berggesetz 1975 BGBl 1975/259, das BG BGBl 1975/412, die WGN 1976, BGBl 1976/91, das BG über die Erweiterung der Exekution zur Sicherstellung BGBl 1976/251, das BG BGBl 1978/280, das KSchG BGBl 1979/140, die UWG-Novelle 1980, BGBl 1980/120, das IRÄG 1982 BGBl 1982/370, das BG über die Änderung des AuktionshallenG und der EO, BGBl 1982/652, die ZVN 1983 BGBl 1983/135, das BG BGBl 1985/70, die ZVN 1986 BGBl 1986/71, das BG BGBl

1987/645, die WGN 1989 BGBl 1989/343, das BG BGBl 1990/96, die Kundmachung (Erk. des VfGH) BGBl 1990/280, das FBG BGBl 1991/10, die Kundmachung (Erk. des VfGH) BGBl 1991/178, die EO-Nov 1991 BGBl 1991/628, das LBG BGBl 1992/150, die 3. Novelle zum BGOG Wien BGBl 1992/756, das BG Finanzmarktanpassungsgesetz BGBl 1993/532, die Strafvollzugsnovelle 1993 BGBl 1993/799, das AMS-BegleitG BGBl 1994/314, die ASGG-Novelle 1994 BGBl 1994/624, die ***EO-Novelle 1995*** BGBl 1995/519, das BG Strukturanpassungsgesetz 1996 BGBl 1996/201, das GeSchG BGBl 1996/759, die WGN 1997 BGBl I 1997/140, das BG GAFB BGBl I 1998/30, das EheRÄG 1999 BGBl I 1999/125, die SPG-Novelle 1999 BGBl I 1999/146, die WRN 1999 BGBl I 1999/147, die ***EO-Novelle 2000*** BGBl I 2000/59, das KindRÄG 2001 BGBl I 2000/135, das 1. Euro-Umstellungsgesetz – Bund BGBl I 2001/98, das BG KinderbetreuungsgeldG BGBl I 2001/103, das Wohnungseigentumsbegleitgesetz 2002 BGBl I 2002/71, die Kundmachung des BKA BGBl I 2002/114, das VGebG und die ***EO-Novelle 2003*** BGBl I 2003/31, das Außerstreit-BegleitG BGBl I 2003/112, das Wohnrechtliche Außerstreitbegleitgesetz – WohnAußStrBeglG BGBl I 2003/113, die Zivilverfahrens-Novelle (ZVN) 2004 BGBl I 2004/128, die SPG-Novelle 2005 BGBl I 2004/151, die ***EO-Novelle 2005*** BGBl I 2005/68, das Strafrechtsänderungsgesetz 2006 BGBl I 2006/56, die ***EO-Novelle 2008*** BGBl I 2008/37, das BG BGBl I 2008/82, die Zivilverfahrens-Novelle (ZVN) 2009 BGBl I 2009/30, das Zweite Gewaltschutzgesetz – 2. GeSchG BGBl I 2009/40, das Budgetbegleitgesetz (BBG) 2009 BGBl I 2009/52, das FamRÄG 2009 BGBl I 2009/75, das IRÄG 2010 BGBl I 2010/29, das IRÄ-BegleitG (IRÄ-BG) BGBl I 2010/58, das Budgetbegleitgesetz (BBG) 2011, BGBl I 2010/111, das BG BGBl I 2011/139, das Sicherheitsbehörden-Neustrukturierungs-Gesetz – SNG BGBl I 2012/50, das Verwaltungsgerichtsbarkeits-AusführungsG 2013 BGBl I 2013/33, die EO-Novelle 2014 BGBl I 2014/69, die EO-Novelle 2016 BGBl I 2016/100.

Die zum Zeitpunkt der Drucklegung geplanten Änderungen der EO durch Art 4 IRÄG 2017, RV 1588 BeilNR XXV. GP, werden in der Darstellung ersichtlich gemacht. Zu den weiteren Änderungsvorschlägen des JA (1741 BeilNR XXV. GP) siehe unten B.

Die Bestimmungen der ***Geschäftsordnung für die Gerichte I. und II. Instanz (Geo) BGBl 1951/264*** idF BGBl II 2013/469 und BGBl II 2015/165 haben freilich auch im Exekutionsverfahren Geltung.

Auf die Bedeutung des Rechtspflegers im Rahmen des Exekutionsverfahrens wurde oben bereits hingewiesen. Basis ist das ***Rechtspflegergesetz (RPflG)*** BGBl 1985/560 idF BGBl I 2013/15, idF der EO-Novelle 2014 BGBl I 2014/69, des VAG 2016 BGBl I 2015/34, des ErbRÄG 2015 BGBl I 2015/87, des BG BGBl I 2016/98 sowie des 2. ErwSchG BGBl I 2017/59.

Ebenfalls heranzuziehen ist das ***Bundesgesetz über die Zustellung behördlicher Dokumente – ZustG*** BGBl 1982/200 idF BGBl I 2004/10, zuletzt geändert durch BGBl I 2013/33 und das DeregulierungsG BGBl I 2017/40.

Da im Exekutionsverfahren die automationsunterstütze Datenverarbeitung eine wichtige Rolle spielt, sind die ***ADV-Formverordnung (AFV 2002)*** BGBl II 2002/510 idF BGBl II 2013/45 und die ***Verordnung über den Elektronischen Rechtsverkehr (ERV 2006)*** BGBl II 2005/481 idF

BGBl II 2012/503 sowie das E-GovernmentG BGBl I 2004/10 idF DeregulierungsG BGBl I 2017/40 heranzuziehen.

Elektronische Kundmachungen erfolgen in der ***Ediktsdatei:*** www.ediktsdatei.justiz.gv.at

Wenn der betreibende Gläubiger einer Forderungsexekution zwar behauptet, der Verpflichtete stünden Leistungen iSd § 290a EO zu, der Drittschuldner (Arbeitgeber) sei aber unbekannt, so hat eine automationsunterstützte Drittschuldneranfrage an den Hauptverband der österreichischen Sozialversicherungsträger zu erfolgen (§ 294a EO).

Dazu wurde vom BMJ die ***Drittschuldneranfrage-Verordnung – DrittschuldneranfrV*** BGBl 1986/452 erlassen. Sie bestimmt die Anfragegerichte.

Die Einbringung gerichtlicher Gebühren, Kosten und Geldstrafen regelt das ***Gerichtliche Einbringungsgesetz – GEG*** wv. BGBl 1962/288 idF BGBl I 2017/59, die Gebühren des gerichtlichen Exekutionsvollzugs bestimmt das ***Vollzugsgebührengesetz – VGebG*** BGBl I 2003/31 idF BGBl I 2016/100.

Als weitere Rechtsquelle ist das ***Liegenschaftsbewertungsgesetz – LBG*** BGBl 1992/150 zu nennen, bei dessen Erlassung auch Bestimmungen der Immobiliarexekution (§§ 140 bis 144, 166, 222 EO) und die Regelung über die Versteigerung gemeinschaftlicher Liegenschaften im Rahmen der Exekution zur Erwirkung von Handlungen und Unterlassungen (352 EO) geändert wurden.

Im Übrigen sei auch auf das ***Verwaltungsvollstreckungsgesetz – VVG*** wv. BGBl 1991/53 idF BGBl I 2013/33 verwiesen.

Mit dem 2. Einführungserlass des BMJ zur EO-Novelle 1995 JABl 1996/27 ***ersatzlos aufgehoben wurde das Dienstbuch für die Vollstrecker (DV)*** JABl 1952/10.

Es kann jedoch – soweit noch aktuell – zur Auslegung der EO und der Geo herangezogen werden (vgl. *Mini,* Exekutionsverfahren, 3. Auflage Rz 10).

Gläubigerbenachteiligende Vermögensverschiebungen, die vor dem exekutiven Zugriff des Gläubigers zugunsten eines Dritten erfolgten, kann dieser nach den Bestimmungen der ***AnfechtungsO (AnfO)*** RGBl 1914/337 idF BGBl I 2010/29 mit Klage gegen den Dritten (Anfechtungsgegner) geltend machen. Die AnfO wurde zwar zusammen mit den damaligen Insolvenzgesetzen (KO, AO) kundgemacht, ist aber ein Begleitgesetz zur EO. Die Anfechtung gläubigerbenachteiligender Transaktionen vor Eröffnung eines Insolvenzverfahrens ist in §§ 27 bis 43 IO geregelt.

Zu den Rechtsquellen des Europäischen Vollstreckungsrechts, insbesondere zur Brüssel Ia-VO, EuVTVO, EuUntVO, EuMahnVO, EuBagatellVO, EuKoPfVO und EuSchMaVO sowie zum Österreichischen Internationalen Exekutionsrecht siehe unten Drittes Buch, Internationales Exekutionsrecht.

B. Der Aufbau der Exekutionsordnung

Die Exekutionsordnung zerfällt in vier Teile: Exekution, Sicherung, Begleitregelungen sowie Inkrafttreten, Schluss- und Übergangsbestimmungen.

Der Erste Teil „Exekution" umfasst naturgemäß den Löwenanteil der EO (§§ 1 bis 369 EO) und enthält drei Abschnitte, von denen der zweite in zwei Titel mit jeweils vier Abteilungen zerfällt:

- ***der erste Abschnitt*** enthält ***allgemeine Bestimmungen*** (§§ 1 bis 78 EO), die in allen Bereichen der EO Anwendung finden; (§§ 79 bis 86a EO erhielten durch die EO-Nov 2016 die Bezeichnungen §§ 406 bis 417 EO, §§ 86b, 86c wurden zu §§ 420, 421 EO);

- ***der zweite Abschnitt*** regelt die ***gesamte Exekution wegen Geldforderungen*** (§§ 87 bis 345 EO):

  → der ***erste Titel*** betrifft die ***Exekution auf das unbewegliche Vermögen*** (§§ 87 bis 248 EO):

  Erste Abteilung: Zwangsweise Pfandrechtsbegründung (§§ 87 bis 96 EO),
  Zweite Abteilung: Zwangsverwaltung (§§ 97 bis 132 EO),
  Dritte Abteilung: Zwangsversteigerung (§§ 133 bis 239 EO),
  Vierte Abteilung: Besondere Bestimmungen über die Exekution auf Gegenstände des Bergwerkseigentums (§§ 240 bis 248 EO)

  → der ***zweite Titel*** behandelt die ***Exekution auf das bewegliche Vermögen*** (§§ 249 bis 345 EO)

  Erste Abteilung: Exekution auf körperliche Sachen (§§ 249 bis 289 EO),
  Zweite Abteilung: Exekution auf Geldforderungen (§§ 290 bis 324 EO),
  Dritte Abteilung: Exekution auf Ansprüche auf Herausgabe und Leistung körperlicher Sachen (§§ 325 bis 329 EO),
  Vierte Abteilung: Exekution auf andere Vermögensrechte (§§ 330 bis 345 EO);

- der ***dritte Abschnitt*** behandelt die ***Exekution zur Erwirkung von Handlungen und Unterlassungen*** (§§ 346 bis 369 EO).

Im Zweiten Teil „Sicherung" werden in zwei Abschnitten die ***Exekution zur Sicherstellung*** (§§ 370 bis 377 EO) ***sowie die einstweiligen Verfügungen*** (§§ 378 bis 402 EO) geregelt.

Der Dritte Teil „Internationales Exekutionsrecht" zerfällt in sieben Abschnitte (§§ 403 bis 424 EO):

- ***der erste Abschnitt*** enthält ***allgemeine Bestimmungen*** (§§ 403 bis 405 EO),

- ***der zweite Abschnitt*** regelt die ***Vollstreckbarerklärung und Anerkennung von Akten und Urkunden, die im Ausland errichtet*** wurden (§§ 406 bis 416 EO),

- ***der dritte Abschnitt*** betrifft die ***Exekution auf Grund von Akten und Urkunden supranationaler Organisationen*** (§ 417 EO),
- ***der vierte Abschnitt*** behandelt unter dem Titel ***keine Vollstreckbarerklärung*** die Versagungsfälle (§ 418 EO),
- ***der fünfte Abschnitt*** regelt die ***Bestätigung über die Vollstreckbarkeit*** (§§ 419 EO),
- ***der sechste Abschnitt*** enthält ***Begleitregelungen zur EuSchMaVO*** (Europäische SchutzmaßnahmenVO (EU) Nr. 606/2013) (§§ 420, 421 EO),
- ***der siebente Abschnitt*** enthält ***Begleitregelungen zur EuKoPfVO*** (Europäische KontenpfändungsVO (EU) Nr. 655/2014) (§§ 422 bis 424 EO).

Der Vierte Teil „Begleitregelungen" (§§ 431, 432 EO) behandelt – derzeit (Stand der Drucklegung) – Strafbestimmungen sowie die Geschäftsverteilung bei exekutionsrechtlichen Klagen und Anträgen.

Beachte! Derzeit enthält die EO zwischen § 424 und § 431 keine Normen. Allerdings sieht der Justizausschussbericht zur RV des IRÄG 2017 (RV 1588 BeilNR XXV. GP, AB 1741 BeilNR XXV. GP, dort Art 4 Z 2a) einen ***Vierten Teil, erster Abschnitt, elektronische Abfrage von Daten*** mit ***neu eingefügten §§ 427 bis 430***) vor, die Bonitätsabfragen durch Rechtsanwälte und Notare als Gläubigervertreter sowie durch Gebietskörperschaften und Sozialversicherungsträger als Gläubiger regeln und Bestimmungen zur Verhinderung von Missbrauch und zur Kontrolle enthalten. ***§ 431 soll neu gefasst in diesem ersten Abschnitt Platz finden*** (Art 4 Z 2b). ***§ 432*** soll als ***Vierter Teil, zweiter Abschnitt, sonstige Begleitregelungen,*** diesen Teil der EO abschließen (Art 4 Z 2c).

Der Fünfte Teil „In-Kraft-Treten, Schluss- und Übergangsbestimmungen" (§§ 433 bis 447 EO, ab dem IRÄG 2017 mit § 448 EO) ist legislatorisch-gesetzestechnischer Natur.

III. Erkenntnisquellen

1. Gesetzesausgaben

Angst/Jakusch/Mohr, Exekutionsordnung, Manzsche Große Gesetzesausgabe, 15. Auflage (Wien 2012); *Breinl/A. Kodek,* EO, 3. Auflage (Wien 2008); *Doralt/Stumvoll,* Kodex Zivilgerichtliches Verfahren, 41. Auflage (Wien 2017); *Deixler-Hübner,* Zivilprozessrecht, 12. Auflage (Wien/Linz 2017); *Mayr/Broll,* Zivilverfahrensrecht, 7. Auflage (Wien 2008).

2. Gesetzesmaterialien

Materialien zu den neuen österreichischen Civilprocessgesetzen, 2 Bände (Wien 1897).

3. Kommentare

Angst/Oberhammer (Hrsg.), Kommentar zur Exekutionsordnung, 3. Auflage (Wien 2015); *Angst/Jakusch/Pimmer,* Exekutionsordnung – EO, 15. Auflage (Wien 2009); *Burgstaller/Deixler-Hübner* (Hrsg.), Exekutionsordnung, Kommentar (in Teillieferungen, Wien dzt. 22. Lieferung 2016); *Feil,* Exekutionsordnung, 5. Auflage, 2 Bände (Wien 2014); *Mohr/Pimmer/Schneider,* Exekutionsordnung, 16. Auflage (Wien 2017); *Neumann/Lichtblau,* Kommentar zur Exekutionsordnung, 4. Auflage, neu bearbeitet von *Heller/Berger/Stix,* 3 Bände (Wien 1967 – 1977); *Zechner,* Forderungsexekution (Wien 2000), *Zechner,* Sicherungsexekution und einstweilige Verfügungen (Wien 2000).

4. Lehrbücher und systematische Darstellungen

Bajons, Zivilverfahren, Grundzüge des Prozesses und der Exekution (Wien 1991); *Burgstaller/Deixler-Hübner/Dolinar,* Praktisches Zivilprozeßrecht II, Außerstreitverfahren und Exekutionsverfahren, 5. Auflage (Wien 1997); *Deixler-Hübner/Klicka,* Zivilverfahren und Grundzüge des Exekutions- und Insolvenzrechts, 9. Auflage (Wien 2015); *Holzhammer,* Österreichisches Zwangsvollstreckungsrecht, 4. Auflage (Wien 1993); *Mini,* Exekutionsverfahren, 3. Auflage (Wien 2015); *Neumayr/Nunner-Krautgasser,* Exekutionsrecht, 3. Auflage (Wien 2011), 4. Auflage avisiert für Oktober 2017; *Petschek/Hämmerle/Ludwig,* Das österreichische Zwangsvollstreckungsrecht (Wien 1968); *Rechberger/Oberhammer,* Exekutionsrecht, 5. Auflage (Wien 2009); *Rechberger/Simotta,* Exekutionsverfahren, 3. Auflage (Wien 2008); *Roth/Duursma-Kepplinger,* Exekutions- und Insolvenzrecht, 10. Auflage (Wien 2016); *Seiser,* Exekutionsrecht, 10. Auflage (Wien 2016).

5. Monographien und Sammelwerke

Braunmüller, Das Zurückbehaltungsrecht in Exekution und Insolvenz (1991); *Burgstaller,* Das Pfandrecht in der Exekution (1988); *Dworak/Schaumberger/Wachter,* Der fehlerfreie Exekutionsantrag, 4. Auflage (2017); *Eder,* Der Schuldnerschutz in der gerichtlichen Exekution (1994); *Fehringer/Gleixner/Seitweger,* Die gerichtliche Online-Versteigerung (2012); *Feil,* Zwangsversteigerung von Liegenschaften (1980); *Feil,* Einstweilige Verfügung (EV), 2. Auflage (1990); *Feil,* Höchstbetragshypothek (1989); *Feil,* Pfändung, Verwahrung und Verkauf beweglicher körperlicher Sachen (Fahrnisexekution) (1980); *Feil,* Kostenersatz im Exekutionsverfahren, 2. Auflage (1991); *Feil,* Exszindierungsklage (1985); *Feil,* Exekution auf Geldforderungen und Lohnpfändung (1986); *Feil,* Exekution auf andere Vermögensrechte (1986); *Feil,* Rechtsverteidigung im Exekutionsverfahren (1988); *Feil,* Abgetretene und verpfändete Forderungen im Exekutionsverfahren (1993); *Fink/Schmidt/Kurzböck,* Handbuch zur Lohnpfändung, 3. Auflage (2002); *Fischl,* Die einstweiligen Verfügungen nach der Exekutionsordnung (1919); *Fritscher,* Die Gehaltsexekution in der Praxis, 2. Auflage (2004); *Gleixner,* Fibel für den Gerichtsvollzug (2012); *Hauser,* Rechteexekution (2010); *Hausmaninger,* Die einstweilige Verfügung im schiedsgerichtlichen Verfahren (1989); *Hendel,* Rechtsschutz gegen abgeirrte Zwangsvollstreckungsakte nach österreichischem und deutschem Rechte (1914); *Hoyer,* Die Simultanhypothek, 2. Auflage (1977); *Jelinek,* Zwangsvollstreckung zur Erwirkung von Unterlassungen (1984); *Kininger,* Einstweilige Verfügungen zur Sicherung von Rechtsverhältnissen (1991); *Klang,* Bemerkungen zu den sachenrechtlichen Bestimmungen der Zivilprozeßnovellen (1917); *Kollross,* Die Exekution auf Vermögensrechte und Unternehmungen (1935); *Konecny,* Der Anwendungsbereich der einstweiligen Verfügung (1992); *König,* Die Anfechtung nach der Insolvenzordnung, 5. Auflage (Wien 2014); *König,* Einstweilige Verfügungen im Zivilverfahren, 5. Auflage (2017); *Kornitzer,* Studien zum Meistbotsverteilungsverfahren (1909); *Krachler,* Online Auktionen. Internet-Versteigerungen in der Fahrnisexekution (2011); *Lackenberger,* Handbuch Forderungsexekution (2009); *Lackenberger/Mayrhofer,* Praxishandbuch Fahrnisexekution (2008); *Laschober/Lackenberger,* Kosten im Exekutions- und Insolvenzverfahren (2009); *Lehmann,* Die Zwangsversteigerung nach der österreichischen Exekutionsordnung (1906); *Matscher,* Zuständigkeitsvereinbarungen im internationalen Privatrecht (1967); *Melzer/Brügel,* Vertrauensschutz und exekutiver Erwerb (1912); *Mini,* Die Aufschiebung der Exekution (2002, Ergänzungsheft 2004); *Mini,* Die neue Zwangsversteigerung von Liegenschaften: das Versteigerungsverfahren nach der EO-Novelle 2000 (2000); *Feil,* Die Räumungsexekution – Verfahrensablauf Schritt für Schritt, immolex Spezial (2007); *Feil,* Kündigungs- und Räumungsverfahren (2012); *Mohr,* Die neue Lohnpfändung (1991); *Mohr,* Fahrnisexekution (1996); *Mohr,* Die neue Zwangsversteigerung (2000); *Mohr,* Die vorläufige Kontenpfändung – EuKoPfVO (2014); *Mück,* Die einstweiligen Verfügungen nach der österreichischen Exekutionsordnung, 2. Auflage (1901); *Mück,* Die Exekution zur Sicherstellung nach der österreichischen Exekutionsordnung (1900); *Paupie,* Lastenübernahme und Schätzungswert (1901); *Petschek,* Zivilprozeßrechtliche Streitfragen (1933); *Petschek,* Zuständigkeitsfragen und andere Beiträge zum 2. Regierungsentwurf eines Gerichtsentlastungsgesetzes (1911); *Petschek,* Die Zwangsvollstreckung in Forderungen nach österreichischem Rechte (1901); *Pollak,* Über die Zwangsverpachtung wirtschaftlicher Unternehmungen (1909), *Puster,* Zwangsversteigerung leicht gemacht, 2. Auflage (1984); *Rechberger,* Die fehlerhafte Exekution. Tatbestandsmängel, Mängel der Wirksamkeit und Nichtigkeitsgründe im Exekutionsverfahren und deren Ursprung (1978); *Rechberger/Oberhammer/Bogensberger,* Der vollstreckbare Notariatsakt (1994); *Reichmayr,* Die Zwangszahlung aus fremden Mitteln (1919); *Riedl,* Praxishandbuch Zwangsversteigerung (2008); *Rintelen,* Die einstweilige Verfügung (1905); *Rintelen,* Exekution auf Sachen in fremder Gewahrsame und auf Leistungsansprüche (1903); *Roth,* Individualleistung und Geldersatz im Rahmen der Interessenklage (1993); *Schaar,* Rechte und Pflichten des Erstehers bei exekutivem Liegenschaftserwerb (1993); *Schimik,* Die Exekution zur Sicherstellung (1994); *Schneider/Frank/Kirschbichler/Moravec/Roth,* Der elektronische Rechtsverkehr mit den Gerichten (1999); *Schubert/Soldern,* Die Zwangsverwaltung und die Verwahrung und Verwaltung nach Exekutionsrecht (1903); *Schumacher,* Zwangsvollstreckung auf Wertpapiere (1995); *Sprung,* Konkurrenz von Rechtsbehelfen im zivilgerichtlichen Verfahren (1966); *Starl,* Der elektronische Rechtsverkehr. Zugang, Kompetenzen und Ablauf. Mahnverfahren, Exekutionsverfahren, sonstige Datenübermittlungen (2003); *Walther,* Die Treuhand im Exekutions- und Insolvenzverfahren (1998); *Zackl,* Einstweiliger Rechtsschutz im Gesellschaftsrecht (2006); *Zangl,* Die Ersatzvornahme in der Realexekution: Grundlagen – Schwerpunkte – Streitfragen (2005).

Zweiter Teil

Die Organe der Zwangsvollstreckung

Lit.: Albrecht, Die Exekutionsordnungs-Novelle 1995 (1995); *Bartos*, Die gerichtliche Fahrnisexekution - ein effizientes Mittel zur Hereinbringung von Beitragsrückständen? SozSi 2014, 135; *Brandtner*, Über die Zuständigkeit im Fahrnisexekutionsverfahren, ÖJZ 1957, 487; Burghardt, Zwangsvollstreckungsorgane in europäischen Ländern im Vergleich zum deutschen Gerichtsvollzieher (Bundesrepublik, Frankreich, Schweiz, Österreich) (1976); *Dütz*, Der Gerichtsvollzieher als selbstständiges Organ der Zwangsvollstreckung (1972), *Eder*, Der Schuldnerschutz in der gerichtlichen Exekution, (1994); *Feitzinger*, Die Entwicklung des Rechtsinstituts des Rechtspflegers in der österreichischen Gerichtsbarkeit, ÖRPfl 1986, H 2, 3, 33 und ÖRPfl 1987, H 1, 3; *Fucik/Mokrejs-Weinhappel*, Novellen zur EO und zum RechtspflegerG passieren den Justizausschuss, ÖJZ 2016, 945; *Frauenberger-Pfeiler*, Die EO-Novelle 2008, ecolex 2008, 117; *Gaul*, Der Gerichtsvollzieher – ein organisationsrechtliches Stiefkind des Gesetzgebers, ZZP 87 (1974) 241; *Grundner*, Exekutionsordnungs-Novelle 1995 - Was soll anders werden? ÖRPfl 1995, 41; *Jakusch*, Die EO-Novelle 2003, ÖJZ 2004, 201; *Kepplinger/Duursma*, Möglichkeit zur Widmung einer Zahlung bei Einschreiten des Exekutors? ÖJZ 2000, 885; *Klicka/Albrecht*, Die EO-Novelle 1995 – Änderungen im Allgemeinen Teil, ecolex 1995, 707; *Kloiber*, Das Auffindungs- und Zugriffsverfahren, ZIK 1996, 80; *Konecny*, Die Exekutionsordnung nach 100 Jahren, in *Mayr* (Hrsg.), 100 Jahre österreichische Zivilprozeßgesetze (1998) 95; *Köck*, Die Exekutionsordnungs-Novelle 2016, PV-Info 1/2017, 14; *Mayr*, Stellung und Aufgaben des Rechtspflegers in Österreich, DRPfl 1991, 397; *Mohr*, Exekutionsrechtliche Neuerungen in der 3. Novelle zum Bezirksgerichts-Organisationsgesetz für Wien, ÖRPfl 1992, 39; *Mohr*, Vereinfachtes Bewilligungsverfahren und andere am 1.10.1995 in Kraft getretene Bestimmungen der EO-Novelle 1995, ÖJZ 1995, 889; *Mohr*, Fahrnisexekution (1996) 17ff; *Mohr*, Die Fahrnisexekution nach der EO-Nov 1995, ÖJZ 1996, 81; *Mohr*, EO-Nov 2003, ecolex 2003, 502; *Mohr*, Die Vollzugsgebühr im Exekutionsverfahren, ZIK 2004/45, 46; *Mohr*, Exekutionsordnungs-Novelle 2005, ecolex 2005, 602; *Mohr*, Die neue Zwangsverwaltung – Ein Überblick über die Änderungen durch die EO-Nov 2008, ecolex 2008, 215; *Mohr*, Exekutionsordnungs-Novelle 2016 – die Änderungen bei der Fahrnis- und Forderungsexekution, ÖRPfl 2016 H 2, 24; *Oberhammer*, Fahrnisverwertung nach der EO-Novelle 1995: Grundsätzliche Neuerungen im Verwertungsverfahren, ZIK 1996, 84; *Petschek*, Zivilprozessrechtliche Streitfragen (1933) 184ff; *Rechberger*, Die fehlerhafte Exekution (1978) 172 ff; *Sailer*, Zwangsversteigerung von Liegenschaften - materiell- und formalrechtliche Fragen, JBl 2010, 613; *Schmid*, Zur Mitwirkung der Exekutive an der Delogierung, ÖJZ 1954, 133; *Schneider*, Wesentliche Neuerungen der EO-Novelle 2003, ZIK 2004/46, 48; *Schumacher*, Zwangsvollstreckung auf Wertpapiere (1995); *Schumacher*, Wertpapiere als Exekutionsobjekte, ecolex 1995, 471; *Sloboda*, Die EO-Novelle 2008 im Überblick, Zak 2008, 123; *Stifter*, Dürfen oder Müssen? Strittige Auslegung der geänderten §§ 25 und 69 EO, ÖRPfl 1993, H 2, 38; *Zangl*, Die Ersatzvornahme in der Naturalexekution (2005).

I. Das Exekutionsgericht

A. Vollstreckungsgewalt

1. Die Rolle der Gerichte im dreispurigen Vollzug

Grundsätzlich steht allein den staatlichen Gerichten die Hoheitsgewalt zu, Exekutionsverfahren durchzuführen und Vollstreckungsmaßnahmen zu veranlassen. So sind alle in ***§§ 1 und 2 EO genannten Exekutionstitel*** allein der gerichtlichen Zwangsvollstreckung nach der EO zugänglich.

Bei Geldbeträgen, die kraft verwaltungsbehördlicher Verfügung hereinzubringen sind, ist das gerichtliche Vollstreckungsverfahren anzuwenden (§ 3 Abs 3 VVG). Dagegen sind Individualleistungen nach den Bestimmungen des VVG von der Bezirksverwaltungsbehörde zu vollstrecken.

Auch abgabenbehördlich geschuldete Leistungen sind teilweise gerichtlich hereinzubringen:

Die AbgEO gilt für die Vollstreckung von abgabenbehördlichen Verfügungen, Bescheiden und Rückstandsausweisen nach der BAO (§ 1 AbgEO). ***Abgabenvollstreckungsbehörde*** ist das jeweilige Finanzamt oder Zollamt (§ 5 AbgEO). Die Bezirksverwaltungsbehörde kann um Durchführung der abgabenbehördlichen Vollstreckung ersucht werden (§ 2 Abs 2 lit b AbgEO).

Die von den Abgabenbehörden des Bundes, der Länder, der Gemeindeverbände und der Gemeinden zu erhebenden öffentlichen Abgaben, Beiträge und Nebenansprüche werden im ***finanzbehördlichen oder gerichtlichen Vollstreckungsverfahren*** eingebracht (§ 3 Abs 1 AbgEO):

▶ Eine Vollstreckung auf *bewegliche körperliche Sachen, auf grundbücherlich nicht sichergestellte Geldforderungen und auf Ansprüche auf Herausgabe und Leistung beweglicher körperlicher Sachen* kann ***im finanzbehördlichen oder gerichtlichen Vollstreckungsverfahren*** durchgeführt werden (§ 3 Abs 2 AbgEO).

▶ Bei *allen übrigen Vollstreckungsarten* ist ***nur ein gerichtliches Vollstreckungsverfahren*** zulässig. Die Durchführung eines solchen Verfahrens schließt die gleichzeitige Durchführung eines finanzbehördlichen oder gerichtlichen Vollstreckungsverfahrens gemäß § 3 Abs 2 AbgEO nicht aus. Das Verfahren zur Erlangung eines Vermögensverzeichnisses ist, wenn der Abgabenschuldner der Aufforderung nach § 31a nicht entspricht, nach den Bestimmungen der §§ 47 bis 49 EO abzuführen (§ 3 Abs 4 AbgEO).

▶ Finanzbehördliche Vollstreckungsverfahren im Sinn der AbgEO sind jene Verfahren, die die Abgabenbehörden (§ 3 Abs 1 AbgEO) zur Einbringung und Sicherung öffentlicher Abgaben selbst durchzuführen haben.

2. Titelgericht – Erteilung der Vollstreckbarkeitsbestätigung

Hat ein Anspruchsberechtigter einen Exekutionstitel erlangt, so ist ihm behördlich die Vollstreckbarkeit zu bestätigen. Dies erfolgt regelmäßig durch Aufdruck einer Stampiglie auf die Originalurkunde.

Das Verfahren zur Erteilung der Vollstreckbarkeitsbestätigung ist noch nicht Bestandteil des Vollstreckungsverfahrens sondern vielmehr eine seiner Voraussetzungen (siehe dazu unten Vierter Teil III. D.).

Es ist vielmehr letzter Schritt des gerichtlichen oder verwaltungsbehördlichen ***Erkenntnisverfahrens.*** Je nach Genesis des Titels sind daher die Regeln der ZPO, des AußStrG, der IO, der StPO, der BAO und des Verwaltungsrechts anzuwenden.

Gleiches gilt auch für die ***Aufhebung einer*** zu Unrecht erteilten ***Vollstreckbarkeitsbestätigung.*** Sie erfolgt bei gerichtlichen Titeln von Amts wegen oder auf Parteienantrag mit Beschluss, der allen Beteiligten zuzustellen ist (§ 7 Abs 3 EO).

Die Erteilung der Vollstreckbarkeitsbestätigung obliegt bei gerichtlichen Exekutionstiteln dem ***Titelgericht.*** Für die Erteilung wie für die Aufhebung der Bestätigung ist bei inländischen Titeln der ***Rechtspfleger*** zuständig (§ 16 Abs 1 Z 2 und 3 RPflG). Dem ***Richter*** bleibt die Vollstreckbarerklärung ausländischer Exekutionstitel vorbehalten (§ 17 Abs 3 Z 1 RPflG).

3. Exekutionsgericht

a) Sachliche und örtliche Zuständigkeit

Sachlich sind als Exekutionsgerichte die Bezirksgerichte ***zuständig*** (§ 17 Abs 1 EO). Dies gilt sowohl für die Exekution wegen Geldforderungen wie auch für die zur Sicherstellung (§ 402 Abs 4 EO).

Abweichende Zuständigkeitsbestimmungen gelten nach Maßgabe des § 387 EO beim Vollzug einstweiliger Verfügungen.

In Wien obliegen die Exekutionssachen dem nach dem Bezirksgerichts-Organisationsgesetz für Wien (BGOG Wien) jeweils zuständigen Bezirksgericht.

Das vormalige Exekutionsgericht Wien wurde mit BGBl 1996/761 aufgelassen (§ 6c BGOG Wien).

Zu den Zuständigkeitsbestimmungen für → ***Exekutionsklagen*** siehe Fünfter Teil.

Örtlich zuständig ist (§§ 18 und 19 EO):

▶ wenn die Exekution auf ein im Inland gelegenes und in einem öffentlichen Buch eingetragenes, unbewegliches Vermögen oder auf daran bücherlich eingetragene Rechte geführt wird, stets das Bezirksgericht, bei welchem sich die Einlage des unbeweglichen Vermögens befindet (*Buchgericht;* §§ 18 Z 1, 19 EO);

▶ wenn die Exekution auf im Inland gelegene, jedoch in einem öffentlichen Buch nicht eingetragene, unbewegliche oder gesetzlich für unbeweglich erklärte Sachen, auf dort befindliche Schiffmühlen oder auf Schiffen errichtete Bauwerke geführt wird, das Bezirksgericht, in dessen Sprengel die Sache, und zwar bei Schiffmühlen und auf Schiffen errichteten Bauwerken bei Beginn des Exekutionsvollzugs, gelegen ist (das *Buchgericht,* § 18 Z 2 EO);

▶ bei der Exekution auf Forderungen, sofern sie nicht bücherlich sichergestellt sind, das Bezirksgericht, bei welchem der Verpflichtete seinen allgemeinen Gerichtsstand in Streitsachen hat, und, wenn ein solcher im Inland nicht begründet ist, das Bezirksgericht, in dessen Sprengel sich der Wohnsitz, Sitz oder Aufenthalt des Drittschuldners oder, wenn dieser unbekannt oder nicht im Inlande gelegen wäre, ein für die Forderung eingeräumtes Pfand befindet (§ 18 Z 3 EO);

► in allen übrigen Fällen das inländische Bezirksgericht, in dessen Sprengel sich bei Beginn des Exekutionsvollzuges die Sachen befinden, auf welche Exekution geführt wird, oder in Ermangelung solcher Sachen das Bezirksgericht, in dessen Sprengel die erste Exekutionshandlung tatsächlich vorzunehmen ist (*Generalklausel* des § 18 Z 4 EO).

► Wenn die Exekution auf ein unbewegliches, in einer Landtafel, in einem Berg- oder Eisenbahnbuch eingetragenes Gut oder auf bücherlich eingetragene Rechte an einem solchen Gut geführt wird, so ist das Bezirksgericht Exekutionsgericht, bei welchem sich die Landtafel, das Berg- oder das Eisenbahnbuch befindet, worin das Gut eingetragen ist (*Buchgericht*).

Dieses Bezirksgericht kann jedoch, sofern sich eine solche Maßregel als zweckmäßig darstellt, von Amts wegen oder auf Antrag die Erledigung einzelner Teile des Exekutionsverfahrens und insbesondere auch die gesamte, dem Exekutionsgericht in Ansehung einer Zwangsverwaltung obliegende Mitwirkung dem Bezirksgericht übertragen, in dessen Sprengel das unbewegliche Gut, auf welches Exekution geführt wird, ganz oder zum größeren Teile gelegen ist (*forum rei sitae*). Gegen diesen Beschluss ist ein Rekurs nicht statthaft (§ 19 EO).

■ Die ***Zuständigkeiten der EO sind unprorogabel*** (§ 51 EO), ihr Fehlen ist nicht nach § 104 Abs 3 JN heilbar.

■ Jeder Beschluss eines unzuständigen Gerichts ist daher nach § 477 Abs 1 Z 3 ZPO iVm § 78 EO mit ***Nichtigkeitsrekurs*** anfechtbar (vgl. dazu SZ 55/178, 3 Ob 63/99 RPflSlgE, gegenteilig indes noch SZ 14/95, SZ 14/189).

b) Exekutionsgericht als Bewilligungsgericht

Der Anspruchsberechtigte ***(betreibender Gläubiger)*** hat bei Exekutionstiteln gemäß §§ 1 und 2 EO einen Exekutionsantrag zu stellen, über den grundsätzlich ohne vorhergehende Verhandlung und ohne Einvernahme des Gegners (des ***Verpflichteten***) zu entscheiden (§ 3 EO).

Ein *Zivilprozess* findet vor der Exekutionsbewilligung im Fall der Purifikationsklage statt (§ 10 EO).

Zu einer der Exekutionsbewilligung vorangehenden *mündlichen Verhandlung* kommt es im Exekutionsverfahren dann, wenn der betreibende Gläubiger auf eine Geldforderung des Verpflichteten Exekution führt, die von einer Gegenleistung abhängig ist (§ 310 Abs 3 EO).

Für die Erteilung der ***Exekutionsbewilligung*** Exekutionen zur Hereinbringung ist das gemäß §§ 18 und 19 EO bestimmte ***Exekutionsgericht funktionell zuständig (§ 4 EO).***

Merke! Bewilligungsgericht und Vollzugsgericht sind regelmäßig identisch: Das Exekutionsgericht tritt im Verfahren funktionell zunächst als *Bewilligungsgericht* und in der Folge als *Vollzugsgericht* auf. Nur in ***Ausnahmefällen*** tritt ein ***anderes Gericht als Bewilligungsgericht*** auf. S. dazu unten Vierter Teil V. A.

Die Bestimmung des § 4 EO gilt nicht

- bei der ***Exekution zur Sicherstellung,*** dort ist vor allem das Prozessgericht oder Außerstreitgericht erster Instanz Bewilligungsgericht, in gewissen Fällen ist das Exekutionsgericht wahlzuständig (§ 375 EO).

- beim ***Erlass einstweiliger Verfügungen*** wird neben den Exekutionsgerichten das Prozessgericht tätig, vor dem der Rechtfertigungsprozess zu führen ist (§ 387 EO). Hier gilt es zu bedenken, dass das Verfügungserlassverfahren ein Erkenntnisverfahren ist, an das sich der exekutive Verfügungsvollzug anschließt.

- für Bewilligung (und Vollzug) kartellgerichtlicher Exekutionstitel besteht Wahlzuständigkeit des Bezirksgerichts, in dessen Sprengel der Verpflichtete seinen allgemeinen Gerichtsstand in Streitsachen hat, oder des Exekutionsgerichts (§ 34 Abs 3 KartG).

▶ Hat der Verpflichtete mehrere allgemeine Gerichtsstände in Streitsachen, so hat der Gläubiger die Wahl, wo er den Exekutionsantrag einbringt (§§ 5 iVm 18 Z 3 EO).

▶ Ein ***Wahlrecht*** gesteht der Gesetzgeber dem betreibenden Gläubiger auch dann zu, wenn eine Voraussetzung des § 6 EO erfüllt ist (Lage des Schuldnervermögens, gleichzeitiges Ansuchen auf mehrere Exekutionsarten, Exekution gegen mehrere Verpflichtete aufgrund ein- und desselben Titels).

c) Exekutionsgericht als Vollzugsgericht

▶ Das ***Exekutionsgericht*** ist auch ***für den Exekutionsvollzug funktionell zuständig.*** Dieser zerfällt meist in vier Schritte:

- Auffinden der in Exekution zu ziehenden Objekte
- Pfändung
- Verwertung
- Verteilung des Erlöses.

Keine zwangsweise Pfandrechtsbegründung gibt es dagegen etwa bei der Zwangsverwaltung (§§ 97 bis 132 EO) oder der Zwangsversteigerung (§§ 133 bis 247 EO) von Liegenschaften.

▶ Der ***Vollzug*** einer bewilligten Exekution erfolgt ***grundsätzlich von Amts wegen*** § 16 Abs 1 EO.

Das Gesetz normiert allerdings ***Ausnahmen.*** Vollzugsschritte erfolgen etwa in folgenden Fällen nur auf Antrag des betreibenden Gläubigers:

- Fortsetzung des Vollzugs nach erfolgter Aufschiebung (§ 44 Abs 4 EO),

- die Verhängung der gerichtlich angedrohten Strafen (Geldstrafen, Haft) gegen den Verpflichteten zur Erzwingung einer unvertretbaren Handlung (§ 354 Abs 2 EO),

- die Verhängung der gerichtlich angedrohten Strafen (Geldstrafen, Haft) gegen den Verpflichteten bei fortgesetzter Missachtung einer exekutionsgerichtlich aufgetragenen Duldung oder Unterlassung (§ 355 Abs 1 EO).

▶ Der Vollzug wird – abhängig von der Exekutionsart – entweder ***unmittelbar vom Exekutionsgericht*** durchgeführt (zB. bei der Forderungsexekution) ***oder durch*** besondere Vollstreckungsorgane, die ***Gerichtvollzieher,*** bewirkt (§§ 16 Abs 2 iVm 24 EO), die im Auftrag und unter der Leitung des Exekutionsgerichts handeln (zB. bei der Fahrnisexekution). Siehe dazu unten II. C.

II. Gerichtspersonen

A. Rechtspfleger

Ein Großteil vollstreckungsrechtlicher Gerichtsagenden ist funktionelle Zuständigkeit des Rechtspflegers.

Rechtliche Basis ist das Rechtspflgergesetz – RPflG: Rechtspfleger sind Gerichtsbeamte, die die Voraussetzungen für die Verwendungsgruppe B (Matura oder gleichwertige Prüfung) aufweisen (§ 23 RPflG), und eine dreijährige Rechtspflegerausbildung (§ 25 RPflG) samt anschließender Rechtspflegerprüfung absolviert haben.

Jeder Rechtspfleger ist einem Richter weisungsunterworfen zugeordnet (§§ 6, 8 RPflG). Rechtspflegeragenden kann der Richter jederzeit an sich ziehen (§ 9 RPflG). Die Weisungsunterworfenheit des Rechtspflegers begründet keinen Verfassungsbruch (Art 6 Abs 1 MRK): Das weisungsbefugte Organ ist nur den Gesetzen verpflichtet, ist weisungsungebunden, unabsetzbar und unversetzbar.

Beschlüsse des Rechtspflegers unterliegen nach den allgemeinen – nicht exekutionsspezifischen – Bestimmungen des RPflG der Nachkontrolle:

- Grundsätzlich besteht ein Rekursrecht ebenso wie bei richterlichen Entscheidungen; sofern die EO (subsidiär die ZPO) eine *remonstrative Erledigung* des Rekurses (Stattgabe durch die Gerichtsperson, die den angefochtenen Beschluss erlassen hat) vorsieht, gilt dies auch für den Rechtspfleger (§ 11 Abs 1 RPflG).

- Über Rechtsbehelfe und nicht aufsteigende Rechtsmittel kann der Rechtspfleger selbst entscheiden (§ 11 Abs 2 RPflG). Ausgenommen ist die Vorstellung gegen Rechtspflegerentscheidungen nach § 12 RPflG, über die der Richter entscheidet.

- Der Rechtsbehelf der Vorstellung nach § 12 RPflG richtet sich gegen solche Entscheidungen des Rechtspflegers, die nach den Verfahrensregeln entweder nicht oder nur eingeschränkt anfechtbar sind.

Über eine zulässige, insbesondere nicht verspätete Vorstellung (14 Tagesfrist) entscheidet der Richter in der Sache selbst. Bei gleichzeitigem (eingeschränkt zulässigem) Rekurs ist vorab über die Vorstellung zu entscheiden.

Der Wirkungskreis des Rechtspflegers in Exekutionssachen umfasst (§ 17 Abs 2 RPflG):

- die Exekution zur Hereinbringung von Geldforderungen (Z 1):
  - durch zwangsweise Pfandrechtsbegründung bei Liegenschaftsexekutionen nach §§ 87 bis 96 EO sowie
  - durch Mobiliarexekution nach §§ 249 bis 345 EO;

▪ die Exekution zur Sicherstellung nach den §§ 371, 372 EO sowie auf Grund von Sicherstellungsaufträgen nach den §§ 232, 233 BAO oder diesen vergleichbaren Bestimmungen durch die im § 374 Abs. 1 EO angeführten Exekutionsmittel, ausgenommen die Zwangsverwaltung (Z 2);

▪ die Aufnahme eines Vermögensverzeichnisses (Z 3);

▪ im Zusammenhang mit den in Z 1 und 2 angeführten Geschäften (im Rahmen der dort angeführten Agenden bei der Exekution zur Hereinbringung von Geldforderungen und der Exekution zur Sicherstellung) die ***Entscheidung über Aufschiebungsanträge*** nach § 42 Abs 1 Z 2a, 3, 4 und 6 sowie 45a (Zahlungsvereinbarung) und 264a (Aufschiebung des Fahrnisverkaufs) EO, nach den § 11 Abs 3 GEG 1962 oder über Aufschiebungsanträge anlässlich eines Antrags auf Aufhebung einer gesetzwidrig oder irrtümlich erteilten Vollstreckbarkeitsbestätigung (Z 4);

▪ die Beschlüsse nach § 21 Abs. 2 GGG sowie die Berichtigung solcher Beschlüsse (Z 5);

▪ die Entscheidung über Vollzugsbeschwerden (§ 68 EO) im Zusammenhang mit der Exekution auf bewegliche körperliche Sachen (Z 6).

In Rechtspflegerangelegenheiten herrscht ausnahmslos der Grundsatz der ***einpersonalen Gerichtsbesetzung.***

B. Richter

1. Agenden

a) Dem ***Richter*** bleiben gemäß § 17 Abs 3 RPflG ausdrücklich ***vorbehalten:***

▪ die Vollstreckbarerklärung sowie die Anpassung (§§ 404, 405 EO) ausländischer Exekutionstitel und das Exekutionsverfahren bis zum Eintritt der Rechtskraft dieser Entscheidung einschließlich der Bewilligung der Exekution (Z 1),

▪ die Versagung der Vollstreckung ausländischer Exekutionstitel (Z 2) sowie

▪ die Festsetzung des Schadens (§§ 54f EO iVm 273 ZPO) sowie die Auferlegung einer Mutwillensstrafe bei mutwillig erwirkter Exekutionsbewilligung (§ 54g EO) im vereinfachten Bewilligungsverfahren (Z 3).

b) Betrachtet man zusätzlich die in § 17 Abs 2 RPflG verfügten Beschränkungen rechtspflegerischer Tätigkeit, so ergibt sich e contrario der zweite, weitreichende Katalog exekutionsrechtlicher ***Richtersachen:***

▪ die Immobiliarexekution durch Zwangsverwaltung (§§ 97 bis 132 EO) oder Zwangsversteigerung (§§ 133 bis 239 EO) – arg § 17 Abs 2 Z 1 lit a EO;

- die Zwangsverwaltung oder Zwangsversteigerung von Gegenständen des Bergwerkseigentums (§§ 240 bis 248 EO) – arg § 17 Abs 2 Z 1 lit a EO;

- die Individualleistungsexekution (§§ 346 bis 369 EO);

- die Exekution zur Sicherstellung mit Ausnahme der in § 17 Abs 2 Z 2 genannten Rechtspflegeragenden;

- der Erlass einstweiliger Verfügungen (§§ 378 bis 402 EO; arg § 17 Abs 2 RPflG);

- jede ***Entscheidung über Aufschiebungsanträge*** außerhalb der Immobiliarexekution durch zwangsweise Pfandrechtsbegründung, der Mobiliarexekution sowie der Sicherstellungsexekution nach §§ 371, 372 EO;

- auch innerhalb der Rechtspflegeragenden des § 17 Abs 2 Z 1 und 2 EO die ***Entscheidung über Aufschiebungsanträge*** aus Anlass einer Klage auf Ungültig-, Unwirksamerklärung oder Aufhebung des Exekutionstitels (§ 42 Abs 1 Z 1 EO) sowie der Wiederaufnahme eines derartigen Verfahrens (§ 42 Abs 1 Z 2 EO), bei Oppositionsklagen (§ 35 EO), Impugnationsklagen (§ 36 EO) und Exszindierungsklagen (§ 37 EO) (§ 42 Abs 2 Z 5 EO), bei Rekursen gegen die Exekutionsbewilligung (§ 42 Abs 1 Z 7 EO), anlässlich der Erhebung von Vollzugsbeschwerden (§ 42 Abs 1 Z 8 EO iVm § 68 EO) oder bei Antrag auf Aufhebung oder Abänderung der rechtskräftigen Vollstreckbarkeitsbestätigung (§ 42 Abs 1 Z 9 EO) – arg. § 17 Abs 2 Z 4 RPflG;

- die Entscheidung über Vollzugsbeschwerden (§ 68 EO) außerhalb der Fahrnisexekution (arg. § 17 Abs 2 Z 6 RPflG);

- die Zwangsvollstreckung außerstreitiger Beschlüsse (arg. § 17 Abs 2 RPflG).

c) Gemäß § 16 Abs 2 RPflG sind weiters dem ***Richter vorbehalten:***

- Berichte an vorgesetzte Behörden,
- die Erledigung von Beschwerden,
- die Anordnung der Haft sowie die Umwandlung einer Geldstrafe in Haft sowie
- jede Entscheidung, bei der ausländisches Recht anzuwenden ist.

2. Gerichtsbesetzung

▶ Auch in Exekutionsverfahren, die einen arbeitsrechtlichen, sozialrechtlichen oder kausalgerichtlichen Titel zum Gegenstand haben ***findet die in diesen Titelverfahren gesetzlich vorgeschriebene Beiziehung fachmännischer Laienrichter nicht statt*** (§ 50 EO).

► Selbst wenn ein ausnahmsweise Gerichtshof als Bewilligungsgericht auftritt, so entscheidet ein Einzelrichter, ein Senatsantrag nach § 7a Abs 1 JN ist unzulässig (§ 7a Abs 3 JN).

► Vor dem Exekutionsgericht als Bewilligungs- und als Vollzugsgericht herrscht ebenfalls stets Einzelrichterbesetzung.

C. Vollstreckungsorgane – Gerichtsvollzieher

Als Vollstreckungsorgane im engeren Sinn schreiten die ***Gerichtsvollzieher*** ein (§ 24 Abs 1 EO).

In besonderen Fällen können auch andere – für den Vollstreckungsdienst – geeignete Gerichtsbedienstete als ***Vollstreckungsorgane*** herangezogen werden (§ 24 Abs 1 S 2 EO).

Der Begriff „*Vollstreckungsorgan*“ ist daher als Oberbegriff zu sehen. Der Gerichtsvollzieher schreitet als solches regelmäßig ein.

Bei Gerichten, an denen mindestens zwei Gerichtsvollzieher tätig sind, ist eine Aufteilung der Geschäfte nach Gebieten vorzunehmen (§§ 24 Abs 2 iVm §§ 39 bis 42, insbes. 42 Abs 1 Geo).

Im Folgenden wird für das der Terminus ***Vollstreckungsorgan*** für den ***Gerichtsvollzieher*** mit der Maßgabe verwendet, dass Gleiches auch für einen sonstigen als Vollstreckungsorgan herangezogenen Gerichtsbediensteten zu gelten hat.

1. Ausbildung zum Gerichtsvollzieher

Voraussetzung ist der Mittelschulabschluss und die Ablegung einer entsprechenden Dienstprüfung mit gutem Erfolg (§§ 18 JN iVm 29 ff, inbes. 30 Abs 2 bis 4 Geo). Gerichtsvollzieher sind mithin B-Beamte, die die erforderlichen Kenntnisse – auch rechtlicher Natur – aufweisen können.

2. Tätigkeit der Vollstreckungsorgane im Allgemeinen

Dem Vollstreckungsorgan obliegen alle im Gesetz vorgesehenen faktischen Vollzugshandlungen (§ 24 Abs 1 EO). Diese dürfen nicht weiter greifen, als zur Verwirklichung des in der Exekutionsbewilligung bezeichneten Anspruchs notwendig (§ 27 Abs 1 EO).

Vollstreckungsorgane haben sich an den erteilten Auftrag und den gesetzlichen Wirkungskreis zu halten und die Erledigung der Vollzugsaufträge ohne Verzug und unter Vermeidung unnötiger Wegstrecken durchzuführen (§ 25 Abs 1 EO). Die erste Vollzugshandlung ist binnen vier Wochen ab Erhalt des Vollzugsauftrags durchzuführen (§ 25 Abs 3 S 1 EO), binnen sechs Wochen dann, wenn sich das Vollzugsgebiet zum überwiegenden Teil in dünn und verstreut besiedeltem ländlichem Gebiet befindet (§ 25 Abs 3 S 2 EO).

► Die ***Weisungsabhängigkeit*** vollstreckungsorganschaftlichen Handelns verleiht dieser einen ***vorläufigen Charakter:***

Das Vollstreckungsorgan hat einen Vollzugsbericht (s. unten aE dieses Kapitels) zu erstellen (§ 25d EO), auf dessen Basis der weitere Fortgang des Vollzugs veranlasst wird. Gesetz- oder auftragswidriges Handeln des Vollstreckungsorgans ist vom Exekutionsgericht von Amts wegen durch geeignete Weisungen zu korrigieren (§ 61 EO).

Wegen der Auftrags- und Anleitungsbindung an das Exekutionsgericht ist überdies ein gesondertes ***Rechtsmittel*** gegen die Handlungen des Vollstreckungsorgans ***unzulässig*** (§ 66 EO).

Wohl aber kann gegen eine rechtsverletzende Exekutionshandlung wie auch gegen die Verweigerung von Exekutionshandlungen durch das Vollstreckungsorgan der Rechtsbehelf der ***Vollzugsbeschwerde*** binnen 14 Tagen beim Exekutionsgericht angebracht werden (§ 68 EO).

► Der Exekutionszweck der Gläubigerbefriedigung verleiht dem Handeln des Vollstreckungsorgans einen ***fortwährenden Charakter:***

Es wird weiter vollstreckt, bis entweder Gläubigerbefriedigung eingetreten ist oder aber die Fruchtlosigkeit weiterer Vollzugshandlungen feststeht (§ 25 Abs 2 EO).

Wird die Vollzugshandlung vom Erlag einer Sicherheit abhängig gemacht, so darf das Gericht einen Vollzugsauftrag erst nach Einlangen der Sicherheit erteilen (§ 25 Abs 2 S 2 EO). Sonst hat das Gericht den Vollzugsauftrag sofort zu erteilen; dies trifft auch dann zu, wenn die Exekutionsbewilligung im vereinfachten Bewilligungsverfahren (§§ 54b ff; s unten Vierter Teil, VI.) erwirkt wurde (§ 25 Abs 2 S 3 EO).

Das Vollstreckungsorgan darf nur dann ***mit dem Vollzug innehalten,*** wenn ihm nachgewiesen wird, dass der betreibende Gläubiger nach Entstehung des Exekutionstitels befriedigt wurde, Stundung bewilligt oder einen *Exekutionsfortsetzungsverzicht* erklärt hat (§ 46 EO).

Das Vollstreckungsorgan kann mit dem Verkauf von Fahrnissen innehalten, wenn die Forderung des betreibenden Gläubigers aufgrund der bisher vorgenommenen Pfändungen voraussichtlich nicht gedeckt ist, weitere Vollzugshandlungen aber erfolgversprechend sind (§§ 252c iVm 264b EO).

► Das Vollstreckungsorgan darf, soweit gesetzlich nichts anderes vorgesehen ist, den ***Verpflichteten*** von bevorstehenden Vollzugshandlungen ***nicht in Kenntnis setzen*** (§ 25 Abs 3 S 3 EO).

Beispiel: Bei der Exekution auf bewegliche körperliche Sachen (Fahrnisexekution) übergibt der Vollstrecker dem Verpflichteten die Exekutionsbewilligung und beginnt sogleich, pfändbare Gegenstände in einem Pfändungsprotokoll pfandweise zu beschreiben.

Wenn aber der Verpflichtete bei einem Vollzugsversuch nicht angetroffen wird, so kann ihn das Vollstreckungsorgan zur *Kontaktaufnahme* auffordern, wenn dadurch der Zweck der Exekution nicht vereitelt wird (§ 25c EO).

Diese Ausnahmeregelung ist mit Zurückhaltung anzuwenden. Ist zu befürchten, dass infolge der Aufforderung zur Kontaktaufnahme pfändbare Gegenstände verbracht werden oder sonst der Exekutionszweck vereitelt wird, ist eine Aufforderung nach § 25c EO zu unterlassen (s. dazu RVEB EO-Nov 1995, 195 BeilNR 19. GP 43).

Vgl. dazu auch die Situation bei § 54b Abs 1 Z 5 EO: Im vereinfachten Bewilligungsverfahren (§§ 54b ff EO) wird dem Verpflichteten die Exekutionsbewilligung vorab zugestellt; bescheinigt der betreibende Gläubiger, dass ein vorhandenes Exekutionsobjekt durch die Zustellung vor dem Vollzugsbeginn der Exekution entzogen würde, so unterbleibt das vereinfachte Bewilligungsverfahren.

► Unmittelbar vor dem Vollzug hat das Vollstreckungsorgan am Vollzugsort den Verpflichteten ***zur Leistung*** der herein zu bringenden Forderung ***aufzufordern*** (§ 25a Abs 1 EO). Hierbei ist das Vollstreckungsorgan ***zum Inkasso berechtigt*** (§ 25a Abs 2 und 3 EO) und kann ***für die Parteien auftreten.*** Er kann:

- zu erzwingende Zahlungen oder sonstige Leistungen in Empfang nehmen und diese wirksam quittieren; eine spätere Quittung durch den betreibenden Gläubiger bleibt unberührt;
- dem Verpflichteten, wenn er seine Verbindlichkeit vollständig erfüllt hat, auf Verlangen die ihm zu diesem Zweck vom Gericht oder vom betreibenden Gläubiger ausgehändigten Schuldurkunden übergeben;
- eine erforderliche Gegenleistung des betreibenden Gläubigers (insbes. bei Zug-um-Zug-Titeln), etwa eine Urkunde, Geldsumme oder sonstige Sachen an den Verpflichteten für den betreibenden Gläubiger rechtswirksam durchführen;
- Schecks zahlungshalber entgegen nehmen (muss sie aber, selbst wenn dadurch die betriebene Forderung getilgt würde, pfänden und gegebenenfalls verwahren (vorläufig ohne Aufnahme eines Vermögensverzeichnisses iSd § 253a EO).

Beachte: Zahlungen und sonstige Leistungen an den Gerichtsvollzieher wirken für den Verpflichteten schuldbefreiend, die Gefahr geht somit auf das Vollstreckungsorgan und damit auch auf den betreibenden Gläubiger über.

► Als ***Vollzugsort*** kommt in Betracht:

- grundsätzlich der im Exekutionsantrag angegebene Ort, in Ermangelung einer Angabe der Wohnsitz des Verpflichteten (§ 25b Abs 1 EO).

▪ Ist dem Gerichtsvollzieher bekannt, dass ein Vollzug an diesem Ort nicht möglich sein wird, so kann er Ehebungen anstellen (Durchsicht der Exekutionsregister und Exekutionsakten, Anfrage beim Melderegister, Befragung von Nachbarn) und einen so bekannt gewordenen anderen Vollzugsort von Amts wegen aufsuchen (§ 25b Abs 2 EO); eine vorherige Befragung des betreibenden Gläubigers erfolgt nicht;

▪ zur Erforschung, ob und welche Kraftfahrzeuge und Anhänger auf den Verpflichteten zugelassen sind, stellt das Vollstreckungsorgan namens des Gerichts eine Anfrage an den BMI zur Auskunftserteilung aus der zentralen Zulassungsevidenz nach § 47 Abs 4 KFG sowie an die Gemeinschaftseinrichtung der zum Betrieb der Kraftfahrzeug-Haftpflichtversicherung berechtigten Versicherer zur Auskunft aus der zentralen Evidenz nach § 47 Abs 4a KFG; Anfragen und Auskunftserteilung erfolgen auf dem Weg automationsunterstützter Datenverarbeitung (§ 25b Abs 2a EO).

Beachte: Die Anfragen nach § 47 Abs 4 und 4a KFG setzen keinen erfolglosen Vollzugsversuch voraus.

▪ Gerichtsvollzieher dürfen zu Vollzugszwecken den Gerichtssprengel, dem sie zugeordnet sind verlassen; diese Bestimmung wird gemeinhin so verstanden, dass sie nicht bloß die Nachbarsprengel umfasst (§ 25b Abs 3 S 1 EO).

▪ Anstatt den eigenen Sprengel zu verlassen, kann der Gerichtsvollzieher auch den nach dem voraussichtlichen Vollzugsort zuständigen Gerichtsvollzieher ersuchen, die Amtshandlung vorzunehmen. Der ersuchte Gerichtsvollzieher wird dann im Auftrag des Exekutionsgerichts, das den Vollzug angeordnet hat, und nicht seines „Heimatgerichts" tätig (§ 25b Abs 3 S 2 und 3 EO).

► Die ***Vollzugszeit*** bestimmt das Vollstreckungsorgan nach Maßgabe größtmöglicher Erfolgswahrscheinlichkeit.

Allerdings dürfen Vollzugshandlungen an Samstagen, gesetzlichen Feiertagen sowie in der Zeit zwischen 22 Uhr und 6 Uhr nur durchgeführt werden

▪ in dringenden Fällen, insbesondere wenn der Exekutionszweck anders nicht erreicht werden kann, oder

▪ wenn ein Vollzugsversuch an Werktagen zur Tageszeit erfolglos war (§ 30 EO).

► Das Vollstreckungsorgan hat über jede Vollzugshandlung ein ***Protokoll*** anzufertigen (§ 60 Abs 1 EO). Seine Inhaltserfordernisse regelt § 60 Abs 2 und 3 EO.

► ***Anwesenheit Beteiligter:*** Beantragt der betreibende Gläubiger, dass ihm Gelegenheit gegeben wird, bei Vollzugshandlungen anwesend zu sein, so hat im das Vollstreckungsorgan Zeit und Ort der Vollzugshandlung bekannt zu geben (§ 32 Abs 3 EO S 1 EO).

Versäumt der betreibende Gläubiger den bekannt gegebenen Vollzugstermin, so wird in seiner Abwesenheit vollzogen; von weiteren Exekutionshandlungen ist er in diesem Fall nur auf neuerlichen Antrag zu verständigen (§ 32 Abs 3 S 2 und 3 EO).

Unterlässt das Vollstreckungsorgan dagegen trotz Gläubigerantrags die Verständigung, so hat ein weiterer Termin von Amts wegen unter seiner Beteiligung stattzufinden (§ 32 Abs 3 S 4 EO), und zwar unabhängig davon, ob das Vollzugsergebnis bei Beteiligung des betreibenden Gläubigers ein anderes gewesen wäre als in seiner Abwesenheit. Eine Vollzugsbeschwerde (§ 68 EO), ist erst dann zulässig, wenn auch die nachfolgende amtswegige Anberaumung des Vollzugs unterbleibt. Freilich fehlt der Vollzugsbeschwerde das Rechtsschutzinteresse, wenn der Vollzug in Abwesenheit des betreibenden Gläubigers zur vollständigen Befriedigung hat oder diese sichergestellt ist.

Überhaupt können – neben dem Verpflichteten – alle anderen an einer Exekutionshandlung Beteiligten bei der Vornahme zugegen sein. Die Ladung dazu obliegt dem Vollstreckungsorgan. Dieses kann allerdings Personen, welche die Vollzugshandlung stören oder sich unangemessen betragen, entfernen (§ 32 Abs 1 und 2 EO).

Das Vollstreckungsorgan kann die Assistenz der Sicherheitskräfte in Anspruch nehmen; ebenso wird die Hilfe eines Handwerkers (zB. Schlosser, Schreiner) zum Eindringen in eine Wohnung und zum Öffnen von Behältnissen erforderlich, ebenso ein Transportunternehmen (etwa bei einer Delogierung).

▶ Spätestens vier Monate nach Erhalt des Vollzugsauftrags hat das Vollstreckungsorgan dem Exekutionsgericht und dem betreibenden Gläubiger einen ***Vollzugsbericht*** vorzulegen:

Im Vollzugsbericht ist über die Durchführung wie über das Scheitern von Vollzugshandlungen gleichermaßen Bericht zu erstatten und der Stand des Verfahrens zu referieren (§ 25d EO).

Besondere Bestimmungen gelten für den Vollzugsbericht gemäß § 252d EO bei der Fahrnisexekution. Hier hat das Vollstreckungsorgan dem Exekutionsgericht und dem betreibenden Gläubiger zu berichten, wenn

- die Forderung vom Verpflichteten beglichen wurde,
- kein Vollzugsort ermittelt werden konnte,
- keine pfändbaren Gegenstände vorgefunden wurden und weitere Vollzugsversuche nicht erfolgversprechend sind,
- das Verkaufsverfahren abgeschlossen ist,
- das Gericht dazu auffordert, etwa weil der Bericht für eine vom Gericht zu fällende Entscheidung erforderlich ist.

Die Viermonatsfrist für den Bericht nach Erhalt des Vollzugsauftrags gilt auch hier. Hat das Vollstreckungsorgan dem betreibenden Gläubiger binnen vier Monaten den Vollzug der Pfändung mitgeteilt und dem Gericht das Pfändungsprotokoll vorgelegt, so ist erst nach sechs Monaten über den Stand des Verfahrens (neuerlich) zu berichten. Nach Ablauf von vier – bzw. sechs – Monaten ist monatlich zu berichten (§ 252d Abs 2 EO).

3. *Durchsuchungsrecht*

Mitunter erfordert der Zweck der Vollzugshandlung einen Eingriff in verfassungsgemäß garantierte Rechte des Verpflichteten, etwa in das Hausrecht (vgl. *Buchegger,* Zum Hausrecht und zur persönlichen Freiheit in der Zwangsvollstreckung, Dike International Band 3, 1996, 271 ff). Die EO demonstriert hier den einfachgesetzlichen Eingriffsvorbehalt.

In der Folge wird auf das Recht des Vollstreckungsorgans, Türen und Behältnisse öffnen zu lassen, die Wohnung des Verpflichteten zu durchsuchen näher eingegangen (§§ 26, 26a EO).

Bei Vollzugshandlungen iSd § 26 Abs 1 EO gilt aber: Ist weder der Verpflichtete noch ein Familienmitglied oder ein Bevollmächtigter beim Vollzug anwesend, so hat das Vollstreckungsorgan zwei vertrauenswürdige volljährige Personen als Zeugen beizuziehen (§ 26 Abs 1 S 3 EO).

► ***Öffnung verschlossener Türen und Behältnisse***

Verschlossene, Haus- Wohnungs- und Zimmertüren sowie Behältnisse des Verpflichteten dürfen, selbst bei *geringfügiger Beschädigung,* geöffnet werden (§ 26 Abs 1 S 2 EO).

Haus- und Wohnungstüren dürfen nach den Bestimmungen des § 26a EO nur geöffnet werden, wenn der betreibende Gläubiger auf einer Öffnung nicht verzichtet hat *und* eine der folgenden Voraussetzungen vorliegt:

- wenn bei Vollzugsversuchen bei Privatpersonen zwischen 6 und 22 Uhr, bei Unternehmen während der Geschäftszeit die Tür versperrt war,
- wenn das Objekt (zB. ein Sommerhaus) voraussichtlich in den nächsten vier Monaten versperrt sein wird,
- wenn die Tür zu der dem Verpflichteten (etwa bei Delogierungen oder bei Kontaktaufnahme mit dem Verpflichteten nach § 25c EO) bekannt gegebenen Vollzugszeit versperrt vorgefunden wurde,
- wenn eine am Vollzugsort anwesende Person nicht geöffnet hat.

Der Gläubiger hat *binnen* ihm vom Vollstreckungsorgan *auferlegter Frist*

- die zur Öffnung erforderlichen Mittel (Bezahlung eines Schlossers) vorschussweise zu erlegen oder aber
- mitzuteilen, dass er die zur Öffnung erforderlichen Arbeitskräfte bereitstellen wird (§ 26a Abs 2 EO).

Ein Auswechseln des Schlosses ist nur zulässig, wenn der Schlüssel zum neuen Schloss jederzeit (vom Verpflichteten) behoben werden kann (§ 26 Abs 1 S 2 Hs 2 EO).

Die *Kosten des Schlossers* sind einstweilen vom betreibenden Gläubiger zu bestreiten; schreiten mehrere betreibende Gläubiger ein, so sind sie nach der Höhe der jeweiligen Forderungen aufzuteilen (§ 26a Abs 3 EO). Die Kostentragung liegt beim Verpflichteten, ihn trifft die Pflicht zum Kostenersatz: Diese Kosten sind als Teil der Exekutionskosten herein zu bringen, mithin beim Umfang der Pfändung mit zu berücksichtigen (§ 27 Abs 2 iVm § 74 EO).

► ***Umfang der Durchsuchungsbefugnis***: Vom Durchsuchungsrecht des Vollstreckungsorgans sind erfasst (§ 26 Abs 1 S 1 EO):

- die Wohnung des Verpflichteten
- dessen Behältnisse (Mobiliar, Safes) und
- wenn nötig – mit entsprechender Schonung der Person – sogar die vom Verpflichteten beim Vollzug getragene Kleidung

Werden beim Verpflichteten etwa exekutionsunterworfene Fahrnisse oder Geldbeträge gefunden, so sprechen wir in diesem Zusammenhang von ***Taschenpfändung***.

► Zur ***Beseitigung von Widerstand*** kann das Vollstreckungsorgan die Organe des öffentlichen Sicherheitsdienstes *unmittelbar* (und nicht auf dem Weg über die vorgesetzte Dienstbehörde) um Assistenz ersuchen (§ 26 Abs 2 S 1 EO).

Militärische Hilfe kann vom Vollstreckungsorgan nur über den Vorsteher des Exekutionsgerichts bei den Militärbehörden angefordert werden (§ 26 Abs 2 S 2 EO).

Dient der Verpflichtete selbst aktiv beim Heer oder bei der Bundespolizei, so hat das Vollstreckungsorgan zur Beseitigung von Widerstand beim Vorgesetzten des Verpflichteten um Unterstützung anzusuchen, außer es besteht Gefahr im Verzug, dann ist eine autonome Zuhilfenahme von Sicherheitsorganen zulässig (§ 26 Abs 3 EO).

4. Aufgaben der Vollstreckungsorgane

Das Vollstreckungsorgan begegnet uns als verlängerter Arm des Gerichts. Es übt *Zwang* gegen den Verpflichteten aus zur Durchsetzung des Rechts des betreibenden Gläubigers.

Es begegnet uns prominent bei der Fahrnisexekution, aber auch in anderen Exekutionsarten, etwa der Individualleistungsexekution oder beim Vollzug einstweiliger Verfügungen.

Des Weiteren hat das Vollstreckungsorgan bei der technischen Abwicklung gerichtsinterner Schritte tätig zu werden, etwa durch Hinterlegung von Gegenständen, von Geldmitteln. Es hat letztlich auch gerichtlich genehmigte Auszahlungen vorzunehmen oder – was äußerst selten vorkommt – Überschüsse an den Verpflichteten zurück zu zahlen.

Im Folgenden soll ein kurzer Überblick über die ***wesentlichen Aufgaben des Vollstreckungsorgans*** gewonnen werden.

Ihm obliegen insbesondere:

- Protokollierung des Vermögensverzeichnisses des Verpflichteten (§ 47 Abs 2 EO);

- Erledigung des exekutionsgerichtlichen Auftrags zur zwangsweisen Vorführung des Verpflichteten zur Abgabe des Vermögensverzeichnisses (§ 48 Abs 1 EO);

- Übergabe der in Exekution gezogenen Liegenschaft an den gerichtlich bestellten Zwangsverwalter, wenn der Verpflichtete diese trotz gerichtlicher Aufforderung nicht selbst durchführt (§ 99 Abs 2 S 2 und Abs 3 EO);

- Durchführung von Erhebungen und Einvernahme des Verpflichteten bei fehlender urkundlicher Glaubhaftmachung des Eigentums des Verpflichteten an einem Superädifikat, das in Exekution gezogen werden soll (§ 102 Abs 1 EO);

- Versteigerung von Liegenschaftserträgen (§§ 277 ff, 112 Abs 1 Z 3 EO);

- Durchführung der ***Fahrnispfändung*** mit Errichtung des Pfändungsprotokolls und Eintrag der vorgenommenen Pfändung im elektronisch geführten Pfändungsregister (§ 250 Abs 2, 251 bis 252f, 253, 254 EO);

- Abwicklung der Austauschpfändung (§ 251a EO);

- die Aufnahme eines Vermögensverzeichnisses mit dem Verpflichteten bei erfolglosem Vollzugsversuch (§§ 253a iVm 47 Abs 1 Z 1 EO);

- Veranlassung der vom betreibenden Gläubiger beantragten Verwahrung gepfändeter Fahrnisse (§ 259 Abs 5 EO) sowie der Bestellung des Verwahrers (§ 260 EO), wenn sich die Gegenstände nicht zum gerichtlichen Erlag eignen (§ 259 Abs 1a EO);

- Wegnahme von Bargeld, das bei der Fahrnispfändung vorgefunden wird (§ 261 EO);

- ***Mitwirkung bei der Fahrnisverwertung*** (§§ 264 ff EO):

→ Innehalten mit der Anordnung des Verkaufs auf die Dauer von längstens vier Monate, sofern weitere Vollzugsversuche erfolgversprechend sind (§§ 264b iVm 252c EO).

→ Durchführung eines oder Mitwirkung bei einem Freihandverkauf (§§ 268, 269 EO, § 367 ABGB),

→ Mitwirkung bei der Abwicklung eines Übernahmeantrags (§ 271 EO),

→ Bestimmung des Versteigerungstermins, sofern diese nicht von einem bestellten Versteigerer oder in einer Auktionshalle durchgeführt wird (§ 272 Abs 1 Z 3 EO),

→ Bestimmung des Versteigerungsorts bzw. Bestellung eines Versteigerers für eine Internet-Versteigerung oder die Veranlassung der Versteigerung auf Justiz-Auktionen.at (§ 274 Abs 2 und 5 EO),

→ Aufforderung an den betreibenden Gläubiger zum Erlag der Kosten für Transport, Verkaufsverwahrung und Gebühren des Versteigerers (§ 274a EO),

→ Durchführung des Überstellungsverfahrens an den Versteigerer oder die Auktionshalle (§ 274d EO),

→ Bestellung eines Sachverständigen zur Durchführung einer Schätzung, sofern die Versteigerung nicht von einem bestellten Versteigerer oder in einer Auktionshalle durchgeführt wird (§ 275 Abs 4 Z 3 EO),

→ Durchführung der Schätzung von Gegenständen minderen und allgemein bekannten Werts (§ 275 Abs 5 S 2 EO),

→ Durchführung der Versteigerung, sofern nicht ein Versteigerungshaus oder ein Internetversteigerer tätig wird (§ 276 Abs 1 EO); gegebenenfalls Ausspruch eines Versendungsausschlusses an den Ersteher bei mangelnder Eignung der Gegenstände zum gerichtlichen Erlag und erheblichem Versendungsaufwand (§§ 281a Abs 2 iVm 259 Abs 1a EO),

→ Veranlassung des Abbruchs einer Internetversteigerung bei Einstellung oder Aufschiebung der Exekution, wenn noch kein Gebot vorliegt oder bei abgegebenem Gebot aufgrund eines Widerspruchs Dritter (§ 277c EO),

→ Vernehmung des Verpflichteten bei Unauffindbarkeit gepfändeter Gegenstände, Aufnahme eines Vermögensverzeichnisses, (zumutbare) Erhebungen über den Verbleib der Gegenstände, Aufforderung an den betreibenden Gläubiger zur Fahrnisverfolgung (§ 279a EO),

→ Mitteilungsempfänger über den Ausgang einer von einem Versteigerer durchgeführten Versteigerung (§ 282b EO),

→ Überweisung des Versteigerungserlöses abzüglich der Versteigerungs- und Schätzungskosten an den betreibenden Gläubiger, sofern die Exekution nur zu Gunsten eines Gläubigers geführt wird (§ 283 Abs 1 EO),

→ Entgegennahme des Kostenverzeichnisses des betreibenden Gläubigers, sofern diese noch nicht gerichtlich festgestellt sind; Erlag des zur Deckung dieser Kosten erforderlichen Betrags bei Gericht, Erlag der Kosten für Versteigerung und Schätzung bei Gericht; Ausfolgung eines Überschusses nach gerichtlicher Kostenfeststellung an den Verpflichteten (§§ 283 Abs 4, 284 EO),

→ Erlag des gesamten exekutiv hereingebrachten Betrags bei Gericht, sofern mehrere Gläubiger Exekution gegen den Verpflichteten führen.

▪ ***Pfändung von Papierforderungen*** durch Aufnahme in ein Pfändungsprotokoll, Wegnahme und Erlag bei Gericht (§§ 296 iVm 253, 254 Abs 1, 300 Abs 1 EO);

▪ Geltendmachung von Rechten aus den bei Gericht erliegenden Papieren an Stelle des Verpflichteten und bei Gefahr in Verzug und gerichtlicher Ermächtigung die Durchführung der Einziehung der Forderung aus dem Papier (§ 297 EO);

▪ Abgabe einer schriftlichen Übertragungserklärung auf gepfändeten indossablen Papieren nach Überweisungsantrag des Gläubigers in gerichtlichem Auftrag (§ 305 Abs 1 S 2 EO);

▪ Entgegennahme einer Sparurkunde mit gerichtlicher Einziehungsermächtigung an das Vollstreckungsorgan entfaltet die Wirkungen einer Übergabe an den betreibenden Gläubiger (§ 305 Abs 1 S 3 EO);

▪ Übergabe aller vorhandenen, die in Exekution gezogene Forderung betreffenden Urkunden an den Forderungskäufer bei Erlag des Kaufpreises (§ 318 Abs 1 S 3 EO) sowie Verwendung des Verkaufserlöses nach den Bestimmungen der §§ 283 bis 287 EO (§ 318 Abs 2 EO);

▪ Einzug von Forderungen aus Sparurkunden zu Verwertungszwecken nach gerichtlicher Ermächtigung (§§ 319a, 304 EO);

▪ ***Entgegennahme der geschuldeten Sache vom Drittschuldner*** nach Pfändung des Herausgabe- oder Leistungsanspruchs des Verpflichteten (§ 327 Abs 1 EO);

▪ bei Exekution auf gewerbliche Unternehmen und Fabriken Einführung des bestellten Verwalters in das zu verwaltende Unternehmen (§ 343 Abs 1 EO);

▪ bei der ***Exekution zur Erwirkung von Handlungen und Unterlassungen***

→ Wegnahme geschuldeter Sachen (§ 346 Abs 1 EO),

→ bei Unauffindbarkeit der Sachen Einvernahme des Verpflichteten und Erstellung eines Vermögensverzeichnisses (§ 346a EO),

→ bei Sachen, wo eine Wegnahme nicht möglich ist, Wegnahme von Eigentumsurkunden, Werkzeugen, Schlüsseln oder sonstigen Herrschaftszeichen (§ 348 Abs 1 EO iVm

§ 427 ABGB); bei abgenommenen Eigentumsurkunden Vornahme einer Anmerkung, dass die Übergabe zu Vollstreckungszwecken erfolgt ist; Abgabe der nach bürgerlichem Recht zum Zweck der Übertragung sonst noch erforderlichen Erklärungen im Auftrag des Exekutionsgerichts (§ 348 Abs 2 EO),

→ Durchführung von Räumungen unbeweglicher Sachen (§ 349 EO),

→ Hilfe zur Beseitigung von Widerstand des Verpflichteten gegen die Vornahme einer Handlung bei der Exekution auf Duldungen und Unterlassungen (§§ 356 Abs 1, 357 EO),

→ Verhaftung des Verpflichteten (§ 360 Abs 2 EO);

▪ ***einstweilige Verfügungen***

→ Zustellung des Auftrags zum Verlassen der Wohnung an den Verpflichteten (§ 382c Abs 2 EO),

→ beim Vollzug einer eV zum Schutz vor Gewalt in Wohnungen Wegweisung des Gegners der gefährdeten Partei aus der Wohnung samt Abnahme aller Schlüssel; diese sind gerichtlich zu hinterlegen; Gelegenheit zur Mitnahme persönlicher Wertsachen, Dokumente sowie von Sachen die dem alleinigen persönlichen Gebrauch oder der Berufsausübung dienen, ist zu geben (§ 382d Abs 2 EO); bei Abwesenheit der wegzuweisenden Person Hinterlassung einer Aufforderung zur Abholung der bezeichneten Gegenstände aus der Wohnung binnen zwei Tagen (§ 382d Abs 3 EO); bei dem Vollzug solcher eV können auch Sicherheitsorgane mit unmittelbarer Befehls- und Zwangsgewalt auftreten (§ 382d Abs 4 EO),

→ Wegnahme von zu verwahrenden oder zu verwaltenden beweglichen Sachen vom Gegner der gefährdeten Partei und Übergabe an einen Verwahrer oder Verwalter (§ 383 EO).

Dritter Teil

Parteien und Verfahrensbeteiligte

I. Parteien

Lit.: *Ballon,* Probleme bei der Veräußerung der streitverfangenen Sache durch den Beklagten, BeitrZPR IV 1; *Fucik*, Die Vertretungsbefugnis des Verfahrenshelfers hindert die Partei nicht daran, im Exekutionsverfahren selbstständig zu handeln, iFamZ 2008/51, 97; *Holeschofsky*, Erbe und bücherlicher Vormann; Bemerkungen zu § 24 GBG, JBl 1979, 353; *Holeschofsky*, Gedanken zu einem exekutionsrechtlichen Fall, RZ 1980, 98; *Hule*, Ungeplante Änderungen von Rechtsnormen? Drei Beispiele aus der WGN 1989, RZ 1991, 134; *Klicka,* Zivilprozessuale Fragen bei der Unternehmensveräußerung, ecolex 1990, 205; *Mohr*, Die neue Lohnpfändung, EO-Novelle 1991 (1991); *Mohr,* Die Fahrnisexekution nach der EO-Nov 1995, ÖJZ 1996, 81; *Oberhammer*, Die offene Handelsgesellschaft im Zivilprozeß (1998) 298ff, 319ff; *Rechberger*, Die fehlerhafte Exekution (1978) 172ff, 181ff; *Reischauer,* Zum automatischen Pfandrechtsübergang, insb bei notwendiger Zession, ÖJZ 1989, 193, 232; *Schmuck*, Über die rechtliche Konstruktion der Gütergemeinschaft, NZ 1958, 76; *Simotta,* Einige Probleme des Datenschutzes im Zivilverfahrensrecht, ÖJZ 1993, 793; *Stagel,* Die Klage nach § 10 EO, ÖJZ 1952, 345; *Stanzl,* Die Firma im Exekutionsverfahren, JBl 1951, 530; *Welser*, Posterior tempore, potior iure! NZ 1994, 73 ff; *Wisleitner*, Die Akteneinsicht des Verpflichteten bei der Fahrnisexekution vor Beginn des Vollzugs, RZ 1991, 273; *Ziehensack*, Die Berichtigung der Parteienbezeichnung, ÖJZ 1996, 721.

A. Der betreibende Gläubiger

§ 3 Abs 2 EO definiert den betreibenden Gläubiger etwas lakonisch als anspruchsberechtigte Partei.

Anspruchsberechtigt ist grundsätzlich jeder, der einen Exekutionstitel vorlegen kann, in dem er als Leistungsberechtigter ausgewiesen ist, mithin der ***Inhaber der vollstreckbaren Forderung.***

Der Parteibegriff ist indes nicht am materiell rechtlichen Moment der Inhaberschaft der vollstreckbaren Forderung fest zu machen, sondern vielmehr an der formellen ***Exekutionsantragstellung.***

Merke: Die vollstreckbare Forderung ist ein privatrechtlicher Anspruch auf ein Tun, Dulden oder Unterlassen gegen eine andere, namentlich genannte Person (den Verpflichteten).

Wer eine vollstreckbare Forderung besitzt, dem räumt das Gesetz bei Vorliegen aller Zulässigkeitsvoraussetzungen (der Exekutionsvoraussetzungen) auch einen Rechtsdurchsetzungsanspruch gegen den Staat ein, den ***Vollstreckungsanspruch.***

Wird in einem Titel dem Schuldner die Zahlung an einen Dritten mit schuldbefreiender Wirkung für den Gläubiger auferlegt, so ist dieser Dritte nicht betreibender Gläubiger. Er kann bloß als Vertreter des betreibenden Gläubigers auftreten.

B. Der Verpflichtete

Verpflichteter ist derjenige, gegen den Exekution geführt werden soll (§ 5 EO), mithin der Schuldner der Leistung nach dem Titelinhalt. Verpflichteter ist der im Exekutionsantrag als ***Antragsgegner*** Ausgewiesener.

Gegen eine andere Person als die im Titel als verpflichtete genannte Person ist die Exekution grundsätzlich unzulässig. Davon gibt es zwei Ausnahmen.

- Eine *vor* Exekutionsantrag aber *nach* Titelerlass eingetretene ***Einzelrechtsnachfolge*** wird nach den Bestimmungen der EO nachgewiesen bzw. eine urteilsmäßige Feststellung erstritten (§§ 9, 10 EO; siehe dazu unten II.).

- ***Verstirbt der Verpflichtete*** nach Bewilligung der Exekution, so wird das Verfahren gegen den Nachlass fortgesetzt (§ 34 EO):

→ Liegt eine Erbantrittserklärung (§§ 157, 159 AußStrG) vor oder wurde ein Nachlasskurator bestellt (§§ 5, 156 AußStrG), so kann die Exekution auf die Verlassenschaft ohne nochmalige Exekutionsbewilligung fortgesetzt werden.

→ Fehlt eine Erbantrittserklärung und auch ein Verlassenschaftskurator, so hat der betreibende Gläubiger beim Abhandlungsgericht oder aber beim Bewilligungsgericht die Bestellung eines einstweiligen Nachlassvertreters zu beantragen, um so die Exekution weiter führen zu können.

→ Eine bereits bewilligte Immobiliarexekution kann nach dem Tod des Verpflichteten auch ohne Bestellung eines einstweiligen Nachlassvertreters dann fortgesetzt werden, wenn die zur Einleitung der Zwangsverwaltung oder Zwangsversteigerung notwendige bücherliche Anmerkung bereits erfolgt ist.

→ Tritt während des Exekutionsverfahrens ***Universalsukzession*** infolge Einantwortung ein, so hat das die Parteiänderung auf der Seite des Verpflichteten von Amts zu berücksichtigen (JBl 1978, 97; ecolex 1991, 857).

II. Singularsukzession nach Titelerlass

Die Exekution ist nur zugunsten des im Titel ausgewiesenen betreibenden Gläubigers und zu Lasten des darin Verpflichteten zulässig:

Der vorgelegte Exekutionstitel hat die Person des Berechtigten, des Verpflichteten sowie Gegenstand, Art, Umfang und Zeit der geschuldeten Leistung oder Unterlassung nach § 7 Abs 1 EO zu enthalten:

Soll die Exekution indes für oder gegen andere Personen als die im Exekutionstitel Genannten geführt werden, so ist die erfolgte ***Einzelrechtsnachfolge nach Titelerlass aber vor Exekutionsbewilligung*** mittels öffentlicher (§ 292 Abs 1 ZPO) oder öffentlich beglaubigter Urkunde nachzuweisen (§ 9 EO).

Kann eine solche nicht beigeschafft werden, so hat der (neue) betreibende Gläubiger gegen den (neuen) Verpflichteten die ***Titelergänzungsklage (Purifikationsklage) nach § 10 EO*** zu erheben, mit der die Validität des Exekutionstitels für den neuen betreibenden Gläubiger oder gegen den neuen Verpflichteten, mithin das *Bestehen eines Vollstreckungsanspruchs des Klägers gegen den Staat festgestellt* werden soll (SZ 50/30, JBl 1989, 453).

Das erstrittene rechtskräftige Titelergänzungsurteil *ergänzt* die Angaben nach § 7 Abs 1 EO. Es schafft keinen neuen Titel (3 Ob 207/01i; 3 Ob 188/02x NZ 2005/33, 139).

Die Purifikationsklage ist auch zur Ergänzung verwaltungsbehördlicher Titel zulässig (3 Ob 316/99p EvBl 2001/6, 22).

Dieser dem Exekutionsverfahren vorgeschaltete Zivilprozess folgt den allgemeinen Zuständigkeitsbestimmungen der JN und den Verfahrensregeln der ZPO.

Kein Fall des § 9 EO liegt vor, wenn die Einzelrechtsnachfolge ***nach Exekutionsbewilligung eingetreten ist*** (hA; vgl. auch die Judikaturnachweise bei *Angst/Jakusch/Mohr,* EO[15], zu § 9 EO E. 15 bis E. 23).

III. Zweiparteiensystem – Parteienmehrheiten – andere Verfahrensbeteiligte

A. Zweiparteiensystem

Der anspruchsberechtigte ***betreibende Gläubiger*** steht dem ***Verpflichteten*** in einem dualen System gegenüber.

Dieser Grundsatz bedarf allerdings ergänzender Erläuterung (siehe unten B. und C.):

- Auf aktiver wie passiver Seite kann eine Personenmehrheit auftreten. Wir sprechen dann von einer *Vollstreckungsgenossenschaft.*

- Die EO gesteht *Dritten,* die vom Exekutionsverfahren tangiert sind, mitunter parteiähnliche Rechte zu.

▪ Schließlich schafft die EO *Formalfiguren* wie etwa den Zwangsverwalter in der Immobiliarexekution, den es mit bestimmten Befugnissen zum Zweck der Durchsetzung der Rechte des betreibenden Gläubigers bei gleichzeitigem Gebot des Schutzes des Verpflichteten vor überschießender Exekution ausstattet.

Solche Formalfiguren sind freilich keine Parteien im technischen Sinn und auch keine Parteienvertreter.

B. Vollstreckungsgenossenschaft

Von Vollstreckungsgenossenschaften spricht man, wie bereits erwähnt dann, wenn auf betreibender oder verpflichteter Seite eine Personenmehrheit auftritt.

Eine ***aktive Vollstreckungsgenossenschaft*** liegt vor, wenn mehrere betreibende Gläubiger gegen denselben Verpflichteten auftreten. Dies kann zweierlei Gründe haben:

■ Die betreibenden Gläubiger stehen hinsichtlich des vollstreckbaren Anspruchs in Rechtsgemeinschaft, oder

■ es werden aufgrund verschiedener vollstreckbarer Ansprüche Exekutionen mit gleicher Verwertungsart geführt.

Die Gläubiger bilden hier eine ***Verwertungsgenossenschaft*** (vgl. auch *Roth/Duursma-Kepplinger,* ExR u. InsR[10], 18).

Statistisch sind Verwertungsgenossenschaften die häufigste Form der Vollstreckungsgenossenschaft.

Es ist dabei zu unterscheiden

▪ Selten werden Verwertungsgenossenschaften durch *gleichzeitige Exekutionsanträge* aller betreibenden Gläubiger gebildet.

▪ Der häufigere Fall ist der *Beitritt* eines oder mehrerer betreibender Gläubiger zu einem bereits laufenden Verfahren eines zeitlich früher aktiv gewordenen betreibenden Gläubigers bei gleichem Verwertungsverfahren für alle betreibenden Gläubiger.

Wir sprechen dann vom *führenden Gläubiger* und von *beitretenden Gläubigern.* Die Konsequenzen für die Beitretenden sind angesichts des Prioritätsprinzips offenkundig. Beitretenden haben gegenüber dem Führenden nachgereihte Pfandrechte, was sich auf ihren Befriedigungsfonds auswirkt:

→ Greift der zeitlich nachgereihte Gläubiger auf dieselbe Sache, so kommt es zur ***Nachpfändung*** (§ 257 EO), welche auf dem bereits errichteten Pfändungsprotokoll bloß anzumerken ist.

→ Greifen die verschiedenen betreibenden Gläubiger auf verschiedene Sachen, so ist das Pfandrecht jedes einzelnen gesondert zu beurteilen.

→ Es gilt dabei der ***Grundsatz der Einheitlichkeit des Verwertungsverfahrens*** (§§ 103 Abs 2, 139 Abs 2, 267 Abs 2 und 3 EO).
Beitretende haben die vorgefundene Verfahrenssituation gegen sich gelten zu lassen, sind aber in ihren Dispositionen eigenständig.

Stehen mehrere Verpflichtete einem betreibenden Gläubiger gegenüber in einer Verpflichtungsgemeinschaft (Mitschuldner, Solidarschuldner), so liegt eine ***passive Vollstreckungsgenossenschaft*** vor.

Merke: Vollstreckungsgenossenschaften sind keine Durchbrechung des Zweiparteiensystems sondern seine Abbildung für jeden einzelnen betreibenden Gläubiger gegenüber jedem einzelnen Verpflichteten.

C. Andere Verfahrensbeteiligte

■ Andere Verfahrensbeteiligte sind physische oder juristische Personen, die durch überschießendes Handeln in ihren Rechten verletzt werden:

→ ***Betroffene abgeirrter Exekutionen,*** zB. Eigentümer von Sachen, die beim Verpflichteten vorgefunden und gepfändet wurden (Verletzung der Drittdetention); sie können gegen rechtswidriges Handeln des Vollstreckungsorgans die Vollstreckungsbeschwerde erheben (§ 68 EO).

Die Exszindierungsklage (§ 37 EO), die einen Zivilprozess außerhalb des Exekutionsverfahrens eröffnet, der auf eine (Teil)Einstellung der Zwangsvollstreckung abzielt, steht ihnen freilich ebenfalls offen.

Gleiches gilt für Hypothekargläubiger in der Zwangsversteigerung oder für Berechtigte aus einer Reallast, die auf der in Exekution gezogenen Immobilie haftet.

→ Pfandvorrangskläger, die ihr Recht auf vorrangige Befriedigung vor dem betreibenden Gläubiger geltend machen (§ 258 EO).

■ Daneben gibt es Exekutionsarten, die die Teilnahme eines Dritten voraussetzen, so regelmäßig dann, wenn das Exekutionsobjekt eine Forderung, ein Anspruch oder ein sonstiges Vermögensrecht des Verpflichteten gegen einen Dritten ist. Dieser wird als ***Drittschuldner*** bezeichnet.

Drittbeteiligte haben verfahrensrechtliche Rechte, die je nach Fall unterschiedlich ausgestaltet sind. Hierher gehören das Recht auf Akteneinsicht, gefolgt vom Beschwerderecht, dem Recht auf Ersatz der ihnen erwachsenen Kosten und die Rekurslegitimation bei Vorliegen von Beschwer.

■ ***Keine Drittbeteiligten*** sind die Formalfiguren der EO, wie Zwangsverwalter, Zwangspächter, deren Aufgabe das Lukrieren von Gewinn zur Gläubigerbefriedigung ist. Sie handeln nicht auf eigene Rechnung und sind nicht in ihrer persönlichen materiell rechtlichen Rechtsposition berührt.

IV. Parteifähigkeit und Verfahrensfähigkeit

Die Parteifähigkeit wie auch die Verfahrensfähigkeit bestimmen sich aufgrund der subsidiären Geltung der JN und der ZPO (§ 78 EO) nach den Bestimmungen der ZPO.

Innerhalb seiner eingeschränkten Geschäftsfähigkeit kann ein ***mündiger Minderjähriger*** über Sachen, die ihm zur freien Verfügung überlassen worden sind sowie über Einkommen aus eigenem Erwerb so weit verfügen und sich auch verpflichten, als dadurch nicht die Befriedigung seiner Lebensbedürfnisse gefährdet wird (§ 170 Abs 2 ABGB).

Im Rahmen seiner Verpflichtungsfähigkeit ist der mündige Minderjährige auch prozessfähig (§§ 1 Abs 1 S 1 und 2 ZPO). Daraus ergibt sich für den Fall der Nichterfüllung seine Verfahrensfähigkeit im Exekutionsverfahren:

Eine Exekution gegen ihn ist zulässig, sofern das zugrunde liegende Rechtsgeschäft nicht der Genehmigung des gesetzlichen Vertreters bedurfte, insbesondere, wenn über eigenes Einkommen derart verfügt wurde, dass bei Erfüllung der Verbindlichkeit aus dem Vertrag die Befriedigung der Lebensbedürfnisse des Minderjährigen nicht gefährdet wird.

Eine Zwangsvollstreckung in anderes Vermögen des Minderjährigen ist unzulässig, eine bereits dennoch eingeleitete gemäß § 39 Abs 1 Z 3 EO einzustellen (vgl. *Jakusch* in Angst/Oberhammer[3], EO zu § 39 Rz 26 ff; *Rechberger/Oberhammer,* ExR[5] Rz 33); dies aus zwei Gründen:

Zum einen ist der Minderjährige außerhalb seiner Verpflichtungsfähigkeit gar nicht verfahrensfähig, zum anderen ist dieses andere Vermögen in diesem Fall nicht vollstreckungsunterworfen; es würde vollstreckbares Vermögen werden, wenn ein gesetzlicher Vertreter sich für den Minderjährigen verpflichtet und dann für ihn die Leistung nicht bewirkt hätte.

V. Parteienvertretung

A. Exekutionsverfahren erster Instanz

Die Parteien sind im ***Exekutionsverfahren erster Instanz*** postulationsfähig, mithin schriftsatz- und verhandlungsfähig (Verhandlungen sind im Exekutionsverfahren bloß mitunter zu besonders gewichtigen Verfahrensschritten gesondert vorgesehen, häufiger sind gesetzlich gebotene oder vom Gericht angeordnete Einvernahmen; s. dazu unten Vierter Teil, II. C. sowie D.).

Eine anwaltliche Vertretung ist nicht geboten (§ 52 EO); es herrscht *Vertretungsfreiheit.*

Beachte! Gleiches gilt aufgrund gesetzgeberischen Schweigens für das ***Verfügungsverfahren*** erster Instanz, das im Grunde ein ***Erkenntnisverfahren*** und kein Exekutionsverfahren ist.

B. Rechtsmittelverfahren

Für das ***Rechtsmittelverfahren*** gilt freilich über § 78 EO die Bestimmung des § 520 Abs 1 ZPO: Rekurse (und Revisionsrekurse) sind mit anwaltlicher Unterschrift einzubringen. *Protokollarrekurse* sind seit dem BBG 2011 (Art 38 Z 19) BGBl I 2010/111 unzulässig.

Im gesamten Rechtsmittelverfahren herrscht *absolute Anwaltslast.* Schreitet allerdings der Kinder- und Jugendhilfeträger als Partei oder Parteienvertreter ein, so besteht für ihn keine Anwaltslast, er steht einer anwaltlich vertretenen Partei gleich (§ 65 Abs 4 EO).

Beachte! Im ***Verfügungsverfahren*** richtet sich die Vertretungspflicht im ***Rechtsmittelverfahren*** danach ob der gefährdete Anspruch im streitigen oder im außerstreitigen Verfahren durchzusetzen ist; im ersten Fall besteht absolute Anwaltslast, im zweiten Fall gilt § 6 AußStrG.

C. Exekutionsklagen

In Zivilprozessen, für die das Bewilligungs- oder das Exekutionsgericht eigenzuständig ist ***(Exekutionsklagen),*** gelten die allgemeinen Bestimmungen der ZPO über die Parteienvertretung bei Eigenzuständigkeit des BG (§§ 27 Abs 2, 29 Abs 1 iVm 78 EO):

Übersteigt der Streitgegenstand den Betrag von 5.000 € an Geld oder Geldeswert, so besteht zwar keine Vertretungspflicht, wollen die Parteien sich aber vertreten lassen und haben mindestens zwei Rechtsanwälte am Gerichtsort ihre Kanzleien, so sind nur Rechtsanwälte vertretungsbefugt ***(relative Anwaltslast).***

Im Rechtsmittelverfahren herrscht absolute Anwaltslast.

Eigenzuständigkeit besteht für Oppositionsklagen (§ 35 Abs 2 EO Bewilligungsgericht, bei Titeln in Arbeitsrechtssachen nach § 50 ASGG das Prozessgericht erster Instanz, in Unterhaltssachen das dafür zuständige Gericht in der jeweils vorgesehenen Verfahrensart und subsidiär das Bewilligungsgericht), Impugnationsklagen (§ 36 Abs 2 S 1 EO, Bewilligungsgericht, bei Titeln in Arbeitsrechtssachen nach § 50 ASGG das Prozessgericht erster Instanz, in Unterhaltssachen das Prozessgericht erster Instanz und subsidiär das Bewilligungsgericht), Exszindierungsklagen (§ 37 Abs 3 EO Bewilligungsgericht, nach Vollzugsbeginn das Exekutionsgericht), Pfandvorrangsklagen (§ 258 Abs 1 S 3 EO, Exekutionsgericht), Widerspruchsklagen (§§ 128 Abs 4, 232 Abs 1, 286 Abs 1 EO, Exekutionsgericht).

Soll mit einer Oppositionsklage (§ 35 EO) oder einer Impugnationsklage (§ 36 EO) ein arbeitsrechtlicher Titel (§ 50 ASGG) bekämpft werden, so ist anstelle des Bewilligungsgerichts das Prozessgericht erster Instanz eigenzuständig.

Dann gelten die Bestimmungen über die Vertretung in Arbeitsrechtssachen gemäß § 40 ASGG.

Bei Bekämpfung eines Titels in Unterhaltssachen ist sowohl bei Oppositions- wie auch bei Impugnationsklage bei dem Gericht einzubringen, das für diese Unterhaltssache zuständig ist – und zwar in der jeweils dafür vorgesehenen Verfahrensart (Außerstreitverfahren oder Streitverfahren).

Ist im Fall der Oppositionsklage für die jeweilige Unterhaltssache kein österreichisches Gericht zuständig, so ist in Ermangelung unionsrechtlicher oder völkerrechtlicher anderer Bestimmungen subsidiär das Bewilligungsgericht zuständig.

Keine Eigenzuständigkeit besteht für die ***Interessenklage*** (§ 368 EO), da diese wahlweise beim allgemeinen Gerichtsstand des Beklagten oder beim Exekutionsgericht eingebracht werden kann.

Keine Eigenzuständigkeit besteht auch für die *Purifikationsklage* (§ 10 EO), die ihrem Wesen nach auch *keine Exekutionsklage* ist, weil das Verfahren sich nicht aus dem Exekutionsverfahren ergibt, sondern vorher abgeführt wird. Es unterliegt den allgemeinen Zuständigkeitsbestimmungen der JN (LGZ Wien RPflSlgE 1985/137).

D. Prozessvollmacht

■ Die im Zivilprozess erteilte Prozessvollmacht umfasst auch die Befugnis zur Einleitung der Exekution gegen den im Zivilprozess Unterlegenen sowie zur Durchführung aller im Exekutionsverfahren erforderlichen

Handlungen, ja sie berechtigt auch zur Erwirkung eines Sicherungsverfahrens (§ 31 Abs 1 Z 3 ZPO iVm § 78 EO).

Anders gewendet: ***Die für den Titelprozess erteilte Prozessvollmacht gilt für den betreibenden Gläubiger im Exekutionsverfahren*** mangels anderer Vereinbarung weiter.

Da die Prozessvollmacht den Anwalt nur zur Entgegennahme des Kostenersatzes berechtigt (§ 31 Abs 1 Z 4 ZPO), ist für den Erlös aus dem Verwertungsverfahren der betriebenen Exekution zur Entgegennahme eine gesonderte Vollmacht erforderlich.

Ausdrücklich bejaht das Gesetz die Möglichkeit der Heranziehung vertretungsbefugter Angestellter (RAA mit LU) im Zwangsvollstreckungsverfahren (§ 31 Abs 3 ZPO).

■ Anders stellt sich die Situation arg. e contr. § 31 Abs 1 Z 3 ZPO für den ***Verpflichteten*** dar: Er hat eine ***neuerliche Prozessvollmacht*** zur Vertretung im Exekutionsverfahren und für die Einbringung von Exekutionsklagen zu erteilen.

E. Verfahrenshilfe

Das Rechtsinstitut der Verfahrenshilfe ist über § 78 EO auch im Exekutionsverfahren heranzuziehen.

Das zur Prozessvollmacht Gesagte erfährt hier eine spiegelbildliche Abbildung:

■ Hat der betreibende Gläubiger bereits im Erkenntnisverfahren (Titelprozess) Verfahrenshilfe genossen, so wirkt der Bewilligungsbeschluss auch für das Exekutionsverfahren weiter (§ 64 Abs 1 ZPO).

Es ist ratsam, die Zwangsvollstreckung eines nicht befristeten Titels binnen eines Jahres in Gang zu setzen:

Das Gericht hat nach Ablauf eines Jahres von Amts wegen zu prüfen, ob sich die Vermögensverhältnisse des betreibenden Gläubigers gemessen an der Situation im Titelprozess nicht geändert haben (§ 68 Abs 1a ZPO).

Das impliziert indes nicht eine automatische Pflicht zur erneuten Antragstellung nach Fristablauf.

Beantragt der betreibende Gläubiger die Verfahrenshilfe erstmals im Exekutionsverfahren, so ist sie im begehrten Umfang bei Vorliegen der gesetzlichen Voraussetzungen zu gewähren (§§ 63, 64, 64a, 64b ZPO).

■ Obwohl § 64 Abs 1 ZPO (anders als § 31 Abs 1 Z 3 ZPO) nicht zwischen den Parteirollen des Zwangsvollstreckungsverfahrens unterscheidet, wird von der hA die Ansicht vertreten, dass der Verpflichtete neuerlich um Gewährung im Exekutionsverfahren anzusuchen hat, auch wenn er schon im Titelprozess Verfahrenshilfe genossen hat.

Daran hat auch die letzte Reform des Verfahrenshilferechts nichts geändert (vgl. in diesem Sinn *Bydlinski* in Fasching/Konecny, zu § 64 ZPO Rz 1 mwN).

Die mit der Verfahrenshilfe gewährte Gebührenfreiheit gilt für das Exekutionsverfahren selbst wie auch für die im Lauf und aus Anlass des Vollstreckungsverfahrens sich ergebenden Streitigkeiten, zB. Exekutionsklagen (§ 9 Abs 2 GGG).

VI. Parteien im Provisorialverfahren

Im ***Verfahren zum Erlass einstweiliger Verfügungen*** (Provisorialverfahren) spricht das Gesetz nicht vom „betreibenden Gläubiger“ oder vom „Verpflichteten“, weil finale Leistungsverpflichtungen nicht bestehen, sondern bloß Gefährdungen hintangehalten werden sollen.

Daher werden hier die Termini ***gefährdete Partei und Gegner der gefährdeten Partei*** in Anwendung gebracht (§§ 378 ff EO).

Vierter Teil

Verfahren

I. Verfahrensgrundsätze

Lit.: *Albrecht*, Die Exekutionsordnungsnovelle 1995 (1995); *Bauerreiß*, Kann neben der Exekution auf ein wirtschaftliches Unternehmen auch Exekution durch Zwangsverwaltung der Betriebsliegenschaft geführt werden? RZ 1962, 145; *Eder*, Die Aufschiebung der Fahrnisexekution bei Forderungsexekution, ecolex 1992, 549; *Eder*, Der Schuldnerschutz in der gerichtlichen Exekution (1994); *Eder*, Pfändungsschutz und Austauschpfändung nach der EO-Novelle 1995, ZIK 1996, 52; *Grabenwarter/Geppert*, Die Bedeutung des Art 6 MRK für die Verhängung von Ordnungs- und Mutwillensstrafen, JBl 1996, 159 und 227; *Götte*, zur Wiedereinführung einer Rangfolge der Zwangsvollstreckungsmittel, ZZP 100 (1987) 412; *Karollus*, Eingeschränkter Schuldnerschutz bei Übertragung eines Handelsgeschäftes? ÖJZ 1989, 202; *Köck*, Die Exekutionsordnungs-Novelle 2016, PV-Info 1/2017, 14; *G. Kodek*, The Impact of the European Convention on Human Rights and Fundamental Liberties on Enforcement Practises, in *Andenas/ Hess/Oberhammer* (Hrsg), Enforcement Agency Practice in Europe (2005) 303; *Konecny*, Die Aufschiebung der Fahrnisverwertung bei Forderungsexekution gemäß § 264a EO, RZ 1984, 218; *Konecny*, Reihung von Fahrnis- und Forderungsexekution bzw. Amtswegig einzuholendes Vermögensverzeichnis des Schuldners, ZZP 105 (1992) 401; *Mohr*, Die neue Lohnpfändung, EO-Novelle 1991 (1991); *Mohr*, Die Exekutionsordnungs-Novelle 2014, ÖJZ 2014, 947; *Mohr*, EO-Nov 2014 – ein Überblick über die Änderungen im Allgemeinen Teil und bei der Fahrnis- und Forderungsexekution, ÖRPfl 2014, H 1, 20; *Mohr*, Aktuelles zum Exekutions- und Insolvenzrecht, ein Rückblick auf 2015 und ein Ausblick auf 2016, ÖRPfl 2015, H 2, 29; *Mohr*, Exekutionsordnungs-Novelle 2016 – die Änderungen bei der Fahrnis- und Forderungsexekution, ÖRPfl 2016, H 2, 24; *Mosser*, EGMR: Neue Judikatur zu Art 6 EMRK und Waffengleichheit im Exekutionsverfahren, Zak 2006/318, 186; *Oberhammer*, Die Fahrnisverwertung nach der EO-Novelle 1995: Das Verkaufsverfahren von der Bestimmung des Versteigerungstermines bis zur Ausfolgung des Erlöses, ZIK 1996, 121; *Rassi*, Die EO-Novelle 2014: Ein Überblick, Zak 2014, 343; *Rechberger*, Die fehlerhafte Exekution (1978) 182ff, 209ff, 214ff; *Rechberger*, Franz Klein und das Exekutionsrecht, in *Hofmeister* (Hrsg.), Forschungsband Franz Klein (1988) 119; *Wrabetz*, Die soziale Funktion des Exekutionsrechtes, AnwBl 1980, Sondernummer Dezember 1980, 10.

A. Verfahrenseinleitung und -fortführung

Jedes Exekutionsverfahren wird durch einen ***Exekutionsantrag*** des betreibenden Gläubigers in Gang gesetzt.

Es herrscht für die Verfahrenseinleitung der ***Dispositionsgrundsatz*** (§ 3 Abs 2 EO).

Aber bereits hier gibt es Durchbrechungen:

Beantragt der betreibende Gläubiger eine Forderungsexekution und vermag er den Drittschuldner (zB. Arbeitgeber des Schuldners) nicht namhaft zu machen, so genügt die Angabe des Geburtsdatums des Verpflichteten; weitere Ausforschungen erfolgen auf dem Weg der *Drittschuldneranfrage* beim Hauptverband der Sozialversicherungsträger durch das Gericht nach den Bestimmungen der DrittschuldneranfrageV (§ 294a EO).

Wird eine *Individualleistungsexekution* beantragt, so ist der Verpflichtete vor Entscheidung über den Exekutionsantrag einzuvernehmen, außer bei Gefahr im Verzug (§ 358 EO).

Verteidigungsmittel hat der Verpflichtete selbst geltend zu machen (Aufschiebungs-, Einschränkungs- und Einstellungsanträge); sie werden gleichfalls nur über Antrag zum Gegenstand des Verfahrens. Eine amtswegig vorgesehene Einvernahme des Gegners oder eines Dritten ist aber nicht ausgeschlossen und Ausdruck der Offizialmaxime.

Oft sind Beibringung und offiziöses Handeln in Verfahrenssträngen miteinander verflochten: *Oppositions- und Impugnationsgesuche* (§ 40 EO) verlangen vom Verpflichteten ein aktives Tun. Die Einvernahme des betreibenden Gläubigers (ex officio, § 40 Abs 1 S 2 EO) entfällt bei Bescheinigung durch unbedenkliche Urkunden (Beibringung, § 40 Abs 1 S 3 EO).

Ein weiteres Beispiel für die Verflechtung von amtswegiger Gerichtshandlung und Parteienaktivität: Die *Verteilungstagsatzung in der Fahrnisexekution* ist von Amts wegen anzuberaumen (ex officio, § 285 Abs 3 S 1 EO). Die Gläubiger haben ihre Forderungen vor oder in der Tagsatzung unter Vorlage urkundlicher Nachweise anzumelden (Beibringung, § 285 Abs 3 S 3 und 4 EO), es sei denn zu ihren Gunsten wurde eben diese Exekution bewilligt.

Das eingeleitete Verfahren wird aber von Amts wegen fortgeführt: Bei Vollzug, Verwertung und Verteilung herrscht mithin die ***Offizialmaxime.***

Davon gibt es allerdings ***Ausnahmen,*** etwa wenn der betreibende Gläubiger zum Kostenvorschuss für eine Vollzugshandlung aufgefordert wird, widrigenfalls sie unterbleibt (Vornahme eines „Schlosservollzugs“, § 26a Abs 2 EO, Kostenvorschuss für den Transport gepfändeter Fahrnisse zum Versteigerungsort, § 274a EO), wenn er bei Delogierungen durch Bereitstellung von Arbeitskräften und Transportmittel mitzuwirken hat, widrigenfalls diese nicht durchgeführt wird (§ 349 Abs 1 EO), oder wenn bei seiner Untätigkeit die Exekution gänzlich eingestellt wird (vgl. etwa § 200 EO, sonstige Einstellung des Versteigerungsverfahrens, SZ 16/63); gerichtlich angedrohte Strafen und Haft werden nur auf Antrag des betreibenden Gläubigers verhängt (§§ 354 Abs 2, 355 Abs 2 EO); nach erfolgter Aufschiebung der Exekution wird der Vollzug nur auf Antrag fortgesetzt (§ 44 Abs 4 EO).

B. Stoffsammlung

Grundsätzlich wird im Exekutionsverfahren die Geltung eines ***eingeschränkten Untersuchungsgrundsatzes*** bejaht (vgl. *Jakusch* in Angst/Oberhammer[3], EO, zu § 55 EO Rz 11 ff; *Rassi* in Burgstaller/Deixler-Hübner, EO, zu § 55 EO Rz 25 ff, 26; *Rechberger/Oberhammer,* ExR[5], Rz 38; *Holzhammer* ZVR[4], 30): § 55 Abs 2 und 3 EO eröffnet dem Gericht die Befugnis

► zur mündlichen oder schriftlichen Vernehmung der Parteien oder sonstiger Verfahrensbeteiligter, auch wenn das Gesetz eine solche nicht gesondert anordnet;

▶ Parteien und Beteiligte zur Urkundenvorlage aufzufordern;

▶ nötig scheinende Aufklärungen auch ohne Vermittlung der Parteien oder sonstiger Beteiligter einzuholen und nach Maßgabe der Vorschriften der ZPO erforderliche Bescheinigungen oder Beweisaufnahmen (auch Sachverständigenbeweise) anzuordnen.

Die Stoffsammlung im Exekutionsverfahren ist indes nicht durchgängig vom Untersuchungsgrundsatz gekennzeichnet:

▶ Für das reguläre wie das vereinfachte ***Bewilligungsverfahren*** (s. unten V. und VI.) gilt der ***Beibringungsgrundsatz,*** die Partei trifft die Behauptungs- und subjektive Beweislast:

Die Exekutionsbewilligung wird auf der Basis der erbrachten Angaben ohne weitere gerichtliche Erhebungen erteilt; im vereinfachten Bewilligungsverfahren ist es Sache des Verpflichteten, das Fehlen eines den Exekutionsantrag deckenden Exekutionstitels mit Einspruch zu rügen und so die Vorlage des Exekutionstitels zu erzwingen. *Amtswegige Erhebungen im Bewilligungsverfahren verbietet § 55 Abs 2 S 2 Hs 1 EO.*

Ausnahmen: Nach § 54d Abs 2 EO ist das Exekutionsgericht im vereinfachten Bewilligungsverfahren ermächtigt aber nicht verpflichtet, das Vorliegen eines den Exekutionsantrag deckenden Exekutionstitels auch auf andere Art als über den Vorlageauftrag an den betreibenden Gläubiger nach Einspruch des Verpflichteten (§§ 54c iVm 54d Abs 1 EO) zu prüfen (s. unten VI.).

Weiters sind zu erwähnen die *Drittschuldneranfrage* durch das Gericht, wenn dem betreibenden Gläubiger der Drittschuldner in der Forderungsexekution unbekannt ist, er jedoch das Geburtsdatum des Verpflichteten anzugeben vermag (§ 294a EO) sowie die Einvernahme des Verpflichteten vor der Bewilligung einer Individualleistungsexekution (§ 358 EO).

▶ Auch eine ***Aufschiebung oder Einstellung*** des Verfahrens geschieht nur über Parteienantrag. Anders als im Bewilligungsverfahren sind hier aber gerichtliche Erhebungen nicht ausgeschlossen.

▶ Wenn sich im Rahmen des ***Vollzugs*** Umstände ergeben, die die Erforschung weiterer Tatsachen erfordern (welcher etwa der erfolgversprechendste Vollzugsort ist), so gilt für deren Ermittlung wiederum der Untersuchungsgrundsatz.

C. Rechtliches Gehör

1. Rechtliches Gehör und Wesen des Verfahrens – verfahrensexterne Gewährung

Der Grundsatz des ***rechtlichen Gehörs gilt im Exekutionsverfahren,*** allerdings in einer, der Natur der Zwangsvollstreckung entsprechend eingeschränkten Weise. Schließlich dient das Verfahren der ***einseitigen Durchsetzung*** eines vollstreckbaren Anspruchs und nicht einer (erneuten) kontradiktorischen Verhandlung darüber, wie dies etwa in einem vorangegangenen Zivilprozess der Fall war.

Es ist nicht Aufgabe des Exekutionsgerichts zu hören, vielmehr aber zu handeln („Handeln, nicht verhandeln“, *Rosenberg*). So wird beispielsweise die im regulären Bewilligungsverfahren erteilte Exekutionsbewilligung zusammen mit der ersten Vollzugshandlung zugestellt.

Oft finden sich daher verfahrensrechtlich höchst wirksame Waffen, derer sich der Verpflichtete zur Bekämpfung der gegen ihn laufenden Exekution bedienen kann, ***außerhalb des Exekutionsverfahrens*** und nicht in diesem selbst:

Mit der ***Oppositionsklage*** (§ 35 EO) macht der Verpflichtete nova producta geltend, Tatsachen, die erst nach Titelerlass oder – bei gerichtlichen Titeln – nach dem Zeitpunkt letztmöglicher Geltendmachung im Prozess eingetreten sind und den vollstreckbaren Anspruch im Nachhinein hemmen oder aufheben.

Mit der ***Impugnationsklage*** (§ 36 EO) bekämpft der Verpflichtete den Vollstreckungsanspruch des betreibenden Gläubigers indem er behauptet, dass Tatsachen nicht eingetreten seien, die für die Fälligkeit oder Vollstreckbarkeit aber erforderlich sind (zB. § 7 Abs 2 EO), dass der betriebene Anspruch nicht auf einer (geltend gemachten) Wertsicherungsklausel beruht, dass der betreibende Gläubiger einen Exekutionseinleitungs- oder -fortsetzungsverzicht abgegeben habe.

2. *Vorgeschaltete und nachgeschaltete Gewährung*

Betrachtet man die ***Gewährung rechtlichen Gehörs im Exekutionsverfahren selbst,*** so ist zwischen *vorheriger (vorgeschalteter)* und *nachfolgender (nachgeschalteter)* zu unterscheiden:

► Sieht das Gesetz eine *Einvernahme oder gar eine Verhandlung vor* einer *Beschlussfassung* vor, so gewährt man rechtliches Gehör im Vorhinein (s. unten II. C. und D.).

► Sieht das Gesetz dagegen eine *Entscheidung* vor, die erst *im Nachhinein* mit *Rechtsmittel oder Rechtsbehelfen* bekämpft werden kann, so hat es sich für eine nachträgliche Gewährung rechtlichen Gehörs entschieden (s. unten II. H).

D. Unmittelbarkeit

Über § 78 EO gelten die Bestimmungen über die sachliche, persönliche und zeitliche Unmittelbarkeit der ZPO auch im Exekutionsverfahren, sofern die EO keine Sonderregelungen trifft.

Verhandelt das Exekutionsgericht (s. unten II. D.), so gilt: Grundsätzlich hat das verhandelnde Gericht auch die Beweise aufzunehmen, grundsätzlich muss der die Tagsatzung leitende Richter auch der entscheidende Richter sein, grundsätzlich ist auch eine Umwürdigung der Beweismittel in einem schriftlichen Rekursverfahren ausgeschlossen (vgl. *Rechberger/Oberhammer* ExR[5] Rz 42).

E. Mündlichkeit – Schriftlichkeit

Das Exekutionsverfahren ist geprägt vom Grundsatz der Einseitigkeit: Das ***Bewilligungsgericht*** entscheidet über den Exekutionsantrag in einem ***Aktenverfahren,*** regelmäßig ohne Anhörung des Verpflichteten (§ 55 Abs 2 S 2 Hs 1 EO; vgl. aber §§ 54d Abs 2 EO und 358 EO; siehe dazu oben I. A. sowie unten IV. bis VI.).

Mündliche Verhandlungen sind gesetzlich vorgeschriebene Ausnahmen (s. oben II. D.).

Zahlreicher sind die Fälle obligatorischer ***Einvernahmen*** (s. oben II. C.). Das Exekutionsgericht kann aufgrund des herrschenden, aber eingeschränkten Untersuchungsgrundsatzes (vgl. oben I. B.) jederzeit auch von Amts wegen Einvernahmen anordnen.

Während aber ***bei Verhandlungen der Mündlichkeitsgrundsatz*** gilt, verlangt das Gesetz bei ***Einvernahmen*** weder die Anwesenheit der anderen Verfahrensbeteiligten noch zwingend eine mündliche Anhörung; es genügt vielmehr das Abverlangen einer schriftlichen Stellungnahme (§ 55 Abs 1 EO). Der Grundsatz der ***Mündlichkeit gilt daher hier nicht.***

F. Parteienöffentlichkeit – Volksöffentlichkeit

Verhandlungen im Exekutionsverfahren sind grundsätzlich nicht volksöffentlich sondern ***parteienöffentlich*** (§ 59 Abs 1 EO). Subsidiär gelten gemäß § 78 EO die Bestimmungen der ZPO über Tagsatzungen (§§ 130 bis 143 ZPO) und über Verhandlungen (§§ 171 bis 225 ZPO).

Volksöffentlichkeit herrscht im Exekutionsverfahren nur bei Versteigerungen (§§ 177 Abs 1 und 270 Abs 1 EO).

G. Schutz des Verpflichteten

Eine Vielzahl von punktuellen Bestimmungen der EO, der ZPO, wie auch des MRG und anderer Nebengesetze ist dem Gedanken des ***Verpflichtetenschutzes*** gewidmet, so etwa

nur so viel wie

das ***Verbot überschießender,*** nicht durch den Titel gedeckter ***Exekution*** (§§ 27 Abs 1, 41 Abs 2 EO),

das ***Verbot der Kahlpfändung***, der Schutz des ***Existenzminimums*** (§§ 250 bis 252, 290 ff EO),

die Berücksichtigung vereinbarter ***neuer Zahlungsmodalitäten*** durch die Möglichkeit der Aufschiebung der Exekution (§ 45a EO), wobei behördlich festgesetzte Stundungen oder die Erlaubnis von Teilzahlungen als eine Zahlungsvereinbarung anzusehen sind: § 45a Abs 2 neu EO gem. Art 4 RV IRÄG 2017, 1588 BeilNR, XXV. GP),

der Verwertungsaufschub bei zu erwartenden Zahlungen des Verpflichteten (§ 264b EO),

das ***Verschleuderungsverbot*** durch Statuierung des halben Schätzwerts als Mindestgebot bei Versteigerungen (§§ 151, 277 EO) – bei Sachen mit einem Börsen- oder Marktpreis darf überhaupt nur der ganze Schätzwert angesetzt werden,

die ***Priorität der Realhaftung*** vor der Geldexekution, sofern sich der betreibende Gläubiger aus der ihm zur Verfügung stehenden Pfandsache oder aus einer zurückbehaltenen Sache befriedigen kann (§ 263 EO),

das ***Kostendeckungsprinzip/Bestrafungsverbot,*** das zur Einstellung des Verfahrens führt, wenn zu erwarten ist, dass keine die Kosten des Verfahrens übersteigenden Beträge hereingebracht werden können (§ 39 Abs 1 Z 8 EO),

die Durchbrechung des Grundsatzes der freien Wahl des Exekutionsobjekts durch den ***Grundsatz der Priorität der Forderungsexekution vor der Fahrnisexekution*** (§§ 14 Abs 3, 264a EO),

der ***Erhalts- und Aufgabenschutz*** von *Gemeinden, gemeinnützigen öffentlichen oder dem öffentlichen Verkehr dienenden Anstalten* (§§ 15, 28 EO),

der ***Schutz vor Obdachlosigkeit*** durch Gewährung einer *Höchstschutzfrist* bei Delogierung, die sich aus verlängerter Leistungsfrist und Exekutionsaufschub zusammensetzt (§§ 34, 35 MRG),

der ***Schikaneschutz durch befristete Bestandtitel*** (§ 575 Abs 3 ZPO),

die Berücksichtigung von ***Naturkatastrophen*** durch Aufschiebung der Zwangsversteigerung von Liegenschaften und der Versteigerung von Fahrnissen auf Antrag des Verpflichteten (§§ 200b, 282a EO).

II. Verfahrensbausteine

Lit.: *Benn-Ibler*, 31.1.1999 – Der Countdown läuft, AnwBl 1998, 597; *M. Bydlinski*, Kostenersatz im Zivilprozeß (1992); *Feil*, Kostenersatz im Exekutionsverfahren² (1991); *Fink*, Die Wiedereinsetzung in den vorigen Stand im Zivilprozeßrecht (1994); *Fucik*, Die einheitliche Rechtsmittelfrist, ÖJZ 1984, 432; *Haslinger*, Fristen im Rechtsstaat, AnwBl 1980, 374; *Jakusch*, Der Zwischenstreit im Exekutionsverfahren, RZ 2003, 226; *Karollus*, Zur Rechtsstellung des Liegenschaftserstehers, JBl 1989, 23; *Köck*, Die Exekutionsordnungs-Novelle 2016, PV-Info 1/2017, 14; *Konecny*, Die Exekutionsordnung nach 100 Jahren, in *Mayr* (Hrsg.), 100 Jahre österreichische Zivilprozeßgesetze (1998) 95; *Längle*, Erfasst die Verfahrenshilfe auch Drittschuldnerkosten? Zak 2007/573, 328; *Merkl*, Die Lehre von der Rechtskraft (1923); *Mohr*, Exekutionsordnungs-Novelle 2000, ecolex 2000, 641; *Mohr*, EO-Novelle 2003, ecolex 2003, 502; *Mohr*, Die Exekutionsordnungs-Novelle 2014, ÖJZ 2014, 947; *Mohr*, EO-Nov 2014 – ein Überblick über die Änderungen im Allgemeinen Teil und bei der Fahrnis- und Forderungsexekution, ÖRPfl 2014, H 1, 20; *Oberhammer*, Einstellung der Räumungsexekution infolge eines Wiedereinsetzungsantrages des Verpflichteten und § 75 EO, wobl 1993, 129; *Oberhammer*, „Änderung der Abgabenstelle" durch Delogierung und Hinterlegung ohne vorausgehenden Zustellversuch, wobl 1994, 18; *Obermaier*, Die Verzinsung von Kostentiteln, AnwBl 2007, 403; *Obermaier*, Kostenrechtliche Auswirkungen der EO-Novelle 2014; *Rassi*, Ein Plädoyer für eine Kostenpauschalierung im Exekutionsverfahren, RZ 2002, 182; *Rassi*, Exekutionstipps für Praktiker III: Die Exekutionskosten, Zak 2007, 403; *Rassi*, Die EO-Novelle 2014: Ein Überblick, Zak 2014, 343; *Rechberger*, Die fehlerhafte Exekution (1978); *Rechberger*, Franz Klein und das Exekutionsrecht, in *Hofmeister* (Hrsg.), Forschungsband Franz Klein (1988) 119; *Rechberger*, Die Kostenfolgen einer Exekutionseinstellung wegen Bewilligung der Wiedereinsetzung in den vorigen Stand, in BeitrZPR IV 51; *Rechberger/Oberhammer*, Die Anforderungen der EMRK an ein „fair trial" und das österreichische Zwangsvollstreckungsverfahren, DIKE international 1996/3, 275; *Schmidt*, Verbindungspflicht und Fahrnisexekution, AnwBl 1979, 527; *Simotta*, Einige Probleme des Datenschutzes im Zivilverfahrensrecht, ÖJZ 1993, 793; *Stifter*, Kosten für die Beteiligung am Vollzug, unter welchen Voraussetzungen die Judikatur solche zuspricht, ÖRpfl 1989, H 1, 28; *Swoboda*, Zustellung von Beilagen im Provisorialverfahren, ÖJZ 1990, 176; *Wienerroither*, Die Bekämpfung von Säumnisfolgen der Partei im zivilgerichtlichen Verfahren unter Berücksichtigung des innerstaatlichen Rechtsvergleichs (1988); *Wisleitner*, Die Akteneinsicht des Verpflichteten bei der Fahrnisexekution vor Beginn des Vollzugs, RZ 1991, 273.

A. Subsidiäre Geltung der ZPO

► Wie bereits erwähnt sieht § 78 EO die ***subsidiäre Anwendung der ZPO*** dann vor, ***wenn die EO nichts Anderes bestimmt*** (s. sogleich unten). Es handelt sich dabei nicht um einen generellen Verweis, die EO nennt ausdrücklich:

- die Parteien (§§ 1 bis 73 ZPO)
- das Verfahren (§§ 74 bis 170 ZPO)
- die mündliche Verhandlung (§§ 171 bis 225 ZPO)
- Beweise und Beweisaufnahme (§§ 266 bis 291c ZPO)
- die einzelnen Beweismittel (§§ 292 bis 383 ZPO)
- die Beschlüsse (§§ 425 bis 430 sowie
- das Rekursrecht (§§ 514 bis 528a ZPO).

Die Bestimmungen über die Hemmung von Notfristen im Rechtsmittelverfahren sowie die Erstreckung von Tagsatzung in den Zeitfenstern 15. Juli bis 17. August sowie 24. Dezember und 6. Jänner (§ 222 EO) finden im Exekutionsverfahren keine Anwendung (§ 78 Abs 2 EO). Diese Regelung ist dem Eilcharakter des Exekutionsverfahrens geschuldet.

► Eine ***generelle direkte Anwendung der Verfahrensgesetze*** (EGZPO, ZPO, EGJN und JN) ist freilich in allen, durch ein Exekutionsverfahren ausgelösten Zivilprozessen zu beobachten, so bei allen Exekutionsklagen (s. unten Fünfter Teil). Aber auch dort bestimmt die EO die Zuständigkeit und stellt mitunter besondere Verfahrensprinzipien auf (§§ 35 Abs 3, 36 Abs 2 EO: *Eventualmaxime*).

► Das Bundesgesetz über die ***Zustellung behördlicher Dokumente (ZustellG)*** gilt auch im Exekutionsverfahren.

Allerdings sind „Bescheide", die bücherliche Eintragungen bewilligen, nach den Bestimmungen des Grundbuchsgesetzes (GBG) zuzustellen (Art XIII Z 2 EGEO).

B. Parteienanträge – Zustellungen – Verständigungen – Bekanntmachungen

1. Parteienanträge

Anträge können mit ***Schriftsatz*** oder protokollarisch angebracht werden (§ 53 Abs 1 EO).

Schriftsätze sind sooft einzubringen, dass ein Exemplar jedem Gegner zugestellt und eines im Gerichtsakt verbleiben kann (§ 53 Abs 2 Hs 1 EO); Beilagen sind nicht zuzustellen (§ 53 Abs 2 Hs 2 EO).

Sind neben dem Gegner Dritte vor der Beschlussfassung einzuvernehmen, so sind dem Antrag die erforderlichen Rubriken beizulegen (§ 53 Abs 2 S 2 EO).

Bei ***protokollarischem Anbringen*** trifft das Gericht eine Anleitungspflicht (§ 53 Abs 1 S 2 EO).

Protokollabschriften sind dem Gegner bei Mitteilung oder Zustellung des Beschlusses indes nur dann zuzustellen, wenn sie zur Beurteilung der Gesetzmäßigkeit des Beschlusses wesentliche Angaben enthalten, die im Beschluss selbst nicht enthalten sind, wie dies bei verkürzten Ausfertigungen oft der Fall ist (§ 53 Abs 3 EO).

Beachte! Protokollarrekurse und protokollarische Rekursbeantwortungen sind auch im Exekutionsverfahren wegen §§ 78 EO iVm 520 Abs 1, 521a Abs 1 ZPO unzulässig.

2. Zustellungen

Auch im Exekutionsverfahren gelten die Bestimmungen des ZustellG zusammen mit den einschlägigen Regelungen der ZPO:

Über § 78 EO gelten die Bestimmungen der ZPO über das Verfahren subsidiär (§§ 74 bis 170 ZPO), mithin auch die Bestimmungen über Schriftsätze (§§ 74 bis 86a ZPO) und Zustellungen (§§ 87 bis 121 ZPO).

Immer dort, wo die EO anordnet, ein Schriftstück sei wie eine Klage zuzustellen, gilt daher § 106 ZPO iVm §§ 13 ff und insbes. § 16 ZustellG: Eine Ersatzzustellung ist zulässig (§ 106 Abs 1 ZPO).

So ist das *Zahlungsverbot* an den Drittschuldner des Verpflichteten ebenso wie das *Verfügungsverbot* an den Verpflichteten bei der Forderungspfändung wie eine Klage zuzustellen (§ 294 Abs 2 EO). Gleiches gilt für die Zustellung *einstweiliger Verfügungen* an den Gegner der gefährdeten Partei, an einen Drittschuldner und an einen Inhaber der mit Verbot belegten Sachen (§ 395 Abs 1 EO).

3. Mündliche Mitteilungen

Der Ablauf von Vollzugshandlungen erfordert oft Mitteilungen, etwa des Vollstreckungsorgans an den Verpflichteten oder an sonstige Personen, seien es nun ***Aufforderungen*** oder ***Fragestellungen.*** Diese erfolgen, sofern nicht anders angeordnet, mündlich (§ 72 Abs 1 EO).

Als ***Beispiele*** seien genannt: die Aufforderung des Vollstreckungsorgans an den Verpflichteten zur Abgabe eines Vermögensverzeichnisses (§§ 47 Abs 1 Z 1 iVm 253a EO) oder die Auffordung an die bei einer Versteigerung erschienenen Personen, Gebote abzugeben (§ 179 Abs 1 EO).

Durch ***Zustellung*** eines Doppelverbots an den Verpflichteten und an den Drittschuldner erfolgt etwa die Pfändung von gemeinen Geldforderungen (§ 294 EO), zugestellt wird auch das Drittverbot des Gerichts beim Erlass einer einstweiligen Verfügung (§ 379 Abs 3 Z 3 EO).

Soll eine mündliche Mitteilung ergehen und ist die betreffende Person nicht anzutreffen, so ist ***zuzustellen*** und dies im Vollzugsprotokoll festzuhalten (§ 72 Abs 2 EO).

4. Bekanntmachungen in der Ediktsdatei

Die Einschaltung öffentlicher Bekanntmachungen in die Ediktsdatei ermöglicht es dem Exekutionsgericht, insbesondere zu Versteigerungszwecken eine Mehrzahl von anonymen Personen zu erreichen (§§ 71, 71a EO).

Die Ediktsdatei hat mittlerweile die ortsübliche Bekanntmachung (Gemeinde) und die Bekanntmachung an der Gerichtstafel abgelöst, wenngleich diese Formen der Bekanntmachung zusätzlich angeordnet werden können.

Bei der Fahrnisversteigerung bedient sich der Gesetzgeber überdies der Möglichkeit der Versteigerung im Internet (§§ 277a ff EO).

Die ***Ediktsdatei beruht auf § 89j GOG:*** Bekanntmachungswirkungen treten mit dem Zeitpunkt der Einschaltung in die Ediktsdatei ein. Die Ediktsdatei ersetzt den Anschlag an der Gerichtstafel. Fehlerhafte Dateneingaben sind auf Antrag oder von Amts wegen vom bekanntmachenden Gericht zu korrigieren, wobei jeder, der von einem Dateneingabe- oder -abfragefehler betroffen ist, einen Korrekturantrag stellen kann.

In der Ediktsdatei werden bekannt gemacht:

Im Zusammenhang mit Versteigerungen

- Versteigerungsedikte
  - in der Immobiliarexekution (§§ 170 ff, 242 EO),
  - in der Fahrnisexekution (§ 272 EO),
  - in der Individualleistungsexekution bei Versteigerung einer gemeinschaftlichen Liegenschaft (§ 352b EO)

  → Auf Antrag oder von Amts wegen kann das Gericht verfügen, dass ein Versteigerungsedikt auch in Zeitungen veröffentlicht oder sonst bekannt gemacht wird, wenn dadurch offenkundig mehr Kaufinteressenten angesprochen werden. Parteien oder sonstige Beteiligte können weitere entgeltliche Bekanntmachungen – freilich auf ihre Kosten – neben der gerichtlich angeordneten verfügt werden (§ 71 Abs 2 EO).

- Meistbotszuschlagsmitteilung (§ 183 Abs 3 EO) und Überbotszuschlagsmitteilung (§ 199 Abs 1 EO) nach der Versteigerung von Immobilien

- Anberaumung der Meistbotsverteilungstagsatzung (§ 209 Abs 4 EO),

- Bekanntgabe der Liegenschaftsbesichtigungszeiten bei der Immobiliarexekution vor der Versteigerung (§ 176 Abs 2 EO),

- Anberaumung der Meistbotsverteilungstagsatzung (§ 209 Abs 4 EO).

Bei Zwangsverwaltung von Liegenschaften

- Bekanntmachung der Zwangsverwalterbestellung in der Immobiliarexekution (§ 99 Abs 2 EO),

- Anberaumung der Verteilungstagsatzung bei der Zwangsverwaltung von Liegenschaften (§ 123 Abs 2 EO).

Bei Kuratorbestellung

- Bekanntmachung der Kuratorbestellung zum Zweck der Zustellung des Versteigerungsedikts an den abwesenden Beteiligten (§ 174 EO) und zum Schutz des abwesenden, pfandrechtlich gesicherten Gläubigers im Rahmen der Verteilungstagsatzung bei der Immobiliarexekution (§ 230 EO).

Daten sind aus der Ediktsdatei zu löschen,

- bei Tagsatzungen und Termine nach dem Verstreichen des Termins (§ 71a Abs 1 EO),

- bei Fristen nach Fristablauf (§ 71a Abs 1 EO),

- über die Bestellung von Kuratoren iSd § 174 EO nach rechtskräftiger Amtsenthebung des Kurators, nach Rechtskraft des Meistbotsverteilungsbeschlusses oder sonstigem Erlöschen der Kuratel (§ 174 Abs 3 EO)

- über die Bestellung von Kuratoren iSd § 230 EO nach rechtskräftiger Amtsenthebung des Kurators, nach Rechtskraft des Nachtragsverteilungsbeschlusses oder sonstigem Erlöschen der Kuratel (§ 230 Abs 3 EO)

  → Die Bestimmung des § 71a Abs 2 EO ist materiell derogiert: einerseits durch die Sonderbestimmungen der § 174 Abs 3, 230 Abs 3 EO, anderseits durch die Normen der ZPO, die bei sonstigen Kuratorenbestimmungen über § 78 EO zur Anwendung kommen.

- Daten einer Zwangsverwaltung, sobald dieses Verfahren und die beigetretenen Verfahren rechtskräftig eingestellt wurden (§ 71a Abs 2a EO)

- alle übrigen Daten nach Ablauf eines Monats nach Einschaltung (§ 71a Abs 3 EO).

C. Einvernahmen

1. Obligatorische und fakultative Einvernahmen

Einvernahmen sieht das Gesetz ***teils zwingend*** vor (§ 55 Abs 1 EO), ***fakultative*** Einvernahmen in Ausübung des ***Untersuchungsgrundsatzes*** bleiben dem ***Verfahrensermessen*** des Gerichts überlassen (§ 55 Abs 2 EO).

Die Zahl ***obligatorischer Einvernahmen*** ist Legion. Als *Beispiele* seien genannt die Einvernahme

- des betreibenden Gläubigers zum Einstellungsantrag (§§ 39 Abs 2, 40 Abs 1 EO),
- des betreibenden Gläubigers bei Anträgen auf Einschränkung der Exekution (§§ 41 Abs 2, § 45 Abs 3 EO),
- des Verpflichteten und anderer Verfahrensbeteiligter zu einem in der Fahrnisexekution gestellten Übernahmeantrag (§ 271 Abs 1 EO),
- des betreibenden Gläubigers zum Antrag des Verpflichteten auf Einstellung einer betriebenen Vorratsexekution wegen Rückstandszahlung (§ 291c Abs 2 EO),
- des Drittschuldners zum Antrag des betreibenden Gläubigers auf Hinterlegung des Betrags der gepfändeten Forderung (§ 307 Abs 1 EO),
- des Verpflichteten sowie anderer am Verfahren beteiligter betreibender Gläubiger, zu deren Gunsten eine Pfändung erfolgt ist, über einen Verwertungsantrag bei der Exekution auf andere Vermögensrechte (§ 331 Abs 2 EO),
- des Verpflichteten zu den Strafzumessungsgründen bevor eine Geldstrafe zur Erzwingung einer unvertretbaren Handlung, einer Duldung oder einer Unterlassung verhängt wird (§ 358 Abs 2 EO iVm §§ 354 und 355 EO).

2. *Durchführung der Einvernahme*

Die Einvernahme erfolgt, nach Wahl des Gerichts (§ 55 Abs 1 S 3 EO)

- mündlich in Anwesenheit anderer Einzuvernehmender,
- mündlich in Abwesenheit anderer Einzuvernehmender oder
- schriftlich nach Aufforderung durch das Gericht.

Das Gericht ist an die Bestimmungen der EO oder der ZPO über mündliche Verhandlungen nicht gebunden (§ 55 Abs 1 S 2 EO).

Das Gericht führt kein Protokoll, auch kein Resumeeprotokoll wie im Zivilprozess; es hat das Ergebnis der Einvernahme bloß in einen *Aktenvermerk* festzuhalten (§ 55 Abs 1 S 3 EO). Wir nennen ihn daher ***Resümeevermerk.***

Mündliche Einvernahmen sind ***parteienöffentlich, eine Vertrauensperson*** kann vom Einzuvernehmenden beigezogen werden; wenn allerdings zu besorgen ist, dass die Anwesenheit der Vertrauensperson zur Störung der Einvernahme oder zur Erschwerung der Sachverhaltsfeststellung missbraucht wird, kann die Beiziehung untersagt werden (§ 55 Abs 1 S 5 und 6 EO).

Einvernahmen sind ***keine Verhandlungen:*** Es muss nicht jeder einzuvernehmenden Person Gelegenheit gegeben werden, sich über die Darstellungen und Erklärungen anderer zu äußern (§ 55 Abs 1 S 4 EO).

Dennoch verwendet die EO mitunter für mündliche Einvernahmen ebenso den Begriff „Tagsatzung" wie für Verhandlungen. Die Erstreckungsbestimmungen sind freilich für alle Tagsatzungen gleich, ebenso die Konsequenzen für säumige Parteien (s. unten D. 3. und E. 1.).

D. Verhandlungen

Ebenso wie die ZPO verwendet die EO für Verhandlungstermine den Terminus „Tagsatzung". Im Folgenden soll ein Überblick über die Verfahrenssituationen gegeben werden, in denen das Gesetz eine mündliche Verhandlung obligatorisch vorschreibt.

1. Obligatorische Verhandlungen

Eine ***mündliche Verhandlung*** sieht die EO in folgenden Fällen vor:

In der *Immobiliarexekution*

- die ***Rechnungstagsatzung*** zur Entscheidung über eingebrachte Bemängelungen der Rechnungslegung des Zwangsverwalters (§ 116 EO),
- die ***Verteilungstagsatzung*** zur Entscheidung über die Verteilung des Ertrags bzw. der Ertragsüberschüsse aus der Zwangsverwaltung (§ 123 EO),
- die ***Meistbotsverteilungstagsatzung*** nach Zwangsversteigerung der Liegenschaft (§§ 209 ff EO).

In der *Fahrnisexekution*

- die ***Verteilungstagsatzung*** nach Versteigerung von Fahrnissen (§ 285 EO).

In der *Individualleistungsexekution*

in § 351 Abs 1 EO die ***Tagsatzung*** zur Vornahme der körperlichen Teilung,

Im *Verfügungsverfahren*

- wenn ein Antrag auf Aufhebung oder Einschränkung der erlassenen einstweiligen Verfügung erhoben wird (§ 399 Abs 2 EO).

Des Weiteren ist über jeden ***Widerspruch*** (s. unten II. H. 5.) mündlich zu verhandeln:

In der *Immobiliarexekution*

- im Rahmen der ***Verteilungstagsatzung*** nach § 123 EO bei Zwangsverwaltung einer Liegenschaft dann, wenn Widersprüche gegen die Bezahlung angemeldeter oder von Amts wegen zu berücksichtigender Forderungen, ihrer Zinsen aus den Ertragsüberschüssen, gegen die beantragte Reihenfolge der Bezahlung, gegen die Höhe der auszuzahlenden Beträge oder gegen die Berechtigung zur Empfangnahme der Zahlungen erhoben werden und der Verweis auf den Rechtsweg zur Entscheidung nicht erforderlich ist (§ 128 Abs 2 EO),
- im Rahmen der ***Versteigerung,*** wenn nach § 184 EO ein Widerspruch gegen die Erteilung des Zuschlags erhoben wird (§ 185 EO),
- im Rahmen der ***Meistbotsverteilungstagsatzung*** (§§ 209 ff EO), wenn Widersprüche gegen die Berücksichtigung angemeldeter oder grundbücherlich ersichtlicher Ansprüche, gegen die Betragshöhe an Kapital und Nebengebühren oder den begehrten Rang erhoben werden und ein Verweis auf den *Widerspruchsklageweg* (§ 231 EO) zur Entscheidung nicht erforderlich ist (§ 213 EO).

In der Fahrnisexekution

- im Rahmen der ***Verteilungstagsatzung*** (§§ 285 ff EO), wenn Widersprüche gegen die Berücksichtigung angemeldeter Ansprüche, gegen die Betragshöhe an Kapital und Nebengebühren oder den begehrten Rang erhoben werden und ein Verweis auf den *Widerspruchsklageweg* (§ 231 EO) zur Entscheidung nicht erforderlich ist (§§ 286 Abs 1 iVm 213 EO).

In der *Individualleistungsexekution*

- wenn der Verpflichtete bei seiner Einvernahme nach § 358 Abs 2 EO zu den ***Strafzumessungsgründen*** vor Verhängung einer Geldstrafe zur Erzwingung einer unvertretbaren Handlung, Duldung oder Unterlassung, Widerspruch erhebt (§ 358 Abs 2 EO iVm §§ 354 und 355 EO und §§ 397, 398 EO).

Im *Verfügungsverfahren*

- bei ***Widerspruch*** gegen die erlassene einstweilige Verfügung (§ 398 EO).

2. *Keine fakultativen Verhandlungen*

§ 55 Abs 1 S 1 EO ordnet an, dass die gerichtlichen Entscheidungen ohne vorangehende mündliche Verhandlung zu ergehen haben und räumt bloß einen Anordnungsvorbehalt ein.

Das bedeutet: Der Katalog der oben unter II. D. 1 aufgezählten Fälle obligatorischer mündlicher Verhandlungen nennt uns gleichzeitig alle in der EO vorgesehenen Verhandlungen.

Es gibt keine fakultativen Verhandlungen, die das Gericht nach seinem freien Verfahrensermessen anordnen könnte. Erachtet es einen Informationsbedarf für gegeben, so hat in Anwendung des Untersuchungsgrundsatzes mit der fakultativen Einvernahme vorzugehen (§ 55 Abs 3 EO).

3. *Verfahrensbestimmungen bei Verhandlungen*

Für die Durchführung von Verhandlungen gelten über § 78 EO die Bestimmungen der §§ 74 bis 170 ZPO, dort insbesondere §§ 130 bis 143 ZPO sowie §§ 171 bis 225 ZPO, freilich mit den in §§ 56, 57, 58 und 59 EO vorgesehenen abweichenden Vorschriften:

► ***Parteienöffentlichkeit*** (§ 59 Abs 1 EO),

► ***Protokollführung*** durch den Richter oder einen beeideten Schriftführer (§ 59 Abs 2 EO),

► ***Erstreckungen*** sind möglich (§ 57 Abs 2 EO), doch sind säumigen Parteien neue Anträge, Erinnerungen, Einwendungen und auch Widersprüche, über die in dieser Tagsatzung zu verhandeln war nunmehr verwehrt (§ 57 Abs 1 EO), ja es sind die säumigen Parteien von der ***Erstreckung einer Verhandlung (oder einer Vernehmung)*** auch nicht zu verständigen (§ 57 Abs 2 EO),

► ***Wiedereinsetzung*** in den vorigen Stand gemäß § 146 ZPO ist im Säumnisfall ***unzulässig***.

Das aufzunehmende *Protokoll* hat zu enthalten (§ 59 Abs 2 und 3 EO):

- Namen der anwesenden Parteien und sonstigen Beteiligten,
- kurze Angabe des Gangs der Verhandlung,
- Angabe der in der Tagsatzung gestellten Anträge,
- die vom Gericht verkündeten Entscheidungen bzw. Verfügungen,
- sofern nichts anderes bestimmt ist, nur die Unterschrift des Richters und gegebenenfalls des Schriftführers (§ 59 Abs 3 EO).

→ Die Anwesenden können die Feststellung einzelner Punkte der Verhandlung oder einzelner Erklärungen – sei es eigener oder solche anderer Parteien – zu Protokoll verlangen, um ihre eigenen Rechte zu wahren (§ 59 Abs 3 S 2 EO).

E. Säumnis

1. Versäumung von Tagsatzungen

Bei Tagsatzungen zur Einvernahme oder zur Verhandlung gilt § 56 Abs 1 und 2 EO gleichermaßen:

► Säumnis steht dem weiteren Fortgang von Einvernahme oder Verhandlung nicht entgegen, sie hindert auch nicht die Beschlussfassung des Gerichts.

► Wurde die Einvernahme oder Verhandlung wegen eines eingebrachten Antrags oder eines in Aussicht gestellten amtswegigen gerichtlichen Vorgehens angeordnet, so begründet Säumnis eine Zustimmungsfiktion.

Allerdings sind Antrag oder beabsichtigtes gerichtliches Vorgehen in der Ladung zur Einvernahme oder zur Verhandlung bekannt zu geben.

Wird eine ***Tagsatzung zur Einvernahme oder Verhandlung erstreckt,*** so ist § 57 EO zu beachten:

► Säumigen ist das Nachholen von Anträgen, Erinnerungen und Einwendungen verwehrt, wenn diese Anbringen in der Tagsatzung oder Einvernahme zu stellen waren, ja mehr noch,

► Säumige werden von der Erstreckung nicht verständigt (vgl. oben II. D. 3.).

Bei der Versäumung von Tagsatzungen (zur Einvernahme oder Verhandlung) findet eine ***Wiedereinsetzung*** in den vorigen Stand nicht statt (§ 58 Abs 2 Hs 1 EO). Es soll schnell gemacht werden

Beachte § 58 Abs 2 Hs 2 EO! Der Wiedereinsetzungsausschluss gilt nicht für Zivilprozesse, die sich aus Anlass des Exekutionsverfahrens ergeben ***(z.B. Exekutionsklageverfahren).***

2. Versäumung von Fristen

Die Bestimmungen des § 56 Abs 1 und 2 EO gelten sinngemäß auch für die Versäumung von Fristen.

► Die Fristversäumung hindert den weiteren Verfahrensfortgang und die Beschlussfassung nicht.

► War dem Säumigen ein Parteiantrag oder ein amtswegiges gerichtliches Vorgehen bekannt, so gibt er mit der Säumnis seine Zustimmung zu erkennen.

Die ***gesetzlichen Fristen*** der EO sind ***Notfristen*** und somit ***unerstreckbar*** (§ 58 Abs 1 EO), können aber verkürzt werden. ***Richterliche Fristen*** dagegen können erstreckt werden.

Eine ***Wiedereinsetzung*** in den vorigen Stand ist im Exekutionsverfahren unzulässig (§ 58 Abs 2 EO).

Wenn eine Frist ab dem Einlangen eines Antrags bei Gericht zu laufen beginnt *und* die beantragte Rechtsfolge auch bei Zustimmung des Antragsgegners statthaben soll, so beginnt die Frist entweder mit dem Einlangen der Zustimmung oder – bei Schweigen des Gegners – mit dem Ablauf der Äußerungsfrist (§ 58 Abs 3 EO).

So setzt der Aufschiebungsantrag des betreibenden Gläubigers aufgrund getroffener Zahlungsvereinbarungen mit dem Verpflichteten eine dreimonatige Sperrfrist für jeden Fortsetzungsantrag in Gang. Vergehen aber zwei Jahre ab dem Einlangen des Aufschiebungsantrags, ohne dass ein Fortsetzungsantrag gestellt wurde, so ist die Exekution von Amts wegen einzustellen (§ 45a EO).

Eine behördliche Stundung oder Teilzahlungsentscheidung ist dabei nach § 45a Abs 2 neu EO gem. Art 4 RV IRÄG 2017, 1588 BeilNR, XXV. GP als Zahlungsvereinbarung anzusehen.

Im Übrigen gilt für die Fristberechnung das Europäische Übereinkommen über die Berechnung von Fristen (BGBl 1983/254).

F. Kosten des Verfahrens

Dem betreibenden Gläubiger, aber auch dem Verpflichteten oder anderen Verfahrensbeteiligten entstehen während des Verfahrens Kosten, die sie vorab zu *bestreiten* haben. Wer welche Kosten letztendlich zu *tragen* hat, regeln die Kostenersatzbestimmungen der EO und der ZPO.

Aufgrund der Einseitigkeit des Zwangsvollstreckungsverfahrens sind hier vor allem die Rechtsdurchsetzungskosten von Bedeutung, mithin die Kosten des betreibenden Gläubigers.

Hat dagegen der Verpflichtete im Exekutionsverfahren Defensivhandlungen vorgenommen (Aufschiebungsantrag, Einstellungsantrag, Oppositionsantrag, Oppositionsgesuch usw.), so ist auch die Kostentragung dieser Kosten zu beantworten.

1. Kostenersatz an den betreibenden Gläubiger

a) Grundsatz

Der Verpflichtete hat dem betreibenden Gläubiger

- sofern nicht im Einzelfall gesetzlich Anderes bestimmt ist

  → In verschiedenen Exekutionsarten oder aber Verfahrensschritten trifft die EO Sonderregelungen für die Verfahrenskosten, die bis hin zum Kostenersatzverlust für den betreibenden Gläubiger gehen (vgl. *Angst/Jakusch/Mohr,* EO[15], zu § 74 EO FN 1).

- auf dessen Antrag
- alle dem betreibenden Gläubiger *verursachten,*
- zur Rechtsverwirklichung *notwendigen Kosten*

zu ersetzen (§ 74 Abs 1 S 1 Hs 1 EO).

Was unter *notwendigen Kosten* zu verstehen ist, entscheidet das Exekutionsgericht nach sorgfältiger Erwägung aller Umstände: Es herrscht ***Entscheidungsermessen,*** das den

Verfahrensverlauf und die dort erforderlichen Parteihandlungen des betreibenden Gläubigers reflektiert (§ 74 Abs 1 S 1 Hs 2 EO). ***Barauslagen*** sind Teil der Exekutionskosten und als solche zu ersetzen.

Die Bestimmung des § 54a ZPO über die Verzinsung von Prozesskosten findet im Exekutionsverfahren keine Anwendung (§ 74 Abs 1 S 2 EO).

Interventionskosten (regelmäßig Barauslagen) sind grundsätzlich Teil der Exekutionskosten: War die Beteiligung des betreibenden Gläubigers bei einzelnen Vollzugshandlungen erforderlich und entstanden ihm dadurch Kosten (Schlosservollzug, Delogierung, die Abwehr von Exszindierungsansprüchen Dritter zB. bei der Exekution in Vorbehaltseigentum), so hat dieser Anspruch auf Ersatz.

Besonderes gilt hier bei für das Auffindungsverfahren bei der Fahrnisexekution: Derartige Interventionskosten sind dem Gläubiger dann nicht zu ersetzen, wenn die hereinzubringende Forderung eine geringfügige war, also 2.700 € nicht überstieg. Freilich bleiben Prozesskosten oder Nebengebühren auch in geringfügiger Höhe vollstreckbar, wenn sie allein Gegenstand des vollstreckbaren Anspruchs sind (§ 253b EO).

b) Durchsetzung der Ersatzpflicht

Der betreibende Gläubiger hat seine bisherigen Kosten beim jeweils folgenden Verfahrensschritt, sei es ein Antrag, eine Eingabe oder anlässlich einer Tagsatzung bei sonstigem Verlust geltend zu machen (§ 78 EO iVm § 54 Abs 1 ZPO).

Für den Fall, dass am Ende des Exekutionsverfahrens kein Beschluss sondern eine faktische Vollzugshandlung steht, gilt: Ein ***Ersatz von nicht rechtskräftig zuerkannten Exekutionskosten*** entfällt, wenn ihre Bestimmung nicht binnen vier Wochen ab Aufhebung oder Einstellung der Exekution begehrt wird.

Für Kosten, die nach Verfahrensende entstehende, kann der betreibende Gläubiger eine Kostenbestimmungsergänzung beantragen; die Bestimmung des § 54 Abs 2 ZPO ist dabei heranzuziehen (§ 74 Abs 2 EO).

Beschlüsse des Exekutionsgerichts, mit denen die ***Exekutionskosten bestimmt*** werden, sind ***unmittelbar vollstreckbar*** (§ 74 Abs 4 EO). Das ermöglicht dem betreibenden Gläubiger in aller Regel die gemeinsame Durchsetzung von Hauptleistung und Kostenersatz.

Bei Fahrnisexekutionen kommt es zur Kostenbestimmung des Vollzugsverfahrens (samt Verwertung und Verteilung), mithin aller nach der Exekutionsbewilligung angefallenen Kosten erst nach Bericht des Vollstreckungsorgans (§ 74 Abs 3 EO).

Bringt der Gläubiger einen ***Antrag im elektronischen Rechtsverkehr*** ein, so sind ***Barauslagen,*** die den Betrag von 30 € nicht übersteigen, nur auf gerichtliche Aufforderung binnen fünf Tagen zu belegen.

Das für die Titelvorlage entwickelte Regelwerk des vereinfachten Bewilligungsverfahrens ist sinngemäß heranzuziehen: Eine solche Aufforderung ergeht bei richterlichen Bedenken (§ 54b Abs 2 Z 3 EO) oder auf Verlangen des Verpflichteten, wobei die Bestimmungen über den Einspruch des Verpflichteten iSd § 54c EO und den Vorlageauftrag § 54d EO heranzuziehen sind (§ 74a EO).

Bei der voraussichtlich letzten gerichtlichen Bestimmung der Exekutionskosten hat das Gericht von Amts wegen die Auslagen zu berücksichtigen, die durch das Einheben der Exekutionskosten entstehen. Nachträgliche ***Einhebungskostenbestimmungen*** sind ausgeschlossen (§ 76 EO).

c) Entfall des Kostenersatzes

Der betreibende Gläubiger hat keinen Anspruch auf Kostenersatz und diese ***selbst zu tragen***,

► wenn die Exekution eingestellt wird (§ 39 EO), weil

▪ der Verpflichtete in einem Oppositions- oder Impugnationsprozess obsiegt hat (§§ 75, 35 Abs 4, 36 Abs 3 EO),

▪ der Exekutionstitel durch eine rechtskräftige Entscheidung für ungültig erkannt, aufgehoben oder sonst für unwirksam erklärt wurde (§§ 75, 39 Abs 1 Z 1 EO),

Beachte! Wurde im Titelverfahren die Wiedereinsetzung in den vorigen Stand beantragt und gewährt, der Titel auf diese Weise beseitigt und die Exekution deshalb eingestellt, so bleibt der Verpflichtete im Exekutionsverfahren kostenersatzpflichtig (§ 75 S 2 EO). Vgl. dazu vor der EO-Novelle 2000, die den § 75 S 2 einfügte etwa *Rechberger* BeitrZPR IV (1991) 51.

▪ die, dem Exekutionstitel erteilte Vollstreckbarkeitsbestätigung rechtskräftig aufgehoben wurde (§§ 75, 39 Abs 1 Z 9 EO),

▪ die Exekution nicht durch einen Exekutionstitel gedeckt ist oder diesem die Vollstreckbarkeitsbestätigung fehlt (§ 75, 39 Abs 1 Z 10 EO),

▪ die Exekution wegen eines Umstands eingestellt wird, der dem betreibenden Gläubiger schon zum Zeitpunkt des Exekutionsantrags oder des Vollzugsbeginns bekannt war (§ 75 EO).

► Wenn der Gläubiger bei der Forderungsexekution auf seine Rechte verzichtet, die er aufgrund der Überweisung zur Einziehung erlangt hat, so trägt er die gesamten durch die Überweisung entstandenen Kosten inklusive der Kosten, die durch die Einklagung von überwiesenen Forderungen notwendig geworden sind (§ 311 Abs 3 EO).

► Wenn eine Exekution zur Sicherstellung aus einem der Gründe des § 376 Abs 1 Z 1, 3 oder 4 EO eingestellt wird (§ 376 Abs 2 EO).

d) Kostenseparation

Mitunter haben die Verfahrensbeteiligten bei der Vornahme einer Verfahrenshandlung ihre Kosten jeweils selbst zu tragen, oder ein Beteiligter hat durch ihn verursachte künftige Kosten zu tragen, so etwa bei der Haftung des säumigen Erstehers bei der Zwangsversteigerung von Liegenschaften (§ 155 Abs 1 EO).

2. Kostenersatz an den Verpflichteten?

Ein Kostenersatz an den Verpflichteten findet regelmäßig nicht statt.

Zweck des Exekutionsverfahrens ist die Rechtsverwirklichung des betreibenden Gläubigers und der Ersatz seiner dafür notwendigen Kosten, die ja schließlich vermeidbar gewesen wären, hätte der Verpflichtete seine Verbindlichkeiten bei Fälligkeit erfüllt.

Allerdings gibt es ***Ausnahmen:*** Bei Obsiegen des Verpflichteten in einem *Zwischenstreit* oder bei einem erfolgreichen *Rekurs* gegen die Exekutionsbewilligung erlegt die Judikatur dem Gläubiger die Kosten des Verpflichteten auf (§ 78 EO iVm §§ 41 ff ZPO).

3. Kosten sonstiger Verfahrensbeteiligter

Sonstigen Verfahrensbeteiligten kann ein Kostenersatz gewährt oder auferlegt werden, wenn sie mit dem betreibenden Gläubiger oder dem Verpflichteten einen Zwischenstreit führen oder Rekurs erheben. Es gelten die Bestimmungen der §§ 41 ff ZPO. Punktuell enthält die EO selbst Kostenbestimmungen (vgl. § 292h Abs 3 EO, Berechnungskosten des Drittschuldners; § 302 EO, Kosten der Drittschuldnererklärung).

G. Beschlüsse

Im Exekutionsverfahren wird stets mit Beschluss entschieden (§ 62 EO).

Exekutionsrechtliche Klagen eröffnen einen Zivilprozess *neben dem Exekutionsverfahren,* der freilich mit Urteil entschieden wird, sofern die Klage nicht als unzulässig zurückgewiesen wird.

1. Beschlüsse außerhalb einer Tagsatzung

Das Gesetz bezeichnet die Schriftliche Ausfertigung eines außerhalb einer Tagsatzung gefassten Beschlusses – wenig glücklich und ebenso veraltet wie in § 427 Abs 1 ZPO – als „***Bescheid***" (§ 64 Abs 1 EO).

Solche Beschlüsse sind den Parteien und allen sonst jeweils kraft gesetzlicher Vorschrift zu Verständigenden *zuzustellen.*

2. Beschlüsse im Rahmen einer Tagsatzung

Hier herrscht das ***Verkündungsprinzip*** (§ 64 Abs 2 S 1 EO). Den Anwesenden ist eine schriftliche Ausfertigung nur zuzustellen, wenn

- ihnen im Einzelfall ein *abgesondertes* Rechtsmittel gegen den Beschluss zusteht oder
- dem Betreffenden auf der Grundlage dieses Beschlusses das sofortige Recht zur Exekution zusteht (§ 64 Abs 2 S 2 EO).

Liegt keiner dieser Fälle vor, so ist auch nicht zuzustellen und die Verkündung entfaltet Zustellungswirkungen (§ 64 Abs 3 EO).

An Parteien und sonstige Beteiligte, die bei der Tagsatzung nicht anwesend waren, sind in der Tagsatzung gefasste Beschlüsse oder verfahrensleitende Verfügungen ***zuzustellen*** (§ 64 Abs 2 S 3 EO).

H. Rechtsbehelfe und Rechtsmittel

Lit.: *Albrecht*, Die Exekutionsordnungs-Novelle 1995 (1995); *Angst*, Hypothekarische Besicherung und nachträgliche Abtretung von Bestandzinsforderungen, ÖBA 2007, 444; *Baumgartner*, Die kridamäßige Versteigerung, ÖJZ 1973, 6; *Böhm*, Widerspruch gegen die Verteilung (§ 213 EO) und Klage aus dem besseren Recht (§ 231 Abs 4 EO), ÖJZ 1974, 533; *Burghardt*, Zwangsvollstreckungsorgane in europäischen Ländern im Vergleich zum deutschen Gerichtsvollzieher (Bundesrepublik, Frankreich, Schweiz, Österreich) (1976); *Fasching*, Die Änderungen des Verfahrens zur Erlassung einstweiliger Verfügungen durch die Zivilverfahrens-Novelle 1983, GesRZ 1984, 62; *Fasching*, Die Anwendung der Rekursbeschränkungen des § 517 ZPO im Exekutionsverfahren, ÖJZ 1984, 125; *Fichtenbauer*, Zur Rekursmöglichkeit in Exekutionssachen nach der Zivilverfahrensnovelle 1986, AnwBl 1986, 284; *Fucik*, Die einheitliche Rechtsmittelfrist, ÖJZ 1984, 432; *Graff*, Schadenersatz nach § 394 EO, ecolex 1994, 764; *Hörmann*, Brutto- oder Nettotitel? NZ 1991, 60; *Hoyer*, Lockerung der Rechtsmittelbeschränkungen im Meistbotsverteilungsverfahren, ÖBA 1996, 249; *Hule*, Zur Konkurrenz von Rechtsbehelfen im zivilgerichtlichen Verfahren, ÖJZ 1968, 590; *Kimeswenger*, Zweiseitigkeit des Rekurses im Verfügungsverfahren, ecolex 1998, 851; *Kinzel*, Nochmals: Gilt § 517 ZPO nunmehr auch im Exekutionsverfahren? ÖJZ 1984, 347; *G. Kodek*, Zur Zweiseitigkeit des Rekursverfahrens. Überlegungen aus Anlass der Entscheidung Beer gegen Österreich, 2004/34 und 2004/37, 589; *Konecny*, Die Exekutionsordnung nach 100 Jahren, in *Mayr* (Hrsg.), 100 Jahre österreichische Zivilprozeßgesetze (1998) 95; Mohr, Die neue Zwangsversteigerung. EO-Novelle 2000, ecolex Spezial (2000); *Mohr*, Fahrnisexekution nach der EO-Nov 1995, ÖJZ 1996, 81; *Mohr*, Die Exekutionsordnungs-Novelle 2000 - ein Überblick, ZIK 2000, 81; *Mohr*, Die neue Zwangsverwaltung, ecolex 2008, 215; *Mosser*, EGMR: Neue Judikatur zu Art 6 EMRK und Waffengleichheit im Exekutionsverfahren, Zak 2006/318, 186; *Perl*, Schutz dritter Personen bei Erlassung des gerichtlichen Drittverbotes im Zuge einstweiliger Verfügungen, JBl 1923 151; *Petrasch*, Das neue Revisions-(Rekurs-)Recht, ÖJZ 1983, 169; *Petrasch*, Die Zivilverfahrens-Novelle 1983 in der Rechtsprechung des Obersten Gerichtshofes, ÖJZ 1985, 257; *Petrasch*, Der Weg zum Obersten Gerichtshof nach der Erweiterten Wertgrenzen-Novelle 1989, ÖJZ 1989, 743; *Pfersmann*, Zu den Begriffen „Nebenforderungen" und „Kostenpunkt" besonders bei Anwendung exekutionsrechtlicher Bestimmungen, ÖJZ 1985, 205; *Pichler*, Umwürdigung der Beweise im Rekursverfahren? JBl 1975, 356; *Pochmarski*, Beschluss und Rekurs in der Zivilprozessordnung (2006); *Rechberger*, Die fehlerhafte Exekution (1978).

1. Überblick

Gegen die im Verfahren erlassenen Beschlüsse gewährt die EO das Rechtsmittel des Rekurses sowie die Rechtsbehelfe des Widerspruchs und der Vollzugsbeschwerde; das RPflG sieht den Rechtsbehelf der Vorstellung, das GOG den der Aufsichtsbeschwerde vor.

Merke! Rechtsmittel haben ***Devolutivwirkung,*** es entscheidet regelmäßig die nächsthöhere Instanz, ***Rechtsbehelfe*** steigen ***nicht*** auf, sie werden von derselben Instanz erledigt, die die angefochtene Entscheidung erlassen hat, wenn auch mitunter von einer anderen Gerichtsperson.

▶ Das im Exekutionsverfahren gegen Beschlüsse des Gerichts vorgesehene ***Rechtsmittel*** des ***Rekurses*** (§ 65 EO) dagegen richtet sich an das im Instanzenzug übergeordnete ***Rekursgericht.***

▶ ***Rechtsbehelfe*** sind dagegen

- der ***Einspruch*** des Verpflichteten gegen die im vereinfachten Bewilligungsverfahren erlassene Exekutionsbewilligung (§ 54c EO), in dessen Folge das Bewilligungsgericht dem betreibenden Gläubiger die bislang nicht erforderliche Titelvorlage aufträgt;
- die ***Vollzugsbeschwerde*** wegen gesetz- oder weisungswidrigem Verhalten des Vollstreckungsorgans (§ 68 EO), über die je nach Exekutionsart der Rechtspfleger oder der Richter entscheidet;
- der ***Widerspruch*** nach den Bestimmungen der §§ 128 Abs 2, 184, 185, 213, 358 Abs 2, 398 EO;
- die ***Vorstellung*** gegen nicht oder bloß eingeschränkt anfechtbare Rechtspflegerentscheidungen (§ 12 RPflG) an den Richter und
- die ***Aufsichtsbeschwerde*** (§ 78 GOG) an den Gerichtsvorsteher.

2. *Rekurs*

a) Allgemeines

§ 65 Abs 1 EO erklärt den Rekurs grundsätzlich für statthaft, behält sich jedoch vor, bloß eine verbundene Anfechtung zu gestatten oder ein Rekursverbot auszusprechen. Subsidiär zu den rekursrechtlichen Bestimmungen der EO gelten die Bestimmungen der ZPO über den Rekurs und den Revisionsrekurs (§§ 78 EO iVm 514 ff EO). Es gilt das *Neuerungsverbot.*

b) Einseitigkeit – Zweiseitigkeit

Der *Rekurs der ZPO* ist ab Streitanhängigkeit *grundsätzlich zweiseitig* mit Ausnahme anfechtbarer verfahrensleitender Verfügungen (§ 521a ZPO). Auf diese Weise steht bei den meisten Rekursen dem Rekursgegner das Recht zu, eine Rekursbeantwortung zu erstatten.

Die EO dreht dieses Grundprinzip ins Gegenteil; seit der Neufassung des § 65 Abs 2 EO mit der EO-Novelle 2014 wurde aber der Anwendungsbereich des § 521a ZPO etwas ausgeweitet. ***Zweiseitig sind nur:***

- Rekurs gegen eine Kostenentscheidung (§ 65 Abs 3 Z 1 EO),
- Rekurs gegen Entscheidungen über Anträge auf Einstellung, Einschränkung oder Aufschiebung der Exekution (§ 65 Abs 3 Z 2 EO),
- wenn dies das Gesetz sonst anordnet (§ 65 Abs 3 Z 3 EO), das sind insbesondere folgende Fälle:

- Rekurs gegen den Beschluss über einen Antrag auf Vollstreckbarerklärung eines ausländischen Exekutionstitels (§ 411 Abs 1 EO),
- Rekurs gegen den Beschluss über einen Antrag auf Erlassung einer einstweiligen Verfügung (§ 402 Abs 1 EO),
- Rekurs gegen einen Beschluss, mit dem über einen Widerspruch nach § 397 EO entschieden wurde (§ 402 Abs 1 EO),
- Rekurse gegen Beschlüsse, die über einen Antrag auf Einschränkung oder Aufhebung einstweiliger Verfügungen entscheiden (§ 402 Abs 1 EO).

Beachte! Bei den grundsätzlich zweiseitigen Rekursen gegen Beschlüsse im Recht der einstweiligen Verfügungen (§ 402 EO) ist zu beachten:

Richtet sich der Rekurs der gefährdeten Partei gegen die ***Abweisung eines Antrags auf Erlassung einer einstweiligen Verfügung*** und ***wurde der Gegner der gefährdeten Partei zu dem Antrag noch nicht einvernommen,*** so ist der ***Rekurs*** freilich ***einseitig,*** da der Gegner der gefährdeten Partei noch nicht in das Verfahren einbezogen wurde.

Rekursfrist und Rekursbeantwortungsfrist betragen jeweils 14 Tage (§§ 521 Abs 1, 521a Abs 1 ZPO), in Vollstreckbarerklärungsverfahren für ausländische Exekutionstitel nach § 406 ff EO dagegen jeweils vier Wochen (§ 411 Abs 1 EO).

c) Aufschiebende Wirkung

§ 67 Abs 1 EO entspricht dem Gedanken des § 524 Abs 1 ZPO:
Exekutionsrechtliche Rekurse entfalten ***grundsätzlich keine aufschiebende Wirkung.***

Der Gesetzgeber behält sich indes vor, einzelne ***Rekurse von Gesetzes wegen mit aufschiebender Wirkung*** auszustatten (§ 67 Abs 2 EO) und macht davon fleißig Gebrauch (vgl. §§ 96 Abs 3, 103, 118 Abs 2, 130 Abs 2, 154 Abs 2, 155 Abs 2, 157 Abs 1 und 2, 159 Z 3 und 4, 160, 169 Abs 3, 174 Abs 3, 187 Abs 4 und 5, 188, 189, 199 Abs 1, 205, 207 Abs 1, 230 Abs 3, 235 Abs 1, 236, 237 Abs 3, 251a Abs 4, 266, 273, 287, 292k Abs 2, 324, 377 Abs 4, 394 Abs 1, 400, 412 Abs 2 sowie 413 EO).

Die Bestimmung des § 524 Abs 2 ZPO, die die ***Zuerkennung aufschiebender Wirkung auf Antrag*** vorsieht, wenn der Gegenpartei daraus kein unverhältnismäßiger Nachteil erwächst und sonst der Rekurszweck vereitelt würde, lässt sich daher über § 78 EO auf Beschlüsse übertragen, die dem Grundsatz des § 67 Abs 1 EO folgen und von Gesetzes wegen keine aufschiebende Wirkung haben (vgl. in diesem Sinn *Jakusch* in Angst/Oberhammer^3, EO, zu § 67 EO Rz 1 ff; ebenso *Rassi* in Burgstaller/Deixler-Hübner, EO, zu §§ 65 bis 67 EO Rz 5 bis 10; *Roth/Duursma-Kepplinger,* ExR u InsR^{10}, 26 f; aM *Rechberger/Oberhammer,* ExR^5, Rz 170).

Eine Ausnahme vom Anwendungsbereich des § 524 Abs 2 ZPO ist der ***Rekurs gegen den Exekutionsbewilligungsbeschluss:***

Hier ist der Rekurswerber verhalten, bei Einbringen des ***Rekurses gegen die Exekutionsbewilligung einen Aufschiebungsantrag nach § 42 Abs 1 Z 7 EO*** zu stellen; es erübrigt sich lege speciali ein Antrag nach § 524 Abs 2 ZPO.

d) Verbundene Anfechtbarkeit

Eine abgesonderte Anfechtbarkeit ist in folgenden Fällen ausgeschlossen (§ 66 Abs 1 EO):

- Beschlüsse, mit denen Tagsatzungen anberaumt oder erstreckt werden,
- Beschlüsse, mit denen eine Einvernahme der Parteien oder sonstiger Verfahrensbeteiligter angeordnet wird,
- Beschlüsse im vereinfachten Bewilligungsverfahren, mit denen dem betreibenden Gläubiger die vollstreckbare Titelvorlage aufgetragen wird (§§ 54b Abs 2, 54d Abs 1 EO),
- Aufträge des Gerichts an das Vollstreckungsorgan zur Durchführung von Exekutionshandlungen.

Ein Rekurs kann in diesen Fällen nur zusammen mit dem Rechtsmittel gegen die nächste selbständig anfechtbare Entscheidung erhoben werden.

e) Geringfügige Werte

Übersteigt der Verfahrensgegenstand an Geld oder Geldeswert den Betrag von 2.700 Euro nicht, so greift die ***Enumerationsmethode*** des § 517 ZPO, die alle in solchen Verfahren anfechtbare Beschlüsse aufzählt und die Anfechtung anderer ausschließt.

Im Exekutionsverfahren sind Sicherheitsleistungen, die den Betrag von 2.700 € nicht übersteigen, unanfechtbar (§ 66 Abs 2 EO).

§ 517 ZPO gilt nicht (§ 65 Abs 2 ZPO):

- für Rekurse in der Immobiliarexekution,
- beim Rekurs gegen die Exekutionsbewilligung,
- beim Rekurs gegen Aufschiebungsbeschlüsse,
- beim Rekurs gegen Exekutionsfortsetzungsbeschlüsse,
- beim Rekurs gegen Einstellungsbeschlüsse,
- bei Rekursen gegen Geld- oder Haftstrafenbeschlüsse (wie etwa in der Naturalexekution),
- bei Rekursen gegen Beschlüsse über Anträge auf Erlassung, Einschränkung oder Aufhebung einstweiliger Verfügungen, gegen Beschlüsse auf Abweisung eines Antrags auf Erlassung einstweiliger Verfügungen sowie gegen Beschlüsse nach einem Widerspruch iSd § 397 EO (§ 402 EO).

f) Revisionsrekurs

Es gelten die Bestimmungen der §§ 526 Abs 2, 528, 528a ZPO.

Der absolute Unzulässigkeitsgrund der ***duae conformae*** (§ 528 Abs 2 Z 2 ZPO) wird allerdings in zwei Fällen ***durchbrochen:***

- bei Revisionsrekursen gegen die Erteilung oder Versagung der Vollstreckbarerklärung ausländischer Exekutionstitel (§ 411 Abs 4 EO),
- bei Revisionsrekursen gegen Beschlüsse nach § 402 EO im Verfügungsverfahren (§ 402 Abs 1 S 2 EO).

Für den Revisionsrekurs gegen ***Kassationsbeschlüsse*** des Rekursgerichts gelten über § 78 EO die Bestimmungen des § 527 Abs 2 ZPO.

3. Einspruch

Der Einspruch ist der ***Rechtsbehelf des Verpflichteten*** gegen die ihm zugestellte, ***im vereinfachten Bewilligungsverfahren*** (§§ 54b ff EO) ohne Titelvorlage erteilte Exekutionsbewilligung (§ 54c EO). Siehe dazu im einzelnen unten VI. Vereinfachtes Bewilligungsverfahren.

Mit dem Einspruch kann der Verpflichtete nur geltend machen, dass der betreibende Gläubiger über einen die Exekutionsbewilligung deckenden Exekutionstitel samt Vollstreckbarkeitsbestätigung nicht verfügt oder die Angaben im Exekutionsantrag nicht mit dem Titel übereinstimmen (§ 54c EO). Der Verpflichtete erreicht damit, dass das Gericht dem betreibenden Gläubiger die Titelvorlage aufträgt (§ 54d EO).

4. Vollzugsbeschwerde

Die Vollzugsbeschwerde ist der ***Rechtsbehelf gegen das Verhalten des Vollstreckungsorgans (§ 68 EO).*** Jede Partei oder sonst am Verfahren beteiligte Person (vgl. etwa MietS 6157) kann in zwei Fällen davon Gebrauch machen:

- bei gesetz- oder weisungswidrigem Verhalten des Vollstreckungsorgans bei der ***Vornahme einer Exekutionshandlung;***
- bei ***Verweigerung einer Exekutionshandlung.***

Die Beschwerde ist binnen 14 Tagen ab Kenntnis des Vollzugs der Exekutionshandlung oder des Umstands der Verweigerung der Exekutionshandlung einzubringen. Es entscheidet das Exekutionsgericht.

Gegen den ergehenden Beschluss ist ein abgesonderter Rekurs unstatthaft (§ 66 Abs 1 Z 4 EO).

Die Vollzugsbeschwerde ***kann nicht gegen Entscheidungen des Richters oder Rechtspflegers gerichtet werden*** (vgl. etwa EvBl 2000/161, 689; LGZ Wien EFS 57.953).

Maßgeblich ist nicht die Schuldhaftigkeit des beanstandeten Vorgangs, sondern seine ***objektive Rechtswidrigkeit*** (LGZ Wien 47 R 791/01 RPflE 2003/10).

Die in der Judikatur mitunter geäußerte Ansicht, die Beschwerde nach § 68 EO sei ein *subsidiärer Rechtsbehelf* und dann unzulässig, wenn der angestrebte Erfolg durch einen anderen Rechtsbehelf, etwa die Exszindierungsklage des betroffenen Drittdetentors (§ 262 EO) erreicht werden könne (LG Ried im Innkreis 6 R 143/09k RPflE 2009/80), ist abzulehnen, zwingt sie den Betroffenen doch zum Führen eines Zivilprozesses bei gleichzeitigem Ausschluss des einfacheren Rechtsbehelfs.

Besorgt der Beschwerdeführer, dass eine für die Entscheidung über die Vollzugsbeschwerde notwendige Parteien- oder Beteiligteneinvernahme nicht unverzüglich stattfinden kann, so steht ihm der Antrag auf Aufschiebung der Exekution nach § 42 Abs 1 Z 8 EO offen.

5. *Widerspruch*

Der Rechtsbehelf des Widerspruchs begegnet uns

- in der Immobiliarexekution (Widerspruch gegen den Zuschlag in der Zwangsversteigerung sowie der Widerspruchs Ausfallsbeteiligter in der Verteilungstagsatzung, §§ 128 Abs 2, 184, 185, 213 EO),
- in der Fahrnisexekution (der Widerspruch Ausfallsbeteiligter in der Verteilungstagsatzung, §§ 286 Abs 1 iVm 213 EO),
- in der Individualleistungsexekution (der Widerspruch des Verpflichteten gegen die Verhängung von Beugestrafen ohne seine vorherige Vernehmung, §§ 358 Abs 2 iVm 397 EO),
- im Verfügungsverfahren (der Widerspruch des Gegners der gefährdeten Partei oder des Drittschuldners gegen die Erlassung einer einstweiligen Verfügung ohne seine vorherige Vernehmung, § 397 EO).

Er ist nicht aufsteigend, über ihn ist stets mündlich zu verhandeln (s. oben II. D. 1. und 3.). Er erlaubt es der Partei im Gegensatz zum Rekurs, Neuerungen vorzubringen.

Es ist zu unterscheiden:

► Der Widerspruch in der Immobiliarexekution (gegen die Zuschlagserteilung bei der Zwangsversteigerung sowie gegen Bestand, Rang oder Höhe von Forderungen, die zur Verteilungstagsatzung angemeldet sind) wie auch in der Fahrnisexekution (gegen Bestand, Rang oder Höhe zur Verteilungstagsatzung angemeldeter Forderungen) stellt ein ***vorweg genommenes Rechtsmittel*** dar (vgl. ebenso *Rechberger/Oberhammer,* ExR[5], Rz 186), gegen dessen Erledigung der Rekurs statthaft ist.

► Dagegen ist der Widerspruch im Verfügungsverfahren, der bei der Verhängung von Beugestrafen in der Individualleistungsexekution vom Gesetzgeber ebenfalls verwendet wird, ein ***Rechtsmittelersatz.***

Er steht dann zu, wenn der Betroffene vor Erlassung einer Entscheidung nicht gehört wurde. Er wird mit Beschluss erledigt.

6. *Vorstellung*

Für den Fall, dass eine ***Rechtspflegerentscheidung*** nach den allgemeinen Bestimmungen nicht oder nur eingeschränkt anfechtbar ist, stellt § 12 RPflG den ***Rechtsbehelf der Vorstellung an den Richter*** zur Verfügung. Es handelt sich mithin um einen *subsidiären Rechtsbehelf.*

Die Vorstellung ist binnen 14 Tagen ab Zustellung der Entscheidung des Rechtspflegers beim Exekutionsgericht einzubringen oder zu Protokoll zu erklären (§ 12 Abs 2 RPflG). Sie hat keine aufschiebende Wirkung, doch kann ihr eine solche unter den Voraussetzungen des § 524 Abs 2 ZPO (wortgleich: § 12 Abs 3 S 2 RPflG) bei gleichzeitiger Anordnung etwa notwendiger Sicherungsmaßnahmen mit unanfechtbarem Beschluss zuerkannt werden (§ 12 Abs 3 RPflG).

Über die Vorstellung ist meritorisch zu entscheiden. Sie genießt Erledigungsvorrang vor gleichzeitig erhobenen anderen Rechtsbehelfen und sogar Rechtsmitteln (§ 12 Abs 4 und 5 RPflG).

7. Aufsichtsbeschwerde

Die ***Aufsichtsbeschwerde*** nach § 78 GOG richtet sich gegen die Verweigerung oder Verzögerung der Rechtspflege. Mit ihr werden – anders als bei der Vollzugsbeschwerde – Handlungen von Richtern geahndet. Sie kann zur Androhung von Disziplinarmaßnahmen führen. Über die Beschwerde entscheidet vor dem BG der Vorsteher, im Exekutionsverfahren also der Vorsteher des Exekutionsgerichts.

III. Exekutionstitel

Lit.: *Angst,* Der vollstreckbare Notariatsakt im Lichte der jüngeren Judikatur des OGH, NZ 2001, 366; *Bajons*, Das Luganer Parallelübereinkommen zum EuGVÜ, ZfRV 1993, 45; *Ballon*, Kann gegen eine Gemeinde Exekution geführt werden oder kann eine Gemeinde in Konkurs oder Ausgleich gehen? GdZ 1996, 9, 2; *Burgstaller/Neumayr*, Der Europäische Vollstreckungstitel für unbestrittene Forderungen, ÖJZ 2006/13, 179; *Czech*, Wann tritt ein Exekutionstitel, der im Bestandverfahren erworben wurde, außer Kraft?, ImmZ 1950, 233f; *Czernich/Pülzl*, OGH: Keine Prüfung der materiellen Gültigkeit eines Rückstandsausweises durch die ordentlichen Gerichte, SWK 2002, 304; *Derntl*, Exekution im elektronischen Rechtsverkehr (ERV) bei Forderungshöhe außerhalb des vereinfachten Bewilligungsverfahrens, SozSi 2005, 463; *Erdmann*, Sind Notariatsakte mit Wertsicherungsklausel vollstreckbar?, NZ 1950, 102; *Fasching*, Konkurs, Ausgleich und Zwangsvollstreckung bei Gemeinden (1983); *Frank/Schneider/Kirschbichler/Morawec/Roth*, Der elektronische Rechtsverkehr mit den Gerichten (ERV) (1999); *Gogg*, Wertsicherungen in Exekutionstiteln, NZ 1950, 130; *Handstanger,* Aus der Rechtsprechung der Gerichte der Europäischen Union, ÖJZ 1995, 161; *Hörmann*, Brutto- oder Nettotitel, NZ 1991, 60; *Hoyer*, Das Parallelabkommen der EFTA-Staaten mit der EG über Gerichtsstand und Vollstreckung, NZ 1989, 238; *Jakusch*, Die EO-Novelle 2003, ÖJZ 2004, 201; *Jakusch,* Die Zwangsvollstreckung am Schnittpunkt von Justiz und Verwaltung, Schriftenreihe der NÖ JurGes 2004; *Just,* Vergleiche nach dem Hofdekret vom 8. VI. 1832 J.G. S. 2567 als Exekutionstitel, NZ 1935, 182; *Kloiber*, Die Exekutionsordnungs-Novelle 1995, ein Überblick über die mit 1.10.1995 in Kraft getretenen Änderungen, ÖA 1996, 2; *Kodek*, Die Genossenschaftswohnung in der Exekution – Überlegungen aus Anlass der E 3 Ob 92/07m, wobl 2008, 89; *König*, Die Aufschiebung der Zwangsvollstreckung vor Rechtskraft der Vollstreckbarerklärung (Art 39 EuGVÜ/LGVÜ, 47 EuGVVO), RZ 2001, 267; *König*, Der Europäische Vollstreckungstitel: Haben wir gehörig vorgesorgt? in *König/Mayr*, Europäisches Zivilverfahrensrecht in Österreich (2007) 113; *Kralik,* Die Vollstreckbarkeit der Notariatsurkunden, 1. Kongreß des österreichischen Notariates 1963, Notariatsgedenkschrift 1964, 33; *Mohr*, Exekutionsordnungsnovelle 2005, ecolex 2005, 602; *Neuteufel*, Art XXIX EGEO und das New-Yorker-Übereinkommen über die Anerkennung und Vollstreckung ausländischer Schiedssprüche, ÖJZ 1984, 320; *Nunner-Krautgasser*, Der Rückstandsausweis als Grundlage der gerichtlichen Exekution, ÖJZ 2000, 833; *Oberhammer*, Der Europäische Vollstreckungstitel: Rechtspolitische Ziele und Methoden, JBl

2006, 477; *Obermaier*, Die Verzinsung von Kostentiteln, AnwBl 2007, 403; *Petschek*, Zivilprozessrechtliche Streitfragen (1933) 161ff; *Rebhahn/Strasser*, Zwangsvollstreckung und Insolvenz beim Gemeinden (1989); *Rechberger/Oberhammer/Bogensberger*, Der vollstreckbare Notariatsakt (1994); *Rechberger*, Gestaltungsfreiheit in Exekutionstiteln, in *Rechberger*, Formpflicht und Gestaltungsfreiheit (2002) 107; *Reckenzaun*, Die Durchsetzung von Unterhaltsansprüchen gegen den Gemeinschuldner, ÖJZ 1994, 113; *Rijavec*, Notariatsakt als Europäischer Vollstreckungstitel, in FS Woschnak (2010), 515; *Schumacher*, Rechtstitel und Bestimmtheit als Voraussetzungen der Vollstreckbarkeit des Notariatsaktes, NZ 1996, 195; *Schumacher*, Zur Exekution von Rechnungslegungsansprüchen, RdW 2007/292, 259; *Sprung/Mayr*, Die Befristung bestandrechtlicher Exekutionstitel (§ 575 ZPO), wobl 1990, 4; *Stagel*, Die Klage nach § 10 EO, ÖJZ 1952, 345; *Traxler*, Die Exekution gegen Gemeinden, GdZ 1982, 385; *Wagner*, Die Vollstreckung von Schiedssprüchen (2007); *Wresounig*, § 15 EO in rechtsdogmatischer und rechtspolitischer Sicht, RZ 2001, 154.

A. Arten der Exekutionstitel

Jedes Exekutionsverfahren setzt einen gültigen Exekutionstitel voraus, das sind ***Akte und Urkunden (§ 1 EO), aus der die Parteien*** sowie der ***vollstreckbare Anspruch*** genau hervorgehen (§ 7 Abs 1 EO).

Exekutionstitel sind daher ***Verfahrensvoraussetzungen;*** Exekutionsverfahren, die ohne Titel eingeleitet wurden, sind nach § 39 Abs 1 Z 10 EO einzustellen.

1. Inländische Exekutionstitel

Inländische Exekutionstitel sind in § 1 Z 1 bis 17 EO aufgezählte, im Geltungsbereich der EO errichtete oder erlassene Titel.

Grundsätzlich werden gerichtliche, verwaltungsbehördliche und nicht behördliche Titel unterschieden (vgl. *Roth/Duursma-Kepplinger*, ExR und InsR[10], 29 f, *Rechberger/Oberhammer*, ExR[5], Rz 77 bis 79).

► ***Gerichtliche Exekutionstitel*** sind Entscheidungen gleich welcher Art, wenn sie von staatlichen ***Zivilgerichten, Strafgerichten oder Schiedsgerichten*** ergangen sind:

▪ *Endurteile* und andere in Streitsachen ergangene ***Urteile*** *(Teilurteile, Zwischenurteile) sowie Beschlüsse* [und Bescheide] *der Zivilgerichte,* wenn ein weiterer Rechtszug dagegen ausgeschlossen oder zumindest ein die Exekution hemmendes Rechtsmittel nicht zulässig ist (§ 1 Z 1 EO);
→ Der Begriff „Bescheid" in Z 1 ist veraltet, der Terminus den Entscheidungen der Verwaltungsbehörden vorbehalten; gemeint sind sonstige Entscheidungen - die aber wiederum meist in Beschlussform ergehen

▪ ***Zahlungsaufträge,*** die im Wechselmandatsverfahren, wenn gegen sie nicht rechtzeitig Einwendungen erhoben worden sind (§ 1 Z 2 EO);

▪ die im Mahnverfahren erlassenen ***Zahlungsbefehle*** nach ungenütztem Verstreichen der Einspruchsfrist (§ 1 Z 3 EO);
→ wenn der Beklagte nach Versäumung der Einspruchsfrist aber einen Wiedereinsetzungsantrag stellt, so bleibt eine Exekution zur Sicherstellung auf der Basis des bedingten Zahlungsbefehls zulässig (§ 371 Z 3 EO);

▪ ***gerichtliche Aufkündigungen*** eines Bestandvertrages über Grundstücke, Gebäude und andere unbewegliche oder gesetzlich für unbeweglich erklärte Sachen, über Schiffmühlen und auf Schiffen errichtete Bauwerke, wenn gegen die Aufkündigung nicht rechtzeitig Einwendungen erhoben worden sind, sowie unter der gleichen Voraussetzung die gerichtlichen ***Aufträge zur Übergabe oder Übernahme des Bestandgegenstandes*** (§ 1 Z 4 EO); diese Titel des Bestandverfahrens sind befristet; sie treten mit Ablauf von sechs Monaten außer Kraft, wenn nicht vorher ein Exekutionsantrag gestellt wird (§ 575 Abs 3 ZPO);

▪ ***Außerstreitbeschlüsse,*** soweit sie nach den dafür geltenden Vorschriften vollstreckbar sind (§ 1 Z 6 EO);

▪ im ***Insolvenzverfahren ergangene rechtskräftige Beschlüsse*** (§ 1 Z 7 Hs 1 EO);

▪ rechtskräftige ***Erkenntnisse der Strafgerichte,*** welche den *Verfall,* den *erweiterten Verfall,* die *Konfiskation* oder die *Einziehung* von Vermögenswerten oder Gegenständen aussprechen oder über die Einziehung oder die *Verwertung sichergestellter oder beschlagnahmter Vermögenswerte (§ 115a StPO),* über die *Vollstreckung einer ausländischen Entscheidung in Strafsachen betreffend vermögensrechtliche Anordnungen (§ 65 ARHG, § 52d EU-JZG),* über die *Kosten des Strafverfahrens* oder über die *privatrechtlichen Ansprüche ergehen* oder eine *bestellte Sicherheit für verfallen erklären* (§ 1 Z 8 EO);

▪ [rechtskräftige Beschlüsse und Entscheidungen der Zivil- und Strafgerichte, wodurch gegen Parteien oder deren Vertreter Geldstrafen oder Geldbußen verhängt werden (§ 1 Z 9 EO)];

→ *Z 9 hat keinen praktischen Anwendungsbereich:* Geldstrafen werden mittels Zahlungsauftrag nach §§ 1 Z 2 iVm 6 GEG hereingebracht, diese Titel fallen also unter § 1 Z 10 EO, weil diese Titel im Rahmen der *Justizverwaltung* entstehen (s. sogl. unten); Geldbußen werden von den Gerichten so gut wie nicht verhängt, in den seltenen Fällen handelt es sich um Geldbußen als Entschädigungen, die wiederum Titel nach § 1 Z 1, 6 oder 8 EO oder nach § 1 Z 5 EO (vgl. *Jakusch* in Angst/Oberhammer[3], EO, zu § 1 EO Rz 64, 64a).

▪ ***Schiedssprüche,*** die vor einer höheren schiedsgerichtlichen Instanz nicht mehr anfechtbar sind (§ 1 Z 16 Hs 1 EO).

▶ ***Verwaltungsbehördliche Exekutionstitel*** nennt die EO dann, wenn die Vollstreckung den Gerichten und nicht den Verwaltungsbehörden zugeordnet ist; Gleiches gilt für ***Entscheidungen der Verwaltungsgerichte und der Gerichtshöfe öffentlichen Rechts:***

▪ ***Entscheidungen der Verwaltungsbehörden über privatrechtliche Ansprüche,*** soweit sie nach den dafür geltenden Vorschriften vollstreckbar sind und die Exekution durch gesetzliche Bestimmungen den ordentlichen Gerichten überwiesen ist (§ 1 Z 10 EO);

▪ ***Bescheide der Sozialversicherungsträger*** nach § 66 ASGG, mit denen Leistungen zuerkannt oder zurückgefordert werden (§ 1 Z 11 EO);

▪ ***Bescheide der Verwaltungsbehörden sowie Erkenntnisse und Beschlüsse der Verwaltungsgerichte, des Verwaltungsgerichtshofes und des Verfassungsgerichtshofes,*** soweit sie nach den dafür geltenden Vorschriften vollstreckbar sind und die Exekution durch gesetzliche Bestimmungen den ordentlichen Gerichten überwiesen ist (§ 1 Z 12 EO);

▪ die über direkte Steuern, Gebühren und Sozialversicherungsbeiträge sowie über Landes-, Bezirks- und Gemeindezuschläge ausgefertigten, nach den darüber bestehenden Vorschriften vollstreckbaren ***Zahlungsaufträge und Rückstandsausweise*** (§ 1 Z 13 EO);

▪ ***Entscheidungen der in Z 10 und 12 genannten Verwaltungsbehörden und Gerichte,*** mit denen Geldstrafen, Geldbußen oder der Ersatz der Kosten eines Verfahrens auferlegt wird, soweit sie nach den dafür geltenden Vorschriften vollstreckbar sind und die Exekution durch gesetzliche Bestimmungen den ordentlichen Gerichten überwiesen ist (§ 1 Z 14 EO).

► ***Nichtbehördliche Exekutionstitel*** entstehen durch Parteihandlung oder Parteienvereinbarung, wobei es unerheblich ist, ob der Titel vor einer Behörde geschaffen wurde und wenn ja vor welcher, oder ob er vor einem Notar errichtet wurde:

▪ ***Vergleiche,*** welche über privatrechtliche Ansprüche vor Zivil- oder Strafgerichten abgeschlossen wurden (§ 1 Z 5 EO);

▪ vor Gemeindevermittlungsämtern oder vor anderen zur Aufnahme von Vergleichen berufenen öffentlichen Organen (auch vor Verwaltungsbehörden!) geschlossene ***Vergleiche,*** falls sie die Wirkungen gerichtlicher Vergleiche entfalten (§ 1 Z 15 EO);

▪ vor einem Schiedsgericht oder einem Schiedsrichter abgeschlossene ***Schiedsvergleiche*** (§ 1 Z 16 Hs 2 EO);

▪ amtliche ***Eintragungen in das Anmeldungsverzeichnis*** im Insolvenzverfahren, soweit sie nach § 61 IO als Insolvenztitel vollstreckbar sind (§ 1 Z 7 Hs 2 EO);

▪ ***vollstreckbare Notariatsakte*** nach § 3 NO (§ 1 Z 17 EO).

2. Ausländische Exekutionstitel

Bei ausländischen Exekutionstiteln ist zu unterscheiden:

► ***Im Ausland errichtete Exekutionstitel österreichischer Behörden,*** die einer österreichischen Behörde unterstehen (insbes. österreichische Vertretungsbehörden), wenn sie einer Urkunde nach § 1 Z 1 bis 10 sowie Z 12 bis 15 EO gleich stehen (§ 2 Abs 1 EO).

► ***Im Ausland errichtete Exekutionstitel,*** die
→ einer der in § 1 EO genannten Urkunde gleichstehen, weil
→ sie aufgrund völkerrechtlicher Vereinbarungen oder Rechtsakten der Europäischen Union ***ohne eine gesonderte Vollstreckbarerklärung*** in Österreich zu vollstrecken sind (§ 2 Abs 2 EO). Eine Rechtskraft- und Vollstreckbarkeitsbestätigung der Titelbehörde ist hier allerdings einzuholen.

Das sind

▪ die Europäischen Vollstreckungstitel (Art 5 EuVTVO),
▪ der Europäische Zahlungsbefehl nach der EuMahnVO,
▪ Entscheidungen nach der EuBagatellVO,

- Entscheidungen nach der Brüssel Ia-VO, sofern nur einstweilige Sicherungsmaßnahmen beantragt werden (Art 40 Abs 1 Brüssel Ia-VO),
- Unterhaltsentscheidungen nach der EuUntVO aus allen Verordnungsstaaten (Art 17 ff EuUntVO).

► ***Im Ausland errichtete Exekutionstitel,*** die einer ***Vollstreckbarerklärung*** durch österreichische Gerichte ***nach §§ 406 ff EO*** oder einer ***Feststellung der Vollstreckbarkeit*** bedürfen, gleich ob nach Akten der Europäischen Union oder aufgrund bilateraler oder multilateraler Verträge.

Beachte: Akte und Urkunden supranationaler Organisationen, denen Österreich angehört, sind ausländischen Akten und Urkunden gleichgestellt und bedürfen der Vollstreckbarerklärung iSd §§ 406 ff EO, gleich ob die supranationale Organisation im Inland oder im Ausland ihren Sitz hat (§ 417 EO).

Zur Vollstreckbarerklärung inländischer Titel als Europäischer Vollstreckungstitel nach der EuVTVO (§ 419 EO) sowie zu *ausländischen Exekutionstiteln* und zu ihrer *Vollstreckbarerklärung* im Inland (§§ 406 ff EO) siehe unten Drittes Buch, Internationales Exekutionsrecht, VI. F. und G. sowie XIV. A. bis D.

B. Inhalt

1. Fälliger vollstreckbarer Anspruch

Der Exekutionstitel hat folgenden Inhalt aufzuweisen:

► die Parteien des Vollstreckungsverfahrens sind in ihrer Rollenverteilung als ***Anspruchsberechtigter und Schuldner*** zu bezeichnen (§ 7 Abs 1 EO); die Parteibezeichnungen des Exekutionsverfahrens („betreibender Gläubiger", „Verpflichteter") erwähnt der Titel nicht, er hat nur deutlich zu kennzeichnen, wer der Anspruchsberechtigte und wer der aus dem Titel Verpflichtete ist.

► Der ***vollstreckbare Anspruch*** ist nach Gegenstand, Art, Umfang und Zeit der geschuldeten Leistung oder Unterlassung ***genau*** zu bezeichnen. ***Fälligkeit*** des Anspruchs ist grundsätzlich Voraussetzung (§ 7 Abs 2 S 1 EO).

Eine ***Ausnahme vom Bestimmtheitserfordernis*** erlaubt § 7 Abs 1 EO durch den Verweis auf § 308a EO: Wurde eine beschränkt pfändbare Forderung (§ 290a EO) gepfändet und dem Gläubiger zur Einziehung überwiesen (§ 308 EO) und hat dieser im Bestreitungsfall den Drittschuldner (noch) nicht geklagt, so eröffnet § 308a EO dem Verpflichteten selbst ein Klagerecht:

Dieser hat ein Interesse an der alsbaldigen Beendigung der Exekution und vermag meist die Erfolgsaussichten der Drittschuldnerklage besser zu beurteilen als der betreibende Gläubiger. Bei solchen Klagebegehren kann die Berechnung des pfändbaren wie des unpfändbaren Forderungsteils dem Drittschuldner überlassen werden (§ 308a Abs 5 EO).

In einem solchen Fall könnte das Klagebegehren auf die bestimmte Bezeichnung des Gesamtbetrags der Forderung gerichtet werden, mit dem Beisatz, dass davon der unpfändbare Teil an den Verpflichteten, der pfändbare Teil an den betreibenden Gläubiger zu leisten ist.

Eine genaue Bestimmung der pfändbaren Forderungshöhe lässt sich dann im Exekutionsverfahren durch das Exekutionsgericht selbst vornehmen (§ 292k EO).

(Vgl. dazu die EB zur RV der ASGG-Nov 1994, 1654 BlgNR 18. GP 28 ff).

Ist der Fälligkeitstag oder das Ende der Leistungsfrist weder durch ein Datum oder Angabe des Fristbeginns bestimmt, so obliegt es dem betreibenden Gläubiger, die für die Vollstreckbarkeit des Titels maßgebenden Umstände mit öffentlicher oder öffentlich beglaubigter Urkunde nachzuweisen (§ 7 Abs 2 S 2 EO).

Beachte! Bei Nichtvorlage der erforderlichen Urkunden bekämpft der Verpflichtete die Exekutionsführung mit der ***Impugnationsklage*** (§ 36 Abs 1 Z 1 EO) und macht mangelnde Fälligkeit der Leistung geltend.

► Der Exekutionstitel hat eine ***Vollstreckbarkeitsbestätigung*** aufzuweisen (s. dazu unten D., zu den Ausnahmen siehe unten D. 4.).

2. Bedingte Exekutionstitel

Exekutionstitel können unter einer ***Bedingung für den Eintritt der Leistungspflicht des Verpflichteten*** stehen. Grundsätzlich hat der betreibende Gläubiger bei bedingten Titeln den Bedingungseintritt ***mittels öffentlicher oder öffentlich beglaubigter Urkunde*** nachzuweisen (§ 7 Abs 2 EO).

Hierher gehören

► alle gesetzlich zulässig suspensiv bedingten Titel, deren Eintritt die Leistungspflicht erst auslöst ***(Suspensivbedingung)***, insbesondere der exekutive Zugriff auf erst künftig fällig werdende Unterhaltsleistungen oder wiederkehrende Leistungen aus Schadenersatz ***(Vorratspfändung, § 291b EO).***

► ***Vorleistungstitel:*** Sie setzen die Erbringung einer Vorleistung durch den betreibenden Gläubigers voraus, erst dann berechtigen sie zur Zwangsvollstreckung in die geschuldete Gegenleistung. Der Gläubiger hat hier ***mittels öffentlicher oder öffentlich beglaubigter Urkunde*** nachzuweisen, dass er die Vorleistung erbracht hat (§ 7 Abs 2 EO).

Eine Sonderstellung unter den bedingten Exekutionstiteln nehmen die ***Zug-um-Zug-Titel*** ein:

► Leistung des betreibenden Gläubigers und titelmäßig geschuldete Gegenleistung des Verpflichteten stehen in einem ***Zug-um-Zug-Verhältnis.*** Hier hat das Exekutionsgericht zwar den Umstand, dass Zug-um-Zug geschuldet wird, ausdrücklich in die Exekutionsbewilligung aufzunehmen, § 8 Abs 1 EO verlangt aber vom betreibenden Gläubiger weder den urkundlichen Nachweis der Bewirkung noch der Sicherstellung seiner Leistung, mithin auch keinen Nachweis eines Leistungsangebots.

3. Wertgesicherte Exekutionstitel

Wertgesicherte Titel knüpfen den vollstreckbaren Anspruch an **eine** (und nicht mehrere! § 8 Abs 2 Z 1 EO) ***veränderliche Größe,*** etwa den Verbraucherpreisindex der Statistik Austria, den Goldpreis oder den Preis täglich benötigter Güter (zB. Handsemmelpreis, Ölpreis). Wir unterscheiden:

▶ Enthält der Titel eine namentlich genannte veränderliche Größe („wertgesichert nach dem Handsemmelpreis"), es liegt eine ***substantiierte Wertsicherungsklausel*** vor. Jede Veränderung des Wertsicherungsparameters ist bei der Exekution zu berücksichtigen, sofern dem Exekutionsantrag eine unbedenkliche Urkunde beigelegt wird, die den Stand der veränderlichen Größe zu diesem Zeitpunkt dokumentiert (§ 8 Abs 2 Z 2 EO).

▶ Enthält der Titel eine namentlich nicht genannte veränderliche Größe, lautet er also bloß auf „80.000 € wertgesichert", so gilt der Verbraucherpreisindex der Statistik Austria; es liegt ein ***leere Wertsicherungsklausel*** vor.

Hier sind Veränderungen erst ab einem zehn Prozent übersteigenden Ausmaß zu berücksichtigen (*Zehnprozentsperre*). Allerdings muss der betreibende Gläubiger hier seinem Exekutionsantrag keine unbedenkliche Urkunde beilegen (§ 8 Abs 3 EO), der Index ist gerichtsnotorisch.

Beachte! Der wertgesicherte Titel darf nicht mehr als ***nur eine veränderliche Größe*** enthalten, sonst wäre dem Exekutionsantrag die Bewilligung zu versagen (§ 8 Abs 2 Z 1 EO), eine dennoch erteilte würde vom Verpflichteten mit *Impugnationsklage* nach § 36 Abs 1 Z 2 EO erfolgreich angefochten, weil der Titel die ausdrückliche Bestimmung des § 8 Abs 2 Z 1 EO verletzt und Fälligkeit sowie Höhe des vollstreckbaren Anspruchs nicht genau ermittelt werden können.

▶ Eine ***Ausnahme von der ziffernmäßigen Bestimmtheit des begehrten Zinssatzes*** macht § 8a EO, der im Titel ***variable Zinsen*** erlaubt. So genügt es, anstelle einer festen Größe wie etwa „... samt 4% Zinsen" in den Titel etwa aufzunehmen „... samt 2% Zinsen über dem Basiszinssatz"; der Basiszinssatz ist eine *gerichtsnotorische* Tatsache und folgt den Änderungen durch die EZB (Art I § 1 1. Euro-JuBeG).

Nachweise über seine Höhe sind daher nicht zu erbringen. Es ist der *Basiszinssatz zum Zeitpunkt der Exekutionsbewilligung* in Anwendung zu bringen (vgl. dazu *Klicka* in Burgstaller/Deixler-Hübner, EO, zu § 8a EO Rz 1 ff).

C. Vollstreckbarer Anspruch und Vollstreckungsanspruch

Der Exekutionstitel verschafft dem betreibenden Gläubiger zwei Ansprüche:

- Er verbrieft den zivilrechtlichen ***vollstreckbaren Anspruch gegen den Verpflichteten,*** dessen Vollstreckbarkeit mit der Vollstreckbarkeitsbestätigung nicht erst entsteht sondern bloß amtlich mit Bindungswirkung für das Exekutionsgericht dokumentiert wird (s. sogleich unten D.).

- Er eröffnet den exekutionsrechtlichen Rechtsdurchsetzungsanspruch, den ***Vollstreckungsanspruch gegen den Staat,*** sofern alle Voraussetzungen für die Vollstreckung gegeben sind (Vollstreckbarkeitsbestätigung, Vorliegen aller Exekutionsvoraussetzungen, Erbringung gesetzlich geforderter Urkunden zB. bei bedingten Titeln oder substantiierten wertgesicherten Titeln).

Beachte! Schon die ***Prüfung des Exekutionsantrags*** ist ein exekutionsrechtliches Procedere, das selbst bei Nichterteilung der Exekutionsbewilligung mangels Vorliegen einer oder mehrerer Exekutionsvoraussetzungen sinnfälliger Ausdruck des Vollstreckungsanspruchs, gleichsam seine Vorstufe ist: Das Gericht hat den Exekutionsantrag des betreibenden Gläubigers zu prüfen und einen stattgebenden oder abweisenden Beschluss zu fassen. Der betreibende Gläubiger hat mithin ein Recht auf eine Erledigung seiner Eingabe.

Eine Sonderstellung nehmen in diesem Zusammenhang solche Titel ein, die von beiden Parteien (zB. Kläger und Beklagtem in einem Urteil) in Vollzug gesetzt werden können. Wir bezeichnen einen solchen Titel als ***iudicium duplex.*** Als Beispiel sei das Teilungsurteil genannt (§ 352 EO; SZ 16/217).

D. Vollstreckbarkeitsbestätigung

Lit.: *Mohr*, Exekutionsordnungsnovelle 2005, ecolex 2005, 602; *Oberhammer*, Einstellung der Räumungsexekution infolge eines Wiedereinsetzungsantrages des Verpflichteten und § 75 EO, wobl 1993, 129; *Oberhammer*, Kostenfolgen der Einstellung der Unterlassungsexekution wegen Gläubigermehrheit, RdW 1995, 289; *Oberhammer*, Der Europäische Vollstreckungstitel: Rechtspolitische Ziele und Methoden, JBl 2006, 477; *Petrasch*, Das neue Revisions-(Rekurs?)Recht, ÖJZ 1983, 169; *Petschek*, Zivilprozessrechtliche Streitfragen (1933) 167ff; *Pfersmann*, Der Verwaltungsgerichtshof und die aufschiebende Wirkung, besonders in Bausachen, ÖJZ 1981, 382; *Pfersmann*, Nochmals: § 30 Abs 2 VwGG – Zur aufschiebenden Wirkung für Nachbarbeschwerden in Bausachen vor dem VwGH, ÖJZ 1981, 382; *Pfersmann*, Zu den Begriffen „Nebenforderungen" und „Kostenpunkt", besonders bei Anwendung exekutionsrechtlicher Bestimmungen, ÖJZ 1985, 205; *Reckenzaun,* Die Durchsetzung von Unterhaltsansprüchen gegen den Gemeinschuldner, ÖJZ 1994, 113; *Schmuck,* Bemerkungen zur Vollstreckbarkeitsklausel, NZ 1953, 121; *Souhrada*, Forderungsexekution und Sozialversicherung. Sozialversicherungsrechtliche Aspekte der Novelle 1991 zur Exekutionsordnung (EONov 1991), SozSi 1992, 115.

1. Wesen

Der Exekutionstitel hat grundsätzlich eine ***Vollstreckbarkeitsbestätigung*** aufzuweisen (§ 54 Abs 2 EO).

▶ Ihre Erteilung ist *letzter Schritt des Titelerrichtungsverfahrens* (etwa des vorangegangenen Erkenntnisverfahrens) und *nicht Teil des Exekutionsverfahrens.*

▶ Sie ist eine *Exekutionsvoraussetzung.*

▶ Sie *bindet das Bewilligungsgericht.*

▶ Wird ein *Exekutionsantrag ohne Titelausfertigung mit Vollstreckbarkeitsbestätigung* eingebracht, so ist ein *Verbesserungsverfahren* (§§ 75 ff EO) durchzuführen. Sonderregeln gibt es dagegen im *vereinfachten Bewilligungsverfahren* (§§ 54b ff EO), wo – vorab – die Titelvorlage mit Vollstreckbarkeitsbestätigung nicht erforderlich ist, es aber nach Einspruch des Verpflichteten (§ 54c EO) wird (s. unten VI.).

Wir verwenden neben dem Begriff „Bestätigung" auch den der „Klausel": Rechtskraft- und Vollstreckbarkeitsklausel oder bloß Vollstreckbarkeitsklausel.

Die Vollstreckbarkeitsbestätigung lautet „Diese Ausfertigung ist rechtskräftig und vollstreckbar"; Verwaltungsbehörden bescheinigen für das Bewilligungsgericht mitunter bloß die Rechtskraft (insbes. bei Titel nach § 3 Abs 2 VVG).

Die Vollstreckbarkeitsbestätigung wird meist auf die erste Seite der Titelausfertigung gestempelt; die Ausstellung auf einem gesonderten Dokument ist zulässig, ratsam hier jedoch die haltbare Verbindung mit der Titelausfertigung.

2. Erteilung und Aufhebung

Die ***Erteilung der Vollstreckbarkeitsbestätigung*** ist

▶ vor Gerichtshöfen erster Instanz ***Einzelrichtersache*** (§ 7a Abs 3 JN),

▶ sonst ***Rechtspflegersache*** (§ 16 Abs 1 Z 2 RPflG), und zwar in seinem jeweiligen Wirkungsbereich sowie auch von richterlichen Entscheidungen im Arbeitsgebiet des jeweiligen Rechtspflegers.

Bei verwaltungsbehördlichen Exekutionstiteln ist die Titelbehörde zur Erteilung der Vollstreckbarkeitsbestätigung berufen.

Die ***gesetzwidrig oder irrtümlich erteilte Vollstreckbarkeitsbestätigung*** ist von Amts wegen oder auf Antrag von der Behörde, die sie erteilt hat, ***mit Beschluss aufzuheben; dieser ist allen Beteiligten zuzustellen*** (§ 7 Abs 3 EO). Die Aufhebung erfolgt

▶ vor Gerichtshöfen erster Instanz durch den ***Einzelrichter*** (§ 7a Abs 3 JN),

▶ bei Vollstreckbarkeitsbestätigungen, die vom Rechtspfleger erteilt wurden, durch den ***Rechtspfleger*** (§ 16 Abs 1 Z 3 RPflG).

Bei den verwaltungsbehördlichen Exekutionstiteln nach § 1 Z 13 EO und bei Titeln nach § 3 Abs 2 VVG ist der Antrag auf Aufhebung an die Titelbehörde zu richten, die darüber mit Bescheid entscheidet (§ 7 Abs 4 EO).

Der Aufhebungsbeschluss ist mit ***Rekurs*** anfechtbar und zwar auch bei geringfügigen, 2.700 € nicht übersteigenden Forderungen (§ 517 Abs 1 Z 6 ZPO).

Beantragt der Verpflichtete die Aufhebung der Vollstreckbarkeitsbestätigung beim Titelgericht oder der Titelbehörde, so

► stellt er gleichzeitig einen ***Aufschiebungsantrag*** nach § 42 Abs 1 Z 9 EO und

► begehrt nach erfolgreicher Aufhebung der Vollstreckbarkeitsbestätigung die ***Einstellung der Exekution*** gemäß § 39 Abs 1 Z 9 EO.

Die Exekutionsbewilligung aufgrund ausländischer Titel oder aufgrund von Schiedssprüchen kann freilich ebenfalls mit Rekurs oder Impugnationsklage bekämpft werden (§ 7 Abs 6 EO).

Soll ein ***österreichischer Titel*** im Ausland ***als europäischer Vollstreckungstitel*** verwendet werden, so gelten für die Vollstreckbarkeitsbestätigung die Bestimmungen des § 419 EO. Siehe dazu unten Drittes Buch, Internationales Exekutionsrecht, VI. F. und G.

3. Verfahren zur Erteilung

Das Erteilungsverfahren ist ein einseitiges *Aktenverfahren.*
Es ist zu prüfen

ob der Titel rechtskräftig ist oder zumindest ein die Vollstreckbarkeit hemmendes Rechtsmittel nicht mehr zulässig ist

→ Ein Berufungsurteil gegen das ordentliche Revision zulässig ist, unterliegt einem die Rechtskraft und die Vollstreckbarkeit aufschiebendem Rechtsmittel: Die Bestätigung ist zu versagen.

→ Ist dagegen gegen das Berufungsurteil bloß die außerordentliche Revision zulässig, so liegt ein zwar die Rechtskraft, nicht aber die Vollstreckbarkeit hemmendes Rechtsmittel vor (§ 505 Abs 4 S 2 ZPO): Die Bestätigung ist zu erteilen.

Es sind keine weiteren Voraussetzungen zu prüfen, das ist Sache des Bewilligungsverfahrens.

4. Entfall

Nicht erforderlich ist die Vollstreckbarkeitsbestätigung (§ 54 Abs 2 S 2 und 3 EO) bei

► Vergleichen,

► vollstreckbaren Notariatsakten,

► Kostenbestimmungsbeschlüssen im Exekutionsverfahren,

► Exekutionstiteln, die der betreibende Gläubiger selbst ausgestellt hat (zB. Bescheide von Verwaltungsbehörden, deren Vollstreckung den Gerichten obliegt, oder Rückstandsausweise von Sozialversicherungsträgern, § 1 Z 13 EO).

IV. Exekutionsantrag – Exekutionsvoraussetzungen – Exekutionsbewilligung

A. Exekutionsantrag

Lit.: Albrecht, Die Exekutionsordnungs-Novelle 1995 (1995); *Derntl*, Exekution im elektronischen Rechtsverkehr (ERV) bei Forderungshöhe außerhalb des vereinfachten Bewilligungsverfahrens, SozSi 2005, 463; *Dworak/Schaumberger/Wachter*, Der fehlerfreie Exekutionsantrag[4] (2017); *Hoyer*, Exekutionsanträge mit Grundbuchsbezug verbesserungsfähig, ecolex 1996, 902; *Jakusch*, Die EO-Novelle 2003, ÖJZ 2004, 201; *Kieweler*, Zu den Erscheinungsformen des gradus executionis. Zugleich eine Besprechung der Entscheidung OGH 3 Ob 177/10s, JBl 2013, 12; *Konecny*, Automationsunterstützte Datenverarbeitung im Exekutionsverfahren, in ADV-Exekutionsverfahren (ADV-E), Schriftenreihe des BMJ, 65; *Mohr*, Vereinfachtes Bewilligungsverfahren und andere am 1. 10. 1995 in Kraft getretene Bestimmungen der EO-Nov 1995, ÖJZ 1995, 889; *Mohr*, EO-Nov 2003, ecolex 2003, 502; *Mohr*, Die Verbesserung von Zwangsversteigerungsanträgen, ecolex 2009, 471; *Nunner-Krautgasser*, Forderungsexekution: Angabe der Forderungshöhe und Pfändungspfand, ecolex 2002, 344; *Obermaier*, Die Verzinsung von Kostentiteln, AnwBl 2007, 403; *Petrasch*, Das neue Revisions- (Rekurs)Recht, ÖJZ 1983, 173; *Rechberger*, Die fehlerhafte Exekution (1978) 110ff, 127ff, 195f; *Rziha*, Kann auf die Bestimmung des § 7 (2) EO vertraglich verzichtet werden? JBl 1952, 438; *Sailer*, Zwangsversteigerung von Liegenschaften - materiell- und formalrechtliche Fragen, JBl 2010, 613; *Siegel*, Grundbuchsrechtliche Identitätsfeststellung und Exekutionsführung, NZ 1937, 91; *Sima*, Die EO-Novelle 2005, ZIK 2005, 126.

1. Wesen und Inhalt

Der betreibende Gläubiger setzt das Exekutionsverfahren mit dem ***Exekutionsantrag*** in Gang (§ 3 Abs 2 EO).

Es wird dafür das Formular E Antr 1 verwendet (§ 1 Abs 1 Z 3 ADV-FormV BGBl II 2002/510). Bei elektronischer Beantragung gelten weiters die Bestimmungen des § 54a EO sowie der ERV BGBl II 2005/481.

Er beantragt die gerichtliche Erteilung (§ 3 Abs 1 EO) einer ***Exekutionsbewilligung*** für einen Exekutionstitel iSd §§ 1 und 2 EO, daher sprechen wir in diesem Zusammenhang vom ***Bewilligungsverfahren.***

De facto amtswegige Zwangsvollstreckungen finden im Verwaltungsverfahren nach dem VVG oder im Abgabenexekutionsverfahren nach der AbgEO statt, weil hier mitunter ein Behördenantrag verlangt wird.

Der Exekutionsantrag muss den ***Titelinhalt*** wiedergeben, ja die ***begehrte Rechtsverwirklichung*** noch deutlicher zu präzisieren, den ***Erfordernissen des § 54 EO genügen und die notwendigen Inhaltserfordernisse der Exekutionsbewilligung (§ 63 EO)*** bereits enthalten:

- ► Bezeichnung des ***Exekutionsgerichts*** (§ 63 Z 5 EO) sowie – sofern davon verschieden – Bewilligungsgerichts bzw. zumindest alle zur Ermittlung des Exekutionsgerichts wesentlichen Umstände;
- ► Name, Beruf und Anschrift der ***Parteien*** (§ 63 Z 1 EO);

► Name, Beruf und Anschrift anderer, am Verfahren ***Beteiligter,*** etwa des Drittschuldners in der Forderungs-, Anspruchs- und sonstiger Vermögensrechtsexekution; die genaue Bezeichnung vom Verfahren betroffener Dritter in der Immobiliarexekution (soweit bekannt);

► ***genaue Bezeichnung des vollstreckbaren Anspruchs*** (§§ 54 Abs 1 Z 1 EO; 63 Z 2 EO; Art, Umfang/Betrag der geschuldeten Leistung oder Unterlassung, Angaben zur Fälligkeit); bei Geldforderungen sind auch anzugeben (§ 54 Abs 1 Z 2 EO):

- der im Exekutionsweg hereinzubringende Betrag,
- die beanspruchten Zinsen und Nebengebühren; bei der verzinslichen Forderung ist der Zinsfuß und der Tag anzugeben, seit dem Zinsen rückständig sind (§ 63 Z 2 EO),
- bei variablen Zinsen ein prozentmäßiger Zinssatz, soweit er feststeht,
- der Anspruch, der sich aufgrund einer Wertsicherungsklausel ergibt;
- bei Unterhaltsschulden oder sonstigen Forderungen auf wiederkehrende Leistungen, die auf ein- und demselben Rechtsgrund beruhen, und liegen ihr mehrere Exekutionstitel zugrunde, so genügt die Angabe des Gesamtbetrags der hereinzubringenden Forderung (§ 54 Abs 4 EO).

► bei ***Wahlschulden*** hat der betreibende Gläubiger – unabhängig ob er oder der Verpflichtete (§ 12 Abs 1 EO) das Wahlrecht hat – von mehreren jeweils für sich schuldbefreienden Leistungen eine im Antrag auszuwählen, den Verpflichteten zu verständigen und diese Verständigung im Exekutionsantrag zumindest zu behaupten.

→ Bei ***nicht erfolgter Verständigung*** wehrt sich der Verpflichtete –gleich ob er oder der betreibende Gläubiger das Wahlrecht auszuüben hatte – mit der ***Impugnationsklage*** wegen mangelnder Fälligkeit (§ 36 EO).

→ Hat in einem solchen Fall der ***Verpflichtete das Recht, zwischen den Leistungen zu wählen*** (§ 12 Abs 1 EO), so kann er – bei Diskrepanz zwischen der vom Gläubiger und der von ihm selbst gewählten Leistung – die andere ***Leistung erbringen,*** sofern der Gläubiger die von ihm gewählte Leistung noch nicht erhalten hat (§ 12 Abs 2 EO); der Verpflichtete begehrt darauf die ***Einstellung der Exekution*** nach § 39 Abs 1 Z 7 EO.

► ***Zinsen und Nebengebührenforderungen;***

► die bestimmte Angabe des für die betriebenen Ansprüche vorhandenen ***Exekutionstitels***;

► das ***Exekutionsobjekt,*** auf das zugegriffen werden soll (beantragte Exekutionsart), wobei eine Häufung von Exekutionsarten zulässig ist (§§ 54 Abs 1 Z 3, 63 Z 4 EO);

→ allerdings kann das Gericht die Bewilligung im Verhältnis beschränken, wenn aus dem Antrag offensichtlich ist, dass bereits eines oder weniger als die beantragten Exekutionsmittel zur Befriedigung des betreibenden Gläubigers hinreichen (§ 14 Abs 1 EO);

► die beantragten ***Exekutionsmittel,*** unabhängig davon, ob dem betreibenden Gläubiger vom Gesetz ein Wahlrecht eingeräumt wird (§ 54 Abs 1 Z 3 EO). Beispiel für ein Wahlrecht beim Exekutionsobjekt Immobilie: Zwangsweise Pfandrechtsbegründung, Zwangsverwaltung, Zwangsversteigerung;

► den Vollzugsort;

► alle Angaben, welche nach der Beschaffenheit des Falls für die vom bewilligenden Gericht oder vom Exekutionsgericht im Interesse der Exekutionsführung zu erlassenden Verfügungen von Wichtigkeit sind.

Da ***jegliche Art des Bewilligungsverfahrens*** regelmäßig auf dem Weg ***automationsunterstützter Datenverarbeitung*** erfolgt, ist für den Exekutionsantrag das Formblatt C (Anhang zur ADV-FormV BGBl II 2002/510 idgF) zu verwenden (§ 1 ADV-FormV) oder aber ein entsprechend formatierter Schriftsatz (§§ 2 iVm 3 und 4 ADV-FormV) vorzulegen.

2. Beilagen

Dem Exekutionsantrag sind beizulegen:

► eine ***Titelausfertigung mit Vollstreckbarkeitsbestätigung*** (§ 54 Abs 2 EO; s. oben III. A. bis C. sowie III. D.); bei rechtskräftig für vollstreckbar erklärten ausländischen Exekutionstiteln (§§ 406 ff EO) ist eine mit Rechtskraftklausel versehene Vollstreckbarerklärung vorzulegen;

→ Keine Titelvorlage ist erforderlich bei Vergleichen, vollstreckbaren Notariatsakten sowie Kostenbestimmungsbeschlüssen im Exekutionsverfahren (§ 54 Abs 2 S 2 EO).

→ Die Titelvorlage entfällt – vorab – im vereinfachten Bewilligungsverfahren (§ 54b ff EO) bis zum Einspruch des Verpflichteten (§ 54c EO), dann erst fordert das Gericht den betreibenden Gläubiger zur Titelvorlage auf (§ 54d EO). Siehe dazu unten näher VI.

→ Betreibende Gläubiger, die selbst den Exekutionstitel ausgestellt haben (Verwaltungsbehörden, wenn die Exekution des Bescheids den Gerichten überlassen ist; Sozialversicherungsträger, die einen Rückstandsausweis ausgestellt haben), müssen ihn nicht beilegen, aber in den Exekutionsantrag aufnehmen (§ 54 Abs 2 S 3 EO; Praxis: Beilage ohne Vollstreckbarkeitsbestätigung).

► der ***Nachweis des Eintritts der Fälligkeit*** (§ 7 Abs 1 EO) ***oder einer Bedingung*** (zB. Angebot, Sicherstellung oder Leistung der Vorausleistung des betreibenden Gläubigers) ***mittels öffentlicher oder öffentlich beglaubigter Urkunde*** (§ 7 Abs 2 EO);

► der ***Aufwertungsschlüssel*** einer *substantiierten Wertsicherungsklausel* ***mittels unbedenklicher Urkunde*** (§ 8 Abs 2 EO);

► der Nachweis einer ***Singularsukzession nach Titelerrichtung*** mittels ***öffentlicher oder öffentlich beglaubigter Urkunde*** (§ 9 EO).

► Können erforderliche Nachweise nach § 7 Abs 1 und 2 EO, § 8 Abs 2 EO oder § 9 EO nicht erbracht werden, so ist das ***rechtskräftige stattgebende Urteil aus einem Purifikationsprozess (Titelergänzungsprozess)*** vorzulegen (§ 10 EO), mit dem der Vollstreckungsanspruch des betreibenden Gläubigers festgestellt wird (SZ 50/30, JBl 1989, 453). Die Klage richtet sich gegen den Verpflichteten. Im Fall des § 9 EO klagt der betreibende Gläubiger den Individualsukzessor des Verpflichteten oder der Individualsukzessor des betreibenden Gläubigers den Verpflichteten.

3. Verbesserung

Weist der Exekutionsantrag nicht alle Inhaltserfordernisse auf oder fehlen ihm Beilagen, so ist ein ***Verbesserungsverfahren*** durchzuführen (§§ 74 ff, 84, 85 ZPO iVm 54 Abs 3 und 78 EO).

Dem Antragsteller wird eine richterliche Frist auferlegt mit dem Auftrag, Gebrechen des Exekutionsantrags oder das Fehlen von Beilagen zu korrigieren. Dieser Beschluss ist nicht abgesondert anfechtbar (§ 85 Abs 3 ZPO). Einzuhaltende Fristen werden durch das Verbesserungsverfahren nicht konterkariert: Der mängelfreie Schriftsatz gilt als in dem Zeitpunkt eingebracht, wo der mangelhafte bei Gericht einlangte.

B. Exekutionsvoraussetzungen

1. Voraussetzungen für den Vollstreckungsanspruch

Ebenso wie das Erkenntnisverfahren ist auch das Exekutionsverfahren vom Gedanken der Gewährung staatlichen Rechtsschutzes geprägt.

Es dominiert aufgrund der Einseitigkeit des Verfahrens der Anspruch des betreibenden Gläubigers gegen den Staat auf ***Rechtsverwirklichung,*** der uns beim Exekutionstitel bereits beschäftigt hat: der ***Vollstreckungsanspruch.***

Freilich nennt die EO auch Verteidigungsmittel des Verpflichteten, wie den Aufschiebungs- und den Einstellungsantrag. Mit diesen lässt sich aber nicht direkt gegen die Zwangsvollstreckung vorgehen, sie sind Reflexerscheinungen von Umständen, die außerhalb des Exekutionsverfahrens liegen.

Die Einwendungen gegen den vollstreckbaren Anspruch selbst sind mit Oppositionsklage (§ 35 EO), diejenigen gegen den Vollstreckungsanspruch mit Impugnationsklage (§ 36 EO) geltend zu machen. Beide eröffnen einen Zivilprozess; ist der Verpflichtete erfolgreich, so ist mit Rechtskraft des jeweiligen Urteils die Exekution von Amts wegen einzustellen.

Der Staat gewährt Rechtsschutz oder Hilfe zur Rechtsdurchsetzung nur bei ***Vorliegen verfahrensrechtlicher Zulässigkeitskriterien,*** die wir im Erkenntnisverfahren Prozessvoraussetzungen nennen. Der ***Vollstreckungsanspruch*** ist eine Verdichtung des Rechtsschutzanspruchs, der schon im Erkenntnisverfahren bei Vorliegen aller Prozessvoraussetzungen zum Urteilsanspruch wurde. Jedes Exekutionsverfahren basiert daher auf dem Vorliegen von ***Exekutionsvoraussetzungen:*** Nur wenn sie vorliegen, wird der Vollstreckungsanspruch bejaht: Er kann freilich im Lauf des Verfahrens wieder entfallen.

Wir unterscheiden ***positive Exekutionsvoraussetzungen,*** deren Vorliegen im Bewilligungsverfahren nach Maßgabe des Parteienvorbringens, im Vollzugsverfahren nach Maßgabe des Untersuchungsgrundsatzes ***von Amts wegen wahrzunehmen*** ist von ***negativen Exekutionsvoraussetzungen oder auch Exekutionshindernissen,*** die auf Parteienantrag zu berücksichtigen sind.

2. Rechtsfolge bei Fehlen von Exekutionsvoraussetzungen

Das ***Fehlen von Exekutionsvoraussetzungen bzw. das Vorliegen von Exekutionshindernissen hat zur Folge:***

▶ im ***Bewilligungsverfahren*** wird der Exekutionsantrag des Gläubigers zurückgewiesen,
▶ im ***Vollzugsverfahren*** wird bewilligte die Exekution eingestellt. Gleiches gilt für den nachträglichen Entfall einer Exekutionsvoraussetzung.

3. Von Amts wegen wahrzunehmende Exekutionsvoraussetzungen

a) Überblick

▶ Auf der Seite des ***Gerichts*** müssen Exekutionsvoraussetzungen vorliegen, die uns zum Teil schon vom Erkenntnisverfahren her bekannt sind:

- Inländische Gerichtsbarkeit – Vollstreckungsgewalt (s. oben Zweiter Teil),
- Zulässigkeit gerichtlicher exekutiver Rechtsdurchsetzung (siehe oben Zweiter Teil),
- internationale Zuständigkeit,
- sachliche, örtliche und funktionelle Zuständigkeit (siehe oben Zweiter Teil).

▶ Die ***Parteien*** müssen folgende Exekutionsvoraussetzungen erfüllen (die uns wieder zum Teil aus dem Erkenntnisverfahren bekannt sind):

- Parteifähigkeit (s. Dritter Teil IV.),
- Verfahrensfähigkeit (s. Dritter Teil IV.),
- Verfahrenslegitimation,
- Vertretungsmacht des Einschreiters (s. Dritter Teil V.).

▶ Beim ***Verfahrensgegenstand*** sind folgende Exekutionsvoraussetzungen zu erfüllen:

- notwendiger Inhalt des Exekutionsantrags (s. oben IV. A.),
- den Inhalt des Exekutionsantrags deckender Exekutionstitel (s. oben III. A. bis C.),
- Vollstreckbarkeitsbestätigung (s. oben III. D.),
- Vollstreckungsunterworfenheit des Exekutionsobjekts,
- Vollstreckungsinteresse,
- Ablauf von Sperrfristen, Nichtablauf von Handlungsfristen.

b) Vollstreckungsunterworfenheit

Ist das Exekutionsobjekt der Zwangsvollstreckung nicht unterworfen, so ist eine Exekution unzulässig (vgl. dazu schon *Holzhammer,* ZVR[4] 59). Es gibt vier Arten der Beschränkung der Vollstreckungsunterworfenheit.

aa) Gesetzliche Haftungsbeschränkungen

Es handelt sich hier um ***materiell rechtliche*** Konstruktionen, die nicht in einem Vertrag ihre Wurzel haben, sondern im Gesetz selbst:

- die Haftung des bedingt Erbantrittserklärten, der nur bis zur Höhe des Werts der übernommenen Verlassenschaftsaktiven haftet (Haftung pro viribus hereditatis).
- Ebenfalls gesetzlich beschränkt ist die Haftung des – wenngleich unbedingt Erbantrittserklärten – gegenüber den Antragstellern einer separatio bonorum: Er haftet ihnen nur mit dem separierten Gut und dies auch dann, wenn dieses zur vollen Befriedigung der Antragsteller nicht hinreicht (Haftung cum viribus hereditatis). Freilich: Anderen haftet er nach Maßgabe seiner Erbantrittserklärung, bei unbedingter mit seinem gesamten pfändbaren Vermögen.

bb) Vertragliche Haftungsbeschränkungen

Hierher gehört etwa die bloße ***Sachhaftung*** des Realschuldners ebenso wie die ***vertraglich betragsbeschränkte Haftung*** (betragsbegrenzte Bankgarantie).

cc) Exekutionsrechtliche Haftungsbeschränkungen

- Aus Gründen des Schuldnerschutzes herrscht in der EO das ***Verbot der Kahlpfändung*** (§§ 250 bis 252 EO in der Fahrnispfändung, §§ 290 bis 292 EO zur Gewährleistung des Existenzminimums bei der Forderungsexekution);
- ***Minderjährige*** dürfen nur im gesetzlich erlaubten Rahmen einem Exekutionsverfahren unterworfen werden und benötigen eines gesetzlichen Vertreters (siehe Dritter Teil IV.).
- ***Weitere Exekutionsbeschränkungen*** gibt es
  - bei Gemeinden und für gemeinnützig erklärten Anstalten, um deren Aufgabenerfüllung nicht zu gefährden (§ 15 EO); Ausnahme: Exekution auf ein bestelltes Pfand;
  - bei Anstalten, die dem öffentlichen Verkehr dienen und die unter staatlicher Aufsicht stehen zur Wahrung der Aufgabenerfüllung (§ 28 EO),
  - bei Exekution gegen Angehörige des Militärs oder der Bundespolizei, die in Ausübung ihres Dienstes stehen, nur nach Anzeige bei der vorgesetzten Behörde (§ 29 EO),
  - bei Immunität genießende Personen oder in exemten Räumlichkeiten (§ 31 EO), sowie
  - in militärischen oder vom Militär besetzten Gebäuden (§ 32 EO).

dd) Insolvenzrechtlicher Exekutionsstopp

Das insolvenzrechtliche Exekutionsverbot für Insolvenzgläubiger und nachrangige Gläubiger in Insolvenzverfahren, wo die Insolvenzmasse durch einen Insolvenzverwalter fremdverwaltet wird, geht über eine Haftungsbeschränkung hinaus.

c) Vollstreckungsinteresse

Dem Gläubiger wird das Vollstreckungsinteresse abgesprochen:

▪ Exekutionen werden dann eingestellt, wenn sie nicht kostendeckend sind (Kostendeckungsprinzip).

▪ Exekutionsanträge, die nur zu Repressionszwecken dienen, insbesondere wenn aus ihnen die Erfolglosigkeit der Exekution bereits offenkundig ist, sind nicht zu bewilligen, dennoch bewilligte einzustellen, wenn dieser Umstand hervorkommt.

▪ Mit der rechtskräftigen Bestätigung eines Sanierungsplans wird das Insolvenzverfahren ex lege aufgehoben (§ 152b Abs 2 S 1 IO); die Gläubiger haben aber so lange kein Vollstreckungsinteresse, wie der Schuldner den Sanierungsplan ordnungsgemäß erfüllt und nicht qualifiziert in Verzug gerät (§ 156a IO).

▪ Schließlich ist auch der Verzicht auf exekutive Rechtsverwirklichung ein Grund, die Zulässigkeit der Exekution zu verneinen. Der Vollstreckungsanspruch ist ein subjektives Recht gegen den Staat, auf das sich ebenso verzichten lässt, wie auf einen zivilrechtlichen Anspruch. Allerdings ist der Exekutionsverzicht *keine* amtswegig zu beachtende positive, sondern eine nur auf Parteienantrag zu berücksichtigende negative Exekutionsvoraussetzung, ein *Exekutionshindernis.*

d) Ablauf von Sperrfristen, Nichtablauf von Handlungsfristen

Schon am Anfang des Verfahrens steht eine wichtige Sperrfrist: die Leistungsfrist, vor deren Ablauf eine Exekution unzulässig ist.

Im Verfahren selbst gibt es verschiedentlich ***Sperrfristen*** während deren Dauer Exekutionshandlungen unzulässig sind (zB. § 200 Z 3 EO, Sperrfrist nach Fortsetzungsverzicht während des Verkaufsverfahrens bis zum nächsten Versteigerungstermin), oder aber ***Handlungsfristen,*** deren ungenutzter Ablauf zur Einstellung des Exekutionsverfahrens führt, und schließlich Fristen deren Ablauf der Einleitung eines Exekutionsverfahrens im Weg steht (Fristablauf des befristeten Bestandtiteln).

4. Auf Parteiantrag oder Drittantrag wahrzunehmende Exekutionshindernisse

▪ Wie bereits oben erwähnt, ist die Disponibilität des Vollstreckungsanspruchs geeignet, eine an sich zulässige Exekution unzulässig zu machen, nämlich wenn der betreibende Gläubiger auf die ***Einleitung oder die Fortsetzung der Exekution verzichtet.*** Die Exekution ist darauf hin einzustellen.

▪ Die ***Exekutionsstundung*** beruht ebenfalls auf dem Gedanken subjektiver Rechtsgestaltung oder gar Rechtsentledigung; sie zeitigt aber nur vorübergehende Wirkungen, nach ihrem Wegfall ist die Exekution grundsätzlich wieder zulässig, es sei denn eine gesetzliche Frist, binnen der die Exekution fortzusetzen ist, läuft ab und der Gesetzgeber sperrt so jede weitere Exekution (Sperrfrist, s. oben).

▪ Die ***Titelvernichtung*** durch Unwirksamerklärung oder Aufhebung entzieht schließlich der Exekution gänzlich ihre Basis.

▪ Der ***Sieg des Verpflichteten im Oppositions- bzw. Impugnationsprozess*** führt zur Unzulässigerklärung (§ 35 EO: aller Exekutionen aus dem Titel; § 36 EO: der Anlassexekution) der Exekution und im Exekutionsverfahren zur ***amtswegigen Einstellung*** (§§ 35 Abs 4, 36 Abs 3 EO).

▪ Der ***Sieg eines Dritten im Exszindierungsprozess*** (§ 37 EO) führt zur Unzulässigerklärung der abgeirrten Exekution und zur ihrer ***amtswegigen Teileinstellung*** (§ 37 Abs 4 EO). Hier führt nicht das Betreiben einer Partei, sondern eines vom Verfahren Betroffenen zur Geltendmachung eines Exekutionshindernisses.

C. Exekutionsbewilligung

1. Wesen und Inhalt

Die ***Exekutionsbewilligung ist der zeitnah zum Exekutionsantrag ergehende anfechtbare Beschluss, der das Bewilligungsverfahren in erster Instanz beendet und das Vollzugsverfahren unmittelbar zulässig macht.***

Beachte! Eintritt der Rechtskraft des Bewilligungsbeschlusses ist, sofern das Gesetz keine Ausnahmen bestimmt, keine Voraussetzung für den Vollzugsbeginn!

Unter zeitnaher Erledigung ist *derselbe Tag* zu verstehen (§ 110 Abs 2 Geo).

→ Bloß in den Fällen, wo als Bewilligungsgerichte die Grundbuchsgerichte einschreiten, kommt es begreiflicherweise mitunter zu einer Zeitdifferenz zwischen Exekutionsantrag und Exekutionsbewilligung.

Für die Erteilung der Exekutionsbewilligung maßgeblich ist die Rechts- und Sachlage zum Zeitpunkt der Beschlussfassung, nicht der Antragstellung (§ 7 Abs 2 EO).

Die Exekutionsbewilligung hat folgenden ***Mindestinhalt*** aufzuweisen (§ 63 EO):

▶ Name, Wohnort und Beschäftigung des betreibenden Gläubigers und des Verpflichteten,

▶ vollstreckbarer Anspruch, genaue Bezeichnung des Inhalts bzw. Gegenstands,

- etwaige Nebengebühren,
- Angabe der Zinsfußes und des Tags, ab welchem die Zinsen rückständig sind,
- bei variablen Zinsen muss ein Zinssatz nur angegeben werden, sofern er feststeht,
- die anzuwendenden Exekutionsmittel,
- bei Exekution in das Vermögen des Verpflichteten die zur Gläubigerbefriedigung heranzuziehenden Vermögensgegenstände (Exekutionsobjekte),
- die genaue Bezeichnung des Exekutionsgerichts.

Der ***Bewilligungsbeschluss bedarf keiner Begründung.***

2. *Erlass, Zustellung und Wirkungen*

a) Erlass

Der Exekutionsbewilligungsbeschluss steht entweder am Ende eines ***regulären/ordentlichen Bewilligungsverfahrens*** (s. unten IV. und V.) oder, bei Vorliegen der Voraussetzungen des § 54b EO, eines ***vereinfachten Bewilligungsverfahrens*** (s. unten VI.). Zwischen den beiden Verfahrensarten besteht ***kein Wahlrecht.***

Exekutionsbewilligungen werden in aller Regel auf dem Weg der ***automationsunterstützten Datenverarbeitung*** erlassen. Es ist hierbei die ADV-FormV 2002 BGBl II 2002/510 idgF anzuwenden. Daher ist schon der Exekutionsantrag bei ***jeglicher Art des Bewilligungsverfahrens*** unter Verwendung des Formblatts C (Anhang zur ADV-FormV) zu stellen oder aber ein entsprechend formatierter Schriftsatz vorzulegen.

Nur *abseits der automationsunterstützten Datenverarbeitung* wird eine Bewilligungsstampiglie auf den Exekutionsantrag aufgestempelt (gekürzte Ausfertigung). Dies ist der Grund für den Umstand, dass der Exekutionsantrag hier unter Anderem die Mindesterfordernisse des Bewilligungsbeschlusses (§ 63 EO) zu enthalten hat.

Bei einer *allgemeinen Exekutionsbewilligung* ist etwa die „Stampiglie braun" gemäß § 147 Abs 1 lit c Geo zu verwenden. Sie lautet: „Das Gericht bewilligt die beantragte Exekution. Die Kosten der betreibenden Partei werden mit … Euro bestimmt. [Gericht, Adresse, Gerichtsabteilung, Datum, Paraphe]".

Bei der Exekutionsbewilligung in der Forderungsexekution kommt es zur Koppelung mit der *Forderungspfändung ohne Überweisung* durch Verwendung der Stampiglie rot (§ 147 Abs 1 lit d Geo).

b) Zustellung

Die Exekutionsbewilligung ist nach den allgemeinen Bestimmungen über exekutionsrechtliche Beschlüsse, die außerhalb einer Tagsatzung gefasst werden, allen Beteiligten in schriftlicher Ausfertigung zuzustellen (§ 64 Abs 1 EO).

▪ Bei der Fahrnisexekution wird die Zustellung mit der ersten Vollzugshandlung, der Pfändung gekoppelt: Das Vollstreckungsorgan übergibt dem Verpflichteten die Exekutionsbewilligung. Wir sprechen vom Überraschungseffekt der Fahrnisexekution im Fall regulären Bewilligungsverfahrens (§ 249 Abs 3 S 2 EO).

▪ Im vereinfachten Bewilligungsverfahren ist der Bewilligungsbeschluss stets vorab dem Verpflichteten zuzustellen, damit dieser gegebenenfalls von seinem Einspruchsrecht Gebrauch machen kann (§ 54c EO).

▪ Zu einer Koppelung zwischen Exekutionsbewilligung und Forderungspfändung kommt es bei der Forderungs- und der Anspruchsexekution.

c) Wirkungen

Die Erteilung der Exekutionsbewilligung eröffnet unmittelbar den weiteren Vollzug durch Pfändung, Verwertung und Verteilung. Die Rechtskraft des Bewilligungsbeschlusses wird nicht abgewartet.

Dem Verpflichteten steht allerdings bei Erhebung des Rekurs gegen die Exekutionsbewilligung der Aufschiebungsantrag nach § 42 Abs 1 Z 7 EO offen.

3. Rekurs

Gegen den Bewilligungsbeschluss steht das Rechtsmittel des ***Rekurses*** und des Revisionsrekurses zu, freilich ohne aufschiebende Wirkung (§ 67 Abs 2 EO).

Der Verpflichtete kann aber die ***Aufschiebung der Exekution*** bis zur Erledigung des Rekurses beantragen (§ 42 Abs 1 Z 7 EO).

Bei Stattgabe des Rekurses ist das Exekutionsverfahren einzustellen.

Das Recht des Schuldners, gegen die Exekutionsbewilligung Oppositionsklage (§ 35 EO) oder Impugnationsklage (§ 36 EO) zu erheben, bleibt unberührt.

V. Reguläres Bewilligungsverfahren

Lit.: *Albrecht*, Die Exekutionsordnungs-Novelle 1995 (1995); *Derntl*, Exekution im elektronischen Rechtsverkehr (ERV) bei Forderungshöhe außerhalb des vereinfachten Bewilligungsverfahrens, SozSi 2005, 463; *Frank/Schneider/Kirschbichler/Morawec/Roth*, Der elektronische Rechtsverkehr mit den Gerichten (ERV) (1999); *Hoyer*, Die Wirkungen des richterlichen Veräußerungs- und Belastungsverbotes (§ 382 Abs 1 Z 6, § 1384 Abs 3 EO), NZ 1996, 97; *Klicka/Albrecht*, Die EO-Novelle 1995 - Änderungen im allgemeinen Teil, ecolex 1995, 707; *Rassi*, Exekutionstipps für Praktiker I: Das Bewilligungsverfahren, Zak 2006/601, 350; *Rechberger*, Die fehlerhafte Exekution (1978) 110ff; *Reckenzaun*, Die Durchsetzung von Unterhaltsansprüchen gegen den Gemeinschuldner, ÖJZ 1994, 113; *Schagerl*, Exekutionsbewilligung aufgrund von Exekutionstiteln gemäß § 1 Z 3 EO, ÖRPfl 1989, 34; *Smid/Luppe*, Automationsunterstützte Exekutionsbewilligung in Österreich, CR 1997, 114; *Schneider*, ADV-Exekutionsverfahren (ADV-E), ÖRPfl 1995/1, 15.

ADV-Exekutionsverfahren (ADV-E), Schriftenreihe BMJ Nr. 68.

A. Zuständigkeit

Zuständig für die ***Erteilung der Exekutionsbewilligung*** ist in der Regel das ***Exekutionsgericht*** (§§ 4, 18, 19 EO).

Ein *Wahlrecht,* bei welchem Exekutionsgericht der Exekutionsantrag eingebracht wird, hat der betreibende Gläubiger:

► wenn in verschiedenen Gerichtssprengeln Exekutionshandlungen vorgenommen werden sollen (§ 6 Z 1 bis 3 EO):

- wegen der Lage des in Exekution zu ziehenden Vermögens,
- wegen gleichzeitigen Ansuchens mehrerer Exekutionsarten (zB.: Forderungsexekution in einem Sprengel, Immobiliarexekution in anderem Sprengel),
- weil ein betreibender Gläubiger aufgrund desselben Titels Exekution gegen mehrere Verpflichtete beantragt;

► wenn der Verpflichtete bei Exekution auf allgemeine Geldforderungen bei mehreren Bezirksgerichten seinen allgemeinen Gerichtsstand in Streitsachen hat (§§ 5, 18 Z 3 EO).

Bewilligungsgericht und Exekutionsgericht sind nur in Ausnahmefällen ***nicht identisch:***

- In den meisten (wenngleich nicht allen) Fällen der Bewilligung einer ***Exekution zur Sicherstellung*** sind die streitigen oder außerstreitigen Titelgerichte zuständig (§ 375 EO);
- Das Prozessgericht bewilligt ***einstweilige Verfügungen,*** wenn das Verfahren anhängig ist, das Exekutionsgericht bewilligt sie für Verfügungen, die das vor ihm laufende Verfahren betreffen (§ 387 EO);
- Das ***Wahlrecht*** des betreibenden Gläubigers nach §§ 5, 6 EO führt zu einer Trennung zwischen einem Bewilligungsgericht und mehreren Vollzugsgerichten,
- Betreibt ein Gläubiger gegen denselben Verpflichteten ***mehrere Exekutionen*** in ein- und demselben OLG-Sprengel, so kann das OLG auf Anzeige eines Bewilligungsgerichts oder eines Vollzugsgerichts sowie auf Parteienantrag einzelne Vollzugsakte einem einzigen Exekutionsgericht als Vollzugsgericht übertragen (§ 21 EO),
- Wenn ein betreibender Gläubiger gegen denselben Verpflichteten ***mehrere Immobiliarexekutionen*** in demselben OLG-Sprengel führt und der Vollzug dem gleichen oder benachbarten Gerichten obliegt und die bewilligten Exekutionsmittel gleichartig sind oder eine Zusammenfassung des Exekutionsvollzugs ermöglichen, so kann das OLG eine Vollzugsverbindung aussprechen (§ 22 Abs 1 EO).

B. Verfahrensgrundsätze

Im Bewilligungsverfahren gelten folgende Grundsätze (§ 3 Abs 2 EO):

► Der betreibende Gläubiger setzt das Verfahren mit dem Exekutionsantrag in Gang: Es herrscht ***Dispositionsgrundsatz.***

► Es herrscht der ***Beibringungsgrundsatz*** und nicht der Untersuchungsgrundsatz: Das Gericht entscheidet allein aufgrund des Vorbringens des betreibenden Gläubigers.

► Das Bewilligungsverfahren ist ***ein einseitiges Aktenverfahren:*** Es findet ***keine Vernehmung*** statt, es wird ***keine Verhandlung*** durchgeführt.

Davon gibt es allerdings Ausnahmen:

→ Wird eine Forderung gepfändet und dem betreibenden Gläubiger zur Einziehung überwiesen, deren Leistung von einer Gegenleistung des Verpflichteten abhängt, so kann der betreibende Gläubiger Herausgabeexekution auf die beim Verpflichteten befindliche Gegenleistung betreiben; vor der Entscheidung über den Herausgabeexekutionsantrag ist der Verpflichtete einzuvernehmen (§ 309 Abs 3 EO).

→ Bei Exekution zur Erwirkung von Duldungen und Unterlassungen hat der betreibende Gläubiger den Exekutionsantrag und jeden Strafantrag auch dem Verpflichteten direkt zu übersenden; vor der Verhängung von Geldstrafen ist, sofern nicht Gefahr im Verzug ist, der Verpflichtete einzuvernehmen (§ 358 EO).

→ Die Bewilligung einstweiliger Verfügungen ohne vorhergehende Vernehmung des Gegners der gefährdeten Partei eröffnet diesem wie auch einem Drittschuldner ein Widerspruchsrecht nach § 397 Abs 1 EO.

C. Prüfungsabfolge

Das Gericht hat nacheinander zu prüfen

► das Vorliegen amtswegig wahrzunehmender ***Exekutionsvoraussetzungen*** (siehe oben IV. B.), sodann

► die ***materiellen Bewilligungserfordernisse*** der §§ 7 bis 9 EO: siehe dazu oben Titelerfordernisse (III. B.) und die Vollstreckbarkeitsbestätigung (III. D.) sowie den notwendigen Inhalt des Exekutionsantrags samt Beilagen (IV. A.).

D. Entscheidung und Vollzugsauftrag

Das Gericht entscheidet über den Exekutionsantrag mit Erteilung oder Versagung der ***Exekutionsbewilligung*** (s. oben IV. C.). Dieser Beschluss ist allen Beteiligten zuzustellen und mit ***Rekurs*** anfechtbar.

Wird die Vollzugshandlung vom Erlag einer Sicherheit abhängig gemacht, so darf das Gericht einen ***Vollzugsauftrag*** erst nach Einlangen der Sicherheit erteilen (§ 25 Abs 2 S 2 EO). Sonst hat das Gericht den Vollzugsauftrag sofort zu erteilen (§ 25 Abs 2 S 3 EO).

VI. Vereinfachtes Bewilligungsverfahren

Lit.: *Derntl,* Exekution im elektronischen Rechtsverkehr (ERV) bei Forderungshöhe außerhalb des vereinfachten Bewilligungsverfahrens, SozSi 2005, 463; *Jakusch,* Die EO-Novelle 2003, ÖJZ 2004, 201; *Klicka/Albrecht,* Die EO-Novelle 1995 – Änderungen im Allgemeinen Teil, ecolex 1995, 707; *Klicka/Albrecht,* Die EO-Novelle 1995 im Überblick, JAP 1995/96, 131; *Kloiber,* Die Exekutionsordnungs-Novelle 1995, ein Überblick über die mit 1. 10. 1995 in Kraft getretenen Änderungen, ÖA 1996, 2; *Konecny,* Automationsunterstützte Datenverarbeitung im Exekutionsverfahren, in ADV-Exekutionsverfahren (ADV-E), Schriftenreihe des BMJ, 65; *Mohr,* Vereinfachtes Bewilligungsverfahren und andere am 1. 10. 1995 in Kraft getretene Bestimmungen der EO-Nov

1995, ÖJZ 1995, 889; *Mohr*, Die Fahrnisexekution (1996); *Mohr*, EO-Nov 2003, ecolex 2003, 502; *Mohr*, Exekutionsordnungs-Novelle 2005, ecolex 2005, 602; *Pöschl*, EO-Novelle 2005, ÖRPfl 2005, 43; *Rassi*, Exekutionstipps für Praktiker I: Das Bewilligungsverfahren, Zak 2006/601, 350; *Schneider*, Wesentliche Neuerungen der EO-Novelle 2003, ZIK 2004, 48.

A. Voraussetzungen

Anstatt des regulären sieht das ein ***vereinfachtes Bewilligungsverfahren obligatorisch vor,*** wenn folgende Voraussetzungen gegeben sind (§ 54b Abs 1 EO):

- es wird eine ***Geldexekution*** beantragt, allerdings darf *keine Liegenschaft, kein Superädifikat* ***und auch kein Baurecht betroffen*** sein (Z 1),

- die fällige ***Forderung des betreibenden Gläubigers übersteigt nicht den Betrag von 50.000 € ohne Kosten und Nebengebühren*** (Z 2),

Kosten und Nebengebühren können freilich im vereinfachten Bewilligungsverfahren geltend gemacht werden, wenn sie allein Gegenstand des Verfahrens sind.

Wird Exekution wegen Forderungen auf wiederkehrende Leistungen betrieben, so sind für die Wertgrenze nur die bereits fälligen Ansprüche maßgeblich.

- die Vorlage anderer Urkunden zusätzlich zum Exekutionstitel darf nicht vorgeschrieben sein (Z 3),

So schließt etwa der bei Vorleistungstiteln geforderte urkundliche Nachweis der erbrachten Vorleistung des § 7 Abs 2 EO solche Titel vom vereinfachten Bewilligungsverfahren aus. Gleiches gilt bei Nachweisen nach § 7 Abs 1 EO, beim Nachweis des Fälligkeitstermins (§ 7 Abs 2 EO), beim Beweis der Änderung der variablen Größe beim Wertsicherungstitel (§ 8 Abs 2) sowie bei der Einzelrechtsnachfolge nach Titelerlass (§ 9 EO).

- der betreibende Gläubiger muss sich auf einen inländischen Exekutionstitel, einem diesen gleichgestellten Titel (§ 2 EO) oder auf einen *rechtskräftig für vollstreckbar erklärten* ausländischen Exekutionstitel stützen (Z 4),

- der betreibende Gläubiger hat nicht bescheinigt, dass ein vorhandenes Exekutionsobjekt der Exekution entzogen würde, wenn die Exekutionsbewilligung schon *vor* der Pfändung zugestellt wird (Z 5).

Diese Bestimmung ist erforderlich, weil im vereinfachten Bewilligungsverfahren anders als im regulären auf das Überraschungsmoment insbes. bei der Fahrnisexekution verzichtet wird, das durch zeitgleiche Zustellung der Exekutionsbewilligung und Pfändungsvornahme gewonnen wird.

Beachte: Diese, in § 54b Abs 1 Z 5 enthaltene Bestimmung ermöglicht es dem betreibenden Gläubiger, anstelle des vereinfachten das ordentliche Bewilligungsverfahren zu beschreiten, wenn er nämlich um die Verbringung des Exekutionsobjekts fürchten muss und die erforderliche Bescheinigung erbringt (vgl. dazu LG Innsbruck RPflSlgE 1996/121).

B. Besonderheiten

1. Erfordernisse des Antrags und des Titels

Antrags- und Titelerfordernisse sind im Vergleich zum regulären Bewilligungsverfahren gelockert.

▶ Der Exekutionsantrag hat die Inhaltsvoraussetzungen des § 7 Abs 1 EO zu erfüllen und darüber hinaus das ***Datum der Erteilung der Vollstreckbarkeitsbestätigung*** zu nennen.

Die Inhaltserfordernisse des § 7 Abs 1 EO sind: Nennung der Parteien, Gegenstand, Art, Umfang und Zeit der geschuldeten Leistung oder Unterlassung. Auch Duldungen sind vollstreckbar.

▶ ***Die Vorlage des Exekutionstitels ist nicht erforderlich.***

2. Entscheidungsgrundlagen bei der Bewilligung – Besonderheiten beim Vollzug

a) Entscheidungsgrundlagen

Es gilt der ***Beibringungsgrundsatz:*** Das Gericht entscheidet allein aufgrund der Angaben im Exekutionsantrag (§ 54b Abs 2 S 1 EO).

Geben die Angaben im Exekutionstitel oder aber gerichtsbekannte Tatsachen zu Zweifeln darüber Anlass, ob ein die begehrte Exekution deckender, mit Vollstreckbarkeitsbestätigung ausgestatteter Exekutionstitel vorliegt, so fordert das Gericht den betreibenden Gläubiger auf, den mit Exekutionsklausel versehenen Titel binnen fünf Tagen *vorzulegen.*

Die Frist ist nicht erstreckbar (§ 58 Abs 1 EO) und nicht restituierbar (§ 58 Abs 2 EO), eine Wiedereinsetzung in den vorigen Stand gemäß § 146 ZPO unzulässig.

Liegt dem Verfahren ein ausländischer Exekutionstitel zugrunde, so ist eine nach den Bestimmungen des internationalen Rechts gültige Vollstreckbarkeitsbestätigung vorzulegen, so etwa bei einem ausländischen Titel, der als europäischer Vollstreckungstitel nach der EuVTVO vorgelegt wird oder bei ausländischen Titeln nach der Brüssel-Ia-VO, EuMahnVO oder der EuBagatellVO.

b) Besonderheiten des Vollzugs nach vereinfachter Bewilligung

In den Fällen, wo die Vollzugshandlung vom Erlag einer Sicherheit abhängig gemacht wird, darf das Gericht einen ***Vollzugsauftrag*** erst nach Einlangen der Sicherheit erteilen (§ 25 Abs 2 S 2 EO).

Sonst hat das Gericht den Vollzugsauftrag ebenso wie nach einem regulären auch nach einem vereinfachten Bewilligungsverfahren sofort zu erteilen (§ 25 Abs 2 S 3 EO).

Vollzugshandlungen im Rahmen der ***Fahrnisexekution*** dürfen nach einem vereinfachtem Bewilligungsverfahren frühestens 14 Tage nach Zustellung der Exekutionsbewilligung an den Verpflichteten vorgenommen werden (§ 249 Abs 3 S 1 EO).

Bei regulärer Bewilligung der Fahrnisexekution wird die Zustellung erst anlässlich der Pfändung vorgenommen (§ 249 Abs 3 S 2 EO).

Besonderes gilt auch bei der ***Forderungsexekution:***

Forderungen werden durch ein Doppelverbot gepfändet (§ 294 EO): Ein Verfügungsverbot ergeht an den Verpflichteten, ein Zahlungsverbot an den Drittschuldner (den Schuldner des Verpflichteten).

Bei vereinfachter Bewilligung einer Forderungsexekution darf an den betreibenden Gläubiger erst vier Wochen nach Zustellung des Zahlungsverbots an den Drittschuldner geleistet oder der Betrag hinterlegt werden (§ 303a S 1 EO).

Dies ist dem Drittschuldner bekannt zu geben. Er kann mit der Leistung oder Hinterlegung bis zum nächsten Auszahlungstermin (zB. bei der gepfändeten Lohnforderung) zuwarten, allerdings nicht länger als acht Wochen (§ 303a S 2 und 3 EO).

3. *Einspruchsrecht des Verpflichteten*

a) Einspruch und Vorlageauftrag

Binnen 14 Tagen nach Zustellung der schriftlichen Ausfertigung der Exekutionsbewilligung steht dem Verpflichteten der ***Einspruch*** zu (§ 54c Abs 1 S 1 und Abs 2 EO).

Mit ihm kann der Verpflichtete nur zweierlei geltend machen (§ 54c Abs 1 S 2 EO):

- ▶ dass ein die bewilligte Exekution deckender Exekutionstitel mit Vollstreckbarkeitsbestätigung fehlt, oder
- ▶ dass der Exekutionstitel nicht mit den Angaben des betreibenden Gläubigers im Exekutionsantrag übereinstimmt.

Wird Derartiges mit dem Rechtsmittel des Rekurses oder einem anderen Rechtsbehelf geltend gemacht, so ist der Schriftsatz als Einspruch zu werten (§ 54c Abs 1 S 3 EO).

Der Einspruch ist ein nicht aufsteigender Rechtsbehelf, seine Erledigung *Rechtspflegersache.* Er entfaltet ***keine aufschiebende Wirkung,*** hemmt daher nicht den Vollzug und ist somit auch ***kein Aufschiebungsgrund*** iSd § 42 EO. Wenn allerdings über den Einspruch vor dem Beginn von Verwertungshandlungen noch nicht rechtskräftig entschieden wurde, so hat das Exekutionsgericht mit der Verwertung inne zu halten (§ 54c Abs 3 EO).

Bei Forderungsexekutionen ist diesfalls dem Drittschuldner aufzutragen, über die im § 303a EO (s. oben) geregelte Frist hinaus keine Zahlungen an den betreibenden Gläubiger zu leisten.

Beiden Parteien steht freilich auch im vereinfachten Bewilligungsverfahren gegen den Bewilligungsbeschluss der ***Rekurs*** nach §§ 65 bis 67 EO offen.

Aufgrund eines rechtzeitigen Einspruchs hat das Exekutionsgericht dem betreibenden Gläubiger die Vorlage des Exekutionstitels samt Vollstreckbarkeitsbestätigung binnen fünf Tagen aufzutragen (§ 54d Abs 1 EO).

Die Frist beginnt mit Zustellung des Vorlageauftrags und ist weder erstreckbar (§ 58 Abs 1 EO) noch restituierbar (§ 58 Abs 2 EO).

Dem Gericht bleibt es vorbehalten, auch auf andere Weise die Vorlage des Exekutionstitels zu prüfen (§ 54d Abs 2 EO). Dies ist eine bloße Ermächtigungsnorm und keine Verpflichtung des Exekutionsgerichts (LG Linz RPflSlgE 2001/117; LGZ Wien RPflSlg 2003/15).

Nach überwiegender Ansicht hat der betreibende Gläubiger den Exekutionstitel in Urschrift vorzulegen (vgl. dazu die zahlreichen Judikaturnachweise bei *Angst/Jakusch/Mohr,* EO[15], zu § 54d EO), er kann sich nicht auf § 54d Abs 2 EO berufen.

b) Einstellung oder Teileinstellung der Exekution

Das Exekutionsverfahren wird eingestellt und alle bisher gesetzten Exekutionsakte unter Einem aufgehobenen, wenn (§ 54e Abs 1 EO):

- der betreibende Gläubiger die Vorlagefrist versäumt
- der vorgelegte Exekutionstitel nicht mit den Angaben im Exekutionsantrag übereinstimmt; dabei ist gleichermaßen wie auf die Kapitalforderung auch auf Zinsen, Nebengebühren und Kosten Bedacht zu nehmen.

Deckt der vorgelegte Titel die beantragte Exekution nur teilweise, so ist eine Einschränkung/Teileinstellung auszusprechen (§ 54e Abs 2 EO).

C. Schadenersatz – Kostenersatz – Mutwillensstrafe

Der betreibende Gläubiger, der eine Exekutionsbewilligung im vereinfachten Verfahren erwirkt hat, ohne über einen entsprechenden Titel zu verfügen, muss dem Verpflichteten alle Vermögensnachteile ersetzen, mithin den entstandenen *Schaden* und alle *Kosten* (§ 54f Abs 1 EO).

Schadenersatz (und unter Einem auch Kostenersatz) nach § 54f EO zu bemessen ist Richtersache (§ 17 Abs 3 Z 2 RPflG).

Der Schadenersatz ist vom Exekutionsgericht auf Antrag des Verpflichteten nach freier richterlicher Überzeugung festzusetzen (§ 54f Abs 2 S 1 iVm § 273 ZPO).

Die Kosten des Einspruchs sind mit 20 € anzusetzen, es sei denn der Verpflichtete weist höhere Kosten nach (§ 54f Abs 2 S 2 EO).

Auch hier muss indes gelten: Zu ersetzen sind nur die zur zweckentsprechenden Rechtsverteidigung notwendigen Kosten (§ 40 ZPO).

Der rechtskräftige Schaden- und Kostenersatzbeschluss ist unmittelbar in das Vermögen des betreibenden Gläubigers vollstreckbar (§ 54f Abs 2 S 3 EO).

Erging der Exekutionstitel gegen den richtigen Verpflichteten, änderte dieser aber später seine Adresse, und gab der betreibende Gläubiger im Exekutionsantrag darauf eine andere und zwar eine falsche Verpflichtetenadresse oder einen falschen Namen an, so greift § 54f Abs 3 EO:

Wurde durch die Angabe einer neuen Anschrift (oder eines neuen Namens) im Exekutionsantrag oder in einem folgenden Antrag ein Dritter in das Exekutionsverfahren einbezogen, der darauf eine Einstellung wegen Fehlen eines Titels (§ 39 Abs 1 Z 10 EO) zu beantragen hatte, so hat der betreibende Gläubiger diesem Verpflichteten die notwendigen Kosten zu ersetzen, die in Ermangelung eines Nachweises höherer Kosten mit 50 € festzusetzen sind.

Hat der betreibende Gläubiger die Exekutionsbewilligung mutwillig erwirkt, so ist gegen ihn eine Mutwillensstrafe von mindestens 100 € zu verhängen.

Die Höhe der Strafe hat sich nach den Umständen des Einzelfalls zu richten, das Gesetz nennt beispielhaft als Richtlinie die Höhe des zu Unrecht exekutiv begehrten Betrags (§ 54g EO).

Die Verhängung von Mutwillensstrafen nach § 54g EO ist Richtersache (§ 17 Abs 3 Z 2 RPflG).

D. Mahnverfahren und vereinfachtes Bewilligungsverfahren

Das Mahnverfahren nach §§ 244 ff, 448 ZPO und das vereinfachte Bewilligungsverfahren verdienen eine kurze synoptische Betrachtung.

Der Gedanke einer vereinfachten Rechtsschutzgewährung ist beiden Verfahren, dem verkürzten Erkenntnisverfahren wie dem verkürzten Bewilligungsverfahren gemein.

Beide sind nur bei fälligen Leistungen vorgesehen, beide sind bedingungsfeindlich, beide unterliegen einer Wertgrenze, beide sind Rechtspflegersache. Man könnte versucht sein zu sagen, das vereinfachte Bewilligungsverfahren soll helfen, bedingte Zahlungsbefehle einer vereinfachten Exekutionsbewilligung zuzuführen.

Dem kann nur bedingt gefolgt werden:

- Das Mahnverfahren ist beschränkt auf fällige, von Gegenleistungen unabhängige *Geldleistungen* bis zu einer Höhe von 75.000 €.
- Das vereinfachte Bewilligungsverfahren erlaubt die Durchsetzung *jeder fälligen Leistung,* bis zu einem Wert von 50.000 €, solange kein Bedingungseintritt urkundlich nachgewiesen werden muss.

Der ***Einspruch*** des Beklagten gegen den bedingten Zahlungsbefehl im Mahnverfahren teilt mit dem Einspruch des Verpflichteten im vereinfachten Bewilligungsverfahren nur den Namen:

- Der Einspruch im Mahnverfahren *vernichtet* den erlassenen gerichtlichen Zahlungsbefehl.
- Der Einspruch im vereinfachten Bewilligungsverfahren *vernichtet* den Exekutionsbewilligungsbeschluss *nicht,* er erzwingt die Vorlage des bisher nicht präsentierten Titels mit Vollstreckbarkeitsbestätigung.

VII. Vollzugsverfahren bei der Geldexekution

Der Exekutionsvollzug beginnt *von Amts wegen* (§ 16 Abs 1 EO) und zwar

► wenn Bewilligungs- und Exekutionsgericht identisch sind, mit der Anordnung der ersten Vollzugshandlung (§ 33 Hs 2 EO),

► wenn Bewilligungs- und Exekutionsgericht nicht identisch sind, mit dem Einlangen des Ersuchens um Vollzug der bewilligten Exekution beim Exekutionsgericht (§ 33 Hs 1 EO).

Es herrscht grundsätzlich ***Offizialmaxime.*** Nur in Ausnahmefällen wird der Vollzug nur auf Antrag begonnen oder fortgesetzt:

- bei Fortsetzung des Verfahren nach Aufschiebung der Exekution (§ 44 Abs 4 EO),
- Verhängung von Strafen zur Erwirkung unvertretbarer Handlungen (§ 354 Abs 2 EO),
- bei einem weiteren Verstoß gegen das gerichtliche Duldungs- oder Unterlassungsgebot (§ 355 Abs 1 EO).

Wir unterscheiden den unmittelbaren gerichtlichen Vollzug (Erlass eines gerichtlichen Doppelverbots zur Forderungspfändung) vom Vollzug des Vollstreckungsorgans (pfandweise Fahrnisbeschreibung im Pfändungsprotokoll bei der Fahrnispfändung vor Ort beim Verpflichteten) im Auftrag des Gerichts (§ 16 Abs 2 EO).

A. Auffinden des Exekutionsobjekts

Zwei Beispiele zur ***Exekutionsobjektsuche*** seien vorangestellt:

- Bei der Fahrnisexekution hat das im Auftrag des Exekutionsgerichts handelnde Vollstreckungsorgan eine Höchstfrist von vier Monaten, um pfändbare Gegenstände aufzufinden und darauf zuzugreifen. Es hat solange Exekutionshandlungen durchzuführen, bis dies entweder gelungen ist oder der Misserfolg feststeht. Es besteht Berichtspflicht. Siehe dazu unten Siebenter Teil, III. C. 7. sowie oben Zweiter Teil, II. C.

- Bei der Forderungsexekution ohne Drittschuldnerbenennung dient die Drittschuldneranfrage beim Hauptverband der Österreichischen Sozialversicherungsträger dem Zweck festzustellen, ob und wenn ja gegen welchen Drittschuldner der Verpflichtete Lohnforderungen hat. Siehe dazu unten Siebenter Teil, IV. B. 2.

Wird anlässlich der Sicherstellung oder der Abholung einer ***bereits gepfändeten*** Sache diese nicht vorgefunden, so sieht § 279a EO ein dreistufiges Verfahren vor (siehe dazu unten Siebenter Teil, III. D. 3. e):

- Dem Verpflichteten wird ein *Vermögensverzeichnis* abverlangt,
- subsidiär hat das Vollstreckungsorgan *zumutbare Erhebungen* anzustellen,
- bei Versagen der ersten beiden Mittel obliegt es dem Gläubiger *Fahrnisverfolgung* zu betreiben.

Der betreibende Gläubiger hat dabei zu beachten, dass das Pfandrecht binnen zwei Jahren erlischt, wenn das Verkaufsverfahren nicht gehörig fortgesetzt wird (§ 256 Abs 2 EO).

B. Pfändung

Die ***Pfändung*** ist ein staatlicher Hoheitsakt, der bestimmte Vermögensstücke des Schuldners erfasst (Spezialexekution).

Mit Vollzug der Pfändung entstehen zwei Wirkungen:
- das ***richterliche Pfändungspfandrecht*** und
- die ***Verstrickung.***

Das Pfändungspfandrecht ist sinnfälliger Ausdruck des staatlichen Rechtsschutzanspruchs für den betreibenden Gläubiger: Für ihn wird ein vorrangiges Befriedigungsrecht aus der gepfändeten Sache geschaffen.
Es herrscht das Prioritätsprinzip.

Die Verstrickung lässt die Verfügungsgewalt an der gepfändeten Sache auf den Staat übergehen. Verstrickungsbruch ist gerichtlich strafbar (§ 271 StGB).

Verstrickung bedeutet nicht notwendig, dass bewegliche Gegenstände dem Verpflichteten auch sofort abgenommen werden.

C. Verwertung

Unter Verwertung versteht die EO den ***Verkauf*** gepfändeter Sachen. Dabei sind, je nach Exekutionsobjekt, verschiedene Möglichkeiten gegeben. Hier einige Beispiele:

Immobilien werden zwangsverwaltet, die subsidiäre Verwertungsart ist die Zwangsversteigerung.

Fahrnisse werden entweder versteigert (Auktionshalle, Börsenplatz, Internet), freihändig oder mittels Übernahmeantrags verkauft.

Forderungen werden dem betreibenden Gläubiger meist zur Einziehung überwiesen, was ihn für den Drittschuldner zur Zahlstelle macht.

Beachte! Die Begründung einer Zwangshypothek in der Immobiliarexekution verschafft dem betreibenden Gläubiger ein Sicherungsrecht für seine vollstreckbare Forderung und weiter nichts.

D. Verteilung

Grundsätzlich dient die Verwertung dazu, die lukrierten Gelder zur Befriedigung des betreibenden Gläubigers (Kapital samt Nebengebühren und Kosten) zu verwenden.

Daher erfolgt oft die Befriedigung oft schon am Ende des Verwertungsvorgangs, etwa wenn nach der Versteigerung der Erlös dem Gläubiger ausbezahlt wird.

Freilich darf eine Exekution nicht in einem weiteren Umfang vollzogen werden, als dies zur Gläubigerbefriedigung erforderlich ist. Das zeigt sich auch bei der Auszahlung des Erlöses. Ein Überschuss ist dem Schuldner zurückzustellen.

Die Wegnahme von Schuldnergut zur Deckung der Gläubigerforderung ist der EO weitgehend unbekannt.

Allerdings gilt es zu beachten.

- Die Überweisung einer Forderung an Zahlungs statt macht den betreibenden Gläubiger anstelle des Verpflichteten zum neuen Gläubiger des Drittschuldners. Dem Verpflichteten wird die Forderung in diesem Fall also weggenommen.
- Dem Gläubiger steht es frei, bei Versteigerungen mit zu bieten, was allerdings eine Aufrechnung von Forderung samt Kosten gegen Meistbot zum Ergebnis hat, von deren rechnerischem Ausgang sich der Gläubiger Befriedigung verspricht.

Ansonsten kennt die EO die unmittelbare Wegnahme schuldnerischen Vermögens nicht. Allerdings kann der betreibende Gläubiger die Herausgabe von Gegenständen, an denen er einen entsprechenden Anspruch hat, im Rahmen der Individualleistungsexekution betreiben (§ 346 Abs 1 EO).

Wird zugunsten mehrerer Gläubiger Zwangsvollstreckung in verschiedene Schuldnergegenstände geführt, so hat das Exekutionsgericht am Ende des Verfahrens einen Verteilungsbeschluss zu fällen, der dem Spezialitäts- wie den Prioritätsgrundsatz verpflichtet ist.

VIII. Vollzugsverfahren bei der Individualleistungsexekution

Wiederum ist die Bestimmung des § 33 EO zur Determinierung des Vollzugsbeginns heranzuziehen.

Es gibt kein einheitliches Bild des Vollzugsverfahrens, weil das geschuldete Verhalten des Verpflichteten oft nicht direkt, sondern nur auf dem Weg von Beugestrafen erreicht werden kann. Auch die Amtswegigkeit des Vollzugs ist mitunter durchbrochen.

A. Direkte Exekution

Direkter Zwang wird in folgenden Fällen ausgeübt:

- Schuldet der Verpflichtete dem betreibenden Gläubiger die Herausgabe von Sachen, so werden sie ihm vom Vollstreckungsorgan *weggenommen* und dem betreibenden Gläubiger übergeben (§ 346 Abs 1 EO, ***Herausgabeexekution***).

- Ist dem betreibenden Gläubiger eine Immobilie zu übergeben, so werden Personen oder Gegenstände einfach entfernt (§ 349 EO, ***Delogierung***),

- die ***Einräumung, Beschränkung, Übertragung oder Aufhebung bücherlicher Rechte*** erfolgt durch Eintragung im Grundbuch (§ 350 EO),

- bei ***Teilung*** gemeinschaftlicher Sachen erfolgt die Anordnung einer Naturalteilung oder nach Versteigerung eine Zivilteilung (§§ 351, 352 ff EO).

B. Indirekte Exekution

Bei der Exekution auf ***unvertretbare Handlungen sowie auf Duldungen und Unterlassungen*** kann nur indirekt, nämlich mit Geld- und Haftstrafen Druck auf den Verpflichteten ausgeübt werden (§§ 354, 355 ff EO).

Diese Exekutionsmittel werden nur *auf Antrag* des betreibenden Gläubigers verhängt.
Bei Versagen dieser Beugemittel ist die Exekution fruchtlos.

C. Sonderfälle

- Die Exekution auf Abgabe ***vertretbarer Handlungen*** ist zweistufig: Es wird eine andere Person mit der Ersatzvornahme beauftragt, dem Verpflichteten aber auf Antrag des betreibenden Gläubigers die Vorauszahlung der dafür erforderlichen Kosten aufgetragen.

Dieser Beschluss ist direkt in das Vermögen des Verpflichteten vollstreckbar (§ 353 EO). An diese Individualleistungsexekution schließt sich daher eine Geldexekution zur Hereinbringung der *Ersatzvornahmekosten* an.

- Schuldet der Verpflichtete die ***Abgabe einer Willenserklärung,*** so bedarf es gar keines Exekutionsverfahrens. Ein rechtskräftiges stattgebendes Urteil ersetzt dem Gläubiger die Abgabe (Fiktion des § 367 EO).

IX. Vermögensverzeichnis

A. Rechtsinstitut

Der Verpflichtete ist zur ***verfahrensrechtlichen Offenlegungserklärung*** über sein Vermögen im Rahmen eines ***Vermögensverzeichnisses*** verhalten, so ihm dies abverlangt.

Beachte! Die Pflicht zur Abgabe eines Vermögensverzeichnisses setzt eine bürgerlich rechtliche Auskunftserteilungspflicht gegenüber dem betreibenden Gläubiger *nicht* voraus.

Dies ist notwendig, um ein hinreichendes Bild über das Vorhandensein von Exekutionsobjekten zu gewinnen. Da der Verpflichtete oft nicht freiwillig darüber erschöpfend ***Auskunft*** gibt, lässt sich die Abgabe eines Vermögensverzeichnisses ***erzwingen*** (§ 48 EO).

Unvollständige oder unrichtige Angaben im Vermögensverzeichnis sind ***gerichtlich strafbar,*** sofern dadurch die Befriedigung des Gläubigers gefährdet wird (§ 292a StGB).

B. Anwendungsfälle

In folgenden zwei Fällen der Geldexekution und in einem bei der Herausgabeexekution ist dem Verpflichteten die ***Abgabe eines Vermögensverzeichnisses*** (§ 47 EO) zum Zweck der Offenlegung seines Vermögens abzuverlangen.

Gleiches gilt auf Antrag von Finanz- oder anderen Verwaltungsbehörden (Finanzamt, Finanzprokuratur, jede Verwaltungsbehörde) bei fruchtloser verwaltungs- oder finanzbehördlicher Exekution (§ 47 Abs 3 S 1 EO).

Zuständig ist das BG, in dessen Sprengel eine solche Exekution versucht wurde (§ 47 Abs 3 S 2 EO).

Geldexekution

► ***erfolgloser Fahrnispfändungsversuch*** (§ 47 Abs 1 Z 1 EO),

► ***erfolglose Forderungsexekution ohne Benennung des Drittschuldners*** wegen Leermeldung des Hauptverbands der Österreichischen Sozialversicherungsträger nach Drittschuldneranfrage oder Bekanntgabe bereits belasteter Forderungen (§ 47 Abs 1 Z 2 EO),

Individualleistungsexekution

► ***erfolglose Herausgabeexekution,*** weil die herauszugebenden Sachen beim Verpflichteten nicht vorgefunden werden (§§ 346a iVm 47 Abs 2, 48 EO).

Verwaltungs- oder finanzbehördliche Exekution

► erfolglose Exekution nach den Vorschriften des VVG oder der AbgEO iVm der BAO.

C. Inhalt des Vermögensverzeichnisses und Offenlegungsverfahren

1. Geldexekution

a) Fahrnisexekution

Der Verpflichtete hat *insbesondere* folgende Auskünfte zu geben, wo sich seine Vermögensgegenstände befinden. Wird gleichzeitig eine Pfändung von – vorhandenen – Fahrnissen durchgeführt, so genügt ein Hinweis auf das Pfändungsprotokoll (§ 47 Abs 2 Z 1 EO).

Beachte! Das Vollstreckungsorgan erhält bei der Fahrnisexekution einen Vollzugsauftrag, der die eventuelle Abnahme eines Vermögensverzeichnisses inkludiert (§§ 249 Abs 2, 253a EO).

Bei ungerechtfertigter Verweigerung der Abgabe des Vermögensverzeichnisses hat das Vollstreckungsorgan den Verpflichteten ***zwangsweise vorführen*** zu lassen (§ 48 Abs 1 S 3 EO).

Bei Abwesenheit des Verpflichteten hat das Vollstreckungsorgan seinem Auftrag solange nachzukommen, bis die Aufnahme gelingt oder aber feststeht, dass das Vermögensverzeichnis nicht aufgenommen werden kann (§§ 25 Abs 2 iVm 47 Abs 1 Z 1 EO). Vgl. dazu *Angst/Jakusch/ Mohr,* EO[15], 859 FN 5.

b) Forderungsexekution

Bei der fehlgeschlagenen Forderungsexekution ohne Drittschuldnerbenennung hat der Verpflichtete *insbesondere* die Person des Drittschuldners und den Schuldgrund (zB. Lohnforderung) samt Beweismittel bekannt zu geben. Bei Strittigkeit oder nicht gänzlicher Einbringlichkeit der Forderung hat der Schuldner darauf hinzuweisen (§ 47 Abs 2 Z 1 EO).

Bei Verweigerung der Abgabe des Vermögensverzeichnisses ist hier der Verpflichtete zu laden, bei Nichterscheinen erfolgt die Anordnung zur zwangsweisen Vorführung (§ 48 Abs 1 EO).

Beachte! Der Auftrag des Vollstreckungsorgans auf zwangsweise Vorführung umfasst auch den zur Abnahme des Vermögensverzeichnisses (§ 48 Abs 1 S 2 EO).

c) Inhalt und Aufnahme des Vermögensverzeichnisses nach § 47 EO

Der Inhalt des Vermögensverzeichnisses nach § 47 EO ist für physische Personen im Formular E VV 1 geregelt, das online unter

http://www.justiz.gv.at/web2013/file/2c94848525f84a6301271930ebf706d8.de.0/eform%20vv%201.pdf abrufbar ist.

Für juristische Personen ist E VV 2 heranzuziehen, abrufbar unter

http://www.justiz.gv.at/web2013/file/2c94848525f84a6301271930ebf706d8.de.0/eform%20vv%202.pdf.

Die in § 47 Abs 2 gestellten Fragen sind ***insbesondere*** zu beantworten. Das Vermögensverzeichnis ist eine umfassende Auskunft.

Von Amts wegen oder auf Anregung des betreibenden Gläubigers können dem Verpflichteten zusätzliche Fragen gestellt werden (§ 47 Abs 4 EO).

Bei Ladung des Verpflichteten vor Gericht ist auch der betreibende Gläubiger beizuziehen, er hat ein Fragerecht.

Das Vermögensverzeichnis ist elektronisch aufzunehmen, dem Verpflichteten Einblick in das Protokoll zu gewähren. Er hat nach Belehrung über die strafrechtlichen Sanktionen für die Richtigkeit und Vollständigkeit zu unterfertigen (§ 47 Abs 2 EO).

d) Verweigerung und Haft

Verweigert der Verpflichtete vor Gericht die Abgabe des Vermögensverzeichnisses, so ist über ihn die Haft zu verhängen, die eine Höchstdauer von sechs Monaten nicht überschreiten darf und dann vorzeitig endet, wenn der Verpflichtete das Vermögensverzeichnis abgibt (§§ 48 Abs 2 iVm 360 bis 366 EO). Auf seinen Antrag ist ihm die Abgabe auch vor dem BG des Haftorts zu ermöglichen (§ 48 Abs 3 EO).

Die Verhängung der Haft ist, unabhängig von der funktionellen Rechtspflegerzuständigkeit, die im laufenden Exekutionsverfahren sonst gegeben sein mag, stets ***Richtersache*** (§ 16 Abs 2 Z 5 RPflG).

Wird die Haft binnen Jahresfrist nicht verhängt, so verliert die Haftanordnung ihre Wirksamkeit.

Allerdings kann neuerlich ein Antrag auf Abgabe eines Vermögensverzeichnisses gestellt, neuerlich bei Vorliegen der Voraussetzungen des § 48 Abs 2 EO die Haft verhängt werden.

e) Neuerliche Abgabe eines Vermögensverzeichnisses

Hat der Verpflichtete bereits ein Vermögensverzeichnis abgegeben, so kann der betreibende Gläubiger neuerlich die Abgabe eines solchen beantragen oder nach Vollzug einer sechsmonatigen Haft neuerdings die Verhängung der Haft gegen den Verpflichteten beantragen (§ 49 Abs 1 EO):

- wenn er glaubhaft macht, dass der Verpflichtete seither neues Vermögen erworben hat,
- ohne solche Glaubhaftmachung, wenn seit der Verhängung der Haft wegen Verweigerung eines ersten Vermögensbekenntnisses ein Jahr vergangen ist.

Liegen zwar die Voraussetzungen des § 47 Abs 1 EO vor, ist aber die neuerliche Abgabe eines Vermögensverzeichnisses mangels Glaubhaftmachung oder Verstreichen der Jahresfrist unzulässig, so hat das Gericht den Antrag des Gläubigers mit der Zustellung einer Ausfertigung des zuletzt abgegebenen Vermögensverzeichnisses zu beantworten (§ 49 Abs 2 EO) oder einen Haftantrag zurückzuweisen.

2. *Herausgabeexekution*

Der Verpflichtete hat Auskunft über den Verbleib der an den betreibenden Gläubiger heraus zu gebenden Sachen zu geben, wenn sie nicht bei ihm vorgefunden werden; besitzt er sie nicht oder weiß er nicht, wo sie sich befinden, so hat er dies wahrheitsgemäß anzugeben.

Es gelten die § 47 Abs 2 zur Belehrung, Protokolleinsicht und Bestätigung des Verpflichteten sowie § 48 EO (§ 47 Abs 3 EO), nicht aber § 49 EO, an seine Stelle tritt § 346a Abs 2 EO:

Wegen desselben Anspruchs kann derselbe betreibende Gläubiger ein weiteres Vermögensbekenntnis nur beantragen, wenn er eine Änderung der Sachlage oder des Wissensstands des Verpflichteten glaubhaft macht (§ 346a Abs 2 EO).

3. *Verwaltungs- und finanzbehördliche Exekution*

Es ist das Formular E VV 1 oder E VV 2 heranzuziehen. Die antragstellende Behörde kann zusätzliche Fragen an den Verpflichteten anregen (§ 47 Abs 4 EO). §§ 47 Abs 2 S 2 bis 5 sowie 48 und 49 EO sind anzuwenden.

X. Innehaltung und Stillstand

Lit.: Grill, Anmerkung zu LG Innsbruck 1a R 448/91, AnwBl 1992/4099, 241; *Jakusch,* Die EO-Novelle 2003, ÖJZ 2004, 201; *Oberhammer,* Aufschiebung der Räumungsexekution und Fortsetzung beendigter Bestandverhältnisse im gerichtlichen Ausgleich zum neuen § 12a AO, ZIK 1998, 1; *Schneider,* Wesentliche Neuerungen der EO-Novelle 2003, ZIK 2004/46, 48.

A. Innehaltung

Im Exekutionsverfahren herrscht der bereits erwähnte Grundsatz, Exekutionshandlungen so lange durchzuführen, bis entweder Gläubigerbefriedigung erreicht ist oder aber feststeht, dass dieses Ziel nicht erreicht werden kann.

Er ist abgebildet in § 25 Abs 2 S 1 EO, der dem Vollstreckungsorgan ebenso lange die Erfüllung des gerichtlichen Exekutionsauftrags auferlegt. Wir sprechen von der ***fortwährenden Exekution.***

Es gibt aber Verfahrenssituationen, in denen das Vollstreckungsorgan autonom mit der Vornahme von Vollzugshandlungen inne halten darf, nämlich ***wenn eine der folgenden Tatsachen nachgewiesen wird*** (§ 46 EO):

- Der betreibende Gläubiger wurde *befriedigt.*
- Der betreibende Gläubiger hat *Stundung* bewilligt.
- Der betreibende Gläubiger ist *von der Fortsetzung des Exekutionsverfahrens abgestanden.*

Das Innehalten ist ein Dürfen, kein Müssen des Vollstreckungsorgans, steht sein Verhalten doch in einem gesetzlich gedeckten Widerspruch zum gerichtlichen Vollzugsauftrag: Es liegt ein ***faktisches Verhalten*** vor, keine mit Rechtsmittel bekämpfbare Gerichtsentscheidung. Das Innehalten ist kein Beschluss, daher gibt es dagegen ***keinen Rekurs.***

Faktisches Verhalten kann nicht beantragt, höchstens angeregt werden (EvBl 2004/132). Die Verweigerung des Innehaltens trotz Nachweises einer der drei Gründe lässt sich daher mit ***Vollstreckungsbeschwerde*** (§ 68 EO) bekämpfen.

Unter Nachweis versteht die Judikatur einen ***Beweis.*** Bloße Bescheinigung reicht nicht hin. Regelmäßig wird der Nachweis nach § 46 EO durch Urkunden erbracht. Diese bedürfen seit der EO-Novelle 2003 keiner besonderen Qualifikation.

Bei Zweifeln hat das Vollstreckungsorgan beim betreibenden Gläubiger nachzufragen. Tritt dieser schriftlich der Anregung zur Innehaltung bei, so begründet das einen Antrag auf Einstellung der Exekution (§§ 39 Abs 1 Z 6 sowie 40 EO); darüber ist nach Berichtvorlage durch das Vollstreckungsorgan vom Exekutionsgericht zu entscheiden.

Geht die Innehaltung vom betreibenden Gläubiger selbst aus, so beendet das die Exekution.

Der für die ***Befriedigung oder Stundung des Anspruchs*** maßgebliche Zeitpunkt ist der des § 35 Abs 1 EO: Beide müssen entweder nach Titelerlass erfolgt sein, wenn der Titel aber in einer gerichtlichen Entscheidung besteht, dann nach Eintritt des Neuerungsverbots. Mit anderen Worten: Es muss sich um ***nova producta*** iSd § 35 Abs 1 EO handeln.

Oppositionsgesuch (§ 40 EO) oder *Oppositionsklage* (§ 35 EO) stehen dem Verpflichteten hier offen, beides Verteidigungsmittel, die er mit einem Aufschiebungsantrag verbinden wird (§ 42 Abs 1 Z 3 und 5 EO).

Die ***Fortsetzung des Exekutionsverfahrens*** setzt zumindest das Vorhandensein eines Exekutionstitels voraus.

Einen ***sondergesetzlichen Fall der Innehaltung behandelt § 34 MRG:***

Wird eine Räumungsexekution gegen den Mieter betrieben und weist der betroffene Untermieter, der vom Räumungstitel mit erfasst wird (§ 568 ZPO) nach, dass der Hauptmieter die Bestandsache nur zu Untervermietungszwecken gemietet hat, so kann er Innehaltung der Räumungsexekution erreichen, einen Antrag auf Anerkennung als (wahrer) Hauptmieter stellen (§ 2 Abs 3 MRG) und gleichzeitig die Aufschiebung der Räumungsexekution beantragen (vgl. dazu auch *Neumayr/Nunner-Krautgasser,* ExR^3, 139 f).

B. Stillstand des Verfahrens

Zu einem Verfahrensstillstand kommt es regelmäßig dann, wenn der betreibende Gläubiger Mitwirkungspflichten beim Exekutionsvollzug verletzt (zB. Transportmittel und Schlosser bei der Delogierung bereit zu stellen) oder wenn die EO zögerliches Gläubigerverhalten mit Sperrfristen ahndet (§§ 200 Z 3, 282 Abs 1 EO).

XI. Aufschiebung

Lit.: Burgstaller, Vollstreckung von Zug-um-Zug-Titeln in Österreich, ZZP 1992, 420; *Czernich/Pülzl*, OGH: Keine Prüfung der materiellen Gültigkeit eines Rückstandsausweises durch die ordentlichen Gerichte, SWK 2002, 304; *Eder*, Die Aufschiebung der Fahrnisexekution bei Forderungsexekution, ecolex 1992, 649; *Herz*, Einstweilige Verfügung und Aufschiebung der Exekution, ÖJZ 1948, 414; *Holzhammer*, Das zivilrichterliche Ermessen, in FS Kralik (1986) 227; *König*, Die Aufschiebung der Zwangsvollstreckung vor Rechtskraft der Vollstreckbarerklärung (Art 39 EuGVÜ/LGVÜ, 47 EuGVVO), RZ 2001, 267; *Konecny*, Die Aufschiebung der Fahrnisverwertung bei Forderungsexekutionen gemäß § 264a EO, RZ 1984, 218; *Kropiunig*, Die Aufrechnung im Exekutionsverfahren, ÖJZ 1967, 541; *Melichar*, Die Geltendmachung von Gegenforderungen im österreichischen Zivilprozeß- und Exekutionsrecht, JBl 1949, 49; *Mini*, Die Aufschiebung der Exekution (2002); *Mohr*, Exekutionsordnungs-Novelle 2005, ecolex 2005, 602; *Nobl*, Sicherung der Aufrechnung nach einem Teilurteil, AnwZ 1935, 437; *Nunner-Krautgasser*, Konsequenzen der Aussetzung der Einhebung nach § 212a BAO für das gerichtliche Vollstreckungsverfahren, RdW 2000, 655; *Nunner-Krautgasser*, Der Rückstandsausweis als Grundlage der gerichtlichen Exekution, ÖJZ 2000, 833; *Oberhammer*, Aufschiebung der Räumungsexekution und Fortsetzung beendeter Bestandverhältnisse im gerichtlichen Ausgleich – zum neuen § 12a AO, ZIK 1998, 1; *Perschinka*, Die Aufschiebung im Zusammenhang mit Exekutionen auf das bewegliche Vermögen und ausgesuchte Themen zur Forderungsexekution, ÖRPfl 2012, 73; *Petschek*, Zivilprozessrechtliche Streitfragen (1933) 190f; *Rassi*, Exekutionstipps für Praktiker II: Die Aufschiebung nach der EO, Zak 2007, 103; *Rassi*, Aufschiebung des Exekutionsverfahrens betreffend den Geschäftsanteil an einer GmbH, GesRZ 2009, 181; *Rechberger*, Das Urteil im unterbrochenen Zivilprozeß – Exekutionsakte im aufgeschobenen Exekutionsverfahren, in FS Kralik (1986) 273; *Rechberger*, Zum Antragsprinzip und zur prozessualen Überholung bei der Exekutionsaufschiebung, JBl 1988, 504; *Schneider*, Wesentliche Neuerungen der EO-Novelle 2003, ZIK 2004/46, 48; *Schultes*, Die aufschiebende Wirkung bei Unterlassungsansprüchen, ecolex 2009, 686; *Schumacher*, Zur Exekution der außerordentlichen Kontrollrechte des Kommanditisten, GesRZ 1996, 26; *Slonina*, Aussetzung der Vollstreckung aus Europäischen Vollstreckungstiteln nach Art 23 EuVTVO, ecolex 2012, 881; *Widhalm-Budak*, Das Aufschiebungsrecht des Masseverwalters gem § 120a KO, ZIK 2003/3, 4.

A. Das Rechtsinstitut im Überblick

Der Verpflichtete kann während des Verfahrens einen ***Antrag auf Aufschiebung (Hemmung)*** der Exekution stellen,

- ▶ wenn ein gesetzlich dafür vorgesehener ***Aufschiebungsgrund*** vorliegt,
- ▶ der Verpflichtete auf Aufforderung des Gerichts ***Sicherheit*** leistet,
- ▶ sein ***Aufschiebungsinteresse*** gegenüber dem ***Fortsetzungsinteresse*** des betreibenden Gläubigers ***überwiegt*** und
- ▶ der geltend gemachte ***Aufschiebungsgrund Erfolg verspricht.***

Aufschiebungsgründe sind zB. Rechtsbehelfe, Rechtsmittel oder Exekutionsklagen, mit denen der Verpflichtete die Exekution bekämpft und die im Erfolgsfall zur Einstellung der Exekution führen.

Zweck des Aufschiebungsantrags ist die vorläufige Vermeidung weiterer exekutiver Schritte bis zur Entscheidung über die schuldnerische Waffe gegen die Zwangsvollstreckung.

Es ist Aufgabe des Exekutionsgerichts, diejenigen Aufschiebungsgründe zu erfassen, die bloß zu ***Verschleppungszwecken*** gestellt werden, und sie abzuweisen.

Daher hat die Judikatur Anforderungen entwickelt, die in Ergänzung der gesetzlichen Regelungen das Rechtsinstitut abrunden und Missbrauch vermeiden helfen: Die Interessenabwägung und die Prüfung der Erfolgsaussichten (s. sogleich unten).

B. Aufschiebungsantrag – Aufschiebung von Amts wegen

▶ Grundsätzlich setzt jede Aufschiebung einen ***Antrag des Verpflichteten*** voraus (§ 42 Abs 1 EO).

Die Mehrzahl aller Aufschiebungsfälle beruht auf Verpflichtetenanträgen.

▶ Neben dem Verpflichteten ist der ***Ersteher einer Liegenschaft*** in der Zwangsversteigerung befugt, die ***Aufschiebung der Meistbotsverteilung*** zu beantragen, bis über seine Klage auf Anerkennung des Bestehens einer irrtümlich gelöschten Hypothek entschieden wurde (GlUNF 2623).

▶ Der ***betreibende Gläubiger*** kann auch selbst die ***Aufschiebung beantragen,*** wenn mit dem Verpflichteten eine ***Zahlungsvereinbarung*** getroffen wurde (§ 45a S 1 EO; siehe unten C. 4.).

▶ ***Von Amts wegen*** ist die ***Aufschiebung auf Ersuchen der Titelbehörde nur anzuordnen,*** wenn eine gesetzwidrig oder irrtümlich erteilte ***Vollstreckbarkeitsbestätigung aufgehoben wird*** (§§ 42 Abs 2 iVm 7 Abs 3 und 4 EO; siehe unten C. 2.).

C. Aufschiebungsgründe

1. Die Gründe des § 42 Abs 1 EO

Die ***Aufschiebungsgründe*** sind ***in § 42 EO*** aufgezählt. § 45 Abs 1 EO macht aber deutlich, dass dies ***keine erschöpfende Aufzählung*** darstellt, wenn er darauf hinweist, dass die Anwendung besonderer Bestimmungen nicht ausgeschlossen ist (s. dazu unten).

Das Gesetz nennt in § 42 Abs 1 EO die Gründe, aus denen auf Antrag (meist des Verpflichteten) die Exekution aufgeschoben werden ***kann und muss,*** sofern die gesetzlichen Voraussetzungen gegeben sind:

▶ Erhebung einer Klage auf Ungültig- oder Unwirksamerklärung oder aber auf Aufhebung des Exekutionstitels iSd § 1 EO, der die Grundlage für die Exekutionsbewilligung bildet (Z 1);

▶ Erhebung der Wiederaufnahmeklage gegen den Exekutionstitel, Beantragung der Wiedereinsetzung in den vorigen Stand sowie Erhebung der Aufhebungsklage gegen einen Schiedsspruch (§§ 1 Z 16 EO iVm 611, 617, 618 ZPO) (Z 2);

▶ Erhebung der außerordentlichen Revision gegen das Berufungsurteil (§ 505 Abs 4 ZPO) (Z 2a);

Beachte! Anders als die ordentliche Revision hemmt die außerordentliche nicht den Eintritt der Vollstreckbarkeit von berufungsgerichtlichen Leistungsurteilen; beide hemmen den Eintritt der Rechtskraft (§ 505 Abs 4 S 2 ZPO).

► Antrag auf Einstellung der Exekution nach § 39 Abs 1 Z 2, 3, 4, 6, 8, 10 EO sowie nach § 40 EO (Z 3);

▪ Exekutionsführung auf unpfändbare Sachen, Rechte oder Forderungen (§ 39 Abs 1 Z 2 EO);

▪ Exekution aufgrund eines Urteils oder Prozessvergleichs gegen einen Minderjährigen in das seiner freien Verfügung entzogene Vermögen, wenn der Titel gegen den beschränkt Prozessfähigen ohne Mitwirkung des gesetzlichen Vertreters entstanden ist (§ 2 ZPO iVm § 39 Abs 1 Z 3 EO);

▪ bei Unzulässigerklärung der Exekution gemäß § 15 EO gegen eine Gemeinde oder eine als öffentlich und gemeinnützig erklärte Anstalt (§ 39 Abs 1 Z 4 EO);

▪ Zurückziehen des Exekutionsantrags, bei Exekutionsverzicht, Exekutionsstundung oder aber Exekutionsfortsetzungsverzicht des betreibenden Gläubigers (§ 39 Abs 1 Z 6 EO);

▪ voraussichtlich nicht erzielbare Kostendeckung (§ 39 Abs 1 Z 8 EO);

▪ mangelnde Deckung der bewilligten Exekution durch einen Exekutionstitel oder aber Fehlen der Vollstreckbarkeitsbestätigung (§ 39 Abs 1 Z 10 EO);

▪ Vorliegen der Voraussetzungen für einen Oppositions- oder aber einen Impugnationsantrag: Befriedigung des betreibenden Gläubigers, Forderungsstundung, Exekutionsverzicht, Exekutionsstundung (§ 40 EO).

► Exekution aufgrund eines Zug um Zug-Titels, wenn der betreibende Gläubiger seine Gegenleistung weder bewirkt noch bereit ist sie zu erbringen oder sicher zu stellen (Z 4);

► folgende Klagen, Außerstreitanträge oder verwaltungs- oder finanzbehördliche Anträge (Z 5):

▪ Oppositionsklage wegen nova producta (§ 35 EO) vor dem Bewilligungsgericht, in Arbeitsrechtssachen (§ 50 ASGG) vor dem Titelgericht (§ 35 Abs 2 EO),

▪ Geltendmachung von nova producta in Unterhaltssachen mit Antrag vor dem Außerstreitgericht oder mit Klage vor dem Streitgericht, je nach vorgesehener Verfahrensart, vor der nach Unions- oder Völkerrecht zuständigen ausländischen Behörde, subsidiär mit Klage vor dem Bewilligungsgericht (§ 35 Abs 2 EO),

▪ Geltendmachung von nova producta vor der Titelbehörde bei verwaltungsbehördlichen, verwaltungsgerichtlichen oder finanzbehördlichen Titeln nach § 1 Z 10, 12, 13, 14 EO (§ 35 Abs 2 EO),

▪ Impugnationsklage (§ 36 EO) vor dem Bewilligungsgericht, in Arbeitsrechtssachen (§ 50 ASGG) vor dem Titelgericht (§ 36 Abs 2 EO),

▪ Geltendmachung von Impugnationsklagegründen in Unterhaltssachen mit Antrag vor dem Außerstreitgericht oder mit Klage vor dem Streitgericht, je nach vorgesehener Verfahrensart (§ 36 Abs 2 EO),

▪ Exszindierungsklage vor dem Bewilligungs- oder dem Exekutionsgericht (§ 37 EO),

▪ Klage auf Unzulässigerklärung der Exekution aus anderen Gründen als §§ 35, 36, 37 EO (bei Rechtskraft Einstellungsgrund nach § 39 Abs 1 Z 5 EO),

- bei Exekution gegen eine Verlassenschaft, sobald eine Forderungsanmeldung der Gläubiger angeordnet wird (§ 813 ABGB) (Z 6);
- bei Rekurs gegen die Exekutionsbewilligung (Z 7);
- bei Einbringen einer Vollzugsbeschwerde, sofern die für die Entscheidung erforderliche Einvernahme der Parteien und sonstigen Beteiligten nicht sofort vorgenommen werden kann (§ 68 EO) (Z 8);
- bei Antrag auf Aufhebung oder Abänderung der rechtskräftigen Vollstreckbarerklärung ausländischer Titel (§ 414 EO) (Z 9);
- bei Erhebung eines Widerspruchs gegen die Anpassung eines ausländischen Exekutionstitels nach §§ 404, 405 EO an exekutive Maßnahmen oder Anordnungen des österreichischen Rechts, wenn der Titel eine Maßnahme oder Anordnung enthält, die im österreichischen Recht unbekannt ist (siehe unten 3. Buch, Internationales Exekutionsrecht XIV. E.) (Z 10).

2. Die beantragte oder amtswegige Aufschiebung nach § 42 Abs 2 EO

Von Amts wegen ist die ***Aufschiebung nur anzuordnen,*** wenn eine gesetzwidrig oder irrtümlich erteilte ***Vollstreckbarkeitsbestätigung aufgehoben*** wird: auf ***Ersuchen des Titelgerichts,*** oder – bei verwaltungsbehördlichen Titeln nach § 1 Z 13 oder gerichtlich zu vollziehenden VVG-Titeln nach § 3 Abs 2 VVG – ***der zuständigen Verwaltungsbehörde*** (§§ 42 Abs 2 iVm 7 Abs 3 und 4 EO).

Beachte! Es gibt keine sonstigen amtswegigen Aufschiebungsgründe.

Aus demselben Grund steht aber auch eine ***Aufschiebung auf Antrag*** eines Beteiligten offen (§ 42 Abs 2 EO).

3. Antrag auf Aufhebung der Vollstreckbarkeit

Wird die Aufhebung der Vollstreckbarkeitsbestätigung des Titelgerichts beantragt und gleichzeitig Aufschiebung begehrt so können beide Anträge beim Exekutionsgericht eingebracht werden; der Aufhebungsantrag wird an das Titelgericht zur Entscheidung weiter geleitet (§ 42 Abs 3 EO).

§ 42 Abs 3 EO ergänzt die Bestimmung des § 7 Abs 5 EO, der den umgekehrten Weg (Aufhebungs- und Aufschiebungsantrag beim Titelgericht, Weiterleitung des Aufschiebungsantrags an das Exekutionsgericht) ermöglicht.

4. Zahlungsvereinbarung – Aufschiebung auf Gläubigerantrag

Der ***betreibende Gläubiger*** kann selbst die ***Aufschiebung beantragen,*** wenn mit dem Verpflichteten eine ***Zahlungsvereinbarung*** getroffen wurde

(§ 45a [Abs 1] S 1 EO). Anders als beim Antrag des Verpflichteten wird hier keine Sicherheitsleistung verlangt.

Eine behördliche Stundung oder Teilzahlungsentscheidung ist dabei nach § 45a Abs 2 neu EO gem. Art 4 RV IRÄG 2017, 1588 BeilNR, XXV. GP als Zahlungsvereinbarung anzusehen. Die vorgesehene Änderung macht § 45a EO zu § 45a Abs 1 EO.

Allerdings gilt für den Fortsetzungsantrag des betreibenden Gläubigers eine Sperrfrist von drei Monaten ab Einlangen seines Aufschiebungsantrags bei Gericht (§ 45a [Abs 1] S 2 EO).

Wenn der betreibende Gläubiger innerhalb von zwei Jahren keinen Fortsetzungsantrag stellt so wird die Exekution *vom Amts wegen* eingestellt (§ 45a [Abs 1] S 3 EO).

5. *Nicht rechtskräftiger ausländischer Exekutionstitel*

Ein besonderer Aufschiebungsfall ergibt sich im Zug der Vollstreckbarerklärung ausländischer Titel:

Wird mit Rekurs gegen die auf Antrag ausgesprochene Vollstreckbarerklärung eines ausländischen Titels geltend gemacht, dieser sei der nach den Bestimmungen des Ursprungsstaats noch nicht rechtskräftig, so kann der Verpflichtete und Antragsgegner – auch noch im Revisionsrekursverfahren – die Unterbrechung des Vollstreckbarerklärungsverfahrens anordnen.

Das Gericht kann ihm binnen richterlicher Frist das Einlegen eines Rechtsmittels im Ursprungsstaat auferlegen.

Einstweilen zulässige Exekutionshandlungen sind vom Erlag eines Kostenvorschusses des betreibenden Gläubigers abhängig zu machen, um den Verpflichteten vor Schaden zu schützen (§ 411 Abs 5 EO).

6. *Aufschiebung nachrangiger Exekutionen*

§ 14 Abs 1 EO überlässt es zwar grundsätzlich dem betreibenden Gläubiger, die gewünschte Exekutionsart zu wählen, ja mehrere miteinander zu kumulieren, statuiert in § 14 Abs 2 und 3 EO jedoch den Primat der Forderungsexekution vor der Fahrnisexekution.

Bei der Immobiliarexekution ist die Zwangsversteigerung gegenüber der Zwangsverwaltung subsidiär (§ 201 EO).

Aus diesen Überlegungen ergeben sich Aufschiebungsgründe für nachrangige Exekutionen zugunsten vorrangiger:

Die Zwangsverwaltung einer Liegenschaft wie auch der Fahrnisverkauf sind für die Dauer einer Erfolg versprechende Gehaltsexekution aufzuschieben (§§ 99b, 264a EO);

Die Zwangsverwaltung genießt Vorrang vor der Zwangsversteigerung; diese ist für die Dauer einer Zwangsverwaltung daher aufzuschieben (§§ 201, 202 Abs 2 EO).

7. *Naturkatastrophen*

Gerät der Verpflichtete durch eine Naturkatastrophe in wirtschaftliche Schwierigkeiten, haben diese zur Einleitung der Exekution geführt und würde diese seine wirtschaftliche Existenz vernichten, so hat das Gericht ihm ohne Sicherheitsleistung die Aufschiebung der Exekution zu gewähren (§§ 200b, 282a EO).

Dieser Einstellungsgrund greift indes nicht, wenn dem betreibenden Gläubiger dadurch schwerer Schaden zugefügt, insbesondere die Einbringlichkeit seiner Forderung gefährdet wäre.

Das Exekutionsverfahren ist auf Antrag des betreibenden Gläubigers nach Wegfall der Voraussetzungen, längstens aber nach einer Frist von einem Jahr fortzusetzen.

8. Sondervorschriften

In zahlreichen sondergesetzlichen Bestimmungen finden sich weitere Aufschiebungsgründe; vgl. dazu *Angst/Jakusch/Mohr,* EO[15], 287 f.

D. Verfahren und Entscheidung

1. Zulässigkeit und Zuständigkeit

Für die Entscheidung über die Aufschiebung der Exekution ist zuständig (§ 45 Abs 2 EO):

- bis zum Beginn des Vollzugs der bewilligten Exekution das Bewilligungsgericht, selbst wenn gegen die Exekutionsbewilligung Rekurs eingebracht wurde (§ 70 Abs 1 S 1 EO),
- nach Beginn des Vollzugs das Exekutionsgericht.

Ein Aufschiebungsantrag setzt mithin eine ***anhängige Exekution im Vollzugsstadium*** voraus: Er ist unzulässig, wenn die Exekution noch nicht bewilligt wurde oder nach Rekurs gegen die Exekutionsbewilligung ein Kassationsbeschluss erging (SZ 6/130, 37/84). Ebenso unzulässig ist ein Aufschiebungsantrag, wenn (mittlerweile) die Exekution beendet wurde (s. unten XII. A.).

Zwischen Aufschiebungsantrag und Entscheidung über die Aufschiebung werden keine weiteren Exekutionshandlungen gesetzt, das Verfahren wird mithin formlos ausgesetzt.

Ob eine ***Exekution zur Sicherstellung*** aufgeschoben werden kann, ist umstritten, ist aber grundsätzlich abzulehnen, weil die Aufschiebung dem Zweck der Sicherstellungsexekution widerspricht. Die Zulässigkeit der Aufschiebung einzelner Exekutionsakte ist noch vorstellbar, nicht aber der gesamten Sicherstellungsexekution (vgl. schon *Holzhammer,* ZVR[4], 419; in diesem Sinn auch *Rechberger/Oberhammer,* ExR[5], Rz 470): Die Judikatur hat die Aufschiebbarkeit der Exekution wegen noch nicht fälliger Unterhaltsansprüche gestattet (§ 372 EO; RIS-Justiz RS0110415).

Generell bejaht wird die Aufschiebung auch der Sicherstellungsexekution hingegen von *Sailer* in Burgstaller/Deixler-Hübner, EO, zu §§ 376, 377 EO Rz 27, ebenso von *Neumayr/Nunner-Krautgasser,* ExR[3], 284 f, abgelehnt dagegen von *Klicka* in Angst/Oberhammer[3], EO, zu §§ 376, 377 EO Rz 9.

Wird die Aufschiebung aus einem der Gründe des § 42 Abs 1 Z 2a, 3, 4 oder wegen § 42 Abs 2 EO beantragt und ist das aufzuschiebende Verfahren Rechtspflegersache (§ 17 Abs 2 Z 1 und 2 RPflG), so ist auch die Entscheidung über die Aufschiebung Rechtspflegersache.

2. *Voraussetzungen*

Die Prüfung der Aufschiebungsvoraussetzungen ist zweistufig:

► Das Gericht hat in einem ersten Schritt dreierlei zu prüfen:

▪ Das Vorliegen eines ***Aufschiebungsinteresses:*** Ob der Exekutionsvollzug eingeleitet oder fortgesetzt werden kann, ohne dass sonst dem Aufschiebungswerber die Gefahr eines unersetzlichen oder schwer zu ersetzenden Vermögensnachteils entstünde (§ 44 Abs 1 EO). Den Aufschiebungswerber trifft eine Bescheinigungspflicht.

▪ Das ***Überwiegen des Aufschiebungsinteresses gegenüber dem Fortsetzungsinteresse*** des betreibenden Gläubigers: Diese Interessenabwägung ist richterrechtlicher Natur, sie berücksichtigt die Interessen beider Parteien und soll bloße Exekutionsverschleppungen vermeiden.

▪ Die ***Erfolgsaussichten*** des geltend gemachten Aufschiebungsgrunds (arg. § 43 Abs 3 EO). Diese Prüfung hat nur beim Aufschiebungsgrund der außerordentlichen Revision zu unterbleiben (§ 42 Abs 3 EO).

Wegen § 43 Abs 3 EO handelt es sich bei dieser Prüfung entgegen mehrfach vertretener Ansicht um keine richterrechtliche Entwicklung.

► Trotz Vorliegen der drei genannten Voraussetzungen ist die Aufschiebung von der ***Leistung einer Sicherheit*** abhängig zu machen (§ 44 Abs 2 EO):

▪ bei ***Geltendmachung von Oppositions- oder Impugnationsklagegründen,*** sofern der Aufschiebungswerber ein Oppositions- oder Impugnationsgesuch (§ 40 EO) mangels unbedenklicher Urkunden nicht einbringen kann (Z 1),

▪ wenn ein ***naher Angehöriger (§ 42 IO) oder eine mit dem Verpflichteten in Hausgemeinschaft stehende Person*** später als 14 Tage nach dem Exekutionsvollzug ***Exszindierungsklage*** erhebt ***(§ 37 EO)*** und wenn der Kläger dabei nicht bescheinigt, dass er vom Vollzug erst kurz vor oder nach Ablauf dieser Frist Kenntnis erlangen konnte (Fahrlässigkeitsmaßstab) und dass er die Klage ohne Aufschub eingebracht hat (Z 2),

▪ ***wenn die Aufschiebung geeignet ist, die Befriedigung des betreibenden Gläubigers zu gefährden.*** Bei bereits aufgeschobener Exekution und erst späterem Hervorkommen dieser Gefahr ist eine Sicherheit im Nachhinein bei sonstiger Fortsetzung der Exekution aufzuerlegen (Z 3).

Bei der Bemessung der Sicherheit werden von der Judikatur neben der Höhe des betriebenen Anspruchs die Gefährdung des betreibenden Gläubigers, aus der Verspätung entstehende Vermögensnachteile sowie – bei den Fällen des § 44 Abs 2 Z 1 und 2 EO – die Erfolgsaussichten der Klage berücksichtigt.

Die Höhe der Sicherheit richtet sich nicht nach der Vermögenslage des Aufschiebungswerbers sondern nach der Gefährdung des betreibenden Gläubigers (EvBl 1951/148, 196). Sie ist nicht mit der Höhe des betriebenen Anspruchs limitiert.

Werden einem Aufschiebungsgrund nach § 42 Abs 1 Z 1 oder Z 2 EO geringe Erfolgsaussichten zugebilligt, so ist eine entsprechend höhere Sicherheitsleistung aufzuerlegen (RPflE 2001/89).

Sind alle drei Tatbestände des § 44 Abs 2 EO verwirklicht, so ist für die Bemessung der Sicherheit die Befriedigungsgefährdung (§ 44 Abs 2 Z 3 EO) heranzuziehen (RPflE 2001/89).

Für den gerichtlichen Erlag der Sicherheitsleistung ist § 56 ZPO iVm § 78 EO heran zu ziehen. Es gelten die §§ 291 und 292 Geo.

3. Beschluss

Im ***Aufschiebungsbeschluss*** ist die aufzuschiebende Exekution anzugeben und auszusprechen, ***wie lange*** und ***in welchem Umfang*** die Exekution aufgeschoben wird (§ 44 Abs 4 EO):

Grundsätzlich erfasst die Aufschiebung alle (weiteren) Exekutionsakte, es kann aber auch die bloße ***Teilaufschiebung*** angeordnet werden, die nicht erfasste Teile der Exekution weiter laufen lässt (§ 43 Abs 1 und 3 EO; vgl. *Jakusch* in Angst/Oberhammer[3], EO, zu § 43 Rz 12 ff).

Soll mit der Aufhebung auch die ***Aufhebung bereits vollzogener Exekutionsakte*** angeordnet werden, so ist dies ausdrücklich in den Beschluss aufzunehmen.
Eine solche Anordnung wird nur bei sonstigem schwer ersetzbarem Nachteil für den Aufschiebungswerber ausgesprochen und auch nur, wenn dieser für die volle Befriedigung des betreibenden Gläubigers Sicherheit leistet (§ 43 Abs 2 EO).

Der Rekurs gegen Beschlüsse über Aufschiebungsanträge ist zweiseitig (§§ 65 Abs 3 Z 2 EO iVm 78 EO, 521a ZPO). Dem Gegner ist Gelegenheit zur Rekursbeantwortung zu geben.
Die Höhe der Sicherheitsleistung ist ab einem Betrag von 2700 € anfechtbar (§§ 66 Abs 2 EO).
Unabhängig von der Höhe der Sicherheitsleistung ist bei ***Rekurs*** gegen den Aufschiebungsbeschluss (§ 65 EO) der nach § 526 Abs 3 ZPO für die Statthaftigkeitsgrenzen des Revisionsrekurses relevante Entscheidungsgegenstand die Höhe der betriebenen Forderung (3 Ob 302/99d).

Wird der Aufschiebungsantrag eines anderen Verfahrensbeteiligten abgewiesen, so steht dem Verpflichteten kein Rekurs zu.

E. Rechtswirkungen der Aufschiebung

Die Anordnung der Aufschiebung lässt die bisher gesetzten Exekutionsakte unberührt, es sei denn der Aufschiebungsbeschluss enthält eine Aufhebungsanordnung iSd § 43 Abs 2 EO (§ 43 Abs 1 EO).

Für die Zeitdauer der Aufschiebung werden keine Exekutionshandlungen gesetzt, das Verfahren kommt zum Stillstand (*Holzhammer,* ZVR[4], 113).

Die Aufschiebung währt bis zu dem im Beschluss angegebenen Zeitpunkt (meist die rechtskräftige Entscheidung über eingelegte Rechtsbehelfe, Rechtsmittel und Klagen; vgl. RZ 1972, 185). Ist ein kalendermäßiger Zeitpunkt angegeben, so gilt dieser.

Fallen die Aufschiebungsvoraussetzungen schon vorher weg, so steht dem betreibenden Gläubiger der Fortsetzungsantrag offen.

Grundsätzlich gilt:
Das aufgeschobene Exekutionsverfahren wird regelmäßig nur auf Antrag fortgesetzt (§ 44 Abs 5 EO). Zuständig ist wiederum vor Vollzugsbeginn (§ 33 EO) das Bewilligungsgericht, nachher das Vollzugsgericht (§ 45 Abs 2 EO).

XII. Beendigung, Einschränkung und Einstellung der Exekution

Die Exekution kann auf zweierlei Arten enden:

- die ***Beendigung der Exekution*** wegen vollständiger Gläubigerbefriedigung durch exekutiven Vollzug (RZ 1987/67, 251; SZ 24/3; 28/17, 29/197; EvBl 1960/260, 440);

Wird die Forderung des betreibenden Gläubigers während des Verfahrens vom Verpflichteten freiwillig befriedigt, so ist die weitere Exekution auf Antrag ***einzustellen*** (§ 40 EO).

- die ***Einstellung der Exekution (§§ 39, 40 EO)*** auf Antrag des Verpflichteten wegen Entfall der Voraussetzungen für die weitere Zwangsvollstreckung. Eine bloße Teileinstellung bezeichnet man als ***Exekutionseinschränkung (§ 41 EO)***.

Die Einschränkung kann auf den amtswegigen Einstellungen erfolgreicher Klageführung nach §§ 35 bis 37 EO (Opposition, Impugnation, Exszindierung) oder der Einstellungsgründe nach §§ 39, 40 EO beruhen oder aber schlicht auf dem amtswegig wahrzunehmenden Umstand, dass Exekution in größerem Umfang betrieben wird als zur Gläubigerbefriedigung erforderlich (§ 41 EO).

A. Beendigung der Exekution

Zur Beendigung kommt es entweder faktisch, mit einem Gerichtsbeschluss im Verwertungsverfahren oder der Umsetzung eines solchen:

- Besteht kein weiterer Handlungsbedarf, weil das Gericht den Verwertungsvorgang beendet und dem betreibenden Gläubiger den Erlös ausbezahlt hat, wird das Verfahren ***faktisch beendet.*** Dies geschieht in den Fällen, wo der Erlös zur vollständigen Befriedigung des Gläubigers hinreicht.

- Mit *Überweisung einer gepfändeten Forderung an den betreibenden Gläubiger an Zahlungs statt* findet die Exekution ohne weiteren Verfahrensschritt ihr Ende. Es ist Aufgabe des betreibenden Gläubigers als neuer Gläubiger des Drittschuldners geltend zu machen.

- Nicht ein Gerichtsbeschluss am Ende des Verwertungsverfahrens sondern seine Umsetzung beendet die Exekution in folgenden Fällen:

→ Durchführung des Verteilungsbeschlusses (§§ 236 Abs 1, 287 EO),
→ Bezahlung der Forderung des betreibenden Gläubigers durch den Drittschuldner nach Überweisung der Forderung zur Einziehung (§ 312 Abs 1 EO).

- Die erfolgreiche Durchführung des exekutionsgerichtlichen Auftrags zur Wegnahme herauszugebender Sachen und Übergabe an den betreibenden Gläubiger beendet die Herausgabeexekution (§ 346 Abs 1 EO).

B. Einschränkung der Exekution

Die Exekution ist einzuschränken (§ 41 EO), wenn

- eine amtswegige Teileinstellung der Exekution bei erfolgreicher Oppositions-, Impugnations- oder Exszindierungsklage (§§ 35 Abs 4, 36 Abs 3, 37 Abs 4 EO) anzuordnen ist (§ 41 Abs 1 EO),
- eine Teileinstellung nach §§ 39 oder 40 zu verfügen ist (§ 41 Abs 1 EO), oder
- die Exekutionsführung in größerem Umfang betrieben wird, als dies zur Befriedigung des betreibenden Gläubigers erforderlich ist (§ 41 Abs 2 EO).

Der Einschränkung hat eine Einvernahme voranzugehen:

- bei einer nicht vom betreibenden Gläubiger beantragten Einschränkung sind die Parteien einzuvernehmen, sofern nicht bereits eine rechtskräftige Entscheidung über eine Einstellung oder Einschränkung vorliegt (§ 45 Abs 3 EO);
- bei einer amtswegigen Einschränkung wegen Unpfändbarkeit (§ 39 Abs 1 Z 2 EO) oder Minderjährigenschutz (§ 39 Abs 1 Z 3 EO) sind, sofern nicht bereits eine rechtskräftige Entscheidung über die Exekutionsführung vorliegt, die Parteien zu vernehmen (§ 39 Abs 2 S 1 Hs 2 EO).
- bei Exekutionsumfangseinschränkungen nach § 41 Abs 2 *auf Antrag* ist stets vorher der betreibende Gläubiger zu vernehmen (§ 41 Abs 2 S 2 EO).

Ebenso wie bei der Aufschiebung und der Einstellung der Exekution (s. sogleich) findet die Zuständigkeitsbestimmung des § 45 Abs 2 EO Anwendung: Vor Vollzugsbeginn (§ 33 EO) entscheidet das Bewilligungsgericht, nachher das Exekutionsgericht.

Der Rekurs gegen Beschlüsse über Einschränkungsanträge ist zweiseitig (§§ 65 Abs 3 Z 2 EO iVm 78 EO, 521a ZPO). Dem Gegner ist Gelegenheit zur Rekursbeantwortung zu geben.

C. Einstellung der Exekution

Lit.: Albert Ehrenzweig jun, Die Rechtskraftwirkung der Exekutionseinstellung nach § 39 Z 6 EO, JBl 1932, 119; *Angerbauer,* Die Löschung des exekutiv begründeten Pfandrechtes, NZ 1959, 22; *Angst,* Das Unternehmen als Zubehör der Pfandliegenschaft, ÖBA 1998, 82; *Eder,* Der Schuldnerschutz in der gerichtlichen Exekution (1994); *Gitschthaler,* Prozess- und Verfahrensfähigkeit minderjähriger und besachwalteter Personen, RZ 2003, 175; *Hentschel,* Löschung von zwangsweise begründeten Pfandrechten, NZ 1960, 54; *Jakusch,* Der Zwischenstreit im Exekutionsverfahren, RZ 2003, 226; *G. Kodek,* Die Genossenschaftswohnung in der Exekution, wobl 2008, 89; *Kralik,* Die Vollstreckbarkeit der Notariatsurkunden, 1. Kongreß des österreichischen Notariates 1993, Notariatsgedenkschrift 1994, 33; *M. Bydlinski,* Entscheidung nach § 98 EheG und anhängiges Verfahren. Probleme in der Zwangsvollstreckung und im Prozeß, ÖBA 1991, 106; *McGuire,* Rechtsbehelfe des Schuldners gegen EU-Vollstreckungstitel, ecolex 2006, 83; *Modler,* Die Einstellung der Zwangsvollstreckung durch zwangsweise Pfandrechtsbegründung auf Liegenschaften, Deutsches Recht 1941, 5; *Mohr,* Exekutionsordnungs-Novelle 2005, ecolex 2005, 602; *Oberhammer,* Kostenfolgen der Einstellung der Unterlassungsexekution wegen Gläubigermehrheit, RdW 1995, 289; *Petschek,* Zivilprozessrechtliche Streitfragen (1933) 191ff; *Rechberger,* Die fehlerhafte Exekution (1978) 157ff, 197ff; *Rechberger,* Das Urteil im unterbrochenen Zivilprozeß – Exekutionsakte im aufgeschobenen Exekutionsverfahren, in FS Kralik (1986) 273; *Rechberger/Oberhammer/Bogensberger,* Der vollstreckbare Notariatsakt (1994); *Schuster,* Die Rechtskraftwirkung der Exekutionseinstellung nach § 39 Z 6 EO, GZ 1931, 330; *Sperl,* Wann ist die Exekution durch zwangsweise Pfandrechtsbegründung beendet? OJZ 1951, 188; *Stölzle,* Einstellung der Exekution nach erfolgter Zahlung, NBlRA 1964, 165.

1. Einstellungsantrag – Einstellung von Amts wegen

Im Gegensatz zur Beendigung der Exekution wegen eingetretener Gläubigerbefriedigung versteht man unter der Einstellung der Exekution den ***Verfahrensabbruch infolge Entfalls von Exekutionsvoraussetzungen oder wegen offenkundiger mangelnder Erreichbarkeit des Verfahrensziels bei gleichzeitiger Aufhebung aller bis dahin vollzogenen Exekutionsakte*** (§ 39 Abs 1 S 1 am Anfang EO).

Einstellungsgründe sind in ihrer Mehrzahl auch von Amts wegen wahrzunehmen. Der demonstrative Katalog der Einstellungsgründe des § 39 EO wird ergänzt durch weitere Bestimmungen der EO, deren Anwendung § 45 Abs 1 EO ausdrücklich vorsieht (§§ 35 Abs 4, 36 Abs 3, 37 Abs 4, 40 Abs 1, 45a, 54e, 101, 129, 137 Abs 3, 188 Abs 3, 200 Z 2 bis 4, 291c Abs 2, 292l Abs 1 und 2, 328 Abs 3, 376 EO).

Zu weiteren Einstellungsgründen außerhalb der EO vgl. *Angst/Jakusch/Mohr,* EO[15], 253 f FN 1c).

2. Einstellungsgründe

- ***Rechtskräftige Stattgabe einer Oppositions- (§ 35 EO), Impugnations- (§ 36 EO) oder Exszindierungsklage (§ 37 EO)*** (§§ 35 Abs 4, 36 Abs 3, 37 Abs 4 EO) (§ 39 Abs 1 S 1 am Anfang EO);

- Ungültigerklärung, Aufhebung oder sonstige Unwirksamerklärung des der Exekution zugrunde liegenden ***Titels*** (§ 39 Abs 1 Z 1 EO);

→ Die Einstellung aus diesem Grund erfolgt ***nur auf Antrag*** (§ 39 Abs 2 S 1 EO).

- Exekutionsführung auf ***unpfändbare*** Sachen, Rechte oder Forderungen (§ 39 Abs 1 Z 2 EO);

- Exekution aufgrund eines Urteils oder Prozessvergleichs gegen einen ***Minderjährigen*** in das seiner freien Verfügung entzogene Vermögen, wenn der Titel gegen den beschränkt Prozessfähigen ohne Mitwirkung des gesetzlichen Vertreters entstanden ist (§ 2 ZPO iVm § 39 Abs 1 Z 3 EO);

- ***Unzulässigerklärung*** der Exekution gemäß § 15 EO gegen eine Gemeinde oder eine als öffentlich und gemeinnützig erklärte Anstalt (§ 39 Abs 1 Z 4 EO);

- ***Klage auf Unzulässigerklärung der Exekution*** aus anderen Gründen als §§ 35, 36, 37 EO (§ 39 Abs 1 Z 5 EO);

- ***Zurückziehen des Exekutionsantrags, Exekutionsverzicht, Exekutionsstundung oder Exekutionsfortsetzungsverzicht*** des betreibenden Gläubigers (§ 39 Abs 1 Z 6 EO);

→ Die Einstellung aus diesem Grund erfolgt ***nur auf Antrag*** (§ 39 Abs 2 S 1 EO).

- bei Wahlrecht des Verpflichteten zwischen mehreren Leistungen (§ 12 Abs 2 EO) und Erbringung einer anderen als der Leistung auf die Exekution geführt wird (§ 39 Abs 1 Z 7 EO);

Die Einstellung aus diesem Grund erfolgt ***nur auf Antrag*** (§ 39 Abs 2 S 1 EO).

- voraussichtlich nicht erzielbare Kostendeckung (§ 39 Abs 1 Z 8 EO);

- rechtskräftige Aufhebung der Vollstreckbarkeitsbestätigung (§ 39 Abs 1 Z 9 EO);

- mangelnde Deckung der bewilligten Exekution durch einen Exekutionstitel oder aber Fehlen der Vollstreckbarkeitsbestätigung (§ 39 Abs 1 Z 10 EO);

- rechtskräftige Aufhebung der Vollstreckbarerklärung eines ausländischen Titels (§ 39 Abs 1 Z 11 EO);

- Vorliegen der Voraussetzungen für einen Oppositions- oder Impugnationsantrag: Befriedigung des betreibenden Gläubigers, Forderungsstundung, Exekutionsverzicht, Exekutionsstundung (§ 40 Abs 1 EO).

→ Die Einstellung aus diesem Grund erfolgt ***nur auf Antrag*** (§ 40 Abs 1 S 1 EO).

- zwischen betreibendem Gläubiger und Verpflichteten getroffene Zahlungsvereinbarung (§ 45a EO; behördliche Stundungs- und Teilzahlungsentscheidungen werden von § 45a Abs 2 neu EO gem. Art 4 RV IRÄG 2017, 1588 BeilNR, XXV. GP, einer Zahlungsvereinbarung gleichgestellt);

→ die Einstellung erfolgt auf Antrag des betreibenden Gläubigers oder mit dessen Zustimmung.

3. Verfahren

Für die Entscheidung über die Einstellung der Exekution ist zuständig (§ 45 Abs 2 EO):

- bis zum Beginn des Vollzugs der bewilligten Exekution das Bewilligungsgericht, selbst wenn gegen die Exekutionsbewilligung Rekurs eingebracht wurde (§ 70 Abs 1 S 1 EO),
- nach Beginn des Vollzugs das Exekutionsgericht.

Auf folgende Besonderheiten bei der Antragstellung ist zu achten:

- Zeigt der Drittschuldner in der Forderungsanfechtung dem Gericht die Unzulässigkeit der Exekutionsführung an (§ 294 Abs 4 EO), so gilt dies als Einstellungsantrag (§ 39 Abs 2 S 2 EO).
- Wenn auf Ungültig- oder Unwirksamerklärung bzw. auf Aufhebung des Exekutionstitels geklagt wird, so kann die Partei den Einstellungsantrag mit der Klage verbinden (§ 39 Abs 3 EO).
- Der Antrag auf Aufhebung der Vollstreckbarkeitsbestätigung kann mit dem Einstellungsantrag nach § 39 Abs 1 Z 9 verbunden werden. Beide Anträge können beim Titelgericht (§ 7 Abs 5 EO) oder aber beim Bewilligungs- oder Exekutionsgericht (§ 45 Abs 2 EO) eingebracht werden. Der Aufhebungsantrag wird an das Titelgericht oder die Titelbehörde zur Erledigung weiter geleitet (§ 39 Abs 4 EO). Zwischenzeitlich kann nach § 42 Abs 3 bei dem nach § 45 Abs 2 EO zuständigen Gericht Aufschiebung begehrt werden.

Vor der Einstellung sind zu vernehmen:

- bei einer nicht vom betreibenden Gläubiger beantragten Einstellung die Parteien, sofern nicht bereits eine rechtskräftige Entscheidung über eine Einstellung vorliegt (§ 45 Abs 3 EO);
- bei einer amtswegigen Einstellung wegen Unpfändbarkeit (§ 39 Abs 1 Z 2 EO) oder Minderjährigenschutz (§ 39 Abs 1 Z 3 EO), sofern nicht bereits eine rechtskräftige Entscheidung über die Exekutionsführung vorliegt, die Parteien (§ 39 Abs 2 S 1 Hs 2 EO).

Der ***Einstellungsbeschluss ist allen Parteien zuzustellen.*** Allerdings kann bei einer Einstellung nach § 39 Abs 1 Z 6 EO die Zustellung des Beschlusses an den Antragsteller unterbleiben (§ 39 Abs 2 S 3 EO).

4. Rechtswirkungen

Die Einstellung hebt alle bisherigen Exekutionsakte auf (vgl. zum Folgenden *Jakusch* in Angst/Oberhammer[3], EO, zu § 39 EO Rz 88 ff sowie *Deixler-Hübner* in Burgstaller/Deixler-Hübner, EO, zu § 39 EO Rz 59 ff).

- Die ***Exekutionsbewilligung*** als notwendige Voraussetzung für die Exekution ***wird durch die Einstellung beseitigt.***

- Eine bereits durch Pfändung eingetretene ***Verstrickung entfällt,*** weitere ***Vollzugsakte sind unzulässig.***

- Bereits erzieltes ***Realisat*** steht dem betreibenden Gläubiger nicht mehr zu, es ist ***an den Verpflichteten auszuzahlen.*** Vor der Verwertung stehende ***Gegenstände und Sachen sind dem Verpflichteten zurück zu erstatten.***

Die Einstellung entfaltet keine Rechtskraftwirkungen daher auch keine Bindungs- und Einmaligkeitswirkung.

Von Amts wegen wahrzunehmende Einstellungsgründe führen aber - sofern sich die Verhältnisse nicht geändert haben - zur Verweigerung einer erneut beantragten Exekutionsbewilligung (SZ 2002/54 = RZ 2002/35, 247).

Ansonsten aber gilt über § 78 EO die Bindung des Gerichts an seine nicht bloß verfahrensleitenden eigenen Beschlüsse (§ 425 Abs 2 ZPO; vgl. *Holzhammer,* ZVR[4], 123 f).

Dritte, die in der Exekution Rechte oder Sachen erworben haben, werden von den ex-tunc-Wirkungen der Einstellung nicht erfasst; die Einstellung wirkt nur gegenüber den Parteien (*Deixler-Hübner* in Burgstaller/Deixler-Hübner, EO, zu § 39 EO Rz 61 mwN).

Beachte! Von der Einstellung des Exekutionsverfahrens als Ganzes ist, bei Exekutionen mit getrennter Pfändung und Verwertung die bloße Einstellung des Verkaufsverfahrens vor Versteigerungsbeginn. Sie beschert dem betreibenden Gläubiger eine Fortsetzungssperre von sechs Monaten (§§ 200 Z 3 und 4, 282 Abs 1 EO), um die allerdings die Lebensdauer des Pfandrechts verlängert wird. Bei einer Internetversteigerung ist maßgeblicher Zeitpunkt iSd § 200 Z 3 und 4 EO nicht der Versteigerungsbeginn sondern die Abgabe von Geboten (§ 282 Abs 1 S 2 EO).

Der Rekurs gegen Beschlüsse über Einstellungsanträge ist zweiseitig (§§ 65 Abs 3 Z 2 EO iVm 78 EO, 521a ZPO). Dem Gegner ist Gelegenheit zur Rekursbeantwortung zu geben.

Fünfter Teil

Exekutionsklagen

I. Wesen und Überblick

A. Begriff der Exekutionsklage

Jedes Exekutionsverfahren wird durch einen ***Exekutionsantrag*** des betreibenden Gläubigers in Gang gesetzt. Die EO behält es dem Verpflichteten oder einem anderen Verfahrensbeteiligten vor, ***aus Anlass und während des Exekutionsverfahrens Klagen zu erheben,*** die, je nach Partei, eine Bekämpfung der Exekution, den Schutz von Rechten Dritter, die Sicherung des beanspruchten Pfandrangs, Widerspruch und schließlich Schadenersatz zum Gegenstand haben können.

International sind ***für Exekutionsklagen*** die Gerichte des Vollstreckungsstaats (Art 24 Nr 5 Brüssel Ia-VO) ***zuständig***. Zu den nationalen Zuständigkeitsbestimmungen s. jeweils unten.

Klagen, die vor Exekutionseinleitung erhoben werden, gehören begrifflich nicht zu den Exekutionsklagen (zB. die Purifikationsklage des § 10 EO).

Gleiches gilt für Klagen, die nach Beendigung oder Einstellung einer Exekution erhoben werden.

B. Die Klagen nach §§ 35 bis 37 EO

Die ***Oppositionsklage des § 35 EO wie auch die Impugnationsklage des § 36 EO dienen dem Verpflichteten zur Bekämpfung der laufenden Zwangsvollstreckung;*** sie sind Aufschiebungsgründe, bei rechtskräftigem Urteil im Sinn des Klägers ist die Exekution von Amts wegen einzustellen.

Weist der Verpflichtete die in § 40 EO genannten Oppositions- oder Impugnationsklagegründe mittels unbedenklicher Urkunde nach oder bestätigt der sonst zu vernehmende betreibende Gläubiger das Vorbringen des Verpflichteten, so kann der Verpflichtete ohne Klage zu erheben im Exekutionsverfahren selbst die Einstellung der Exekution erreichen (*Oppositions- bzw. Impugnationsantrag, § 40 EO*). S. unten II. E. und III. F.

Beachte! Nicht alle Klagegründe der §§ 35, 36 EO können mit dem Einstellungsantrag nach § 40 EO geltend gemacht werden.

Die ***Exszindierungsklage (§ 37 EO)*** dient der ***Bekämpfung abgeirrter Exekutionen:*** Mit ihr macht ***ein Dritter*** ein Recht an einer beim Verpflichteten in Exekution gezogenen Sache geltend (zB. Eigentum in seinen Spielarten), das die Exekutionsführung *daran* unzulässig macht. Auch sie ist Aufschiebungsgrund; bei rechtskräftiger Stattgabe ist die Exekution von Amts wegen teilweise einzustellen.

Zu diesen Klagen siehe sogleich unten II. bis IV.

C. Pfandvorrechtsklage

Lit.: *Angst*, Das Unternehmen als Zubehör der Pfandliegenschaft, ÖBA 1998, 82; *Burgstaller*, Das Pfandrecht in der Exekution (1988); *Burgstaller*, Neue Vorschriften zur Forderungsexekution, JAP 1991/92, 256 f; *Rechberger*, Die fehlerhafte Exekution (1978) 105, 189; *Torggler*, Zur Verpfändung von GmbH-Geschäftsanteilen, GesRZ 1977, 115.

Die (eher seltene) ***Pfandvorrechtsklage*** des § 258 EO (auch ***Pfandvorrangsklage***) wird vom Pfandgläubiger gegen den betreibenden Gläubiger erhoben. Der Kläger hat hier die Pfandsache nicht inne, sie wurde in aller Regel beim Verpflichteten gepfändet (§ 258 Abs 1 S 1 EO).

Gegen eine Pfändung beim Faustpfandinhaber steht diesem der Widerspruch nach § 262 EO zu; gegen eine dennoch erfolgte kann er Vollstreckungsbeschwerde (§ 68 EO) und letztlich Exszindierungsklage (§ 37 EO) erheben.

Die Klage dient der Geltendmachung der Priorität des gesetzlichen oder vertraglichen Pfandrechts vor dem Pfändungspfandrecht des betreibenden Gläubigers (§ 258 Abs 1 S 2 EO; vgl. *Neumayr/Nunner-Krautgasser*, ExR^3, 162).

Sie ist eine ***Feststellungsklage*** (vgl. *Holzhammer*, ZVR^4 247 ff; *Rechberger/Oberhammer*, ExR^5, Rz 348). Der Bescheinigung eines Feststellungsinteresses (§ 228 ZPO) bedarf es nicht (GlUNF 5358).

Zuständig ist ab Exekutionsvollzugsbeginn (§ 33 EO) das Exekutionsgericht (§ 258 Abs 1 S 3 EO).

Der Umstand, dass die Urteilsformel auf eine Duldungspflicht des Betreibenden hinaus laufen kann, darf darüber nicht hinweg täuschen. Ebenso ist die Formulierung des Begehrens auf Feststellung des Rechts auf vorzugsweise Befriedigung aus dem Verkaufserlös der Pfandsache möglich (vgl. *Mini* in Burgstaller/Deixler-Hübner, EO, zu § 258 EO Rz 8 ff).

Das Urteil aus dem Pfandvorrechtsklageverfahren hat nach einer Meinung (*Burgstaller*, Pfandrecht 107 ff, ihm folgend *Holzhammer*, ZVR^4 248) ***gestaltende Wirkung*** auf den Verteilungsbeschluss. Das ändert freilich nichts an ihrem Wesen als Feststellungsklage.

Der ***Verpflichtete*** wird neben dem betreibenden Gläubiger dann als ***Streitgenosse*** mitbeklagt (§ 11 Z 1 ZPO), wenn er dem Pfandvorrecht des Klägers ebenfalls widerspricht (§ 258 Abs 1 S 4 EO).

Die Klage ist *kein Aufschiebungsgrund* für die Exekution. Wird aber vor rechtskräftiger Entscheidung über die Pfandvorrechtsklage die Pfandsache im Exekutionsverfahren verkauft, so kann *und muss* das Exekutionsgericht bei hinreichender Bescheinigung des klägerischen Anspruchs (mithin seines Pfandrechts; ZBl 1935/217) auf Antrag die *einstweilige* (gerichtliche) *Hinterlegung des Erlöses* anordnen (§ 258 Abs 2 EO).

Siehe zur Fahrnisexekution unten Siebenter Teil, III.

D. Widerspruchsklage

Lit.: Böhm, Widerspruch gegen die Verteilung (§ 213 EO) und Klage aus dem besseren Recht (§ 231 Abs 4 EO), ÖJZ 1974, 533; *Fischer-Colbrie*, Die Anfechtung von Hypotheken für Nachhypothekare nach österreichischem Rechte (1902) 77 ff; *Gleichweit*, § 210 Abs 1 EO und der Umfang der Zuweisung ohne Anmeldung, RZ 2011, 206; *Hörmann*, Brutto- oder Nettotitel? NZ 1991, 60; *Kornitzer*, Studien zum Meistbotsverteilungsverfahren (1909) 36 ff; *Lehmann*, Die Zwangsversteigerung nach der österreichischen EO (1906) 453; *Musger*, Verfahrensrechtliche Bindungswirkungen und Art 6 MRK, JBl 1991, 420 und 499; *Petschek*, Zivilprozessrechtliche Streitfragen (1933) 188f; *Pfersmann*, Anmerkung zu OGH 3 Ob 1013/95, JBl 1995, 662; *Puster*, Zwangsversteigerung leicht gemacht[2] (1990); *Rechberger*, Die fehlerhafte Exekution (1978) 199ff.

Zur ***Widerspruchsklage*** (§§ 231 ff EO) kommt es, wenn im Rahmen einer Meistbotsverteilung – sowohl in der Zwangsversteigerung von Liegenschaften als auch in der Fahrnisversteigerung – der Ausfallsbeteiligte ***Widerspruch gegen den Verteilungsbeschluss*** erhebt, die Entscheidung über den Widerspruch aber nicht nur von der *Klärung streitiger* Rechtssondern vor allem *Tatfragen* abhängt, was eine Erledigung in der Verteilungstagsatzung selbst nicht mehr möglich macht.

Hier spricht das Exekutionsgericht die ***Verweisung auf den Rechtsweg*** aus. Es klagt der Ausfallsbeteiligte die Inhaber der von ihm dem Rang der Höhe oder dem Bestand nach bestrittenen Forderungen.

Gleiches gilt bei Widersprüchen gegen den Verteilungsbeschluss in der Zwangsverwaltung von Liegenschaften.

Es besteht *Eigenzuständigkeit des Exekutionsgerichts* (§§ 128 Abs 4, 232 Abs 1, 286 Abs 1 EO, Exekutionsgericht).

Siehe dazu Sechster Teil, IV. R. 2 und III. K. 2. c.

E. Interessenklage

Lit.: Pfiel, Kein Kostenvorschuss für das Übernehmen von Erhaltungsarbeiten, immolex 2013/45, 148; *Raber*, Fragmente zum allgemeinen Teil des Haftpflichtrechts, JBl 1977, 24; *Rabl*, Schadenersatz wegen Nichterfüllung (1993), 35 ff; *Roth*, Voraussetzungen einer Interessenklage, JBl 1992, 302; *Roth*, Individualleistung und Geldersatz im Rahmen der Interessenklage (1993); *Santner*, Die Aufwertbarkeit von Ersatzansprüchen bei Beschädigung aus leichter Fahrlässigkeit, ÖJZ 1951, 293; *Schellander*, Kann der Gläubiger nach fruchtlosem Verstreichen der vertraglichen Leistungsfrist ohne weiteres die Interessenklage erheben? JBl 1956, 608; *Wahle*, Von der rechtlichen Natur der Interessenklage, Rsp 1923, 215; *Wahle*, Das Valorisierungsproblem (1924) 191ff.

Die Interessenklage hat mit den anderen in diesem Kapitel aufgeführten Klagen gemeinsam, dass sie während des Exekutionsverfahrens erhoben wird, mithin eine *Exekutionsklage* darstellt. Allerdings ist ihr Anliegen keine exekutionsrechtliche Feststellung oder Rechtsgestaltung. Es handelt sich vielmehr um eine ***Schadenersatzklage.***

Die Interessenklage nach § 368 EO erhebt der betreibende Gläubiger gegen den Verpflichteten, wenn eine Individualleistungsexekution fruchtlos blieb und er deshalb gegen ihn nach den Bestimmungen des bürgerlichen Rechts Anspruch auf Schadenersatz hat (§ 368 Abs 1 EO).

Beispiel: Der Verpflichtete sollte eine unvertretbare Handlung erbringen (von ihm zu verfertigende, handgeschnitzte Wandvertäfelung), eine Individualleistungsexekution bleibt erfolglos. War der Verpflichtete zur Herausgabe von Gegenständen verpflichtet und waren diese nicht mehr auffindbar, so bleibt die Herausgabeexekution erfolglos.

Vor Erhebung der Interessenklage hat der betreibende Gläubiger auf die Fortsetzung der eingeleiteten Individualleistungsexekution zu verzichten (§ 368 Abs 2 EO).

Die Klage schafft keinen materiellrechtlichen Anspruch des Gläubigers, sie setzt ihn voraus (SZ 5/265, 24/55; 43/113; RdW 2000/730, 737). § 368 EO erschöpft sich vielmehr in verfahrensrechtlichen Regelungen.

Die Klage ist unbegründet, wenn dem Gläubiger kein Schaden entstanden ist.

Schuldlose Erfüllungsvereitelung kann dem Schuldner über § 368 EO nicht entgegen gehalten werden: Ein Schadenersatzanspruch setzt *Verschulden* voraus. Anwendungsbereich der Interessenklage sind mithin Erfüllungsvereitelung (§ 920 ABGB) oder gar deliktisches Handeln des Verpflichteten.

Es besteht neben dem allgemeinen Gerichtsstand des Verpflichteten (§§ 66 ff JN) *Wahlzuständigkeit des Exekutionsgerichts* (§§ 368 Abs 2, 17 Abs 2 EO).

Siehe dazu unten Achter Teil, I.

II. Oppositionsklage

Lit.: *Berger,* Vermischte exekutionsrechtliche Fragen, ÖJZ 1981, 449; *Blasbichler,* Die verfrühte Erhebung der Oppositionsklage und ihre Kostenfolgen, RZ 1974, 186; *Buchegger,* Zur Aufrechnung als Oppositionsklagegrund, BeitrZPR I 39; *Buchegger,* Zum Novenbegriff des § 530/1 Z 7 ZPO, BeitrZPR IV 11; *Burgstaller/Neumayr,* Der Europäische Vollstreckungstitel für unbestrittene Forderungen, ÖJZ 2006, 179; *Deixler-Hübner,* Die Eventualmaxime im Oppositionsverfahren, ÖJZ 1995, 170; *Deixler-Hübner,* Probleme im Zusammenhang mit der Feststellungsklage bei der Unterhaltsenthebung bzw. Unterhaltsherabsetzung, ÖJZ 2012/101, 896; *Dolinar,* Das Rechtsschutzziel der Oppositionsklage, JBl 1979, 528; *Fasan,* Die verfrühte Erhebung der Oppositionsklage und ihre Kostenfolgen, RZ 1975; *Feil,* Rechtsverteidigung im Exekutionsverfahren (1988) 54; *Gitschthaler,* EO-Novelle 2014: Unterhaltsherabsetzung oder Oppositionsklage? EF-Z 2015/6, 20; *Grün,* Die Rechtskraftwirkung des Urteiles im Oppositionsprozesse, GZ 1931, 2; *Hule,* Zur Konkurrenz von Rechtsbehelfen im zivilgerichtlichen Verfahren, ÖJZ 1968, 590; *Hule,* Gedanken zum Wesen der Oppositionsklage, in FS Sprung (2001) 177; *Jakusch,* Die Zwangsvollstreckung am Schnittpunkt von Justiz und Verwaltung, Schriftenreihe der NÖ JurGes 2004; *Karollus,* Zur Rechtsstellung des Liegenschaftserstehers, JBl 1989, 23; *Klicka,* Zivilprozessuale Fragen der Unternehmensveräußerung, ecolex 1990, 205; *König,* Die Oppositionsklage (§ 35 EO) und Art 22 Nr 5 EuGVVO, ÖJZ 2006, 931; *Kostka,* Die Exekutionsklagen nach den §§ 35, 36 und 37 EO und das Arbeits- und Sozialgerichtsgesetz, ZAS 1989, 79; *Kralik,* Das Begehren der Vollstreckungsgegenklage, GZ 1931, 2; *Kropiunig*, Die Aufrechnung im Exekutionsverfahren, ÖJZ 1967, 541; *Laurer*, Der Grundsatz des fair trial (Art 6 MRK) in den von der Zivilprozeßordnung beherrschten Verfahrenssystemen, in FS Adamovich (1992) 313; *McGuire*, Rechtsbehelfe des Schuldners gegen EU-Vollstreckungstitel, ecolex 2006, 83; *Melichar*, Die Geltendmachung von Gegenforderungen im österreichischen Zivilprozeß- und Exekutionsrecht, JBl 1946, 49; *Nunner-Krautgasser*, Der Rückstandsausweis als Grundlage der gerichtlichen Exekution, ÖJZ 2000, 833; *Oberhammer*, Präklusion von Gestaltungsrechten durch Leistungsurteil, JAP 1996/97, 105; *Petschek*, Zivilprozessrechtliche Streitfragen (1933) 178 ff; *Prunbauer*, Beseitigung einer einstweiligen Verfügung, Oppositionsklage oder Aufhebungsantrag? ecolex 1990, 233; *Rassi*, Exekutionstipps für Praktiker IV: Die exekutionsrechtlichen Klagen, Zak 2011/649; *Rechberger*, Zur „Vollstreckungsnähe" der Oppositionsklage, JBl 2012, 87; *Reindl*, Zur Abgrenzung der Wiederaufnahmsklage von der Oppositionsklage, ÖJZ 1956, 537; *Reiner*, Aufrechnung als Oppositionsgrund bei der Vollstreckung eines US-Schiedsspruchs in Österreich, IPRax 2002, 432; *Riedler*, Zur Zulässigkeit des Revisionsrekurses im Unterhaltsverfahren und der Konkurrenz von Oppositions- und Feststellungsklage, BeitrZPR IV 75; *Rinner*, Bemerkungen zur einstweiligen Verfügung, insbesondere nach § 382/1 Z 8 lit b EO, BeitrZPR V 129; *Rintelen*, Die einstweilige Verfügung (1905) 184f; *Schaar*, Rechte und Pflichten des Erstehers bei exekutivem Liegenschaftserwerb (1993); *Schima*, Aufhebung von Verwaltungsbescheiden und rechtskräftiges Zivilurteil, JBl 1956, 353; *Schneider*, Die Abänderung von Unterhaltsentscheidungen, JBl 2012, 705; *Slonina*, Ausschluss materiellrechtlicher Einwendungen im Rechtsbehelf gegen die Vollstreckbarerklärung nach Art 43, 45 EuGVVO, ecolex 2012, 134; *Swoboda*, Änderungen in der Rechtsprechung und Exekutionstitel, RdW 1992, 3.

A. Bekämpfung des vollstreckbaren Anspruchs – Klagegrund

Es ist nicht Aufgabe des Bewilligungsgerichts, den mit Exekutionstitel belegten, vollstreckbaren Anspruch auf seine Makellosigkeit zu prüfen. Insbesondere ist auch die Zeitspanne zwischen der Titelerrichtung und der Einleitung des Exekutionsverfahrens von einer derartigen Prüfung ausgeschlossen.

Wenn aber entweder vor dem Exekutionsantrag oder im Lauf des Exekutionsverfahren der vollstreckbare privatrechtliche Anspruch (Art XXI EGEO) durch neue Tatsachen angreifbar gemacht wird, so hat dies der Verpflichtete mit Klage gegen den betreibenden Gläubiger geltend zu machen. Die dafür vorgesehene Klage ist die ***Oppositionsklage des § 35 EO*** (*Vollstreckungsgegenklage,* dt.: *Vollstreckungsabwehrklage,* § 767 dZPO), sie ***bekämpft den vollstreckbaren Anspruch*** des betreibenden Gläubigers, der ***Klagegrund ist ein novum productum*** (§ 35 Abs 1 EO; s. sogleich).

Die Oppositionsklage ist ein ***Exekutionsaufschiebungsgrund*** (§ 42 Abs 1 Z 5 EO). Siehe dazu oben Vierter Teil XI. C.

1. nova producta nach Titelerrichtung

Nach Errichten des Exekutionstitels (zB. eines vollstreckbaren Notariatsakts oder eines Prozessvergleichs) eintretende ***Tatsachen, die den vollstreckbaren Anspruch teilweise oder gänzlich hemmen oder aufheben,*** mithin rechtserheblichen Neutatsachen bezeichnet man als ***nova producta*** (§ 35 Abs 1 EO).

2. nova producta bei gerichtlichen Titeln

Liegt dem Exekutionstitel ein gerichtliches Verfahren zugrunde, so ist nicht der Zeitpunkt der Titelerrichtung maßgebend, sondern der ***Eintritt des Neuerungsverbots:*** Trat die Tatsache erst in einem Verfahrensstadium ein, wo die Partei sie nicht mehr vorbringen konnte, so stellt sie ein ***novum productum*** dar (§ 35 Abs 1 EO).

Das Neuerungsverbot tritt im regulären Zivilprozess mit dem Beschluss auf Schluss der mündlichen Streitverhandlung ein (§ 482 ZPO); in arbeitsrechtlichen Streitigkeiten bei nicht qualifizierter Vertretung (§ 40 ASGG) in erster Instanz mit dem Verfahrensschluss in zweiter Instanz (§ 63 ASGG). Bei Ehenichtigerklärungs- und Ehefeststellungsverfahren tritt das Neuerungsverbot ebenfalls erst in der dritten Instanz ein (§ 483a Abs 2 EheG).

Beachte! Nova producta sind streiterhebliche Neutatsachen und ***Oppositionsklagegründe.*** Sie sind streng von streiterheblichen Alttatsachen, die der Partei erst später bekannt und/oder beweisbar wurden, den ***nova reperta,*** zu unterscheiden. Für nova reperta ist die ***Wiederaufnahmeklage*** (§ 530 Abs 1 Z 7 ZPO) im Zusammenhalt mit den Fristenbestimmungen des § 543 ZPO heranzuziehen. Man spricht vom *faktenbezogenen Novenbegriff.* Vgl. *Buchegger,* Zum Novenbegriff des § 530/1 Z 7 ZPO, BeitrZPR IV, 11.

Beispiel: So ist die vom Beklagten im Erkenntnisverfahren vergebens geltend gemachte Zahlung, die er – zur Leistung verurteilt – erst nach Auffinden einer verloren geglaubten Quittung während der gegen ihn laufenden Zwangsvollstreckung *streiterhebliche Alttatsache,* die erst später beweisbar wird und somit ein Fall für die Wiederaufnahmeklage und nicht die Oppositionsklage.

3. Gestaltungsrechte als nova producta

Liegt es beim Verpflichteten, durch Ausübung eines Gestaltungsrechts das novum productum eintreten zu lassen, so stellt sich die Frage nach der Zulässigkeit der Klageführung nach § 35 EO.

Dieses Problem stellt sich bei allen gerichtlich geltend zumachenden Gestaltungsrechten, wie etwa der Vertragsanfechtung wegen Willensmängeln oder der Ausübung von Gewährleistungsrechten. Die Judikatur lehnt hier entgegen der hM die Oppositionsklage ab; zum Meinungsstand vgl. *Dullinger* in Burgstaller/Deixler-Hübner, EO, zu § 35 Rz 32 ff, 35 mwN; ebenso *Neumayr/Nunner-Krautgasser,* ExR^3, 169.

Die besondere Problematik der Gestaltungsrechte sei anhand der ***Aufrechnung*** verdeutlicht.

Jede Aufrechnung verlangt das Vorliegen einer Aufrechnungslage und das Hinzutreten einer (einseitigen empfangsbedürftigen) Aufrechnungserklärung.

Unbestritten ist die Zulässigkeit der Oppositionsklage, wenn Aufrechnungslage und Aufrechnungserklärung nach dem Stichzeitpunkt des § 35 Abs 1 EO eintreten: Dann liegt unbestritten ein novum productum vor.

Bestand jedoch bereits im Erkenntnisverfahren Aufrechnungslage und will der Verpflichtete erst im Exekutionsverfahren die Aufrechnungserklärung abgeben und sich so einen Oppositionsklagegrund sichern, so gibt es zwei Meinungen.

- Die eine Meinung will die Oppositionsklage nur zulassen, wenn die Aufrechnungserklärung im vorangegangenen Erkenntnisverfahren nicht bloß aus subjektiven Gründen *unmöglich* war: *Konzentrationsmaxime.* Diese Position entspricht der hR (SZ 15/245, 19/198, 26/245; EvBl 1973/8, 17; NZ 1999, 401).

Diese Ansicht mag vor dem Hintergrund des ohnehin steinigen Wegs der Zwangsvollstreckung verständlich sein, dogmatisch ist sie nicht konsequent: Der Inhaber einer wohl beweisbaren Gegenforderung soll die Verjährungsfrist nutzen können; diese darf nicht durch eine prozessuale Vorschrift verkürzt werden.

- Die andere Position lässt daher auch den *Gestaltungsakt* (Aufrechnungserklärung) allein als Oppositionsklagegrund zu, *weil er korrekterweise das novum productum erst begründet* (vgl. *Buchegger,* Zur Aufrechnung als Oppositionsklagegrund, BeitrZPR I, 39; ebenso *Buchegger/Holzhammer in Holzhammer,* ZVR[4], 148 f, *Oberhammer,* JAP 1996/97, 105; *Rechberger/Oberhammer*[5], ExR, Rz 200; *Neumayr/Nunner-Krautgasser,* ExR[3], 169 f), hat jedoch in der Judikatur kein Gehör gefunden.

B. Wesen und Klagebegehren

Über das Wesen und somit auch über den Klagantrag und die erfließende Urteilsformel besteht *Uneinigkeit zwischen Lehre und Rechtsprechung.*

Es sei allerdings darauf hingewiesen sei, dass die Judikatur bei der Oppositionsklage eine strenge Antragsbindung nicht vertritt und die Klage, gleich wie sie formuliert sei, mit der nach Ansicht der Rechtsprechung „richtigen“ Form des Urteilsspruchs beantwortet. Das nimmt dem Theorienstreit einiges an praktischer Bedeutung.

Im Wesentlichen werden vier Positionen vertreten:

► Die ***Einzelwirkungstheorie*** erblickt in der Oppositionsklage eine *Gestaltungsklage* auf Unzulässigerklärung der Anlassexekution (ältere Lehre, neuerdings aber auch *Neumayr/Nunner-Krautgasser,* ExR[3], 167, *Hule* in FS Sprung 191), zwingt den Verpflichteten daher zur mehrfachen Prozessführung bei parallel laufenden Exekutionen.

► Die ***Gesamtwirkungstheorie*** (*Dolinar,* JBl 1979, 528; *Buchegger,* BeitrZPR I 39, *Riedler,* ZPR IV 75, *Buchegger/Holzhammer* in Holzhammer, ZVR[4], 146 ff, *Roth/Duursma-Kepplinger,* ExR und InsR[10], 60) zielt auf die Formulierung des § 35 Abs 1 eingangs EO ab, wo verdeutlicht wird, dass die Klage Einwendungen gegen den vollstreckbaren Anspruch zum Gegenstand hat und folgert: Die Oppositionsklage ist eine *Gestaltungsklage* auf Unzulässigerklärung jeglicher Exekution aus dem der Anlassexekution zugrunde liegenden Titel zu lauten hat; mithin erfassen die Urteilswirkungen neben der Anlassexekution auch parallel laufende Exekutionen ebenso wie zukünftige.

Sowohl von den Vertretern der Einzelwirkungstheorie wie von denen der Gesamtwirkungstheorie wird ***Hemmung oder Aufhebung des vollstreckbaren Anspruchs durch das novum productum als Vorfrage angesehen,*** die nicht Gegenstand des Urteilsspruchs ist.

Allerdings lässt sich der Zwischenfeststellungsantrag (§§ 236, 259 Abs 2 ZPO), allenfalls in Verbindung mit einem Zwischenurteil nach § 393 Abs 2 ZPO (Grundlagenurteil) dazu verwenden, die durch die Einzelwirkungstheorie notwendige mehrfache Prozessführung bei Parallelexekutionen zu vereinfachen.

▶ Die ***Feststellungsklagetheorie*** (*Rechberger/Oberhammer,* ExR[5], Rz 198) dagegen erblickt in der Oppositionsklage eine Feststellungsklage auf *Nichtbestehen oder Hemmung des vollstreckbaren Anspruchs,* die keiner Gestaltungswirkung bedarf, weil das Gesetz das Gebot amtswegiger Exekutionseinstellung als Tatbestandswirkung des rechtskräftigen Oppositionsurteils vorsieht (§ 35 Abs 4, siehe dazu unten D.).

▶ Anders die hR (seit SZ 49/68 verst. Senat): Der OGH vertritt die ***Kombinationstheorie:*** Sie *verbindet die urteilsmäßige Feststellung der Aufhebung oder Hemmung des vollstreckbaren Anspruchs mit der Unzulässigerklärung sämtlicher Exekutionen aus dem zugrunde liegenden Exekutionstitel.*

Es wurde schon wiederholt darauf hingewiesen (vgl. *Dolinar,* JBl 1979, 528, 531 f, 532; *Riedler,* BeitrZPR IV 90; *Buchegger/Holzhammer in Holzhammer,* ZVR[4], 147 f, *Neumayr/Nunner-Krautgasser,* ExR[3], 167), dass die Oppositionsklage vor dem Hintergrund der ***Kombinationstheorie*** mit negativen Feststellungsklagen kollidiert, ja die Feststellung in einem beschleunigten Verfahren (*Eventualmaxime* s. unten C. 3.) an die Stelle eines regulären Zivilprozesses stellt, was verfassungsrechtlich fragwürdig ist, und schlussendlich mit den Zuständigkeitsbestimmungen unionsrechtlicher Rechtsquellen (zB. Brüssel Ia-VO) und somit mit den Grenzen inländischer Gerichtsbarkeit bzw. internationaler Zuständigkeit in Konflikt gerät in Widerspruch kommt, wenn der Titel aus dem Ausland stammt, das Unionsrecht die Ermittlung der Rechtslage zwischen den Parteien und daher auch die Feststellung dem Gerichtssystem eines anderen Verordnungsstaats zugewiesen hat. Es ist darauf hinzuweisen, dass all diese Kritikpunkte auch der ***Feststellungsklagetheorie*** entgegen zu halten sind.

Der ***Gesamtwirkungstheorie*** ist daher der Vorzug zu geben.

C. Verfahrensbestimmungen

1. Zuständigkeit

Für die Oppositionsklage besteht grundsätzlich Eigenzuständigkeit folgender Gerichte und Behörden:

▶ Bewilligungsgericht (§ 35 Abs 2 S 1 EO); wenn die Klage auch nach den allgemeinen Bestimmungen der JN vor einen Gerichtshof gehörte, ändert das nichts an der Zuständigkeit eines Bezirksgerichts, das regelmäßig als Bewilligungsgericht tätig wird (§§ 38 Abs 1 iVm, 4, 18, 19 EO);

▶ bei Titeln in Arbeitsrechtssachen (§ 50 ASGG) das Prozessgericht erster Instanz (LG als Arbeitsgericht, in Wien das ASG Wien; § 35 Abs 2 S 2 EO);

→ Es gelten in diesem Fall die Bestimmungen über die Vertretung in Arbeitsrechtssachen gemäß § 40 ASGG.

▶ in Unterhaltssachen das Gericht, das für diese Unterhaltssache zuständig ist – und zwar in der jeweils dafür vorgesehenen Verfahrensart (Außerstreitverfahren oder Streitverfahren) (§ 35 Abs 2 S 3 EO);

Ist für die Unterhaltssache kein österreichisches Gericht zuständig, so ist in Ermangelung unionsrechtlicher oder völkerrechtlicher Bestimmungen subsidiär das Bewilligungsgericht zuständig (§ 35 Abs 2 S 4 EO);

→ Der Verweis auf das örtlich zuständige Gericht stellt sicher, dass direkte Zuständigkeitsübertragungen (§ 111 JN) mit erfasst werden.

→ Bei Auslandsbezug zielt die Regelung des § 35 Abs 2 S 3 und 4 EO auf Art 8 EuUVO bzw. auf Art 18 HUÜ ab. Bei den wohl spärlichen Fällen, die darunter nicht subsumierbar sind, erspart die subsidiäre Zuständigkeit des Bewilligungsgerichts eine Ordination (§ 28 JN). Vgl. dazu RVEB EO-Novelle 2014, 180 BeilNR XXXV GP 3 f.

▶ Bei Exekutionstiteln nach § 1 Z 10 bis 12 und 14 EO entscheidet die Verwaltungsbehörde, die den – durch die Zivilgerichte zu vollstreckenden – Exekutionstitel erlassen hat, auch über die Opposition. Gleiches gilt für Erkenntnisse und Beschlüsse der Gerichtshöfe öffentlichen Rechts und der Verwaltungsgerichte, die durch die Zivilgerichte vollstreckt werden: Über die Opposition entscheidet der titelerlassende Gerichtshof öffentlichen Rechts bzw. das jeweilige Verwaltungsgericht (§ 35 Abs 1 S 5 EO).

Für die ***Gerichtsbesetzung*** gilt folgendes:

▶ Oppositionsverfahren sind grundsätzlich reguläre Zivilprozesse und somit Richtersache.

▶ Der Ausschluss der Senatsgerichtsbarkeit für die Ausübung der Gerichtsbarkeit *im* Exekutionsverfahren (§ 50 EO) findet auf Klageverfahren nach §§ 35 bis 37 EO keine Anwendung. Es handelt sich hier um Zivilprozesse aus Anlass und *neben* einem Exekutionsverfahren. In Arbeitsrechtssachen entscheidet daher der Senat nach den Bestimmungen des ASGG und nicht der Einzelrichter (EvBl 1972/322, 607; RdA 1986, 430 *Fink,* JUS Z 1237).

▶ In streitigen Unterhaltsoppositionsprozessen entscheidet seit der EO-Novelle 2014 nicht mehr der Exekutionsrichter, sondern der Familienrichter (§ 403a aF EO, seit der EO-Novelle 2016 nunmehr § 432 Abs 1 EO).

▶ Außerstreitige Pflegschaftsangelegenheiten und Unterhaltssachen (Minderjährigenunterhalt) sind Rechtspflegersachen und somit auch im Oppositionsprozess dem Rechtspfleger vorbehalten (§ 432 Abs 1 EO iVm § 19 Abs 1 Z 1, 4 und 5 RPflG).

Anders als im Exekutionsverfahren selbst sind ***Prorogationen*** nach den Bestimmungen des § 104 JN zulässig, der Prorogationsausschluss des § 51 EO gilt für das Exekutionsverfahren und nicht für den Zivilprozess:

Die Eigenzuständigkeiten für Oppositionsverfahren sind somit dispositiv. Es kann jedoch die inländische Gerichtsbarkeit nach § 104 Abs 1 oder Abs 3 JN durch Vereinbarung nicht begründet werden; Unions- oder Völkerrecht geht freilich vor (§ 38 Abs 2 u. 3 EO).

2. Zeitpunkt der Klagerhebung

Die Klage ist *bei sonstiger Unzulässigkeit* ***„im Zuge des Exekutionsverfahrens“*** einzubringen. Der primäre Verweis auf das Gericht, das die Exekution *bewilligt hat,* bedarf interpretativer Erläuterungen:

- Die Oppositionsklage setzt eine Anlassexekution voraus.
- Es ist das Gericht zuständig, das ***letztlich*** über die Exekutionsbewilligung entschieden hat (die Sonderfälle der Arbeits- und Unterhaltssachen einmal bei Seite gelassen); bei mehreren Exekutionsbewilligungen verschiedener Gerichte auf verschiedene Exekutionsmittel hat der betreibende Gläubiger die Wahl.
- Der Erlass der Exekutionsbewilligung ist ***nicht*** Klagevoraussetzung, wohl aber Urteilsvoraussetzung; der Schluss der Streitverhandlung setzt die erteilte Exekutionsbewilligung voraus (RPflE 2004/59).
- Rechtskraft der Exekutionsbewilligung ist weder Klage- noch Urteilsvoraussetzung (JBl 2003/586).
- Nach Beendigung oder Einstellung einer Exekution kann eine Oppositionsklage nicht mehr anhängig gemacht werden.

3. Eventualmaxime

Im Oppositionsprozess herrscht die *von Amts wegen wahrzunehmende* (RPflE 2006/137) ***Eventualmaxime.*** Der klagende Verpflichtete hat alle Einwendungen, die er zum Zeitpunkt der Klage imstande war vorzubringen, bei sonstigem Ausschluss geltend zu machen (§ 35 Abs 3 S 1 EO).

Tatsachen, die erst während des Oppositionsverfahrens entstanden sind oder dem Kläger erst nach der Klageerhebung bekannt wurden, können allerdings noch im Lauf des Verfahrens geltend gemacht werden, dies freilich unverzüglich (SZ 49/4, 73/54; EvBl 2003/162, 757).

Die Eventualmaxime gilt auch bei der Titelbekämpfung vor Verwaltungsbehörden, Verwaltungsgerichten, dem VwGH oder dem VfGH.

Nach dem ***Grundsatz der prozessualen Waffengleichheit*** (Art 6 Abs 1 MRK) *gilt die Eventualmaxime* auch *für den beklagten betreibenden Gläubiger* (EvBl 2005/112, 517).

Die ***Eventualmaxime gilt nicht*** in Unterhaltssachen, wenn der Unterhaltspflichtige eine Änderung der Verhältnisse einwendet, aufgrund derer der Unterhaltsanspruch ganz oder teilweise erloschen oder gehemmt ist (§ 35 Abs 3 S 2 EO).

4. Wesen des Verfahrens

Sieht man von der Eventualmaxime ab, so ist der Oppositionsprozess ein regulärer Zivilprozess. Es gelten die Vorschriften der ZPO.

Eine zusätzliche Prozessvoraussetzung bildet die Klageerhebung während des Exekutionsverfahrens (siehe oben 2.).

D. Urteilswirkung

Das Oppositionsurteil bringt die Anfechtung des vollstreckbaren Anspruchs spiegelbildlich auch für den Anfechtungsanspruch zur Geltung.

Auf der Basis der Gesamtwirkungstheorie ist festzuhalten: Das rechtskräftige stattgebende Urteil entfaltet ***Gestaltungswirkung***. Alle Exekutionen aus dem Exekutionstitel, der der Anlassexekution zugrunde liegt, werden für unzulässig erklärt.

Bei rechtskräftiger Stattgabe der Oppositionsklage ist das Exekutionsverfahren von Amts wegen einzustellen (§ 35 Abs 4 EO).

Es gelten die allgemeinen Regeln über die Rechtskraft von Urteilen. Nach der Kombinationstheorie des OGH tritt daher freilich eine Bindungswirkung an die getroffene Feststellung über die Hemmung oder Aufhebung des vollstreckbaren Anspruchs hinzu.

E. Oppositionsantrag

Der Verpflichtete kann, ohne Oppositionsklage zu erheben, *im Exekutionsverfahren* einen formlosen ***Einstellungsantrag*** stellen und so den Oppositionsgrund geltend machen (§ 40 EO): ***Oppositionsantrag*** oder *Oppositionsgesuch.*

Der betreibende Gläubiger ist zu vernehmen (§ 40 Abs 1 S 2 EO). Davon *kann* abgesehen werden, wenn der Verpflichtete den Oppositionsgrund mit ***unbedenklicher Urkunde*** beweist (§ 40 Abs 1 S 3 EO spricht von „dartun").

Nicht alle nova producta lassen sich indes mit Oppositionsantrag geltend machen. Dieser ist vielmehr auf zwei Gründe beschränkt:

- ► Gläubigerbefriedigung und
- ► Anspruchsstundung.

Das ***Gericht verweist*** den Antragsteller binnen richterlicher Frist (GlUNF 6355) ***auf den Oppositionsklageweg,*** wenn die Entscheidung von der Ermittlung und Feststellung strittiger Tatumstände abhängig, mithin ein prozessuales Beweisverfahren erforderlich ist (§ 40 Abs 2 EO).

Auch der Oppositionsantrag ist ein *Aufschiebungsgrund* (§ 42 Abs 1 Z 3 EO).

Der Oppositionsantrag steht in den erwähnten Fällen neben der Oppositionsklage zur Wahl, lässt sich mit dieser aber nicht kumulieren. Ergreift der Verpflichtete *ohne Not* den aufwändigeren Klageweg, so gebühren ihm bei Obsiegen im Oppositionsprozess die Kosten des Oppositionsantrags.

Die Kosten des eingestellten Exekutionsverfahrens selbst trägt der betreibende Gläubiger (§ 75 EO per analogiam).

F. Rekurs gegen die Exekutionsbewilligung

Wenn der Oppositionsklagegrund auch mit Rekurs geltend gemacht werden könnte (Aktenkundigkeit des Klagegrunds, ausnahmsweise Zulässigkeit von Neuerungen), hat der Verpflichtete die Wahl zwischen Klage und Rekurs. Auch hier werden bei Klageführung die Kosten des billigeren Rechtsbehelfs, hier des Rechtsmittels des Rekurses, ersetzt (vgl. schon *Holzhammer,* ZVR[4], 153; RIS-Justiz RS0001163).

III. Impugnationsklage

Lit.: Ballon, Klagbarkeit von Ansprüchen, JBl 1978, 10; *Czernich/Tiefenthaler,* Neue Aspekte im internationalen Verfahrensrecht durch den Beitritt Österreichs zum EuGVÜ, JBl 1998, 745; *Dolinar,* Ruhen des Verfahrens und Rechtsschutzbedürfnis (1974); *Fasching,* Urteilsmäßige Rechtsgestaltung im Zivilprozess, JBl 1975, 516; *Frauenberger-Pfeiler,* Die Vollstreckung aufgrund ausländischer Titel, JAP 1996/97, 63; *Hule,* Zur Konkurrenz von Rechtsbehelfen im zivilgerichtlichen Verfahren, ÖJZ 1968, 599; *Jakusch,* Die Zwangsvollstreckung am Schnittpunkt von Justiz und Verwaltung, Schriftenreihe der NÖ JurGes 2004; *Karollus,* Zur Rechtsstellung des Liegenschaftserstehers, JBl 1989, 23; *Klicka,* Aktuelle Probleme der Unterlassungsexekution, MuR 2005; 484; *König,* Einstweilige Verfügungen im Zivilverfahren[4] (2012); *Kostka,* Die Exekutionsklagen nach den §§ 35, 36, und 37 EO und das Arbeits- und Sozialgerichtsgesetz, ZAS 1989, 79; *Laurer,* Der Grundsatz des fair trial (Art 6 MRK) in den von der Zivilprozeßordnung beherrschten Verfahrenssystemen, in FS Adamovich (1992) 313; *McGuire,* Rechtsbehelfe des Schuldners gegen den EU-Vollstreckungstitel, ecolex 2006, 83; *Musger,* Die Zwangsvollstreckung aufgrund ausländischer Titel aus der Sicht des Erstrichters, in *Bajons/Mayr/Zeiler* (Hrsg.), Die Übereinkommen von Brüssel und Lugano (1997) 247; *Nunner-Krautgasser,* Der Rückstandsausweis als Grundlage der gerichtlichen Exekution, ÖJZ 2000, 833; *Nunner-Krautgasser,* Unzulänglichkeit der Verlassenschaft: Haftungsbeschränkung? Zak 2006/558, 323; *Oberhammer,* Gläubigermehrheit in der Unterlassungsexekution. Zugleich ein Beitrag zur Funktion der Beugestrafen nach § 355 EO, JBl 1993, 356; *Rassi,* Exekutionstipps für Praktiker IV: Die exekutionsrechtlichen Klagen, Zak 2011/649; *Reidinger,* Inbestandgabe zur Erschwerung von Liegenschaftsexekutionen, wobl 1991, 217; *Rinner,* Bemerkungen zur einstweiligen Verfügung, insb. nach § 382/1 Z 8 lit b EO, BeitrZPR 129; *Schneider,* Gedanken zur zivilrechtlichen Judikatur des Obersten Gerichtshofes im Jahre 1954 (SZ XXVII), ÖJZ 1958, 505; *Sollerer,* Die Impugnationsklage (2004); *Spitzer,* Die Anfechtung erschlichener Versäumnisurteile, JBl 1927, 327; *Swoboda,* Änderungen in der Rechtsprechung und Exekutionstitel, RdW 1992, 3; *Swoboda,* Die Unterlassungsexekution als wettbewerbliches Damoklesschwert, ÖJZ 1992, 573; *Zangl,* Die Ersatzvornahme in der Naturalexekution (2005).

A. Bekämpfung des Vollstreckungsanspruchs

1. Mögliche Rechtsbehelfe oder Rechtsmittel

Fehlt dem betreibenden Gläubiger der Vollstreckungsanspruch und wird dennoch die Exekution bewilligt, so stellt die Exekutionsordnung dem Verpflichteten mehrere Rechtsbehelfe und ein Rechtsmittel zur Verfügung:

► das Rechtsmittel des ***Rekurses*** gegen die Exekutionsbewilligung; dieser wird Erfolg haben, wenn ***Bewilligungserfordernisse zum Zeitpunkt der Exekutionsbewilligung nicht vorlagen*** und dies bei Nachprüfung durch das Rekursgericht aktenkundig offenbar wird;

► den ***Impugnationsantrag*** (§ 40 EO) ***wegen Exekutionseinleitungspflicht oder Exekutionsstundung*** seitens des betreibenden Gläubigers; siehe dazu unten F;

► die ***Impugnationsklage*** (§ 36 EO) gegen den betreibenden Gläubiger.

Die Oppositionsklage richtet sich gegen den vollstreckbaren Anspruch, die Impugnationsklage gegen den Vollstreckungsanspruch. Sie bekämpft die Exekutionsbewilligung.

Sie ist im Exekutionsverfahren ein ***Aufschiebungsgrund*** (§ 42 Abs 1 Z 5 EO). Siehe dazu oben Vierter Teil XI. C.

2. Verhältnis der Impugnationsklage zum Rekurs

Fehlen bei Vorlage von Titel und Exekutionsantrag für die Exekutionsbewilligung ***erforderliche Beilagen*** (urkundliche Nachweise gemäß §§ 7 Abs 2, 8 Abs 2 und 9 EO) so werden in Judikatur und Lehre unterschiedliche Meinungen vertreten:

► Nach der hR ist hier ***Rekurs*** gegen die Exekutionsbewilligung zu erheben. Waren die erforderlichen Beilagen vorhanden und bestreitet der Verpflichtete deren Richtigkeit, so ist er auf den Impugnationsklageweg verwiesen (hR, RIS-Justiz RS0000323).

► Die gegenteilige, in der Lehre vertretene Meinung lässt auch bei Fehlen der erforderlichen urkundlichen Nachweise neben dem Rekurs die ***Impugnationsklage*** zu und erlaubt so eine ***Wahlmöglichkeit*** für den Verpflichteten, die mit dem Wortlaut des § 36 Abs 1 aE in Widerspruch stehen mag, der teleologischen Interpretation der Norm aber gerecht wird (vgl. schon *Holzhammer,* ZVR[4], 160 f; *Deixler-Hübner* in Burgstaller/Deixler-Hübner, EO, zu § 36 Rz 13; *Jakusch* in Angst/Oberhammer[3], EO, zu § 36 Rz 10).

Erhebt der Verpflichtete Klage, obwohl ihm der Rekurs offen gestanden wäre, so hat das bei Erfolg den bloßen Ersatz der ***Rekurskosten*** und nicht der Prozesskosten zur Folge.

B. Klagegründe

Impugnationsklagegründe können vor oder nach Entstehung des Titels eingetreten sein. Sie richten sich gegen die Exekutionsbewilligung.

Die Impugnationsklage kennt folgende in § 36 EO und in Art VII EGEO erschöpfend aufgezählte Klagegründe, wobei allerdings eine gewisse Großzügigkeit der Judikatur anzumerken ist (RIS-Justiz RS0000701):

► Der betriebene Anspruch ist ***nicht fällig oder nicht vollstreckbar*** (§ 36 Abs 1 Z 1 Hs 1 EO).

Mit diesem Klagegrund wird ein Verstoß gegen § 7 Abs 2 EO geltend gemacht und die ***Unrichtigkeit*** der vorgelegten Urkunden für den Nachweis der Fälligkeit oder Vollstreckbarkeit geltend gemacht. Gleiches gilt für den unrichtigen Nachweis der Vorleistung (bzw. der Sicherstellung oder des Angebots) bei Vorleistungstiteln.

Fehlten solche Nachweise und die Exekutionsbewilligung wurde in Abkehr von § 7 Abs 1 EO dennoch erteilt, so ist der Verpflichtete nach der hR, nicht nach der hL allein auf den ***Rekurs*** gegen die Exekutionsbewilligung verwiesen.

Beachte! Bekämpft der Verpflichtete eine ***gesetzwidrig oder irrtümlich erteilte Vollstreckbarkeitsbestätigung,*** so hat er statt der Impugnationsklage einen Aufhebungsantrag gemäß § 7 Abs 3 EO zu stellen und in der Folge die Einstellung der Exekution gemäß § 39 Abs 1 Z 10 EO zu beantragen.

▶ Die geltend gemachte ***Rechtsnachfolge ist nicht eingetreten*** (§ 36 Abs 1 Z 1 Hs 2 EO).

Eine Einzelrechtsnachfolge nach Titelerrichtung ist mit öffentlicher oder öffentlich beglaubigter Urkunde nachzuweisen, die dem Titel beizulegen ist (§ 9 EO); der Verpflichtete macht mit Impugnationsklage die ***Unrichtigkeit*** der Urkunde geltend.

Fehlte dagegen eine entsprechende Urkunde oder ein stattgebendes, rechtskräftiges Urteil aus einem Titelergänzungsprozess (§ 10), so ist nach der hR ***Rekurs*** gegen die dennoch erteilte Exekutionsbewilligung zu erheben. Die hL erlaubt auch hier die Impugnationsklage.

▶ Bei einem ***wertgesicherten Exekutionstitel*** wurde die ***veränderliche Größe nicht hinreichend dargetan*** (§ 36 Abs 1 Z 2 EO).

Hier wird die ***Unrichtigkeit*** des vom betreibenden Gläubiger vorgelegten Nachweises des Aufwertungsschlüssels bei substantiierten Wertsicherungsklauseln bestritten. Die Klage kann hier nur auf eine Teilunzulässigerklärung der Exekution gehen, mithin auf eine Reduktion des betriebenen Anspruchs auf das um die unrichtige Aufwertung bereinigten Kapitals.

Das Fehlen des Nachweises führt wiederum nach der hR allein zum ***Rekurs*** gegen die dennoch erteilte Exekutionsbewilligung und nicht zur Impugnationsklage. Gleiches gilt für Berechnungsfehler des Bewilligungsgerichts bei unsubstantiierten Wertsicherungsklauseln, bei denen der Verbraucherpreisindex der Statistik Austria unter Berücksichtigung der Zehnprozentsperre heranzuziehen ist. Die hL lässt in diesen Fällen auch die Impugnationsklage zu.

▶ Der betreibende Gläubiger hat auf die Einleitung oder die Fortsetzung des Exekutionsverfahrens verzichtet (§ 36 Abs 1 Z 3 EO): ***Exekutionseinleitungsverzicht und Exekutionsstundung.*** Hierher gehören analog auch der ***Exekutionsfortsetzungsverzicht und die Exekutionsfortsetzungsstundung*** (arg. § 39 Abs 1 Z 6 EO).

Dieser Klagegrund thematisiert die Fälle gänzlichen oder vorübergehenden Rechtsschutzverzichts (SZ 66/61). Der Verzicht der Exekutionsvoraussetzung des Exekutionsinteresses steht in der Disposition des betreibenden Gläubigers, ist aber nicht mit Anspruchsverzicht oder Anspruchsstundung zu verwechseln.

Anwendungsfall des Exekutionseinleitungsverzichts ist das entgegen einer Ruhensvereinbarung erlangte, erschlichene Versäumungsurteil (SZ 44/14): Die Partei besucht die

Tagsatzung, die von beiden Parteien nicht besucht werden sollte, um Ruhen des Verfahrens auszulösen.

Beachte! Erklärt der betreibende Gläubiger *nach Erteilung der Exekutionsbewilligung* einen Exekutionsverzicht, einen Fortsetzungsverzicht oder eine Exekutionsstundung, so ist anstelle der Klageerhebung nach § 36 Abs 1 Z 3 EO die ***Einstellung des Verfahrens nach § 39 Abs 1 Z 6 EO*** zu beantragen.

► Einem ***Notariatsakt fehlen die Voraussetzungen für die Vollstreckbarkeit*** nach § 1 Z 17 EO (Art XVII EGEO).

Der Verpflichtete macht hier geltend, dass ein Notariatsakt nicht den Vorschriften des § 3 NO entsprechend errichtet wurde, insbesondere, dass keine Vollstreckungsunterwerfungserklärung iSd § 3 lit d NO vorliegt oder eine solche unrichtigerweise protokolliert wurde.

C. Wesen und Klagebegehren

Nach hM ist die Impugnationsklage eine ***prozessuale Gestaltungsklage,*** (RIS-Justiz RS0008855) die auf ***Unzulässigerklärung der Anlassexekution*** gerichtet ist (vgl. *Holzhammer,* ZVR[4], 157; *Jakusch* in Angst/Oberhammer[3], EO, zu § 36 Rz 1 ff; *Deixler-Hübner* in Burgstaller/Deixler-Hübner, EO, zu § 36 Rz 1 ff; *Neumayr/Nunner-Krautgasser,* ExR[3], 177; s. RIS-Justiz RS0001660).

Anderer Ansicht sind Rechberger/Oberhammer, ExR5, Rz 213, die zwar ebenfalls die Einzelwirkung bejahen, die Impugnationsklage aber ebenso wie die Oppositionsklage als ***negative Feststellungsklage*** ansehen. Dieser Ansicht stehen die gleichen Kritikpunkte gegenüber, die bereits oben (II. B.) ausgeführt wurden.

Das Klagebegehren geht daher auf Unzulässigerklärung eines genau zu individualisierenden Exekutionsverfahrens: Angabe des Bewilligungsgerichts, Datum des Bewilligungsbeschlusses, Geschäftszahl (RIS-Justiz RS0000954).

D. Verfahrensbestimmungen

► ***Impugnationskläger*** ist der Verpflichtete, ***Impugnationsbeklagter*** der betreibende Gläubiger.

► Die ***Zuständigkeitsbestimmungen*** folgen denen der Oppositionsklage; Gleiches gilt für die ***Gerichtsbesetzung*** und die Zulässigkeit von ***Prorogationen*** innerhalb der Grenzen des § 38 Abs 2 und 3 EO. Siehe oben II. C. 1., 3. und 4.

► Es gilt die ***Eventualmaxime*** (§§ 36 Abs 2 S 3 iVm 35 Abs 3 EO).

► Die Klage setzt Rechtskraft der Exekutionsbewilligung nicht voraus.

► Da die Impugnationsklage die Exekutionsbewilligung bekämpft, ist nicht auf der Basis der Sach- und Rechtslage bei Verhandlungsschluss, sondern auf jener zum Zeitpunkt der Exekutionsbewilligung abzustellen, es sei denn der Impugnationsklagegrund sei erst später eingetreten (vgl. *Neumayr/Nunner-Krautgasser,* ExR³, 180).

E. Urteilswirkungen

Die Gestaltungswirkung des rechtskräftigen Impugnationsurteils hat die amtswegige Einstellung der Anlassexekution zur Folge (§ 36 Abs 3 EO).

F. Impugnationsantrag

Der ***Impugnationsantrag*** folgt den Bestimmungen (§ 40 EO), die bereits oben zum Oppositionsantrag dargelegt wurden. S. dazu oben II. E.

Er ist ein ***Aufschiebungsgrund*** nach § 42 Abs 1 Z 3 EO.

Gründe für den Antrag sind nur die Klagegründe des § 36 Abs 1 Z 3 EO:

- Exekutionseinleitungsverzicht und Exekutionsstundung sowie
- Exekutionsfortsetzungsverzicht und Exekutionsfortsetzungsstundung.

IV. Exszindierungsklage

Lit.: *Angst,* Das Unternehmen als Zubehör der Pfandliegenschaft, ÖBA 1998, 82; *Berger,* Vermischte exekutionsrechtliche Fragen, ÖJZ 1981, 431; *Böhm,* Ungerechtfertigte Zwangsvollstreckung und materiellrechtliche Ausgleichsansprüche (1971); *Burgstaller,* Das Pfandrecht in der Exekution (1988); *Burgstaller,* Zur Reform des Lohnpfändungsrechts, DRdA 1989, 144; *Burgstaller,* Streitwertangabe und Entscheidungskontrolle, in FS Matscher (1993) 65; *Butschek,* Die Rechtsstellung des Treugebers bei der uneigennützigen Treuhand, JBl 1991, 364; *Butschek,* Die Gläubiger des Treuhänders und ihr unverdientes Glück, ÖBA 2011, 96; *Feil,* Die Exszindierungsklage (1985); *Friedl,* Exszindierungsrecht des Wohnungseigentumsbewerbers, ecolex 2003, 220; *Gitschthaler,* Zum Streitwert einer Exszindierungsklage, ÖJZ 1988, 41; *Hörburger,* Klage nach § 37 oder Antrag auf Einstellung nach § 252 bei abgesonderter Fahrnisexekution auf Liegenschaftszubehör, JBl 1970, 104; *Hörburger,* Ist die vom Pächter auf Grund des Pachtvertrages errichtete Tankstelle eine „Maschine" im Sinn des § 297a ABGB? NZ 1970, 18; *Holzner,* Rechtsfragen der Mithaftung von Liegenschaftszubehör, JBl 1992, 753; *Holzner,* Gutgläubiger Rechtserwerb an Nebensachen, JBl 1994, 511, 587; *Hoyer,* Exszindierungsklage, Beweislast und Kostenersatzpflicht, Matscher-FS (1993) 211; *Iretz,* Eingriff in Eigentumsrechte Dritter, Stb 1981 H 3; *Jakusch,* Exekution auf Internet-Domains, RdW 2001/600, 580; *Jakusch,* Die Zwangsvollstreckung am Schnittpunkt von Justiz und Verwaltung, Schriftenreihe der NÖ JurGes 2004; *Karollus,* Zur Rechtsstellung des Liegenschaftserstehers, JBl 1989, 23; *Klicka,* Die Beweislastverteilung bei der Exszindierungsklage, JBl 1995, 573; *Konecny,* Exekution auf abgetretene oder verpfändete Forderungen, ecolex 1991, 840; *Kostka,* Die Exekutionsklagen nach den §§ 35, 36 und 37 EO und das Arbeits- und Sozialgerichtsgesetz, ZAS 1989, 79; *Lenneis,* Zur Schlüssigkeit der Widerspruchsklage gemäß § 37 EO bei behauptetem Eigentum, AnwBl 1981, 444; *Mähr,* Ausscheidung von Fahrnissen mangels Zubehöreigenschaft im Zwangsversteigerungsverfahren, RZ 1970, 23; *Markl/Endres,* § 16 Abs 2 WEG 2002 contra § 37 EO, Recht auf Beibehaltung eines rechtswidrigen Zustandes? wobl 2005, 368; *Markl,* Keine Exszindierungsklage eines Wohnungseigentümers gegen die Exekution auf Wiederherstellung eines durch widerrechtlichen Eingriff veränderten Zustands der gemeinsamen Sache durch einen anderen Wohnungseigentümer, wobl 2011/80, 170; *Oberhammer,* Die offene Handelsgesellschaft im Zivilprozeß (1998) 322; *Picker,* Die Drittwiderspruchsklage in ihrer geschichtlichen Entwicklung als Beispiel für das Zusammenwirken von materiellem Recht und Prozeßrecht (1981); *Rassi*, Exekutionstipps für Praktiker IV: Die exekutionsrechtlichen Klagen, Zak 2011/649; *Schrutka v. Rechtenstamm*, Zum Judikatenbuch Nr. 242 betreffend den Wert des Streitgegenstandes bei Klagen nach §§ 35 und 37 EO, JBl 1916, 421; *Spielbüchler*, Überflüssiger Eigentumsvorbehalt? JBl 1977, 296; *Spielbüchler*, Zur dinglichen Rechtsstellung des Vorbehaltskäufers, JBl 1981, 505; *Walter*, Die Treuhand im Exekutions- und Insolvenzverfahren (1998); *Wilhelm*, Die Anmerkung der Einräumung von Wohnungseigentum – Exszindierung mit Pfiff, ecolex 2002, 481.

A. Bekämpfung abgeirrter Exekution

Die häufigste Exekutionsklage ist die ***Exszindierungsklage (§ 37 EO).*** Sie wird gegen den betreibenden Gläubiger von einem Dritten erhoben, dessen Rechtsposition durch die Exekution beeinträchtigt wurde, etwa weil Gegenstände, die in seinem Eigentum stehen, beim Verpflichteten gepfändet wurden (zB. dem Verpflichteten gelieferte, im Vorbehaltseigentum des Veräußerers stehende Ware).

Wir sprechen von einer ***abgeirrten Exekution.*** Ziel der Klage ist die teilweise Unzulässigerklärung der Exekution auf den Vermögen des Dritten, seien es Gegenstände, Teilen davon, Zubehör einer Liegenschaft (§ 252 EO) oder Fruchtgenussrechte.

Das Gesetz verwendet den Begriff ***Widerspruch*** des Dritten gegen die Exekution (§ 37 Abs 1 EO). Daher wird die Klage auch als ***Drittwiderspruchsklage*** bezeichnet.

Wenig glücklich ist der ebenfalls verwendete Begriff *Widerspruchsklage*: Dies führt zu Verwechslungen mit der Klageführung nach Widerspruch gegen Verteilungsbeschlüsse in der Zwangsverwaltung von Liegenschaften, nach Versteigerung von Fahrnissen oder bei der Meistbotsverteilung in der Zwangsversteigerung von Liegenschaften, wenn das Gericht auf den Rechtsweg verweist (siehe zur Widerspruchsklage oben I. D.).

Die Exszindierungsklage ist im Exekutionsverfahren ein ***Aufschiebungsgrund*** (§ 42 Abs 1 Z 5 EO). Siehe dazu oben Vierter Teil XI. C.

B. Klagegrund

Die Klagegründe der Exszindierungsklage knüpfen an ein ***Recht des Dritten*** an, das die Exekution unzulässig machen würde (§ 37 Abs 1 aE EO). Bloß wirtschaftliche Interessen können mit der Exszindierungsklage nicht durchgesetzt werden.

1. Eigentum

Sowohl schlichtes ***Eigentum*** wie auch ***Vorbehalts-, Sicherungseigentum*** oder ***überschießend gepfändetes Miteigentum*** (Pfändung der ganzen Sache, nicht bloß des Miteigentumsanteils) können mit der Exszindierungsklage geltend gemacht werden. Der Vorbehaltseigentümer verliert sein Klagerecht durch eine vom betreibenden Gläubiger finanzierte Vollzahlung. Der Sicherungseigentümer ist regelmäßig auch Inhaber der Sache, kann der Pfändung widersprechen und auch Vollstreckungsbeschwerde (§ 68 EO) erheben.

Richtet sich der Exekutionstitel nur gegen einen ***Wohnungseigentümerpartner,*** so kann nur sein Aufhebungs- und Teilungsanspruch in Exekution gezogen werden (§ 13 Abs 3 WEG). Dient die Wohnung der Befriedigung des dringenden Wohnbedürfnisses des nicht verpflichteten Eigentümerpartners, so kann dieser die Exszindierungsklage gegen die Exekution erheben.

2. *Pfandrecht und Zurückbehaltungsrecht*

Der nicht ***innehabende Pfandgläubiger*** erhebt zur Durchsetzung seines Rechts vor dem betreibenden Gläubiger die Pfandvorrechtsklage (§ 258 Abs 1 EO; vgl. oben I. C). Der *innehabende* Pfandgläubiger ist dagegen zur Exszindierungsklage berechtigt, zumal er überdies vor Erfüllung zur Herausgabe nicht verpflichtet ist (*Burgstaller,* Pfandrecht, 69 ff).

Besteht an einer gepfändeten Sache ein ***Retentionsrecht***, so begründet dessen Verletzung einen Klagegrund (etwa die Herausgabe der Sache).

3. *Forderungsinhaberschaft*

Behauptet bei einer Forderungspfändung ein Dritter, er sei infolge ***Zession*** wahrer Forderungsinhaber und nicht der Verpflichtete, so wehrt er sich gegen die Exekution mit Klage nach § 37 EO. Freilich kann der betreibende Gläubiger einer solchen Exszindierung eine Anfechtung nach der AnfO entgegen setzen, wenn die Zession den Tatbestand des § 2 AnfO erfüllt.

Auch Sicherungszessionen sind über § 37 EO geschützt. Bei Sicherungszession durch Buchvermerk ist allerdings anstelle der Exszindierungsklage die Pfandvorrechtsklage zu erheben (*Holzhammer,* ZVR^4, 166).

4. *Obligatorische Ansprüche*

Die Klage steht dem Dritten gegen den Verpflichteten aufgrund obligatorischer Herausgabeansprüche zu (Vermieter, Verleiher, Hinterleger usw.), nicht aber dem Käufer vor dem Modus, weil bis zu diesem Zeitpunkt die Sache noch Schuldnervermögen ist und diese Eigenschaft erst mit der Übergabe verliert.

Der Treugeber hat einen Exszindierungsanspruch bei Pfändung des Treuguts durch Gläubiger des Treuhänders, da dieses das zwar nicht in seinem formalen Eigentum steht, aber wirtschaftlich zu seinem Vermögen gehört und zurückgefordert werden kann. Der Treuhänder kann dagegen nicht Exszindierungsklage erheben, wenn ein Gläubiger des Treugebers in das Treugut vollstrecken lässt; er ist bei Vorliegen der tatbestandsmäßigen Voraussetzungen auf die Vollstreckungsbeschwerde (§ 68 EO) gewiesen.

C. Wesen und Klagebegehren

Die Exszindierungsklage ist eine prozessuale ***Gestaltungsklage*** (hM; vgl. schon *Holzhammer,* ZVR^4, 162 f; *Neumayr/Nunner-Krautgasser,* ExR^3, 183; NZ 1997, 328; RIS-Justiz RS0001266) mit dem Begehren auf Teilunzulässigerklärung der Exekution. Die Judikatur erachtet sich an den Klagantrag ebenso wenig wie bei der Oppositionsklage und der Impugnationsklage gebunden und beantwortet auch ein etwa auf Feststellung des

Eigentums gerichtetes Klagebegehren mit einem Gestaltungsurteil (NZ 1997, 328).

Der von *Rechberger/Oberhammer,* ExR^5, Rz 222 vertretenen Auffassung, auch die Exszindierungsklage gegen den betreibenden Gläubiger sei eine ***negative Feststellungsklage***, kann aus den bereits oben erwähnten Gründen nicht gefolgt werden.

Wohl aber kann, bei Vorliegen der Voraussetzungen für eine Klagenhäufung (§ 227 ZPO) mit der Exszindierungsklage ***eine positive Feststellungsklage*** auf Feststellung des materiellen Rechts des Klägers verbunden werden (SZ 52/159).

Im Klagebegehren ist die Exekution mit Bewilligungs- oder Exekutionsgericht, Datum des Bewilligungsbeschlusses und Geschäftszahl zu individualisieren und die Unzulässigerklärung der Exekution in genau bezeichnete Vermögensgegenstände zu begehren.

Freilich kann die Exszindierungsklage auch zu einer vollständigen Unzulässigerklärung führen: Ist allein die Sache eines Dritten beim Verpflichteten gepfändet worden, gab es keinen weiteren Vollzugsakt, so führt die Unzulässigerklärung der Exekution in die Sache des Dritten zur Unzulässigerklärung aller – bisherigen – Vollzugsschritte, nicht aber der Exekution an sich.

Behauptet der ***Verpflichtete*** selbst ein Recht an der Sache, so erhebt der Dritte ***Feststellungsklage oder Leistungsklage*** (zB. Herausgabe) gegen ihn. Die Klage gegen den Verpflichteten kann mit der Exszindierungsklage gegen den betreibenden Gläubiger verbunden werden. Es entsteht eine passive materielle Streitgenossenschaft (§§ 37 Abs 2 Hs 2 iVm § 11 Z 1 ZPO). Vgl. *Rechberger/Oberhammer,* ExR^5, Rz 223.

D. Verfahrensbestimmungen

► Für Exszindierungsklagen ist das ***Bewilligungsgericht, nach Vollzugsbeginn (§ 33 EO) das Exekutionsgericht*** eigenzuständig (§ 37 Abs 3 EO). Die Klage kann daher *nie vor Exekutionsbeginn oder nach Beendigung oder Einstellung der Exekution* erhoben werden.

► Es sind regelmäßig Bezirksgerichte für die Klage zuständig (§§ 4, 18, 19 EO), selbst wenn die Klage sonst (etwa aufgrund ihres Streitwerts) vor den Gerichtshof gehörte (§ 38 Abs 1 EO). Die Befassung eines Gerichtshofs ist denkbar, wenn dieser ausnahmsweise als Bewilligungsgericht zu fungieren hat.

► Wird gegen eine abgeirrte verwaltungs- oder abgabenbehördliche Exekution Klage erhoben, so ist das Bezirksgericht zuständig, in dessen Sprengel sich bei Klagerhebung die in Exekution gezogenen Gegenstände befinden (Art III Abs 3 EGEO).

► Die Exszindierungsklage eröffnet einen ***regulären Zivilprozess,*** die ***Eventualmaxime gilt nicht.***

► Die Klage ist einzubringen, sobald das – nach Auffassung des Klägers unzulässig in Exekution gezogene – Exekutionsobjekt feststeht.

► ***Prorogationen*** sind ebenso wie bei der Oppositions- und Impugnationsklage innerhalb der Grenzen des § 38 Abs 2 und 3 EO zulässig.

► Die Exszindierungsklage ist ***häufiger Anwendungsfall des § 45 ZPO,*** der dem Kläger bei mangelnder Veranlassung zur Prozessführung die Kosten auferlegt. Dies ist der Fall, wenn der betreibende Gläubiger dem Dritten zur Klageführung etwa deshalb keinen Anlass gegeben hat, weil dieser nach nicht näher substantiierter oder gar ohne Vorankündigung klagte, der betreibende Gläubiger bei erster Reaktion auf die Klage ein Anerkenntnis abgegeben und überdies einen Teileinstellungsantrag (§ 39 Abs 1 Z 6 EO) gestellt hat (vgl. *Holzhammer,* ZVR[4], 169 f, *Neumayr/Nunner-Krautgasser,* ExR[3], 187 f, *Bydlinski* in Fasching/Konecny[3], II/1, zu § 45 ZPO Rz 7 ff, 10, 11; *Jakusch* in Angst/Oberhammer[3], EO, zu § 37 Rz 70; *Burgstaller/Holzner* in Burgstaller/Deixler-Hübner, EO, zu § 37 EO Rz 174 ff).

► Zur Klagevermeidung ist daher dem Dritten einer Äußerungsfrist zur Stellungnahme zu geben, wenn Gegenstände gepfändet werden, an denen der Verpflichtete das Bestehen eines Rechts des Dritten behauptet.

► Das Urteil ergeht aufgrund der ***Sach- und Rechtslage bei Verhandlungsschluss.*** Der Exszindierungsanspruch muss zu diesem Zeitpunkt bestehen.

E. Urteilswirkungen

Bei Rechtskraft eines stattgebenden Exszindierungsurteils ist die Exekution ***von Amts wegen im begehrten Umfang einzustellen*** (§ 37 Abs 4 EO). Es kommt daher zu einer Teileinstellung der Exekution.

Sechster Teil

Immobiliarexekution

I. Überblick

Die ***Exekution auf unbewegliches Gut (Immobiliarexekution)*** ist in den §§ 87 bis 248 EO geregelt.

Unter unbeweglichem Gut versteht die EO Liegenschaften oder Liegenschaftsanteile, Superädifikate und Baurechte nach dem BauRG.

Es gibt folgende Arten der Immobiliarexekution:

- die zwangsweise Pfandrechtsbegründung (§§ 87 bis 96 EO),
- die Zwangsverwaltung (§§ 97 bis 132 EO),
- die Zwangsversteigerung (§§ 133 bis 247 EO; § 248 EO ist gegenstandslos).

► Gegenüber der Exekution auf das bewegliche Vermögen zeichnen sich Zwangsverwaltung und Zwangsversteigerung dadurch aus, dass sie ***keine Pfändung des Exekutionsobjekts*** kennen, sie verschaffen dem betreibenden Gläubiger ein ***exekutives Befriedigungsrecht*** und regeln dessen Durchsetzung im Rahmen der Verwertung.

► Bei der ***zwangsweisen Pfandrechtsbegründung*** gibt es dagegen ***kein Verwertungsverfahren.***

§ 14 Abs 2 und 3 EO regelt den Vorrang der Forderungsexekution gegenüber der Fahrnisexekution; § 27 EO verbietet die Exekution in einem weiteren Umfang als dies zur Gläubigerbefriedigung erforderlich ist.

Zwangsverwaltung und Zwangsversteigerung stehen untereinander in einem Rangverhältnis: Der gelindere exekutive Eingriff geht dem schwerer wiegenden vor. Dies ist nicht nur mit dem Gedanken des Schuldnerschutzes (Schikaneverbot) zu begründen, sondern bei der Immobiliarexekution auch mit dem Ziel, dass in Rechte Dritter möglichst wenig eingegriffen werden soll. Das ist aber beileibe nicht die einzige Exekutionsprioritätsregel, die uns bei der Immobiliarexekution begegnet.

Für die Immobiliarexekution gibt es folgende Prioritätsbestimmungen:

§ 201 EO gibt der ***Zwangsverwaltung Priorität vor der Zwangsversteigerung*** und verschafft dem Schuldner die Möglichkeit, den Antrag zu stellen, dass die Zwangsversteigerung der Liegenschaft aufgeschoben und an ihrer Stelle eine Zwangsverwaltung durchgeführt werde, wenn:

- der durchschnittliche jährliche Ertragsüberschuss aus der Bewirtschaftung der Liegenschaft hinreicht, um die vereinbarten Annuitäten oder Kapitalabschlagszahlungen samt laufenden Zinsen für den betreibenden Gläubiger hinreicht oder

- wenn zwar eine terminweise Tilgung (Raten) nicht vereinbart war, die Forderung des betreibenden Gläubigers voraussichtlich binnen Jahresfrist mit Zwangsverwaltung getilgt werden kann.

Forderungs- und Fahrnisexekution genießen Vorrang vor der Zwangsversteigerung (§ 203 EO). Das Versteigerungsverfahren ist aufzuschieben, wenn

- für die Forderung des betreibenden Gläubigers gleichzeitig Forderungsexekution betrieben wird und eine Befriedigung binnen Jahresfrist absehbar ist oder
- Fahrnisexekution betrieben wird und die gepfändeten Sachen die Gläubigerforderung voraussichtlich decken.

Die Forderungsexekution genießt Vorrang vor der Zwangsverwaltung (§ 99b EO). Reicht der pfändbare Betrag voraussichtlich aus, die Gläubigerforderung samt Nebengebühren binnen Jahresfrist zu tilgen, so ist die Zwangsverwaltung aufzuschieben.

Die Immobiliarexekution ist ***geeignet, hohe Beträge hereinzubringen,*** sie ist statistisch allein gegenüber der Forderungs- und Fahrnisexekution ein deutlich ***weniger genutztes weil nicht so oft nutzbares Instrument.*** So standen etwa 2012 folgende Zahlen gegenüber: Fahrnis- und Forderungsexekutionen zusammen etwas mehr als zwei Millionen, Immobiliarexekutionen etwas über 38.000 (Statistisches Jahrbuch 2014 Statistik Austria, S. 489).

II. Zwangsweise Pfandrechtsbegründung

Lit.: *Angerbauer*, Die Löschung des exekutiv begründeten Pfandrechtes, NZ 1959, 22; *Angst,* Rechtsfragen des rechtsgeschäftlichen Veräußerungs- und Belastungsverbotes, in GedS Hofmeister (1996) 1; *Aschauer,* Das rechtsgeschäftliche Veräußerungs- und Belastungsverbot bei Liegenschaften (1998); *Edtstadler*, Löschung von zwangsweise begründeten Pfandrechten, NZ 1959, 187; *Frank*, Kann auch der Hypothekargläubiger die Löschung begehren? JBl 1952, 556; *Hentschl,* Löschung von zwangsweise begründeten Pfandrechten, NZ 1960, 54; *Hofmeister*, Probleme der Exekution in Miteigentumsanteile, ÖJZ 1991, 202; *Hoyer,* Exekutionsanträge mit Grundbuchsbezug verbesserungsfähig, ecolex 1996, 902; *Hoyer,* Grundbuchseintragungen in Euro möglich, NZ 1999, 65; *Jäger*, Zwangsweise Pfandrechtsbegründung, RL Zwa (49. Lfg); *Lentner*, Fremdwährungsforderungen und Exekution auf das unbewegliche Vermögen, ÖJZ 1967, 569; *Mini*, Exekution auf Superädifikate, immolex 2014, 70; *Modler*, Die Einstellung der Zwangsvollstreckung durch zwangsweise Pfandrechtsbegründung auf Liegenschaften, Deutsches Recht 1941, 5; *Sloboda*, Die EO-Novelle 2008 im Überblick, Zak 2008/222, 123; *Sperl,* Wann ist die Exekution durch zwangsweise Pfandrechtsbegründung beendet? ÖJZ 1951, 188.

A. Exekutionsobjekt und Exekutionsmittel

Exekutionsobjekte sind Liegenschaften oder Liegenschaftsanteile, Superädifikate und Baurechte (§ 87 EO).

Ziel der zwangsweisen Pfandrechtsbegründung ist keine Pfändung, auch keine Verwertung der Immobilie sondern die Schaffung eines privatrechtlichen bücherlichen Pfandrechts, einer ***Zwangshypothek,*** für einen Gläubiger, der sich für den Fall späteren Zugriffs auf die Immobilie einen Rang sichern will, aber noch keine Zwangsverwaltung beantragen möchte (eventuell wegen Stundung der Forderung) und den beschwerlichen Weg der subsidiären Zwangsversteigerung scheut.

B. Bewilligung und Vollzug

Bewilligungsgericht ist das ***Buchgericht,*** bei dem sich die Einlage der Immobilie befindet, in deren Lastenblatt das zwangsweise zu begründende Pfandrecht einzutragen ist (§§ 4, 18 Z 1 EO).

Ausnahmsweise kann es dazu kommen, dass Bewilligungs- und Buchgericht nicht identisch sind, wenn nämlich neben der zwangsweisen Pfandrechtsbegründung zumindest eine weitere andere Exekutionsart beantragt wird und der Gläubiger bei dem für diese Exekutionsart zuständigen Bewilligungsgericht seinen Exekutionsantrag einbringt. Dieses entscheidet dann auch über die Bewilligung der zwangsweisen Pfandrechtsbegründung (§ 6 EO).

Funktionell zuständig ist der ***Rechtspfleger*** (§ 17 Abs 2 Z 1 lit a RPflG). Ein vereinfachtes Bewilligungsverfahren ist unzulässig (§ 54b Abs 1 Z 1 EO).

Es gelten für die Exekutionsbewilligung durch das Buchgericht die ***Bestimmungen des GBG, subsidiär des AußStrG.*** Beim Rekurs gegen die Exekutionsbewilligung herrscht daher relative Anwaltslast (§ 6 AußStrG), die ***Rekursfrist*** beträgt aber – in Abkehr von § 123 GBG – 14 Tage (§ 88 Abs 2 EO).

Der ***Vollzug erschöpft sich in der Schaffung eines bürgerlich rechtlichen Pfandrechts an der Liegenschaft.*** Er differiert, je nachdem, ob es sich um den Regelfall der intabulierten Liegenschaft oder um den Marginalfall einer nicht intabulierten handelt (s. sogleich).

C. Bücherlich eingetragene Liegenschaften

1. Begründung und Wesen der Zwangshypothek

Bei intabulierten Liegenschaften erfolgt der Vollzug durch Eintragung eines vollstreckbaren Pfandrechts im Lastenblatt (§ 88 Abs 1 EO). Dadurch sichert sich der ***betreibende Gläubiger*** seinen Rang im Verhältnis zu anderen, die später auf die Liegenschaft zugreifen, ja er ***kann die Zwangshypothek auch gegen einen künftigen Erwerber exekutiv durchsetzen (§ 88 Abs 3 EO).***

Es gelten auch für den Vollzug die Bestimmungen des GBG – mit Ausnahme der Rekursfrist des § 123 GBG (§ 88 Abs 2 EO).

Hat der betreibende Gläubiger bereits eine intabulierte Hypothek für seine Forderung und ist diese mittlerweile vollstreckbar geworden, so ist deren Vollstreckbarkeit im Grundbuch bloß anzumerken (§ 89 Abs 1 EO). Die Anmerkung wirkt hier zusammen mit der bereits intabulierten Hypothek wie eine Ersteintragung einer Zwangshypothek: Der betreibende Gläubiger kann auch gegen den Erwerber der Liegenschaft Exekution führen (§ 89 Abs 2 S 2 EO).

Auch für die Bewilligung und den Vollzug der Anmerkung gelten die Bestimmungen des GBG, allerdings mit der exekutionsrechtlich kurzen Rekursfrist des § 88 Abs 2 EO (§ 89 Abs 2 S 1 EO).

Das zwangsweise intabulierte Pfandrecht ist *kein Pfändungspfandrecht,* sondern ein ***Pfandrecht im Sinn des ABGB,*** es dient nicht zur Beförderung eines gerichtlichen Verkaufs- und Verteilungsverfahrens.

Der Käufer einer Zwangshypothek kann sich auf den bücherlichen Vertrauensschutz berufen.

2. *Eintragungshindernisse und Entfall*

▪ So wie alle anderen Hypotheken unterliegt es allerdings eingetragenen ***Veräußerungs- und Belastungsverboten*** nach § 364c ABGB. Es kann nur bei urkundlichem Nachweis der Zustimmung des aus dem Verbot Berechtigten begründet werden (NZ 1995, 69) – es sei denn dieser ist der Verpflichtete selbst (SZ 60/14).

▪ Der Inhaber einer Zwangshypothek an einer nicht haftenden weil nicht im Verfügungsrecht des Verpflichteten stehenden Immobilie sieht sich der ***Exszindierungsklage*** (§ 37 EO) ausgesetzt und muss ihr im Erfolgsfall weichen. Hier hat der bücherliche Vertrauensschutz des gutgläubig betreibenden Gläubigers dem Recht des Dritten zu weichen (SZ 22/99).

▪ Wird über das Vermögen des Verpflichteten vor Ablauf von sechzig Tagen nach Einverleibung der Zwangshypothek das Insolvenzverfahren eröffnet, so unterliegt dieses Pfandrecht, weil richterlich begründet, obgleich es kein Pfändungspfandrecht ist, der ***insolvenzrechtlichen Rückschlagsperre*** (§ 12 Abs 1 IO; vgl. *Buchegger,* InsR^2, 35):

Es erlischt und lebt nur dann wieder auf, wenn das Insolvenzverfahren mangels Kostendeckung (§ 123a IO) aufgehoben wird, sonst nicht.

Beachte! Wurde binnen sechzig Tagen vor Insolvenzverfahrenseröffnung bloß die Vollstreckbarkeit einer schon früher bestandenen intabulierten, ***vertraglich begründeten*** Hypothek angemerkt, greift die Rückschlagsperre nicht.

D. Bücherlich nicht eingetragene Liegenschaften

Die Bestimmungen der §§ 90 bis 96 EO haben seit der Verbücherung öffentlichen Guts (§§ 2 f GUG, seit der GB-Novelle 2008) einen äußerst schmalen Anwendungsbereich, der sich §§ 102 Abs 1 und 134 EO ergibt. Beide Normen betreffen Superädifikate, beide verweisen auf §§ 90 ff EO:

Bei nicht intabulierten Liegenschaften (Superädifikaten) erfolgt eine ***pfandweise Beschreibung*** durch das Vollstreckungsorgan für eine zu beziffernde Gläubigerforderung (§ 90 EO). Den Inhalt der pfandweisen Beschreibung regelt § 92 EO. Dafür erforderliche Erhebungen an Ort und Stelle hat das Vollstreckungsorgan durchzuführen (§ 93 EO).

Greift ein betreibender Gläubiger später exekutiv auf das Objekt, so erfolgt seine Pfändung durch Anmerkung auf dem Protokoll der pfandweisen Beschreibung (§ 94 EO).

Die pfandweise Beschreibung ist für eine spätere Zwangsverwaltung (§ 102 Abs 1 EO) oder Zwangsversteigerung (§ 134 EO) heranzuziehen oder aber nach §§ 90 ff EO erst dort zu erstellen.

E. Einschränkung

Eine Spezialnorm zu § 27 EO, der die *amtswegige* Einschränkung der Exekution bei Überdeckung des Gläubigers vorsieht, wie auch zu § 41 Abs 2 EO, der aus demselben Grund eine *auch amtswegig* vorzunehmende Einschränkung regelt, stellt § 96 EO dar:

Erlangt der betreibende Gläubiger durch die zwangsweise Pfandrechtsbegründung allein oder zusammen mit anderen, schon früher für dieselbe vollstreckbare Forderung einverleibten Hypotheken eine größere Sicherheit, als dies das Gesetz für mündelsichere Anlagen („Anlegung von Pupillengeldern" in § 96 EO) fordert (§§ 215 ff ABGB), *so kann und muss **auf Antrag des Verpflichteten***

- das zwangsweise begründete Pfandrecht aufgehoben oder eingeschränkt werden oder
- das für die vollstreckbare Forderung auf mehreren Liegenschaften oder Liegenschaftsanteilen haftende Pfandrecht auf eine oder einzelne Liegenschaften einschränken.

Dabei ist zweierlei zu berücksichtigen:

- die verbleibende Sicherheit muss den Erfordernissen über mündelsichere Anlagen noch genügen;
- vertragliche Pfandrechte dürfen durch die Einschränkungsanordnung nicht berührt werden;

Ob die verbleibenden Liegenschaften auch veräußerbar sind, ist dagegen nicht zu prüfen (SZ 35/208).

Der Verpflichtete hat seinen Einschränkungsantrag zu begründen und trägt die Beweislast für die Einschränkungsgründe (§ 96 Abs 2 EO).

Der zweiseitige Rekurs gegen den Einschränkungsbeschluss hat aufschiebende Wirkung (§§ 96 Abs 3 iVm 65 Abs 3 Z 2, 67 Abs 2 EO).

Auch eine Einschränkung nach § 41 Abs 1 EO ist möglich (§§ 35 bis 37 EO, §§ 39, 40 EO).

F. Beendigung und Einstellung

Die zwangsweise Pfandrechtsbegründung erschöpft sich zwar im Einverleibungsvorgang, die Exekution ist aber erst bei Gläubigerbefriedigung beendet. Vorher kann sie nach §§ 39, 40 EO eingestellt werden.

Der Eigentümer der Liegenschaft ist über die Pfandstelle der (getilgten) Schuld verfügungsbefugt (§ 469 ABGB); daher kann es auf dem Weg des bloßen Einstellungsbeschlusses keine Löschung des Pfandrechts geben, solange dazu nicht seine Zustimmung vorliegt (SZ 28/217; vgl. *Jakusch* in Angst/Oberhammer[3], EO, zu § 39 Z 76 mwN *Holzhammer,* ZVR[4], 175 f).

III. Zwangsverwaltung

Lit.: *Angst,* Das Unternehmen als Zubehör der Pfandliegenschaft, ÖBA 1998, 87; *Angst*, Hypothekarische Besicherung und nachträgliche Abtretung von Bestandzinsforderungen, ÖBA 2007, 452 f; *Bauerreiß,* Kann neben der Exekution auf ein wirtschaftliches Unternehmen auch Exekution durch Zwangsverwaltung der Betriebsliegenschaft geführt werden? RZ 1962, 145; *Eder*, Der Schuldnerschutz in der gerichtlichen Exekution (1994); *F. Bydlinski*, Das Recht der Superädifikate (1982); *Frauenberger-Pfeiler*, Die EO-Novelle 2008, JAP 2007/2008/25, 235; *Geroldinger*, Die unentbehrliche Genossenschaftswohnung im Exekutionsverfahren, Zak 2007/601, 347; *Holzner*, Praxisfragen dinglicher Kreditsicherheiten – Eine Rechtsprechungsanalyse, ÖBA 2004, 944; *Jäger*, Zwangsverwaltung, RL Zwa (23. bis 27. Lfg); *Kieweler*, Zu den Erscheinungsformen des gradus executionis. Zugleich eine Besprechung der Entscheidung OGH 3 Ob 177/10s, JBl 2013, 12; *Konecny*, Gerichtliche Sicherungsmaßnahmen gegen exekutionsvereitelnde oder exekutionserschwerende Bestandverträge, WoBl 1991, 145; *Kreis*, Die Zwangsverwaltung nach der Exekutionsordnung vom 27. Mai 1896 Nr. 79 R.G.Bl., JBl 1899, 73; *Lentner*, Fremdwährungsforderungen und Exekution auf das unbewegliche Vermögen, ÖJZ 1967, 569; *Loeb*, Mietzinspfändung, Zwangsverwaltung und Hypothek, JBl 1935, 69, 93; *Markl*, Auswirkungen der EO-Novelle 2000 auf die Zwangsversteigerung von Ehegattenwohnungseigentum, wobl 2001, 97; *Mini*, Exekutionsverfahren[2] (2008) 418 ff; *Mini*, Exekution auf Superädifikate, immolex 2014, 70; *Mohr*, Die neue Zwangsverwaltung – ein Überblick über die Änderungen durch die EO-Novelle 2008, ecolex 2008, 215; *Oberhammer*, Das Mietrecht als Gegenstand der Zwangsvollstreckung, wobl 1999, 376; *Oberhammer*, Unternehmen, Gesamtsache, Unternehmenszubehör - und Pfändung, in FS Krejci (2001) 257; *Ohmeyer*, Hypothek und Zwangsverwaltung, JBl 1905, 125; *Petschek*, Zivilprozessrechtliche Streitfragen (1933) 196ff; *Putschi*, Kann der Verpflichtete im Zwangsverwaltungsverfahren über seine eigene Wohnung verfügen? NBlRA 1963, 76; *Rassi*, Neues vom Grundbuchsrecht, ecolex 2012, 672; *Riel*, Die Befugnisse des Masseverwalters im Zivilverfahrensrecht (1995); *Schreiber/Stocker*, Leitfaden für Zwangsverwalter[3] (1993); *Schubert-Soldern*, Die Zwangsverwaltung und die Verwahrung und Verwaltung nach Exekutionsrecht (1903); *Sloboda*, Die EO-Novelle 2008 im Überblick, Zak 2008/222, 123; *Stix*, Die Zwangsverwaltung wirtschaftlicher Unternehmungen in der Praxis, ÖJZ 1955, 274; *Tauber*, Auftrag an die Schuldner des Verpflichteten zur Leistung an den Zwangsverwalter, ZBl 1913, 904.

A. Grundlagen

Die Zwangsverwaltung von Liegenschaften, Liegenschaftsanteilen, Superädifikaten oder Baurechten (BauRG) des Verpflichteten (§§ 97 Abs 1, 131 Abs 1 EO) soll dem betreibenden Gläubiger zur Befriedigung seiner Forderung aus den Nutzungen und Einkünften aus der Liegenschaft verhelfen (§ 97 Abs 2 S 1 EO).

Zu Recht zählt die Judikatur zu den zwangsverwaltungsfähigen Objekten auch Dienstbarkeiten, wenn sie Erträge abwerfen, die der Gläubigerbefriedigung dienlich gemacht werden können (EvBl 2008/104).

Im Wesentlichen findet die Zwangsverwaltung Anwendung bei:

- land- und forstwirtschaftlichen Liegenschaften, weil dort auch auf die Erträge des damit verbundenen Unternehmens gegriffen wird (§ 97 Abs 2 S 2 EO),
- Immobilien mit Erträgen aus Dauerschuldverhältnissen (Miethäusern).

Die Zwangsverwaltung ist trotz Priorität vor der Zwangsversteigerung (§ 201 EO) das ungeliebte Kind der Immobiliarexekution. Sie wird nur dort beschritten, wo eine Zwangsversteigerung deshalb nicht möglich ist, weil die Liegenschaft selbst nicht haftet sondern nur ihr Ertrag:

- bei bloßen Ertragshypotheken,
- bei besonders geschützten Objekten, wie etwa solchen nach dem MRG oder
- wenn sonst aufgrund gesetzlicher, vertraglicher oder letztwilliger Bestimmungen das Objekt selbst nicht versilbert werden kann (Veräußerungs- und Belastungsverbote, Substitutionsanordnungen, geschützte Rechte Dritter).

B. Exekutionsbewilligung

1. Zuständigkeit und Verfahren

Zuständig ist das ***Buchgericht,*** bei dem sich die Einlage der zwangsweise zu verwaltenden Liegenschaft befindet (§ 18 Z 1 EO). Zwangsverwaltungen sind ***Richtersache*** (§ 17 Abs 2 Z 1 e contrario RPflG). Ein vereinfachtes Bewilligungsverfahren ist unzulässig (§ 54b Abs 1 Z 1 EO).

Es sind zwei Fälle zu unterscheiden

- Der betreibenden Gläubiger hat keine intabulierte Hypothek für die vollstreckbare Forderung: Er ist in diesem Fall zur Titelvorlage verpflichtet.
- Besteht zugunsten der vollstreckbaren Forderung bereits eine Hypothek oder Zwangshypothek, so entfällt die Titelvorlage (§ 97 Abs 3 EO).

Das Gericht hat die ***Befriedigungsaussichten*** regelmäßig nicht zu prüfen (wobl 2008/12, 25 *Call*); stellt sich im Nachhinein heraus, dass die Zwangsverwaltung nicht binnen Jahresfrist zu einer Befriedigung des Gläubigers führen wird, so ist sie gemäß § 129 Abs 2 EO auf Antrag oder von Amts wegen einzustellen.

Wurde aber aus diesem Grund eine Zwangsverwaltung binnen Jahresfrist vor einem neuerlichen Exekutionsantrag eingestellt, so hat der betreibende Gläubiger zu bescheinigen, dass nunmehr die Zwangsverwaltung Erfolg versprechend ist (§ 97 Abs 4 EO).

Das Bewilligungsgericht hat vor der Entscheidung über den Exekutionsantrag von Amts wegen den ***Grundbuchsstand*** zu erheben (§ 55a EO).

Veräußerungs- oder Belastungsverbote, Substitutionsanordnungen, Gütergemeinschaft, vorrangiges Fruchtgenussrecht, Wohnungsgebrauchsrecht (§§ 504 ff ABGB) oder Ausgedinge hindern die Zwangsverwaltung nicht.

Besondere Bestimmungen enthält § 101 EO für den Fall ***bücherlicher Undurchführbarkeit*** der Zwangsverwaltung:

- Wird die Exekution ***nicht beim Buchgericht*** beantragt (was sich in den Fällen des § 6 Z 1 und 2 EO ergeben kann) und
- ergibt sich aus dem Stand des Grundbuchs die Undurchführbarkeit der Zwangsverwaltung (der Verpflichtete ist etwa nicht oder nicht mehr Eigentümer der Liegenschaft),

so hat das Bewilligungsgericht, sofern das Hindernis beseitigt werden kann, dem betreibenden Gläubiger binnen Frist aufzutragen, die Beseitigung dem Gericht darzutun.

Nach fruchtlosem Ablauf der gesetzten Frist hat es den Exekutionsantrag abzuweisen (§ 101 S 2 EO).

Beispiel für ein nicht zu beseitigendes Hindernis: Wenn ein Fruchtgenussrecht vom Verpflichteten an eine andere Person übertragen und dies im Grundbuch eingetragen wurde, ist eine Zwangsverwaltung nicht möglich (RZ 1936, 293; EvBl 2008/104, 536) und der Exekutionsantrag abzuweisen.

Hat das (vom Buchgericht verschiedene) Bewilligungsgericht bereits eine Exekutionsbewilligung erteilt und ergibt sich ein solches ***Hindernis*** erst im Nachhinein aus dem für das ***Exekutionsgericht*** maßgebenden Grundbuchsstand (§ 101 S 3 EO), so ist zu unterscheiden:

- Lässt sich das Hindernis beseitigen, so ist dem betreibenden Gläubiger eine Frist zu setzen, binnen der er wiederum die Beseitigung zu bescheinigen hat; nach fruchtlosem Ablaufen der Frist wird die Exekution von Amts wegen eingestellt.

Beispiel für Aussichten auf Entfall des Hindernisses: Der Verpflichtete hat um Einverleibung angesucht und gegen den abweisenden Beschluss Rekurs erhoben, der im Grundbuch angemerkt ist.

- Lässt sich das Hindernis dagegen nicht beseitigen, erfolgt umgehend die amtswegige Einstellung.

Vor der Einstellung ist eine Einvernahme der Parteien nicht erforderlich (§ 45 Abs 1 EO).

Beseitigungsaufforderungen und Einstellungsbeschlüsse sind mit Rekurs anfechtbar. Bei Bekämpfung der Einstellung kann auch ein Beseitigungsauftrag begehrt werden.

2. Zustellung und Kostenvorschuss

Der Bewilligungsbeschluss ist dem betreibenden Gläubiger und dem Verpflichteten zuzustellen (§ 98a Abs 1 S 1 EO).

Abgabenbehörden werden erst verständigt, wenn der Zwangsverwalter bestellt wird (§ 99 Abs 2 S 1 EO), was nicht im Bewilligungsbeschluss sondern in einem gesonderten, nachfolgenden Beschluss erfolgt (§ 99 EO).

Dem betreibenden Gläubiger wird unter Einem der Erlag eines Kostenvorschusses zur Bestreitung der Verwalterkosten zugestellt. Der Kostenvorschuss ist bei sonstiger Einstellung binnen einer mindestens vierwöchigen, richterlichen Frist zu erlegen (§ 98a Abs 2 EO).

C. Bücherliche Anmerkung der Zwangsverwaltung

1. Vorgang

Das Buchgericht als Bewilligungsgericht ordnet von Amts wegen an, ein anderes Gericht als Bewilligungsgericht ersucht das Buchgericht um (§ 98 Abs 1 EO):

- Anmerkung der Zwangsverwaltung im Grundbuch
- bei der betreffenden Liegenschaft (EZ)
- unter Angabe des betreibenden Gläubigers und
- der betriebenen Forderung.
- Sind bloß Teile der Liegenschaft betroffen, so ist das in der Anmerkung anzugeben.

Wird die Anmerkung veranlasst, so ergeht zugleich das ***Vollzugsersuchen*** auf Durchführung der Zwangsverwaltung an das zuständige Exekutionsgericht (§ 98 Abs 3 EO).

Die Anordnung der bücherlichen Anmerkung ist unanfechtbar (§ 132 Z 1 EO).

2. Rechtsfolgen

Die Rechtsfolgen der Anmerkung sind:

▶ Der ***Rang des exekutiven Befriedigungsrechts*** des betreibenden Gläubigers richtet sich nach dem *Zeitpunkt des Exekutionsantrags* beim Buchgericht (§ 29 GBG iVm § 104 Abs 1 S 1 Hs 2 EO); war nicht das Buchgericht Bewilligungsgericht, so ist der *Zeitpunkt des Einlangens des Vollzugsersuchens beim Buchgericht auf Vornahme der Anmerkung* ausschlaggebend (§ 104 Abs 1 S 1 Hs 1 EO).

▶ Der betreibende Gläubiger ist befugt, die Zwangsverwaltung auch gegen jeden späteren Erwerber, ja gegen den ruhenden Nachlass (§ 34 Abs 2 EO) durchführen zu lassen (§ 98 Abs 2 EO). Sein ***Recht wirkt*** mithin – gleich dem des Inhabers einer Zwangshypothek – ***nicht nur gegen den Verpflichteten*** (§ 98 Abs 2 EO).

▶ Es gilt der Grundsatz der ***Einheit des Verwertungsverfahrens*** (§ 103 EO): Auf die Erträgnisse der Liegenschaft kann – unbeschadet früher daran erworbener Rechte – nur im Weg der Zwangsverwaltung Exekution geführt werden (§ 103 Abs 1 EO). Weitere betreibende Gläubiger können nur der bestehenden Zwangsverwaltung beitreten (§ 100 EO) und müssen sie in der vorgefundenen Lage übernehmen, ein Antrag auf eine gesonderte Zwangsverwaltung ist ihnen verwehrt (§ 103 Abs 2 EO).

D. Bestimmungen für Superädifikate

Wurde für ein Superädifikat bei Gericht keine Eigentumserwerbsurkunde durch Hinterlegung aufgenommen, so hat der betreibende Gläubiger (§ 102 Abs 1 S 1 EO)

- das Eigentum oder den Besitz des Verpflichteten zu behaupten und
- dies durch Urkunden zu bescheinigen.

Bei Fehlen einer solchen Bescheinigung sind vor Erteilung der Exekutionsbewilligung (§ 102 Abs 1 S 2 EO)

- *Erhebungen* durch das Vollstreckungsorgan durchzuführen und
- der *Verpflichtete* zur Frage des Eigentums oder Besitzes *zu vernehmen.*

Beachte! § 102 Abs 1 EO durchbricht das Beibringungsprinzip des Bewilligungsverfahrens und ergänzt es durch subsidiäre Erhebungen.

Nach Erteilung der Exekutionsbewilligung wird das ***exekutive Befriedigungsrecht*** durch ***pfandweise Beschreibung des*** Superädifikats zugunsten der vollstreckbaren Forderung begründet (§§ 90 ff iVm 102 Abs 1 S 3 EO).

Die Bewilligung der Zwangsverwaltung wird auf dem Protokoll angemerkt (§ 102 Abs 2 EO). Dies hat zwei ***Rechtsfolgen:***

► Die ***Zwangsverwaltung*** kann ebenso wie bei der bücherlichen Anmerkung der Zwangsverwaltung bei intabulierten Liegenschaften ***gegen jeden Erwerber des Superädifikats exekutiv in Vollzug gesetzt*** und weiter betrieben werden (§ 102 Abs 3 EO);

► Die ***Priorität des exekutiven Befriedigungsrechts*** des betreibenden Gläubigers bestimmt sich – anders als in den Fällen des § 104 Abs 1 EO (s. oben C. 2.) – nach dem Zeitpunkt der Anmerkung der Bewilligung der Zwangsverwaltung im Protokoll über die pfandweise Beschreibung des Superädifikats (§ 104 Abs 2 EO).

Für ***nicht intabulierte Liegenschaften*** gelten die Zwangsverwaltungsbestimmungen für Superädifikate (§ 131 Abs 2 EO).

E. Aufschiebung der Zwangsverwaltung

Wie oben (I.) erwähnt, genießt eine gleichzeitig betriebene Exekution auf wiederkehrende Geldforderungen ***(Lohnexekution)*** Vorrang vor der Zwangsverwaltung. Diese ist aufzuschieben, wenn der pfändbare Betrag voraussichtlich ausreicht, die betriebene Forderung binnen Jahresfrist zu tilgen (§ 99b EO).

Freilich bleiben die Bestimmungen der §§ 14 Abs 1, 27 Abs 1, 41 Abs 2 EO unangetastet.

F. Zwangsverwalterbestellung – Liegenschaftsübergabe – Mitwirkungspflicht des Verpflichteten und sein Wohnraum

1. Zwangsverwalterbestellung

Das Exekutionsgericht bestellt den Zwangsverwalter, sobald der betreibende Gläubiger den ***Kostenvorschuss*** (§ 98a Abs 2 EO) erlegt hat (§ 99 Abs 1 EO) mit unanfechtbarem Beschluss (§ 132 EO). Zu den Auswahlkriterien s. unten G. 1. und 2.

► Gleichzeitig ist der ***Verpflichtete*** vorweg ***zu verständigen*** und ihm jede Verfügung über von der Exekution betroffene Erträge zu verbieten; des Weiteren wird er angewiesen, dass er sich an der Geschäftsführung des Verwalters nicht beteiligen darf – es sei denn mit dessen ausdrücklicher Zustimmung (§ 99 Abs 1 EO).

► Der ***Bestellungsbeschluss*** ist dem betreibenden Gläubiger, dem Verpflichteten, dem Verwalter sowie den Abgabenbehörden ***zuzustellen.***

► Die Bestellung ist mit Nennung des Verpflichteten und der zu verwaltenden Liegenschaft in die ***Ediktsdatei*** einzuschalten.

▶ Der Verpflichtete wird ***bei Zustellung des Bestellungsbeschlusses*** mit ***Übergabeauftrag*** dazu verhalten, die ***Liegenschaft dem Zwangsverwalter zu übergeben.***

Betrifft die Zwangsverwaltung nur einen Liegenschaftsteil, so sind die übrigen Miteigentümer zu verständigen (§ 99 Abs 2 S 2 EO).

▶ Kommt der Verpflichtete dem Übergabeauftrag nicht nach, so kann (und muss) das Exekutionsgericht auf Antrag des Zwangsverwalters anordnen, dass die ***Liegenschaft unter Einschaltung eines Vollstreckungsorgans dem Verwalter übergeben*** wird (§ 99 Abs 3 EO).

Beachte! Bestellungsbeschluss, Verfügungseinschränkung an den Verpflichteten, Übergabeauftrag und exekutive Übergabe an den Zwangsverwalter sind ***unanfechtbare Entscheidungen (§ 99 EO iVm § 132 EO).***

2. Mitwirkungspflicht des Verpflichteten

Den Verpflichteten trifft eine ***Kooperationspflicht (§ 99a EO):***

▶ Er hat alle zur Geschäftsführung nötigen Unterlagen heraus zu geben und alle erforderlichen Aufklärungen zu erteilen.

▶ Bei beharrlicher Pflichtverletzung ohne hinreichenden Grund, verhängt das Exekutionsgericht aus Antrag des Zwangsverwalters gegen ihn die ***Haft.***

▶ Auszufolgende Urkunden sind dem Verpflichteten auf dem Weg der Herausgabeexekution ***wegzunehmen*** (§§ 346, 347 EO).

3. Wohnungsräume des Verpflichteten

Wohnt der Verpflichtete bei Bewilligung der Zwangsverwaltung auf der unterworfenen Liegenschaft, in einem zu verwaltenden Haus oder einer Eigentumswohnung (SZ 44/124), so sind ihm und seiner Familie für die Dauer der Zwangsverwaltung eine getrennte Wohneinheit (getrennter Eingang: LGZ Wien RPflE 1968/30) *von Amts wegen* (SZ 46/123) zu überlassen, die die unentbehrlichen Wohnräume für den Verpflichteten und seine im gemeinsamen Haushalt lebenden Familienmitglieder umfasst (§ 105 EO). Das Exekutionsgericht entscheidet darüber mit anfechtbarem Beschluss.

Gefährdet der Verpflichtete die Zwangsverwaltung, kann das Exekutionsgericht ihm die unentbehrlichen Wohnräume ebenfalls entziehen (§ 105 Abs 1 S 3 EO).

Personen können allerdings zur Räumung nicht angehalten werden, solange dies nicht ohne Gesundheitsgefährdung möglich ist (§ 105 Abs 2 EO).

G. Auswahl, Aufgaben und Rechtsstellung des Zwangsverwalters

1. Auswahl

Nicht von ungefähr gleichen die Bestellungsvoraussetzungen für den Zwangsverwalter denen des Insolvenzverwalters. Der Zwangsverwalter ist unter Umständen mit der Verwaltung eines Unternehmens konfrontiert und ebenso mit einer prekären wirtschaftlichen Lage, wenn auch nicht oder noch nicht mit der Insolvenz.

Zu beachten ist überdies § 12d IO, der seit dem IRÄG 2010 die Fortführung der Zwangsverwaltung im Anfangsstadium des Insolvenzverfahrens vorsieht, wogegen sie nach früherer Rechtslage neben dem Insolvenzverfahren einher lief und der damalige Masseverwalter die Aufgaben eines Zwangsverwalters übernahm.

Zum Zwangsverwalter ist eine unbescholtene, verlässliche und geschäftskundige Person zu bestellen, die Kenntnisse in der Verwaltung von Liegenschaften hat (§ 106 Abs 1 EO).

Der Zwangsverwalter erhält eine Bestellungsurkunde zur Legitimation Dritten gegenüber (§ 106 Abs 3 EO). Ab ***Zustellung der Bestellungsurkunde*** (§ 99 Abs 1 EO) treten seine Befugnisse und Berechtigungen in Kraft (§ 109 Abs 1 EO).

Bei Zwangsverwaltungen, die Unternehmen erfassen, hat die zu bestellende Person über ausreichende Kenntnisse des Wirtschaftsrechts oder der Betriebswirtschaft zu verfügen oder muss eine erfahrene Persönlichkeit des Wirtschaftslebens sein.

Wenn die Zwangsverwaltung ein Unternehmen erfasst, das wegen seiner Größe, seines Standorts, seiner wirtschaftlichen Verflechtungen oder aus anderen gleich wichtigen Gründen von wirtschaftlicher Bedeutung ist, so ist eine besonders erfahrene Person heran zu ziehen (§ 106 Abs 2 EO).

Bei der Auswahl sind zu berücksichtigen (§ 107 Abs 1 und 2 EO):

- die Gewährleistung einer zügige Durchführung der Zwangsverwaltung,
- eine hinreichende Kanzleiorganisation eine zeitgemäße technische Ausstattung,
- die Belastungen mit anhängigen Zwangsverwaltungen,
- besondere Kenntnisse, insbesondere der Betriebswirtschaft sowie des Steuer- Exekutions- und Arbeitsrechts,
- die bisherige Tätigkeit der Person,
- ihre Berufserfahrung.

Die ***Bestellung einer juristischen Person*** ist zulässig (§ 106 Abs 4 EO); diese hat allerdings dem Gericht bekannt zu geben, wer sie in Ausübung der Zwangsverwaltung vertritt.

2. Zwangsverwalterliste

Das Exekutionsgericht muss sich in erster Linie der ***Zwangsverwalterliste (§ 107a EO)*** bedienen, die beim OLG Linz – ebenso wie die Insolvenzverwalterliste nach § 269 IO – als allgemein zugängliche Datenbank für ganz Österreich geführt wird (§ 107a Abs 2 EO) und in die sich an der Zwangsverwaltung interessierte Personen unter Angabe der erforderlichen Daten (§ 107a Abs 1 EO) selbst eintragen können (§ 107a Abs 3 EO).

Zu den in der Zwangsverwalterliste vorgesehenen Textfeldern siehe § 107a Abs 1 EO. Das Ausfüllen aller Felder ist nicht verpflichtend, eine lakonische Eintragung wirkt sich freilich negativ auf die Bestellungschancen aus. Die Liste kann und soll von der eintragenden Person laufend aktualisiert werden. Das OLG Linz überwacht die Selbsteintragungen.

Nur dann, wenn keine in der Liste eingetragene Person die Erfordernisse des § 107 Abs 1 und 2 EO erfüllt, Eingetragene die Übernahme der Zwangsverwaltung ablehnen, oder eine besser geeignete nicht eingetragene Person für die Zwangsverwaltung bereit wäre, kann das Exekutionsgericht auch eine nicht in die Zwangsverwalterliste eingetragene Person bestellen (§ 107 Abs 3 EO).

3. Unabhängigkeit des Zwangsverwalters

Bei der Auswahl ist auf die ***Unabhängigkeit des Zwangsverwalters*** vom Verpflichteten und von den betreibenden Gläubigern zu achten (§ 107b Abs 1 IO):

Der Zwangsverwalter darf *kein naher Angehöriger* des Verpflichteten sein (es gilt die Definition des § 32 IO) und *kein Konkurrent* des Schuldners sein (§ 107b Abs 1 IO).

Umstände, die geeignet sind, seine Unabhängigkeit in Zweifel zu ziehen, hat der Zwangsverwalter unverzüglich dem Gericht anzuzeigen (§ 80b Abs 2 S 1 IO); diese sind in der ersten Gläubigerversammlung, bei späterer Bekanntgabe in einer vom Gericht zu diesem Zweck einberufenen Gläubigerversammlung zu erörtern (§ 80b Abs 4 IO).

§ 107b Abs 2 S 2 Z 1 bis 3 EO nennt insbesondere Vertretungs- und Beratungstätigkeiten für: den Verpflichteten, dessen nahe Angehörige (§ 32 IO), oder organschaftliche Vertreter, Gläubiger, Gläubiger gegen den Verpflichteten, weiters unmittelbare Konkurrenten des Schuldners, schließlich vom Verfahren wesentlich Betroffene, wobei Tätigkeiten, je nach Klienten, bis zu fünf Jahre vor der Zwangsverwaltung meldepflichtig sind.

Ist der Zwangsverwalter eine juristische Person, so sind sämtliche Vertretungs- oder Beratungstätigkeiten iSd § 107b Abs 2 S 2 Z 1 bis 3 EO von Gesellschaftern, Außenvertretungsbefugten, ja sogar sonst an der juristischen Person maßgeblich beteiligten Personen bekannt zu geben (§ 107b Abs 3 EO).

Teilt der Zwangsverwalter Umstände iSd § 107b EO dem Exekutionsgericht mit und enthebt das Gericht ihn nicht von Amts wegen, so sind die Angaben an die Parteien weiter zu leiten, um ihnen Gelegenheit für einen Enthebungsantrag zu geben (§ 107b Abs 4 EO).

Verschweigt der Zwangsverwalter Umstände, die seine Unabhängigkeit in Zweifel ziehen und werden diese später bekannt, so droht ihm die *Enthebung* von Amts wegen oder auf Antrag (§ 108 EO; siehe unten 7.).

4. Aufgaben

a) Geschäftskreis

Die Befugnisse des Zwangsverwalters treten mit Zustellung des Bestellungsbeschlusses in Kraft (§ 109 Abs 1 EO).

Ihm obliegen alle zur ordnungsgemäßen und vorteilhaften wirtschaftlichen Nutzung der Liegenschaft erforderlichen Maßnahmen (§ 109 Abs 2 S 1 EO).

Zentrale Aufgabe des Zwangsverwalters ist die Erwirtschaftung von Verwaltungserträgnissen aus denen

- vorab die nach § 120 EO unmittelbar zu befriedigenden Ausgaben gedeckt werden können, und
- eines solchen Ertragsüberschusses, der im Rahmen einer Verteilungstagsatzung einer mit Beschluss festzusetzenden Verwendung zur Gläubigerbefriedigung zuzuführen ist.

b) Aufforderung an Dritte

Dritte, die Leistungen an den Dritten zu erbringen haben, welche Einkünfte aus der verwalteten Liegenschaft sind, werden vom Verwalter aufgefordert, solche Zahlungen ausschließlich an ihn zu entrichten (§ 110 EO).

▶ Nach dieser Aufforderung ist eine schuldbefreiende Leistung für die Dauer der Zwangsverwaltung nur mehr an den Verwalter möglich. Darauf hat der Verwalter in seiner Aufforderung hinzuweisen.

▶ Vor Zugang des Aufforderungsschreibens an den Verpflichteten geleistete Zahlungen wirken schuldbefreiend, es sei denn der Dritte wusste zum Zeitpunkt der Leistung um die aufrechte Zwangsverwaltung. Die Beweislast dafür trägt der Zwangsverwalter.

c) Miet- und Pachtverträge

Sie wirken in der Zwangsverwaltung fort. Der Verwalter tritt in den Vertrag ein, hat das Recht zur regulären Kündigung, zur Beantragung eines Übergabemandats, zur Räumungsklage. Auch steht es ihm frei, neue Bestandverhältnisse für die ortsübliche Dauer abzuschließen (§ 111 EO).

d) Genehmigungspflichtige Rechtsgeschäfte

Es herrscht der Grundsatz freien verwalterischen Handelns zur bestmöglichen Ertragserzielung.

Davon macht das Gesetz indes Ausnahmen bei Verfügungen, die nicht zur ordentlichen Verwaltung gehören, sondern darüber hinausgehen (§ 112 EO) und verlangt eine gerichtliche Genehmigung insbesondere

- zum ***Abschluss von Mietverträgen,*** die auf längere Zeit als die voraussichtliche Dauer der Zwangsverwaltung abgeschlossen werden (Z 1),
- zur ***Verpachtung der Liegenschaft*** oder einzelner Liegenschaftsteile (Z 2),
- zur ***Verpachtung*** einzelner oder der gesamten (nicht in Geld bestehenden) Erträgnisse der Liegenschaft ***durch öffentliche Versteigerung*** (Z 3);

→ die Versteigerung obliegt dem Vollstreckungsorgan; dabei sind die Bestimmungen der §§ 277 ff EO über die ***Fahrnisversteigerung*** anzuwenden.

5. Haftung

Der Zwangsverwalter hat die durch den Gegenstand seiner Geschäftsführung gebotene Sorgfalt anzuwenden. Er ist allen Beteiligten für Vermögensnachteile verantwortlich, die er ihnen durch Pflichtwidrigkeiten verursacht: keine Amtshaftung, sondern ***zivilrechtliche Sachverständigenhaftung*** (§§ 109 Abs 2 S 2 EO iVm 1299 ABGB).

6. Überwachung

Der Zwangsverwalter wird vom Exekutionsgericht überwacht (§ 114 Abs 1 EO).

Er ist dem Exekutionsgericht gegenüber ***weisungs- und auftragsgebunden;*** dieses kann bei ihm Berichte und Aufklärungen einholen, Rechnungen oder sonstige Schriftstücke einsehen und die dazu erforderlichen Erhebungen vornehmen; es herrscht der *Untersuchungsgrundsatz* (§ 114 Abs 1 S 2 EO). Gegen die Beschlüsse des Gerichts ist der Rekurs unzulässig (§ 132 Z 4 EO).

Über Beschwerden beteiligter Gläubiger, des Verpflichteten, von Miteigentümern der verwalteten Liegenschaft gegen einzelne Maßnahmen oder das Verhalten des Zwangsverwalters schlechthin entscheidet das Exekutionsgericht nach Einvernahme des Zwangsverwalters und derjenigen Personen, die durch die Entscheidung tangiert werden, mit unanfechtbarem Beschluss (§§ 114 Abs 3, 132 Z 4 EO).

Kommt der Zwangsverwalter seinen Obliegenheiten nicht oder nicht rechtzeitig nach, so drohen ihm Geldstrafen und in dringenden Fällen die Bestellung eines besonderen Verwalters zur ersatzweisen Vornahme von Verwaltungshandlungen auf Kosten des untätigen Zwangsverwalters

(§ 114 Abs 2 EO). Ein Rekurs steht nur gegen Strafbeschlüsse zu (§ 132 Z 4 EO).

7. Enthebung

Die Parteien können binnen 14 Tagen

- nach Zustellung des Beschlusses über die Bestellung des Zwangsverwalters und
- nach Bekanntgabe der Umstände, die die Unabhängigkeit des Zwangsverwalters in Zweifel ziehen durch den Zwangsverwalter (§ 107b Abs 4; Fehlzitat des Gesetzgebers in § 108 Abs 1 EO auf einen nicht existierenden § 107 Abs 4 EO)

die ***Enthebung des Zwangsverwalters beantragen*** (§ 108 Abs 1 EO).

Der Enthebungsantrag ist zu begründen. Soweit dies rechtzeitig möglich ist, hat der Entscheidung die Einvernahme des Zwangsverwalters und der Antragsteller vorauszugehen (§ 108 Abs 1 S 2 und 3 EO).

Das Exekutionsgericht kann den Zwangsverwalter überdies aus wichtigen Gründen, insbesondere wegen Vertrauensverlusts, von Amts wegen oder auf Antrag ***entheben*** (§ 108 Abs 2 EO).

Wird der Zwangsverwalter enthoben, lehnt ein Bestellter die Übernahme der Tätigkeit ab oder fällt er sonst weg, so hat das Gericht von Amts wegen eine andere Person zu bestellen (§ 108 Abs 3 EO).

Enthebungen und Neubestellungen sind in der ***Ediktsdatei*** kund zu machen (§ 108 Abs 4 EO). Solche Beschlüsse sind unanfechtbar (§ 132 Z 2 EO).

8. Rechnungslegung

a) Rechnungslegung

Binnen 14 Tagen nach Ende eines jeden Kalenderjahres sowie am Ende der Tätigkeit hat der Verwalter Rechnung zu legen und die Rechnungsbelege anzuschließen (§ 115 Abs 1 S 1 und Abs 2 EO).

Gerechnet wird von Bestellungsmonat zu korrespondierendem Monatsende (Bestellung 6. Juni 2014, Kalenderjahrende 30. Juni 2015). Das Exekutionsgericht kann kürzere Intervalle anordnen (§ 115 Abs 1 S 2 und 3 EO).

Die erwirtschafteten Ertragsüberschüsse sind unverzüglich, sicher und bestmöglich fruchtbringend anzulegen; das Gericht kann ihren gerichtlichen Erlag anordnen. Dabei hat es die Perioden im Hinblick auf die hinsichtlich der Liegenschaft üblichen Fälligkeitstermine zu bestimmen (§ 115 Abs 1 S 5 bis 7 EO).

Ist der Verwalter mit der Rechnungslegung säumig, so drohen ihm Geldstrafen, Entlohnungsminderung (§ 115 Abs 3 EO) und Enthebung (§ 108 EO).

b) Entscheidung über die Rechnungslegung - Rechnungstagsatzung

Den Verfahrensbeteiligten ist Gelegenheit zu geben, sich binnen richterlicher Frist zur vorgelegten Rechnung zu äußern (§ 116 S 1 EO):

- Werden ***Bemängelungen*** vorgebracht, so ist in einer besonderen ***Rechnungstagsatzung*** zu entscheiden (§ 116 S 2 EO).
- Schweigt eine Partei zur vorgelegten Rechnung, so erkennt sie sie als Richtig an. Darauf weist das Gericht in seiner Aufforderung zur Äußerung hin (§ 116 S 3 und 4 EO). Darüber hinaus steht Parteien, die keine Bemängelungen eingebracht haben, gegen die Entscheidung über die Rechnung des Verwalters ein Rekurs nicht zu (§ 117 Abs 2 EO).

Wenn keine Bedenken vorliegen, so hat das Gericht die vorgelegte Rechnung zu genehmigen (§ 117 Abs 1 EO).
Über Bemängelungen hat es in der Rechnungstagsatzung zu entscheiden.

Merke! Ohne Bemängelungen gibt es keine Rechnungstagsatzung.

c) Erfüllung der Rechnungslegung

Zum Zweck der Erfüllung der Rechnungslegung erteilt das Gericht dem Verwalter Aufträge, die dieser umgehend zu erfüllen hat, widrigenfalls Entlohnungsminderung oder -zurückhaltung oder Geldstrafen drohen (§ 118 Abs 1 EO). Die Bestimmungen des § 220 ZPO über amtswegig einhebbare (§ 1 Z 2 GEG) Ordnungsstrafen sind über § 78 EO anwendbar.

Dem Verwalter rechtskräftig auferlegter Schadenersatz ist auf seine Entlohnung und auch seine Barauslagen compensando in Abzug zu bringen. Bei nicht völliger Einbringlichkeit aus diesen Mitteln oder bei Undurchführbarkeit haftet der Verwalter mit seinem gesamten pfändungsunterworfenen Vermögen (§ 118 Abs 2 EO).

9. Entlohnung

a) Umfang

Die Entlohnung des Zwangsverwalters ist in den §§ 113 bis 113b EO geregelt.
Der Zwangsverwalter hat Anspruch auf Entlohnung, zuzüglich USt und Barauslagenersatz. Die Entlohnung ist vom Exekutionsgericht nach Umfang, Schwierigkeit und Sorgfalt der Geschäftsführung zu bemessen (§ 113 Abs 1 EO).
Auf seinen Antrag ermächtigt das Exekutionsgericht den Zwangsverwalter zur Entnahme von Kostenvorschüssen.
Unter den besonderen Tatbestandsvoraussetzungen des § 113b EO kommt es zu einer Verminderung oder Erhöhung der Entlohnung.

Bei der Zwangsverwaltung von Liegenschaften, die durch Vermietung oder Verpachtung genutzt werden, sieht das Gesetz eine Entlohnung von 10% des durch Miet- oder Pachtzinse hereingebrachten Bruttobetrags („Verwalterzehent"), jedenfalls aber mindestens 500 Euro (§ 113a EO).

b) Geltendmachung

Entlohnung und Barauslagenersatz werden *bei sonstigem Verlust* anlässlich einer jeden Rechnungslegung für die abgelaufene Rechnungsperiode geltend gemacht (§ 117a Abs 1 EO).

Das Gericht entscheidet darüber zusammen mit der Genehmigung der Rechnung in oder außerhalb einer Tagsatzung, je nachdem ob gegen die Rechnung Bemängelungen eingebracht wurden oder nicht (§ 117a Abs 2 S 1 EO).

Der Entscheidung hat die Einvernahme des betreibenden Gläubigers und des Verpflichteten voranzugehen (§ 117a Abs 2 S 1 EO).

Gegen den Zuerkennungsbeschluss steht den Parteien und dem Verwalter ein zweiseitiger Rekurs offen. Rekursfrist und Rekursbeantwortungsfrist betragen 14 Tage. Ein Kostenersatz kann im Rechtsmittelverfahren nicht angesprochen werden (§ 117a Abs 2 S 2 bis 4 EO).

H. Gläubigerbeitritt

Tritt ein weiterer Gläubiger dem Verfahren über dieselbe Liegenschaft bei, so ist zu unterscheiden:

► Erfährt das Exekutionsgericht ***vor der Verwalterbestellung (§ 99 EO)*** vom Beitritt, so hat es dem zu ernennenden Verwalter aufzutragen, die Zwangsverwaltung auch zugunsten des beitretenden Gläubigers durchzuführen (§ 100 Abs 1 EO).

► Kommt es zur Bewilligung der Zwangsverwaltung für einen weiteren Gläubiger ***nach der Verwalterbestellung (§ 99 EO),*** so ist dem bereits bestellten Verwalter aufzutragen, die Zwangsverwaltung auch für den beitretenden Gläubiger durchzuführen (§ 100 Abs 2 EO).

In jedem Fall sind der neue Gläubiger *und der Verpflichtete* zu verständigen (§ 100 Abs 3 EO).

Rekurse gegen die genannten Beschlüsse sind unstatthaft (§ 132 EO).

I. Verwaltungserträgnisse

Zu diesen Erträgnissen gehören alle dem Verpflichteten gebührenden, der Exekution nicht entzogenen Nutzungen und Einkünfte der Liegenschaft, und zwar insbesondere (§ 119 Abs 2 Z 1 bis 4 EO)

1. ***nach Anmerkung*** der Zwangsverwaltung ***gewonnene Früchte,***

2. zur Zeit der Anmerkung schon ***abgesonderte*** und auf der Liegenschaft befindliche ***Früchte,***

3. die in diesem Zeitpunkt schon ***fälligen, jedoch noch nicht gezahlten Einkünfte*** und

4. die ***nach Anmerkung*** der Zwangsverwaltung ***fällig werdenden Einkünfte***.

Die Verwaltungserträge sind zur

- Berichtigung der *Verwaltungsauslagen* sowie
- *Befriedigung des betreibenden Gläubigers und der sonst Berechtigten*

zu verwenden (§ 119 Abs 1 EO).

Wurden Früchte oder Einkünfte schon vor der Anmerkung der Zwangsverwaltung gepfändet (künftige Früchte), so gehört nur der nach Berichtigung der Pfandforderung samt Nebengebühren erübrigende Teil zu den Verwaltungserträgnissen (§ 119 Abs 3 EO).

Die Zwangsverwaltung erfasst solche Sachen oder Einkünfte nicht, die vor der Anmerkung der Zwangsverwaltung übertragen worden sind.

Bei einer Verpfändung und einer Übereignung oder Zession zur Sicherstellung gehört der nach Berichtigung der verpfändeten oder gesicherten Forderung samt Nebengebühren erübrigende Teil zu den Verwaltungserträgnissen (§ 119 Abs 4 EO).

J. Unmittelbare Berichtigung aus den Verwaltungserträgnissen

Unmittelbar aus den Erträgen sind diejenigen Forderungen und Auslagen vom Verwalter zu berichtigen, die im Zusammenhang mit der Verwaltung und gewöhnlichen wirtschaftlichen Benützung der Liegenschaft entstanden sind (§ 120 Abs 1 EO).

§§ 120 Abs 2 Z 1 bis 5 und 121 EO zählt demonstrativ auf, um dann eine Reihung vorzunehmen (§§ 120 Abs 3, 121 EO); konzediert sei der Umstand, dass sozialgesetzliche Regelungen (§§ 65 Abs 2 ASVG, 38 Abs 2 GSVG, 37 Abs 2 BSVG) die ***Reihung*** ergänzen, sodass sie letztlich lautet (vgl. *Holzhammer,* ZVR[4], 182):

- die Verfahrenskosten ohne Verwalterentlohnung sowie die Kosten der Erhaltung der Liegenschaft (Z 4),
- Versicherungsprämien für die Liegenschaft, Zubehör oder Vorräte (Z 2),
- aus dem letzten Jahr vor Bewilligung der Exekution rückständige sowie laufende Löhne (Z 3),
- die Bildung einer Rücklage für die Verwalterkosten (GlUNF 1214; s. dazu § 124 Z 1 EO),
- laufende und aus dem letzten Jahr vor der Bewilligung der Zwangsverwaltung aufgelaufene Sozialversicherungsbeiträge (§§ 65 Abs 2 ASVG, 38 Abs 2 GSVG, 37 Abs 2 BSVG),
- laufende und in den letzten drei Jahren fällig gewordene Steuern, öffentliche Abgaben samt Anspruchszinsen, Verzugszinsen und etwaigen Strafzuschlägen (Z 1),
- die Kosten einer Verbesserung der Liegenschaft zur Wertsteigerung oder Verbesserung der Erträge (samt Vorschüssen) (Z 4),
- laufende und seit dem letzten Jahr vor der Bewilligung der Zwangsverwaltung rückständige, wiederkehrende Leistungen aus hypothekarisch gesicherten Forderungen, sofern diese unbestritten Vorrang vor dem betreibenden Gläubiger vorgehen (Z 5; § 120 Abs 3 EO).

K. Verteilung der Ertragsüberschüsse

1. Ertragsüberschüsse

Ertragsüberschüsse sind diejenigen ***Verwaltungserträge, die nach Abzug der unmittelbar zu berichtigenden Forderungen (§ 120 EO) verbleiben.*** Sie werden regelmäßig nach der Genehmigung einer jeden Verwalterrechnung verteilt (§ 122 S 1 EO).

Das Gericht kann eine Verteilung in kürzeren Abständen ebenso anordnen, wie die Zusammenlegung der Ausschüttung mehrerer Rechnungsperioden bei geringfügigem Ertragsüberschuss pro Periode (§ 122 S 2 EO).

Die Bestimmung des Zeitpunkts der Verteilung der Ertragsüberschüsse (Anberaumung der Verteilungstagsatzung) kann mit Rekurs angefochten werden (§ 132 Z 3 EO).

2. Verteilungstagsatzung

a) Anberaumung und Ladung

Die Verteilung der Ertragsüberschüsse erfolgt mit Gerichtsbeschluss in der Verteilungstagsatzung nach vorher gehender mündlicher Verhandlung.

Die Tagsatzung ist in die Ediktsdatei einzuschalten (§ 123 Abs 2 EO). Zu laden sind der Verwalter, der betreibende Gläubiger, der Verpflichtete und alle Personen, die nach der Aktenlage (bücherlich oder aufgrund des Protokolls bei pfandweiser Beschreibung von Superädifikaten) an der Liegenschaft oder an zur Liegenschaft gehörenden Rechten Geldleistungen zu beanspruchen haben (§ 123 Abs 1 EO).

b) Forderungsanmeldung

Nur die betriebenen Forderungen werden von Amts wegen berücksichtigt (§ 127 Abs 1 S 2 EO). Weitere Forderungen sind nach der Bestimmung über die Forderungsanmeldung bei der Meistbotsverteilungstagsatzung in der Zwangsversteigerung anzumelden (§§ 127 Abs 1 S 1, Abs 2 S 2 iVm 210 EO):

- bei Ladung werden andere als die betreibenden Gläubiger aufgefordert, ihre Forderungen samt Kapital, Zinsen, wiederkehrenden Leistungen, Kosten und sonstigen Nebenforderungen spätestens ***14 Tage vor dem Tagsatzungstermin anzumelden,***
- ***unter urkundlichem Nachweis der Forderung,*** widrigenfalls sie nur berücksichtigt wird, wenn sie aus dem Grundbuch eigenständig und zur Befriedigung geeignet erscheint.
- ***Eine verspätete Anmeldung kann noch in der Tagsatzung nachgeholt werden,*** wird die Tagsatzung aber von Amts wegen oder auf Antrag erstreckt, so droht § 210 Abs 2 EO mit der Auferlegung des Ersatzes der verursachten Kosten an die anderen Tagsatzungsteilnehmer iSd § 209 Abs 2 und 3 EO. Das Gericht fasst einen Kostenfestsetzungsbeschluss.

c) Verhandlungsgegenstand und Widerspruch

Bei der Tagsatzung ist über die von Amts wegen zu berücksichtigenden betriebenen Ansprüche sowie über die angemeldeten Forderungen, weiters über die Reihenfolge und Art ihrer Befriedigung zu verhandeln (§ 128 Abs 1 EO). ***Verhandlungsgegenstand ist das Bestehen, der beanspruchte Rang sowie die Höhe der Forderung.***

Gläubiger, deren Ansprüche selbst beim Ausfallen eines bestrittenen Rechts aus den Ertragsüberschüssen nicht zum Zug kommen könnten, die mithin keine Ausfallsbeteiligten (s. sogl.) sind, werden der Verhandlung nicht beigezogen (§§ 128 Abs 4 S 2 iVm 212 Abs 2 EO).

Bei Einigkeit der Beteiligten hat das Gericht auf dieser Basis zum Verteilungsbeschluss zu schreiten (§§ 128 Abs 4 S 2 iVm 214 Abs 2 Hs 1 EO).

► ***Widerspruch*** kann erhoben werden (§ 128 Abs 2 EO)

- gegen die Bezahlung einzelner angemeldeter oder von Amts wegen zu berücksichtigender Forderungen oder ihrer Zinsen aus den Ertragsüberschüssen,
- gegen den beantragten Rang Reihenfolge der Bezahlung,
- gegen die Forderungshöhe oder
- gegen die Berechtigung zur Empfangnahme der Zahlungen.

► Zum Widerspruch legitimiert sind (§ 128 Abs 3 EO)

- alle Gläubiger, deren Ansprüche beim Ausfallen des bestrittenen Rechtes aus den Ertragsüberschüssen zum Zuge kommen könnten (***Ausfallsbeteiligte***), unter dieser Voraussetzung insbesondere auch Afterpfandgläubiger,
- der Verpflichtete nur gegen die Berücksichtigung von nicht titulierten Ansprüchen.

► Widersprüche sind nur dann auf den Rechtsweg zu verweisen (***Widerspruchsklage*** vor dem Exekutionsgericht), wenn die Entscheidung von der Ermittlung und Feststellung streitiger *Tatumstände* abhängt (*Widerspruchsklage*), bei bloße *Rechtsfragen* aber in der Verteilungstagsatzung zu erledigen (§ 128 Abs 2 EO).

► ***Widerspruch und Widerspruchsklage*** folgen den Bestimmungen des Zwangsversteigerungsrechts (s. unten IV. R. 2.): Erhebung des Widerspruchs: § 213 Abs 2 und 3 EO, §§ 231 bis 233 EO; Rechtsfolgen einer Versäumung der Frist zur Erhebung der ***Widerspruchsklage:*** § 231 Abs 2 EO; Einfluss der anhängigen Widerspruchsklage auf die Ausführung des Verteilungsbeschlusses: § 236 Abs 3 EO (§ 128 Abs 4 EO).

3. Verteilungsbeschluss

§§ 124 bis 126 EO bestimmen die ***Reihenfolge der Forderungen,*** in der die Ertragsüberschüsse auszuschütten sind:

- Entlohnung und Barauslagenersatz des Verwalters, wobei Vorschüsse (§ 113 Abs 2 EO) in Abzug zu bringen sind; die gebildete Rücklage (oben J.) ist aufzulösen;

▪ die nicht länger als drei Jahre vor Bewilligung der Zwangsverwaltung rückständigen, von der Liegenschaft zu entrichtenden Vermögensübertragungsgebühren und, soweit sie nicht schon nach § 120 EO unmittelbar aus den Erträgen berichtigt wurden, die im § 120 Abs 2 Z 1 EO bezeichneten Steuern und öffentlichen Abgaben samt Verzugszinsen;

▪ soweit nicht gleichfalls schon nach § 120 Abs 2 Z 5 EO befriedigt, die während der Zwangsverwaltung fällig werdenden oder aus dem letzten Jahr vor Bewilligung der Zwangsverwaltung rückständigen Zinsen, Renten, Unterhaltsgelder und sonstigen wiederkehrenden Leistungen aus Forderungen und Rechten, die auf der Liegenschaft sichergestellt sind, einschließlich der im § 120 Abs 2 Z 5 EO bezeichneten Kapitalabschlagszahlungen, in der den Bezugsrechten zukommenden Rangordnung, vorausgesetzt, dass diese dem betreibenden Gläubiger genießen (§ 124 EO).

▪ Nach Tilgung der in § 124 EO genannten Forderungen ist die betriebene Forderung samt dreijährigen Zinsen, Rückständen, Prozess- und Exekutionskosten zu bedienen; bei mehreren betreibenden Gläubigern gilt das Prioritätsprinzip (§ 125 Abs 1 EO). Bei gleichem Rang kommt es zur anteilsmäßigen Aufteilung und somit einer Kürzung (§ 125 Abs 2 S 1 EO);

▪ erst nach den betreibenden Gläubigern sind länger als drei Jahre rückständige, pfandrechtlich *nicht* gesicherte Steuern, Gebühren und Abgaben zu berücksichtigen (§ 125 Abs 2 S 2 EO).

▪ Diesen sind laufende und seit dem letzten Jahr vor der Bewilligung der Zwangsverwaltung rückständige, wiederkehrende Leistungen aus hypothekarisch gesicherten Forderungen nachgereiht, sofern sie den betreibenden Gläubigern nachgehen (§ 120 Abs 2 Z 5 und Abs 3 EO iVm §§ 124 Z 3, 126 S 1 EO);

▪ ein allfällig verbleibender Überschuss (hyperocha, superfluum) ist dem Verpflichteten auszuzahlen (§ 126 S 2 EO).

Die Bestimmungen des *Meistbotsverteilungsverfahrens* über den ***Verteilungsbeschluss*** (§§ 214 Abs 1, 229 EO) und den ***Ausfolgungsbeschluss*** (§ 236 EO) gelten sinngemäß (vgl. *Angst* in Angst/Oberhammer³, EO, zu § 128 Rz 1 ff, 3 und 4).

Bis zur rechtskräftigen Entscheidung über einen anhängigen ***Widerspruchsprozess*** kann ein Verteilungsbeschluss nicht ausgeführt werden, die Ertragsüberschüsse bleiben in gerichtlicher Verwahrung (§ 236 Abs 3 EO).

Ein ***Rekurs*** gegen den Verteilungsbeschluss im Umfang des Widerspruchsrechts steht nicht offen (anders beim Verteilungsbeschluss über das Meistbot nach § 234 EO; LGZ Wien EvBl 1936/404).

L. Einstellung der Zwangsverwaltung

1. Einstellungsfälle

Die Zwangsverwaltung ist einzustellen

► ***von Amts wegen oder auf Antrag des Verpflichteten,*** wenn sämtliche Forderungen samt Nebengebühren getilgt sind, zu deren Hereinbringung die Zwangsverwaltung bewilligt wurde (§ 129 Abs 1 EO).

▶ ***von Amts wegen oder auf Antrag,*** wenn die Fortsetzung der Zwangsverwaltung besondere Kosten erfordern würde, die aus den Einkünften der Liegenschaft nicht bestritten werden können, und der betreibende Gläubiger den nötigen Geldbetrag nicht vorschießt, oder

▶ ***von Amts wegen oder auf Antrag,*** wenn nach den Verhältnissen die Erzielung von Erträgnissen, die zur Befriedigung des erstgereihten betreibenden Gläubigers verwendet werden könnten, überhaupt nicht oder doch innerhalb eines Jahres nicht zu erwarten ist oder diese Erträgnisse nicht einmal 25% der laufenden Zinsen des betriebenen Kapitals decken (§ 129 Abs 2 EO).

Vor der Entscheidung über eine amtswegige Einstellung sind die Parteien und der Zwangsverwalter zu vernehmen (§ 129 Abs 3 EO).

▶ jederzeit auf Antrag des betreibenden Gläubigers (§ 129 Abs 4 S 1 EO).

Bei Zwangsverwaltung zu Gunsten mehrerer Gläubiger hat der Einstellungsantrag eines von ihnen die Wirkung (§ 129 Abs 4 S 2 EO), dass

- dieser die Rechte und Pflichten eines betreibenden Gläubigers verliert,
- die zu seinen Gunsten vollzogene Anmerkung der Zwangsverwaltung gelöscht wird und
- die Forderung dieses Gläubigers künftighin lediglich nach Maßgabe ihrer sonstigen Sicherstellung (§§ 120 Abs 2 Z. 5, 124 Z. 3 und 126 EO) bei der Verteilung berücksichtigt wird.

Die allgemeinen Einstellungsgründe gelten freilich auch bei der Zwangsverwaltung (§§ 39 bis 41 EO).

Beachte! Wird die Liegenschaft während aufrechter Zwangsverwaltung versteigert, so geht die Zwangsverwaltung in eine einstweilige Verwaltung zu Gunsten des Erstehers über (§ 161 EO).

2. Verständigungen

Zu verständigen sind: der Verpflichtete und der betreibende Gläubiger sowie nach Eintritt der Rechtskraft der Verwalter, die in § 99 Abs 2 genannten öffentlichen Organe und die dort genannten Miteigentümer der Liegenschaft (§ 130 Abs 1 EO).

3. Rechtsfolgen

- Mit Rechtskraft des Einstellungsbeschlusses erlangt der Verpflichtete wieder die ***Befugnis zur Bewirtschaftung und Benützung der Liegenschaft, zur Einziehung der Erträgnisse und zur Verfügung darüber.***

- Das Exekutionsgericht hat die ***bücherliche Löschung der Anmerkung der Zwangsverwaltung von Amts wegen*** zu veranlassen und den Verwalter zur ***Übergabe der Liegenschaft an den Verpflichteten,*** zur Verständigung jener Personen, die gemäß § 110 EO zur Zahlung an den Verwalter aufgefordert wurden, sowie zur ***Erstattung der Schlussrechnung*** anzuweisen.

▪ Ein aus der Schlussrechnung sich ergebender ***Restbetrag*** ist dem Verpflichteten herauszugeben, sofern der betreibende Gläubiger mit Zustimmung des Verpflichteten nichts anderes beantragt (§ 130 Abs 2 EO).

M. Bergwerkseigentum

Besondere Vorschriften für die Zwangsverwaltung von Gegenständen des Bergwerkseigentums sehen §§ 240, 241, 247 EO vor.

IV. Zwangsversteigerung

Lit.: *Angst,* Die rechtliche Behandlung von Überbauten, ÖJZ 1972, 119; *Angst,* Die Liegenschaftsschätzung nach der EO-Nov 2000, ImmZ 2001, 61; *Angst,* Liegenschaftsbewertung im Zwangsversteigerungsverfahren, Sach 2002, 17; *Angst,* Hypothekarische Besicherung und nachträgliche Abtretung von Bestandzinsforderungen, ÖBA 2007, 444; *Angst,* Die Rückabwicklung nach Aufhebung des Zuschlags gemäß § 187a EO, ecolex 2015, 202; *Aschauer,* Das rechtsgeschäftliche Veräußerungs- und Belastungsverbot bei Liegenschaften (1998); *Bachner,* Zur Durchsetzung der Ausschließung eines Wohnungseigentümers, wobl 2001, 305; *BMJ,* Erlass zur Exekutionsordnungs-Novelle 2000, JABl 2001/4, 27; BMJ, Sparurkunden als Vadium nach § 147 EO und als Exekutionsobjekt im Fahrnisexekutionsverfahren, ZIK 2000/238, 181; *Böhm,* Widerspruch gegen die Verteilung (§ 213 EO) und Klage aus dem besseren Recht (§ 231 Abs 4 EO), ÖJZ 1974, 533; *Burgstaller/Wimmer,* Res pignerata pignori capta - Pfändung trotz Pfandrechts eines Dritten? in FS Sprung (2001); *Eder,* Der Schuldnerschutz in der gerichtlichen Exekution (1994); *Engelhart,* Das Wiederkaufsrecht im Exekutions- und Insolvenzverfahren, NZ 1987, 273; *Feil,* Zwangsversteigerung von Liegenschaften (1980); *Feil,* Österreichisches Hypothekarrecht[2] (1999) 217ff; *Fellner,* Meistbot bei Zwangsversteigerungen von Liegenschaften (in der Insolvenz) – Brutto- oder Nettobetrag? ÖBA 2003, 889; *Gärtner-Nietl/Haberer,* Zwangsversteigerungen von Liegenschaften nach der EO-Novelle 2000: Ein paar „Erinnerungen" für die Praxis, RdW 2002, 651; *Gleichweit,* § 210 Abs 1 EO und der Umfang der Zuweisung ohne Anmeldung, RZ 2011, 206; *Hinteregger,* Rechte des Pfandgläubigers bei Entwertung der Pfandliegenschaft durch Vermietung, ÖBA 2001, 451f; *Hölzel,* Wiederversteigerung und erste Versteigerung, beider Wesen und Wirkung, JBl 1904, 265; *Holzner,* Zwei Fragen des Superädifikatsrechts, JBl 2005, 333; *Holzner,* Löschung der Versteigerungsanmerkung als „Zwischeneintragung"? JBl 2007, 555; *Hörmann,* Brutto- oder Nettotitel? NZ 1991, 60; *Hoyer,* Zwei Fragen der Höchstbetragshypothek, in FS Demelius (1973) 349; *Hoyer,* Die Simultanhypothek[2] (1977); *Hoyer,* Ein Beitrag zum Recht der Superädifikate, in FS Ostheim (1990) 95; *Jaksch,* Handbuch des Hypothekenwesens (1960); *Jannach,* Das Ausgedinge im Zwangsversteigerungsverfahren (1990); *Kanduth-Kristen/Treer,* SWK-Spezial (2006); *Karollus,* Zur Rechtsstellung des Liegenschaftserstehers, JBl 1989, 23; *Kiechl,* Zu den Erfordernissen der Forderungsanmeldungen im Meistbotsverteilungsverfahren bei Liegenschaftsverwertungen, ecolex 2006, 473; *Kininger,* Die „Übergabe" der geräumten Liegenschaft an den betreibenden Gläubiger, in BeitrZPR III 243; *Kepplinger,* Ehegattenwohnungseigentum, Exekution und Konkurs, immolex 2000, 121; *Kletečka,* Das Superädifikat, in *Rechberger,* Superädifikat und Baurecht (2006); *Kletečka,* Die Belastungen der Kreditwirtschaft durch das Superädifikat – Analyse und Rechtspraktik, RdW 2008/3, 12; *Klineberger,* Das Deckungsprincip, JBl 1900, 109; *Kranewitter,* Liegenschaftsbewertung[5] (2007); *Krehan,* Wie lange kann der Beitritt zur Zwangsversteigerung erfolgen? NZ 1936, 102;

Krehan, Zur parzellenweisen Versteigerung, ImmZ 1950, 151; *Krenn*, Das Überbot – eine leidige Institution, RZ 2011, 131; *Kristen*, „Reverse-Charge": Übergang der Steuerschuld bei Verwertung von Sicherungseigentum, beim abgetretenen Eigentumsvorbehalt und bei der Zwangsversteigerung von Liegenschaften, ZIK 2004/2, 2; *Kristen*, Aktuelle USt-Probleme bei der Zwangsversteigerung von Immobilien, SWK 2004, 453; *Kurzbauer*, Die Höchstbetragshypothek (1999); *Lentner*, Fremdwährungsforderungen und Exekution auf das unbewegliche Vermögen, ÖJZ 1967, 569; *Mandyczewski*, Die Zwangsversteigerung physischer Teile von Grundbuchskörpern, RZ 1904, 81; *Markl*, Auswirkungen der EO-Novelle 2000 auf die Zwangsversteigerungen von Ehegattenwohnungseigentum, wobl 2001, 97; *Mini*, Die neue Zwangsversteigerung von Liegenschaften (2000); *Mini*, Die Räumungsexekution (2007); *Mini*, Exekution auf Superädifikate, immolex 2014, 70; *Mini*, Das Überbot nach der EO-Novelle 2014, immolex 2015, 43; *Mohr*, Zwangsversteigerung einer Liegenschaft, in FS Dittrich (2000) 493; *Mohr*, Die Exekutionsordnungs-Novelle 2000, ecolex 2000, 634; *Mohr*, Die neue Zwangsversteigerung (2000); *Mohr/Beiser*, Die neue Zwangsversteigerung, ecolex-spezial 2000; *Mohr*, Die Zwangsversteigerung einer Liegenschaft nach der Exekutionsordnungs-Novelle 2000, immolex 2000, 275; *Mohr*, Die Exekutionsordnungs-Novelle 2000 – ein Überblick, ZIK 2000/99, 81; *Neubauer*, Unzulässige Bieterabsprachen im Zwangsversteigerungsverfahren – neue Sanktion Ordnungsstrafe, RZ 2015, 10; *Nowotny*, Die Haftung des gerichtlich bestellten Sachverständigen gegenüber dem Ersteher in der Liegenschaftszwangsversteigerung, JBl 1987, 282; *Petschek*, Zivilprozessrechtliche Streitfragen (1933) 198ff; *Pichler*, Die Einverleibung des Pfandrechts nach § 208 EO, ÖJZ 1961, 206; *Puster*, Zwangsversteigerung leicht gemacht² (1984); *Rassi*, Neuerungen im Exekutionsverfahren – ein Überblick, RZ 2007, 59; *Raunig*, Ausgedingte und neuerliche Liegenschaftsversteigerung, GZ 1931, 130; *Riedl*, Praxishandbuch Zwangsversteigerungsrecht (2009); *Rechberger*, Exekutionsverfahren Superädifikate, in *Hofmeister/Rechberger/Zitta* (Hrsg), Bauten auf fremdem Grund (1996) 171; *Riel*, Die kridamäßige Veräußerung nach der EO-Novelle 2000, ZIK 2000, 146; *Sailer*, Zwangsversteigerung von Liegenschaften - materiell- und formalrechtliche Fragen, JBl 2010, 613; *Schaar*, Rechte und Pflichten des Erstehers bei exekutivem Liegenschaftserwerb (1993); *Schmidinger/Sereinig*, Superädifikate und Baurechte aus Bankensicht unter Berücksichtigung von Bauwerken auf Kleingartengrundstücken, in *Rechberger*, Superädifikat und Baurecht (2006); *Schumacher*, Sondermassekosten in der Meistbotsverteilung, JBl 1988, 436; *Simotta*, Einige Probleme des Datenschutzes im Zivilverfahrensrecht, ÖJZ 1993, 793, 838; *Sobotka*, Ansteigen des Haftungsrisikos für den Sachverständigen, immolex 2005, 138; *Spruzina*, Das österreichische Baurecht, in *Rechberger*, Superädifikat und Baurecht (2006); *Wehrberger*, Vorzugspfandrechte im WEG 2002 (2003).

A. Wesen und Ablauf

Die ***Zwangsversteigerung*** bildet den schwerwiegendsten Eingriff in das Vermögen des Verpflichteten bei der Immobiliarexekution.

Sie tangiert überdies die Rechte Dritter, seien es Hypothekargläubiger, Berechtigte aus Reallasten und Dienstbarkeiten oder schlicht Miteigentümer der Liegenschaft.

Der Gesetzgeber hat Sorge zu tragen, dass die Zwangsversteigerung nicht für vollstreckbare Forderungen herangezogen wird, deren Höhe in einem ***Missverhältnis zum Liegenschaftswert*** stehen.

Dem begegnet er mit den ***Prioritätsregeln*** der §§ 201, 202 EO (Vorrang der Zwangsverwaltung bei gleichzeitiger Aufschiebung der Zwangsversteigerung) und des § 203 EO (Vorrang der Lohn- und Fahrnispfändung bei gleichzeitiger Aufschiebung der Zwangsversteigerung). Siehe dazu oben I.

Dem Schuldnerschutz dient die ***Verschleuderungsgrenze*** des § 151 EO, der als ***geringstes Gebot*** den halben Schätzwert der Liegenschaft bestimmt, einen Zuschlag bei einem darunter liegenden Gebot ausschließt und vielmehr einen erneuten Versteigerungsversuch von einem binnen zweier Jahre zu stellenden Antrag auf Versteigerung abhängig macht.

Ebenso wie die Zwangsverwaltung verschafft auch die Bewilligung der Zwangsversteigerung dem betreibenden Gläubiger ein ***exekutives Befriedigungsrecht*** aus der Liegenschaft; eine nachfolgende Pfändung findet nicht statt.

Das Verfahren folgt im Wesentlichen folgendem Ablauf (vgl. auch *Rechberger/Oberhammer,* ExV^5, Rz 265):

- ► Bewilligung der Zwangsversteigerung und bücherliche Anmerkung,
- ► Schätzung der Liegenschaft,
- ► Durchführung der Versteigerung,
- ► Verteilung des Meistbots.

B. Exekutionsantrag und Exekutionsbewilligung

1. Bewilligungsverfahren

Mit dem Exekutionsantrag kann für die vollstreckbare Gläubigerforderung die Zwangsversteigerung einer Liegenschaft, eines Liegenschaftsanteils, eines Superädifikats oder eines Baurechts nach dem BauRG des Verpflichteten beantragt werden (§ 133 Abs 1 EO iVm § 238 Abs 1 EO).

Zuständig für die Exekutionsbewilligung ist gemäß § 18 Z 1 EO das ***Buchgericht.*** Zwangsversteigerungen sind ***Richtersache*** (arg. § 17 Abs 2 Z 1 RPflG). Ein vereinfachtes Bewilligungsverfahren ist unzulässig (§ 54b Abs 1 Z 1 EO). Eine vollstreckbare Titelausfertigung ist außer im Fall des § 135 EO vorzulegen.

► Der Gläubiger hat seinem Exekutionsantrag ein Verzeichnis aller Personen (samt Adressen) beizulegen,

- denen an der Immobilie dingliche Rechte zukommen,
- zu deren Gunsten Bestandrechte, Wiederkaufs- oder Vorkaufsrechte eingetragen sind (***Interessentenverzeichnis)***.

Fehlt dieses Verzeichnis, so ist der Exekutionsantrag zwar nicht abzuweisen, das Gericht *kann und muss* dem betreibenden Gläubiger auftragen, dies binnen richterlicher Frist nachzureichen (§ 133 Abs 2 EO), widrigenfalls die Zwangsversteigerung aber gemäß § 200 Z 3 EO eingestellt wird (RVEB EO-Novelle 2000, 93 BlgNR 21. GP 32).

► Hat der betreibende Gläubiger für die vollstreckbare Forderung ***schon eine Hypothek an der Liegenschaft des Verpflichteten rechtskräftig begründet,*** muss er den ***Exekutionstitels nicht vorlegen;*** die Exekution ist im Rang des intabulierten Pfandrechts zu bewilligen, wenn der betreibende Gläubiger dies beantragt und die Identität der Forderung nachweist (§ 135 EO).

► Schon bei der Zwangsverwaltung erwähnte ***Sonderbestimmungen*** gibt es auch hier für ***Superädifikate*** (§ 134):

- Bei einem Superädifikat, für das bei Gericht keine Urkunde über den Erwerb des Eigentums durch Hinterlegung aufgenommen wurde, hat der Gläubiger das Eigentum oder den Besitz des Verpflichteten zu behaupten und durch Urkunden glaubhaft zu machen.
- Sonst gehen der Exekutionsbewilligung ***Erhebungen des Gerichtsvollziehers*** und eine ***Einvernahme des Verpflichteten*** über die Frage des Eigentums oder des Besitzes voran.
- Nach Bewilligung der Exekution hat das Exekutionsgericht von Amts wegen unverzüglich die ***pfandweise Beschreibung*** des Superädifikats nach den Bestimmungen der §§ 90 ff EO zu Gunsten der vollstreckbaren Forderung des betreibenden Gläubigers anzuordnen.

► Die Bestimmungen für Superädifikate gelten *auch für nicht intabulierte Liegenschaften* (§ 238 Abs 2 EO).

Der Grundbuchsstand ist von Amts wegen zu erheben (§ 55a EO) und bei der Entscheidung zugrunde zu legen.

Ein eingetragenes ***Veräußerungsverbot*** hindert die Bewilligung der Zwangsversteigerung (SZ 19/265, 49/151, NZ 1980, 156), nicht jedoch ein bloßes ***Belastungsverbot*** (SZ 10/290; MietS 30.545).

Ein wechselseitiges Veräußerungs- und Belastungsverbot an Miteigentumsanteilen von Ehegatten, mit denen ***Wohnungseigentum*** verbunden ist, hindert die Zwangsversteigerung des gesamten Mindestanteils (SZ 57/63).

Ist das Versteigerungsverfahren nach dem Grundbuchsstand (etwa aus einem der vorgenannten Gründe) ***undurchführbar,*** so ist § 101 EO über die Aufforderung zur Hindernisbeseitigung bei sonstiger Abweisung des Exekutionsantrags sinngemäß anzuwenden (§ 137 Abs 3 EO; siehe oben III. B. 1.).

Das Gericht entscheidet mit anfechtbarem Beschluss auf Bewilligung der Zwangsversteigerung.
Diese darf erst nach Rechtskraft des Bewilligungsbeschlusses vorgenommen werden (§ 169 Abs 3 EO).

2. Zustellung

Die Exekutionsbewilligung ist dem betreibenden Gläubiger, dem Verpflichteten und allen Personen, für die auf der Liegenschaft ein Wiederkaufsrecht einverleibt ist, zuzustellen (§ 136 Abs 1 S 1 EO).

Weicht die aus dem Grundbuch ersichtliche Adresse des Verpflichteten von der im Exekutionsantrag oder im Exekutionstitel angegebenen Adresse ab, so ist die Exekutionsbewilligung auch an die im Grundbuch angegebene Adresse zu übersenden (§ 136 Abs 1 S 2 EO).

▪ Dem ***betreibenden Gläubiger*** ist zugleich der Erlag eines ***Kostenvorschusses*** binnen einer mindestens vierwöchigen Frist aufzutragen (§ 136 Abs 2 S 1 EO). Dieser dient insbesondere der Berichtigung der anfallenden Schätzungskosten durch einen Sachverständigen.

▪ Den ***Wiederkaufsberechtigten*** ist mitzuteilen, dass sie ihr Recht bei sonstigem Ausschluss innerhalb eines Monats nach Zustellung dieser Verständigung auszuüben haben (§ 136 Abs 2 S 2 EO).

C. Anmerkung der Zwangsversteigerung

1. Anmerkung der Einleitung des Versteigerungsverfahrens

Es gilt ***zwischen intabulierten Liegenschaften und Superädifikaten zu unterscheiden:***

► Bei intabulierten Liegenschaften ist die ***Einleitung des Zwangsversteigerungsverfahrens bücherlich anzumerken*** und zwar auf amtswegige Anordnung des Bewilligungsgerichts ***(§ 137 Abs 1 EO):***
- unter Angabe des betreibenden Gläubigers und
- unter Angabe der betriebenen Forderung.

Wurde die Zwangsversteigerung zur Hereinbringung einer schon pfandrechtlich sichergestellten Forderung bewilligt, so ist in der Anmerkung darauf hinzuweisen (§ 137 Abs 1 S 3 EO).

Ist das Bewilligungsgericht nicht Grundbuchsgericht (vgl. § 6 EO), so hat es dieses um die Anmerkung zu ersuchen und die erforderliche Anzahl von Ausfertigungen beizulegen (§ 137 Abs 1 S 2 EO).

Eine nach Erteilung der Exekutionsbewilligung nach dem Grundbuchsstand des Exekutionsgerichts hervorkommende Undurchführbarkeit der Zwangsversteigerung, so ist der betreibende Gläubiger binnen Frist zur Hindernisbeseitigung aufzufordern, widrigenfalls die Zwangsversteigerung eingestellt wird (§§ 137 Abs 3, 101 EO; vgl. oben II. B. 1.).

► Bei ***Superädifikaten*** ist die bewilligte Versteigerung in dem bei der pfandweisen Beschreibung zu errichtenden ***Protokoll anzumerken*** (§ 137 Abs 2 EO).

2. Rechtsfolgen der bücherlichen Anmerkung der Zwangsversteigerung

Die Rechtsfolgen der Anmerkung sind:

► Der betreibende Gläubiger ist befugt, die Zwangsversteigerung auch gegen jeden späteren Erwerber, ja gegen den ruhenden Nachlass (§ 34

Abs 2 EO) durchführen zu lassen Sein ***Recht wirkt*** mithin – ebenso wie bei Zwangshypothek und Zwangsverwaltung – ***nicht nur gegen den Verpflichteten*** (§ 138 Abs 1 S 1 Hs 1 EO).

► Der betreibende Gläubiger ***geht allen Personen im Rang vor, die erst nach der Anmerkung bücherliche Rechte*** an der zu versteigernden Liegenschaft ***erwerben*** (§ 138 Abs 1 S 1 Hs 2 EO).

► Der ***Rang des exekutiven Befriedigungsrechts*** des betreibenden Gläubigers richtet sich nach dem *Zeitpunkt des Exekutionsantrags* beim Buchgericht (§ 29 GBG iVm § 104 Abs 1 S 1 Hs 2 EO); war nicht das Buchgericht Bewilligungsgericht, so ist der *Zeitpunkt des Einlangens des Vollzugsersuchens beim Buchgericht auf Vornahme der Anmerkung* ausschlaggebend (§ 138 Abs 1 S 2 EO).

Bei ***Superädifikaten*** entsteht das exekutive Befriedigungsrecht mit der Anmerkung der Versteigerungsbewilligung auf dem Protokoll über die pfandweise Beschreibung (§ 138 Abs 1 S 3 EO).

► ***Rangvorbehaltsinhaber*** (§ 58 GBG) müssen bis zur Anmerkung der Einleitung der Zwangsversteigerung von ihrem Recht Gebrauch machen, danach werden sie ***nicht mehr berücksichtigt*** (§ 138 Abs 1 S 4 EO).

► Es gilt auch in der Zwangsversteigerung der Grundsatz der ***Einheit des Verwertungsverfahrens.*** Auf die Liegenschaft kann – unbeschadet früher daran erworbener Rechte – nur im Weg der Zwangsversteigerung Exekution geführt werden (siehe zum Beitritt sogleich unten D.).

Allerdings ist die Zwangsversteigerung zugunsten einer erfolgreichen Zwangsverwaltung (§ 201 EO), einer Lohn- oder Fahrnisexekution (§ 203 EO) aufzuschieben: ***Nachrang der Zwangsversteigerung.***

► ***Rechtshandlungen des Verpflichteten*** sind ab der Anmerkung der Einleitung der Zwangsversteigerung dem Gläubiger und dem Ersteher gegenüber unwirksam, sofern (§ 138 Abs 2 EO)

- sie die in Exekution gezogene Liegenschaft oder das Superädifikat oder aber Zubehör betreffen und
- die Rechtshandlungen nicht zur ordentlichen Verwaltung gehören.

D. Beitritt

Es herrscht der ***Grundsatz der Einheit des Verwertungsverfahrens:***

► Weitere betreibende Gläubiger können ***der laufenden Zwangsversteigerung nur beitreten*** und müssen sie in der vorgefundenen Lage übernehmen (§ 139 Abs 2 EO).

► Ein ***paralleles Zwangsversteigerungsverfahren*** über dieselbe Liegenschaft oder dasselbe Superädifikat ist ***unzulässig*** (§ 139 Abs 1 EO).

► Ab ihrem Beitritt haben weitere Gläubiger ***dieselben Rechte,*** wie wenn das Verfahren auf ihren Antrag eingeleitet worden wäre; ***sie gehen aber dem Erstbetreibenden im Rang nach,*** weil ihr exekutives Befriedigungsrecht erst mit dem Beitritt begründet wird.

Das Exekutionsgericht hat den Erstbetreibenden bzw. vorrangig Betreibende und den Verpflichteten von jedem Beitritt zu verständigen (§ 139 Abs 4 EO).

E. Schätzung

1. Anordnung und Vorbereitung

Mindestens drei Wochen (Sollensvorschrift) nach der Bewilligung des Versteigerungsverfahrens ***ordnet das Exekutionsgericht von Amts wegen die Schätzung der Liegenschaft an*** (§ 140 Abs 1 EO).

Der gerichtlich bestellte Sachverständige oder Schätzmeister schafft die für die Schätzung benötigten Unterlagen anderer Behörden zur Liegenschaft herbei; insbesondere, insbesondere solche über den Einheitswert, die Grundsteuerbemessungsgrundlage und (Abgaben)bescheide mit dinglicher Wirkung.

Der Verpflichtete ist auskunftspflichtig und hat alle Unterlagen zur Liegenschaft herauszugeben, Behörden sind zur Überlassung von Unterlagen und Urkunden verpflichtet (§ 140 Abs 2 EO).

Auf der Liegenschaft befindliches Zubehör (§§ 294 bis 297a ABGB) ist zugunsten der vollstreckbaren Forderung zu beschreiben und zu schätzen.

Für die Beschreibung des Liegenschaftszubehörs haben das Gericht § 257 EO (Anmerkung der Nachpfändung) und der Sachverständige §§ 253 und 254 Abs 2 (Pfändungsbestimmungen bei der Fahrnisexekution durch pfandweise Beschreibung) sinngemäß anzuwenden (§ 140 Abs 3 EO).

Die ***Anordnung der Schätzung der Liegenschaft kann und muss unterbleiben,*** wenn die Liegenschaft aus Anlass eines früheren gerichtlichen Verfahrens geschätzt wurde, seither nicht mehr als zwei Jahre verstrichen sind und eine wesentliche Veränderung der Beschaffenheit der Liegenschaft inzwischen nicht stattgefunden hat.

Gleiches gilt für eine neuerliche Beschreibung und Schätzung des Liegenschaftszubehörs wenn sich zudem seither weder Beschaffenheit noch Umfang dieses Zubehörs wesentlich geändert haben (§ 142 Abs 1 EO).

Das Ergebnis der früheren Beschreibung und Schätzung wird dann dem Versteigerungsverfahren zugrunde gelegt und die Beschreibung des Zubehörs durch Anmerkung auf dem bei der früheren Beschreibung aufgenommenen Protokoll vollzogen (§ 142 Abs 2 EO).

Der Beschlussfassung hat eine Einvernehmung beider Teile oder, wenn ein Antrag vorliegt, des Gegners des Antragstellers vorherzugehen (§ 142 Abs 3 EO).

2. *Ermittlung des Liegenschaftswerts*

Die Liegenschaftsschätzung ist nach dem ***Liegenschaftsbewertungsgesetz (LBG)*** vorzunehmen, soweit im Folgenden nichts anderes bestimmt wird. Der für die Schätzung maßgebliche Stichtag ist der Tag der Befundaufnahme (§ 141 Abs 1 EO).

▶ Sind Grundstücke verschiedener Kulturgattung, Flächenwidmung oder Nutzung zu schätzen, so sind für die einzelnen Arten von Grundstücken ***besondere Sachverständige*** beizuziehen, wenn dies zur richtigen Ermittlung des Wertes unerlässlich erscheint (§ 141 Abs 2 EO).

▶ Zur Befundaufnahme und Beschreibung der Liegenschaft sind der Verpflichtete, der betreibende Gläubiger sowie unter gleichzeitiger Verständigung von der Bewilligung der Versteigerung alle Personen zu ***laden***, für die nach dem Inhalt der dem Gericht darüber vorliegenden Urkunden auf der Liegenschaft dingliche Rechte und Lasten begründet sind (§ 141 Abs 3 EO).

▶ Verschlossene Haus- und Wohnungstüren *dürfen auch dann geöffnet werden, wenn die Liegenschaft von einem Dritten bewohnt wird* und die Türen zum Zeitpunkt der Schätzung, der dem Dritten bekannt gegebenen wurde, verschlossen sind. § 26 und § 26a Abs 2 und 3 EO (***Durchsuchungsrecht des Vollzugsorgans, Schlosservollzug***) sind sinngemäß anzuwenden (§ 141 Abs 4 EO).

▶ Der Sachverständige hat in das Gutachten auch einen ***Lageplan*** und bei Gebäuden auch einen ***Grundriss*** sowie zumindest ein Bild aufzunehmen. Er hat dem Gericht das Gutachten sowie eine Kurzfassung hiervon auch in elektronischer Form zur Verfügung zu stellen (§ 141 Abs 5 EO).

Das Sachverständigengutachten hat die ***Erfordernisse des § 9 Abs 1 LBG*** zu erfüllen und Folgendes zu nennen:

- ***Zweck*** der Schätzung, Bewertungsstichtag, Besichtigungstag, anwesende Personen, verwendete Unterlagen,
- genauer ***Befund*** mit Beschreibung der Sache nach wertbestimmenden Merkmalen und sonstigen für die Bewertung bedeutsamen Eigenschaften tatsächlicher oder rechtlicher Natur,
- ***Bewertung*** unter genauer Angabe des angewendeten Verfahrens zu dessen Berechnung, die Gründe für die Auswahl des angewendeten Wertermittlungsverfahrens, allenfalls angewendete Verfahrensverbindungen.

Primär ist die Liegenschaft nach ihrem Verkehrswert anzusetzen (§ 2 LBG). Dabei sind drei Wertermittlungsverfahren denkbar (§ 3 LBG):

▶ das ***Vergleichswertverfahren*** (§ 4 LBG) vergleicht mit tatsächlich erzielten Kaufpreisen vergleichbarer Sachen in zeitlicher Nähe zum Bewertungsstichtag. Es wird favorisiert, wenn vergleichbare Kaufpreise zur Verfügung stehen (vgl. *Rechberger/Oberhammer*, ExR^5, Rz 281).

▶ das ***Ertragswertverfahren*** (§ 5 LBG), das den Rohertrag der Liegenschaft durch Kapitalisierung für eine bestimmte Periode berechnet, den Bewirtschaftungsaufwand davon abzieht und um die steuerlichen Abzüge bereinigt.

▶ das ***Sachwertverfahren*** (§ 6 LBG), das den Wert der Liegenschaft durch Addition von Bodenwert, Bauwert und Wert sonstiger Bestandteile sowie gegebenenfalls des Zubehörs ermittelt.

Der Sachverständige haftet dem Ersteher und allen Beteiligten für Vermögensnachteile, die er ihnen durch pflichtwidrige Führung seines Amtes verursacht als Sach- und Kunstverständiger nach dem verschärften Sorgfaltsmaßstab des § 1299 ABGB (§ 141 Abs 5 EO).

3. *Umfang der Schätzung*

Bei der ***Schätzung*** ist zu ermitteln (§ 143 Abs 1 EO),

- welchen Wert die Liegenschaft bei Aufrechterhaltung der Belastungen und
- welchen Wert sie ohne diese Belastungen hat.

- Außerdem sind die auf der Liegenschaft lastenden Dienstbarkeiten, Ausgedinge, anderen Reallasten, auf der Liegenschaft eingetragenen Bestandrechte und das Baurecht für sich zu schätzen und die ihnen entsprechenden Kapitalbeträge zu ermitteln.

- Bei der Schätzung sind auch die auf Grund von (Abgaben)bescheiden mit dinglicher Wirkung auf der Liegenschaft lastenden Beträge zu berücksichtigen.

Wenn auf der Liegenschaft Lasten haften, die auf den Ersteher von Rechts wegen übergehen, ist nur der Wert zu ermitteln, den die Liegenschaft bei Aufrechterhaltung der Last hat. Eine abgesonderte Schätzung des aus der Last entspringenden Rechtes entfällt (§ 143 Abs 2 EO).

Bilden ***mehrere Grundbuchskörper eine wirtschaftliche Einheit,*** so ist zu ermitteln, welchen Wert jeder Grundbuchskörper für sich allein und welchen alle zusammen als wirtschaftliche Einheit haben (§ 143 Abs 3 EO).

Ist offenkundig, dass ein ***höherer Erlös*** erzielt werden wird, wenn mehrere Grundstücke eines Grundbuchskörpers einzeln oder in Gruppen versteigert werden oder bei gemeinsamer Versteigerung mehrerer Eigentumswohnungen oder Anteile verschiedener Verpflichteter an einer Liegenschaft, einem Superädifikat oder einem Baurecht, so hat der Sachverständige auch zu ermitteln, welchen Wert die einzelnen Grundstücke eines Grundbuchskörpers oder die Gruppen von Grundstücken oder die gemeinsam zu versteigernden Eigentumswohnungen oder Anteile verschiedener Verpflichteter an einer Liegenschaft, einem Superädifikat oder einem Baurecht haben (§ 143 Abs 4 EO).

4. *Bekanntgabe des Schätzwerts*

Der ***Schätzwert*** ist folgenden Personen ***bekannt zu geben:***

- dem Verpflichteten,
- dem betreibenden Gläubiger sowie
- allen Personen, für die nach dem Inhalt der dem Gericht darüber vorliegenden Urkunden auf der Liegenschaft dingliche Rechte und Lasten begründet sind.

Sie sind gleichzeitig aufzufordern, ihre ***Einwendungen*** binnen richterlich festgesetzter Frist geltend zu machen (§ 144 Abs 1 EO).

Besteht an der Liegenschaft eine Dienstbarkeit, die der leitungsgebundenen Energieversorgung dient (Stromleitung), so ***kann*** der daraus Berechtigte binnen 14 Tagen ab Zustellung des Schätzgutachtens unwiderruflich erklären, dass er die Übernahme der Dienstbarkeit ohne Anrechnung auf das Meistbot wünscht und bereit ist, den vom Sachverständigen ermittelten Wert der Dienstbarkeit zu zahlen (§ 144 Abs 2 EO). Die Hereinbringung des Übernahmebetrags regelt § 152a EO (s. unten G. 7.).

Beachte aber die im Verhältnis zu § 144 Abs 2 EO spezielle und damit vorrangige Norm des § 150 Abs 1a EO samt sondergesetzlichen Bestimmungen wie etwa § 22 Abs 3 StWG, die in diesem Fall eine ***Übernahme der Last ohne Anrechnung*** auf das Meistbot vorsehen (s. unten G. 4.). ***Für den Betreiber elektrischer Leitungen besteht keine Zahlungspflicht nach § 144 Abs 2 EO!*** Vgl. dazu RVEB EO-Novelle 2014, 180 BeilNR XXV. GP 6.

5. Ergänzung der Schätzung

Spätestens nach Ablauf der Einwendungsfrist gegen den Schätzwert hat das Exekutionsgericht alle erforderlichen Ergänzungen, Richtigstellungen und Verbesserungen des Schätzungsgutachtens von Amts wegen zu veranlassen (§ 145 EO).

F. Laufende Fahrnisexekution auf Zubehör

Wurde Zubehör der zu versteigernden Liegenschaft auf dem Weg der Fahrnisexekution gepfändet, so hat das für die Zwangsversteigerung zuständige Exekutionsgericht von Amts wegen oder auf Antrag mit Beschluss die ***Zubehöreigenschaft festzustellen*** (§ 146a Abs 1 S 1 EO), denn:

Auf Zubehör einer Liegenschaft (§§ 294 bis 297a ABGB) darf eine abgesonderte Exekution nicht geführt werden (§ 252 EO).

Vor der Entscheidung sind der betreibende Gläubiger der Fahrnisexekution und der betreibende Gläubiger des Zwangsversteigerungsverfahrens einzuvernehmen (§ 146a Abs 1 S 3 EO).

Ist Betreibender der Fahrnisexekution das Finanzamt oder eine Verwaltungsbehörde, so ist die Behörde zur Stellungnahme aufzufordern (§ 146a Abs 2 EO).

Mit Eintritt der Rechtskraft dieses Beschlusses erlischt das Pfandrecht an jenen beweglichen körperlichen Sachen, deren Zubehöreigenschaft festgestellt wurde (§ 146a Abs 1 S 2 EO).

Der Rekurs hat mithin aufschiebende Wirkung.

Die Fahrnisexekution führende Behörde ist auch vom Eintritt der Rechtskraft des Feststellungsbeschlusses zu verständigen (§ 146a Abs 3 EO).

G. Versteigerungsbedingungen

1. Begriff

Versteigerungsbedingungen sind die in §§ 147 ff EO gesetzlich festgelegten Rahmenbedingungen und Vorschriften für

- die Bietersicherheit (Vadium, §§ 147 bis 149 EO),
- die Lastenübernahme durch den Ersteher (§ 150 EO),
- die Vorrangseinräumung (§ 150a EO),
- das geringste Gebot (§ 151 EO),
- die Berichtigung des Meistbots (§ 152 EO),
- den Übernahmebetrag für Dienstbarkeiten zu leitungsgebundener Energieversorgung (§ 152a EO),
- die Kündigung pfandrechtlich sicher gestellter Forderungen (§ 153 EO),
- den Übergang von Gefahr, Nutzungen und Lasten auf den Ersteher sowie die Übergabe der Liegenschaft und die Einverleibung seines Eigentumsrechts (§ 156 EO).

2. Änderung

Wenn dadurch voraussichtlich ein höherer Erlös zu erzielen sein wird (vgl. § 143 Abs 4 EO), ist auf Antrag oder von Amts wegen (teilweise auch bei Offenkundigkeit: § 146 Abs 1 Z 1 bis 3a EO) nach Einvernahme des Verpflichteten, des betreibenden Gläubigers und aller Personen, für die nach Inhalt der dem Gericht darüber vorliegenden Urkunden auf der Liegenschaft oder dem Superädifikat dingliche Rechte begründet sind, eine Änderung der gesetzlichen Versteigerungsbedingungen vorzunehmen, sofern ein Tatbestand des § 146 Abs 1 Z 1 bis 5 EO vorliegt.

So kann z.B. die gemeinsame Versteigerung mehrerer Grundbuchkörper angeordnet werden, auf verbundene Verfahren Bedacht genommen werden (gemeinsame Versteigerung der Objekte) oder mit Zustimmung des betreibenden Gläubigers ein höherer Betrag als der in § 151 EO vorgesehene als geringstes Gebot festgesetzt werden.

3. Vadium

Als ***Vadium*** bezeichnet man ***eine Bietersicherheit, die der Meistbietende als Sicherheit für die Erfüllung seiner Verpflichtungen zu erlegen hat*** (vgl. dazu *Angst* in Angst/Oberhammer[3], EO, zu § 148 Rz 1 und 4). Die zu leistende Sicherheit beträgt ***stets 10% des Schätzwerts*** der Liegenschaft (§ 147 Abs 1 S 1 EO).

Als Sicherheitsleistung kommen nur Sparurkunden in Betracht. Auch eine Sparurkunde, die durch Losungswort gesichert ist oder die auf den Namen des gemäß § 40 Abs 1

BWG identifizierten Kunden lautet, ist als Sicherheitsleistung geeignet. Das Gericht kann hierüber auch ohne Angabe des Losungsworts verfügen. Bei einer Sparurkunde, die auf den gemäß § 40 Abs 1 BWG identifizierten Kunden lautet, ist das Versteigerungsprotokoll oder ein Beschluss, der die für den Ersteher maßgeblichen Angaben nach § 194 Abs 1 Z 3 EO enthält, vorzulegen (§ 147 Abs 1 S 2 bis 5 EO). Der Erleger hat mithin Sparurkunden vorzulegen, über die das Gericht verfügen kann.

Beachte! Die Entgegennahme von Bargeld ist nicht zulässig; geschieht dies gesetzwidriger Weise doch und wird dem Meistbietenden der Zuschlag erteilt, so berechtigt diese Gesetzesübertretung nicht zum Widerspruch nach §§ 182, 184 EO (EvBl 2004/85 = RZ 2004/18).

Nach zweimaliger ergebnisloser Aufforderung zu einem höheren Gebot in der Versteigerung, mithin ***unmittelbar vor dem Zuschlag ist der Meistbietende zum Erlag des Vadiums aufzufordern.*** Erlegt er nicht unverzüglich, so ist die Versteigerung mit dem vorangegangenen höchsten Gebot weiterzuführen (§ 148 Abs 1 S 1 EO).

Über den Meistbietenden, der die Sicherheitsleistung nicht erlegt hat, ist eine Ordnungsstrafe bis zu 10 000 Euro zu verhängen (§ 148 Abs 1 S 2 EO).

Vom Erlag eines Vadiums sind befreit:

- *ex lege* Personen, die sich namens einer unter staatlicher oder Landesverwaltung stehenden Anstalt an der Versteigerung beteiligen und eine entsprechende Bestätigung vorlegen können sowie
- *ex lege* Personen, die sich namens des Staates oder eines Landes an der Versteigerung beteiligen (§ 147 Abs 2 EO).

Auf ihren Antrag kann der Erlag eines Vadiums erlassen werden:

- *auf ihren Antrag* Personen, die an der versteigerten Liegenschaft eine Hypothek haben, *in dem Umfang,* in dem die pfandrechtlich sichergestellte Forderung für das Vadium voraussichtlich Deckung bietet (§ 148 Abs 2a EO).

→ Sogleich nach Schluss der Versteigerung ist in diesem Fall die Veräußerung, Belastung oder Verpfändung der bücherlich sichergestellten Forderung zu untersagen und dieses Verbot von Amts wegen im Grundbuch bei der betreffenden Forderung anzumerken. Eintragungen, die gegen ihn nach dieser Anmerkung erwirkt werden, können die Verwendung der Forderung zur Befriedigung aller aus der Versteigerung gegen den Ersteher sich ergebenden Ansprüche nicht hindern (§ 148 Abs 3 EO). Der Ersteher kann durch nachträglichen Erlag des Vadiums (§ 147 Abs 1 EO) die Aufhebung des zufolge § 148 erlassenen Verbots und die bücherliche Löschung der Anmerkung erwirken (§ 149 Abs 1 EO).

Das erlegte Vadium ist bis zum vollständigen Erlag des Meistbots oder bis zur rechtskräftigen Versagung des Zuschlags in ***gerichtlicher Verwahrung*** zu halten (§ 148 Abs 2 EO).

Jede als Sicherheitsleistung des Erstehers bei Gericht verwahrte Sache haftet von der Zeit ihrer Übergabe als ***gesetzliches Pfand*** für alle aus der

Versteigerung gegen den Ersteher sich ergebenden Ansprüche, insbesondere für den Meistbotsausfall und die Kosten einer *Wiederversteigerung* iSd § 154 EO (§§ 149 Abs 2 iVm 155 Abs 1 EO).

4. Übernahme von Lasten

Der Ersteher der Liegenschaft hat folgende Rechte ohne Anrechnung auf das Meistbot zu übernehmen (§ 150 Abs 1 EO):

- Dienstbarkeiten,
- Ausgedinge und andere Reallasten, denen der Vorrang vor dem Befriedigungsrecht eines betreibenden Gläubigers oder einem eingetragenen Pfandrecht zukommt.

Nachrangige Lasten sind dagegen nur insoweit zu übernehmen, als sie nach der ihnen zukommenden Rangordnung in der Verteilungsmasse Deckung finden (§ 150 Abs 1 S 2 EO).

Eine Sonderstellung nehmen jene ***Dienstbarkeiten*** ein, ***die der leitungsgebundenen Energieversorgung dienen*** und nicht nach anderen Bestimmungen (etwa nach § 22 Abs 3 StarkstromwegeG – StWG) ***ohne Anrechnung auf das Meistbot zu übernehmen*** sind (vgl. bereits § 144 Abs 2 EO). Sie sind (auch) dann ohne Anrechnung auf das Meistbot zu übernehmen, wenn der aus der Dienstbarkeit Berechtigte unwiderruflich erklärt hat, den vom Sachverständigen ermittelten Wert der Dienstbarkeit zu bezahlen (§ 150 Abs 1a idF EO-Novelle 2014 iVm § 144 Abs 2 EO und §§ 225 bis 227 EO). Die Neufassung des § 150 Abs 1a EO diente der Klarstellung, dass die Bestimmung des § 144 Abs 2 EO als lex generalis gegenüber § 150 Abs 1a EO oder sondergesetzlichen Bestimmungen, etwa § 22 Abs 3 StarkstromwegeG – StWG zurück zu treten hat. Vgl. RVEB EO-Nov 2014, 180 BeilNR XXV. GP 6.

Nicht rechtzeitig ausgeübte Wiederkaufsrechte sind nach dem Versteigerungsverfahren ohne Anspruch auf Entschädigungsansprüche aus dem Meistbot ***zu löschen*** (§ 150 Abs 2 EO).

Für ***bücherlich eingetragene Bestandrechte*** bleiben die Vorschriften des § 1121 ABGB maßgebend (§ 150 Abs 3 EO). Sie sind als Dienstbarkeiten zu behandeln. Der Inhalt des Bestandvertrags, ausgenommen dessen Dauer, bleibt aufrecht (SZ 31/20). Muss der Ersteher das Bestandrecht nicht übernehmen, so steht ihm ein außerordentliche Kündigungsrecht zu (§ 1121 S 2 ABGB).

Dies ist dann der Fall, wenn das auf Anrechnung aus dem Meistbot zu übernehmende Bestandrecht seine Deckung nicht im Meistbot findet (NZ 2008/703, 119 *Hoyer;* Zak 2008/761, 436)

Besonderes gilt ***bei relativ wirksamen bücherlichen Vorrangseinräumungen (§ 150a EO):***

Bei bücherlicher Vorrangseinräumung nicht aufeinanderfolgend eingetragener Rechte ohne Zustimmung des oder der Zwischenberechtigten, hat die Einräumung des vorrückenden Rechts zum Schutz der Zwischenberechtigten nur den Umfang und die Beschaffenheit des nachrückenden Rechts (§ 50 Abs 3 GBG).

Bei der Meistbotsverteilung ist daher das vortretende Recht an seiner ursprünglichen (nachrangigen) Stelle zu berücksichtigen, ***wenn das Recht, das nach seinem ursprünglichen Rang vom Ersteher ohne Anrechnung auf das Meistbot zu übernehmen ist, zurücktritt*** und ein seiner Natur nach verschiedenes Recht vortritt. Die Bestimmung dient dem Schutz des Zwischenberechtigten (SZ 65/161).

5. Geringstes Gebot

Das geringste Gebot ist der halbe Schätzwert (§ 151 Abs 1 EO); darunter liegende Gebote dürfen bei der Versteigerung nicht berücksichtigt werden (§ 151 Abs 2 EO) und der Verkauf darf nicht stattfinden (§ 151 Abs 3 S 1 EO).

Vielmehr ist binnen zwei Jahren ein ***Antrag auf einen weiteren Versteigerungstermin*** anzuberaumen. Bei der neuerlichen Versteigerung gelten die Vorschriften der Erstversteigerung. War bei der ersten Versteigerung ein *höheres geringstes Gebot* als der halbe Schätzwert festgelegt (§ 146 Abs 1 Z 5 EO), so kann nunmehr beantragt werden, das *Mindestgebot auf den halben Schätzwert herabzusetzen* (§ 151 Abs 3 S 2 bis 4 EO).

6. Berichtigung des Meistbots

Binnen zwei Monaten *ab Rechtskraft der Zuschlagserteilung* ist das Meistbot bei Gericht zu erlegen (§ 152 Abs 1 S 1 EO).

Wenn die Eigentumsübertragung erst durch eine Grundverkehrskommission des jeweiligen Bundeslandes genehmigt werden muss, beginnt die Frist mit der Rechtskraft des Beschlusses, mit dem der Zuschlag für wirksam erklärt wird (§ 152 Abs 1 S 2 EO; etwa: §§ 17 ff SalzbGVG, §§ 19 ff OöGVG, §§ 18 ff TirGVG).

Der vom Meistbieter gerichtlich zu erlegende ***Betrag vermindert sich*** (§ 152 Abs 1 S 3 EO):

- um Beträge, die auf ***Forderungen von Pfandgläubigern,*** die im Meistbot *voraussichtlich Deckung finden und mit der Übernahme der Schuld durch den Ersteher einverstanden sind;*
- um Beträge für ***pfandrechtlich sichergestellte Forderungen, Dienstbarkeiten, Ausgedinge und andere Reallasten,*** *die vom Ersteher in Anrechnung auf das Meistbot übernommen werden müssen.*

→ *Rückständige* Renten, Unterhaltsgelder und andere wiederkehrende Leistungen, *rückständige* Zinsen der zur Übernahme bestimmten Forderungen sowie Prozess- und Exekutionskosten dürfen bei dieser Berechnung nicht in Anschlag gebracht werden.

- um das bei Gericht erlegte ***Vadium*** (§ 152 Abs 2 EO).

Das ***Meistbot*** ist vom Tag der Zuschlagserteilung bis zum Erlag ***mit 4% zu verzinsen,*** soweit es nicht auf Forderungen und Lasten aufzurechnen ist.

Diese Zinsen sowie die Zinsen der bei Gericht erlegten Beträge des Meistbots fallen in die ***Verteilungsmasse*** (§§ 152 Abs 3 iVm 215 Z 1 EO).

Zu entrichtende Übertragungsgebühren, die beim Erwerb der Liegenschaft anfallen, dürfen nicht in das Meistbot eingerechnet werden (§ 152 Abs 4 EO).

7. Übernahmebetrag für Dienstbarkeiten zu leitungsgebundener Energieversorgung

Der Betrag, den der Berechtigte einer Dienstbarkeit, die der leitungsgebundenen Energieversorgung dient, sich für deren ***Übernahme*** nach § 144 Abs 2 EO zu leisten verpflichtet hat, ist binnen zwei Monaten ab Rechtskraft der Erteilung des Zuschlags bei Gericht zu erlegen. Die Summe ist dem Meistbot zuzuschlagen und mit diesem zu verteilen (§ 152a Abs 1 EO).

Mangels fristgerechten Erlags ist der ***Übernahmebetrag*** von Amts wegen durch exekutionsgerichtlichen Beschluss festzustellen und mit 4% zu verzinsen. Zu seiner Hereinbringung findet nach Rechtskraft des Beschlusses Exekution statt. Diese kann vom betreibenden Gläubiger sowie von jeder der übrigen auf das Meistbot gewiesenen Personen beim Exekutionsgericht beantragt und zugunsten der Verteilungsmasse durchgeführt werden (§ 152a Abs 2 EO).

8. Kündigung pfandrechtlich sichergestellter Forderungen

Pfandrechtlich sichergestellte, in Anrechnung auf das Meistbot übernommene Forderungen kann der Ersteher

- halbjährig (oder binnen vertraglich vereinbarter kürzerer Frist) ***kündigen und***
- ohne Rücksicht auf die vertragsmäßig für die Rückzahlung geltenden Bestimmungen ***zurückzahlen,***

wenn die zusätzlich zu den Kapitalsabschlagszahlungen anfallenden, vertraglich zu entrichtenden wiederkehrenden Leistungen einen jährlichen Gesamtbetrag von 4% übersteigen (§ 153 EO).

9. Nutzungsverhältnis bei Superädifikat

Wird ein Superädifikat versteigert, so tritt der Ersteher in ein bestehendes Nutzungsverhältnis ein. Der Eigentümer des Grundstücks (RVEB EO-Nov 2000 BlgNR 21. GP 40) kann jedoch das Nutzungsverhältnis aus wichtigem Grund kündigen.

10. Säumnis des Erstehers

Ist der ***Ersteher mit dem Erlag des Meistbots säumig,*** so drohen ihm die Kosten der Wiederversteigerung, dort eine Sicherheitsleistung, und die Haftung für den Meistbotsausfall.

a) Wiederversteigerung

Die Wiederversteigerung

- findet auf Antrag oder von Amts wegen auf Kosten und Gefahr des säumigen Erstehers statt (§ 154 Abs 1 EO). Mit Rechtskraft der Anordnung der Wiederversteigerung verliert die erste Versteigerung ihre Wirksamkeit (§ 154 Abs 2 S 2 EO). Der Rekurs hat mithin aufschiebende Wirkung.

Die Wiederversteigerung wird abgewendet, wenn der säumige Ersteher vor Ablauf der Rekursfrist gegen die Anordnung der Wiederversteigerung den noch offenen Betrag des Meistbots samt Zinsen bei Gericht erlegt (§ 154 Abs 2 S 1 EO).

- folgt den Vorschriften für die erste Versteigerung,
- der säumige Ersteher ist vom Bieten nicht ausgeschlossen, hat aber vor Beginn des Bietens eine Sicherheitsleistung in der Höhe des geringsten Gebots zu erlegen (§ 154 Abs 3 EO).

Vom neuerlichen Versteigerungstermin sind auch Personen zu verständigen, für die erst nach Anberaumung der ersten Versteigerung dingliche Rechte und Lasten begründet, oder Wiederkaufs- und Vorkaufsrechte eingetragen wurden (§ 154 Abs 4 EO).

b) Haftung

Der ***säumige Ersteher haftet für den Meistbotsausfall,*** der sich bei der Wiederversteigerung ergibt, für die ***Kosten*** der Wiederversteigerung, die ***entgangenen Meistbotszinsen*** (§ 152 Abs 3 EO) und für alle sonst durch seine Saumsal verursachten ***Schäden*** *sowohl mit dem Vadium und dem erlegten Betrag des Meistbots wie mit seinem übrigen Vermögen (§ 155 Abs 1 EO).*

Der Meistbotsausfall, die Kosten der Wiederversteigerung und die entgangenen Meistbotszinsen (§ 152 Abs 3 EO) sind von Amts wegen durch exekutionsgerichtlichen Beschluss festzustellen und mit 4% zu verzinsen. Soweit diese Beträge nicht aus dem Vadium und dem erlegten Betrag des Meistbots berichtigt werden können, findet zu ihrer Hereinbringung nach Rechtskraft des Beschlusses Exekution gegen den säumigen Erstersteher zu Gunsten der Verteilungsmasse beim Exekutionsgericht statt.

Antragslegitimiert sind der betreibende Gläubiger sowie jeder sonst auf das Meistbot Gewiesene (§ 155 Abs 2 EO).

Erzielt die Wiederversteigerung ein höheres Meistbot als die erste, so hat der säumige Ersteher darauf keinen Anspruch (§ 155 Abs 3 EO).

Bei Erfolglosigkeit der Wiederversteigerung gilt als Meistbotsausfall der Differenzbetrag zwischen dem geringsten Gebot (§ 151 EO) und dem Meistbot des säumigen Erstehers.

H. Anberaumung der Versteigerung

1. Anberaumung des Versteigerungstermins

Die Erstversteigerung (§ 169 EO) setzt Folgendes voraus:

- ▶ Rechtskraft der Versteigerungsbewilligung (§§ 133, 169 Abs 3 EO),
- ▶ Ablauf einer dreimonatigen Sperrfrist zwischen Bewilligung der Versteigerung und Versteigerungstermin (§ 169 Abs 2 S 2 Hs 1 EO).

Beachte! Die dreimonatige *Sperrfrist gilt nicht bei Wiederversteigerungen* wegen nicht oder nicht vollständiger Meistbotsberichtigung und auch nicht bei *erneuten Versteigerungen* (§ 188 EO) infolge Versagung des Zuschlags in der Erstversteigerung (§ 169 Abs 2 S 2 Hs 2 EO).

► Rechtskraft eines Beschlusses, mit dem die gesetzlichen Versteigerungsbedingungen abgeändert werden (§§ 146 Abs 1 EO, 169 Abs 3 EO),

► Ablauf der richterlichen Einwendungsfrist gegen den Schätzwert (§§ 144 Abs 1, 169 Abs 1 EO).

Der Versteigerungstermin ist nach Verfahrensermessen des Gerichts auf ein bis zwei Monate anzuberaumen (§ 169 Abs 2 S 1 EO). Der Anberaumungsbeschluss erfolgt erst nach Ablauf der Einwendungsfrist gegen den Schätzwert (§§ 144 Abs 1, 169 Abs 1 EO).

Ist zur Zeit der Anberaumung des Versteigerungstermins die Frist zur Anfechtung des die Versteigerungsbedingungen ändernden Beschlusses noch nicht verstrichen oder ein gegen diesen Beschluss angebrachter Rekurs noch anhängig, so hat das Exekutionsgericht bei der Anberaumung des Termins darauf entsprechend Rücksicht zu nehmen (§ 169 Abs 4 EO). Gleiches gilt für den Fall der noch nicht rechtskräftigen Exekutionsbewilligung.

Gegen die Bestimmung des Versteigerungstermins ist der ***Rekurs*** zulässig (ZBl 1933/70 abl *Petschek)*, insbesondere wegen Nichteinhaltung der Sperrfrist und der Anberaumungsfrist des Termins auf ein bis zwei Monate nach dem Beschluss (SZ 18/54).

2. *Versteigerungsedikt*

a) Inhalt – Aufforderungen

Das Versteigerungsedikt muss folgenden Inhalt aufweisen (§ 170 EO):

1. die deutliche Bezeichnung der zur Versteigerung gelangenden Liegenschaft unter Angabe der genauen Adresse, der Einlagezahl und der Katastralgemeinde,
2. eine kurze Bezeichnung des mit zu versteigernden Zubehörs,
3. die Angabe des Werts der Liegenschaft und des Zubehörs,
4. die Grundstücksgröße und bei der Versteigerung von Liegenschaftsanteilen auch die Angabe der Größe des Anteils und, wenn damit Wohnungseigentum verbunden ist, einen Hinweis darauf und auf die Größe der Wohnung und der sonstigen Räumlichkeiten, die ausschließlich genutzt werden können (§ 1 Abs 1 WEG),
5. zusätzlich können die Benutzungsart und sonstige nach Auffassung des Verkehrs wesentliche Umstände aufgenommen werden,
6. Zeit und Ort der Versteigerung, die Höhe des Vadiums und des geringsten Gebots,
7. die Mitteilung, dass die sich auf die Liegenschaft beziehenden Urkunden, Schätzungsprotokolle usw. bei dem zu benennenden Exekutionsgericht eingesehen werden können, dass Ablichtungen des gesamten Schätzungsgutachtens gegen Kostenersatz er-

hältlich sind und ob dieses oder ausnahmsweise nur seine Kurzfassung aus der Ediktsdatei zu ersehen ist,

8. die Bezeichnung der Dienstbarkeiten, Ausgedinge und anderen nicht zu den Hypotheken gehörenden Lasten, welche der Ersteher ohne Anrechnung auf das Meistbot übernehmen muss,

8a. Erklärungen nach § 144 Abs 2 (Lastenübernahme),

9. Festlegungen nach § 146 Abs 1 (Änderungen der gesetzlichen Versteigerungsbedingungen),

10. eine Aussage darüber, ob der Verpflichtete bis spätestens vierzehn Tage nach Bekanntgabe des Schätzwertes (§ 144 EO) dem Exekutionsgericht mitgeteilt hat, dass er auf die Steuerbefreiung gemäß § 6 Abs 1 Z 9 lit a UStG 1994 verzichtet.

In das Versteigerungsedikt sind des Weiteren folgende Aufforderungen aufzunehmen (§ 170a EO):

1. die ***Aufforderung, Rechte an der Liegenschaft, welche die Versteigerung unzulässig machen würden,*** spätestens im Versteigerungstermin vor Beginn der Versteigerung bei Gericht ***anzumelden,***

→ widrigenfalls sie zum Nachteil eines gutgläubigen Erstehers in Ansehung der Liegenschaft selbst nicht mehr geltend gemacht werden könnten,

2. die Aufforderung an Gläubiger, für welche auf der Liegenschaft pfandrechtlich sichergestellte Forderungen haften, mit Ausnahme der Gläubiger mit bedingten Forderungen, bekannt zu geben,

→ ob sie mit der Übernahme der Schuld durch den Ersteher unter gleichzeitiger Befreiung des bisherigen Schuldners einverstanden sind,

3. die ***Aufforderung an die öffentlichen Organe,*** die zur Vorschreibung und Eintreibung der von der Liegenschaft zu entrichtenden Steuern, Zuschläge und sonstigen öffentlichen Abgaben berufen sind, in Ansehung der bereits pfandrechtlich sichergestellten Steuern, Zuschläge, Gebühren und sonstigen öffentlichen Abgaben sich nach Z 2 über die Art der Berichtigung dieser ***Ansprüche zu erklären und überdies spätestens im Versteigerungstermin vor Beginn der Versteigerung die bis dahin rückständigen, von der Liegenschaft zu entrichtenden, durch bücherliche Eintragung oder pfandweise Beschreibung noch nicht sichergestellten Steuern, Zuschläge, Gebühren und sonstigen öffentlichen Abgaben samt Zinsen und anderen Nebengebühren anzumelden,*** widrigenfalls diese letzteren Ansprüche, ohne Rücksicht auf das ihnen sonst zustehende Vorrecht, erst nach voller Befriedigung des betreibenden Gläubigers aus der Verteilungsmasse berichtigt werden würden,

4. ***bei Superädifikaten die Aufforderung an alle Personen, die dingliche Rechte an dem zu versteigernden Superädifikat in Anspruch nehmen, ihre Rechte und Ansprüche innerhalb einer bestimmten Frist bei Gericht anzumelden,*** widrigenfalls auf diese im Versteigerungsverfahren nur insoweit sie sich aus den Exekutionsakten ergeben, Rücksicht genommen wird.

b) Bekanntmachung des Versteigerungstermins

Das ***Versteigerungsedikt*** ist in der Ediktsdatei öffentlich bekannt zu machen, ebenso eine nachfolgende *Abberaumung* oder *Verlegung des Versteigerungstermins* (§ 170b Abs 1 und 2 EO).

Die ***Ediktsdatei*** ist kostenlos abrufbar unter www.edikte.justiz.gv.at und enthält unter „Gerichtliche Versteigerungen - Liegenschaften" die Bekanntmachungen der Zwangsversteigerungen.

Bei der Bekanntmachung des Versteigerungsedikts in der Ediktsdatei ist das Schätzungsgutachten, sofern es nicht außergewöhnlich umfangreich ist, sowie seine Kurzfassung samt Lageplan und bei Gebäuden auch ein Grundriss sowie zumindest ein Bild anzuschließen (§ 170b Abs 3 EO).

c) Zustellungen und Verständigungen – Kuratorbestellungen

Ausfertigungen des Versteigerungsedikts sind zuzustellen:

- dem Verpflichteten,
- dem betreibenden Gläubiger und
- allen Personen für die nach den dem Gericht darüber vorliegenden Urkunden auf der Liegenschaft oder an den auf dieser Liegenschaft haftenden Rechten dingliche Rechte und Lasten bestehen oder Vorkaufsrechte einverleibt sind (§ 171 S 1 EO).
- jedem Miteigentümer an die im Grundbuch angeführte Adresse, wenn ein Miteigentumsanteil, mit dem nicht Wohnungseigentum verbunden ist, versteigert wird (§ 171 S 2 EO).
- Personen, für die *vor* Aufnahme des Versteigerungsediktes in die Ediktsdatei um Einverleibung dinglicher Rechte und Lasten oder eines Vorkaufsrechtes angesucht haben, wenn sie von der Versteigerung noch nicht verständigt sind worden sind (§ 172 EO).
- dem Eigentümer der Liegenschaft, auf dem sich das zu versteigernde Superädifikat befindet(§ 173 EO).

Von Amts wegen ist ein ***Kurator*** zu bestellen (§ 174 Abs 1 EO):

- für Personen, denen die Ediktsausfertigung voraussichtlich nicht rechtzeitig zugestellt werden kann oder
- für Personen, bei denen ein Zustellversuch fruchtlos geblieben ist,

Die Kuratorbestellung ist in der Ediktsdatei öffentlich bekannt zu machen und dem Kurator die Ausfertigung des Versteigerungsedikts zuzustellen (§ 174 Abs 1 EO).

Sofern keine Interessenkollisionen zu erwarten sind, kann dieselbe Person für mehrere Beteiligte zum Kurator bestellt werden (§ 174 Abs 2 S 1 EO).

Das Exekutionsgericht hat den Kurator zu entheben, wenn die Person, für welche er bestellt ist, selbst erscheint oder dem Gericht einen anderen Vertreter namhaft macht oder ihre Interessen eine weitere Vertretung nicht mehr erfordern (§ 174 Abs 2 S 2 EO).

Bei rechtskräftiger Enthebung des Kurators oder sonstigem Erlöschen der Kuratel, sonst mit Rechtskraft des Meistbotsverteilungsbeschlusses ist die Kuratorbestellung aus der Ediktsdatei zu löschen (§ 174 Abs 3 EO).

I. Besichtigung der Liegenschaft

Zwischen der Bekanntmachung und der Vornahme der Versteigerung sind der Verpflichtete und Dritte (zB. auf der Liegenschaft Befindliche, sonst Berechtigte oder Beauftragte) verpflichtet, Interessenten die Besichtigung der Liegenschaft und ihres Zubehörs zu gestatten (§ 176 Abs 1 EO).

Besichtigungszeiten (Tage und Stunden) sind vom Gericht auf Antrag des betreibenden Gläubigers oder eines Interessenten festzusetzen, in der Ediktsdatei bekannt zu machen und dem Verpflichteten mitzuteilen (§ 176 Abs 2 EO).
Dabei sind die Verhältnisse des Verpflichteten sowie die Anforderungen eines ungestörten Wirtschaftsbetriebs tunlichst zu berücksichtigen.
Bei Häusern mit mehr als zwei vermieteten Wohnungen kann die Bekanntgabe der Besichtigungszeiten (zudem) durch Anschlag im Haus erfolgen.

Sollte zu Besichtigungszeiten das ***Objekt verschlossen*** vorgefunden werden, hilft das Exekutionsgericht dem Kaufinteressenten: Es gelten die Bestimmungen der §§ 26, 26a Abs 2 und 3 EO über das Recht des Vollstreckungsorgans, verschlossene Räumlichkeiten unter Beiziehung eines Schlossers zu öffnen und zwar auch dann, wenn das Objekt von einem Dritten bewohnt wird (§ 176 Abs 3 EO).

Beachte! Die Voraussetzungen für die Öffnung versperrter Türen, die § 26a Abs 1 EO statuiert, gelten nicht.

J. Versteigerungstermin

1. Vorbereitung des Termins – Prüfung der Aktenlage

Spätestens vierzehn Tage vor dem Versteigerungstermin hat das Exekutionsgericht die Urkunden zu prüfen über Kundmachung und Zustellungen zu prüfen (§ 175 S 1 EO).

Bei festgestellten Mängeln sind erforderliche Berichtigungen, Ergänzungen und Kuratorbestellungen iSd § 174 EO (s. oben H. 2. c.) derart durchzuführen, dass die Versteigerung zum festgesetzten Termin durchgeführt werden kann (§ 175 S 2 EO).

2. Grundsätze

a) Allgemeine Bestimmungen

Die Versteigerung ist grundsätzlich bei Gericht durchzuführen; sie ist ***volksöffentlich.***
Auf Antrag und bei Bescheinigung wichtiger Gründe kann die Versteigerung an Ort und Stelle anberaumt werden (§ 177 Abs 1 EO).
Zwangsversteigerungen sind ***Richtersache*** (§ 177 Abs 3 S 1 EO).

Beim Versteigerungstermin sind sämtliche, das Versteigerungsverfahren betreffenden *Urkunden,* insbesondere der Katasterauszug, das Schätzungsgutachten und die zum Nachweis der erfolgten Bekanntmachungen und Zustellungen dienenden Urkunden zur Einsicht aufzulegen (§ 177 Abs 2 EO).

Der Richter ist befugt (Ermächtigungsnorm, keine Ermessensnorm!), alle zur Wahrung der *Ruhe und Ordnung, sowie zur Hintanhaltung unerlaubter Absprachen, Einschüchterungen und sonstiger Verhinderungen von Anboten nötigen Verfügungen* zu treffen und sie zwangsweise, erforderlichenfalls mit Unterstützung der Sicherheitsorgane durchzusetzen (§ 177 Abs 3 S 1 EO).

Der ***Richter entscheidet*** über alle während der Versteigerung vorgebrachten ***Einwendungen und Anträge,*** unbeschadet der Befugnis der Beteiligten, gegen die Erteilung des Zuschlages später *Widerspruch* (§§ 182, 184 f EO) zu erheben (§ 177 Abs 3 S 2 EO).

b) Unzulässige Bieterabsprachen

Unzulässige Bieterabsprachen werden vom Gesetz seit der EO-Novelle 2014 in § 177a EO schärfer geahndet, als dies schon nach der alten Rechtslage der Fall war (§ 177 Abs 4 aF EO).

Darunter versteht man folgende, von § 177a Abs 1 S 1 EO erfassten Versprechen oder getroffenen Vereinbarungen bzw. Versprechen:

- bei der Versteigerung als Mitbieter nicht zu erscheinen,
- nur bis zu einem bestimmten Preis mit zu bieten,
- nur nach einem gegebenen Maßstab mit zu bieten,
- gar nicht mitzubieten.

Unzulässige Bieterabsprachen sind ungültig. Für die Erfüllung solcher Versprechen zugesicherte Beträge, Geschenke oder Vorteile sind nicht einklagbar. Was dafür wirklich gezahlt oder übergeben worden ist, kann zurückgefordert werden.

Personen, die *vor oder während der Versteigerung* solche unzulässigen Vereinbarungen schließen oder zu schließen versuchen, droht der ***Ausschluss vom Mitbieten,*** für Vereinbarungen oder Vereinbarungsversuche *während der Versteigerung* zudem eine ***Ordnungsstrafe*** bis zu 10.000 Euro (§ 177a Abs 2 und 3 EO).

Ausschluss und Ordnungsstrafe drohen beiden Personen, dem Vorteilsgeber wie dem Vorteilsempfänger.

3. Ablauf der Versteigerung

Eingangs hat der Richter ***Folgendes bekannt zu geben*** (§ 178 Abs 1 EO):

1. die Höhe der Steuern, Zuschläge, Gebühren und sonstigen öffentlichen Abgaben samt Nebengebühren, die bar zu bezahlen sind (Z 1);
2. die von den Gläubigern zur Schuldübernahme durch den Ersteher abgegebenen Erklärungen (Z 2);
3. inwieweit von den gesetzlichen Versteigerungsbedingungen (§ 176 Abs 1 EO) abgewichen wird (Z 3);
4. die Bestimmungen des § 148 (Erlag des Vadiums, Veräußerungs- und Belastungsverbot) und des § 177a (Unzulässige Bieterabsprachen) (Z 4).

Hierauf hat der Richter auf Befragen nähere Auskünfte zu geben über (§ 178 Abs 2 S 1 EO):

- die Versteigerungsbedingungen,
- die Beträge der auf der Liegenschaft sichergestellten Forderungen,
- die vom Ersteher zu übernehmenden Lasten, sowie
- alle sonstigen die zu versteigernde Liegenschaft betreffenden Verhältnisse, sofern diese aus der Aktenlage ersichtlich sind, die erbetenen näheren Aufklärungen zu geben.

Falls im selben Termin mehrere Liegenschaften oder Liegenschaftsanteile desselben Verpflichteten versteigert werden sollen, ist die Versteigerungsreihenfolge zu verkünden (§ 178 Abs 2 S 2 EO).

▶ Darauf wird ***zum Bieten aufgefordert*** (§ 179 Abs 1 EO).

▶ Der Richter kann ***Versteigerungsstufen*** vorgeben. Diese dürfen drei Prozent des Schätzwerts nicht überschreiten (§ 179 Abs 2 EO).

▶ Jeder Bieter, dessen ***Anbot*** vom Richter zugelassen wurde, bleibt daran ***gebunden,*** bis ein höheres Anbot abgegeben wird oder das Verfahren eingestellt wird (§ 180 Abs 5 EO; vgl. *Breinl* in Burgstaller/Deixler-Hübner, EO, zu § 180 Rz 21).

→ ***Unzulässig*** und daher nicht zuzulassen sind alle ***Anbote,*** die nicht den gesetzlichen Anforderungen entsprechen (§ 180 Abs 4 EO).

▶ Die Versteigerung ist fortzusetzen, ***solange höhere Anbote abgegeben werden.*** Auf Verlangen eines oder mehrerer Bieter kann eine kurze ***Überlegungsfrist*** bewilligt werden (§ 181 Abs 1 EO).

▶ Wird ***trotz zweimaligen Aufforderung kein höheres Anbot abgegeben und hat der Meistbietende das Vadium erlegt*** (§ 181 Abs 2 EO), so hat der Richter das letzte Anbot noch einmal vernehmlich bekannt zu machen und darauf den Beschluss auf ***Schluss der Versteigerung*** zu verkünden (§ 181 Abs 3 EO).

▶ Der Richter belehrt die Mitbietenden, die Vertreter der betroffenen Abgabenbehörden und alle Anwesenden, denen die Ediktsausfertigungen zuzustellen oder die davon zu verständigen waren (§§ 171 bis 173 EO) über ihr ***Widerspruchsrecht*** gegen den Zuschlag und die Widerpruchsgründe des § 184 EO (§ 182 Abs 1 EO).

Wird kein Widerspruch im Versteigerungstermin erhoben, so ist dem Meistbietenden der ***Zuschlag*** zu erteilen (§ 183 EO).

▶ Über den Versteigerungstermin ist ein ***Protokoll*** anzufertigen, das die Inhaltserfordernissen des → § 194 EO zu entsprechen hat.

Bieten durch einen Vertreter (§ 180 Abs 2 EO):

Anbote eines Vertreters dürfen nur zugelassen werden, wenn die Vertretungsbefugnis durch eine öffentliche Urkunde oder durch eine öffentlich beglaubigte Vollmacht nachgewiesen ist.

Diese ***Urkunden*** verbleiben beim ***Gerichtsakt.*** Wenn dieser Nachweis dem Richter vor Beginn der Versteigerung erbracht wird, kann er auf Antrag beim Vorhandensein erheblicher Gründe gestatten, dass der Name des Vollmachtgebers erst nach Schluss der Versteigerung öffentlich bekanntgegeben werde.

Schreitet als Bevollmächtigter ein Rechtsanwalt oder Notar ein, so ersetzt die Berufung auf die erteilte Bevollmächtigung den urkundlichen Nachweis. Dieser ist erst im Bestreitungsfall zu erbringen.

Vom Bieten sind folgende Personen ausgeschlossen:

- der Verpflichtete (vom Bieten im eigenen und im fremden Namen, § 180 Abs 1 EO),
- der den Versteigerungstermin leitende Richter, ein Schriftführer und gegebenenfalls ein Ausrufer (ebenfalls weder im eigenen noch im fremden Namen; § 180 Abs 1 EO),

- Vertreter des Verpflichteten (§ 180 Abs 3 EO: Sie sind zum Bieten nicht zuzulassen),
- vom Bieten wegen unzulässiger Bieterabsprachen vom Gericht ausgeschlossene Personen (§ 177a Abs 3 EO).

K. Widerspruch gegen den Zuschlag

1. Widerspruchsbelehrung – Erhebung des Widerspruchs

Nach Schluss der Versteigerung ***belehrt der Richter*** folgende Personen über die Gründe, aus denen Widerspruch gegen den Zuschlag erhoben werden kann (§§ 182 Abs 1 S 1 iVm 184 EO):

- Personen, die mitgeboten haben,
- alle Anwesenden, die gemäß §§ 171 bis 173 vom Versteigerungstermin zu verständigen waren (§ 171 bis 173 EO) sowie
- Vertreter von Abgabenbehörden, die zur Vorschreibung und Eintreibung der von der Liegenschaft zu entrichtenden Abgaben zuständig sind.

Der Richter stellt in der Folge die Frage, ob und aus welchem Grund ***Widerspruch*** erhoben wird (§§ 182, 184 EO). Ein solcher wird nur berücksichtigt, wenn er ***im Versteigerungstermin selbst erhoben*** wird (§ 182 Abs 1 S 2 EO). ***Beschwer*** ist für den Widerspruch Voraussetzung (§ 182 Abs 2 EO).

Der Widerspruch setzt also die ***Anwesenheit*** des Widersprechenden im Versteigerungstermin voraus. Gleiches gilt für Tatsachenvorbringen zur Widerspruchsentkräftung (§ 182 Abs 1 S 3 EO).

Keinerlei Bedacht zu nehmen ist auf Erklärungen, die nach Abschluss des Versteigerungsprotokolls abgegeben werden, ebenso nicht auf Vorbehalte oder unbestimmte Erklärungen (§ 182 Abs 2 EO).

2. Widerspruchsgründe

Ein Widerspruch gegen die Erteilung des Zuschlags an den Meistbietenden kann nur auf folgende Gründe gestützt werden (§ 184 Abs 1 EO):

1. die *Frist zwischen der Aufnahme des Versteigerungsedikts in die Ediktsdatei und dem Versteigerungstermin* nicht einmal einen Monat betragen hat;
2. die *Bekanntmachung des Versteigerungstermins* nicht den vorgeschriebenen Inhalt hatte oder nicht in der gesetzlich bestimmten Art veröffentlicht wurde;
3. nicht alle vom Versteigerungstermin *zu verständigenden Personen* verständigt wurden;
4. das Versteigerungsverfahren ohne Rücksicht auf einen etwa gefassten *Einstellungsbeschluss* fortgesetzt wurde;

   → Gleiches gilt auch dann, wenn bloß die *Einstellungsvoraussetzungen* vorliegen, ein Einstellungsbeschluss aber noch nicht gefällt wurde (*Angst* in Angst/Oberhammer[3], EO, zu § 184 EO Rz 8).
5. bei der Versteigerung die *Bestimmungen der §§ 180 und 181 EO* nicht beachtet oder ein Bieter mit Unrecht zurückgewiesen wurde;

6. die Bedingungen, unter denen das höchste Anbot abgegeben wurde, von den *Versteigerungsbedingungen* abweichen, oder das Anbot, für das der Zuschlag verlangt wird, nach diesen Versteigerungsbedingungen nicht zugelassen werden durfte;

7. dem *Meistbietenden die Fähigkeit zum Vertragsabschlusse oder zum Erwerbe der zu versteigernden Liegenschaft fehlt* oder das höchste Anbot durch einen *nicht gehörig ausgewiesenen Vertreter* abgegeben wurde.

► Die vom Widersprechenden angeführten Gründe *sind von Amts wegen festzustellen* (§ 184 Abs 2 EO).

► Die in *§ 184 Abs 1 Z 2, 3, 4, 6 und 7 EO* genannten Gründe sind auch *von Amts wegen wahrzunehmen* (§ 186 Abs 1 EO).

► Der Widerspruchsgrund des § 184 Abs 1 Z 3 ist kein unmittelbarer Versagungsgrund für den Zuschlag: Ist die nicht verständigte Person dennoch zum Versteigerungstermin erschienen oder hat sie einen Vertreter entsandt, so ist aufgrund der Unerheblichkeit des Verfahrensmangels der Zuschlag zu erteilen (§ 186 Abs 2 EO, *keine Beschwer*).

3. Entscheidung über den Widerspruch

Grundsätzlich ist über den Widerspruch sogleich im Versteigerungstermin zu entscheiden; dies geschieht ***nicht mit gesondertem Beschluss,*** sondern eben mit Erteilung oder Versagung des Zuschlags (§ 185 Abs 1 EO; ein dennoch gefasster Beschluss ist nicht abgesondert anfechtbar: RdW 2000/285; zust. *Mohr* in FS-Dittrich [2000] 506).

Nur wenn über den Widerspruch nicht im Versteigerungstermin entschieden werden kann, so ist der Beschluss, mit dem über den Widerspruch entschieden wird, binnen acht Tagen nach dem Versteigerungstermin dem Meistbietenden, dem betreibenden Gläubiger, dem Verpflichteten und allen sonst nach § 187 EO gegen die Zuschlagserteilung oder -versagung Rekursberechtigten in schriftlicher Ausfertigung zuzustellen, die die Erfordernisse des § 183 Abs 2 EO aufzuweisen hat (§ 185 Abs 3 EO).

Wird aufgrund des Widerspruchs der Zuschlag versagt, so hat das Gericht zu entscheiden (§ 185 Abs 2 EO) ob

► die ***Versteigerung*** nach vorheriger Mängelbehebung durch erneutes Auffordern zum Bieten ***wieder aufgenommen*** wird, oder

→ Dies kommt bei den Gründen des § 184 Abs 1 Z 5, 6, 7 EO in Betracht.

→ Es herrscht der Grundsatz der ***Bindung an das bisher höchste Gebot*** (§ 185 Abs 2 S 2 EO).

► ein ***neuer Versteigerungstermin*** angeordnet wird.

→ Ein neuer Termin wird bei den Gründen des § 184 Abs 1 Z 1 bis 3 EO erforderlich.

Der Entscheidung hat in beiden Fällen die Anhörung der vom Versteigerungstermin nach §§ 171 und 172 EO zu verständigenden *und auch* Anwesenden voraus zu gehen (§ 185 Abs 2 S 1 EO).

Die Verständigung des Grundstückseigentümers bei der Zwangsversteigerung von Superädifikaten (§ 173 EO) ist bloß informativer Natur, ihre Unterlassung kein Widerspruchsgrund, daher ist der Eigentümer vor einer Entscheidung nach § 185 Abs 2 EO auch nicht anhörungsberechtigt.

► Trifft der Widerspruchsgrund des § 184 Z 4 EO zu, so ist, wenn die Einstellungsvoraussetzungen bloß Vorliegen, die Einstellung des Verfahrens auf Antrag oder von Amts wegen nach den allgemeinen Bestimmungen auszusprechen. War dagegen das Versteigerungsverfahren trotz Einstellungsbeschluss fortgesetzt worden, so ist der Zuschlag wegen Einstellung zu versagen.

L. Zuschlag

1. Erteilung des Zuschlags

Der ***Zuschlag ist im Versteigerungstermin mit öffentlich verkündetem Beschluss zu erteilen,*** wenn (§ 183 Abs 1 S 1 EO):

► ein ***zugelassenes Meistbot*** vorliegt (und der Meistbieter das *Vadium* erlegt hat) und

► ***dagegen kein Widerspruch*** erhoben wird oder

► ein ***erhobener Widerspruch*** vom Gericht ***abgewiesen*** wird (arg. § 185 Abs 1 EO iVm § 183 Abs 5 EO).

Eine schriftliche Ausfertigung des Beschlusses ist dem Verpflichteten, dem betreibenden Gläubiger und dem Meistbietenden innerhalb von acht Tagen nach dem Versteigerungstermin in schriftlicher Ausfertigung zuzustellen (§ 183 Abs 1 S 2 EO).

In der Beschlussausfertigung sind die Liegenschaft, das Zubehör, der Ersteher, das Gebot, für welches, und die Bedingungen, unter welchen der Zuschlag erteilt wurde, zu bezeichnen. Die Angabe des Zubehörs kann durch Bezugnahme auf das Schätzungsgutachten, die Angabe der Bedingungen des Zuschlags durch Bezugnahme auf die Versteigerungsbedingungen erfolgen (§ 183 Abs 2 EO).

Bei Superädifikaten ist vom Zuschlag auch der Eigentümer der Liegenschaft, auf dem sich das Superädifikat befindet, zu verständigen (§ 183 Abs 1 S 3 EO).

Der Zuschlag wird unter Vorbehalt erteilt, wenn kraft landesgesetzlicher Bestimmung (GVG) für die Eigentumsübertragung noch die Genehmigung der zuständigen Grundverkehrskommission erforderlich ist (§ 183 Abs 1 S 4 EO).

Die Erteilung des Zuschlags ist innerhalb von acht Tagen nach dem Versteigerungstermin öffentlich bekannt zu machen und im Grundbuch anzumerken. In der Bekanntmachung der Zuschlagserteilung ist die Höhe des erzielten Meistbots anzugeben. Ist ein Überbot (s. unten O.) zulässig, so ist die für die Überreichung von Überboten (§§ 195 ff EO) offenstehende Frist und der Mindestbetrag des zulässigen Überbots öffentlich bekannt zu machen; §§ 170, 170b Abs 3 sind anzuwenden (§ 183 Abs 3 und 5 EO).

Wer vom Versteigerungstermin zu verständigen war, kann beantragen, dass diese Verlautbarung auf seine Kosten in die für amtliche Kundmachungen im Lande bestimmte Zeitung eingeschaltet werde (§ 183 Abs 4 und 5 EO).

Die Erteilung des Zuschlags hat die ***Rechtsfolgen***, dass

▶ durch den Zuschlag erworbene ***Rechte des Erstehers nicht*** deshalb ***angefochten werden können,*** weil der *Exekutionstitel* des betreibenden Gläubigers aufgehoben war oder nachträglich aufgehoben wird (§ 189 Abs 1 EO).

▶ der Ersteher wegen Unrichtigkeit der Angaben, die im Versteigerungsedikt oder in den vor der Versteigerung mitgeteilten Akten über die versteigerte Liegenschaft oder über deren Zubehör enthalten waren, ***keinen Anspruch auf Gewährleistung*** hat (§ 189 Abs 2 EO).

2. Übergang von Gefahr, Nutzungen und Lasten sowie Übergabe der Liegenschaft

Die Gefahr der zur Versteigerung gelangten Liegenschaft geht mit dem Tage der Erteilung des Zuschlages auf den Ersteher über (§ 156 Abs 1 EO):

Dies gilt auch dann, wenn die Übertragung des Eigentums landesgesetzlichen Grundverkehrsgesetzen unterliegt, der Zuschlag mithin unter Vorbehalt auszusprechen ist.

▪ Von diesem Tage gebühren dem Ersteher alle Früchte und Einkünfte der Liegenschaft.

▪ Mit dem Eigentum an der Liegenschaft verbundene Lasten, soweit sie nicht durch das Versteigerungsverfahren erlöschen, sowie die Steuern und öffentlichen Abgaben, die von der Liegenschaft zu entrichten sind, hat der Ersteher zu tragen.

▪ Die in Anrechnung auf das Meistbot übernommenen Schuldbeträge sind zu verzinsen.

▪ Die Übergabe der Liegenschaft sowie des veräußerten Zubehörs an den Ersteher und die bücherliche Eintragung seines Eigentumsrechts erfolgt erst nach Erfüllung aller Versteigerungsbedingungen.

▪ Die Übergabe der Liegenschaft ist nach den Bestimmungen des § 349 EO (Delogierung) zu vollziehen. Die Kosten einer zwangsweisen Räumung sind durch Beschluss des Exekutionsgerichts festzusetzen; dem Verpflichteten ist die Zahlung an den Ersteher aufzutragen (§ 146 Abs 2 EO).

3. Rückerstattung bei Aufhebung oder Unwirksamkeit des Zuschlags

Wenn der Zuschlag

▪ rechtskräftig aufgehoben wird oder

▪ infolge der Anordnung der Wiederversteigerung oder der gerichtlichen Annahme eines Überbots (§§ 195 ff EO; siehe unten O.) seine Wirksamkeit verliert,

dann hat der Ersteher die bezogenen Früchte und Einkünfte zurück zu erstatten (§ 157 Abs 1 S 1 EO).

Er darf jedoch die von ihm in der Zwischenzeit entrichteten Steuern und öffentlichen Abgaben, die auf Erzielung der Früchte und Einkünfte verwendeten Kosten und die Zinsen des gerichtlich erlegten Meistbots vom jeweiligen Erlagstag an in Abrechnung bringen (§ 157 Abs 1 S 2 EO).

▶ Dieses Recht hat er nicht, wenn wegen seiner Saumsal Wiederversteigerung stattfindet!

Die Rückerstattung der bezogenen Früchte und Einkünfte ist vom Exekutionsgericht auf Antrag mit Beschluss aufzutragen; hierbei sind die wegen Verwertung der Früchte nötigen Anordnungen zu treffen (§ 157 Abs 2 S 1 EO). Dagegen steht ein Rekurs mit aufschiebender Wirkung zu.

Vor Erlassung des Beschlusses ist der frühere Ersteher einzuvernehmen (§ 157 Abs 2 S 2 EO).

Nach Rechtskraft des Beschlusses kann vom betreibenden Gläubiger sowie von allen übrigen auf das Meistbot Gewiesenen beim Exekutionsgericht die Exekution auf das Vermögen des früheren Erstehers beantragt und zu Gunsten der Verteilungsmasse durchgeführt werden (§ 157 Abs 2 S 3 EO).

Erstattete Beträge oder der für erstattete Früchte erzielte Verwertungserlös sind gerichtlich zu verwahren (§ 157 Abs 3 EO).

Wird der unter Vorbehalt erteilte Zuschlag wegen Versagung der Genehmigung bzw. Bestätigung des Eigentumserwerbs durch die Grundverkehrskommission nicht rechtswirksam, so sind für die Wiederversteigerung die landesgesetzlichen Bestimmungen über die Wiederversteigerung (geregelt in den jeweiligen Grundverkehrsgesetzen) heranzuziehen (§ 157 Abs 4 EO).

4. Einstweilige Verwaltung

a) Das Rechtsinstitut

Zwischen der Erteilung des Zuschlags und der Übergabe der Liegenschaft an den Ersteher besteht das Bedürfnis, einstweilige Verwaltungshandlungen über die Liegenschaft zu treffen.

Diese ***einstweilige Verwaltung*** kann beim Exekutionsgericht beantragt werden (§ 158 Abs 1 EO):

- vom betreibenden Gläubiger,
- vom Ersteher, wenn er das Meistbot rechtzeitig erlegt hat,
- von jedem auf der Liegenschaft pfandrechtlich sichergestellte Gläubiger.

Selbst wenn der Zuschlag unter Vorbehalt grundverkehrskommissioneller Genehmigung erfolgt und diese noch aussteht, hindert das die einstweilige Verwaltung nicht (§ 158 Abs 2 EO).

Beachte! Die einstweilige Verwaltung der §§ 158 ff EO ist nicht zu verwechseln mit dem Sicherungsmittel der einstweiligen Liegenschaftsverwaltung (einstweilige Verfügung zur Sicherung anderer Ansprüche; § 382 Abs 1 Z 2 EO).

b) Einstweilige Verwaltung – anzuwendende Bestimmungen

Auf die einstweilige Verwaltung sind die ***Bestimmungen über die Zwangsverwaltung*** – allerdings mit Abweichungen – sinngemäß anzuwenden (§ 159 EO).

Dabei gelten allerdings die besonderen Vorschriften des § 159 Z 1 bis 5 EO:

▪ Sofern dagegen keine Bedenken obwalten, kann und wird der Ersteher zum Verwalter ernannt, es sei denn er ist mit dem Erlag des Meistbots säumig (Z 1 und 5);

▪ die dem betreibenden Gläubiger eingeräumte Einflussnahme auf die Verwaltung steht auch dem Gläubiger, der die Zwangsverwaltung *nach* der Versteigerung beantragt hat, und, wenn er nicht selbst Verwalter ist, dem Ersteher zu, vorausgesetzt er mit dem Erlag des Meistbots nicht säumig;

▪ die Verwaltung ist eine bloß einstweilige, weil sie jeweils endet:

→ mit rechtskräftiger Einstellung des Versteigerungsverfahrens;

→ mit Übergabe der Liegenschaft an den Ersteher (§ 156 Abs 2 EO)

das Exekutionsgericht hat in diesen Fällen wie bei der Einstellung der Zwangsverwaltung vorzugehen und daher die nach § 130 EO erforderlichen Aufträge zu erlassen, es sei denn es wird der Ersteher nunmehr zum Verwalter bestellt;

▪ aus den Erträgen der Zwangsverwaltung sind nur die Kosten der Verwaltung und die in § 120 Abs 2 Z 1 bis 3 EO angeführten (unmittelbar zu berichtigenden) Auslagen, soweit sie während der Verwaltung fällig werden, zu bezahlen;

▪ die verbleibenden Erträge sind gerichtlich zu erlegen und werden dem Ersteher erst nach dem Erlag des gesamten Meistbots ausgefolgt;

→ wenn der Zuschlag früher rechtskräftig aufgehoben wird oder wenn er, weil das Gericht die Wiederversteigerung anordnet, infolge der Anordnung der Wiederversteigerung oder der gerichtlichen Annahme eines Überbots (§§ 195 ff EO) seine Wirksamkeit verliert, fallen die gerichtlich erlegten Erträgnisse in die Verteilungsmasse;

▪ anstelle des Erstehers kann von Amts wegen oder auf Antrag ein anderer Verwalter ernannt werden, wenn der Ersteher mit dem Erlag des Meistbots säumig wird oder wenn dies aus anderen erheblichen Gründen notwendig oder zweckmäßig erscheint.

c) Einstweilige Verwaltung bei Aufhebung oder Unwirksamkeit des Zuschlags

Die einstweilige Verwaltung dauert fort bis (§ 160 EO)

▶ zur rechtskräftigen Aufhebung des Zuschlags (nach Rekurs, § 187 EO, oder aufgrund eines Beschlusses nach § 187a EO; s. unten 6.),

▶ zum Verlust seiner Wirksamkeit wegen Anordnung der Wiederversteigerung (§ 154 EO) oder

▶ zur Übergabe an einen *Überbietenden,* dem der Zuschlag erteilt wurde (§§ 195 ff EO; siehe unten O.); vom Zuschlag bis zur Übergabe ist die Verwaltung zu seinen Gunsten fortzuführen (§ 199 Abs 4 EO).

Dem früheren Ersteher ist die Verwaltung zu entziehen; wird aufgrund landesgesetzlicher GVG die erneute Versteigerung bewilligt, so ist dem Meistbietenden der ersten Versteigerung die einstweilige Verwaltung erst dann zu entziehen, wenn im neuerlichen Versteigerungstermin einem anderen Bieter der Zuschlag erteilt worden ist. Anstelle des früheren Verwalters kann unter den in § 159 Z 1 angegebenen Voraussetzungen der neue Ersteher auf seinen Antrag zum Verwalter ernannt werden (§ 159 Z 1 iVm 160 S 2 und 3 EO).

d) Übergang der Zwangsverwaltung in eine einstweilige Verwaltung

War vor dem Versteigerungstermin ***bereits eine Zwangsverwaltung eingeleitet,*** so ***geht*** diese ***mit dem Tage des Zuschlages ohne Unterbrechung in eine einstweilige Verwaltung zu Gunsten des Erstehers über*** (§§ 158 bis 160 iVm 161 Abs 1 S 1 EO).

Der bisherige Zwangsverwalter ist von der Erteilung des Zuschlages von Amts wegen zu verständigen. An seiner Stelle kann unter den im § 159 Z 1 EO angegebenen Voraussetzungen (keine Bedenken gegen die Person des Erstehers) auf Antrag der Ersteher zum Verwalter ernannt werden (§ 161 Abs 1 S 2 und 3 EO).

Die Verteilung der vor der Zuschlagserteilung erwirtschafteten Erträge, erfolgt nach den Vorschriften des Zwangsverwaltungsrechts (§§ 122 bis 128 EO).

Wenn das ***Versteigerungsverfahren vor seinem Abschluss eingestellt*** wird, ***so geht die einstweilige Verwaltung wieder in eine Zwangsverwaltung über*** und der Ersteher hat kein Recht auf die während der einstweiligen Verwaltung erzielten Erträge (§ 161 Abs 2 EO).

5. Versagung des Zuschlags

Wenn ein ***begründeter Widerspruch*** erhoben wurde oder wenn ein ***von Amts wegen wahrzunehmender Widerspruchsgrund*** (§ 184 Abs 1 Z 2, 3, 4, 6 und 7 EO) vorliegt, so ist der ***Zuschlag zu versagen*** (§ 186 Abs 1 EO).

Davon gibt es Ausnahmen bei zum Widerspruch berechtigenden Verfahrensfehlern, die aber behoben wurden (§ 186 Abs 2 EO):

► Wurde eine vom Versteigerungstermin ***zu verständigende Person nicht verständigt*** (§§ 171, 172 iVm § 184 Abs 1 Z 3 EO), ist ***sie aber beim Versteigerungstermin erschienen oder vertreten*** gewesen, so ist der Zuschlag zu erteilen und nicht zu versagen.

► Wurde das ***Vadium nicht erlegt, ein nicht hinreichend legitimierter Vertreter zum Gebot zugelassen,*** so ist trotz Widerspruchs (§ 184 Abs 1 Z 5 und 6 EO) der Zuschlag zu erteilen, wenn diese Mängel vor der Entscheidung über den Zuschlag ***durch Erlag des Vadiums*** (§§ 147, 148 EO) oder ***durch Urkundenvorlage*** (§ 180 EO) ***behoben werden.***

Die Versagung des Zuschlages ist ***bücherlich anzumerken. Rechtsfolge:*** Für den Fall der Aufhebung des Versagungsbeschlusses in höherer Instanz werden die ***Rechtswirkungen der Anmerkung der Erteilung des Zuschlages (§ 72 GBG) auf den Zeitpunkt der Anmerkung der Zuschlagsversagung zurückbezogen*** (§ 186 Abs 3 EO).

6. Aufhebung des erteilten Zuschlags

Wird das Exekutionsverfahren nach Erteilung des Zuschlags eingestellt, so werden in der Regel die Verwertungsakte nicht rückgängig gemacht (RIS-Justiz RS 0002376). Die Zuschlagsaufhebung ist daher eine Schutzbestimmung für den Fall nicht gehöriger Vertretung und daraus resultierender Nichtigkeit des Exekutionsverfahrens iSd § 529 Abs 1 Z 2 bzw. § 73 Abs 1 Z 1 und 2 AußStrG.

Der ***Zuschlag*** ist auf Antrag des Verpflichteten ***aufzuheben*** und bis zur Entscheidung darüber das ***Exekutionsverfahren aufzuschieben*** (§ 187a Abs 1 EO) wenn ***drei Voraussetzungen erfüllt sind:***

1. während des Exekutionsverfahrens bedurfte der Verpflichtete einer gesetzlichen Vertretung, war aber nicht gesetzlich vertreten und die Verfahrensführung wurde auch nicht nachträglich genehmigt wurde,
2. der Verpflichtete *bescheinigt,* dass die versteigerte Liegenschaft der Befriedigung seines dringenden Wohnbedürfnisses dient, und
3. er *bescheinigt,* dass er die hereinzubringende Forderung erfüllt hat.

Zu einer Aufhebung des Zuschlags bei Nichtvorliegen der dritten Voraussetzung (§ 187a Abs 1 Z 3 EO) kommt auch dann, wenn die verpflichtete Partei die ***Nichtigkeit*** iSd § 197a Abs 1 Z 1 EO (nicht gehörige Vertretung) nicht bloß das Exekutionsverfahren sondern ***auch das Titelerrichtungsverfahren erfasste und der Verpflichtete bescheinigt*** (§ 187a Abs 2 EO), dass

1. er ***im Titelprozess einer gesetzlichen Vertretung bedurfte und nicht gesetzlich vertreten war*** und
2. die der Zwangsversteigerung zugrunde liegende, ***betriebene Forderung nicht besteht.***

Es gilt indes folgende Hürde: Der Zuschlag ist nicht aufzuheben, wenn der Umstand, dass die verpflichtete Partei einer gesetzlichen Vertretung bedurfte und nicht gesetzlich vertreten war, bereits im Verfahren hätte geltend gemacht werden können oder ohne Erfolg geltend gemacht wurde (§§ 529 Abs 2 ZPO, 73 Abs 2 AußStrG, 187a Abs 3 EO).

Der Aufhebungsantrag ist mit ***vier Wochen*** ab dem Tag ***befristet***, an dem der Beschluss über die Erteilung des Zuschlags der verpflichteten Partei ***wirksam*** zugestellt wurde; ***eingetretene Rechtskraft der Zuschlagserteilung ist Voraussetzung für den Fristlauf.*** Der Antrag ist binnen der absoluten Frist von drei Monaten nach dem Versteigerungstermin zu stellen. Der betreibende Gläubiger und der Ersteher einzuvernehmen (§ 55 Abs 1; § 187a Abs 4 EO).

Die Aufhebung des Zuschlags hat ex-tunc-Wirkung; diese tritt aber erst ***nach Rechtskraft des Aufhebungsbeschlusses*** ein, sodass eine ***Rückabwicklung*** vorher ausgeschlossen ist (§ § 187a Abs 5 EO).

M. Rekurs gegen die Erteilung oder Versagung des Zuschlags

a) Rekurs gegen die Zuschlagserteilung können im Versteigerungstermin Anwesende, wegen Erhebung des Widerspruchs zu Befragende (§ 182 EO) erheben (§ 187 Abs 1 S 1 EO):

Mit dem Rekurs können geltend gemacht werden (§ 187 Abs 1 S 2 EO):

► die ***Widerspruchsgründe*** des § 184 EO, sofern der Rekurswerber einen Widerspruch aufgrund *desselben* Widerspruchsgrunds (GlUNF 640) im Versteigerungstermin erfolglos eingebracht hat (§ 187 Abs 1 S 3 EO) oder

► der Umstand, dass der ***Zuschlag mit dem Inhalt des Protokolls über den Versteigerungstermin oder anderer nach den Bestimmungen der EO*** bei der Entscheidung über den Zuschlag zu berücksichtigender Akten ***nicht übereinstimmt, oder***

► dass sich das ***Meistbot auf ein anderes Grundstück bezieht.***

Im Versteigerungstermin nicht anwesende, nach § 171 S 1 EO zu verständigende Personen können die mangelnde Verständigung (§ 184 Abs 1 Z 3 EO) mit Rekurs binnen 14 Tagen nach dem Versteigerungstermin geltend gemacht werden (§ 187 Abs 1 S 4 EO).

Der vom Gericht als ***Ersteher*** Bezeichnete kann die Erteilung des Zuschlags*erteilung* auch dann mit Rekurs anfechten, wenn ihm der Zuschlag nicht, oder unter anderen als den in der Ausfertigung des Zuschlagsbeschlusses angegebenen Bedingungen zu erteilen gewesen wäre (§ 187 Abs 2 EO).

b) Rekurs gegen die Zuschlagsversagung kann nur gestützt werden darauf (§ 187 Abs 3 S 1 EO),

► dass die Versagung ***mit dem Inhalt des Protokolls über den Versteigerungstermin oder anderer nach den Bestimmungen der EO*** bei der Entscheidung über den Zuschlag zu berücksichtigender Akten ***nicht übereinstimmt, oder***

► dass kein gesetzlicher Versagungsgrund vorliegt.

Wer im Versteigerungstermin gegen die Erteilung des Zuschlages Widerspruch erhoben hat, ist gegen den Versagungsbeschluss mangels Beschwer freilich nicht berechtigt (§ 187 Abs 3 S 2 EO).

c) Von der ***Rekursentscheidung*** sind der Meistbietende, der betreibende Gläubiger und der Verpflichtete in Kenntnis zu setzen, selbst wenn sie nicht Rekurswerber sind (§ 187 Abs 4 EO).

Infolge der Rekursentscheidung erforderliche Verfügungen hat das Gericht erster Instanz von Amts wegen zu treffen (§ 187 Abs 5 EO).

N. Neuerliche Versteigerung

Die Versagung des Zuschlags, gleich ob sie in erster Instanz oder mit Rekursentscheidung nach Bekämpfung einer Zuschlagserteilung ergeht, macht eine ***neuerliche Versteigerung*** des Objekts erforderlich. Eine solche ist stets zulässig, außer es wurde zwischenzeitlich das Verfahren eingestellt.

► Nach Rechtskraft der Zuschlagsversagung ist das Vadium dem Meistbietenden auf dessen Antrag oder von Amts wegen zurückzugeben oder – falls es erlassen wurde – die Anmerkung des Veräußerungs- und Belastungsverbots (§ 148 Abs 3 EO) bücherlich zu löschen (§ 188 Abs 1 EO iVm § 131 Z 3 Geo).

► Auf Antrag des betreibenden Gläubigers oder von Amts wegen ist nach Eintritt der Rechtskraft der Zuschlagsversagung neuerlich ein Versteigerungstermin anzuberaumen (§ 188 Abs 2 EO).

► Die neuerliche Versteigerung folgt den Regeln der Erstversteigerung. War bei der ersten Versteigerung ein höheres Mindestgebot vorgesehen, so kann der betreibende Gläubiger nun die Herabsetzung auf den halben Schätzwert beantragen (§ 151 Abs 3 S 3 EO).

Bei Unmöglichkeit der Erneuerung der Versteigerung hat das Gericht freilich das Versteigerungsverfahren einzustellen (§ 188 Abs 3 EO).

Beachte! Die ***neuerliche Versteigerung*** (§ 188 EO) wegen Versagung des Zuschlags ist streng zu unterscheiden von der ***Wiederversteigerung*** wegen nicht oder nicht rechtzeitig erfolgter Meistbotsberichtigung (§ 154 EO; s. oben IV. G. 10.a.).

O. Überbot

1. Voraussetzungen

Die Erteilung des Zuschlags an den Meistbietenden schützt nicht immer vor einem Überbot!

Es sind zwei Fälle zu unterscheiden:

► Erreichte das Meistbot, für das der Zuschlag erteilt wurde, ***nicht drei Viertel des Schätzwerts der Liegenschaft samt Zubehör,*** so kann das Meistbot durch ein Überbot unwirksam gemacht werden (§ 195 Abs 1 EO).

► Hat der Meistbietende, dem der Zuschlag erteilt wurde drei Viertel des Schätzwerts der Liegenschaft samt Zubehör oder mehr geboten, so kann ihm kein Überbot mehr entgegen gesetzt werden.

Der Überbietende muss (§ 195 Abs 2 EO)

- ***zum Bieten in der Versteigerung berechtigt*** sein,
- hat das ***Meistbot um mindestens ein Viertel zu übertreffen*** und sich bereit zu erklären, um diesen Preis zu kaufen,
- die für die vorangegangene Versteigerung geltenden ***Versteigerungsbedingungen zu erfüllen;*** sie bilden die ***Grundlage des Kaufvertrags*** durch Meistbot wie auch durch Überbot.

Unterliegt die Übertragung des Eigentums an den Überbietenden grundverkehrskommissioneller Genehmigung, so erfolgt der Verkauf an den Überbietenden unter Vorbehalt der Genehmigung der Kommission.

2. Anbringen des Überbots

Das ***Anbringen des Überbots*** unterliegt folgenden, in § 196 EO festgesetzten Bedingungen:

► Das Überbot ist ***binnen 14 Tagen nach öffentlicher Bekanntmachung der Zuschlagserteilung*** beim Exekutionsgericht anzubringen.

► Gleichzeitig mit dem Überbot ist dem Gericht die ***Sicherstellung eines Kaufpreisviertels*** durch gerichtlichen oder notariellen Erlag von Bargeld oder Sparurkunden ***binnen sieben Tagen nach gerichtlicher Aufforderung*** anzubieten.

► Das ***Überbot wird wirksam, wenn die angebotene Sicherheit geleistet wird.*** Dies ist *dem Gericht nachzuweisen.*

► ***Erlegt der Überbieter die Sicherheitsleistung nicht*** oder kommt er einem Verbesserungsauftrag nicht nach, so ist über ihn eine ***Ordnungsstrafe*** bis zu 10.000 Euro zu verhängen.

► ***Unbestimmte Überbote*** sind *ohne Verbesserungsauftrag* zurückzuweisen.

► Ein ***Überbot ist bindend*** und ***kann nicht zurückgezogen werden.***

3. Entkräftung des Überbots

Binnen der kurzen Frist von 14 Tagen ab Bekanntmachung der Zuschlagserteilung sind freilich mehrere unterschiedlich hohe Überbote denkbar. Manchmal wird ein die Mindestanforderungen überschreitendes Überbot gelegt, um sich vor anderen Überbietenden das Objekt zu sichern.

Der bisherige Ersteher hat allerdings die Möglichkeit, das Überbot zu entkräften (§ 197 EO):

- Der ***Ersteher ist nur vom höchsten Überbot, für das eine Sicherheit rechtzeitig erlegt wurde, zu verständigen*** (§ 197 S 1 EO).
- Durch ***Erhöhung seines Meistbots auf den Betrag des höchsten Überbots*** kann der Ersteher das Überbot entkräften (§ 197 S 2 EO).
- Eine solche Erklärung ist ***binnen drei Tagen*** nach Mitteilung des letzten, rechtzeitig eingelangte Überbots beim Exekutionsgericht mit Schriftsatz oder zu Protokoll abzugeben (§ 197 S 2 EO).
- Nach Einlangen des Schriftsatzes oder abgeschlossener Protokollierung kann die Erklärung ***nicht mehr zurückgezogen werden.***

Wenn der ***Ersteher*** das ***Meistbot fristgerecht erhöht, sind sämtliche Überbote zurückzuweisen*** (§§ 197, 198 Abs 1 S 1 EO).

4. Annahme des Überbots

Nach fruchtlosem Ablauf der Erklärungsfrist von drei Tagen, die dem Ersteher ***zur Entkräftung des Überbots*** offen steht,

► hat das Exekutionsgericht über die ***Annahme des Überbots mit Beschluss zu entscheiden*** (§ 198 Abs 1 S 2 Hs 1 EO).

► Treten ***mehrere Überbieter*** auf, so hat das Gericht den zuzulassen, der den höchsten Preis angeboten hat; bei ***gleich hohen Überboten*** entscheidet das Zuvorkommen (§ 198 Abs 1 S 2 Hs 1 EO).

Ersteher, Überbieter, betreibender Gläubiger, Verpflichteter, sowie alle Personen, die gegen die vorausgegangene Zuschlagserteilung Rekurs erhoben haben, sind von der Entscheidung zu verständigen und können sie mittels Rekurs anfechten (§ 198 Abs 2 S 1 EO).

Die mangelnde Anfechtung des Überbotsannahmebeschlusses gilt als Zurücknahme des erhobenen Rekurses gegen die Zuschlagserteilung (§ 198 Abs 2 S 2 EO).

5. *Rechtsfolgen der Annahme des Überbots*

Mit Rechtskraft der Annahme des Überbots treten naturgemäß drastische ***Rechtsfolgen*** ein (§ 199 Abs 1 EO):

▶ Die frühere Versteigerung verliert ihre Wirksamkeit.

▶ Das Gericht hat den früheren Zuschlag von Amts wegen aufzuheben und den Zuschlag nunmehr dem Überbieter zu erteilen.

▶ Dieser Beschluss ist dem Überbieter, dessen Überbot angenommen wurde, dem Verpflichteten, dem betreibenden Gläubiger und dem früheren Ersteher innerhalb acht Tagen nach Rechtskraft der Überbotsannahme in schriftlicher Ausfertigung zuzustellen, die die Inhaltserfordernisse des § 183 Abs 2 EO aufzuweisen hat.

▶ Binnen derselben Frist ist die Erteilung des Zuschlages öffentlich bekannt zu machen und im Grundbuch anzumerken; dieser Anmerkung kommt die Rechtswirkung einer Anmerkung der Erteilung des Zuschlages (§ 72 GBG) zu.

▶ ***Gegen den Zuschlag an einen Überbietenden ist ein weiteres Überbot unzulässig.***

▶ Der Überbieter, dessen Überbot angenommen wurde, gilt von dem Tag der Erteilung des Zuschlags an als Ersteher und hat alle nach der EO dem Ersteher obliegenden Verpflichtungen zu erfüllen (§ 199 Abs 2 Hs 1 EO).

▶ Der Überbieter hat ab der Zuschlagserteilung Anspruch auf alle Nutzungen, die dem Ersteher ab der Zuschlagserteilung an gebühren (§ 199 Abs 2 Hs 2 EO).

Das gerichtlich erlegte *Vadium* sowie das *Meistbot* des früheren Erstehers jeweils samt Zinsen sind ihm zurück zu stellen, Gleiches gilt für die von den nicht zugelassenen Überbietern erlegten Gelder und Sparurkunden; hatte als Vadium eine Hypothekarforderung gedient, so sind die nach § 188 Abs 1 EO erforderlichen bücherlichen Löschungen vorzunehmen (§ 199 Abs 3 EO).

Bei einer nach § 158 EO bewilligten *einstweilige Verwaltung* der Liegenschaft wechselt der Verwalter: An die Stelle des früheren Erstehers tritt der Überbietende. War die Liegenschaft schon dem Ersteher übergeben worden, so ist Amts wegen eine einstweilige Verwaltung (§§ 159 ff EO) anzuordnen (§ 199 Abs 4 EO).

P. Einstellung der Zwangsversteigerung

1. Gründe

Außer den sonst in der EO geregelten Fällen (siehe oben Vierter Teil XII. C.) ist das ***Versteigerungsverfahren mit Beschluss einzustellen*** (§ 200 EO):

- wenn ***ein Pfandgläubiger die vollstreckbare Forderung,*** wegen deren Versteigerung bewilligt wurde, unter gleichzeitigem Ersatz aller dem Verpflichteten zur Last fallenden Kosten ***einlöst und Einstellung der Versteigerung beantragt;*** einen solchen Antrag kann ***auch der betreibende Gläubiger*** stellen, der *die Forderungen aller übrigen betreibenden Gläubiger unter Ersatz der dem Verpflichteten zur Last fallenden Kosten einlöst* (Z 2);

- wenn der betreibende Gläubiger vor Beginn der Versteigerung von der Fortsetzung der Exekution absteht (***Exekutionsfortsetzungsverzicht;*** § 39 Abs 1 Z 6 letzter Fall EO); *wegen der vollstreckbaren Forderung des betreibenden Gläubigers kann vor Ablauf eines halben Jahres seit dem Antrag auf Einstellung eine neue Versteigerung nicht beantragt werden*: ***Sperrfrist*** (Z 3);

- wenn der Verpflichtete ***vor Beginn der Versteigerung allen betreibenden Gläubigern*** die ***volle Befriedigung*** ihrer vollstreckbaren Forderungen samt Nebengebühren und die Bezahlung der bis dahin aufgelaufenen Kosten des Versteigerungsverfahrens ***anbietet,*** die dazu erforderlichen Geldbeträge dem Richter, der den Versteigerungstermin leitet, übergibt oder gerichtlich erlegt und die Einstellung beantragt; soweit die Kosten des Versteigerungsverfahrens noch nicht bestimmt sind, ist zu deren Deckung ein vom Richter festzusetzender Betrag als Sicherstellung zu übergeben (Z 4).

2. Verständigungen – Pfandrechtseintragung

▶ ***Von der Einstellung des Versteigerungsverfahrens*** sind der Verpflichteten, der betreibende Gläubiger sowie alle übrigen Personen zu verständigen, die vom Gang des Versteigerungsverfahrens jeweils durch Zustellung von Beschlussausfertigungen zu benachrichtigen sind (§ 205 S 1 EO).

▶ ***Von der rechtskräftigen Einstellung*** ist auch der nach §§ 158 oder 199 EO bestellte einstweilige Verwalter der Liegenschaft zu verständigen.

Der ***betreibende Gläubiger,*** zu dessen Gunsten die Einleitung des Versteigerungsverfahrens im Grundbuch angemerkt wurde, ist gleichzeitig von seinem ***Recht auf Pfandrechtseintragung (§ 208 EO) binnen 14 Tagen ab Rechtskraft der Einstellung*** (§ 207 Abs 1 EO) zu verständigen (§ 205 EO).

3. Löschung bücherlicher Anmerkungen – Pfandrechtseintragung

▶ ***Nach Ablauf von vierzehn Tagen ab Rechtskraft der Einstellung des Versteigerungsverfahrens hat das Exekutionsgericht von Amts wegen die Löschung aller auf dieses Versteigerungsverfahren sich beziehenden bücherlichen Anmerkungen zu veranlassen*** (§ 207 Abs 1 EO).

Erfolgt die Einstellung des Versteigerungsverfahrens nur in Ansehung eines oder einzelner Gläubiger, so sind nur diejenigen bücherlichen Anmerkungen zu löschen, welche zu Gunsten des aus dem Versteigerungsverfahren ausscheidenden Gläubigers eingetragen sind (§ 207 Abs 2 EO).

► ***Vor Ablauf dieser Vierzehntagesfrist ab Rechtskraft des Einstellungsbeschlusses*** können alle Gläubiger, zu deren Gunsten die Einleitung des Versteigerungsverfahrens bücherlich angemerkt wurde (§ 137 EO), beim Exekutionsgericht den Antrag stellen, dass in der Rangordnung dieser Anmerkung für ihre vollstreckbare Forderung das Pfandrecht auf die in Exekution gezogene Liegenschaft einverleibt werde (§§ 207 Abs 1, 208 Abs 1 EO).

Ein solcher ***Einverleibungsantrag ist freilich unzulässig,*** wenn die Einstellung wegen Unzulässigkeit einer Exekution aufgrund der betriebenen Forderung ausgesprochen wurde, etwa in folgenden Fällen: der Exekutionstitel wurde rechtskräftig aufgehoben oder für unwirksam erklärt, der betriebene Anspruch wurde berichtigt oder dem Gläubiger rechtskräftig aberkannt (§ 208 Abs 3 EO).

Für Bewilligung und Vollzug der Einverleibung gelten die Bestimmungen des GBG mit der Abweichung, allerdings mit einer Rekursfrist von 14 Tagen. Wurde die Liegenschaft zwischenzeitlich vom Verpflichteten veräußert oder belastet, so hindert das die Einverleibung des Pfandrechts nicht: ***exekutiver Durchschlag auf den Nachmann*** (§ 208 Abs 2 EO).

4. Ausscheiden eines betreibenden Gläubigers

Wird das Verfahren nur in Hinblick auf einen oder einzelne Gläubiger eingestellt (§§ 35 bis 37, 39, 40, 188, 200 Z 3, 200a, 201 EO), ohne dass dem die Weiterführung der Zwangsversteigerung zugunsten der verbleibenden Gläubiger entgegenstünde, so läuft das Verfahren mit den verbleibenden Gläubigern weiter (§ 206 EO).

Q. Aufschiebung der Zwangsversteigerung

1. Zahlungsvereinbarung

Treffen der betreibende Gläubiger und der Schuldner eine Zahlungsvereinbarung, so ist die Aufschiebung auf Antrag des betreibenden Gläubigers oder auf Antrag des Verpflichteten mit Zustimmung des betreibenden Gläubigers bis zum Beginn der Versteigerung möglich (§§ 200a iVm 45a EO).

2. Naturkatastrophe

Dem ***Verpflichteten ist auf seinen Antrag*** und *ohne Auferlegung einer Sicherheitsleistung* die Aufschiebung der Zwangsversteigerung zu bewilligen (§ 200b Abs 1 S 1 EO), wenn er

→ von einer Naturkatastrophe (Hochwasser, Lawine, Schneedruck, Erdrutsch, Bergsturz, Orkan, Erdbeben oder ähnliche Katastrophe vergleichbarer Tragweite) betroffen worden ist,

→ dadurch in wirtschaftliche Schwierigkeiten geraten ist, die zur Einleitung der Exekution geführt haben, und

→ die Exekution seine wirtschaftliche Existenz vernichten würde sowie

→ nicht die Gefahr besteht, dass durch sie der betreibende Gläubiger schwer geschädigt, insbesondere seine Forderung ganz oder teilweise uneinbringlich werden könnte.

Vor der Entscheidung über die Aufschiebung ist der betreibende Gläubiger zu vernehmen (§ 200b Abs 1 S 2 EO).

Nach Ablauf eines Jahres ist das Verfahren ist auf Gläubigerantrag fortzusetzen (§ 200b Abs 2 EO),

- nach Ablauf eines Jahres,
- vorher nur dann, wenn dieser den Entfall der Aufschiebungsvoraussetzungen bescheinigt.

Ein Kostenersatz findet nicht statt (§ 200b Abs 3 EO).

3. Vorrang der Zwangsverwaltung

Die ***Zwangsverwaltung*** genießt ***Priorität vor der Zwangsversteigerung!***

Der Verpflichtete kann ***binnen 14 Tagen*** nach Verständigung von der Bewilligung der Zwangsversteigerung (***Ausschlussfrist,*** § 202 Abs 1 EO) die ***Aufschiebung der Zwangsversteigerung*** samt ***Anordnung der Zwangsverwaltung*** beantragen, wenn:

- der durchschnittliche jährliche Ertragsüberschuss aus der Bewirtschaftung der Liegenschaft hinreicht, um die vereinbarten Annuitäten oder Kapitalabschlagszahlungen samt laufenden Zinsen für den betreibenden Gläubiger hinreicht (§ 201 Abs 1 EO) oder
- wenn zwar eine terminweise Tilgung (Raten) nicht vereinbart war, die Forderung des betreibenden Gläubigers voraussichtlich binnen Jahresfrist mit Zwangsverwaltung getilgt werden kann (§ 201 Abs 2 EO).

Kostenvermeidung: Hat bei Einbringen des Aufschiebungsantrags die ***Schätzung*** (§§ 140 ff EO) noch nicht stattgefunden, so *kann und muss* das Exekutionsgericht anordnen, dass die Schätzung bis zur Entscheidung über den Antrag zu unterbleiben hat (§ 202 Abs 2 EO).

4. Vorrang von Lohn- und Fahrnisexekution

Lohn- und Fahrnisexekution genießen Vorrang vor der Zwangsversteigerung!

Das Versteigerungsverfahren ist vorbehaltlich der Anwendung des §§ 14 Abs 1, § 27 Abs 1 und § 41 Abs 2 EO aufzuschieben, wenn zur Hereinbringung derselben Forderung

Exekution auf wiederkehrende Geldforderungen geführt wird und der pfändbare Betrag voraussichtlich ausreichen wird, die hereinzubringende Forderung samt Nebengebühren im Laufe eines Jahres zu tilgen oder ***Fahrnisexekution*** geführt wird und die gepfändeten Sachen die hereinzubringende Forderung voraussichtlich decken werden (§ 203 EO).

5. Verständigung von der Aufschiebung – Ausscheidung

Es gelten die bei der Einstellung des Verfahrens dargestellten Bestimmungen des § 205 EO über die Verständigung gleichermaßen auch bei Aufschiebungsbeschlüssen (s. oben IV. P. 2.).

§§ 207, 208 EO über die Löschung bücherlicher Anmerkungen bzw. den Antrag auf Einverleibung des Pfandrechts binnen 14 Tagen nach Rechtskraft eines Einstellungsbeschlusses finden naturgemäß bei Aufschiebungsbeschlüssen keine Anwendung.

6. Ausscheiden eines betreibenden Gläubigers

Wenn die Aufschiebung aus einem Grund angeordnet wird, der nicht gegen alle Betreibenden wirkt, so ist zugunsten der übrigen betreibenden Gläubiger das Verfahren fortzusetzten (§ 206 EO). Vgl. oben IV. P. 4.

R. Meistbotsverteilung

Durch Erteilung des Zuschlags und die damit verbundenen Schritte der Übergabe der Liegenschaft und der bücherlichen Einverleibung ist das Verwertungsverfahren abgeschlossen.

Das vom Meistbieter oder vom Überbieter erzielte Entgelt ist nun in einem letzten Verfahrensteil zum Zweck der ***Gläubigerbefriedigung*** Betreibender und anderer, aus der Liegenschaft oder aus Rechten an der Liegenschaft Berechtigter nach den folgenden Bestimmungen zu verwenden.

1. Meistbotsverteilungstagsatzung

a) Anberaumung

Die ***Meistbotsverteilungstagsatzung*** ist – spätestens – nach vollständiger Beistbotsberichtigung von Amts wegen anzuberaumen. Sie dient der Verhandlung und Beschlussfassung über die Meistbotsverteilung (§ 209 Abs 1 EO).

Zu laden sind: der Verpflichtete, der betreibende Gläubiger und alle Personen, für die nach der Aktenlage (Urkunden!) an der versteigerten Liegenschaft oder an daran haftenden Rechten dingliche Rechte und Lasten bestehen (§ 209 Abs 2 EO).

Der ***Ersteher*** wird von der Anberaumung der Tagsatzung mit dem Beifügen ***verständigt,*** dass ihm eine Teilnahme freisteht (§ 209 Abs 3 EO).

Die Anberaumung der Tagsatzung ist in der ***Ediktsdatei*** mindestens *vier Wochen vor dem Termin öffentlich bekannt zu machen* (§ 209 Abs 4 EO).

b) Forderungsanmeldung

Die auf das Meistbot gewiesenen Gläubiger werden zur Forderungsanmeldung aufgefordert:

► Bei der Ladung werden die auf das Meistbot gewiesenen Gläubiger aufgefordert, ihre Forderungen samt Kapital, Zinsen, wiederkehrenden Leistungen, Kosten und sonstigen Nebenforderungen spätestens ***14 Tage vor dem Tagsatzungstermin anzumelden*** (§ 210 Abs 1 Hs 1 EO),

► und zwar ***mit urkundlichem Nachweis der Forderung,*** widrigenfalls sie nur berücksichtigt wird, wenn sie aus dem Grundbuch eigenständig und zur Befriedigung geeignet erscheint (§ 210 Abs 1 Hs 2 EO). Ausnahme: Die Forderung ist schon aktenkundig nachgewiesen.

► ***Eine verspätete Anmeldung kann noch in der Tagsatzung nachgeholt werden;*** wird die Tagsatzung aber von Amts wegen oder auf Antrag erstreckt, so droht § 210 Abs 2 EO mit der Auferlegung des Ersatzes der verursachten Kosten an die anderen *Tagsatzungsteilnehmer*, sofern sie nach § 209 Abs 2 EO zu laden oder nach § 209 Abs 3 EO zu verständigen waren.

Das Gericht fasst einen Kostenfestsetzungsbeschluss unter Anwendung des § 273 ZPO (freie richterliche Betragsfestsetzung). Bei anwaltlicher Vertretung Kostenersatzberechtigter sind die Kosten freilich nach dem RATG zu bemessen.

► ***Nach dem Ende der Tagsatzung*** ist eine nachträgliche Forderungsanmeldung ebenso ausgeschlossen wie Ergänzungen zu getätigten Anmeldungen (§ 211 Abs 4 EO). Darunter fallen auch Berichtigungen der Anmeldung, die zu einer Ausdehnung der Forderung führen (SZ 53/39).

c) Angabe von Entschädigungs- oder Kapitalbeträgen

Anzugeben sind (§ 211 Abs 1 EO):

► für *Dienstbarkeiten, Ausgedinge, andere Reallasten, einverleibte Bestandrechten sowie andere nach den Versteigerungsbedingungen und nach dem Ergebnis der Versteigerung vom Ersteher nicht zu übernehmende Rechten und Lasten* muss die ***Höhe der beanspruchten Entschädigung*** angegeben werden,

► bei ***Höchstbetragshypotheken*** der Betrag, mit dem Befriedigung beansprucht wird.

Personen, die ihre sichergestellten Ansprüche auf Entrichtung von Renten und anderen wiederkehrenden Leistungen und Zahlungen gegen einen bestimmten ***Kapitalbetrag*** aufzugeben, haben diesen Betrag namhaft zu machen (§ 211 Abs 2 EO).

Bei ***Superädifikaten*** ist von den Pfandgläubigern die Rangordnung des von ihnen behaupteten Pfandrechts unter Bezeichnung der Zeit, von der an das Pfandrecht in Anspruch genommen wird, anzugeben (§ 211 Abs 3 EO).

Bei einer ***Höchstbetragshypothek*** reicht als Nachweis der Forderung die Vorlage der letzten vom Verpflichteten unwidersprochen gebliebenen Saldomitteilung (§ 211 Abs 5 EO).

d) Verhandlung über die Ansprüche – Protokoll

Die in der Tagsatzung Erschienenen haben ***über die bei der Meistbotsverteilung zu berücksichtigenden Ansprüche und die Reihenfolge ihrer Befriedigung zu verhandeln*** (§ 212 Abs 1 S 1 EO).

Der zur Tagsatzung erschienene ***Verpflichtete*** ist dem Gericht und den Anwesenden dazu ***auskunftspflichtig*** (§ 212 Abs 1 S 2 EO).

Ansprüche, die selbst beim Ausfallen eines bestrittenen Rechts aus den Meistbot nicht zum Zug kommen würden, Ausfallsbeteiligten werden der Verhandlung nicht beigezogen (§ 212 Abs 2 EO).

Wenn die Verhandlung an einem Tag nicht beendet werden kann, so ist sie zu unterbrechen und ihre Fortsetzung für einen der nächsten Tage anzuordnen und dies den Anwesenden bei Unterbrechung der Verhandlung zu verkünden. Eine neuerliche Ladung (§ 209 EO) erfolgt regelmäßig nicht (§ 212 Abs 3 EO).

In dem über die Tagsatzung aufzunehmenden ***Protokoll*** ist der wesentlichen Inhalt der von den Beteiligten abgegebenen, für die Verteilung erheblichen Erklärungen – inklusive Widersprüche und deren Erledigung – aufzunehmen (§ 213 Abs 3 EO).

e) Widerspruch

Alle in der Tagsatzung erschienen Ausfallsberechtigten können Widerspruch erheben (§ 213 Abs 1 S 1 EO)

- gegen die Berücksichtigung angemeldeter oder bücherlich ersichtlicher Ansprüche bei der Verteilung,
- gegen die Höhe der an Kapital- und Nebengebühren angesprochenen Beträge und
- gegen die für einzelne Forderungen begehrte Rangordnung.

Ausfallsberechtigte sind solche Gläubiger, die mit ihren Ansprüchen beim Ausfall des bestrittenen Rechts zum Zug kommen.

Der ***Verpflichtete kann nur Widerspruch erheben (§ 213 Abs 1 S 2 EO)***

- gegen die Berücksichtigung solcher Ansprüche, für welche ein ***Exekutionstitel nicht vorliegt.***

Bei Widerspruchserhebung sucht das Gericht zunächst eine Einigung zu erreichen. Gelingt dies nicht, so hat es alle durch den Widerspruch betroffenen Anwesenden zu vernehmen. Es herrscht der Untersuchungsgrundsatz (§ 213 Abs 2 EO).

Die Erledigung des Widerspruchs erfolgt im Rahmen des Verteilungsbeschlusses und nicht mit gesonderter Entscheidung.

Es gilt zu unterscheiden:

► Nur wenn der Widerspruch von der Klärung ***reiner Rechtsfragen*** abhängt, ist in der Meistbotsverteilungstagsatzung erledigen (§ 231 Abs 1 S 1 aE EO).

► Hängt die Entscheidung über den Widerspruch dagegen von ***strittigen Tatumständen*** ab, so ist ***im Verteilungsbeschluss*** auf den ***Rechtsweg*** zu verweisen: ***Widerspruchsklage*** (§ 231 Abs 1 S 1 EO).

Das Gericht hat den Widersprechenden ***im Verteilungsbeschluss*** auf den ***Verwaltungsweg*** zu verweisen, wenn zur Klärung des strittigen Sachverhalts die Verwaltungsbehörden zuständig sind (§ 231 Abs 3 EO).

Siehe zur ***Widerspruchsklage*** und zur ***Klage aus besserem Recht*** (§ 231 Abs 1 und 4 EO) s. sogl. unten 2.

2. *Widerspruchsklage und Klage aus besserem Recht*

a) Die beiden Klagen

► Die ***Widerspruchsklage*** wird notwendig, wenn die Entscheidung über einen bei der Verteilungstagsatzung erhobenen Widerspruch von der Ermittlung und Feststellung streitigen Sachverhalts abhängt:

Das Gericht verweist den Widersprechenden im Verteilungsbeschluss auf den Rechtsweg (§ 231 Abs 1 S 1 EO; vgl. zum Folgenden *Lecher* in Burgstaller/Deixler-Hübner, EO, zu §§ 231 bis 233 Rz 1 ff).

Die Widerspruchsklage ist binnen Frist zu erheben (§ 231 Abs 2 EO):

■ Ansprüche, gegen die sich der auf den Rechtsweg verwiesene Widerspruch richtet, sind im Verteilungsbeschluss vorläufig als unbestritten zu behandeln (§ 231 Abs 1 S 2 EO).

■ Der auf den Rechtsweg Verwiesene muss ***binnen eines Monats nach Zustellung des Verteilungsbeschlusses*** *nachweisen, dass er die Widerspruchsklage* bereits *anhängig gemacht hat* (***Rechtfertigungsfrist;*** vgl. *Holzhammer,* ZVR[4], 220 f; *Rechberger/Oberhammer,* ExR[5] Rz 322; § 231 Abs 2 Hs 1 EO).

■ Bei ***Versäumung*** dieses fristgebundenen Nachweises ***wird der Verteilungsbeschluss auf Antrag*** eines jeden durch den Widerspruch Betroffenen ***ohne Rücksicht auf den Widerspruch ausgeführt.*** Dies wird bereits im Verteilungsbeschluss bekanntgegeben (§ 231 Abs 2 Hs 2 EO).

Gleiches gilt sinngemäß, wenn die Entscheidung über den Widerspruch im Verteilungsbeschluss auf den ***Verwaltungsweg*** zu verweisen wurde (§ 231 Abs 3 EO).

Die ***Widerspruchsklage ist eine Feststellungsklage:*** Es soll das Nichtbestehen, der Nachrang oder eine geringere Forderungshöhe des Anspruchs festgestellt werden, gegen den Widerspruch erhoben wurde.

Werden mehrere Meistbotsbeteiligte geklagt, so bilden sie eine materielle Streitgenossenschaft (§ 11 Z 1 ZPO iVm § 232 Abs 1 EO).

► ***Versäumt der Widersprechende die Widerspruchsklagefrist, so bleibt ihm die Klage aus besserem Recht*** (§ 231 Abs 4 EO):

- Voraussetzungen sind: erhobener Widerspruch, keine rechtzeitige Widerspruchsklage,
- Befriedigung der Ansprüche, denen widersprochen wurde durch Ausführung des Verteilungsbeschlusses.

Die ***Klage aus besserem Recht ist eine Bereicherungsklage*** gegen die vom Widerspruch betroffenen, die nach § 231 Abs 2 EO zunächst vorläufig als unbestritten berücksichtigt wurden und nach Fristversäumnis endgültig Befriedigung aufgrund des Verteilungsbeschlusses erlangten (vgl. *Holzhammer,* ZVR[4] 221 f).

b) Verfahrensbestimmungen der Widerspruchsklage

► Zuständig ist das ***Exekutionsgericht*** (§ 232 Abs 1 S 1 EO).

► Erheben mehrere Personen gegen denselben Anspruch Widerspruch, so bilden sie eine aktive ***materielle Streitgenossenschaft*** iSd § 11 Z 1 ZPO (§ 232 Abs 1 S 2 EO).

► Urteile aus Widerspruchsklageprozessen entfalten ***Rechtskrafterstreckung*** gegenüber allen beteiligten Gläubiger und sonstigen Berechtigten sowie den Verpflichteten (§ 232 Abs 2 EO).

→ Der Hinweis auf § 14 ZPO (einheitliche Streitpartei) in § 232 Abs 2 EO geht insofern ins Leere, als die genannte Bestimmung nur Prozessparteien erfassen kann; § 232 Abs 2 EO verfügt aber eine personengruppenbezogene Rechtskrafterstreckung *ohne Rücksicht auf eine Verfahrensteilnahme.*

► Anders als im regulären Zivilprozess herrscht im Widerspruchsklageverfahren ***keine Bindung des Gerichts an den Antrag (§ 405 ZPO):***

Auch ohne ein entsprechendes Begehren ***hat das Gericht zu bestimmen, welchem Gläubiger welcher Betrag des in Streit verfangenen Teils des Meistbots auszuzahlen ist*** (§ 233 Abs 1 EO).

(2) Stehen einer meritorischen Entscheidung über die Verteilung des strittigen Meistbotsteils erhebliche Schwierigkeiten entgegen, so wird ***im Urteil ein neuerliches Verteilungsverfahren angeordnet, das sich auf den durch den Widerspruch betroffenen Teil der Masse zu beschränken hat.***

Nach Rechtskraft des Urteils ist diese „Teilverteilung" von Amts wegen einzuleiten (§ 233 Abs 2 S 1 und 2 EO).

Die durch Barzahlung, Schuldübernahme oder Deckungserlag aus dem Versteigerungserlös bereits befriedigte Beteiligte sind diesem neuen Verfahren nicht beizuziehen (§ 233 Abs 2 S 3 EO).

3. Verteilungsbeschluss

a) Grundlage

Der ***Verteilungsbeschluss*** ergeht aufgrund (§ 214 Abs 1 EO):

- der Verhandlungsergebnisse,
- der erfolgten Anmeldungen,
- der Akten des Versteigerungsverfahrens und
- des Grundbuchstands

auf der Basis einer erzielten Einigung der Betroffenen (§ 214 Abs 2 Hs 1 EO), ***sonst unter Anwendung der gesetzlichen Verteilungsgrundsätze der §§ 215, 216 ff EO*** (§ 214 Abs 2 Hs 2 EO). Siehe dazu unten S.

b) Inhalt und Anordnungen

Der Verteilungsbeschluss weist zunächst die gesamte ***Verteilungsmasse*** aus und trennt dabei ***Kapitalmasse*** von ***Zinsenmasse.***

Demgegenüber werden aufgeführt: Die namentliche ***Nennung der Berechtigten*** und der jeweils auf sie entfallenden oder für sie zu erlegenden ***Barbeträge,*** die vom Ersteher ***in Anrechnung auf das Meistbot übernommenen Lasten und Schulden*** samt Nebengebühren und die den übernommenen Lasten und Schulden entsprechenden ***Deckungsbeträge*** ziffernmäßig, nach der ***Rangordnung*** der hierdurch zu befriedigenden oder sicherzustellenden Rechte und Ansprüche (§ 229 Abs 1 EO).

Im Verteilungsbeschluss ist anzugeben, ***wie die Zinsen*** fruchtbringend angelegter Beträge ***zu verwenden sind,*** wie mit frei werdenden Beträgen zu verfahren ist, welche Sicherheit bei Barzahlung von ***Forderungen unter auflösender Bedingung*** zu leisten ist, welche Berechtigte mit welchem Betrag und in welcher Reihenfolge auf ***Ersatz im Sinn des § 222 EO*** Anspruch haben (bei Simultanhypotheken), schließlich eine allfällige an den Verpflichteten zu leistende ***Hyperocha*** (§ 229 Abs 2 EO).

Es ist über alle ***Widersprüche*** zu entscheiden:

- ***Zurückweisung*** wegen Unzulässigkeit (§ 213 EO),
- ***Abweisung*** infolge Erledigung in der Meistbotsverteilungstagsatzung, weil der Widerspruch eine Rechtsfrage betraf, aber unbegründet war,
- ***Stattgabe*** eines begründeten, rein auf Rechtsfragen basierenden Widerspruchs oder
- ***Verweisung*** auf den Rechts- oder Verwaltungsweg, weil streitiger Sachverhalt zu ermitteln ist.

Ansprüche, gegen die ein Widerspruch erhoben wurde, der auf den Rechts- oder Verwaltungsweg verwiesen wurde, sind vorläufig als unbestritten zu behandeln und dementsprechend im Verteilungsbeschluss zu berücksichtigen (§ 231 Abs 1 S 2 EO).

Der Verteilungsbeschluss ist ***allen zur Tagsatzung geladenen Personen zuzustellen*** (§ 229 Abs 3 EO).

c) Abwesenheitskurator für Gläubiger unbekannten Aufenthalts

Ist ein ***Hypothekargläubiger der Liegenschaft unbekannten Aufenthalts,*** so ist für ihn von Amts wegen vom Exekutionsgericht ein ***Abwesenheitskurator nach § 270 ABGB*** zu bestellen. Das Bestellungsverfahren folgt den Regeln der EO und nicht des AußStrG (§ 230 Abs 1 S 1 EO und § 230 Abs 2 S 1 und 2 EO).

Der auf die *Forderung* dieses Gläubigers entfallende Betrag kann nicht durch Schuldübernahme des Erstehers *sondern nur bar beglichen werden* (§ 230 Abs 1 S 2 EO).

► Gibt der Kurator nicht binnen fünf Jahren ab Rechtskraft des Meistbotsverteilungsbeschlusses den Gläubiger oder dessen Rechtsnachfolger dem Gericht bekannt, so ist der Betrag in einer ***Nachtragsverteilung*** an die Gläubiger zu verteilen (§ 230 Abs 1 S 3 EO).

Die Bestellung ist in der *Ediktsdatei* bekannt zu machen (§ 174 Abs 1 S 2); Mehrfachvertretungen sind zulässig, sofern keine Interessenkollisionen für die Vertretenen bestehen (§ 174 Abs 2 EO). Die Kosten des Kurators hat zunächst der betreibende Gläubiger zu bestreiten, unterliegen aber seinem Ersatzanspruchs nach § 74 EO (§ 230 Abs 2 EO).

Die Daten über die Bestellung eines Kurators sind *in der Ediktsdatei zu löschen:* ***bei Rechtskraft des Nachverteilungsbeschlusses,*** bei rechtskräftiger Amtsenthebung oder sonstigem Erlöschen des Amts (§ 230 Abs 3 EO).

4. Rekurs gegen den Verteilungsbeschluss

Rekurs kann nur im Umfang eines Widerspruchsrechts erhoben werden:

Daher steht

► dem Verpflichteten und
► den zur Verteilungstagsatzung erschienenen Berechtigten

jeweils nur im Umfange des ihnen gemäß § 213 EO zustehenden Widerspruchsrechtes der Rekurs gegen den Verteilungsbeschluss offen (§ 234 Abs 1 EO). Beschwer ist Voraussetzung (ÖBA 2008/1479 *Koziol*); siehe dazu oben IV. R. 1. e.

► Ebenso wie in einem Urteil über eine Widerspruchsklage ist von der Rekursinstanz hier die strittige Verteilung entweder selbst anzuordnen oder dem Erstgericht die Neudurchführung des strittigen Teils der Meistbotsverteilung aufzutragen. Der erste Fall führt zu einer ***reformatorischen*** Entscheidung über die Verteilung; der zweite zur ***Teilkassation*** des Verteilungsbeschlusses (§§ 234 Abs 2 iVm 233 EO).

► Gegen die Entscheidung des Rekursgerichts steht der ***Revisionsrekurs*** bei Erfüllung aller Zulässigkeits- insbesondere der Statthaftigkeitsvoraussetzungen zu.

Beachte! *Duae conformae* machen den Revisionsrekurs absolut unzulässig (§ 528 Abs 2 Z 2 ZPO iVm § 78 EO).

5. Meistbotsrest

Wurde gegen die Anrechnung eine Hypothekarforderung auf das Meistbot erfolgreich Widerspruch erhoben:

► im Verteilungsbeschluss,

► in der Rekursentscheidung nach Bekämpfung des Verteilungsbeschlusses oder

► im Urteil aufgrund der Widerspruchsklage,

so wird der Ersteher nach Eintritt der Rechtskraft der Entscheidung, die ihn nun zur Deckung der Hypothekarforderung aus dem Meistbot verpflichtet, exekutionsgerichtlich aufgefordert, den zu entrichtenden ***Meistbotsrest*** *ab dem Tag der Erteilung des Zuschlags binnen 14 Tagen bei Gericht zu erlegen.*

Der ***Meistbotsrest*** entspricht der ***Höhe der nicht anrechenbaren hypothekarisch sichergestellten Forderung*** samt Nebengebühren und gesetzlichen Zinsen (§ 235 Abs 1 EO).

Der exekutionsgerichtliche Auftrag ist ein ***vollstreckbarer Leistungsbeschluss.*** Die Exekution in das Vermögen des zahlungsunwilligen Erstehers kann jede zur Verteilungstagsatzung geladene Personen beantragen (§ 235 Abs 2 EO).

Der eingezahlte Meistbotsrest unterliegt in jedem Fall einer ***Verteilung wie bei der Umsetzung eines Urteils aus einem Widerspruchsklageprozess,*** wenngleich dies im vorliegenden Fall nur einer der drei oben genannten Fälle ist (§§ 235 Abs 3 iVm 233 Abs 2 EO).

6. Ausfolgungsbeschluss

► Der Verteilungsbeschluss hat die bei der Verteilung zu berücksichtigenden Personen samt den jeweils auszufolgenden Beträgen anzugeben (§§ 229 Abs 1, 236 Abs 1 S 1 EO).

► Diese Beträge sind ***nach Rechtskraft*** den Bezugsberechtigten auszuzahlen.

→ Diese Verfügungen können auch gesondert getroffen werden.

► Von einem anhängigen Rechtsstreit (Widerspruchsklage) betroffene Beträge sind bis zur Rechtskraft des Urteils gerichtlich zu verwahren. Insofern kann der Verteilungsbeschluss im Rahmen des Ausfolgungsbeschlusses einstweilen nicht umgesetzt werden (§ 236 Abs 3 EO).

Die *Anlage und Verzinsung* von Beträgen erfolgt grundsätzlich auf der Basis einer Einigung der aus den Anspruchsberechtigten; kommt eine solche nicht zustande, so hat das Exekutionsgericht Entsprechendes (§ 236 Abs 2 EO iVm § 77 EO).

S. Verteilungsgrundsätze

Die ***Verteilungsmasse*** bilden (§ 215 EO):

1. das Meistbot oder Überbot, die zur Erhöhung des Meistbots gegebenen Beträge (§ 197 EO) und die Zinsen hiervon (soweit diese nicht nach den Bestimmungen der EO dem Ersteher zufallen);

2. die *Erträge einer* während des Versteigerungsverfahrens angeordneten *einstweiligen Verwaltung* (§ 159 Z 4 EO);

3. das *Vadium* des säumigen Erstehers und die von diesem erlegten *Meistbotsraten,* soweit sie nach den Vorschriften dieses Gesetzes in die Verteilungsmasse fallen, sowie die vom Ersteher geleisteten *sonstigen Ersätze samt Zinsen* (§ 155 EO);

4. die vom Ersteher gemäß § 157 EO geleisteten *Rückerstattungen* und alle übrigen nach den Vorschriften dieses Gesetzes in die Verteilungsmasse fließenden Beträge.

► Aus der Verteilungsmasse sind in nachfolgender ***Rangordnung*** zu berichtigen (§ 216 Abs 1 EO):

1. falls während des Versteigerungsverfahrens zu Gunsten der auf das Meistbot gewiesenen Personen eine *Verwaltung* stattgefunden hat, die im § 120 Abs 2 Z 4 bezeichneten Auslagen und Vorschüsse;

2. die aus den letzten drei Jahren vor Erteilung des Zuschlages rückständigen, von der Liegenschaft zu entrichtenden *Steuern samt Zuschlägen,* Vermögensübertragungsgebühren und sonstige von der Liegenschaft zu entrichtende öffentliche *Abgaben,* die ein *gesetzliches Pfand- oder Vorzugsrecht* genießen, sowie die nicht länger als drei Jahre rückständigen Verzugszinsen dieser Steuern und Abgaben, und zwar die Zuschläge in gleicher Rangordnung mit den Steuern und Abgaben, welche die Grundlage ihrer Bemessung bilden.

Diese Ansprüche sind jedoch ohne Rücksicht auf das ihnen sonst zustehende Vorrecht erst *nach voller Befriedigung des betreibenden Gläubigers* aus der Verteilungsmasse zu berichtigen, wenn sie nicht spätestens im Versteigerungstermin vor Beginn der Versteigerung angemeldet wurden;

3. die aus den letzten fünf Jahren vor dem Tage der Erteilung des Zuschlages *rückständigen Forderungen gemäß § 27 WEG 2002,* wobei Ansprüche mehrerer Miteigentümer untereinander gleichrangig sind;

4. die auf der Liegenschaft *pfandrechtlich sichergestellten Forderungen,* einschließlich pfandrechtlich sichergestellter Steuer- und Gebührenforderungen, die nicht pfandrechtlich sichergestellte Forderung des betreibenden Gläubigers, die Deckung für die vom Ersteher in Anrechnung auf das Meistbot zu übernehmenden Dienstbarkeiten, Ausgedinge und andere Reallasten und die Entschädigungsansprüche für einverleibte Bestandrechte sowie für andere vom Ersteher nach den Versteigerungsbedingungen und dem Ergebnis der Versteigerung nicht zu übernehmende Rechte und Lasten, sämtliche nach der Rangordnung der bezüglichen bücherlichen Eintragungen oder nach der Zeitfolge der pfandweisen Beschreibungen und der sonst nachgewiesenen jeweiligen Rechtsbegründung.

→ Die gerichtlich bestimmten *Prozess- und Exekutionskosten,* die durch die Geltendmachung eines der in § 216 Abs 1 Z 2 bis 4 EO angeführten Ansprüche entstanden sind, und die nicht länger als drei Jahre vor Erteilung des Zuschlags rückständigen, aus Vertrag oder gesetzlich gebührenden Zinsen, Renten, Unterhaltsgelder und sonstigen wiederkehrenden Leistungen genießen gleiche Priorität mit dem Kapital oder Bezugsrecht.

Die gleiche Priorität wie dem Kapital kommt auch den Ansprüchen aus einem für den Fall der vorzeitigen Rückzahlung einer bücherlich sichergestellten Forderung geschlossenen Vertrag zu.

Bei Unzulänglichkeit der Verteilungsmasse sind diese Nebengebühren vor dem Kapital zu berichtigen (§ 216 Abs 2 EO).

▶ Sofern die Verteilungsmasse durch die gemäß § 216 EO zu erbringenden Leistungen nicht erschöpft ist, sind ***aus dem Rest der Verteilungsmasse*** nacheinander die ***„Nachzügler" zu berichtigen*** (§ 217 Abs 1 EO):

1. die *länger als drei Jahre rückständigen, von der Liegenschaft zu entrichtenden Steuern* samt Zuschlägen, Vermögensübertragungsgebühren, und sonstige von der Liegenschaft zu entrichtende öffentliche Abgaben, die nach den bestehenden Vorschriften ein gesetzliches Pfandrecht genießen;

2. nach diesen *die länger als drei Jahre rückständigen, aus einem Vertrage oder aus dem Gesetze gebührenden Zinsen, Renten, Unterhaltsgelder und sonstigen wiederkehrenden Leistungen,* sofern ihnen ein Pfandrecht zukommt, nach ihrer Priorität.

▶ Ein allenfalls verbleibender ***Rest*** der Verteilungsmasse (hyperocha) ist ***dem Verpflichteten*** auszufolgen (§ 217 Abs 2 EO).

▶ Bei ***Unzulänglichkeit der Verteilungsmasse*** sind *ranggleiche Ansprüche* samt Nebengebühren nach Verhältnis ihrer Gesamtbeträge quotenmäßig zu kürzen (§ 218 Abs 1 EO).

▶ Für die Berücksichtigung der Forderungen betreibender Gläubiger, zu deren Gunsten vor Einleitung der Zwangsversteigerung eine Zwangsverwaltung angeordnet wurde, ist die Rangordnung des § 104 EO anzuwenden, selbst wenn diese Gläubiger auf der Liegenschaft hypothekarisch sichergestellt, ja wenn sie gar nicht dem Versteigerungsverfahren beigetreten sind (§ 218 Abs 2 EO).

▶ ***Sonderbestimmungen*** bei der Verteilung sieht die EO vor für:

- pfandrechtlich sichergestellte Renten und wiederkehrende Leistungen (§ 219 EO),
- pfandrechtlich sichergestellte Forderungen unter auflösender §§ 220 EO) oder aufschiebender (§ 221 EO) Bedingung,
- sonstige pfandrechtlich sichergestellte Forderungen (§ 223 EO),
- Simultanhypotheken (§ 222 EO),
- Höchstbetragshypotheken (§ 224 EO),
- Dienstbarkeiten und Reallasten (§ 225 EO),
- einverleibte Ausgedinge (§ 226 EO),
- Entschädigungsansprüche (§ 227 EO),
- Berücksichtigung bücherlicher Vormerkungen (§ 228 EO).

T. Bücherliche Einverleibungen und Löschungen

Der Ersteher kann, sofern er die Erfüllung aller Versteigerungsbedingungen nachweist, ***schon vor Erledigung der Meistbotsverteilung beim Exekutionsgericht folgende Anträge stellen (§ 237 Abs 1 EO):***

▶ die Einverleibung seines mit dem Zuschlag erworbenen Eigentumsrechts an der versteigerten Liegenschaft,

▶ die Übertragung der mit dem Eigentum an der Liegenschaft verbundenen bücherlichen Rechte,

▶ die Löschung der Anmerkung der Versteigerung, der Zuschlagserteilung und aller übrigen auf das Versteigerungsverfahren bezüglichen bücherlichen Anmerkungen.

Falls erforderlich kann das Gericht auf Kosten des Erstehers vor Bewilligung des Ansuchens den betreibenden Gläubiger und die an der Liegenschaft dinglich Berechtigten oder einzelne dieser Personen einvernehmen; diese Einvernehmung geschieht auf Kosten des Erstehers.

Wenn dies zur Wahrung der Rechte der genannten Personen zweckmäßiger ist, kann das Gericht statt der Einvernahme die Verständigung von der bereits erteilten Bewilligung anordnen (§ 237 Abs 2 S 1 EO).

Bei Bewilligung des Ansuchens hat das Gericht zugleich die bücherlichen Eintragungen zu veranlassen (§ 237 Abs 2 S 2 EO).

Die Löschung der auf der versteigerten Liegenschaft eingetragenen, vom Ersteher *nicht* übernommenen Lasten und Rechte kann *erst nach Rechtskraft des Verteilungsbeschlusses* vom Exekutionsgericht auf Antrag des Erstehers bewilligt werden; Einverleibungs- und Löschungsanträge nach § 237 Abs 1 (s. oben eingangs) können freilich mit einem solchen Antrag zusammen gestellt werden; dann erfolgt die bücherliche Bereinigung unter Einem nach Rechtskraft des Verteilungsbeschlusses (§ 237 Abs 3 EO).

U. Rekursverbote und -einschränkungen

Im Zwangsversteigerungsverfahren sind ***Rekurse gegen folgende Beschlüsse nicht statthaft*** (§ 239 Abs 1 EO):

► Anordnung der bücherlichen Anmerkung der Einleitung des Zwangsversteigerungsverfahrens;

► Verständigung von Wiederkaufsberechtigten und Pfandgläubigern von der Bewilligung der Versteigerung;

► Anordnung der Beschreibung und Schätzung der zu versteigernden Liegenschaft und des Liegenschaftszubehörs gemäß §§ 134 und 140 EO;

► Bestimmung der Zahl der zur Schätzung beizuziehenden Sachverständigen und ihre Ernennung;

► Anordnung des Unterbleibens einer neuerlichen Schätzung (§ 142 EO);

► Bestimmung des Versteigerungstermins;

► Anordnung der einstweiligen Verwaltung der versteigerten Liegenschaft (§ 158 EO);

► Aufschiebung der Schätzungsvornahme bei einem Aufschiebungsantrag wegen Vorrangs der Zwangsverwaltung (§ 201 EO) nach § 202 EO;

► Beiziehung von Sachverständigen zu den Bewertungen im Meistbotsverteilungsverfahren;

► bücherliche Löschungsverfügung wegen rechtskräftiger Einstellung oder wegen Durchführung des Versteigerungsverfahrens;

Gegen die während des Versteigerungstermins und während der Verteilungstagsatzung gefassten und verkündeten Beschlüsse ist ein ***abgesonderter Rekurs unzulässig*** (***verbundene Anfechtbarkeit;*** § 239 Abs 2 EO).

V. Bergwerkseigentum

Besondere Vorschriften für die Zwangsversteigerung von Gegenständen des Bergwerkseigentums sehen §§ 242 bis 247 EO vor. § 248 EO ist gegenstandslos.

Siebenter Teil

Die Exekution auf das bewegliche Vermögen – Mobiliarexekution

I. Allgemeines

Die Mobiliarexekution ist in der EO in den §§ 249 bis 345 geregelt; sie zerfällt in vier Kategorien:

- die Fahrnisexekution (§§ 249 bis 289 EO),
- die Forderungsexekution (§§ 290 bis 324 EO),
- die Anspruchsexekution (§§ 325 bis 329 EO) sowie
- die Exekution auf andere Vermögensrechte (§§ 330 bis 345 EO).

Der betreibende Gläubiger kann bei Vorliegen einer vollstreckbaren Geldforderung (auch) eine der soeben aufgezählten Exekutionsarten beantragen.

Wie bereits erläutert (siehe Vierter Teil, IV. A. 1.), enthält die EO keine allgemeinen Vorschriften, nach welcher Exekutionsart vorgegangen werden muss. Der Gläubiger kann eine nach seiner Wahl getroffenen Exekutionsart geltend machen; er hat weiters die Möglichkeit, mehrere Exekutionsarten zu kumulieren (*Neumayr/Nunner-Krautgasser*, ExR[3] 224). Die EO lässt die gleichzeitige Anwendung mehrerer Exekutionsmittel ausdrücklich zu (§ 14 Abs 1 EO).

Abgeschwächt wird dieser Grundsatz durch die Regelung des § 14 Abs 2 EO, wonach bei Zusammentreffen von Gehaltsexekution und Fahrnisexekution ersterer der ***Vorzug*** zu geben und die Fahrnisexekution nur unter gewissen Beschränkungen (dazu sogleich) ***zu vollziehen*** ist.

Ist eine Exekution auf eine Gehaltsforderung oder eine andere in fortlaufenden Bezügen bestehende Forderung anhängig, so ist zur Hereinbringung derselben Forderung eine Exekution auf bewegliche körperliche Sachen erst dann zu vollziehen, wenn

- die Exekution nach § 294a EO (Forderungsexekution bei unbekanntem Drittschuldner) erfolglos geblieben ist, weil der Hauptverband der österreichischen Sozialversicherungsträger die Anfrage des Gerichts nach § 294a EO nicht positiv beantwortet hat (§ 14 Abs 2 Z 1 EO) oder

- der Drittschuldner in seiner Erklärung die gepfändete Forderung nicht als begründet anerkannt oder keine Erklärung abgegeben hat (§ 14 Abs 2 Z 2 EO) oder

- der betreibende Gläubiger den Vollzug der Exekution auf bewegliche körperliche Sachen nach Erhalt der Erklärung des Drittschuldners beantragt (§ 14 Abs 2 Z 3 EO).

Weiters darf ein betreibender Gläubiger nach § 14 Abs 3 EO eine Exekution nach § 294a EO (Forderungsexekution bei unbekanntem Drittschuldner) ***nach Bewilligung*** einer Exekution auf bewegliche körperliche Sachen erst beantragen, wenn

- seit Bewilligung ein Jahr vergangen ist oder
- der betreibende Gläubiger glaubhaft macht, dass er erst nach seinem Antrag auf Exekution auf bewegliche körperliche Sachen erfahren hat, dass dem Verpflichteten Forderungen im Sinn des § 290a EO (beschränkt pfändbare Forderungen) zustehen.

Darüber hinaus sieht § 264a EO einen Aufschub des Verfahrens über den Fahrnisverkauf vor, wenn zur Hereinbringung derselben Forderung Gehaltsexekution geführt wird und deren Erlös voraussichtlich ausreichen wird, die vollstreckbare Forderung samt Nebengebühren im Lauf eines Jahres zu tilgen. Schließlich geht die Zwangsverwaltung der Zwangsversteigerung vor (§ 201 EO).

Die Fahrnis- und Forderungsexekution sind die in der Praxis bei weitem wichtigsten Exekutionsarten der EO. Im Jahr 2015 wurden 1.473.451 Anträge auf Eröffnung eines Fahrnis- oder Forderungsexekutionsverfahrens gestellt; dies entspricht 6.697 Anträgen pro Arbeitstag (Bundesministerium für Justiz – betriebliches Informationssystem der Justiz, 2015).

Im Vergleich zum Vorjahr bedeutet dies einen leichten Rückgang. Allein schon aus diesen Zahlen lässt sich die große praktische Bedeutung von Fahrnis- und Forderungsexekution ermessen.

Essentiell für eine Anwendung einer der Exekutionsarten der Mobiliarexekution ist, dass dem betreibenden Gläubiger eine ***Geldforderung*** gegen den Verpflichteten zusteht.

Nach Bewilligung der Exekution erfolgt die Pfändung, sodann die Verwertung der gepfändeten Exekutionsobjekte und schließlich die Befriedigung des/der betreibenden Gläubiger(s); dies ist allen oben aufgelisteten Exekutionsarten der Mobiliarexekution gemeinsam (*Seiser*, ExR^{10} 53).

Durch die Pfändung erwirbt der Gläubiger ein Pfändungspfandrecht (exekutives Pfandrecht, richterliches Pfandrecht) an den im Pfändungsprotokoll eingetragenen Sachen (§ 256 EO); dadurch kommt es zur so genannten ***Verstrickung*** der Exekutionsobjekte.

Damit ist gemeint, dass der Verpflichtete seine Verfügungsgewalt über die gepfändeten Sachen verliert und diese auf den Staat zwecks Befriedigung des betreibenden Gläubigers übertragen wird; man spricht auch vom öffentlich-rechtlichen exekutiven Beschlag der Exekutionsobjekte (*Rechberger/Oberhammer* ExR^5 Rz 337).

Unter dem gegenteiligen Begriff der ***Entstrickung*** versteht man naturgemäß die Rückübertragung der Verfügungsgewalt der Exekutionsobjekte vom Staat auf den Verpflichteten; die Wirkungen des Pfändungspfandrechts gehen durch Entstrickung (wieder) verloren. Dies kann geschehen durch Beendigung des Exekutionsverfahrens oder durch Beschluss, mit dem das Exekutionsverfahren eingestellt worden ist (*Neumayr/Nunner-Krautgasser*, ExR³ 226).

Das Zerstören, Beschädigen, Verunstalten, unbrauchbar Machen sowie das gänzliche oder teilweise Entziehen (der Verstrickung) einer behördlich gepfändeten oder in Beschlag genommenen Sache ist unter Strafe gestellt (§ 271 StGB).

II. Die Rechtsnatur des Pfändungspfandrechts

Die ***Rechtsnatur des Pfändungspfandrechts*** ist nach wie vor höchst umstritten; es werden drei Theorien vertreten:

Nach der vor allem von der älteren Lehre (*Petschek*, ZVR 8 ff sowie *Pollak*, ZPR² 905) vertretenen ***privatrechtlichen Theorie*** ist das exekutive Pfandrecht nach § 256 EO – neben dem vertraglichen und gesetzlichen Pfandrecht – eine weitere (dritte) Art eines privatrechtlichen Pfandrechts.

Die Voraussetzungen für die Entstehung des Pfandrechts sowie dessen Weiterbestehen unterstehen daher den entsprechenden Vorschriften des ABGB (§§ 447 ff). Es kommt also nur dann zustande, wenn die Grundsätze der Akzessorietät und der Formvorschriften eingehalten worden sind; weiters muss die gepfändete Sachen dem Verpflichteten gehören. Fehlt eine dieser materiell-rechtlichen Voraussetzungen (etwa Nichteinhalten der Formvorschriften, zu pfändende Sache steht nicht im Eigentum der verpflichteten Partei), kommt das Pfandrecht nicht gültig zustande.

Die Pfändung nach § 256 EO (Verzeichnen und Beschreiben der Sachen im Pfändungsprotokoll) wird (bloß) als besondere Entstehungsvoraussetzung für das Pfändungspfandrecht gesehen (*Mini* in Burgstaller/Deixler-Hübner § 256 EO Rz 10).

Diese Theorie wird heutzutage abgelehnt, da die Prinzipien der staatlichen Zwangsverwertung und des privaten Pfändungspfandrechts miteinander nicht in Einklang zu bringen sind (*Neumayr/Nunner-Krautgasser*, ExR³ 226).

Die ***gemischte Theorie*** (*Heller/Berger/Stix* EO⁴ II 1632 f) geht davon aus, dass die Pfändung sowohl eine öffentlich-rechtliche Wirkung (Verstrickung) als auch eine privatrechtliche (das Pfändungspfandrecht) hat; beide Wirkungen sind getrennt voneinander zu beurteilen.

Das Entstehen des Pfändungspfandrechts hängt (wiederum) von den Voraussetzungen ab, die für die Entstehung eines rechtsgeschäftlichen oder gesetzlichen Pfandrechts notwendig sind (Akzessorietät, Formvorschriften etc.); darüber hinaus ist allerdings auch die rechtmäßige Pfändung erforderlich. Die Verwertung beruht nicht auf dem Pfändungspfandrecht, sondern hat ihre Grundlage in der Verstrickung (*Mini* in Burgstaller/Deixler-Hübner § 256 EO Rz 11).

Nach der ***öffentlich-rechtlichen Theorie*** (hL: *Holzhammer* ZVR[4] 244, *Rechberger/Simotta* ExV[2] 575, *Mini* in Burgstaller/Deixler-Hübner § 256 EO Rz 12 f) ist das Pfändungspfandrecht ein subjektiv öffentliches Befriedigungsrecht in einem bestimmten Rang; die Pfändung ist daher rein öffentlich-rechtlicher Natur. Einer Pfändung können daher auch nur öffentlich-rechtliche Wirkungen zukommen.

Notwendig für die Entstehung eines Pfändungspfandrechts ist ausschließlich eine (wirksame) Pfändung (§ 256 EO); materiell-rechtliche Voraussetzungen (Akzessorietät, Eigentum des Verpflichteten) sind für das Entstehen des Pfandrechts irrelevant.

Das Pfändungspfandrecht ist allein von der Verstrickung abhängig. Durch das Pfändungspfandrecht steht dem betreibenden Gläubiger ein öffentlich-rechtliches Verwertungs- und Befriedigungsrecht gegenüber dem Staat im laufenden Vollstreckungsverfahren zu; dieser hat daher dem Staat gegenüber das Recht, einen Anspruch auf Verwertung und Befriedigung aus der Pfandsache in einem bestimmten Rang durchzusetzen (*Mini* in Burgstaller/Deixler-Hübner § 256 EO Rz 12).

Der von der hL vertretenen öffentlich-rechtlichen Theorie ist zuzustimmen, da das Pfandrecht nach der EO allein auf die Verwertung gerichtet ist und privatrechtliche Wirkungen nicht zu erkennen sind (*Rechberger/Simotta* ExV[2] 575).

III. Die Fahrnisexekution

Lit.: *Albrecht*, Die Exekutionsordnungs-Novelle 1995 (1995); *Anderl*, Die EO-Novelle macht es möglich – bald Zwangsversteigerungen bei eBay & Co? Zak 2008, 126; *Angst*, Das Unternehmen als Zubehör der Pfandliegenschaft, ÖBA 1998, 82; *Bartos*, Die gerichtliche Fahrnisexekution - ein effizientes Mittel zur Hereinbringung von Beitragsrückständen? SozSi 2014, 135; *Burgstaller/Wimmer*, Res pignerata pignori capta – Pfändung trotz Pfandrechts eines Dritten? in FS Sprung (2001) 11; *Eder,* Der vollstreckungsrechtliche Erwerbs- und Berufsschutz bei OHG, KG und EEG, ecolex 1993, 585; *Eder,* Der Schuldnerschutz in der gerichtlichen Exekution (1994); *Eder,* Pfändungsschutz und Austauschpfändung nach der EO-Novelle 1995, ZIK 1996, 52; *Fehringer*, Online-Versteigerungen – Die rechtlichen Grundlagen, in *Fehringer/Gleixner/Seitweger*, Die gerichtliche Online-Versteigerung (2012) 19; *Feil*, Pfändung, Verwahrung und Verkauf beweglicher Sachen (1980); *Frauenberger-Pfeiler*, Die EO-Novelle 2008, JAP 2007/2008/25, 235; *Gleixner*, Ablauf einer gerichtlichen Versteigerung im Internet aus Sicht der involvierten Parteien, in *Fehringer/Gleixner/Seitweger*, Die gerichtliche Online-Versteigerung (2012) 1; *Grundner*, Exekutionsordnungs-Novelle 1995: Was soll anders werden? – Ein Überblick, ÖRPfl 1995, 1, 41; *Hörmann,* Brutto- oder Nettotitel? NZ 1991, 60; *Holzner*, Rechtsfragen der Mithaftung von Liegenschaftszubehör, JBl 1992, 753; *Holzner,* Praxisfragen dinglicher Kreditsicherheiten, ÖBA 2004, 944;

Jakusch, Die EO-Novelle 2003, ÖJZ 2004/14, 201; *Kepplinger/Duursma,* Möglichkeit zur Widmung einer Zahlung bei Einschreiten des Exekutors? ÖJZ 2000, 885; *Klicka/Albrecht,* Die EO-Novelle 1995 im Überblick, JAP 1995/96, 131; *Klicka/Albrecht,* Die Fahrnisexekution nach der EO-Novelle 1995, ecolex 1995, 791; *Kloiber,* Das Auffindungs- und Zugriffsverfahren, ZIK 1996, 80; *Kloiber,* Der Aufgabenbereich des Rechtspflegers in der Fahrnisexekution nach der EO-Novelle 1995, ÖRPfl 1996/1, 27; *Knapp,* Das umstrittene Freihandverkaufsverfahren nach § 280 Abs 2, ÖJZ 1955, 439; *Konecny,* Die Aufschiebung der Fahrnisverwertung bei Forderungsexekution gem § 264a EO, RZ 1984, 218; *Konecny,* Die Exekutionsordnung nach 100 Jahren, in *Mayr* (Hrsg), 100 Jahre österreichische Zivilprozeßgesetze (1998) 95; *Krachler,* Online Aktionen. Internet-Versteigerungen in der Fahrnis-Exekution (2011); *Krehan,* Erlöschen des Pfandrechts nach § 256 Abs 2, NZ 1936, 127; *Markl/Niedermayr,* Zur Rückgabe des Mobiliarpfands unter Vorbehalt, ÖJZ 1994, 185; *Mini,* Exekutionsverfahren² (2008); *Mohr,* Die Fahrnisexekution nach der EO-Nov 1995, ÖJZ 1996, 81; *Mohr,* Fahrnisexekution (1996); *Mohr,* Aufgabenverteilung zwischen Rechtspfleger und Gerichtsvollzieher bei der Fahrnisexekution nach der EO-Nov 2003; ÖRPfl 2003, H 2, 35; *Mohr,* EO-Novelle 2003, ecolex 2003, 502; *Mohr,* Exekutionsordnungs-Novelle 2005, ecolex 2005, 602; *Mohr,* Die Internetversteigerung und sonstige Änderungen bei der Fahrnisexekution, ecolex 2008, 117; *Mohr,* EO-Nov 2014 – ein Überblick über die Änderungen im Allgemeinen Teil und bei der Fahrnis- und Forderungsexekution, ÖRPfl 2014 H 1 20; *Mohr,* justiz-auktion.at: Die Versteigerung gepfändeter Sachen im Internet, Zak 2015/257, 144; *Mohr,* Exekutionsordnungs-Novelle 2016 – die Änderungen bei der Fahrnis- und Forderungsexekution, ÖRPfl 2016 H 2, 24; *Oberhammer,* Fahrnisverwertung nach der EO-Novelle 1995: Grundsätzliche Neuerungen im Verwertungsverfahren, ZIK 1996, 84; *Oberhammer,* Die Fahrnisverwertung nach der EO-Novelle 1995: Das Verkaufsverfahren von der Bestimmung des Versteigerungstermines bis zur Ausfolgung des Erlöses, ZIK 1996, 121; *P. Bydlinsky,* Durchbrechungen des Publizitätsprinzips im Mobiliarpfandrecht? ÖJZ 1986, 327; *Prem,* Neues im Exekutionsverfahren. Die Exekutionsordnungs-Novelle 1995, AnwBl 1995, 697; *Rassi,* Kostenfragen zur Intervention bei der Fahrnisexekution nach der EO-Novelle 2005, Zak 2005/50, 126; *Rassi,* Exekutionstipps für Praktiker III: Die Exekutionskosten, Zak 2007/698, 403; *Rechberger,* Die fehlerhafte Exekution (1978); *Rechberger,* Exekutionsverfahren Superädifikate, in *Kletečka/Rechberger/Zitta,* Bauten auf fremdem Grund² (2004) Rz 118 ff; *Schneider,* Wesentliche Neuerungen der EO-Novelle 2003, ZIK 2004, 48; *Schneiderbauer,* Zur Frage der Einstellung des Verkaufsverfahrens, RZ 1960, 17; *Schneiderbauer,* Wann erlischt das Fahrnispfandrecht? RZ 1961, 17; *Schumacher,* Zwangsvollstreckung auf Wertpapiere (1995); *Schumacher,* Wertpapiere als Exekutionsobjekte, ecolex 1995, 470; *Simotta,* Einige Probleme des Datenschutzes im Zivilverfahrensrecht, ÖJZ 1993, 793; *Sloboda,* Die EO-Novelle 2008 im Überblick, Zak 2008/222, 123; *Stanzl,* Die Firma im Exekutionsverfahren, JBl 1951, 536; *Tschihan,* Die Stellung des Beitrittsgläubigers im Freihandverkaufsverfahren nach § 280 Abs 2, ÖJZ 1952, 653; *Tschihan,* Der freihändige Verkauf zum Marktpreis nach § 268 EO, ÖJZ 1954, 223; *Tschihan,* Der exekutive Verkauf aus freier Hand, ÖJZ 1956, 254; *Wisleitner,* Die Akteneinsicht des Verpflichteten bei der Fahrnisexekution vor Beginn des Vollzugs, RZ 1991, 273.

A. Allgemeines

Im Jahr 2015 wurden 811.660 Anträge auf Eröffnung eines Fahrnisexekutionsverfahrens gestellt; dies entspricht 3.689 Anträgen pro Arbeitstag (Bundesministerium für Justiz – betriebliches Informationssystem der Justiz, 2015). Trotz des gesetzlichen Vorrangs der Lohnexekution gegenüber der Fahrnisexekution ist letztere immer noch die häufigste Exekutionsart (*Seiser,* ExR¹⁰ 54). Zu Recht wird die Fahrnisexekution als der „Klassiker“ unter den Exekutionsmitteln bezeichnet (*Mini* ExV³ Rz 481). Ein betreibender Gläubiger wird einen Antrag auf Fahrnisexekution immer dann stellen, wenn für ihn die (begründete) Hoffnung besteht, dass der Verpflichtete verwertbare Gegenstände (etwa Computer, Stereoanlage, Fernseher) hat.

Dies ist offensichtlich in der Praxis immer noch sehr häufig der Fall, was sich an den bereits genannten Zahlen deutlich ersehen lässt. Grundlegende Voraussetzung bei der Fahrnisexekution ist also zunächst, dass der Verpflichtete verwertbare Gegenstände hat. Dies wird häufig auch bei solchen Schuldnern der Fall sein, bei denen etwa die Gehaltsexekution mangels regelmäßigem Einkommen ausscheidet (Unternehmen, Selbstständige, Hausfrauen und -männer).

Durch die EO-Novelle 2003 wurde der Wirkungsbereich des Gerichtsvollziehers gegenüber der bisherigen Rechtslage (neuerlich) erweitert. Nach globaler Bewilligung der Fahrnisexekution durch Richter oder Rechtspfleger wird der Gerichtsvollzieher selbstständig tätig. Dieser hat – ohne das Entscheidungsorgan (Richter/Rechtspfleger) befassen zu müssen – so lange tätig zu werden, bis der Erfolg oder Misserfolg der Fahrnisexekution feststeht (§ 25 Abs 2 S 2 EO). Das Gesetz gibt nur mehr die Rahmenbedingungen für das Handeln des Gerichtsvollziehers vor. Der Gerichtsvollzieher handelt – wie erwähnt – grundsätzlich selbstständig; Richter und Rechtspfleger werden nur mehr mit grundsätzlichen Fragen (Einstellung/Einschränkung der Exekution, Verteilung des Verwertungserlöses) oder bei Vollzugsbeschwerden befasst (*Mini* ExV³ Rz 481).

B. Die der Exekution unterworfenen Sachen

1. Das Exekutionsobjekt

Die Exekution auf bewegliche körperliche Sachen erfolgt durch Pfändung und Verkauf derselben (§ 253 Abs 1 EO). Exekutionsobjekt bei der Fahrnisexekution sind also ***bewegliche körperliche Sachen***. Da der Sachbegriff der beweglich körperlichen Sachen in der EO nicht näher definiert ist, ist auf die entsprechenden Bestimmungen des ABGB (§§ 292 ff) zurückzugreifen. In dem Fall, dass Sachen ohne Verletzung ihrer Substanz von einer Stelle zur anderen versetzt werden können, sind sie beweglich; an sich bewegliche Sachen gelten als unbeweglich, wenn sie Zugehör einer unbeweglichen Sache sind (§ 293 ABGB). Dies ist auch der Grund, warum Liegenschaftszugehör (§§ 294 – 297a ABGB) nur mit der Liegenschaft selbst in Exekution gezogen werden darf (§ 252 Abs 1 EO).

Traktor, Kühe und Jungvieh sind als Zubehör der landwirtschaftlichen Liegenschaft anzusehen (RPflE 1986/113) und dürfen daher als solche nur mit der Liegenschaft verwertet werden. Für die Zubehöreigenschaft unschädlich ist, wenn Teile eines Fuhrparks bzw.

der Baugeräte zeitweise wegen Platzmangels auf einem dazu gemieteten Lagerplatz abgestellt werden (RPflE 1990/120); das Zubehör muss also nicht unbedingt räumlich auf der Liegenschaft liegen, es genügt eine gewisse örtliche Beziehung (eine ausführliche Auflistung von Sachen, die als Liegenschaftszubehör anzusehen sind, findet sich bei *Heller/Berger/Stix* EO[4] II 1676 ff).

Körperliche Sachen sind jene, die in die Sinne fallen (§ 292 ABGB), etwa Auto, Haus, Bett, Leiter usw.; nicht als körperliche Sache gelten selbstredend die unkörperlichen, etwa Forderungsrechte. Diese können daher nicht nach den Regeln über die Fahrnisexekution verwertet werden (einschlägig sind die Bestimmungen der §§ 290 ff EO).

Nach den Regeln über die Fahrnisexekution zu verwerten sind auch etliche Wertpapiere, insbesondere bestimmte Inhaberpapiere (etwa Aktien); Orderpapiere (§ 296 EO) werden zwar wie Fahrnisse gepfändet, verwertet werden sie aber nach den Bestimmungen über die Forderungsexekution (*Rechberger/Oberhammer* ExR[5] Rz 338).

Seit der EO-Novelle 2000 (BGBl 2000/59) erfolgt die Verwertung von Superädifikaten (§§ 297, 435 ABGB) nach den Regeln der Liegenschaftsexekution (§ 134 EO). Vor dem Hintergrund der Ähnlichkeit der tatsächlichen Verhältnisse bei Superädifikaten und Exekutionen auf Liegenschaften, erschien diese Lösung dem Gesetzgeber sachgerechter zu sein (*Mini* in Burgstaller/Deixler-Hübner § 249 EO Rz 5).

Vor der EO-Novelle 2000 (Wirksamkeit 01.10.2000) wurde auch auf Superädifikate im Rahmen der Fahrnisexekution gegriffen, da sie sachenrechtlich zu den beweglichen Sachen gehören (*Koziol/Welser* BR I[14] Rz 773).

Vgl. zur ***Fahrnisexekution*** in die ***Vorbehaltssache*** als zweite Möglichkeit der Exekution in Vorbehaltseigentum noch unten VI. F.

2. *Unpfändbare Sachen*

a) Allgemeines

Der bereits weiter oben (Vierter Teil, I. G.) aufgezeigte Grundsatz des Schuldnerschutzes verlangt, dass gewisse Gegenstände dem Schuldner zu belassen sind. Die entsprechenden Bestimmungen finden sich in den §§ 250 – 251 EO. Diese Unpfändbarkeitsbestimmungen sind ***von Amts wegen*** wahrzunehmen und ***zwingender Natur*** (RPflE 2001/7); einer Parteiendisposition sind sie somit nicht zugänglich (SZ 28/40).

Gegenstände, die nach §§ 250 f EO unpfändbar sind, dürfen daher auch nicht mit der Zustimmung des Verpflichteten gepfändet werden; ein entsprechender Verzicht ist wirkungslos (*Mini* in Burgstaller/Deixler-Hübner §§ 250, 251 EO Rz 2).

Unpfändbare Gegenstände können allerdings ***vertraglich verpfändet*** werden (*Eder* 49). In diesem Fall kann nach überwiegender Lehre Exekution auf die verpfändeten Sachen geführt werden (*Berger/Stix* EO[4] II 1641; *Hofmann* in Rummel ABGB[3] § 448 Rz 7; *Eder* 50 f; aA SZ 14/154 sowie *Holzhammer* ZVR[4] 264).

Maßgeblicher Zeitpunkt für die Frage der Unpfändbarkeit ist jener der Pfändung (RPflE 2004/81; aA *Holzhammer* ZVR[4] 265). Eine Pfändung, die gesetzwidrig vorgenommen worden ist, ist aufzuheben und der Gegenstand auszuscheiden.

Die Sache muss während des gesamten Exekutionsverfahrens pfändbar bleiben; fällt die Eigenschaft der Pfändbarkeit nach der Pfändung weg, ist die Pfändung aufzuheben (*Mohr* in Angst/Oberhammer[3] § 250 EO Rz 6 mwN aus der Rsp).

Zur Geltendmachung der Unpfändbarkeit steht dem Verpflichteten ausschließlich der ***Einstellungsantrag*** nach § 39 Abs 1 Z 2 EO zur Verfügung (SZ 29/58).

Ist der Gerichtsvollzieher – im Gegensatz zum betreibenden Gläubiger – der Ansicht, dass ein Gegenstand nicht gepfändet werden darf (und unterlässt daher die Pfändung), steht dem Gläubiger nur die Vollzugsbeschwerde (§ 68 EO) zu (*Mini* in Burgstaller/Deixler-Hübner §§ 250, 251 EO Rz 6).

Die Frage der Pfändbarkeit ist im Exekutionsverfahren zu klären; eine Verweisung auf den Rechtsweg ist nicht zulässig (LG Innsbruck RPflE 2004/21).

Beachte: Die Exekutionsbefreiungen nach der EO sind von der sonstigen wirtschaftlichen Lage des Verpflichteten unabhängig (*Mohr* in Angst/Oberhammer[3] § 250 EO Rz 12).

b) Katalog der unpfändbaren Sachen

► *Hausrat*

Unpfändbar sind die dem persönlichen Gebrauch oder dem Haushalt dienenden Gegenstände, soweit sie einer bescheidenen Lebensführung des Verpflichteten und der mit ihm im gemeinsamen Haushalt lebenden Familienmitglieder entsprechen oder wenn ohne weiteres ersichtlich ist, dass durch deren Verwertung nur ein Erlös erzielt werden würde, der zum Wert außer allem Verhältnis steht (§ 250 Abs 1 Z 1 EO).

Wesentlich ist also zum Einen die Frage, ob der Gegenstand dem ***persönlichen Gebrauch*** oder dem ***Haushalt*** dient; zum Anderen muss der Gegenstand entweder einer ***bescheidenen Lebensführung*** (des Verpflichteten und der mit ihm im gemeinsamen Haushalt lebenden Familienmitglieder) entsprechen oder es muss ohne Weiteres ersichtlich sein, dass durch die Verwertung des Gegenstands nur ein Erlös erzielt werden würde, der ***zum Wert außer allem Verhältnis*** steht.

Unpfändbar sind beispielsweise ein Staubsauger (LGZ Graz RPflE 1992/11), eine Nähmaschine (SZ 12/76), ein Kühlschrank (LGZ Graz RPflE 1992/11), ein Elektroherd (LG Linz RPflE 1979/33), eine Waschmaschine (Eder 89), nicht jedoch ein Geschirrspüler, Tiefkühlgerät und ein Bügelautomat, da diese Geräte einer bescheidenen Lebensführung nicht entsprechen (*Mohr* in Angst/Oberhammer³ § 250 EO Rz 16). Die Pfändbarkeit eines Fernsehers ist strittig (Unpfändbarkeit wird bei nicht wertvollen Geräten meist gegeben sein, da der erzielbare Erlös in keinem Verhältnis zum Wert stünde, *Mini* in Burgstaller/Deixler-Hübner §§ 250, 251 EO Rz 14).

► *Gegenstände des Berufslebens*

In diesem Fall sind bei

- ***Personen, die aus persönlichen Leistungen ihren Erwerb ziehen***, sowie
- bei ***Kleingewerbetreibenden und Kleinlandwirten***
- die zur ***Berufsausübung bzw. persönlichen Fortsetzung der Erwerbstätigkeit erforderlichen Gegenstände***
- sowie nach Wahl des Verpflichteten bis zum Wert von € 750,– die zur Aufarbeitung ***bestimmten Rohmaterialien*** unpfändbar (§ 250 Abs 1 Z 2 EO).

Geschützt wird im Rahmen dieser Bestimmung somit die Erwerbsquelle des Verpflichteten, die überwiegend aus seiner persönlichen Tätigkeit stammt (*Mohr* in Angst/Oberhammer³ § 250 EO Rz 18). Der Pfändungsschutz ist nicht auf bestimmte Berufsgruppen eingeschränkt; er umfasst Beamte, Geistliche, Lehrer, Rechtsanwälte, Notare, Ärzte, Künstler, andere Personen, die einen geistigen Beruf persönlich ausüben, Handwerker und Kleingewerbetreibende, Hand- und Fabriksarbeiter sowie andere Personen, die aus Handleistungen ihren Erwerb ziehen (*Mohr* aaO).

Die Bestimmung des § 250 Abs 1 Z 2 EO bezieht sich nur auf natürliche Personen (ExS 2005/108); nicht erfasst sind juristische Personen oder Personengesellschaften (SZ 46/3).

In sachlicher Hinsicht sind von der Unpfändbarkeit alle zur Berufsausübung bzw. persönlichen Erwerbstätigkeit erforderlichen Gegenstände (sowie nach Wahl des Verpflichteten die zur Aufarbeitung bestimmten Rohmaterialen bis zu einem Wert von € 750,–) erfasst. Bei einer Maschine ist darauf abzustellen, ob der Betrieb des Verpflichteten auch dann in gleicher Weise aufrechterhalten werden kann, wenn ihm diese Maschine entzogen wird, ohne dass der Betrieb durch Entziehung der Maschine unrentabel wird (EvBl 1990/116). Ein Kopiergerät (RPflE 1993/34) und eine Computeranlage gehören heutzutage zur notwendigen Büroausstattung eines Kleinunternehmers. Eine Ledersitzgarnitur für fünf Personen gehört zur anständigen Ausstattung einer Rechtsanwaltskanzlei, dies gilt allerdings nicht für Teppiche und Bilder (RPflE 1999/121). Wie erwähnt, sind nach Wahl des Verpflichteten Rohmaterialien bis zu einem Wert von € 750,– unpfändbar, nicht jedoch Halbfabrikate und Fertigwaren (*Holzhammer* ZVR⁴ 267).

► *Nahrungsmittel und Heizstoffe*

Unpfändbar sind die für den Verpflichteten und die mit ihm im gemeinsamen Haushalt lebenden Familienmitglieder auf vier Wochen erforderlichen Nahrungsmittel und Heizstoffe (§ 250 Abs 1 Z 3 EO).

Die vierwöchige Frist berechnet sich vom Tag des Vollzugs der Fahrnisexekution (*Heller/Berger/Stix* EO[4] II 1655).

► *Haustiere*

Nach dieser Bestimmung sind ***nicht zur Veräußerung bestimmte Haustiere***, zu denen eine ***gefühlsmäßige Bindung*** besteht, bis zum Wert von € 750,-- sowie eine Milchkuh oder nach Wahl des Verpflichteten zwei Schweine, Ziegen oder Schafe, wenn diese Tiere für die ***Ernährung*** des Verpflichteten oder der mit ihm im gemeinsamen Haushalt lebenden Familienmitglieder ***erforderlich sind***, ferner ***Futter- und Streuvorräte*** auf vier Wochen unpfändbar (§ 250 Abs 1 Z 4 EO).

Haustiere sind Tiere, die im häuslichen Bereich gehalten werden, unabhängig davon, ob es sich um zahme oder gezähmte Tiere handelt (*Mohr*, ÖJZ 1996, 86); nicht unter den Begriff der Haustiere fallen Tiere, die etwa zur Pflege ständig anderswo gehalten werden (*Eder*, ZIK 1996, 53) sowie Zucht oder Masttiere, bei denen eine gefühlsmäßige Bindung aber ohnehin regelmäßig zu verneinen sein wird (*Mohr*, Fahrnisexekution 57). Auch Haustiere, zu denen eine gefühlsmäßige Bindung besteht, können ab einem Wert von über € 750,-- gepfändet werden.

► *Bargeld*

Unpfändbar ist bei Personen, deren ***Geldbezug*** durch Gesetz (§§ 290 ff EO) ***unpfändbar oder beschränkt pfändbar*** ist, der Teil des ***vorgefundenen Bargelds***, der dem unpfändbaren, auf die Zeit von der Vornahme der Pfändung bis zum nächsten Zahlungstermin des Bezugs entfallenden Einkommen entspricht (§ 250 Abs 1 Z 5 EO).

Nach §§ 290 f EO sind gewisse Forderungen überhaupt, andere beschränkt unpfändbar. Es muss dem Verpflichteten das ***Existenzminimum*** erhalten bleiben (dazu unten IV. F. 3.). Wenn es die Pfändungsbeschränkungen des § 250 Abs 1 Z 5 EO nicht geben würde, müsste das Vollstreckungsorgan beim Verpflichteten vorgefundenes Bargeld abnehmen – wenn dieser es beispielsweise von der Bank behoben hat.

Dies würde zu einer Umgehung der Schutzbestimmungen der §§ 290 ff EO führen (*Mini* in Burgstaller/Deixler-Hübner §§ 250, 251 EO Rz 34). Aus diesem Grund ist jener Teil des vorgefundenen Bargelds, der dem unpfändbaren, auf die Zeit von der Vornahme der Pfändung bis zum nächsten Zahlungstermin des Bezugs entfallenden Einkommen entspricht, unpfändbar (*Mohr* in Angst/Oberhammer[3] § 250 EO Rz 31).

Beachte: Selbstständige unterfallen nicht der Schutzvorschrift des § 250 Abs 1 Z 5 EO (es handelt sich dabei nicht um Personen, deren Geldbezug durch Gesetz unpfändbar oder beschränkt pfändbar ist); diese werden bei der Forderungsexekution nur durch § 291e EO geschützt.

Obwohl der Wortlaut des § 250 Abs 1 Z 5 EO nur auf wiederkehrende Leistungen („Bezug") abstellt, gilt die Bestimmung auch für einmalige Leistungen (etwa Abfertigungen). Dabei ist auf den fiktiven nächsten Zahlungstermin abzustellen (*Mini* in Burgstaller/Deixler-Hübner §§ 250, 251 EO Rz 36).

► *Gegenstände der Berufsausübung*

Diese Bestimmung nimmt die zur ***Vorbereitung eines Berufs erforderlichen Gegenstände*** sowie die ***Lernbehelfe***, die zum Gebrauch des Verpflichteten und seiner im gemeinsamen Haushalt mit ihm lebenden Familienmitglieder in der Schule bestimmt sind, von der Pfändbarkeit aus (§ 250 Abs 1 Z 6 EO).

In der Praxis fallen darunter sehr häufig PKWs, wenn der Verpflichtete ohne das Auto seinen Beruf nicht mehr im bisherigen Umfang ausüben könnte (RPflE 1980/180); weiters Bücher, Zeichentische, Fremdsprachenkassetten und PCs (*Mohr*, ÖJZ 1996, 86), aber auch Gegenstände (beispielsweise ein Paar Ski), die zur körperlichen Ausbildung im Rahmen des Schulbetriebs notwendig sind (LG Innsbruck RPflE 1692/163).

► *Apotheke*

Nicht gepfändet werden dürfen weiters die zum ***Betrieb einer Apotheke*** unentbehrlichen Geräte, Gefäße und Warenvorräte; eine Zwangsverwaltung eines derartigen Betriebs ist zulässig (§ 250 Abs 1 Z 7 EO).

Die Gegenstände müssen zur Erzeugung und zum Verschleiß der Heilmittel, die in ***jeder Apotheke erzeugt und bereitgehalten werden***, unentbehrlich sein (*Mohr* in Angst/Oberhammer[3] § 250 EO Rz 35).

► *Medizinische Hilfsmittel*

Nach dieser Bestimmung umfasst der Pfändungsschutz ***Hilfsmittel*** zum ***Ausgleich einer körperlichen, geistigen oder psychischen Behinderung*** oder einer ***Sinnesbehinderung*** und ***Hilfsmittel zur Pflege des Verpflichteten*** oder der mit ihm im gemeinsamen Haushalt lebenden ***Familienmitglieder*** sowie ***Therapeutika und Hilfsgeräte***, die im Rahmen einer medizinischen Therapie benötigt werden (§ 250 Abs 1 Z 8 EO).

Umfasst sind von dieser Bestimmung alle Sachen, die notwendig sind, um ein körperliches Gebrechen möglichst zu kompensieren (*Mini* in Burgstaller/Deixler-Hübner §§ 250, 251 EO Rz 44).

Hilfsmittel sind beispielsweise orthopädisch prothetische Behelfe, verschiedene technische Geräte (Lichtsignalanlagen für Gehörlose, Treppenraupen und Badewannenlifte für

Rollstuhlfahrer) sowie ADV-Anlagen mit spezieller Software für bestimmte Behinderungsarten (spezielle Software für blinde Menschen). Hilfsgeräte im Rahmen einer medizinischen Therapie sind Blutdruckmessgeräte, Blutzuckermessgeräte oder Inhalatoren (EBRV EO-Nov 1995, 195 BlgNR 19 GP 41).

Bei hochgradiger Gehbehinderung kann auch ein ***Kraftfahrzeug*** (*Holzhammer* ZVR[4] 268) oder ein ***Moped*** (LG Linz RPflE 1993/88) darunter fallen; der Verpflichtete muss nicht berufstätig sein (LG Linz RPflE 1993/88).

► *Dinge der Privatsphäre*

Unpfändbar sind Familienbilder mit Ausnahme der Rahmen, Briefe und andere Schriften sowie der Ehering des Verpflichteten (§ 250 Abs 1 Z 9 EO). Familienbilder sind auch dann unpfändbar, wenn sie einen bedeutenden Kunstwert haben (*Mohr* in Angst/Oberhammer[3] § 250 EO Rz 37). Erfasst sind die Bilder aller lebenden und verstorbenen Familienmitglieder nach § 40 ABGB sowie solcher, die durch Heirat in die Familie eingetreten sind (SZ 13/247).

Schriften sind Dienst- und Prüfungszeugnisse, Ehrenurkunden und Geschäftsbücher (*Mohr* aaO). Der Ehering des Verpflichteten bleibt auch im Witwenstand unpfändbar, nicht aber im Falle der Scheidung, Aufhebung oder Nichtigerklärung der Ehe (*Heller/Berger/Stix* EO4 II 1669); unpfändbar ist immer nur ein Ehering (*Mini* in Burgstaller/Deixler-Hübner §§ 250, 251 EO Rz 49).

► *Weitere unpfändbare Gegenstände*

Nicht gepfändet werden dürfen schließlich ***Gegenstände***, die zur ***Ausübung des Gottesdienstes*** einer gesetzlich anerkannten Kirche oder Religionsgesellschaft verwendet werden sowie ***Kreuzpartikel und Reliquien*** mit Ausnahme ihrer Fassung (§ 251 Abs 1 Z 1 und Z 2 EO). Bei einer Exekution auf die Fassung von Kreuzpartikeln und Reliquien darf die Authentika nicht verletzt werden (§ 251 Abs 2 EO).

Die Exekutionsfreiheit der Sachen besteht nur solange, als sie der religiösen Bestimmung dienen; davor und danach sind sie der Exekution unterworfen (*Mohr* in Angst/Oberhammer[3] § 251 EO Rz 1). Im Falle einer Reparatur bleibt die Exekutionsfreiheit jedoch aufrecht (*Heller/Berger/Stix* EO[4] II 1650).

Zu den von § 251 EO erfassten Gegenständen gehört auch eine Turmglocke, wenn sie nach kirchlicher Weihe ihrer Bestimmung gemäß verwendet wird (SZ 5/55). Die Frage, ob ein auf einem Friedhof aufgestellter Grabstein gepfändet werden darf, ist strittig; in Frage käme – da ein Grabstein vom Katalog des § 251 EO nicht erfasst wird – allenfalls eine analoge Anwendung (für eine Unpfändbarkeit GlUNF 5311, aA GlUNF 5522).

c) Nicht abgesondert pfändbare Sachen

Das auf einer ***Liegenschaft befindliche Zubehör*** darf nur mit dieser selbst in Exekution gezogen werden (§ 252 Abs 1 EO); unzulässig ist somit eine Fahrnisexekution auf das Zubehör (*Mohr* in Angst/Oberhammer[3] § 252 EO Rz 1).

Die Bestimmung des § 252 EO ist ***zwingend***; auf seine Geltendmachung kann nicht verzichtet werden; die Zubehöreigenschaft ist von **Amts wegen** zu berücksichtigen (SZ 27/108 = EvBl 1955/41, 85).

Der Begriff des Zubehörs ist in § 252 EO nicht definiert; es wird auf die entsprechenden Bestimmungen des ABGB (§§ 294 – 297a) verwiesen (zu einer Übersicht, was als Liegenschaftszubehör in Frage kommt, siehe *Heller/Berger/Stix* EO[4] II 1676 ff).

Auch auf das ***Bergwerkszubehör*** und das ***Zubehör von Schiffen und Flößen*** findet eine abgesonderte Exekution nicht statt (§ 252 Abs 2 EO).

3. Austauschpfändung

Durch das Institut der Austauschpfändung können an sich unpfändbare Gegenstände (doch) gepfändet werden. Allgemeine Voraussetzung ist, dass ein Austausch durch ein Ersatzstück nach Lage der Verhältnisse angemessen ist; dies ist nach der EO insbesondere dann der Fall, wenn der Verwertungserlös den Wert eines Ersatzstücks, das dem geschützten Verwendungszweck genügt, erheblich übersteigen würde (§ 251a Abs 1 EO).

Die Austauschpfändung kommt also immer dann zur Anwendung, wenn beim Verpflichteten an sich unpfändbare, aber ***wertvolle*** Gegenstände vorgefunden werden, das Vollstreckungsorgan aber der Meinung ist, dass der Austausch der Sache durch ein Ersatzstück nach Lage der Verhältnisse angemessen ist (der Verwertungserlös den Wert des Ersatzstücks also erheblich übersteigen wird).

Beispiele: Ein PKW der Luxusklasse, den der Verpflichtete für den Weg in die Arbeit benötigt, wäre an sich unpfändbar (§ 250 Abs 1 Z 6 EO), kann aber durch Austausch eines tauglichen Gebrauchtwagens gepfändet werden.

Das gleiche gilt für einen wertvollen Pelzmantel, den der Verpflichtete als einzigen Wintermantel besitzt (Austausch durch einen herkömmlichen Wintermantel).

► Kommt es zu einer (vorläufigen) Pfändung eines wertvollen Gegenstands durch den Gerichtsvollzieher, hat er den betreibenden Gläubiger davon unverzüglich zu verständigen (§ 251a Abs 2 S 1 EO).

► Dieser hat nun (ab Zustellung der Verständigung) 14 Tage Zeit, sich dazu bereit zu erklären, dem Verpflichteten ein Ersatzstück oder den zu Ersatzbeschaffung erforderlichen Betrag zur Verfügung zu stellen.

► Erklärt sich der betreibende Gläubiger entweder nicht rechtzeitig dazu bereit oder überlässt er dem Verpflichteten nicht das Ersatzstück oder den entsprechenden Geldbetrag, so ***erlischt*** das Pfandrecht (§ 251a Abs 3 EO).

Die Austauschpfändung wird also nur auf Willen des betreibenden Gläubigers durchgeführt (*Mohr* in Angst/Oberhammer[3] § 251a EO Rz 12); das Vorliegen ihrer Voraussetzungen ist vom Vollstreckungsorgan allerdings ***von Amts wegen*** festzustellen (*Eder*, ZIK 1996, 55).

C. Die Pfändung

1. Allgemeines

Die Pfändung ist in § 253 Abs 1 S 1 EO geregelt; sie wird ***ausschließlich*** dadurch bewirkt, dass die sich in der ***Gewahrsame*** des Verpflichteten befindlichen körperlichen Gegenstände durch das Vollstreckungsorgan in einem ***Protokoll verzeichnet und beschrieben werden (Pfändungsprotokoll)*** – zur Durchführung der Pfändung noch genauer unten 4.

Bei der Pfändung kommt es nicht darauf an, ob die pfändbaren Gegenstände auch dem Verpflichteten gehören; ausschlaggebend ist allein die Gewahrsame (dazu unten 3.) über die Gegenstände.

Es wäre für den Gerichtsvollzieher beim Pfändungsvorgang (beispielsweise in einer Wohnung) kaum möglich, zu überprüfen, ob die zu pfändenden Gegenstände dem Verpflichteten auch gehören.

Beachte: In dem Fall, dass eine Pfändung ex ante gesehen rechtmäßig, ex post betrachtet allerdings rechtswidrig war (der Exszindierungsklage wird stattgegeben), spricht man von ***abgeirrter Exekution*** (*Rechberger/Oberhammer* ExR[5] Rz 344).

2. Bewilligung und Vollzugsauftrag

Wie jede andere Exekution wird auch die Fahrnisexekution durch den Exekutionsantrag des betreibenden Gläubigers eingeleitet. In diesem hat der betreibende Gläubiger den Ort anzugeben, an dem sich die zu pfändenden Gegenstände befinden (§ 54 Abs 1 Z 3 EO). Weiters ist mit dem Antrag auf Bewilligung der Pfändung jener auf Bewilligung des Verkaufs zu verbinden (§ 264 Abs 2 EO).

Über den Exekutionsantrag ist zumeist im vereinfachten Bewilligungsverfahren (dazu oben Vierter Teil, IV., V.) zu entscheiden. Ein Wahlrecht zwischen diesem und dem ordentlichen Verfahren besteht nicht (*Seiser*, ExR[10] 54).

Im Falle des vereinfachten Bewilligungsverfahrens erhält der Verpflichtete den Exekutionsbewilligungsbeschluss per Post zugestellt; im anderen Fall erfolgt die Zustellung wegen des Überraschungseffekts erst bei Vornahme der Pfändung (§ 249 Abs 3 EO). Im vereinfachten Bewilligungsverfahren fehlt somit ein derartiger Überraschungseffekt. Vollzugshandlungen dürfen frühestens 14 Tage nach Zustellung des Bewilligungsbeschlusses an den Verpflichteten vorgenommen werden (§ 249 Abs 3 EO).

Beachte: Die im vereinfachten Bewilligungsverfahren vorgesehene vorherige Zustellung des Bewilligungsbeschlusses kann jedoch entfallen, wenn die hereinzubringende Forderung an Kapital € 500,-- nicht übersteigt und die Zahlung der hereinzubringenden Forderung aufgrund der Zustellung der Exekutionsbewilligung nicht zu erwarten ist (§ 249 Abs 3 S 2 EO; *Neumayr/Nunner-Krautgasser*, ExR[3] 229).

Diese Bestimmung des § 249 Abs 3 S 2 EO wurde durch das BBG 2011 (BGBl I. 111/2010) in die EO eingefügt, aber bereits durch die EO-Novelle 2014 wieder gestrichen, da sie sich in der Praxis nicht bewährt hat.

Der Verfahrensaufwand des Gerichts zur Prüfung, ob die Zahlung der hereinzubringenden Forderung aufgrund der Zustellung der Exekutionsbewilligung zu erwarten ist, stehe in keinem Verhältnis zu dem Vorteil des Entfalls einer gesonderten Zustellung vor dem Vollzug.

Darüber hinaus wurden verfassungsrechtliche Bedenken gegen diese Bestimmung geäußert (näher dazu EBRV 180 BlgNR 25. GP 9 f).

Zuständig als Exekutionsgericht ist dasjenige Bezirksgericht, in dessen Sprengel sich bei Beginn des Exekutionsvollzugs die Sachen auf die Exekution geführt wird, befinden (§ 18 Z 4 EO).

Wenn

- wegen der ***Lage der in Exekution zu ziehenden Sachen*** (§ 6 Z 1 EO)
- wegen des ***gleichzeitigen Ansuchens um mehrere Exekutionsarten*** (§ 6 Z 2 EO) oder
- weil ein betreibender Gläubiger aufgrund ***desselben Exekutionstitels Exekution gegen mehrere Verpflichtete beantragt*** (§ 6 Z 3 EO)

in verschiedenen Gerichtssprengeln Exekutionshandlungen vorzunehmen sind, hat der betreibende Gläubiger die Wahl, bei welchem Gericht er um Bewilligung der Exekution ansucht (§ 6 EO).

Nach Bewilligung der Exekution hat das Gericht dem Gerichtsvollzieher den Exekutionsakt zu übergeben; diese Übergabe an den Gerichtsvollzieher ist die Erteilung des ***Vollzugsauftrags*** (*Mohr* in Angst/Oberhammer[3] § 249 EO Rz 10/1).

3. Gewahrsame

Da es – wie erwähnt – für den Gerichtsvollzieher beim tatsächlichen Vollzug der Fahrnisexekution oftmals nicht möglich ist, festzustellen, ob die zu pfändenden Gegenstände auch tatsächlich dem Verpflichteten gehören, wurde der Begriff der Gewahrsame in die EO eingefügt.

Mit Gewahrsame meint man die ***tatsächliche Herrschaft bzw. Verfügungsgewalt über eine Sache*** (JBl 1995, 53; *Heller/Berger/Stix* EO[4] II 1687). Die Gewahrsame ist ein tatsächlicher Zustand ohne Rücksicht auf das Recht zum Gebrauch und die Art des Erwerbs (RPflE 2001/30).

Sie ist nicht bloß räumlich körperlich zu verstehen, sondern als äußere Erscheinung der Herrschaft über einen Gegenstand nach Maßgabe der Verkehrsauffassung (SZ 57/99) anzusehen. Gewahrsame ist nicht Besitz, sondern bloße Innehabung (*Holzhammer* ZVR[4] 252).

Für die Gewahrsame an einem ***Kraftfahrzeug*** ist nicht entscheidend, auf wen dieses angemeldet ist; die Gewahrsame an einem PKW (sein natürlicher Gebrauch) liegt in seiner Benützung (EvBl 1937/999). Im Falle einer Reparatur liegt die Gewahrsame bei demjenigen, dem der PKW zur Reparatur übergeben worden ist (RPflE 1960/207). Ein Typenschein ist als Sache ohne Vermögenswert nicht Gegenstand der Pfändung (*Mini* in Burgstaller/Deixler-Hübner §§ 253 EO Rz 9).

Die Gewahrsame an den in einer ***Wohnung*** befindlichen Sachen kommt demjenigen zu, der die Wohnung benützt; aus welchem Titel die Benützung erfolgt, ist irrelevant. Bei Wohnungen ist von einer ***gemeinsamen Gewahrsame*** mehrerer Personen (beispielsweise Ehegatten, Lebensgefährten, Eltern/Kinder) an gemeinsam benutzten Gegenständen auszugehen.

Zur Pfändung bedarf es nicht der ***Alleingewahrsame***, ***Mitgewahrsame*** ist ausreichend (RPflE 2001/30); Mitgewahrsame eines Ehegatten hindert somit nicht die Pfändung (SZ 57/99). Sachen, die die Ehefrau versperrt hält oder die zu ihrer Bekleidung, zum Schmuck oder sonst zum Gebrauch bloß ihrer Person bestimmt sind, befinden sich in ihrer Alleingewahrsame (*Rechberger/Oberhammer* ExR[5] Rz 344).

Beachte! Die Gewahrsame einer ***juristischen Person*** wird durch ihre Organe ausgeübt (RPflE 1999/43; SZ 57/99).

Befindet sich der zu pfändende Gegenstand in der ***Gewahrsame des betreibenden Gläubigers*** oder eines zur ***Herausgabe bereiten Dritten***, so kann die Sache ebenfalls gepfändet werden (§ 262 EO).

Werden Gegenstände gepfändet, die sich nicht in der Gewahrsame des Verpflichteten befinden, kann dies sowohl vom Verpflichteten als auch von dem Dritten, der Gewahrsame hatte, mit Vollzugsbeschwerde nach § 68 EO geltend gemacht werden (SZ 57/99).

4. Die Durchführung der Pfändung

Die Pfändung wird nach § 253 Abs 1 S 1 EO dadurch bewirkt, dass die sich in der Gewahrsame des Verpflichteten befindlichen körperlichen Gegenstände durch das Vollstreckungsorgan in einem Protokoll verzeichnet und beschrieben werden (***pfandweise Beschreibung***). Die Gegenstände sind kurz, aber so zu beschreiben, dass kein Zweifel über die Identität des Pfandgegenstands besteht (JBl 1987, 796).

Durch die Pfändung kommt es – wie bei allen Fällen der Mobiliarexekution – zur ***Verstrickung*** des Gegenstands (der Verpflichtete verliert seine Verfügungsmacht über das gepfändete Objekt; anstelle dessen tritt die Verfügungsmacht des Staats) sowie zum Erwerb eines ***Pfändungspfandrechts*** (exekutives, richterliches Pfandrecht) des betreibenden Gläubigers; damit wiederum erlangt dieser ein Verwertungs- und Befriedigungsrecht (§ 256 Abs 1 EO; *Seiser*, ExR[10] 57).

In dem Fall, dass die Pfandstücke nicht verwahrt werden, ist die Pfändung in einer für jedermann leicht erkennbaren Weise ersichtlich zu machen (§ 253 Abs 1 letzter S EO). In Frage kommen das Aufkleben von ***Pfändungsmarken*** oder, wenn dies nicht möglich ist oder nicht genügen würde, das Anbringen von ***Pfändungsanzeigen*** an geeigneter Stelle.

Der Erwerb des Pfandrechts hängt ***nicht*** davon ab, ob die gepfändeten Gegenstände als solche kenntlich gemacht worden sind; insbesondere ist das Versehen mit dem „Kuckuck" nicht erforderlich (*Heller/Berger/Stix* EO[4] II 1693); weiters begründet weder die Exekutionsbewilligung als solche noch die Eintragung im Pfändungsregister ein Pfandrecht (*Seiser*, ExR[10] 57).

Das Vollstreckungsorgan hat auch den voraussichtlich erzielbaren Erlös (***Bleistiftwert***) anzugeben (§ 253 Abs 1 S 2 EO); dieser bildet allerdings keinen essentiellen Teil der Beschreibung der Pfandgegenstände (RdW 1992, 404). Der Bleistiftwert ist stets anzugeben, dessen Fehlen ist aber sanktionslos (*Mini* in Burgstaller/Deixler-Hübner § 253 EO Rz 23).

Das Pfändungspfandrecht ***erlischt*** nach zwei Jahren, wenn das Verkaufsverfahren nicht gehörig fortgesetzt wurde (§ 256 Abs 2 EO).

Bei der Zwei-Jahres-Frist handelt es sich um eine materiell-rechtliche Frist (ZBl 1937/499), d.h., dass die Tage des Postlaufs nicht in die Frist mit eingerechnet werden.

Das Verkaufsverfahren wird gehörig fortgesetzt, wenn der betreibende Gläubiger alle zumutbaren Schritte unternommen hat, um den gerichtlichen Verkauf der gepfändeten Sache zu erwirken (RPflE 2006/97).

5. Der Rang des Pfandrechts (bei mehreren Gläubigern)

Erfolgt die Pfändung gleichzeitig zugunsten mehrerer Gläubiger, so stehen die dadurch begründeten Pfandrechte im Rang einander gleich. Jedem dieser Gläubiger kommt die Stellung eines betreibenden Gläubigers zu (§ 256 Abs 3 EO).

Der Rang des Pfandrechts richtet sich stets nach dem Zuvorkommen (***Prioritätsprinzip***); entscheidend ist der Zeitpunkt der Pfändung.

Irrelevant ist, ob das exekutive Pfandrecht mit einem anderen exekutiven Pfandrecht oder mit einem gesetzlichen oder vertraglichen Pfandrecht konkurriert; das ältere Pfandrecht geht dem jüngeren stets vor (*Mini* in Burgstaller/Deixler-Hübner § 256 EO Rz 15).

Die Priorität bei der Exekutionsbewilligung ist nicht entscheidend (*Mohr* in Angst/Oberhammer[3] § 256 EO Rz 13).

Erwerben mehrere betreibende Gläubiger Pfandrechte zur gleichen Zeit, haben diese den ***gleichen Rang*** (§ 256 Abs 3 S 1 EO).

Im Falle gleichrangiger Gläubiger kommt es zu einer ***quotenmäßigen Befriedigung*** (*Seiser*, ExR[10] 58).

Beachte: Nach dem Grundsatz der ***Einheit des Verwertungsverfahrens*** (§ 267 EO) wird pro gepfändeter Sache immer nur ein Verwertungsverfahren durchgeführt, dem später hinzukommende betreibende Gläubiger beitreten können (*Rechberger/Oberhammer* ExR[5] Rz 338).

6. Nachpfändung – Anschlusspfändung

Ist eine Sache bereits zugunsten eines Gläubigers gepfändet worden, erfolgt die Pfändung zugunsten ***weiterer betreibender*** Gläubiger durch Anmerkung auf dem vorhandenen Pfändungsprotokoll (§ 257 EO); man spricht von der so genannten ***Nachpfändung***.

In dem Fall, dass zugunsten ***desselben Gläubigers*** weitere Sachen gepfändet werden sollen, werden diese in einem Anhang zum Pfändungsprotokoll verzeichnet und beschrieben (§ 563 Abs 3 Geo); in diesem Fall handelt es sich um eine ***Anschlusspfändung***.

7. Auffindungs- und Zugriffsverfahren

a) Allgemeines - Berichtspflicht

Der Gerichtsvollzieher erhält den Akt mit dem Auftrag zugeteilt, Exekutionshandlungen (Vollzüge) solange vorzunehmen, bis der Erfolg oder Nichterfolg der Fahrnisexekution feststeht (§ 25 Abs 2 S 1 EO); er hat die erste Vollzugshandlung innerhalb von vier Wochen ab Erhalt des Vollzugsauftrags durchzuführen (§ 25 Abs 3 S 1 EO).

Diese Frist beträgt sechs Wochen, wenn das Vollzugsgebiet zum überwiegenden Teil in einem dünn und verstreut besiedelten ländlichen Gebiet liegt (§ 25 Abs 3 S 2 idF der EO-Novelle 2016).

Spätestens vier Monate nach Erhalt des Vollzugauftrags hat das Vollstreckungsorgan über den Stand des Verfahrens zu ***berichten***. Eine Fristverlängerung auf sechs Monate ist vorgesehen, wenn dem betreibenden Gläubiger innerhalb der Vier-Monats-Frist der Vollzug der Pfändung mitgeteilt und dem Gericht das Pfändungsprotokoll vorgelegt worden ist. Nach Ablauf von vier bzw. sechs Monaten ist monatlich zu berichten (§ 252 d Abs 2 EO).

Darüber hinaus hat der Gerichtsvollzieher dem Gericht und dem betreibenden Gläubiger zu berichten (***zwingende Berichtserstattung***), wenn

- die hereinzubringende Forderung vom Verpflichteten bezahlt wurde (§ 252d Abs 1 Z 1 EO),
- kein Vollzugsort erhoben werden konnte (§ 252d Abs 1 Z 2 EO),
- keine pfändbaren Gegenstände vorgefunden wurden und weitere Vollzugsversuche nicht erfolgsversprechend sind (§ 252d Abs 1 Z 3 EO),
- das Verkaufsverfahren abgeschlossen ist (§ 252d Abs 1 Z 4 EO) oder
- das Gericht einen Bericht begehrt (Zwischenbericht), etwa weil der Bericht für eine vom Gericht zu fällende Entscheidung wesentlich ist (§ 252d Abs 1 Z 5 EO).

Durch das Auffindungsverfahren versucht der Gerichtsvollzieher den tatsächlichen Vollzugsort und pfändbare Gegenstände zu finden. Die EO gibt hinsichtlich des Vollzugsorts, der Vollzugszeit und der Anzahl der Vollzugsversuche nur Rahmenbedingungen vor, innerhalb derer sich der Gerichtsvollzieher bewegen muss (§§ 25b ff und 252a ff EO).

b) Vollzugsort

Die grundlegenden Bestimmungen über den ***Vollzugsort*** enthält § 25b EO. Der betreibende Gläubiger muss bereits im Exekutionsantrag den Vollzugsort angeben (§ 54 Abs 1 Z 3 EO).

Das Vollstreckungsorgan hat den Vollzugsauftrag grundsätzlich an dem im Exekutionsantrag angegebenen Ort zu vollziehen, außer es ist ihm bekannt, dass die Vollzugshandlung dort nicht durchgeführt werden kann (§ 25b Abs 1).

Sind dem Vollstreckungsorgan andere Orte, wo die Exekution erfolgreich durchgeführt werden kann, bekannt oder können solche durch zumutbare Erhebungen von ihm in Erfahrung gebracht werden, so hat er diese von Amts wegen aufzusuchen (§ 25b Abs 2 EO).

Die Vollstreckungsorgane dürfen sogar die Grenzen ihres Gebiets sowie die Grenzen des Bezirksgerichtssprengels überschreiten (Vollzug im benachbarten Gerichtssprengel); sie dürfen stattdessen aber auch das nach dem voraussichtlichen Vollzugsort zuständige Vollstreckungsorgan um die Vornahme der Amtshandlung ersuchen (§ 25 Abs 3 EO).

c) Vollzugszeit

Die ***Vollzugszeit*** hat das Vollstreckungsorgan grundsätzlich selbst zu wählen (§ 30 Abs 1 S 1 EO); es ist vor allem darauf Bedacht zu nehmen, wann der Vollzug am wahrscheinlichsten erfolgreich durchgeführt werden kann (§ 30 Abs 1 S 2 EO) bzw. wann der Verpflichtete am wahrscheinlichsten anzutreffen ist (§ 252a EO).

An Samstagen, Sonntagen und gesetzlichen Feiertagen sowie zwischen 22 und 6 Uhr darf das Vollstreckungsorgan grundsätzlich keine Exekutionshandlungen durchführen; solche dürfen nur ausnahmsweise vorgenommen werden, nämlich

- in dringenden Fällen, insbesondere wenn der Zweck der Exekution nicht anders erreicht werden kann (§ 30 Abs 2 Z 1 EO) oder
- wenn ein Vollzugsversuch an Werktagen zur Tageszeit erfolglos war (§ 30 Abs 2 Z 2 EO).

d) Anzahl der Vollzugsversuche

Die ***Anzahl der Vollzugsversuche*** ist in §§ 252b und 252c EO geregelt. Jedenfalls sind drei Vollzugsversuche durchzuführen, wenn der Vollzugsort beim (ersten) Vollzugsversuch nicht betreten werden kann, jedoch nicht auszuschließen ist, dass sich dort der Verpflichtete oder pfändbare Gegenstände befinden (§ 252b EO). Ist es dem Gerichtsvollzieher nach drei Versuchen immer noch nicht möglich, den Vollzugsort zu betreten und damit eine Vollzugshandlung zu setzten, ist das Verfahren vorläufig beendet (*Kloiber*, ZIK 1996, 81). In diesem Fall hat das Vollstreckungsorgan einen Bericht nach § 252d Abs 1 Z 2 EO zu erstatten.

Wird der Verpflichtete bei einem Vollzugsversuch nicht angetroffen, kann ihn das Vollstreckungsorgan auffordern, sich bei ihm zu melden, wenn dadurch der Zweck der Exekution nicht vereitelt wird (§ 25c EO).

Der Zweck der Exekution wird in erster Linie dadurch vereitelt, wenn das Vollstreckungsorgan annimmt oder annehmen muss, der Verpflichtete werde nach der Verständigung vorhandene pfändbare Gegenstände beiseite schaffen (EBRV EO-Nov 1995, 195 BlgNR 19. GP 43) oder sonst Maßnahmen zu Vereitelung der Exekution setzen (*Jakusch* in Angst/Oberhammer[3] § 25c EO Rz 5).

Wurde der Verpflichtete angetroffen oder wurde mit ihm Kontakt aufgenommen, sind Vollzüge solange durchzuführen, solange sie erfolgsversprechend sind, insbesondere Zahlung auch nur eines Teils der betriebenen Forderung zu erwarten ist (§ 252c EO).

e) Schlosservollzug

Die Voraussetzungen für das ***Öffnen verschlossener Haus- und Wohnungstüren*** finden sich in § 26a EO. Danach dürfen verschlossene Haus- und Wohnungstüren gewaltsam geöffnet werden, wenn diese

- bei einem (erfolglosen) ***Vollzugsversuch***, der bei Unternehmen zur Geschäftszeit, sonst an Samstagen, Sonntagen und gesetzlichen Feiertagen sowie von 22 bis 6 Uhr durchgeführt wurde, ***versperrt*** waren (§ 26a Abs 1 Z 1) oder
- wahrscheinlich ***über vier Monate versperrt*** sein werden („Eissalon im Winter", § 26a Abs 1 Z 2) oder

- bei der dem ***Verpflichteten bekannt gegebenen Vollzugszeit versperrt*** sind (§ 26a Abs 1 Z 3) oder
- die am ***Vollzugsort anwesende Person nicht öffnet*** und der betreibende ***Gläubiger nicht auf eine Öffnung verzichtet*** hat (§ 26a Abs 1 Z 4).

Die Vorschrift des § 26a EO ergänzt jene des § 26 EO; für das zwangsweise Öffnen müssen daher die Voraussetzungen beider Bestimmungen kumulativ erfüllt sein (*Seiser*, ExR[10] 57). Liegen die gesetzlichen Voraussetzungen für ein gewaltsames Öffnen nach § 26a EO vor, hat der Gerichtsvollzieher – trotz des Wortes „dürfen" im Einleitungssatz von § 26a Abs 1 EO – das zwangsweise Öffnen von Amts wegen (also ohne Antrag des betreibenden Gläubigers) durchzuführen; dies gilt nicht, wenn der Gläubiger ausdrücklich darauf verzichtet hat. Ein Vorgehen nach § 26a EO liegt daher nicht im Ermessen des Gerichtsvollziehers (*Jakusch* in Angst/Oberhammer[3] § 26a EO Rz 3).

Zur Öffnung verschlossener Haus- und Wohnungstüren hat der betreibende Gläubiger einen Kostenvorschuss zu erlegen, Arbeitskräfte beizustellen oder ein Kostendepot bei Gericht zu eröffnen (§ 26 a Abs 2 EO).

f) Sperrfristen für weitere Vollzugsversuche

Bleiben Vollzugsversuche erfolglos, löst dies gewisse ***Sperrfristen*** (§§ 252e und 252f EO) aus. Ist das Auffindungs- und Zugriffsverfahren ohne Befriedigung des betreibenden Gläubigers beendet worden, darf ein neuerlicher Antrag auf Vollzug vor Ablauf von sechs Monaten nur dann gestellt werden, wenn glaubhaft gemacht wird, dass beim Verpflichteten zwischenzeitig pfändbare Gegenstände vorhanden sind, oder der Gläubiger einen neuen Vollzugsort bekannt gibt (§ 252e EO).

Weiters ist ein Antrag auf Exekutionsbewilligung oder neuerlichen Vollzug, der sich gegen den Verpflichteten richtet, bei dem in einem ***anderen Verfahren*** innerhalb der letzten sechs Monate ein Vollzug mangels pfändbarer Gegenstände nicht durchgeführt werden konnte, zu bewilligen, jedoch erst sechs Monate nach dem letzten ergebnislosen Vollzugsversuch zu vollziehen, wenn nicht ein früherer Vollzugsversuch erfolgsversprechend ist (§ 252f EO). Diese Bestimmung enthält somit eine verfahrensübergreifende Sperrfrist (*Mohr* in Angst/Oberhammer[3] § 252f EO Rz 1).

Unabhängig davon, ob ein Pfandrecht bereits begründet wurde, sieht die EO für den Fall einer zwischen den Parteien getroffenen Zahlungsvereinbarung die Möglichkeit vor, das ***Exekutionsverfahren nach § 45a EO aufzuschieben*** (dazu bereits oben Vierter Teil, XI. C. 4.); die Zahlungsvereinbarung muss behauptet und bescheinigt werden (*Seiser*, ExR[10] 57).

Wird das Exekutionsverfahren aufgeschoben, kann die Exekution frühestens drei Monate nach Einlangen des Aufschiebungsantrags fortgesetzt werden; diesbezüglich bedarf es eines Antrags des betreibenden Gläubigers (§ 45a letzter Satz EO).

Unterlässt es dieser, einen entsprechenden Antrag innerhalb von zwei Jahren einzubringen, ist das Exekutionsverfahren von Amts wegen einzustellen (*Jakusch* in Angst/Oberhammer[3] § 45a EO Rz 11).

8. *Die Verwahrung gepfändeter Gegenstände*

Die Verwahrung erfolgt grundsätzlich nur ***auf Antrag*** des betreibenden Gläubigers; nur Gegenstände, die sich zum gerichtlichen Erlag eignen, können auch ***von Amts wegen*** verwahrt werden.

Zum gerichtlichen Erlag eigenen sich kleine Gegenstände, insbesondere technische Geräte, wertvolle Bild- und Tonträger, Zeitschriften, Bücher und Musikinstrumente (§ 259 Abs 1a EO idF der EO-Novelle 2016).

Der Antrag auf Einleitung einer Verwahrung kann bereits mit dem Antrag auf Bewilligung der Pfändung (also dem Exekutionsantrag) verbunden werden (§ 259 Abs 2 S 1 EO).

Beachte: Im Rahmen einer Internetversteigerung (dazu unten D. 3. g.) hat eine Verwahrung von Amts wegen stattzufinden (§ 277a Abs 1 Z 2 EO).

Falls nicht Verwahrung durch ***gerichtlichen Erlag*** in Frage kommt, erfolgt die Verwahrung durch Übergabe an eine sich mit derlei Verwahrungen befassende, unter staatlicher Aufsicht stehende ***Anstalt*** oder durch Übergabe an einen auf Gefahr des betreibenden Gläubigers zu bestellenden ***Verwahrer*** (§ 259 Abs 3 S 1 EO).

Unter gewissen Voraussetzungen kommt auch eine Verwahrung durch den betreibenden Gläubiger in Betracht (§ 259 Abs 3 S 2 EO). Auch eine Verwahrung in einer Auktionshalle ist möglich (§ 259 Abs 3 S 4 EO).

Der vom Gericht bestellte Verwahrer ist einerseits weisungsgebundenes Hilfsorgan des Gerichts, andererseits Verwahrer nach § 968 ABGB (SZ 54/101 = EvBl 1981/238, 663); er wird durch das Vollstreckungsorgan bestellt (§ 260 S 1 EO).

Gegen Beschlüsse, durch die die Verwahrung bewilligt wurde, ist ***kein Rekurs*** zulässig (§ 289 EO). Der Rechtsmittelausschluss besteht nicht gegen abweisende Entscheidungen (SZ 40/67 = EvBl 1698/30, 49).

Wird vom betreibenden Gläubiger ***keine Verwahrung*** beantragt, bleiben die Gegenstände beim Verpflichteten (*Neumayr/Nunner-Krautgasser*, ExR[3] 233).

In diesem Fall ist die Pfändung in einer für jedermann leicht erkennbaren Weise (Pfändungsmarke, Pfändungsanzeigen) ersichtlich zu machen (§ 253 Abs 1 S 3 EO).

Alle mit der Verwahrung in Zusammenhang stehenden ***Kosten*** sind einstweilen vom betreibenden Gläubiger zu tragen; bei mehreren betreibenden Gläubigern sind die Kosten von allen nach dem Verhältnis ihrer vollstreckbaren Forderung zu tragen (§ 259 Abs 4 EO).

Die Kosten der Verwahrung sind weitere Exekutionskosten und dem betreibenden Gläubiger nach § 286 Abs 4 iVm § 216 Abs 2 EO zu ersetzen (*Heller/Berger/Stix* EO[4] I 739, II 1734).

Vorgefundenes ***Geld*** hat der Gerichtsvollzieher jedenfalls in Verwahrung zu nehmen (§ 261 Abs 1 EO). Geld ist daher nicht durch Verzeichnung im Pfändungsprotokoll zu pfänden (vgl. RPflE 1969/207), sondern vom Gerichtsvollzieher in Verwahrung zu nehmen (*Mohr* in Angst/Oberhammer[3] § 261 EO Rz 1).

D. Die Verwertung

1. Allgemeines

Die Verwertung bei der Fahrnisexekution erfolgt durch ***Verkauf*** der gepfändeten Gegenstände (§§ 264 ff EO). Der Begriff Verkauf umfasst sowohl die ***öffentliche Versteigerung*** als auch den ***freihändigen Verkauf***. Die Verwertungsart bestimmt nicht das Gericht, sondern der Gerichtsvollzieher, ohne das Gericht befassen zu müssen (*Mohr* in Angst/Oberhammer[3] § 264 EO Rz 3, § 268 EO Rz 1).

Da die Bewilligung der Exekution bereits die Bewilligung über die Verwertung (Verkauf) enthält (§ 264 Abs 2 EO), kann der Gerichtsvollzieher nach erfolgter Pfändung unverzüglich mit dem Verkaufsverfahren beginnen; es bedarf keines (neuerlichen) Antrags des betreibenden Gläubigers, was im Ergebnis eine Zeitersparnis bedeutet.

2. Der Freihandverkauf

Die (öffentliche) Versteigerung (§ 270 EO) stellt das Standardverfahren für den Verkauf gepfändeter Gegenstände dar (*Mini* in Burgstaller/Deixler-Hübner § 268 EO Rz 1).

Ein Freihandverkauf (§ 268 EO) kommt nur bei jenen Gegenständen in Betracht, die einen Börsenpreis haben; diese sind durch Vermittlung eines Handelsmaklers oder Vollstreckungsorgans zum Börsenpreis aus freier Hand zu verkaufen (§ 268 Abs 1 S 1 EO).

Gegenstände, die einen Börsenpreis haben sind vor allem die der Fahrnisexekution unterliegenden ***Wertpapiere*** (*Oberhammer*, ZIK 1996, 89). Wertpapiere können auch durch ein Kreditinstitut verkauft werden (§ 268 Abs 2 S 1 EO).

Der Freihandverkauf erfolgt dergestalt, dass die Gegenstände demjenigen zum Börsenpreis verkauft werden, der sich zuerst meldet (*Mini* in Burgstaller/Deixler-Hübner § 268 EO Rz 6).

Bekunden mehrere Personen ihr Kaufinteresse, hat der Gerichtsvollzieher jenen als Käufer zu wählen, der den höchsten Preis über dem Börsenpreis bietet (*Heller/Berger/Stix* EO[4] II 1763); eine Lizitation ist möglich (SZ 53/5 = EvBl 1980/195, 585). Vollzogen wird der Freihandverkauf dadurch, dass der Gerichtsvollzieher, der Handelsmakler oder das Kreditinstitut den Pfandgegenstand dem Käufer gegen Bezahlung des Kaufpreises von Hand zu Hand, allenfalls zur Zeichen oder durch Erklärung, übergibt (*Mohr* in Angst/Oberhammer[3] § 268 EO Rz 7).

Können Gegenstände, die an und für sich durch den Freihandverkauf zu verwerten sind, nicht innerhalb von vier Wochen verkauft werden, sind sie auf Antrag des betreibenden Gläubigers zu versteigern (§ 270 Abs 2 EO).

Stellt dieser – auch nach Fristsetzung durch das Gericht – keinen entsprechenden Antrag, ist das Verkaufsverfahren einzustellen (§ 282 iVm § 200 Z 3 EO).

3. Die öffentliche Versteigerung

a) Allgemeines

Alle ***übrigen Gegenstände*** (also jene, die keinen Börsenpreis haben) sind öffentlich zu versteigern; Voraussetzung ist, dass sie überhaupt dem Verkauf unterliegen (§ 270 Abs 1 EO). Der Gesetzgeber sieht die öffentliche Versteigerung für Gegenstände, die keinen Börsenpreis haben als optimale Lösung zur Erzielung des höchsten Verkaufserlöses an (*Mini* in Burgstaller/Deixler-Hübner § 270 EO Rz 2).

b) Der Versteigerungsort

Die relevanten Bestimmungen über den Versteigerungsort finden sich in § 274 EO. Die Versteigerung kann grundsätzlich erfolgen (§ 274 Abs 1 Z 1 bis 4 EO)

- im ***Internet*** (dazu unten g.),
- in einem (***gewerblichen) Versteigerungshaus,***
- in einer ***Auktionshalle*** oder
- an ***Ort und Stelle***, wo sich die Gegenstände befinden.

Grundsätzlich bestimmt das Vollstreckungsorgan den Versteigerungsort (§ 274 Abs 2 S 1 EO); ursprünglich sah die EO die Versteigerung an Ort und Stelle als Regelfall vor (*Neumayr/Nunner-Krautgasser*, ExR[3] 234).

Durch die heutzutage bedeutendere Versteigerung in (gerichtlichen) Auktionshallen und Versteigerungshäusern kann einerseits ein höherer Verkaufserlös erzielt werden, andererseits können dem Verpflichteten die in Zusammenhang mit einer Versteigerung an Ort und Stelle (Wohnung) häufig auftretenden Peinlichkeiten vermieden werden (*Rechberger/Oberhammer* ExR[5] Rz 357).

In der Ediktsdatei (zu finden unter www.edikte.justiz.gv.at) ist bekannt zu machen, bei welchen Gerichten Auktionshallen betrieben werden (§ 23 EO). Versteigerungshäuser (Dorotheum) sind private Unternehmen mit der Befugnis zur Versteigerung beweglicher Sachen (§ 158 GewO).

Bei der Auswahl des Versteigerungsorts hat der Gerichtsvollzieher zu berücksichtigen, wo voraussichtlich der ***höchste Erlös*** erzielt werden kann und welche ***Kosten*** auflaufen werden (§ 274 Abs 2 S 2 EO). Unter Heranziehung dieser Aspekte hat das Vollstreckungsorgan grundsätzlich eine der vier Varianten hinsichtlich des Versteigerungsorts auszuwählen (*Mini* in Burgstaller/Deixler-Hübner § 274 EO Rz 6).

Technische Geräte, wertvolle Bild- und Tonträger, Zeitschriften, Bücher und Musikinstrumente sind insbesondere im Internet auf der Plattform Justiz-Auktion.at zu versteigern (§ 274 Abs 2 Z 1). Die Aufzählung in Z 1 ist nicht taxativ (*Mohr*, ÖRPfl 2016 H 2, 25). Auch die Versteigerung von Kraftfahrzeugen im Internet ist in vielen Fällen zweckmäßig (EBRV 1294 BlgNR 25. GP 5).

Bei Gegenständen von großem Wert, bei Gold- und Silbersachen oder anderen Kostbarkeiten, bei Kunstobjekten, Briefmarken, Münzen, hochwertigen Möbelstücken, Sammlungen und dergleichen kommt insbesondere die Versteigerung in einem Versteigerungshaus oder im Internet in Betracht (§ 274 Abs 2 Z 2 EO).

c) Der Versteigerungstermin

Den Versteigerungstermin bestimmt (§ 272 Abs 1 Z 1 – 3 EO)

- der zur Durchführung einer Versteigerung bestellte Versteigerer (bei Versteigerungen im Internet),
- der Leiter der Auktionshalle bei Versteigerungen in derselben oder
- sonst der mit dem Vollzug der Versteigerung betraute Gerichtsvollzieher.

Sinnvollerweise bestimmt daher derjenige den Versteigerungstermin, der mit der Durchführung der Versteigerung betraut ist (*Mini* in Burgstaller/Deixler-Hübner § 272 EO Rz 4).

Beachte: Bei Festlegung des Versteigerungstermins ist auf § 266 EO (ausnahmsweiser Verkauf der gepfändeten Sachen vor Rechtskraft der Exekutionsbewilligung) und § 273 EO (zwischen der Pfändung und der Versteigerung muss idR eine Frist von mindestens drei Wochen liegen) Bedacht zu nehmen (siehe dazu unten d. aE).

Vor Eintritt der Rechtskraft der Exekutionsbewilligung darf nur ausnahmsweise der Verkauf angeordnet werden. Dies ist dann zulässig, wenn

Sachen gepfändet wurden, die ihrer Beschaffenheit nach bei längerer Aufbewahrung verderblich sind oder, wenn die gepfändeten Sachen bei Aufschub des Verkaufs beträchtlich an Wert verlieren würden; Voraussetzung ist jeweils dass der betreibende Gläubiger für alle dem Verpflichteten aus dem vorzeitigen Verkauf auftretenden Nachteile Sicherheit leistet (§ 266 Abs 1 EO). Sowohl vom Versteigerungstermin als auch vom Versteigerungsort sind der Verpflichtete und die betreibenden Gläubiger durch Zustellung einer Ausfertigung des Versteigerungsedikts (§ 272a EO) zu verständigen.

Der Verpflichtete und die betreibenden Gläubiger erhalten auf diese Weise die Möglichkeit, gegen die Festsetzung des Versteigerungstermins und des Versteigerungsorts Vollzugsbeschwerde (§ 68 EO) zu erheben. Darüber hinaus können sie von sich aus (mögliche) Kaufinteressenten auf den Termin aufmerksam machen, um ein möglichst hohes Meistbot zu erzielen (*Neumayr/Nunner-Krautgasser*, ExR[3] 234 f; 1 Ob 152/09y; RIS-Justiz RS0125583).

Eine Verständigung von Versteigerungstermin und -ort kann unterbleiben, soweit dem Verpflichteten und dem betreibenden Gläubiger beides bereits bei der Pfändung bekannt gegeben wurde, wobei die Kenntnisnahme zu bestätigen ist (§ 272 Abs 2 EO).

d) Das Versteigerungsedikt

Jede Versteigerung ist ***mit Edikt bekannt zu machen*** (§ 272a Abs 1 EO); dies geschieht durch Aufnahme in die ***Ediktsdatei*** (§ 71 Abs 1 EO).

Das Gericht kann jedoch von Amts wegen oder auf Antrag verfügen, dass das Edikt auch in Zeitungen veröffentlicht oder sonst bekannt gemacht wird, wenn dadurch offenkundig mehr Kaufinteressenten angesprochen werden (§ 71 Abs 2 S 1 EO).

Im Edikt selbst sind die zu versteigernden ***Sachen zu beschreiben*** (§ 272 Abs 2 S 1 EO).

Weiters sind im Versteigerungsedikt anzugeben:

- der ***Ort der Versteigerung***,
- bei einer Versteigerung an Ort und Stelle der ***Name des Verpflichteten*** (§ 272a Abs 2 Z 1 EO),
- der ***Zeitpunkt des Beginns der Versteigerung*** (§ 272a Abs 2 Z 2 EO) sowie
- der ***Besichtigungsort und -termin*** (§ 272a Abs 2 Z 3 EO).

Bei einer Versteigerung im Internet sind unter anderem bekannt zu geben (siehe dazu auch noch ausführlich unten g):

- die ***Internet-Adresse*** (§ 272a Abs 2 Z 1 EO),
- der ***Tag an dem die Versteigerung beginnt*** sowie
- die ***Frist, innerhalb der Gebote zulässig sind*** (§ 272a Abs 3 EO).

Eine ***Bekanntmachung*** der Versteigerung in der Ediktsdatei kann ***unterbleiben***, wenn

- vom Versteigerungshaus Mitteilungsblätter aufgelegt werden, die einen größeren Käuferkreis ansprechen (§ 272a Abs 5 Z 1 EO) oder
- bei einer Versteigerung im Internet aufgrund des Kundenkreises zu erwarten ist, dass ein großer Interessentenkreis angesprochen wird (§ 272a Abs 5 Z 2 EO).

Zwischen der Bekanntmachung des Versteigerungsedikts und der Versteigerung selbst muss eine Frist von mindestens 14 Tagen liegen. Eine Verkürzung der Frist ist zulässig bei Gefahr des Verderbens der gepfändeten Gegenstände oder Wertminderung derselben sowie dann wenn die längere Aufbewahrung unverhältnismäßige Kosten verursachen würde (§ 273 Abs 1 EO).

e) Besichtigung und Schätzung der Pfandstücke

Den Verkaufsinteressenten ist zunächst die ***Besichtigung*** der Pfandstücke zu ermöglichen. Die Pfandstücke sind daher von Amts wegen so zeitgerecht an den Versteigerungsort zu überstellen, dass sie zur Besichtigung ausgestellt werden können (§ 274c Abs 1, Abs 2 EO).

Die Kosten für die Überstellung sind einstweilen vom betreibenden Gläubiger zu tragen (§ 274 b Abs 1 EO); ein Kostenvorschuss ist zu erlegen (§ 274a EO). Eine Besichtigung kann bei einer Versteigerung im Internet entfallen (§ 274c Satz 2 EO).

In dem Fall, dass die zu überstellenden Sachen beim Verpflichteten nicht vorgefunden werden können, hat dieser vor Gericht oder vor dem Vollstreckungsorgan bekannt zu geben, wo sich die Sachen befinden (die Vorschriften über das Vermögensverzeichnis [§ 47 EO] sind anzuwenden).

Kann dadurch nicht festgestellt werden, wo sich die Sachen befinden, oder ist der Verpflichtete unter Mitnahme der Sachen verzogen und kann das Vollstreckungsorgan durch zumutbare Erhebungen nicht in Erfahrung bringen, wo sich der Verpflichtete aufhält, wird die Exekution erst fortgesetzt, wenn der Gläubiger bekannt gibt, wo sich die Gegenstände befinden (§ 279a EO).

Vor der Verwertung sind die gepfändeten Gegenstände zu ***schätzen*** (§§ 275, 277a Abs 1 Z 1 EO). Die Schätzung erfolgt primär durch einen beeideten Sachverständigen (§ 275 Abs 1 EO). Nur ausnahmsweise (bei Wohnungseinrichtungsgegenständen und sonstigen Gegenständen minderen und allgemein bekannten Werts) hat der Gerichtsvollzieher zu schätzen (§ 275 Abs 5 EO). Hochwertige Gegenstände im Sinn des § 274 Abs 2 EO können bei einer Versteigerung in einem Versteigerungshaus auch von einem anerkannten, ständig zugezogenen Experten geschätzt werden (§ 275 Abs 5 EO).

Bei der Fahrnisexekution wird – anderes gilt bei der Liegenschaftsexekution (§§ 140 ff EO) – die Schätzung erst unmittelbar vor der Versteigerung vorgenommen; der Sachverständige ist der Versteigerung ***beizuziehen*** (*Mini* in Burgstaller/Deixler-Hübner

§ 275 EO Rz 2). Nur Kostbarkeiten, Warenlager und andere Gegenstände, deren Schätzung bei der Versteigerung selbst untunlich ist, sind schon vor der Versteigerung zu schätzen (§ 275 Abs 2 EO).

Aufgrund der Schätzung wird das ***geringste Gebot*** festgesetzt; dieses ist der ***halbe Schätzwert***, bei Gold- und Silbersachen zumindest der Metallwert (§ 277 Abs 2 EO).

f) Durchführung der Versteigerung

Die gepfändeten Gegenstände werden durch das Vollstreckungsorgan (Gerichtsvollzieher), bei einer Versteigerung in einem Versteigerungshaus durch einen dort Bediensteten und bei einer Versteigerung im Internet durch einen Versteigerer oder das Vollstreckungsorgan versteigert (§ 276 Abs 1 EO). Obwohl in der EO nicht ausdrücklich genannt, wird die Versteigerung bei einer Versteigerung im Auktionshaus von deren Leiter durchgeführt (*Mini* in Burgstaller/Deixler-Hübner § 276 EO Rz 4).

Eine Versteigerung hat zu unterbleiben, wenn ein so genannter ***Übernahmsantrag*** gestellt wird.

Wenn sich jemand

- ***spätestens 14 Tage vor dem Versteigerungstermin***
- unter gleichzeitiger ***Leistung einer Sicherheit in der Höhe von mindestens einem Viertel des Schätzwertes***,
- bereit erklärt die gepfändeten Sachen um einen ***Preis zu übernehmen, der ihren Schätzwert um mindestens ein Viertel übersteigt*** (der Übernahmspreis beträgt daher mindestens ***fünf Viertel*** des Schätzwerts), und
- alle ***aufgelaufenen Exekutionskosten*** ohne Anrechnung auf den Übernahmspreis ***zu tragen***,

kann das Gericht diesem Antrag – nach Einvernehmung des Verpflichteten – stattgeben, wenn der ***betreibende Gläubiger und diejenigen Personen zustimmen***, die ein Pfandrecht an diesen Gegenständen erworben haben, deren Forderungen aber durch den Übernahmspreis nicht vollständig gedeckt worden sind (§ 271 Abs 1 EO).

Wenn ein Übernahmsantrag gestellt und Sicherheit geleistet worden ist, ist das Exekutionsverfahren aufzuschieben (§ 271 Abs 2 EO). Wird der Übernahmsantrag genehmigt und der Übernahmspreis bezahlt, hat das Gericht das Exekutionsverfahren einzustellen (§ 271 Abs 3 EO).

Auf die Versteigerung selbst finden nach § 278 Abs 1 EO und § 279 Abs 2 EO die Bestimmungen über die Zwangsversteigerung von Liegenschaften (§§ 177a 179, 180 Abs 1, 3 und 5, § 181 Abs 1 und 3, § 194

Abs 1 Z 1 und 2 EO) sinngemäß Anwendung. Die Versteigerung ist nach hA ein behördlicher Akt und kein Kaufvertrag (SZ 47/50; *Heller/Berger/Stix* EO^{4} II 1767).

Das ***Bieten*** beginnt mit dem ***Ausruf zum halben Schätzwert***; bei Gold- und Silbersachen muss als geringstes Gebot zumindest der Metallwert erreicht werden (§ 277 Abs 1 EO). Die Bieter brauchen kein Vadium (dazu oben Vierter Teil, IV. G. 3.) zu erlegen (§ 276 Abs 4 EO). Die Pfandstücke sind einzeln oder bei größeren Mengen gleichartiger Gegenstände partienweise unter Angabe des Schätzwerts zum geringsten Gebot anzubieten (§ 276 Abs 2 EO).

Angebote, die das geringste Gebot nicht erreichen, dürfen bei der Versteigerung nicht berücksichtigt werden (§ 277 Abs 2 EO). Die Bediensteten der Auktionshalle und des Versteigerungshauses sind vom Bieten ausgeschlossen (§ 277 Abs 3 EO).

Der ***Zuschlag*** an den Meistbietenden erfolgt, wenn ungeachtet einer zweimaligen, an die Bieter gerichteten Aufforderung ein höheres Angebot nicht mehr abgegeben wird (§ 278 Abs 1 S 1 EO).

Wenn also trotz zweimaliger Aufforderung kein höheres Angebot abgegeben wird, erhält der Meistbietende den Zuschlag (*Neumayr/Nunner-Krautgasser*, ExR^{3} 236).

Die hM geht davon aus, dass der Erwerber mit dem Zuschlag Eigentum an der Sache erwirbt; es bedarf also keiner Übergabe mehr (SZ 26/281). Der Eigentumserwerb ist aufschiebend bedingt, abhängig vom rechtzeitigen Erlag des Meistbots (*Mohr* in Angst/Oberhammer^{3} § 278 EO Rz 8 mwN aus L und Rsp); der Eigentumsübergang erfolgt lastenfrei (*Mini* in Burgstaller/Deixler-Hübner § 278 EO Rz 22). Der Ersteher hat wegen eines Mangels der veräußerten Sache keinen Anspruch auf Gewährleistung (§ 278 Abs 3 letzter S EO).

Die Bestimmung des § 367 ABGB, der unter anderem den gutgläubigen Erwerb bei einer öffentlichen Versteigerung regelt, ist auch beim Freihandverkauf durch einen Handelsmakler, ein Kreditinstitut, ein Versteigerungshaus oder durch ein Vollstreckungsorgan anzuwenden (§ 269 EO).

War daher der Verpflichtete nicht Eigentümer der gepfändeten Sachen, wird der Ersteher Eigentümer, wenn er gutgläubig war.

Der Ersteher hat das Meistbot grundsätzlich sofort in bar zu berichtigen; bei wertvollen Gegenständen iSd § 274 Abs 2 EO kann ihm eine Zahlungsfrist von acht Tagen eingeräumt werden (§ 278 Abs 2 EO).

Die durch Zuschlag erworbenen Gegenstände sind dem Meistbietenden erst nach Bezahlung zu übergeben; er hat sie spätestens am folgenden Tag zu übernehmen und wegzubringen.

Hat der Ersteher oder Käufer die Sachen nicht binnen drei Monaten weggebracht, so sind sie auf Beschluss des Gerichts, bei dem die Auktionshalle eingerichtet ist, zu verwerten.

Mit dem dabei erzielten Erlös sind die Gerichtskosten und der Lagerzins zu decken. Ein Mehrerlös ist gerichtlich zu erlegen (§ 278 Abs 3 EO).

Wird der Kaufpreis durch den Meistbietenden nicht unverzüglich nach Aufforderung, ansonsten bis zum Schluss der Versteigerung bezahlt, ist die Versteigerung weiterzuführen, wenn dies nach den Umständen tunlich ist, sonst ist die Sache neuerlich auszubieten (also neuerlich zu versteigern).

Der Meistbietende ist sowohl bei einer Weiterführung der Versteigerung als auch bei einem neuen Versteigerungstermin nicht zum Anbot zugelassen; er haftet für einen etwaigen Ausfall, ohne den Mehrerlös für sich beanspruchen zu können (§ 278 Abs 4 EO).

Gegen den Zuschlag kann kein Rekurs oder Widerspruch, sondern nur die Vollzugsbeschwerde nach § 68 EO ergriffen werden (SZ 27/92; JBl 1987, 796; LG Salzburg RPflE 1991/93); dies aber auch nur dann, wenn krasse Verstöße gegen einschlägige Verfahrensvorschriften vorliegen (SZ 53/5 = EvBl 1980/195, 585), etwa wenn die Versteigerung so mangelhaft und formlos durchgeführt worden ist, dass auch für den Käufer erkennbar sein musste, dass eine ordnungsgemäße Versteigerung nicht stattgefunden hat (SZ 58/2 = EvBl 1985/103, 500).

Gegenstände, für die bei der Versteigerung nicht einmal das geringste Gebot erzielt worden ist, kann die Auktionshalle oder das Versteigerungshaus von Amts wegen binnen einem Monat nach dem Verseigerungstermin ohne Verständigung der Parteien aus freier Hand verkaufen; bei wertvollen Gegenständen iSd § 274 Abs 2 EO verlängert sich die Frist auf drei Monate. Die Bestimmungen über das geringste Gebot sind anzuwenden (§ 280 Abs 1 EO).

Für einen weiteren Versteigerungstermin bedarf es eines Antrags des betreibenden Gläubigers. Wird auch bei diesem zweiten Versteigerungstermin das geringste Gebot nicht erzielt, ist von Amts wegen ein weiterer Versteigerungstermin festzulegen (§ 280 Abs 2 EO).

Meldet sich noch im Versteigerungstermin eine Person, die ein Interesse am Erwerb eines Gegenstands, für den bei der Versteigerung das geringste Gebot nicht erzielt wurde, ist der Gegenstand nochmals im selben Termin anzubieten (§ 280 Abs 3 EO). Können Gegenstände nach § 280 Abs 1 EO nicht verkauft oder nach § 280 Abs 2 EO nicht versteigert werden, ist der Verpflichtete schriftlich aufzufordern, diese binnen 14 Tagen abzuholen; die Gegenstände sind ihm auszufolgen, wenn er der Auktionshalle oder dem Versteigerungshaus die entstandenen Kosten bezahlt (§ 281 Abs 1 EO). Wenn der Verpflichtete die Sachen nicht abholt oder die Kosten nicht entrichtet, können diese auch unter dem geringsten Gebot verkauft werden (§ 281 Abs 2 EO).

Der Verkauf ist – vorbehaltlich der Anwendung der §§ 14, 27 Abs 1 und 41 Abs 2 EO – ***aufzuschieben***, wenn zur Hereinbringung derselben Forderung Forderungsexekution geführt wird und deren Erlös voraussichtlich ausreichen wird, die vollstreckbare Forderung (samt Nebengebühren) im Lauf eines Jahres zu tilgen (§ 264a EO).

Im Fall des § 252c EO (Durchführung weiterer Vollzüge) kann das Vollstreckungsorgan für den Zeitraum von erfolgsversprechenden Vollzügen, längstens für vier Monate mit der Anordnung des Verkaufs der Pfandgegenstände ***innehalten*** (§ 264b EO).

Die Versteigerung wird ***geschlossen***, sobald der erzielte Erlös zur Befriedigung der vollstreckbaren Forderungen sämtlicher mittels Verkaufs Exekution führender Gläubiger und zur Deckung aller Nebengebühren und Exekutionskosten hinreicht (§ 279 Abs 1 EO).

g) Sonderbestimmungen für Versteigerungen im Internet

Durch die EO-Novelle 2008 (BGBl I 2008/37) wurde die Möglichkeit von Versteigerungen im Internet eingeführt; die entsprechenden Bestimmungen finden sich in §§ 277a, 277b, 277c, 281a und 281b EO. Bis Ende November 2016 wurden insgesamt 459 Versteigerungen im Internet abgewickelt; es wurde dabei ein Gesamterlös von über € 164.000,-- erzielt. Die Internetversteigerung wird somit in der Praxis immer noch (relativ) selten benutzt (*Mohr*, ÖRPfl H 2, 25).

Das Konzept der Internetversteigerung, das durch die bereits angesprochene EO-Novelle 2008 eingeführt worden ist (einerseits Versteigerung über bestehende justizfremde Plattformen und andererseits Auslagerung durch die weitgehende Beziehung eines Versteigerers) hat sich in der Praxis nicht etabliert (EBRV 1294 BlgNR 25. GP 5). Die Bestimmungen über die Internetversteigerung wurden daher durch die EO-Novelle 2016 (BGBl I 2016/100) novelliert.

Voraussetzung für das Anbieten im Internet ist, dass die gepfändeten Gegenstände (bereits) geschätzt sind. Im Gegensatz zu § 275 EO, wonach die zu versteigernden Sachen üblicherweise erst bei der Versteigerung geschätzt werden, müssen diese bei einer Versteigerung nach § 277a EO bereits geschätzt sein (§ 277a Abs 1 Z 1 EO). Weiters müssen sich die Gegenstände in Verwahrung oder Verkaufsverwahrung befinden oder sonst gewährleistet sein, dass diese dem Ersteher übergeben werden können (§ 277a Abs 1 Z 2 EO).

Um Kosten zu sparen, sollen die Sachen vor allem bei Gericht verwahrt werden. Der Kreis der Gegenstände wird daher in § 259 Abs 1a EO umschrieben (*Mohr*, ÖRPfl 2016 H 2 26). Zum gerichtlichen Erlag eignen sich kleine Gegenstände, insbesondere technische Geräte, wertvolle Bild- und Tonträger, Zeitschriften, Bücher und Musikinstrumente.

Bei einer Versteigerung im Internet sind unter anderem anzugeben (§ 277a Abs 3 EO):

- der zu versteigernde ***Gegenstand***,
- das ***geringste Gebot***,
- der ***Schätzwert samt Betriebstauglichkeit*** des Gegenstands,
- die ***Frist für die Abgabe von Geboten*** (diese darf sieben Tage nicht unter- und vier Wochen nicht überschreiten),
- ein Hinweis auf den ***Gewährleistungsausschluss*** sowie
- ein Hinweis auf die ***Möglichkeit des Sofortkaufs*** und den dafür nach § 277b EO zu zahlenden Preis (ein Viertel über dem Schätzwert) oder ein Hinweis auf den Ausschluss des Sofortkaufs.

Weiters ist der Bekanntmachung eine Beschreibung und zumindest ein Foto des Pfandstücks sowie ein (eventuell) vorhandenes Schätzgutachten anzuschließen (§ 277a Abs 4 EO).

Beachte: Geklärt wurde durch die EO-Novelle 2016 auch der Beginn von Internetversteigerungen. Diese gelten mit der Abgabe von Geboten als begonnen (§ 282 Abs 1 letzter S EO).

Bei Versteigerungen über die Plattform *Justiz-Auktion.at* ist ***kein Versteigerer*** zu bestellen; bei Versteigerungen auf einer ***anderen Plattform kann ein Versteigerer*** bestellt werden (§ 274 Abs 2 EO).

Diese andere Plattform darf jedoch nur dann herangezogen werden, wenn zu erwarten ist, dass dort offenkundig unter Berücksichtigung der Kosten ein höherer Erlös erzielt werden kann. Ist offenkundig, dass die Kosten der Überstellung, der Verkaufsverwahrung und der Versteigerung den Erlös der Gegenstände übersteigen, so dürfen die Gegenstände nicht zur Versteigerung überstellt werden (§ 274 Abs 2 EO). Der Versteigerung über die justizeigene Plattform *(Justiz-Auktion.at)* ist daher der Vorzug gegeben (*Mohr*, ÖRPfl 2016 H 2 25).

Die EO selbst enthält keine Regelungen, wer als Versteigerer im Internet heranzuziehen ist; die Auswahl obliegt dem Gerichtsvollzieher. Als Versteigerer kommen grundsätzlich alle jene Personen, die eine Gewerbeberechtigung haben, in Frage (näher *Mohr* in Angst/Oberhammer[3] § 274 EO Rz 1/1).

Sind mehrere Gegenstände zu versteigern und ist anzunehmen, dass der erzielte Erlös einiger dieser Gegenstände zur Befriedigung der vollstreckbaren Forderungen samt Verfahrenskosten hinreicht, sind zunächst nur diese zu versteigern; die Bestimmung des § 279 Abs 1 EO über den Schluss der Versteigerung ist nicht anzuwenden (§ 277a Abs 2 EO).

Dies ist durchaus sinnvoll, da bei einer Versteigerung im Internet auch eine ***Parallelversteigerung*** mehrerer Gegenstände möglich ist und es daher nicht zweckmäßig wäre, die Versteigerung nach § 279 Abs 1 EO zu schließen, sobald der erzielte Erlös zur Befriedigung der vollstreckbaren Forderungen ausreicht.

Zu beachten ist in diesem Zusammenhang bei Versteigerungen im Internet allerdings auch § 27 EO, wonach die Exekution nicht in weiterem Umfang vollzogen werden darf als es zur Durchsetzung des in der Exekutionsbewilligung bezeichneten Anspruchs notwendig ist (zu all dem *Mini* in Burgstaller/Deixler-Hübner § 277a EO Rz 18).

Die Bestimmung des § 277b EO ermöglicht den so genannten ***Sofortkauf***. Solange ***kein Gebot*** abgegeben wurde, kann bei einer Versteigerung im Internet der Gegenstand unter ***Entfall der Versteigerung*** zu einem Preis, der den ***Schätzwert um ein Viertel übersteigt*** (also fünf Viertel des Schätzwertes) erworben werden.

Voraussetzung eines Sofortkaufs ist also, dass bisher noch ***kein Angebot*** abgegeben worden ist. Wenn darüber hinaus fünf Viertel des Schätzwerts angeboten werden, ist dem Käufer der Zuschlag zu erteilen; eine weitere Versteigerung findet nicht mehr statt (*Mohr* in Angst/Oberhammer[3] § 277b EO Rz 1).

Beachte: Bei Sachen mit ***Liebhaberwert*** kann der ***Sofortkauf ausgeschlossen*** werden. Dies ist den Parteien bei Übermittlung des Versteigerungsedikts bekannt zu geben (§ 277b letzter Satz EO). Der Ausschluss des Sofortkaufs ist nicht in das Edikt aufzunehmen; beim Ausbieten ist darauf hinzuweisen (§ 277a Abs 3 Z 8 EO). Die Frage, ob eine Sache einen Liebhaberwert hat, ist von einem Sachverständigen bei der Schätzung zu beantworten (*Mohr*, ÖRPfl 2016, H 2 26).

Mittels den durch die EO-Novelle 2016 neu angefügten Abs 5 in § 277a EO wird der Bietvorgang bei Internetversteigerungen an die Praxis angepasst (*Mohr*, ÖRPfl 2016, H 2 26).

Demnach kann – wie dies bei der justizeigenen Versteigerungs-Plattform der Fall ist – vorgesehen werden, dass das vom Bieter abgegebene Gebot ein Höchstgebot ist, innerhalb dessen Gebote als abgegeben gelten, bis das von einem anderen Bieter abgegebene Gebot übertroffen wird (§ 277a Abs 5 Satz 1 EO) (zu Details siehe *Mohr* aaO).

Unzulässig ist die ***Abgabe von Geboten*** mittels eines automatisierten ***Datenverarbeitungsprogramms***, das die ***Gebote beobachtet*** und unmittelbar vor Ablauf der Frist, innerhalb der Gebote zulässig sind, ein Gebot abgibt, das im Rahmen einer oberen Grenze nach Möglichkeit das aktuelle Höchstgebot überbietet, sodass dem Bieter, der das Programm verwendet, der Zuschlag erteilt wird (***Sniper-Programm***). Gebote von Personen, die ein solches Programm verwenden, sind unwirksam (§ 277a Abs 5 S 3 und S 4 EO).

Abgesehen von der Möglichkeit des Sofortkaufs ist der Zuschlag demjenigen zu erteilen, der nach Ablauf der Versteigerungsfrist das ***höchste Gebot*** abgegeben hat; wie auch sonst, hat der Ersteher auch bei Versteigerungen im Internet keinen Anspruch auf Gewährleistung (§ 278a EO).

Bei ***Einstellung*** oder ***Aufschiebung der Exekution*** ist die ***Versteigerung im Internet abzubrechen***, solange noch ***kein Gebot*** abgegeben wurde; ***danach*** nur bei einer ***Einstellung*** oder ***Aufschiebung*** aufgrund eines ***Widerspruchs Dritter***.

Der Versteigerer hat in diesen Fällen einem Ersuchen des Gerichts oder Vollstreckungsorgans auf Abbruch der Versteigerung zu entsprechen (§ 277c EO).

Voraussetzung für den Abbruch der Versteigerung ist ein wirksamer Einstellungs- oder Aufschiebungsbeschluss; die Rechtskraft der Entscheidung ist jedoch nicht notwendig (EBRV EO-Nov 2016, 1294 BlgNR 25. GP 7). Nach *Mohr* ist für einen Abbruch der Versteigerung nicht einmal das Vorliegen eines Beschlusses notwendig (*Mohr*, ÖRPfl 2016 H 2 26).

4. Verteilung des Erlöses

Das Exekutionsgericht hat bei der Verteilung des Erlöses der Fahrnisexekution die Bestimmungen der Verteilung betreffend die Liegenschaftsexekution (§§ 212 – 214; §§ 219 – 221; § 223 Abs 3; § 229, §§ 231 – 234 sowie § 236 EO) sinngemäß anzuwenden (§ 286 Abs 1 EO).

Wurde die Versteigerung nur zugunsten ***eines*** betreibenden Gläubigers durchgeführt, dem das ***alleinige Pfandrecht*** zusteht (andere Personen haben also kein Pfandrecht an den verwerteten Gegenständen), erfolgt die Verteilung des Erlöses durch schlichte Zuweisung (näher *Mohr* in Angst/Oberhammer[3] § 283 EO Rz 3).

In allen anderen Fällen (der betreibende Gläubiger besitzt nicht das ausschließliche Pfandrecht; die Versteigerung fand zugunsten mehrerer Gläubiger statt) ist eine ***Verteilungstagsatzung*** durch das Exekutionsgericht anzuberaumen (*Rechberger/Oberhammer* ExR[5] Rz 367).

Die Verteilungstagsatzung ist von Amts wegen vom Exekutionsgericht anzuberaumen. Gleichzeitig mit der Ladung zur Verteilungstagsatzung sind die Gläubiger aufzufordern, ihre Ansprüche samt Kosten und Nebengebühren spätestens bei der Tagsatzung ***anzumelden*** (Ansprüche von Gläubigern, die den Verkauf betrieben haben, sind auch von Amts wegen zu berücksichtigen, § 285 Abs 3 EO).

Zur Verteilungsmasse gehören:

- der ***Versteigerungserlös***,
- ***abgenommenes Bargeld***,
- ***Zinsen*** einer fruchtbringenden Anlegung des Erlöses,
- ***verfallene Sicherheiten*** (§ 271a EO [Freihandverkauf bei Sachen ohne Börsenpreis] und § 271 Abs 1 EO [Übernahmsantrag]) sowie

- der vom säumigen Meistbietenden zu leistende ***Schadenersatz*** nach § 278 Abs 4 EO (*Mini* in Burgstaller/Deixler-Hübner § 283 EO Rz 5 f).

Hinsichtlich der Verteilung der Verteilungsmasse ergibt sich folgende ***Rangordnung***:

- Zuerst ist die Vergütung des Gerichtsvollziehers (abhängig vom Verkaufserlös) zu bezahlen;
- danach kommen die Kosten der Schätzung, Überstellung und Versteigerung;
- diesen untergeordnet sind Zölle, Verbrauchs- und andere öffentliche Abgaben und Vermögensstrafen;
- nochmals nachrangig zu befriedigen sind Forderungen von gesetzlichen oder vertraglichen Pfandgläubigern und Pfändungspfandgläubigern (entsprechend ihrem Rang);
- erst an letzter Stelle kommen länger als drei Jahre rückständige Zinsen (§ 286 Abs 2 – 4 EO).

Bleibt nach Befriedigung dieser Positionen ein Überschuss (***hyperocha***), ist dieser dem Verpflichteten auszufolgen.

Nach Beendigung der Verteilungstagsatzung ist der ***Verteilungsbeschluss*** schriftlich zu fassen; gegen diesen Beschluss steht das Rechtsmittel des Rekurses offen (*Mohr* in Angst/Oberhammer[3] § 286 EO Rz 13); darüber hinaus kann jeder Ausfallsbeteiligte Widerspruch erheben (§§ 213, 231 – 233 EO, siehe dazu oben Sechster Teil, III. K. 3. sowie IV. R. 3. und 4.).

Im Verteilungsbeschluss selbst sind die für den Erlös bezugsberechtigten Personen und die ihnen auszufolgenden Beträge anzugeben. Die entsprechenden Beträge sind nach Eintritt der Rechtskraft den berechtigten Personen auszufolgen (§ 287 EO).

IV. Die Forderungsexekution

Lit.: *Andexlinger,* Konkurrenz von Entgeltverpfändung und Entgeltexekution, RdW 1990, 23; *Andexlinger/Spitzl,* Lohnpfändung angestellter Provisionsvertreter, RdW 1992, 244; *Anzenberger,* Vorschüsse und Arbeitgeberdarlehen. Ein Wegweiser durch den Normendschungel der §§ 290c, 291d, 292 Abs 4 und 293, ÖJZ 2011/105, 996; *Apathy/Eicher,* Das verpfändete Arbeitseinkommen, DRdA 1999, 399; *Bauerreiß,* Befriedigungspflicht und Abandonrecht des Haftpflichtversicherers, VR 1977, 337; *Berger,* Verfahrensrechtliches zu den neuen eherechtlichen Gesetzen, RZ 1978, 257; *Berger,* Vermischte exekutionsrechtliche Fragen, ÖJZ 1982, 431; *Burgstaller,* Das Pfandrecht in der Exekution (1988); *Burgstaller,* Zur Reform des Lohnpfändungsrechts, DRdA 1989, 143; *Burgstaller,* Neue Vorschriften zur Forderungsexekution, JAP 1991/92, 252; *Dellisch,* Zur EO-Novelle 1991, AnwBl 1992, 89; *Dorner,* Die Lohn- und Gehaltspfändung mit Tabellen für Tages-, Wochen- und Monatsverdienste und Existenzminimumverordnung (1994); *Eder,* Der Schuldnerschutz in der gerichtlichen Exekution (1994); *Feil,* Abgetretene und verpfändete Forderungen im

Exekutionsverfahren (1993); *Fenzl,* Einschränkung der Schadenshaftung des Arbeitnehmers gegenüber dem Arbeitgeber bei nur leichter Fahrlässigkeit, ÖJZ 1952, 567; *Feuchtinger,* Neues in der Lohnpfändung, ecolex 2002, 108; *Fink/Schmidt/Kurzböck,* Handbuch zur Lohnpfändung[3] (2002); *Fritscher,* Die Gehaltsexekution in der Praxis (2002); *G. Kodek,* Einfluß von Abtretung und Verpfändung von Gehaltsansprüchen auf die Gehaltsexekution, ÖRPfl 1999 H 2, 133; *Graff,* Exekution auf die Einzahlungsverpflichtung des früheren GmbH-Gesellschafters bei nicht voll eingezahlter Stammeinlage, GesRZ 1979, 29; *Hagen,* Zur Reform der Lohnpfändung, DRdA 1991, 329; *Hausar,* Betriebsvereinbarungen mit ehemaligen Arbeitnehmern, ASok 2002, 3; *Kahl,* Die Streitverkündung (§ 21 ZPO) (1998) 127 ff; *Klocker,* Zusammenrechnung (un)pfändbarer Forderungen – Gegensätzliche Rechtsprechung des VwGH/OGH, DRdA 2006, 160; *Knoll,* Pfändung, Verpfändung und Abtretung von Unterhaltsvorschüssen, RZ 1999, 234; *G. Kodek,* Die Pfändung von Bankkonten, ÖBA 2010, 19; *Konecny,* Exekution auf abgetretene oder verpfändete Forderungen, ecolex 1991, 840; *Konecny,* Die Exekutionsordnung nach 100 Jahren, in *Mayr* (Hrsg), 100 Jahre österreichische Zivilprozeßgesetze (1998) 95; *Koziol,* Analoge Anwendung des § 12 Abs 1 KSchG auf Gehaltsverpfändungen, ÖBA 1994, 92; *Kraft,* Ratgeber zur Lohnpfändung[3] (2014); *Kurzböck,* Pfändung von Beendigungsansprüchen, PVP 2006, 272; *Lackenberger,* Handbuch Forderungsexekution (2009); *Lefford,* Bekanntgabe des bisher nicht bekanntgewordenen Drittschuldners durch den betreibenden Gläubiger im Exekutionsverfahren nach § 294a EO, RZ 1993, 242; *Lehner,* Pfändbarkeit bzw. unpfändbarer Freibetrag bei Auszahlung von Bruchteilen eines Monats, ÖRpfl 1993 H 2, 40; *Liebhart,* Verschleiertes Entgelt nach § 292e EO, RdA 2003, 124; *Mayr,* Die Exekutionsordnungs-Novelle 1991 (1992); *Mitrovic,* Die Unterhaltsexekution, ÖA 1987, 119; *Mitrovic,* Probleme und Möglichkeiten der gerichtlichen Unterhaltseinbringung, ÖA 1989, 154; *Mohr,* Die neue Lohnpfändung, EO-Novelle 1991 (1991); *Mohr,* Die Pfändbarkeit der Abfertigung ab 2002, ecolex 2001, 925; *Mohr,* EO-Novelle 2003, ecolex 2003, 502; *Mohr,* Änderungen bei der Lohnpfändung durch die EO-Nov 2005, ecolex 2005, 520; *Mosser,* EGMR: Neue Judikatur zu Art 6 MRK und Waffengleichheit im Exekutionsverfahren, Zak 2006/318; *Müller,* Wirkungen des Wechsels vom Arbeitsvertrag zum freien Dienstvertrag auf die Gehaltsexekution, ZIK 2001, 43; *Neuhauser,* Exekutive Unterhaltsdurchsetzung in Österreich bei Insolvenzeröffnung in Deutschland, iFamZ 2013, 158; *Nunner-Krautgasser,* Forderungsexekution: Angabe der Forderungshöhe und Pfändungspfand, ecolex 2002, 344; *Perschinka,* Die Aufschiebung im Zusammenhang mit Exekutionen auf das bewegliche Vermögen und ausgesuchte Themen zur Forderungsexekution, ÖRPfl 2012, H 2, 73; *Petschek,* Der Vollzug der Pfändung von Papierforderungen, RZ 1905, 383; *Petschek,* Zivilprozessrechtliche Streitfragen (1933) 212ff; *Pfau,* Zusammenrechnung in- und ausländischer Forderungen am Beispiel eines schweizerischen Rentenanspruchs, ecolex 2005, 829; *Prem,* Neues von § 294a Exekutionsordnung, NV 1999, 45; *Rauscher,* Grenzüberschreitende Forderungsexekution in Europa. Welche Spielregeln stellt die EuGVVO für Gläubiger, Verpflichtete und Gerichte auf? AnwBl 2006, 628 und RZ 2007, 139; *Reckenzaun,* Die Durchsetzung von Unterhaltsansprüchen gegen den Gemeinschuldner, ÖJZ 1994, 113; *Reich-Rohrwig,* Pfändung ausstehender Stammeinlagen nach dem Firmenbuchgesetz, exolex 1991, 248; *Reischauer,* Hinterlegung zu Gunsten mehrerer (potentieller) Gläubiger, JBl 2001, 541, 614; *Resch,* Lohnpfändung und Karenzierung des Arbeitsvertrags, ecolex 2000, 185; *Riedler,* Zahlungssperre der Bank bei Pfändung der Forderung eines Oder-Konten-Inhabers? ÖBA 1998, 509; *Schneider,* Exekution und Abfertigung neu, ZIK 2004, 190; *Schumacher,* Pfändung fortlaufender Einkünfte, ecolex 1991, 692; *Schumacher,* Zwangsvollstreckung auf Wertpapiere (1995); *Schumacher,* Wertpapiere als Exekutionsobjekte, ecolex 1995, 470; *Sima,* Die EO-Novelle 2005, ZIK 2005/122, 126; *Simotta,* Einige Probleme des Datenschutzes im Zivilverfahrensrecht, ÖJZ 1993, 793, 838; *Souhrada,* Exekutionsauskünfte 1989. Erfahrungen mit § 31 Abs 3 Z 15 ASVG und § 294a EO, SoSi 1990, 25; *Souhrada,* Forderungsexekution und Sozialversicherung – Sozialversicherungsrechtliche Aspekte der Novelle 1991 zur Exekutionsordnung (EO-Nov 1991), SozSi 1992, 115; *Souhrada,* Auskünfte aus Sozialversicherungsdaten, SozSi 1999, 163; *Souhrada,* Auskünfte an Gerichte: Die On-Line-Sozialversicherungsanfrage, SozSi

1999, 803; *Souhrada*, Amtshilfe online und Datenschutz, SozSi 2000, 185; *Spenling*, Kontenschutz nach § 292i EO für Abfertigungen und seine Auswirkungen im Konkurs, ÖJZ 2000, 17; *Stifter*, Reform der Lohnpfändung, RPfl 1989 H 2, 24; *Sulzbacher*, Stellung des Drittschuldners nach der EO-Novelle 1991, Kostenersatz und Haftung, ecolex 1991, 837; *Trautmann*, Exekutionsrechtliche Probleme bei unterbrochenen Dienst- und Arbeitsverhältnissen, ÖRPfl 1990, 30; *Wehrberger*, Forderungspfändung, Fristbeginn und Sachhaftung bei § 27 WEG 2002, ecolex 2003, 225; *Weisskopf*, Die Execution auf eine gezahlte, aber noch nicht gelöschte Hypothekarforderung, ZBl 1901, 115; *Wilhelm*, Reform der Lohnpfändung, ecolex 1991, 301; *Wöber*, Besicherung von Bankangestelltenkrediten und -darlehen durch das Gehalt, ÖBA 1993, 42; *Zechner*, Forderungsexekution (2000).

A. Allgemeines

Im vorangegangenen Kapitel wurde zur Hereinbringung einer Geldforderung auf bewegliche, körperliche Gegenstände (Fahrnisse) gegriffen. Bei der in diesem Abschnitt zu erläuternden Forderungsexekution geht es darum, dass ***wegen einer Geldforderung auf eine Geldforderung*** des Verpflichteten Exekution geführt wird.

Dem Verpflichteten steht somit eine Geldforderung gegen einen ***Dritten*** zu, welche der betreibende Gläubiger exekutieren lässt. Dieser Dritte wird, da er Schuldner des Verpflichteten ist, ***Drittschuldner*** genannt (*Seiser*, ExR[10] 62).

Bereits erwähnt wurde, dass die Forderungsexekution, neben der Fahrnisexekution, die in der Praxis bedeutsamste Exekutionsart ist (im Jahr 2015 wurden 661.791 Anträge auf Eröffnung eines Forderungsexekutionsverfahrens gestellt; pro Arbeitstag wurden somit 3.008 Anträge eingebracht [Bundesministerium für Justiz – betriebliches Informationssystem der Justiz, 2015]).

Innerhalb der Forderungsexekution kommt der Gehaltsexekution besondere Bedeutung zu; sie kann zweifelsohne als praktisch wichtigste Form der Forderungsexekution bezeichnet werden (*Neumayr/Nunner-Krautgasser*, ExR[3] 241).

Es wurde bereits oben (Vierter Teil, IV. a.) darauf hingewiesen, dass ein betreibender Gläubiger grundsätzlich das Recht hat, zwischen den einzelnen Exekutionsmitteln zu wählen; auch die Anwendung mehrerer Exekutionsmittel ist grundsätzlich zulässig (§ 14 Abs 1 EO).

In § 14 Abs 2 und 3 EO wird dieser Grundsatz allerdings eingeschränkt, wenn mit einer Fahrnisexekution eine ***Gehaltsexekution*** oder eine ***sonstige (Forderungs-)Exekution auf fortlaufende Bezüge*** zusammentrifft.

§ 14 Abs 2 EO ordnet einen Vollzugsvorrang der Gehaltsexekution an; § 14 Abs 3 EO sieht eine Sperrfrist von einem Jahr für einen Antrag auf Forderungsexekution bei unbekanntem Drittschuldner (§ 294a EO) vor, wenn für dieselbe Forderung bereits Fahrnisexekution bewilligt worden ist.

Diese Beschränkungen gelten allerdings nicht, wenn eine Fahrnisexekution auf eine sonstige Exekution (insbesondere Forderungsexekution) trifft, in der das Exekutionsobjekt eine Geldforderung ist, die ***nicht in fortlaufenden Bezügen*** besteht (*Jakusch* in Angst/Oberhammer[3] § 14 EO Rz 9/1).

Weiters ist – wie bereits ausgeführt – der Verkauf bei der Fahrnisexekution aufzuschieben, wenn zur Hereinbringung derselben Forderung Forderungsexekution geführt wird und deren Erlös voraussichtlich ausreichen wird, die vollstreckbare Forderung (samt Nebengebühren) im Lauf eines Jahres zu tilgen (§ 264a EO).

B. Das Exekutionsobjekt

1. Allgemeines

Exekutionsobjekt in der Forderungsexekution sind ***Geldforderungen des Verpflichteten***. Voraussetzung ist, dass die zu pfändende Forderung bereits bestanden hat. ***Künftige Forderungen*** sind nach § 299 EO nur insoweit pfändbar, als die in fortlaufenden Bezügen bestehende Geldforderung im Zeitpunkt der Pfändung bereits bestehen muss, ist sie auch noch nicht fällig (vgl. *Markowetz/Resch/Schernthanner/Laschober* in Burgstaller/Deixler-Hübner § 294 EO Rz 6 sowie Erläut bei § 299 EO).

Dies bedeutet nichts anderes, als dass künftige Forderungen grundsätzlich nicht gepfändet werden können; ausgenommen sind ***aufschiebend bedingte Forderungen*** und ***künftige Forderungen*** aus einem bereits ***bestehenden Dauerschuldverhältnis***, was vor allem bei der Gehaltsexekution bedeutsam ist.

Generell pfändbar sind ***bedingte*** (SZ 68/158 = RdW 1996, 265 = ecolex 1996, 11) sowie ***betagte*** (RPflE 1989/23; RPflE 1990/22) ***Forderungen***.

Beachte: Erwirbt der betreibende Gläubiger an einer Forderung ein Pfändungspfandrecht, erstreckt sich dieses als ***Afterpfandrecht*** auch auf für diese Forderung begründete Pfandrechte an beweglichen und unbeweglichen Sachen (*Rechberger/Oberhammer* ExR[5] Rz 372).

Wird ein Arbeitsverhältnis oder ein anderes Rechtsgeschäft, das einer in fortlaufenden Bezügen bestehenden Forderung zugrunde liegt, ***nicht mehr als eine Jahr unterbrochen***, erstreckt sich die Wirksamkeit des Pfandrechts auch auf die gegen denselben Drittschuldner nach der Unterbrechung entstehenden und fällig werdenden Forderungen.

Es gilt auch als Unterbrechung, wenn der Anspruch neuerlich geltend zu machen ist; eine Karenzierung ist keine Unterbrechung (§ 299 Abs 1 EO). In diesem Fall ist keine neue Exekutionsbewilligung erforderlich; das Pfandrecht geht allerdings nicht auf die Einkünfte, die gegenüber einem neuen Dienstgeber zustehen, über (*Neumayr/Nunner-Krautgasser*, ExR[3] 244).

Durch die Pfändung des Diensteinkommens wird insbesondere auch dasjenige Einkommen erfasst, welches der Verpflichtete infolge einer ***Erhöhung seiner Bezüge***, infolge

Übertragung eines neuen Amtes, Versetzung in ein anderes Amt oder infolge Versetzung in den Ruhestand erhält. Diese Bestimmung findet jedoch auf den Fall einer Änderung des Dienstherrn keine Anwendung.

Sinkt das Arbeitseinkommen unter den unpfändbaren Betrag (dazu unten F. 3.), übersteigt es aber wieder diesen Betrag, erstreckt sich die Wirksamkeit des Pfandrechts auch auf die erhöhten Bezüge (§ 299 Abs 2 EO). Ein Pfandrecht wird daher auch dann begründet, wenn eine Gehaltsforderung oder eine andere in fortlaufenden Bezügen bestehende Forderung zwar nicht im Zeitpunkt der Zustellung des Zahlungsverbots, aber später den unpfändbaren Betrag übersteigt (§ 299 Abs 3 EO).

Die als Exekutionsobjekte in Frage kommenden Geldforderungen sind wie folgt zu unterscheiden:

- ***Papierforderungen (§ 296 EO):***

Darunter fallen grundsätzlich alle Papiere, die Geldforderungen repräsentieren (RZ 1936, 150). Erfasst sind daher jene Papiere, bei denen die Geltendmachung der durch das Wertpapier verkörperten Forderung an den Besitz des über die Forderung errichteten Papiers gebunden ist (*Oberhammer* in Angst/Oberhammer[3] § 296 EO Rz 2). Exekutionsobjekt ist in diesem Fall nicht das Papier, sondern die darin beurkundete Forderung (*Seiser*, ExR[10] 62).

Beispiele sind Wechsel, Scheck, kaufmännische Anweisung, Konnossement, Lade- und Lagerschein sowie Sparbücher. Nicht unter § 296 EO fallen Forderungen, aus bloßen Inhaberpapieren; diese sind nach den Regeln der Fahrnisexekution (§§ 253 ff EO) zu pfänden und zu verwerten (*Seiser* aaO).

- ***Buchforderungen (§ 320 EO):***

Bei diesen handelt es sich um Forderungen, zu deren Gunsten auf einer Liegenschaft ein Pfandrecht einverleibt ist (also grundbücherlich sichergestellte Forderungen).

- ***Sonstige Geldforderungen***

Das sind alle anderen (auch „gewöhnliche", „gemeine" oder „Geldforderungen ieS" genannt) Geldforderungen; also solche, die nicht unter die Papier- oder Buchforderungen einzuordnen sind (*Neumayr/Nunner-Krautgasser*, ExR[3] 242). Beispiel: Lohn- und Gehaltsforderungen.

2. *Drittschuldneranfrage*

Der betreibende Gläubiger hat in seinem Exekutionsantrag grundsätzlich den Drittschuldner (mit Name und Anschrift) sowie den Rechtsgrund der Forderung anzugeben (*Holzhammer* ZVR[4] 294).

In der Praxis kann sich das Problem ergeben, dass dem betreibenden Gläubiger mehr oder weniger bekannt ist, dass der Verpflichtete regelmäßiges Einkommen hat, ihm jedoch der Arbeitgeber ***(Drittschuldner) unbekannt*** ist. Behauptet ein Gläubiger, dass dem Verpflichteten beschränkt pfändbare Forderungen zustünden, er jedoch den bzw. die Drittschuldner nicht kenne, braucht der Drittschuldner im Exekutionsantrag nicht bezeichnet zu werden; es genügt, dass Geburtsdatum des Verpflichteten anzugeben (§ 294a Abs 1 Z 1 EO).

Das Geburtsdatum ist dem betreibenden Gläubiger, der eine Ausfertigung des Exekutionstitels (oder Ablichtung desselben) vorlegen kann, von der Meldebehörde mitzuteilen (§ 294a Abs 3 EO).

Im Falle eines unbekannten Drittschuldners hat das Gericht beim Hauptverband des österreichischen Sozialversicherungsträgers um die Bekanntgabe eines allfälligen Dienstgebers oder sonstigen Drittschuldners (beispielsweise Pensionsversicherungsträgers) zu ersuchen (§ 294a Abs 1 Z 2 EO); dieser Vorgang wird als ***Drittschuldneranfrage*** bezeichnet.

Die Anfrage an den Hauptverband der österreichischen Sozialversicherungsträger sowie dessen Antwort sind elektronisch durchzuführen (§ 294a Abs 4 EO).

Gibt der Hauptverband einen oder mehrere Drittschuldner bekannt, hat das Exekutionsgericht die gegen den oder die Drittschuldner bestehenden Forderungen nach § 294 EO zu pfänden (§ 294a Abs 1 Z 3 EO). Kann der Hauptverband keinen Drittschuldner angeben, kann ein Verfahren zur Vorlage eines Vermögensverzeichnisses eingeleitet werden (§ 47 Abs 1 Z 2 EO).

Eine Wiederholung eines Exekutionsantrags nach § 294a EO innerhalb eines Jahres ist nur zulässig, wenn ***glaubhaft*** gemacht wird, dass der Verpflichtete inzwischen eine derartige Forderung erworben hat (§ 294a Abs 2 EO).

Von diesem Fall zu unterscheiden sind negative Auskünfte des Hauptverbands, bei denen eine Wiederholung auch vor der Exekutionsbewilligung möglich ist und die einjährige Sperrfrist gerade nicht greift (*Markowetz/Resch* in Burgstaller/Deixler-Hübner § 294a EO Rz 36).

Anders formuliert greift die Sperrfrist nur dann, wenn eine Exekution nach § 294a EO nach positiver Beantwortung der Drittschuldneranfrage in eine Zustellung des Zahlungsverbots an den Drittschuldner mündet, aber wegen Beendigung des Arbeitsverhältnisses erfolglos ist (SZ 61/247 = EF 57.966 = EvBl 1989/61 = WBl 1989, 65 = AnwBl 1989, 222 m Anm *Delisch*). Der Antrag ist erst verbraucht, wenn ein Pfandrecht begründet worden ist (*Mohr*, RdW 1988, 95).

Hingewiesen sei schließlich noch auf den oben (I.) bereits erwähnten § 14 Abs 3 EO, wonach der betreibende Gläubiger nach Bewilligung einer

Fahrnisexekution eine Forderungsexekution bei unbekanntem Drittschuldner nach § 294a EO erst dann beantragen darf, wenn seit der Bewilligung (der Fahrnisexekution) ein Jahr vergangen ist oder der betreibende Gläubiger glaubhaft macht, dass er erst nach seinem Antrag auf Fahrnisexekution erfahren hat, dass dem Verpflichteten Forderungen nach § 290a EO zustehen.

Mit Hilfe dieser Regelung soll der betreibende Gläubiger in der Möglichkeit, Fahrnisexekution zu beantragen, beschränkt sein; der Vorrang der Forderungsexekution gegenüber der Fahrnisexekution soll abgesichert werden (*Neumayr/Nunner-Krautgasser*, ExR³ 242).

C. Pfändung

Im Rahmen der Forderungsexekution erfolgt die Pfändung von sonstigen Geldforderungen durch das so genannte ***Doppelverbot*** (§ 294 Abs 1 EO); dieses ist in der Exekutionsbewilligung, also im Pfändungsbeschluss enthalten.

Durch das Doppelverbot wird einerseits dem Drittschuldner verboten, an den Verpflichteten zu leisten (***Zahlungsverbot***), andererseits darf der Verpflichtete nicht mehr über die Forderung verfügen, also sie beispielsweise abtreten oder verkaufen (***Verfügungsverbot***).

Die Pfändung von ***Papierforderungen*** wird dadurch bewirkt, dass das Vollstreckungsorgan die Papiere im Pfändungsprotokoll beschreibt, an sich nimmt und bei Gericht hinterlegt (§ 296 Abs 1 EO). Im Grundbuch eingetragene ***Buchforderungen*** werden durch die entsprechende Pfandrechtseintragung im Grundbuch gepfändet (*Seiser*, ExR¹⁰ 63).

Beachte: Eine entgegen dem Zahlungsverbot geleistete Zahlung hat keine schuldbefreiende Wirkung, da sämtliche Rechtsgeschäfte und Rechtshandlungen, durch welche gegen das Zahlungsverbot verstoßen wird, dem Pfändungspfandgläubiger gegenüber unwirksam sind (ÖBA 1992, 491 = RdW 1992, 80).

Verfügungen, durch welche gegen das Verfügungsverbot verstoßen wird, sind dem betreibenden Gläubiger gegenüber *relativ* unwirksam; ihnen kommt jedoch volle Wirkung gegenüber dem Drittschuldner (und anderen Dritten) zu (*Oberhammer* in Angst/Oberhammer³ § 294 EO Rz 29).

Die Pfändung ist mit der Zustellung des Zahlungsverbots an den Drittschuldner als ***bewirkt*** anzusehen (§ 294 Abs 3 S 1 EO); nach diesem Zeitpunkt bestimmt sich daher der ***Rang des Pfändungspfandrechts***. Der Zeitpunkt der Zustellung des Verfügungsverbots an den Verpflichteten hat auf die Pfändung keinen Einfluss (*Rechberger/Oberhammer* ExR⁵ Rz 375).

Sowohl dem Drittschuldner als auch dem Verpflichteten ist mitzuteilen, dass der betreibende Gläubiger an der betreffenden Forderung ein Pfandrecht erworben hat. Die Zustellung des Zahlungsverbots selbst hat nach den Vorschriften über die Zustellung von Klagen zu erfolgen (§ 294 Abs 2 EO); zur Zustellung des Zahlungsverbots an ein Konzernunternehmen siehe § 294 Abs 3 S 2 und 3 EO sowie *Markowetz/Resch/Schernthanner/Laschober* in Burgstaller/Deixler-Hübner § 294 EO Rz 31.

Ein Sonderfall liegt vor, wenn die Person des betreibenden Gläubigers mit jener des Drittschuldners zusammenfällt (*Markowetz/Resch/Schernthanner/Laschober* in Burgstaller/Deixler-Hübner § 294 EO Rz 20).

Eine Pfändung der Forderung – diese ist notwendig, wenn eine Aufrechnung unzulässig ist – erfolgt in diesem Fall durch ***Zweitverbot*** (Zahlungsverbot an den betreibenden Gläubiger, der gleichzeitig Schuldner ist).

Beachte: Der Drittschuldner kann das Zahlungsverbot mit Rekurs anfechten oder dem Exekutionsgericht anzeigen, dass die Exekutionsführung („nach darüber bestehenden Vorschriften“) unzulässig ist (§ 294 Abs 4 EO).

Sind dem Drittschuldner mehrere Zahlungsverbote am selben Tag zugekommen, sind die daraus entstandenen ***Pfandrechte im Rang gleich*** (§ 300 Abs 3 EO).

Das Pfändungspfandrecht erfasst eine Forderung dann nicht, wenn diese vor Zustellung des Zahlungsverbots abgetreten worden ist (§ 300a Abs 1 EO); in solchen Fällen geht die Exekution schlicht ins Leere (*Oberhammer* in Angst/Oberhammer[3] § 300a EO Rz 1).

Wird eine Forderung vor Begründung eines (gerichtlichen) Pfändungspfandrechts ***verpfändet***, steht dies einer gerichtlichen Pfändung nicht entgegen, diese ist jedoch ***nachrangig*** (§ 300a Abs 2 EO).

Wurde die Forderungsexekution im ***vereinfachten Bewilligungsverfahren*** (dazu oben Vierter Teil, VI.) bewirkt, darf an den betreibenden Gläubiger erst ***vier Wochen nach Zustellung des Zahlungsverbots an den Drittschuldner*** geleistet oder der Betrag hinterlegt werden. Dies ist dem Drittschuldner bekannt zu geben.

Der Drittschuldner kann mit der Leistung oder Hinterlegung bis zum nächsten Auszahlungstermin zuwarten, jedoch nicht länger als acht Wochen (§ 303a EO).

D. Die Drittschuldnererklärung

Es wurde bereits weiter oben (C.) ausgeführt, dass unter anderem dem Drittschuldner mitzuteilen ist, dass der betreibende Gläubiger an der betreffenden Forderung ein Pfandrecht erworben hat (§ 294 Abs 2 EO).

In weiterer Folge hat der Drittschuldner eine so genannte ***Drittschuldnererklärung*** nach § 301 EO abzugeben.

Sofern der betreibende Gläubiger nichts anderes beantragt, hat das Gericht dem Drittschuldner gleichzeitig mit dem Zahlungsverbot aufzutragen, binnen vier Wochen über die nachstehenden Punkte eine Erklärung abzugeben:

- ob und inwieweit er die gepfändete Forderung als begründet anerkenne und Zahlung zu leisten bereit sei (§ 301 Abs 1 Z 1 EO),
- ob und von welchen Gegenleistungen seine Zahlungspflicht abhängig sei (§ 301 Abs 1 Z 2 EO),
- ob und welche Ansprüche andere Personen auf die gepfändete Forderung erheben, insbesondere solche nach § 300 EO (Abtretung der gepfändeten Forderung) § 301 Abs 1 Z 3 EO,
- ob und wegen welcher Ansprüche zu Gunsten anderer Gläubiger an der Forderung ein Pfandrecht bestehe, auch wenn das Verfahren nach § 291c Abs 2 EO eingestellt worden ist (§ 301 Abs 1 Z 4 EO) sowie
- die vom Verpflichteten bekannt gegebenen Unterhaltspflichten (§ 301 Abs 1 Z 5 EO)

Weiters hat der Drittschuldner den betreibenden Gläubiger von der Beendigung eines Arbeitsverhältnisses, aus welchem Forderungen gepfändet werden, zu verständigen (§ 301 Abs 4 EO).

Der Drittschuldner, dem für die Abgabe seiner Erklärung ein ***Kostenersatz*** zusteht (§ 302 EO), hat seine Erklärung dem Exekutionsgericht, eine Abschrift davon dem betreibenden Gläubiger, zu übersenden (§ 301 Abs 2 S 1 EO).

Es besteht auch die Möglichkeit, die Drittschuldnererklärung vor dem Exekutionsgericht oder dem Bezirksgericht seines Aufenthalts (gemeint des Drittschuldners) zu Protokoll zu geben. Dieses Protokoll ist von Amts wegen dem Exekutionsgericht, eine Ausfertigung davon dem betreibenden Gläubiger, zu übersenden (§ 301 Abs 2 S 2 EO).

Hat der Drittschuldner seine Pflicht zur Abgabe einer Drittschuldnererklärung schuldhaft nicht, vorsätzlich oder grob fahrlässig urnichtig oder unvollständig erfüllt, ist ihm trotz Obsiegens im Drittschuldnerprozess (§ 308 EO) der Ersatz der Kosten des Verfahrens aufzuerlegen. Darüber hinaus haftet der Drittschuldner dem betreibenden Gläubiger für den Schaden, der diesem durch eine Pflichtverletzung (des Drittschuldners) entstanden ist (§ 301 Abs 3 EO).

Diese Folgen sind dem Drittschuldner bei Zustellung des Auftrags bekannt zu geben (§ 301 Abs 3 letzter S EO). Ein Rekurs gegen einen Beschluss, mit welchem dem Drittschuldner die Abgabe der Drittschuldnererklärung aufgetragen wird, ist unstatthaft, der Auftrag zur Drittschuldnererklärung somit unanfechtbar (§ 345 Abs 1 Z 2 EO). Die Verpflichtung zur Abgabe einer Drittschuldnererklärung stellt eine öffentlich-rechtliche Pflicht dar und kann daher im Prozessweg nicht erzwungen werden (*Rechberger/Oberhammer* ExR^5 Rz 379 mN aus der Judikatur).

Bei Vorliegen einer unklaren Sach- oder Rechtslage ist der Drittschuldner berechtigt und auf Antrag des betreibenden Gläubigers verpflichtet, die Forderung beim Exekutionsgericht zu hinterlegen (§ 307 Abs 1 EO). Derartige gerichtlich hinterlegte Beträge sind vom Gericht gemäß den Verteilungsregeln bei der Fahrnisexekution (§§ 285 – 287 EO), mit der Maßgabe zu verteilen, dass auch Zessionare und Pfandgläubiger, denen die Forderung verpfändet wurde, berücksichtigt werden (§ 307 Abs 2 EO).

E. Die Verwertung der gepfändeten Forderungen

1. Allgemeines

Die EO kennt mehrere Verwertungsarten von gepfändeten (sonstigen) Geldforderungen, aus denen der betreibende Gläubiger wählen kann (*Seiser*, ExR[10] 64). In Frage kommen die

- Überweisung zur Einziehung (§§ 308 – 313 EO)
- Überweisung an Zahlungsstatt (§ 316 EO)
- Anderweitige Verwertung (§§ 317 – 319 EO)

Beachte: Für die Verwertung von Papier- und Buchforderungen sieht die EO Sonderbestimmungen vor. Besonders hervorzuheben ist die Exekution auf Sparbücher. Das Sparbuch ist nach den Vorschriften der Fahrnisexekution abzunehmen (§ 296 EO). Der Gerichtsvollzieher hat die im Pfändungsprotokoll beschriebene Sparurkunde an sich zu nehmen und sodann die Forderung aus dieser einzuziehen (§ 319a EO); er kann die Forderung allerdings nicht gerichtlich geltend machen. Dieses Recht steht nur dem betreibenden Gläubiger zu, dem die Forderung aus der Sparurkunde nach § 305 Abs 1 EO überwiesen wurde (*Neumayr/Nunner-Krautgasser*, ExR[3] 242 f).

Die Überweisung zur Einziehung ist zweifelsohne die in der Praxis gebräuchlichste Form (*Oberhammer* in Angst/Oberhammer[3] § 308 EO Rz 1). Da – wie noch aufzuzeigen sein wird – bei der Überweisung an Zahlungs statt der betreibende Gläubiger das Risiko der Einbringlichkeit der Forderung zu tragen hat, kommt diese Art der Verwertung in der Praxis nur sehr selten vor (*Burgstaller/Höllwerth* in Burgstaller/Deixler-Hübner § 316 EO Rz 1). Unter gewissen Voraussetzungen (§ 317 Abs 1 Z 1 – 3 EO) kommt eine anderweitige Verwertung in Frage. Wie der Überweisung an Zahlungs statt, kommt auch den anderweitigen Verwertungsarten nur eine äußerst geringfügige Bedeutung zu (*Oberhammer* in Angst/Oberhammer[3] §§ 317 – 319 EO Rz 1).

2. Die Überweisung zur Einziehung

Die Überweisung zur Einziehung ermächtigt den betreibenden Gläubiger, namens des Verpflichteten vom Drittschuldner die Entrichtung des im Überweisungsbeschlusse bezeichneten Betrages nach Maßgabe des Rechtsbestandes der gepfändeten Forderung und des Eintrittes ihrer Fälligkeit zu begehren (§ 308 Abs 1 EO). Der betreibende Gläubiger wird also durch die Überweisung zur Einziehung ***berechtigt, die (gepfändete) Forderung so geltend zu machen, wie sie auch dem Verpflichteten gegen den Drittschuldner zugestanden ist*** (*Seiser*, ExR[10] 64).

Der betreibende Gläubiger kann den Eintritt der Fälligkeit (der Forderung) durch Einmahnung oder Kündigung herbeiführen, alle zur Erhaltung und Ausübung des Forderungsrechtes notwendigen Präsentationen, Protesterhebungen, Notifikationen und sonstigen Handlungen vornehmen (§ 308 Abs 1 EO).

Mit anderen Worten steht dem betreibenden Gläubiger das Recht zu, den Drittschuldner zu ***mahnen***, (Darlehens-)Forderungen ***aufzukündigen*** und ***alle sonstigen Willenserklärungen abzugeben***, die notwendig sind, um das Recht des Verpflichteten wirksam werden zu lassen (*Neumayr/Nunner-Krautgasser*, ExR[3] 246).

Weiters ist der betreibende Gläubiger auch berechtigt, gegen den Drittschuldner ***Klage einzubringen*** (§ 308 Abs 1 EO); diese wird allgemein als ***Drittschuldnerklage*** bezeichnet (dazu noch näher weiter unten im Text).

Es steht dem betreibenden Gläubiger jedoch ***nicht das Recht zu***,

- auf Rechnung des Verpflichteten über die zur Einziehung überwiesene Forderung ***Vergleiche zu schließen***,
- dem ***Drittschuldner seine Schuld zu erlassen*** oder
- die ***Entscheidung über den Rechtsbestand der Forderung Schiedsrichtern zu übertragen***.

Beachte: So wie auch die Pfändung, erfolgt die Überweisung allgemein durch ***Zustellung*** des dem Überweisungsantrag stattgebenden Bewilligungsbeschlusses an den Drittschuldner (*Neumayr/Nunner-Krautgasser*, ExR[3] 245). Die Überweisung ist zuvor vom betreibenden Gläubiger gemeinsam mit dem Antrag auf Pfändung der Forderung im Exekutionsantrag geltend zu machen (§ 303 Abs 2 EO). Dabei hat der Gläubiger anzugeben, ob er Überweisung zur Einziehung oder an Zahlungs statt wünscht (*Oberhammer* in Angst/Oberhammer[3] § 303 EO Rz 3); eine Überweisung ohne Angabe der gewünschten Form ist nicht zulässig (GlUNF 3001).

Der Drittschuldner kann dem Überweisungsgläubiger ***Einwendungen***, die aus seinem Rechtsverhältnis zu diesem entspringen, nicht entgegenhalten (§ 308 Abs 2 EO). Hingegen stehen ihm alle Einwendungen und Gegenrechte gegen die gepfändete und zur Einziehung überwiesene Forderung aus seinem Verhältnis zum Verpflichteten weiterhin unverändert zu (SZ 51/67); die Rechtsstellung des Drittschuldners wird durch die Überweisung zur Einziehung nicht geändert (*Oberhammer* in Angst/Oberhammer[3] § 308 EO Rz 4).

Ist die Verpflichtung des Drittschuldners von einer ***Gegenleistung*** des Verpflichteten abhängig, hat der Verpflichtete den zu leistenden Vermögensgegenstand auf Antrag des Überweisungsgläubigers an den Drittschuldner herauszugeben (§ 309 Abs 1 EO). Kommt der Verpflichtete dem nicht nach, hat der Überweisungsgläubiger die Möglichkeit, die Herausgabe der Sache im Wege der §§ 346 – 348 EO (Exekution zur Herausgabe oder Leistung von beweglichen Sachen) erzwingen zu lassen.

Voraussetzung für eine Exekution nach §§ 346 ff EO (dazu unten Achter Teil, II.) ist, dass der Überweisungsgläubiger die Verpflichtung (zur Gegenleistung) durch ein gegen den Verpflichteten ergangenes Urteil oder durch beweiskräftige Urkunden dartun kann (§ 309 Abs 2 EO).

Egal welcher dogmatischen Einordnung der Stellung des Verpflichteten man folgen möchte (dazu sogleich unten), ist für die Überweisung zur Einziehung entscheidend, dass die (überwiesene) Forderung ***nur nach Maßgabe der tatsächlichen Zahlung des Drittschuldners als getilgt gilt***.

Der Überweisungsgläubiger trägt also – im Gegensatz zur Überweisung an Zahlungs statt – gerade nicht das Risiko der Uneinbringlichkeit der Forderung.

Einer ***Zahlung des Drittschuldners kommt doppelte Wirkung*** zu: Einerseits wird dadurch die Forderung des betreibenden Gläubigers gegen den Verpflichteten getilgt (§ 312 Abs 1 EO); andererseits wird der Drittschuldner durch die Zahlung von seiner Verbindlichkeit gegenüber dem Verpflichteten befreit (§ 313 Abs 1 EO).

Verweigert der Drittschuldner die Zahlung, hat der Überweisungsgläubiger (als Folge der Überweisung, nicht schon durch die Pfändung) das Recht, die ***Drittschuldnerklage*** einzubringen. Parteien des Drittschuldnerprozesses sind auf Klägerseite der betreibende Gläubiger, Beklagter ist der Drittschuldner.

Der betreibende Gläubiger ist zur Erhebung der Drittschuldnerklage kraft eigener Sachlegitimation (als Partei) berechtigt (*Oberhammer* in Angst/Oberhammer[3] § 308 EO Rz 8, 3). Zuständig für die Drittschuldnerklage ist jenes Gericht, das auch ohne Überweisung der Forderung für den Prozess zwischen Verpflichtetem und Drittschuldner zuständig gewesen wäre (*Rechberger/Oberhammer* ExR[5] Rz 386).

Der betreibende Gläubiger hat dem Verpflichteten im Drittschuldnerprozess, wenn dessen Wohnort bekannt und im Inland gelegen ist, gerichtlich den Streit zu verkünden (§ 310 Abs 1 EO).

Durch die Streitverkündung wird es dem Verpflichteten ermöglicht, sich als Nebenintervenient in den Drittschuldnerprozess einzuschalten (SZ 20/185; *Deixler*, Nebenintervention 33 f; aA *Holzhammer* ZVR[4] 314).

Jeder Gläubiger, für welchen die eingeklagte Forderung gepfändet ist, hat weiters die Möglichkeit, dem Rechtsstreit auf seine Kosten als Nebenintervenient beizutreten (§ 310 Abs 2 S 1 EO).

Die (gerichtliche) Entscheidung, die über die Drittschuldnerklage ergangen ist, ***wirkt für und gegen sämtliche Gläubiger***, zu deren Gunsten die Forderung gepfändet worden ist (§ 310 Abs 2 S 2 EO). Die ***Rechtskraft der Entscheidung erstreckt sich auch auf den Verpflichteten*** (siehe dazu im Detail *Burgstaller/Höllwerth* in Burgstaller/Deixler-Hübner § 310 EO Rz 1 iVm § 308 EO Rz 21).

Die dogmatische Einordnung der Stellung des betreibenden Gläubigers im Drittschuldnerprozess ist strittig (dazu ausführlich *Oberhammer* in Angst/Oberhammer[3] § 308 EO Rz 1). Ein Teil der Lehre geht davon aus, dass der Überweisungsgläubiger als ***gesetzlicher Vertreter*** entweder ***des Verpflichteten*** (*Holzhammer* ZVR[4] 313 f) oder des ***Sondervermögens*** (das aus der gepfändeten und überwiesenen Forderung besteht) anzusehen ist (*Rechberger/Simotta* ExR[2] Rz 690); weiters wird vertreten, der Überweisungsgläubiger sei ***Prozessstandschafter*** des Verpflichteten ***Partei kraft eigenen Rechts*** (*Sperl* Lehrbuch 730) bzw. ***Inkassomandatar*** des Verpflichteten (*Heller/Berger/Stix* EO[4] II 2218).

Richtigerweise ist mit einem anderen Teil der Lehre davon auszugehen, dass dem Überweisungsgläubiger die Position eines ***Pfandgläubigers mit eigenem (materiell-rechtlichen) Einziehungsrecht*** (ähnlich einem Zessionar) zukommt (*Burgstaller/Höllwerth* in Burgstaller/Deixler-Hübner § 308 EO Rz 12).

Hat der Drittschuldner sämtliche Forderungen samt Nebengebühren getilgt, ist auf Antrag der verpflichteten Partei oder des Drittschuldners das Exekutionsverfahren einzustellen (§ 312 Abs 4 EO).

Diese Bestimmung ist durch die EO-Novelle 2014 vor dem Hintergrund der Erhöhung der Rechtssicherheit für den Drittschuldner in die EO eingefügt worden. Nach derzeitiger Rechtslage ist das Exekutionsverfahren unter anderem dann beendet, wenn der Anspruch des betreibenden Gläubigers zur Gänze befriedigt worden ist. Eine Einstellung des Exekutionsverfahrens ist in diesem Fall nicht erforderlich (dazu oben Vierter Teil, XII. C.).

Ein Teil der Praxis hat daher vor Inkrafttreten der EO-Novelle 2014 Anträge, die auf Einstellung gerichtet waren, abgewiesen; ein anderer Teil fasste einen – nur deklarativ wirkenden – Einstellungsbeschluss. Dieser Umstand war für die Rechtssicherheit des Drittschuldners nicht gerade förderlich. Daher wurde sowohl der verpflichteten Partei als auch dem Drittschuldner – für den Fall, dass sämtliche Forderungen und Nebengebühren durch den Drittschuldner bezahlt worden sind – ausdrücklich ein Antragsrecht auf Fällung eines Einstellungsbeschlusses eingeräumt (EBRV 180 BlgNR 25. GP 10).

3. Die Überweisung an Zahlungs statt

Durch die Überweisung der gepfändeten Forderung an Zahlungs statt ***geht die Forderung im Umfang der Überweisung auf den betreibenden Gläubiger*** mit der Wirkung einer vom Verpflichteten vorgenommenen ***entgeltlichen Abtretung über*** (§ 316 S 1 EO).

Mit der Überweisung an Zahlungs statt erlangt der betreibende Gläubiger somit die Stellung eines ***Zessionars*** (*Oberhammer* in Angst/Oberhammer[3] § 316 EO Rz 2; *Seiser*, ExR[10] 65 spricht von einer ***quasi Abtretung***).

§ 316 EO ordnet weiters an, dass – vorbehaltlich der dem Verpflichteten nach den Vorschriften des bürgerlichen Rechts obliegenden Haftung (§§ 1397 ff ABGB) – der ***Gläubiger mit der Überweisung*** in Betreff seiner Forderung ***als befriedigt anzusehen ist*** (§ 316 S 2 EO).

Diese ***Tilgungswirkung*** besteht unabhängig davon, ob die überwiesene Forderung ***überhaupt zu Recht besteht*** (*Heller/Berger/Stix* EO[4] III 2253). Der betreibende Gläubiger gilt daher auch dann ***als befriedigt***, wenn die (überwiesene) Forderung tatsächlich ***nicht besteht*** oder ***nicht eingetrieben*** werden kann (*Seiser*, ExR[10] 65).

Sowohl das Risiko des Bestehens bzw. der Einbringlichkeit der Forderung hat daher der betreibende Gläubiger zu tragen. Dieser ist lediglich durch die Haftung des Verpflichteten nach den §§ 1397 ff ABGB geschützt. Danach haftet der Veräußerer einer Forderung für deren Einbringlichkeit und Richtigkeit (dazu genauer *Fuchs* in Schwimann, ABGB-TaKom[3] § 1397 Rz 3).

Da durch die Überweisung an Zahlungs statt die Forderungsexekution schon ***beendet ist***, wird in der Praxis idR die Überweisung zur Einziehung (siehe dazu oben 2.) gewählt (*Rechberger/Oberhammer* ExR[5] Rz 380).

Beachte: Der Grund, warum die Forderungsexekution mit der Überweisung an Zahlungs statt schon beendet ist, liegt eben darin, dass der betreibende Gläubiger mit dieser als ***befriedigt*** anzusehen ist.

Eine Überweisung an Zahlungs statt bei Pfändung des Anspruchs auf Herausgabe und Leistung körperlicher Sachen (dazu unten V., dort insbes. D.) ist unzulässig (§ 326 EO). Eine dennoch erfolgte Bewilligung der Überweisung an Zahlungs statt wäre jedenfalls unwirksam (*Oberhammer* in Angst/Oberhammer[3] §§ 326, 327 EO Rz 1).

4. Anderweitige Verwertungsarten

Neben der bereits dargestellten Überweisung zur Einziehung und jener an Zahlungs statt sieht die EO in den §§ 317 – 319 so genannte ***anderweitige Verwertungsarten*** vor.

Auch diese gelangen – so wie die Überweisung an Zahlungs statt – in der Praxis nur selten zur Anwendung (*Oberhammer* in Angst/Oberhammer[3] §§ 317 – 319 EO Rz 1).

Als mögliche Formen der anderweitigen Verwertung kommen in Frage (vgl. §§ 318 und 319 EO):

- die öffentliche Versteigerung
- die Zwangsverwaltung
- der Freihandverkauf sowie
- der börsenmäßige Verkauf

Eine Forderung kann daher versteigert, zwangsverwaltet, freihändig oder börsenmäßig verkauft werden. Diese alternativen Verwertungsarten sind im Gesetz (wohl) nur ***demonstrativ*** aufgezählt (*Burgstaller/Höllwerth* in Burgstaller/Deixler-Hübner § 317 EO Rz 8).

Eine anderweitige Verwertung ist nur in den in § 317 Abs 1 EO genannten Fällen zulässig. Dies ist möglich, wenn

- die Einziehung der gepfändeten Forderung wegen ihrer Abhängigkeit von einer im Weg der Exekutionsführung nach § 309 EO nicht zu beschaffenden Gegenleistung des Verpflichteten mit Schwierigkeiten abhängt (§ 317 Abs 1 Z 1 EO),
- die Fälligkeit der gepfändeten Forderung durch eine dem Drittschuldner zustehende Kündigung bedingt oder für die dem Verpflichteten vorbehaltene Kündigung eine mehr als halbjährige Kündigungsfrist vereinbart ist oder überhaupt die Forderung erst nach Ablauf eines halben Jahres von der Pfändung an fällig wird (§ 317 Abs 1 Z 2 EO),
- nach erfolgter Überweisung zur Einziehung der Versuch der Einziehung der Forderung aus anderen Gründen als wegen Zahlungsunfähigkeit des Drittschuldners, wegen rechtskräftiger gerichtlicher Aberkennung der Forderung oder wegen Verzichtsleistung des zur Einziehung ermächtigten Gläubigers (§ 311 EO) erfolglos geblieben ist oder wenn sich einer der in § 317 Abs 1 Z 1 oder Z 2 EO genannten Gründe erst nach der Überweisung herausstellt (§ 317 Abs 1 Z 3 EO).

Hinsichtlich der Bewilligung der Verwertungsart hat das Gericht darauf Bedacht zu nehmen, dass jene Verwertungsart gewählt wird, welche die besten Befriedigungschancen bietet; unzulässige Verwertungsarten sind abzuweisen (*Oberhammer* in Angst/Oberhammer[3] §§ 317 – 319 EO Rz 4).

F. Pfändungsschutz

1. Absolut unpfändbare Forderungen

a) Allgemeines

In noch höherem Maße wie bei der Fahrnisexekution, rechtfertigt der Gedanke des Schuldnerschutzes, Beschränkungen hinsichtlich der Pfändbarkeit von Forderungen.

Möchte etwa ein betreibender Gläubiger auf das Gehalt des Verpflichteten Exekution führen, würde eine schrankenlose Verwertung der Forderung die Existenzgrundlage der verpflichteten Partei zerstören. Die im Rahmen dieses Kapitels darzustellenden Forderungen sind ***absolut unpfändbar***.

Die Bestimmungen über den Pfändungsschutz in der Forderungsexekution finden sich in den §§ 290 ff EO; sie sind ***zwingendes Recht*** und somit ***von Amts wegen*** wahrzunehmen (*Rechberger/Oberhammer* ExR[5] Rz 337). Ein Verzicht auf die Pfändungsschutzbestimmungen durch Rechtsgeschäft ist wirkungslos (§ 293 Abs 1 und Abs 2 EO).

Eine Pfändung unpfändbarer Forderungen ist ***rechtswidrig***. Das Exekutionsgericht hat einen entsprechenden Antrag des betreibenden Gläubigers abzuweisen. Gegen einen rechtswidrig ergangenen Pfändungsbeschluss kann der Verpflichtete mit Einstellungsantrag vorgehen und Rekurs erheben (*Markowetz/Resch* in Burgstaller/Deixler-Hübner § 290 EO Rz 3).

Mangels Rechtsanspruchs sind ***freiwillige Leistungen*** kein taugliches Exekutionsobjekt im Rahmen der Forderungsexekution (EBRV 181 BlgNR 18. GP 22).

b) Die einzelnen unpfändbaren Forderungen

Die im Folgenden anzuführenden Forderungen sind **absolut unpfändbar**:

► ***Aufwandsentschädigungen****, soweit sie den in Ausübung der Berufstätigkeit tatsächlich erwachsenden Mehraufwand abgelten, insbesondere für auswärtige Arbeiten, für Arbeitsmaterial und Arbeitsgerät, das vom Arbeitnehmer selbst beigestellt wird, sowie für Kauf und Reinigen typischer Arbeitskleidung (§ 290 Abs 1 Z 1 EO).*

Unter diese Bestimmung fallen somit nur Entschädigungen für tatsächlich getätigte Aufwendungen (etwa vom Arbeitnehmer bereitgestelltes Arbeitsmaterial). Pfändbar sind hingegen beispielsweise Gefahren- und Erschwerniszulagen, Parkplatzmietkosten oder Essenszuschüsse, weil damit kein konkreter Aufwand ersetzt wird, sondern bereits Entgelt vorliegt (*Markowetz/Resch* in Burgstaller/Deixler-Hübner § 290 Rz 15).

► ***Gesetzliche Beihilfen und Zulagen****, die zur Abdeckung des Mehraufwands wegen* ***körperlicher*** *oder* ***geistiger Behinderung, Hilflosigkeit*** *oder* ***Pflegebedürftigkeit*** *zu gewähren sind, wie zB. das Pflegegeld (§ 290 Abs 1 Z 2 EO).*

Dazu gehören nicht nur Leistungen, die zur Deckung des Mehraufwands des behinderten Verpflichteten selbst dienen, sondern auch Beihilfen, die einem schwerstversehrten Verpflichteten für seine unterhaltsberechtigten Kinder zufließen; weiters soziale Maßnahmen der Rehabilitation gem § 201 ASVG (dazu *Oberhammer* in Angst/Oberhammer[3] § 290 EO Rz 4).

► ***Beihilfen des Arbeitsmarktservice****, soweit sie nicht unter § 290a Abs 1 Z 8 EO fallen, sowie einem Versehrten gewährte berufliche Maßnahmen der Rehabilitation, die die Fortsetzung der Erwerbstätigkeit ermöglichen (§ 290 Abs 1 Z 3 EO).*

Unpfändbar sind daher Beihilfen des AMS, es sei denn sie sind beschränkt pfändbar nach § 290a Abs 1 Z 8 EO, weil sie zur Deckung des Lebensunterhalts gewährt werden (*Markowetz/Resch* in Burgstaller/Deixler-Hübner § 290 EO Rz 19).

Unter die beruflichen Maßnahmen der Rehabilitation, die die Fortsetzung der Erwerbstätigkeit ermöglichen, fallen beispielsweise Leistungen nach § 198 ASVG (vgl. EBRV EO-Nov 1991, 181 BlgNR 18. GP 23).

► *Ersatz der Kosten, die der **Arbeitnehmer für seine Vertretung** aufwenden muss (§ 290 Abs 1 Z 4 EO).*

Als Beispiel führen die Erläuterungen des Gesetzgebers an dieser Stelle Kosten an, die ein Hausbesorger für seine Vertretung aufwenden muss (EBRV EO-Nov 1991, 181 BlgNR 18. GP 23).

► *Beiträge für **Bestattungskosten** (§ 290 Abs 1 Z 5 EO).*

Dazu zählen unter anderem Sterbekostenbeiträge, Todfallbeiträge des öffentlichen Dienstes und sämtliche sonstigen Leistungen zur Erstattung von Begräbniskosten, egal von wem sie gewährt werden (*Oberhammer* in Angst/Oberhammer[3] § 290 EO Rz 7).

► *Rückersätze für **Kostenvergütungen für Sachleistungsansprüche** sowie **Kostenersätze aus der gesetzlichen Sozialversicherung** und **Entschädigungen für aufgewendete Heilungskosten** (§ 290 Abs 1 Z 6 EO).*

Diese Leistungen sind unpfändbar, weil ihnen der Entgeltcharakter fehlt; sie haben die Funktion eines Auslagen- und Kostenersatzes (*Markowetz/Resch* in Burgstaller/Deixler-Hübner § 290 EO Rz 21).

► ***Leistungen aus dem Unterstützungsfonds** und besondere **Unterstützungen nach den Sozialversicherungsgesetzen** (§ 290 Abs 1 Z 7 EO).*

Die Sozialversicherungsträger können in besonders berücksichtigungswürdigen Fällen (Familien-, Einkommens- und Vermögensverhältnisse) Unterstützungen leisten (§ 84 Abs 6 ASVG). Die besondere Zweckwidmung dieser Leistungen rechtfertigt deren Unpfändbarkeit (*Markowetz/Resch* in Burgstaller/Deixler-Hübner § 290 EO Rz 22).

► *Gesetzliche Beihilfen zur Zahlung des **Mietzinses** oder zur Deckung des sonstigen **Wohnungsaufwands** (§ 290 Abs 1 Z 8 EO).*

Entscheidend für die Unpfändbarkeit ist ausschließlich, dass die Beihilfen aufgrund eines Bundes- oder Landesgesetzes gewährt werden (*Markowetz/Resch* in Burgstaller/Deixler-Hübner § 290 EO Rz 26); pfändbar sollen hingegen die Annuitätenzuschüsse nach den Wohnbauförderungsgesetzten sein (EBRV EO-Nov 1991 181 BlgNR 18. GP 24; aA *Markowetz/Resch* aaO).

► *Gesetzliche **Familienbeihilfe** einschließlich **Mehrkindzuschlag** und **Schulfahrtbeihilfe** sowie die nach den jeweils geltenden einkommensteuerrechtlichen Bestimmungen zur Abgeltung gesetzlicher **Unterhaltsverpflichtungen** gegenüber Kindern auszuzahlenden **Absetzbeträge** (§ 290 Abs 1 Z 9 EO).*

Die Aufzählung dieser unpfändbaren Beträge ist taxativ (*Oberhammer* in Angst/Oberhammer[3] § 290 EO Rz 11).

► *Gesetzliche **Leistungen**, die aus **Anlass der Geburt eines Kindes** zu gewähren sind, soweit sie nicht unter § 290a Abs 1 Z 6 EO fallen, insbesondere das **Kinderbetreuungsgeld**, das **Karenzurlaubsgeld**, die **Karenzurlaubshilfe**, die **Teilzeitbeihilfe**, die **Sondernotstandshilfe** und das **Son-***

***derkarenzurlaubsgeld** sowie die **Geburtenhilfe** und die **Sonderzahlung zur Geburtenhilfe** (§ 290 Abs 1 Z 10 EO).*

Im Gegensatz zu den unpfändbaren Beiträgen nach § 290 Abs 1 Z 9 EO handelt es sich bei jenen nach der Z 10 um keine erschöpfende Aufzählung (EBRV EO-Nov 1991, 181 BlgNR 18 GP 24).

► ***Beihilfen** und **Stipendien**, die **Schülern** und **Studenten** gewährt werden (§ 290 Abs 1 Z 11 EO).*

Unpfändbar sind Beihilfen und Stipendien für Schüler und Studenten, etwa nach dem Studienförderungsgesetz 1992 (BGBl 305/1992) oder dem Schülerbeihilfengesetz 1983 (BGBl 455/1983).

► *Leistungen nach dem **Kriegsopferversorgungsgesetz** und dem **Opferfürsorgegesetz** (§ 290 Abs 1 Z 14 EO).*

Die Unpfändbarkeit dieser Beträge ist im Vergleich zu anderen Versorgungsleistungen (etwa Heeresversorgungsgesetz) nicht unproblematisch (*Markowetz/Resch* in Burgstaller/Deixler-Hübner § 290 EO Rz 23).

► *Leistungen nach der **Tuberkulosehilfe**, soweit es sich nicht um regelmäßige Geldbeihilfen handelt (§ 290 Abs 1 Z 15 EO).*

Entscheidend für die Unpfändbarkeit ist, dass es sich um *einmalige* Geldbeihilfen und Sachleistungen sowie Kostenersätze handelt; regelmäßige Geldleistungen sind beschränkt pfändbar (*Markowetz/Resch* in Burgstaller/Deixler-Hübner § 290 EO Rz 24).

► *Ansprüche auf die **Arbeitsvergütung** nach dem **Strafvollzugsgesetz** und daraus resultierende **Beträge während der Haft**, soweit sie nicht unter § 291d EO fallen (§ 290 Abs 1 Z 16 EO).*

Bei den unter § 291d EO fallenden Leistungen handelt es sich um beschränkt pfändbare einmalige Leistungen. Die Arbeitsvergütung für Strafgefangene, die regelmäßig mit der Haftentlassung ausbezahlt wird, ist bis zum Sechsfachen des unpfändbaren Freibetrags unpfändbar (vgl. § 291d Abs 4 EO sowie *Markowetz/Resch* in Burgstaller/Deixler-Hübner § 290 EO Rz 31).

c) Ausnahmen von der Unpfändbarkeit

Die Unpfändbarkeit der angeführten Leistungen gilt nicht, wenn die Exekution wegen einer Forderung geführt wird, zu deren Begleichung die Leistung ***widmungsgemäß*** bestimmt ist (§ 290a Abs 2 EO). Dies ist etwa der Fall, wenn der Vermieter den Anspruch des Mieters auf Mitzinsbeihilfe zur Hereinbringung von offenen Mietforderungen pfändet; weiters kann ein Kind auch auf die Kinderbeihilfen oder der Leichenbestatter auf Bestattungskostenbeiträge Exekution führen (*Seiser*, ExR^{10} 65).

Beachte: Renten und Beihilfen sind ausnahmsweise bei Exekution wegen Unterhaltsansprüchen nach § 291b Abs 1 Z 1 EO pfändbar (§ 290 Abs 3 EO). In diesem Zusammenhang hat sich der Terminus ***relativ unpfändbare Forderungen*** eingebürgert (*Rechberger/Oberhammer* ExR^5 Rz 394).

2. Beschränkt pfändbare Forderungen

a) Allgemeines

Die in § 290a EO angeführten Forderungen sind nicht absolut unpfändbar; sie bestehen aus einem ***unpfändbaren Freibetrag*** (dem Existenzminimum) und einem ***pfändbaren Teil*** (*Neumayr/Nunner-Krautgasser*, ExR[3] 247). Jener Betrag, der das Existenzminimum (§ 291a EO) übersteigt, ist grundsätzlich pfändbar.

Bei den in § 290a EO aufgezählten Leistungen handelt es sich um solche mit Entgelt- bzw. Entgeltersatzcharakter; die Pfändungsbeschränkungen sind ***zwingendes Recht*** und ***von Amts wegen*** zu beachten (*Oberhammer* in Angst/Oberhammer[3] § 290a EO Rz 1).

Beachte: Ist die Höhe des unpfändbaren Freibetrags strittig, kann das Exekutionsgericht – nach freier Überzeugung (§ 273 ZPO) – auf Antrag entscheiden, ob bei der Berechnung des unpfändbaren Freibetrags Unterhaltspflichten zu berücksichtigen sind oder ob und inwieweit ein Bezug oder ein Bezugsteil pfändbar ist (§ 292k Abs 1 Z 1 und Z 2 EO).

b) Die einzelnen beschränkt pfändbaren Forderungen

Folgende Forderungen sind beschränkt pfändbar:

▶ *Einkünfte aus einem* ***privat- oder öffentlich-rechtlichen Arbeitsverhältnis****, einem* ***Lehr- oder sonstigen Ausbildungsverhältnis*** *und die gesetzlichen Leistungen an* ***Präsenz- oder Ausbildungs- oder Zivildienstleistende*** *(§ 290a Abs 1 Z 1 EO).*

Beschränkt pfändbar ist somit jegliches Erwerbseinkommen aus unselbstständiger Beschäftigung im weiteren Sinn (*Markowetz/Resch* in Burgstaller/Deixler-Hübner § 290a EO Rz 6).

Beachte: Was die ***Sonderzahlungen*** (13. und 14. Gehalt) betrifft, so hat dem Verpflichteten auch davon der unpfändbare Freibetrag zu verbleiben (§ 290b EO).

▶ *Sonstige* ***wiederkehrende Vergütungen für Arbeitsleistungen aller Art****, die die Erwerbstätigkeit des Verpflichteten vollständig oder zu einem wesentlichen Teil in Anspruch nehmen (§ 290a Abs 1 Z 2 EO).*

Dabei handelt es sich um einen Auffangtatbestand, der alle wiederkehrenden Leistungen für persönliche Arbeitsleistungen (etwa Entgeltansprüche von Berufssportlern, selbstständigen Handelsvertretern, Heimarbeitern) erfasst, wenn diese nicht unter § 290a Abs 1 Z 1 EO fallen (*Oberhammer* in Angst/Oberhammer[3] § 290a EO Rz 3). Voraussetzung ist, dass die Arbeitsleistungen die Erwerbstätigkeit des Verpflichteten vollständig oder zu einem wesentlichen Teil in Anspruch nehmen.

▶ *Bezüge, die ein Arbeitnehmer zum Ausgleich für* ***Wettbewerbsbeschränkungen*** *für die Zeit nach Beendigung seines Arbeitsverhältnisses beanspruchen kann (§ 290a Abs 1 Z 3 EO).*

Unter diese Bestimmung fallen nur Bezüge von Arbeitnehmern, nicht aber Abgeltungen für Wettbewerbsbeschränkungen von Selbstständigen (*Holzhammer* ZVR[4] 326); irrelevant ist, ob diese auf Gesetz oder Vertrag beruhen (*Heller/Berger/Stix* EO[4] III 1952).

► ***Ruhe- Versorgungs-*** *und andere* ***Bezüge*** *für* ***frühere Arbeitsleistungen****, wie beispielsweise* ***Pensionen*** *aus der gesetzlichen Sozialversicherung einschließlich der* ***Ausgleichszulagen*** *und die gesetzlichen* ***Leistungen an Kleinrentner*** *(§ 290a Abs 1 Z 4 EO).*

Diese Bestimmung umfasst sämtliche Pensionsbezüge; entscheidend ist alleine die Zweckrichtung als Ruhegeld (*Markowetz/Resch* in Burgstaller/Deixler-Hübner § 290a EO Rz 13).

► *Gesetzliche Leistungen und satzungsmäßige Mehrleistungen, die aus* ***Anlass einer Beeinträchtigung der Arbeits- oder Erwerbstätigkeit*** *zu gewähren sind und* ***Entgeltersatzfunktion*** *haben, insbesondere solche der Sozialversicherung (beispielsweise* ***Versehrtenrente*** *und* ***-geld, Übergangsrente*** *und* ***-geld, Familien- und Taggeld*** *sowie* ***Krankengeld****, § 290a Abs 1 Z 5 EO).*

Erfasst sind sonstige einkommensersetzende gesetzliche Sozialleistungen, insbesondere solche aus der Sozialversicherung (*Markowetz/Resch* in Burgstaller/Deixler-Hübner § 290a EO Rz 17).

► *Leistungen der gesetzlichen Sozialversicherung aus dem Versicherungsfall der* ***Mutterschaft****, insbesondere das* ***Wochengeld*** *und die* ***Betriebshilfe****, sowie das* ***Kinderbetreuungsgeld*** *als Ersatz des Erwerbseinkommens nach dem Kinderbetreuungsgeldgesetz (§ 290a Abs 1 Z 6 EO).*

Die Aufzählung dieser Ziffer ist demonstrativ; erfasst sind nur Leistungen aus der ***gesetzlichen*** Sozialversicherung (*Markowetz/Resch* in Burgstaller/Deixler-Hübner § 290a EO Rz 19).

► *Leistungen, die für die Dauer der Arbeitslosigkeit zu gewähren sind, wie das* ***Arbeitslosengeld****, die* ***Notstandshilfe****, die* ***Überbrückungshilfe*** *und die* ***erweiterte Überbrückungshilfe*** *nach dem Überbrückungshilfegesetz, das* ***Weiterbildungsgeld*** *sowie die* ***Sonderunterstützung*** *nach dem Sonderunterstützungsgesetz (§ 290a Abs 1 Z 7 EO).*

Leistungen, die während der Arbeitslosigkeit gebühren, sind – unabhängig von ihrer Rechtsgrundlage (*Markowetz/Resch* in Burgstaller/Deixler-Hübner § 290a EO Rz 20) – somit ebenfalls nur beschränkt pfändbar.

► ***Beihilfen des Arbeitsmarktservice****, die zur* ***Deckung des Lebensunterhalts*** *gewährt werden (§ 290a Abs 1 Z 8 EO).*

Dazu zählt etwa das Arbeitslosengeld (*Rechberger/Oberhammer* ExR[5] Rz 395).

► ***Wiederkehrende Leistungen aus Versicherungsverträgen****, wenn diese Verträge zur Versorgung des Versicherungsnehmers oder seiner un-*

terhaltsberechtigten Angehörigen eingegangen worden sind (§ 290a Abs 1 Z 9 EO).

Diese Bestimmung umfasst sämtliche Leistungen aus ***Privatversicherungsverträgen***, wenn sie nur zu Versorgungszwecken des Versicherungsnehmers oder seiner unterhaltsberechtigten Angehörigen abgeschlossen worden sind (*Markowetz/Resch* in Burgstaller/Deixler-Hübner § 290a EO Rz 22).

► ***Gesetzliche Unterhaltsleistungen*** *(§ 290a Abs 1 Z 10 EO).*

Darunter fallen nicht nur Unterhaltsrenten, sondern auch einmalige Kapitalabfindungen (*Oberhammer* in Angst/Oberhammer[3] § 290a EO Rz 10).

► ***Wiederkehrende Leistungen****, die auf Grund eines* ***Ausgedingevertrags*** *oder eines Unterhaltszwecken dienenden* ***Leibrentenvertrags*** *zu gewähren sind (§ 290a Abs 1 Z 11 EO).*

Entscheidend für eine beschränkte Pfändbarkeit von Ansprüchen nach dieser Bestimmung ist, ob ihnen ***Unterhaltscharakter*** zukommt (*Oberhammer* in Angst/Oberhammer[3] § 290a EO Rz 11).

► *Leistungen wegen* ***Minderung der Erwerbsfähigkeit****, für* ***Verdienstentgang****, zur Sicherung des Lebensunterhalts und an die Hinterbliebenen für entgangenen Unterhalt, die wegen Tötung, Körperverletzung, Gesundheitsschädigung oder Krankheit zu gewähren sind, insbesondere* ***Schadenersatzrenten*** *(§ 290a Abs 1 Z 12 EO).*

Erfasst sind sowohl privat- als auch öffentlich-rechtliche Schadenersatzrenten, nicht jedoch Ersatzansprüche für Heilungskosten oder das Schmerzengeld (EBRV EO-Nov 1991, 181 BlgNR 18. GP 27; JAB zur EO-Nov 1991, 261 BlgNR 18. GP 4). Schmerzengeldansprüche unterliegen der Exekution als unbeschränkt pfändbare Forderungen (*Oberhammer* in Angst/Oberhammer[3] § 290a EO Rz 12).

3. Das Existenzminimum

a) Allgemeines

Das Existenzminimum ist gleichzusetzen mit einem ***unpfändbaren Freibetrag***; dieser muss dem Verpflichteten jedenfalls verbleiben. Die Berechnung des Existenzminimums obliegt dem Drittschuldner, der die Forderung danach unmittelbar an den betreibenden Gläubiger bezahlen muss (*Neumayr/Nunner-Krautgasser*, ExR[3] 247 f).

Vgl. dazu die „Informationsbroschüre für Arbeitgeber als Drittschuldner – Hinweise, Beispiele und Existenzminimum-Tabellen", die im Internet unter https://www.justiz.gv.at/web2013/file/2c9484852308c2a60123ec387738064b.de.0/ag%20als%20drittschuldner%202017.pdf abrufbar ist.

Das Existenzminimum setzt sich zusammen aus dem

- ***allgemeinen*** bzw. ***erhöhten allgemeinen Grundbetrag***,
- dem ***Unterhaltsgrundbetrag***,

- dem ***allgemeinen Steigerungsbetrag*** und
- dem ***Unterhaltssteigerungsbetrag***.

Der ***allgemeine Grundbetrag*** entspricht dem Ausgleichszulagenrichtsatz für alleinstehende Personen nach § 293 Abs 1 lit a ASVG; er hat dem Verpflichteten zur Gänze zu verbleiben (§ 291 a Abs 1 EO) und beträgt (Stand 2017) € 889,– monatlich, € 207,– wöchentlich und € 29,– täglich.

Der allgemeine Grundbetrag erhöht sich um ein Sechstel (***erhöhter allgemeiner Grundbetrag***), wenn der Verpflichtete keine Sonderzahlungen (13. und 14. Monatsbezug) nach § 290b EO erhält (§ 291a Abs 2 Z 1 EO).

Zur Gleichheitswidrigkeit dieser Regelung wegen Schlechterstellung von Beziehern mit 13 Monatsgehältern siehe *Oberhammer* in Angst/Oberhammer[3] § 290b EO Rz 1.

Wird vom Verpflichteten gesetzlicher Unterhalt geleistet, gebührt ihm zusätzlich ein ***Unterhaltsgrundbetrag***. In einem solchen Fall erhöht sich der allgemeine Grundbetrag für jede Person (höchstens jedoch für fünf Personen), der Unterhalt gewährt wird, um 20 % (§ 291a Abs 2 Z 2 EO). Im Jahr 2017 liegt die Erhöhung bei € 177,– monatlich, € 41,– wöchentlich und € 5,– täglich.

Der ***allgemeine Steigerungsbetrag*** steht dem Verpflichteten zu, wenn die Berechnungsgrundlage nach § 291 EO die Summe aus dem allgemeinen Grundbetrag bzw. dem allgemeinen erhöhten Grundbetrag und dem Unterhaltsgrundbetrag übersteigt; trifft dies zu, verbleiben dem Verpflichteten zusätzlich 30 % dieses Mehrbetrags (§ 291a Abs 3 Z 1 EO).

Darüber hinaus gebührt dem Verpflichteten von diesem Mehrbetrag für jede Person, der er gesetzlichen Unterhalt gewährt (wiederum jedoch höchstens für fünf Personen), zusätzlich ein ***Unterhaltssteigerungsbetrag*** von 10 % (§ 291a Abs 3 Z 2 EO).

Beachte: Der Teil der Berechnungsgrundlage, der das Vierfache des Ausgleichszulagenrichtsatzes, also die Höchstbemessungsgrundlage, übersteigt, ist jedenfalls ***zur Gänze pfändbar*** (§ 291a Abs 3 letzter S EO). Im Jahr 2017 sind dies € 3.540,– monatlich, € 830,– wöchentlich und € 118,– täglich.

Zu beachten ist weiters die ***Bagatellgrenze*** nach § 292j Abs 5 EO, wonach der Drittschuldner den Gesamtbetrag einer Forderung als ***pfändungsfrei*** behandeln kann, wenn die nicht gerundete Berechnungsgrundlage (vgl. §§ 291a Abs 5 iVm 291 Abs 2 EO) den unpfändbaren Betrag um nicht mehr als € 10,– monatlich, € 2,5 wöchentlich und € 0,5 täglich übersteigt.

Hat der Verpflichtete gegen den Drittschuldner ***mehrere beschränkt pfändbare Geldforderungen*** oder beschränkt pfändbare Geldforderungen und Ansprüche aus Sachleistungen (etwa Dienstwagen), so sind diese zusammenzurechnen (§ 292 Abs 1 EO); bei ***mehreren Drittschuldnern*** hat das Gericht die Zusammenrechnung auf Antrag anzuordnen (§ 292 Abs 2 EO).

Bei der Zusammenrechnung mehrerer beschränkt pfändbarer Geldforderungen gegen verschiedene Drittschuldner sind die unpfändbaren Grundbeträge in erster Linie für die Forderung zu gewähren, die die wesentliche Grundlage der Lebenshaltung des Verpflichteten bildet (§ 292 Abs 3 EO).

Beachte: Übersteigt keine der beschränkt pfändbaren Geldforderungen die unpfändbaren Grundbeträge, so hat das Gericht die unpfändbaren Grundbeträge aufzuteilen und die Höhe des von den Drittschuldnern zu gewährenden Teils festzulegen.

Ist ein Unterschreiten des zu gewährenden Teils der unpfändbaren Grundbeträge zu erwarten, so hat das Gericht dem Drittschuldner aufzutragen, ein solches Unterschreiten bekannt zu geben. Das Gericht hat sodann die unpfändbaren Grundbeträge von Amts wegen neu aufzuteilen. Beantragt der Verpflichtete bei seiner Einvernahme eine Erhöhung des unpfändbaren Betrages wegen zu erwartender Steuermehrbelastungen, so ist darüber zugleich mit dem Zusammenrechnungsbeschluss zu entscheiden (§ 292 Abs 3a EO).

Bei der Zusammenrechnung von beschränkt pfändbaren Geldforderungen mit Ansprüchen auf Sachleistungen vermindert sich der unpfändbare Freibetrag der Gesamtforderung um den Wert der dem Verpflichteten verbleibenden Sachleistungen. Von der Geldforderung muss dem Verpflichteten jedoch der halbe allgemeine Grundbetrag verbleiben (§ 292 Abs 4 EO); im Jahr 2017 also monatlich € 444,5, wöchentlich € 103,5 und täglich € 14,5.

Gesetzlicher ***Naturalunterhalt*** ist so zu bewerten, als ob der Unterhalt in Geld zu leisten wäre (§ 292 Abs 5 EO).

Hat der Verpflichtete Anspruch auf ***einmalige Leistungen***, die ihm bei ***Beendigung eines Arbeitsverhältnisses*** gebühren (dazu zählt etwa die Abfertigung, nicht aber die Kündigungsentschädigung) hat dem Verpflichteten ein unpfändbarer Freibetrag nach § 291a EO zu verbleiben, wobei der erhöhte allgemeine Grundbetrag nach § 291a Abs 2 Z 1 EO maßgebend ist (§ 291d Abs 1 EO).

Ist die verpflichtete Partei ***selbstständig tätig***, gebühren ihr also einmalige Vergütungen für persönlich geleistete Arbeiten und keine wiederkehrenden Einkünfte, hat das Exekutionsgericht dem Verpflichteten auf seinen Antrag so viel (von den einmaligen Vergütungen) zu belassen, wie er während eines angemessenen Zeitraums für seinen notwendigen Unterhalt sowie den Unterhalt der Personen, denen er gesetzlichen Unterhalt gewährt, bedarf (§ 291e Abs 1 EO).

b) Erhöhung und Herabsetzung des Existenzminimums

Der unpfändbare Freibetrag kann unter bestimmten Voraussetzungen vom Exekutionsgericht auf Antrag zur ***Vermeidung von Härtefällen angemessen erhöht*** werden (§ 292a EO). Voraussetzung ist, dass beim Verpflichteten ***konkret erhöhte Aufwendungen*** entstanden sind (*Oberhammer* in Angst/Oberhammer[3] § 292a EO Rz 2), etwa durch Hilflosigkeit, Gebrechlichkeit oder Krankheit, unvermeidbare Wohnungskosten; weiters kommen besondere Aufwendungen des Verpflichteten, die in sachlichem Zusammenhang mit seiner Berufsausübung stehen oder besonders umfangreiche gesetzliche Unterhaltspflichten in Frage.

Eine Erhöhung des unpfändbaren Freibetrags ist nur zulässig, wenn nicht die Gefahr besteht, dass der betreibende Gläubiger dadurch schwer geschädigt werden könnte.

Umgekehrt ist es auf Antrag aber auch möglich, den unpfändbaren Betrag durch das Exekutionsgericht ***angemessen herabsetzen*** zu lassen (§ 292b EO), beispielsweise dann, wenn laufende gesetzliche Unterhaltspflichten durch die Exekution nicht zur Gänze hereingebracht werden können.

c) Kontenschutz

Dem so genannten ***Kontenschutz*** dient die Bestimmung des § 292i EO. Die darin enthaltenen Regelungen sollen der Gefahr vorbeugen, dass das dem Verpflichteten nach Abzug der pfändbaren Beträge durch Banküberweisung auf sein Konto überwiesene unpfändbare Existenzminimum neuerlich gepfändet wird (*Neumayr/Nunner-Krautgasser*, ExR[3] 249).

Werden beschränkt pfändbare Geldforderungen auf das Konto des Verpflichteten überwiesen, ist die Pfändung dieses Guthabens auf Antrag des Verpflichteten vom Exekutionsgericht insoweit aufzuheben, als das Guthaben dem der Pfändung nicht unterworfenen Teil der Einkünfte für die Zeit von der Pfändung bis zum nächsten Zahlungstermin entspricht (Näheres siehe bei *Oberhammer* in Angst/Oberhammer[3] § 292i EO Rz 4 f).

d) Lohnschiebung und verschleiertes Entgelt

Mit den in der Praxis immer wieder Problemen bereitenden Tatbeständen der ***Lohnschiebung*** und des ***verschleierten Entgelts*** beschäftigt sich § 292d EO.

Mit Hilfe dieser Regelungen sollen Vereinbarungen zwischen Verpflichteten und Drittschuldner zum Nachteil des betreibenden Gläubigers verhindert werden (siehe zum Normzweck genauer *Markowetz/Resch* in Burgstaller/Deixler-Hübner § 292d EO Rz 2).

Erbringt der Verpflichtete für den Drittschuldner Arbeitsleistungen und hat sich der Drittschuldner dafür verpflichtet, als Entgelt an einen Dritten wiederkehrende Leistungen zu erbringen, erstrecken sich nach einer Pfändung die Wirkungen des Pfandrechts auch auf den Anspruch des Dritten gegen den Drittschuldner. Der Anspruch des Dritten wird somit so behandelt, als ob er dem Verpflichteten selbst zustehen würde (*Rechberger/Oberhammer* ExR[5] Rz 407).

Auf diese Art und Weise sollen Lohnschiebungen und damit einhergehende Verminderungen des Haftungsfonds des betreibenden Gläubigers (beispielsweise dadurch, dass das Arbeitseinkommen des Verpflichteten an einen Strohmann ausbezahlt wird) verhindert werden (*Rechberger/Oberhammer* aaO).

Weiters gibt es in der Praxis immer wieder Versuche dahingehend, den Haftungsfonds des betreibenden Gläubigers dadurch zu schmälern, dass der Verpflichtete von seinem Arbeitgeber ***kein*** oder nur ein sehr ***geringes Entgelt*** bekommt.

Dieses ***verschleierte Entgelt*** wird teilweise bei der Erbringung von Arbeitsleistungen durch den Verpflichteten in Unternehmen von Angehörigen vereinbart.

Erbringt der Verpflichtete dem Drittschuldner (Arbeitgeber) in einem ständigen Arbeitsverhältnis Leistungen, die nach Art und Umfang üblicherweise vergütet werden, ohne oder gegen eine unverhältnismäßig geringe Gegenleistung, gilt im Verhältnis des betreibenden Gläubigers zum Drittschuldner ein ***angemessenes Entgelt*** als geschuldet (§ 292e Abs 1 EO).

Bei der Bemessung des Entgelts ist insbesondere Rücksicht zu nehmen (§ 292e Abs 2 Z 1 – 3 EO) auf

- ***die Art der Arbeitsleistung***,
- ***die verwandtschaftlichen oder sonstigen Beziehungen*** zwischen dem Drittschuldner und dem Verpflichteten und
- ***die wirtschaftliche Leistungsfähigkeit des Drittschuldners***.

e) Exekution wegen Unterhaltsansprüchen

Die Besonderheiten bei der ***Forderungsexekution zur Hereinbringung von Unterhaltsansprüchen*** finden sich in § 291c EO.

Zunächst ist in diesem Zusammenhang darauf hinzuweisen, dass § 406 ZPO für wiederkehrende Leistungen mit Unterhaltscharakter, also ***Alimente***, eine Ausnahme von dem Grundsatz zulässt, dass die Verurteilung zu einer Leistung erst zulässig ist, wenn die Fälligkeit zur Zeit der Urteilschöpfung bereits eingetreten ist (*Deixler-Hübner/Klicka*, Zivilverfahren[9] Rz 252).

Bei Alimenten kann daher der Unterhaltspflichtige auch zu Leistungen verurteilt werden, die erst ***nach Erlassung*** des Urteils fällig werden. Dem Unterhaltsgläubiger wird damit der mühevolle Prozess erspart, für jede einzelne monatliche Leistung einen Titel erwerben zu müssen (*Rechberger/Oberhammer* ExR[5] Rz 410).

Bei privilegierten Unterhaltsansprüchen macht § 291b EO vom Grundsatz des § 7 Abs 2 EO, wonach vor Eintritt der Fälligkeit einer Forderung die Exekution für diese nicht bewilligt werden darf, eine Ausnahme.

Im Rahmen des § 291b EO ist eine Exekution wegen künftig fällig werdender Forderungen möglich (so genannte ***Vorratspfändung*** nach § 291c EO).

Da, wie schon erwähnt (oben B. 1.) auch eine Pfändung von künftigen Forderungen aus einem bereits bestehenden ***Dauerschuldverhältnis*** möglich ist, kann der Unterhaltsberechtigte aus ***einem*** Exekutionstitel (§ 406 ZPO) mit einer Exekutionsbewilligung (§ 291c Abs 1 EO) auf die ***laufend fällig werdenden*** (Gehalts-)forderungen des Verpflichteten (§ 299 Abs 1 EO) Exekution führen (*Rechberger/Oberhammer* ExR[5] Rz 410).

Auf Antrag des Verpflichteten ist die Vorratspfändung einzustellen, wenn er

- ***alle fälligen Forderungen bezahlt*** hat und
- darüber hinaus bescheinigt, dass er ***künftig seiner Zahlungspflicht nachkommen wird.***

Letzteres ist insbesondere wiederum dann anzunehmen, wenn

- der Verpflichtete die Forderungen für die kommenden ***zwei Monate entweder (auch) schon gezahlt*** hat oder
- zugunsten des betreibenden Gläubigers ***gerichtlich hinterlegt*** hat (§ 291c Abs 2 EO).

Wird die Exekution jedoch erneut bewilligt, hat das Gericht auf Antrag des betreibenden Gläubigers auszusprechen, dass das Pfandrecht den ursprünglich begründeten Pfandrang erhält (§ 291c Abs 3 EO).

Bei einer Exekution wegen

- eines gesetzlichen Unterhaltsanspruchs,
- eines gesetzlichen Unterhaltsanspruchs, der auf Dritte übergegangen ist,
- eines Anspruchs auf Ersatz von Aufwendungen, die der Verpflichtete selbst hätte machen müssen (§ 1042 ABGB) sowie
- wegen Prozess- und Exekutionskosten samt Nebengebühren (etwa Zinsen), die zur Durchsetzung solcher Ansprüche entstanden sind,

sind dem Verpflichteten nur 75 % des unpfändbaren Freibetrags (§ 291a EO) zu belassen (§ 291b EO); man spricht in diesem Zusammenhang vom so genannten ***Unterhaltsexistenzminimum*** (*Neumayr/Nunner-Krautgasser*, ExR[3] 250).

V. Die Anspruchsexekution

Lit.: Burgstaller, Das Pfandrecht in der Exekution (1988); *Felber,* Die Pfändung des Anspruches auf Herausgabe von Transportgütern (der Eisenbahn), ZIE 1957, 92; *Hoyer*, Sind Sicherungseigentum und Pfandrecht gleich zu behandeln? JBl 1984, 543; *Hügel*, Sperrung eines Anderkontos durch einstweilige Verfügung zur Sicherung von Ansprüchen gegen den Klienten des Kontoinhabers, JBl 1980, 646; *Laschober*, Ausgesuchte Themen zur Rechteexekution (§§ 331 ff EO) mit einem Exkurs zur Anspruchsexekution (§§ 325 ff EO), ÖRPfl 2011, H 2, 61; *Schauer,* Das Optionsrecht als Mittel der Kreditbesicherung, ÖZW 1984, 75; *Schumacher,* Zwangsvollstreckung auf Wertpapiere (1995) 96 ff.

A. Allgemeines

Eine Geldforderung des betreibenden Gläubigers kann – neben der Fahrnis- und Forderungsexekution – auch im Wege der Anspruchsexekution exekutiert werden.

Diese Art der Exekution ist in den §§ 325 ff EO geregelt; Exekutionsobjekt sind ***Ansprüche auf Leistung oder Herausgabe körperlicher Sachen*** (*Oberhammer* in Angst/Oberhammer^3 § 325 EO Rz 1).

Ihrem Wesen nach ist die Anspruchsexekution eine Kombination aus Forderungs- und Sachexekution; ihr Ziel ist es, das Vermögen des Verpflichteten zum Zweck einer nachfolgenden Sachexekution zwangsweise zu vervollständigen (*Frauenberger* in Burgstaller/Deixler-Hübner § 325 EO Rz 1).

B. Das Exekutionsobjekt

Wie bereits angedeutet, kommen als Exekutionsobjekte bei der Anspruchsexekution generell ***Ansprüche des Verpflichteten auf Leistung oder Herausgabe körperlicher Sachen*** in Frage; es kann sich dabei nach hL (*Rechberger/Simotta*, ExV^2 Rz 755; *Holzhammer* ZVR^4 354) sowohl um

- ***dingliche Ansprüche des Verpflichteten auf Herausgabe*** (etwa aufgrund von Eigentum) als auch
- ***schuldrechtliche Ansprüche auf Leistung*** (beispielsweise aufgrund eines Werkvertrages) handeln.

Befindet sich die Sache des Verpflichteten bei einem zur Herausgabe (an den Gerichtsvollzieher) bereiten Dritten, kann diese beim Dritten nach den Regeln über die Fahrnisexekution (dazu oben III. C. 4.) gepfändet werden (*Rechberger/Oberhammer* ExR^5 Rz 412).

Ist der Dritte hingegen nicht zur Herausgabe bereit, hat der betreibende Gläubiger die Möglichkeit, sich den Anspruch des Verpflichteten auf Herausgabe der Sache gegen den Sachinhaber pfänden und überweisen zu lassen.

Gegebenenfalls kann der betreibende Gläubiger den Anspruch mittels ***Drittschuldnerklage*** geltend machen (*Neumayr/Nunner-Krautgasser*, ExR³ 250).

Beachte: Die Anspruchsexekution hat letztendlich die Verwertung der Sache zum Ziel. Daher sind die Pfändungsbeschränkungen der §§ 250 ff EO in Bezug auf den Verpflichteten (und nicht auf den Drittschuldner) nach hM anzuwenden (*Frauenberger* in Burgstaller/Deixler-Hübner § 325 EO Rz 4).

C. Die Pfändung

Im Rahmen der Anspruchsexekution erfolgt die Pfändung nach den Vorschriften der §§ 294 – 298 EO (§ 325 Abs 1 EO); verwiesen wird also auf die Pfändungsvorschriften bei der Forderungsexekution.

Die Pfändung des Herausgabeanspruchs erfolgt daher auch bei der Anspruchsexekution durch ***Doppelverbot***; sie ist mit der Zustellung des Leistungsverbots an den Drittschuldner als bewirkt anzusehen (§ 294 Abs 3 EO). Dieser Zeitpunkt ist daher maßgeblich für den Pfandrang am Herausgabe- oder Leistungsanspruch (§§ 300, 300a EO).

Beachte: Das durch Zustellung des Leistungsverbots an den Drittschuldner erworbene Pfandrecht am Herausgabeanspruch verwandelt sich nach dem ***Surrogationsprinzip*** durch Ausfolgung der Sache an den betreibenden Gläubiger in ein Pfändungspfandrecht an der Sache selbst (*Rechberger/Simotta*, ExV² Rz 757).

Der Rang dieses Pfandrechts richtet sich nach dem Rang des Pfandrechts am Leistungs- oder Herausgabeanspruch, also weiterhin nach dem Zeitpunkt der Zustellung des Leistungsverbots an den Drittschuldner (*Holzhammer* ZVR⁴ 244; *Oberhammer* in Angst/Oberhammer³ § 325 EO Rz 12 mN aus der Judikatur).

D. Die Verwertung

Die Verwertung des Herausgabeanspruchs erfolgt unter sinngemäßer Anwendung der §§ 300 – 319 EO (§ 325 Abs 2 EO), also durch ***Überweisung zur Einziehung***.

Eine Überweisung an Zahlungs statt ist kraft ausdrücklicher gesetzlicher Anordnung unzulässig (§ 326 EO).

Hinsichtlich der weiteren Vorgansweise ist – in Bezug auf die Verwertung des Herausgabeanspruchs – zwischen beweglichen und unbeweglichen Sachen zu differenzieren:

► ***Bewegliche Sachen*** hat der Drittschuldner nach Fälligkeit des überwiesenen Anspruchs an das Vollstreckungsorgan herauszugeben (§ 327 Abs 1 S 1 EO).

Der Drittschuldner muss also nicht an den betreibenden Gläubiger leisten, sondern eben die Sache an den Gerichtsvollzieher übergeben.

Bei der Forderungsexekution (dazu oben IV. E. 2.) hingegen hat der Drittschuldner bei der Überweisung zur Einziehung an den betreibenden Gläubiger zu leisten.

Weigert sich der Drittschuldner, die Sache an den Gerichtsvollzieher herauszugeben, hat der betreibende Gläubiger die Möglichkeit, den Anspruch mit Drittschuldnerklage durchzusetzen (*Oberhammer* in Angst/Oberhammer[3] §§ 326, 327 EO Rz 2); das Klagebegehren lautet auf Ausfolgung der Sache an den Gerichtsvollzieher (SZ 45/33).

Auf die Verwertung der herausgegebenen Sachen sind die Bestimmungen über den Verkauf gepfändeter Fahrnisse anzuwenden (§ 327 Abs 2 EO); auch auf die Verteilung und Zuweisung des Verkaufserlöses sind die entsprechenden Vorschriften des Fahrnisexekutionsrechts anzuwenden (§ 327 Abs 4 EO).

► ***Unbewegliche Sachen*** sind (wiederum) nach Eintritt der Fälligkeit des überwiesenen Anspruchs vom Drittschuldner an einen vom Gericht zu bestellenden Verwalter zu übergeben (§ 328 Abs 1 EO).

In der Folge hat der betreibende Gläubiger die Wahl, auf die dem Verwalter übergebene unbewegliche Sache Exekution durch Zwangsverwaltung oder Zwangsversteigerung führen zu lassen (§ 328 Abs 2 EO).

Der Antrag auf Zwangsverwaltung bzw. Zwangsversteigerung ist innerhalb eines Monats ab Übergabe der Sache an den Zwangsverwalter zu stellen, widrigenfalls die Exekution von Amts wegen einzustellen ist (§ 328 Abs 3 EO).

VI. Die Exekution auf sonstige Vermögensrechte

Lit.: *Angst,* Das Unternehmen als Zubehör der Pfandliegenschaft, ÖBA 1998, 82; *Bauerreiß,* Kann neben der Exekution auf ein wirtschaftliches Unternehmen auch Exekution durch Zwangsverwaltung der Betriebsliegenschaft geführt werden? RZ 1962, 145; *Berger,* Verfahrensrechtliches zu den neuen eherechtlichen Gesetzen, RZ 1978, 257; *Berger,* Der Widerruf der Privatstiftung durch den Privatgläubiger des letztbegünstigten Stifters, RdW 1995, 334; *Bollenberger,* Zugriff auf Stiftungsvermögen durch Gläubiger des Stifters, ecolex 2006, 641; *Eder,* Der Schuldnerschutz in der gerichtlichen Exekution (1994); *Feil,* Exekution auf andere Vermögensrechte (1986); *G. Kodek,* Die Genossenschaftswohnung in Exekution und Konkurs. Zur Reichweite des § 42 Abs 4 MRG, wobl 2005, 33; *G. Kodek,* Die Genossenschaftswohnung in der Exekution, wobl 2008, 89; *Geroldinger,* Die unentbehrliche Genossenschaftswohnung im Exekutionsverfahren, Zak 2007, 347; *Gruber,* Ausfallhaftung und Kaduzierung, JBl 2012, 273; *Hackl,* Richterliche Anordnungsbefugnisse und das Verfahren bei Aufteilung von ehelichem Gebrauchsvermögen und Ersparnissen, in *Ostheim,* Schwerpunkte der Familienrechtsreform 1977/78 (1979) 159; *Hager-Rosenkranz,* Beschränkungen der Übertragung von GmbH-Geschäftsanteilen in Exekution und Insolvenz, wbl 2006, 253; *Hochedlinger,* OGH: Stifterrechte sind pfändbar, RdW 2006, 484; *Hochedlinger/Hasch,* „Exekutionssichere“ Gestaltung von Stiftungserklärungen, RdW 2002, 194; *Holzner,* Zwei Fragen des Superädifikatrechts, JBl 2005, 333; *Jakusch,* Exekution auf Internet-Domains, RdW 2001, 580; *K. Schmidt,* Unternehmensexekution, Zubehörbegriff und Zwangsvollstreckungsrecht, in FS Gaul (1997) 691; *Kieweler,* Zu den Erscheinungsformen des gradus executionis. Zugleich eine Besprechung der Entscheidung OGH 3 Ob 177/10s, JBl 2013, 12; *Kolroß,* Die Exekution auf Vermögensrechte und Unternehmungen (1935); *Laschober,* Ausgesuchte Themen zur Rechteexekution (§§ 331 ff EO) mit einem Exkurs zur Anspruchsexekution (§§ 325 ff EO), ÖRPfl 2011, H 2, 61; *Madl,* Pfandrecht an Marken, ecolex 1991, 329; *Mohr,* Die Verwertung von ins Mobiliarpfandregister eingetragenen Vermögenswerten, NZ 2002, 12; *Oberhammer,* Vermögensrechte nach dem Wohnungsgemeinnützigkeitsgesetz als Exekutionsobjekt in der Zwangsvollstreckung gegen den Bestandnehmer, wobl 1997, 249; *Oberhammer,* Das Mietrecht als Gegenstand der Zwangsvollstreckung, wobl 1999, 376; *Oberhammer,* Unternehmen, Gesamtsache, Unternehmenszubehör – und Pfändung, in FS Krejci (2001) 257; *Ohmeyer,* Das Unternehmen als Rechtsobjekt (1906); *Rassi,* Exekution auf andere Vermögensrechte, ÖRPfl 2010, 59; *Rechberger,* Exekutionsverfahren Superädifikate, in *Kletečka/Rechberger/Zitta,* Bauten auf fremdem Grund (2004)[2] Rz 118 ff; *Reich-Rohrwig,* Verpfändung und Pfändung von OG- und KG-Anteilen, ecolex 2011, 4; *Schauer,* Die Option als Mittel der Kreditbesicherung, ÖZW 1984, 75; *Schmidt,* Unternehmensexekution, Zubehörbegriff und Zwangsvollstreckungsrecht, FS Gaul (1997) 691; *Schneider,* Exekution und Abfertigung neu ZIK 2004/237, 190; *Schulyok,* Privatkonkurs und Unternehmen, ZIK 1995, 14; *Schumacher,* Zwangsvollstreckung auf Wertpapiere (1995); *Schumacher,* Wertpapiere als Exekutionsobjekte, ecolex 1995, 470; *Schumacher,* Veräußerung gepfändeter GmbH-Geschäftsanteile, RdW 1996, 351; *Schwartz,* Pfandrechte an Mobilfunkkonzessionen? wbl 2000, 450; *Stix,* Die Exekution auf Anteilsrechte an Personengesellschaften, ÖJZ 1952, 375; *Stix,* Die Zwangsverwaltung wirtschaftlicher Unternehmungen in der Praxis, ÖJZ 1955, 274; *Thiele,* Pfändung von Internet Domains, ecolex 2001, 38; *Trenker,* Geschäftsanteile in Exekution und Insolvenz, JBl 2012, 281; *Wünsch,* Zur Kündigung der Personengesellschaft durch einen Privatgläubiger eines Gesellschafters, GesRZ 2002, 56.

A. Allgemeines

Letzte Möglichkeit, wie ein betreibender Gläubiger wegen einer Geldforderung Befriedigung erlangen kann, stellt die Exekution auf sonstige Vermögensrechte (§§ 330 ff EO) dar; die entsprechenden Vorschriften über die Exekution auf sonstige Vermögensrechte sind als ***Auffangtatbestand*** anzusehen, der grundsätzlich alle Vermögenswerte des Verpflichteten erfasst, deren Verwertung zur Befriedigung einer Geldforderung des betreibenden Gläubigers führen kann (*Frauenberger* in Burgstaller/Deixler-Hübner § 331 EO Rz 1).

Bei Auslegung und Anwendung der Bestimmungen ist zu berücksichtigen, dass es die Absicht des Gesetzgebers war, diese „weit" zu fassen, um sicherzustellen, dass tatsächlich alle Vermögensobjekte des Verpflichteten in Exekution gezogen werden können (*Oberhammer* in Angst/Oberhammer[3] § 331 EO Rz 1).

Im Zweifel ist von einer Exekutionsunterworfenheit des betroffenen Rechts auszugehen (EvBl 2006/153, 812 = GesRZ 2006, 196 = JBl 2007, 110). Bei der Exekution auf sonstige Vermögensrechte wird auf Exekutionsobjekte gegriffen, welche nicht unter die §§ 87 – 329 EO fallen; insofern sind die Bestimmungen der §§ 330 ff EO als ***subsidiär*** anzusehen (*Oberhammer* aaO).

Die Systematik der §§ 330 ff EO ist lückenhaft geblieben; dies ist einerseits darauf zurückzuführen, dass die Vielfalt der zu regelnden Sachverhalte durch den Gesetzgeber nicht im Einzelnen geregelt werden kann (*Heller/Berger/Stix* EO[4] III 2330); andererseits war ihre praktische Bedeutung im Entstehungszeitpunkt der EO noch nicht erkennbar (*Neumayr/Nunner-Krautgasser*, ExR[3] 255).

B. Das Exekutionsobjekt

Exekutionsobjekt nach §§ 330 ff EO ist jedes Vermögensrecht, das zum Vermögen des Verpflichteten gehört (siehe dazu 3 Ob 126/09i wbl 2010/37 = Zak 2009/680; RIS-Justiz RS0053189) und verwertbar ist (*Oberhammer* in Angst/Oberhammer[3] § 331 EO Rz 3); es muss sich um ein ***rechtlich selbstständiges*** und wenigstens seiner ***Ausübung nach übertragbares Recht*** handeln (SZ 53/ 174 = EvBl 1981/113; *Rechberger/Simotta* ExV[2] Rz 765). Als Exekutionsobjekt kommt weiters nur ein ***verwertbares*** Vermögensrecht in Betracht (*Seiser*, ExR[10] 68).

Beachte: Es darf sich bei den sonstigen Vermögensrechten kraft gesetzlicher Anordnung nur um Rechte handeln, die nicht zu den Forderungen gehören (§ 331 Abs 1 EO). Die Vermögensrechte dürfen weiters nicht durch einschlägige Schuldnerschutzbestimmungen (vgl. etwa §§ 330, 341 Abs 1 S 2 EO) der Exekution entzogen sein (*Oberhammer* in Angst/Oberhammer[3] § 331 EO Rz 3) bzw. muss eine Verwertung überhaupt ***denkmöglich*** sein (*Frauenberger* in Burgstaller/Deixler-Hübner § 331 EO Rz 2, 10).

Aufgrund ihrer Unübertragbarkeit (auch nicht der Ausübung nach) sind jedenfalls ***akzessorische*** und ***höchstpersönliche Rechte*** nicht als taugliche Exekutionsobjekte iSv § 331 EO anzusehen (*Neumayr/Nunner-Krautgasser*, ExR[3] 255).

Dazu gehören etwa Vorkaufs- und Wiederkaufsrechte, Vorpachtrechte, Ansprüche auf Ausfolgung eines Rangordnungsbeschlusses, Rechte zur Geltendmachung des gesetzlichen Erbteils, Rechte auf Anfechtung eines Testaments, Belastungs- und Veräußerungsverbote sowie die Verfügungsmöglichkeit des Liegenschaftseigentümers über eine frei gewordene Pfandstelle (*Seiser*, ExR[10] 68).

Weiters sind auch Rechte, deren ***Ausübung nur für den Verpflichteten wirtschaftlich sinnvoll*** ist (etwa das Recht, die Behebung von Baumängeln zu verlangen) nicht nach §§ 331 EO verwertbar (*Oberhammer* in Angst/Oberhammer[3] § 331 EO Rz 4). ***Urheberrechtliche Verwertungsansprüche*** sind der Exekution wegen Geldforderungen ebenfalls entzogen (§ 25 Abs 1 UrhG); anderes gilt für etwaige Honoraransprüche oder Werknutzungsrechte (*Rechberger/Oberhammer* ExR[5] Rz 420).

Zu den anderen Vermögensrechten nach §§ 331 ff EO gehören wirtschaftliche ***Unternehmen***, ***Konzessionen*** und ***Gewerbeberechtigungen***, ***Miteigentumsanteile*** an beweglichen körperlichen Sachen (siehe zur Exekution in Miteigentumsanteile noch genauer unten E.), ***Gesellschaftsrech-***

te*, *Fruchtgenuss- und Gebrauchsrechte*, *Miet- und Pachtrechte*, *Immaterialgüterrechte (Patent-, Marken-, Muster-, Lizenz- und Werknutzungsrechte), ***Rechte aus einer Internet-Domain*** sowie ***Anwartschaftsrechte*** beim Eigentumserwerb (Vorbehaltseigentum [siehe zur Exekution in Vorbehaltseigentum noch genauer unten F.]) und Ansprüche aus ***Finanzierungleasingverträgen*** (zu all dem mit Nachweisen aus Judikatur und Lehre *Neumayr/Nunner-Krautgasser*, ExR³ 253 f).

Bei all diesen Rechten sind die Voraussetzungen der Anwendbarkeit der §§ 331 ff EO gegeben; es handelt sich somit um ***rechtlich selbstständige***, ***übertragbare*** und ***verwertbare Vermögensrechte***.

Mietrechte und ***genossenschaftliche Nutzungsrechte*** an Wohnungen sind der Exekution insofern entzogen, als sie dem Mieter oder mit ihm im gemeinsamen Haushalt lebenden Familienangehörigen zur Befriedigung eines dringenden Wohnbedürfnisses unentbehrlich sind (§ 42 Abs 4 MRG).

Beachte: Das Bewilligungsgericht hat nicht zu prüfen, ob das gepfändete Recht tatsächlich besteht (3 Ob 170/03a RPflE 2003/117).

Die Exekution ist zu bewilligen, wenn die Unpfändbarkeit des Rechts wegen Unverwertbarkeit nicht von vornherein offenkundig ist (*Heller/Berger/Stix* EO⁴ III 2336).

Wird erst im Lauf des Exekutionsverfahrens deutlich, dass keine Verwertbarkeit gegeben ist, ist dieses gemäß § 39 Abs 1 Z 2 oder Z 8 EO einzustellen (RIS-Justiz RS0001249).

C. Die Pfändung

► Allgemein erfolgt die Pfändung sonstiger Vermögensrechte durch Erlassung eines ***Verfügungsverbots an den Verpflichteten*** (§ 331 Abs 1 S 1 EO); der Verpflichtete hat sich daher jeder Verfügung über das Recht zu enthalten.

In dem Fall, dass eine dritte Person aufgrund des gepfändeten Rechts zu bestimmten Leistungen verpflichtet ist (es gibt also einen ***Drittschuldner***), ist die Pfändung erst dann bewirkt, wenn an den Drittschuldner (zusätzlich) ein Leistungsverbot ergangen ist (§ 331 Abs 1 S 2 EO); die Pfändung erfolgt in diesem Fall daher durch ***Doppelverbot***.

Beachte: Gibt es keinen Drittschuldner, richtet sich der ***Pfandrang*** nach dem Zeitpunkt der Zustellung des Verfügungsverbots an den Verpflichteten.

Existiert auch ein Drittschuldner, ist jener Zeitpunkt maßgebend, an dem beide Verbote zugestellt worden sind; entscheidend ist daher der Zeitpunkt der späteren Zustellung (*Holzhammer* ZVR⁴ 359; *Rechberger/Simotta* ExV² Rz 767).

► ***Verbücherte Vermögensrechte*** werden durch Einverleibung eines Pfandrechts im Grundbuch gepfändet; wenn bereits ein Pfandrecht zugunsten der vollstreckbaren Forderung einverleibt ist, erfolgt die Pfändung durch Anmerkung der Vollstreckbarkeit (§ 331 Abs 1 S 1 EO). Für die Entstehung des Pfändungspfandrechts ist allein die Eintragung im Grundbuch maßgebend (*Heller/Berger/Stix* EO[4] III 2349).

► Die Pfändung von ***Patentrechten*** erfolgt durch Eintragung in das Patentregister (§ 43 PatG). Der Pfandrang richtet sich nach dem Zeitpunkt des Einlanges des Eintragungsersuchens beim Patentamt (§ 43 Abs 3 PatG).

D. Die Verwertung

Die Art der Verwertung sonstiger Vermögensrechte hat das Exekutionsgericht auf Antrag des betreibenden Gläubigers nach Einvernehmung des Verpflichteten und aller Gläubiger, zu deren Gunsten die Pfändung erfolgt ist, zu bestimmen (§ 331 Abs 2 EO).

Inhaltlich ist das Exekutionsgericht nicht an den vom betreibenden Gläubiger gestellten Antrag gebunden; es kann auch eine andere sachgerecht erscheinende und gesetzlich zulässige Verwertungsart bestimmen (*Frauenberger* in Burgstaller/Deixler-Hübner § 331 EO Rz 60).

Als Verwertungsarten kommen nach der EO

- die ***Zwangsverwaltung*** (§ 334 EO),
- die ***Zwangsverpachtung*** (§ 340 EO),
- die ***Überweisung zur Einziehung*** (§ 333 EO) und
- der ***Zwangsverkauf*** (§ 332 EO) in Betracht.

Diese Aufzählung ist nicht abschließend (*Holzhammer* ZVR[4] 359); jedenfalls unzulässig ist die Überlassung des Exekutionsobjekts an Zahlungs statt (SZ 52/16 = EvBl 1979/116) = MietSlg 31.810).

► Die ***Zwangsverwaltung*** sonstiger Ansprüche erfolgt unter sinngemäßer Anwendung der Vorschriften über die Zwangsverwaltung von Liegenschaften (§ 332 Abs 2 EO).

Sie kommt bei Nutzungsrechten und Rechtspositionen, die auf den wiederholten Bezug von Früchten gerichtet sind, in Betracht (*Oberhammer* in Angst/Oberhammer[3] §§ 334 – 339 EO Rz 1).

Dies ist der Fall bei Bestandrechten, Fruchtgenussrechten, Unternehmen (inklusive der zugrunde liegenden Gewerbeberechtigungen), Miteigentumsanteilen (vor allem an Superädifikaten), Immaterialgüterrechten, Jagdrechten und Fischereirechten.

► Erscheint es zur Vermeidung bedeutender Verwaltungskosten oder aus anderen Gründen vorteilhafter, kann auf Antrag statt der Zwangsverwaltung die ***Zwangsverpachtung*** angeordnet werden (§ 340 Abs 1 EO).

Die Zwangsverpachtung findet in sinngemäßer Anwendung der Verwertungsregeln der Fahrnisexekution statt (§ 340 Abs 2 EO).

Möglich ist somit eine Zwangsverpachtung durch öffentliche Versteigerung oder durch „Freihandverpachtung" sowie eine Verpachtung aufgrund eines Übernahmeantrags (*Oberhammer* in Angst/Oberhammer[3] § 340 EO Rz 5).

Das Zwangspachtverhältnis wird durch ***öffentlich-rechtlichen*** Akt (entweder durch Zuschlagserteilung oder Freihandverpachtung) begründet (*Frauenberger* in Burgstaller/Deixler-Hübner § 340 EO Rz 9). Die Verteilungsmasse entsteht bei dieser Art der Verwertung durch den eingehenden Pachtzins, der bei Gericht zu hinterlegen ist (*Seiser*, ExR[10] 69).

Eine Zwangsverpachtung kommt beispielsweise bei Gewerberechten und Unternehmen in Frage (*Neumayr/Nunner-Krautgasser*, ExR[3] 256).

► Die ***Überweisung zur Einziehung*** (§ 333 EO) sieht bei der Verwertung sonstiger Ansprüche ein zweistufiges Verwertungsverfahren für all jene Fälle vor, in denen der Verpflichtete kraft des gepfändeten Rechts die Ausfolgung einer Vermögensmasse oder die Teilung derselben sowie die Ausscheidung des ihm zustehenden Anteils beanspruchen kann (*Oberhammer* in Angst/Oberhammer[3] § 333 EO Rz 1).

Zunächst wird der betreibende Gläubiger auf Antrag ermächtigt, das Recht des Verpflichteten geltend zu machen. Der betreibende Gläubiger ist daher auch im Fall des § 333 EO dazu ermächtigt, nach Maßgabe der Vorschriften des bürgerlichen Rechts Ausfolgung oder Teilung zu begehren, erforderliche Kündigungen für den Verpflichteten abzugeben, gerichtliche Verfahren einzuleiten oder im Namen des Verpflichteten Leistungen zu erbringen (*Frauenberger* in Burgstaller/Deixler-Hübner § 333 EO Rz 2).

In einem zweiten Schritt ist das auf diese Weise herangezogene Vermögen zu verwerten (§ 333 Abs 2 EO); die Verwertung selbst erfolgt in sinngemäßer Anwendung der in der EO für den jeweiligen Vermögensgegenstand vorgesehenen Verwertungsart (*Oberhammer* in Angst/Oberhammer[3] § 333 EO Rz 5).

► Der ***Zwangsverkauf*** sonstiger Rechte durch öffentliche Versteigerung hat grundsätzlich nur subsidiär zu erfolgen; ein Verkauf durch öffentliche Versteigerung ist nämlich nur zulässig, wenn eine andere Verwertungsart überhaupt nicht oder nur mit unverhältnismäßig großem Kostenaufwand ausführbar ist (§ 332 Abs 1 EO). Der Zwangsverkauf von Vermögensrechten hat nach den Vorschriften über die Verwertung von Fahrnissen zu erfolgen (§ 332 Abs 2 EO).

Zwangsweise verkauft werden können etwa Gesellschaftsanteile (*Deixler-Hübner/Klicka*, Zivilverfahren[9] Rz 453).

E. Exekution in Miteigentum

1. Schlichtes Miteigentum

Exekutionsobjekt beim (schlichten) Miteigentum (an Fahrnissen oder Immobilien) ist der ***Teilungsanspruch*** eines Miteigentümers. Hinsichtlich der Exekution in Miteigentumsanteile ist zunächst zwischen ***Anteilen an unbeweglichen*** und ***beweglichen Sachen*** zu ***differenzieren*** (*Oberhammer* in Angst/Oberhammer[3] § 311 Rz 11):

► Für die ***Exekution in Liegenschaftsanteile*** sind die ***Bestimmungen*** über die ***Liegenschaftsexekution*** (§§ 87, 97 Abs 1; 99 Abs 3, 131 und 238 EO) anzuwenden (3 Ob 112/66 SZ 39/159; 3 Ob 98/04i JBl 2005, 320 [*Holzner*] = NZ 2006/30, 152 = RPflE 2005/22, 37; LG Salzburg RPflE 2011/117, 247; vgl. auch *Frauenberger* in Burgstaller/Deixler-Hübner § 331 EO Rz 12).

► Die ***Exekution in Miteigentumsanteile*** des Verpflichteten ***an beweglichen Sachen*** hat nach JB 35 neu = SZ 12/28 ***nur*** nach den Bestimmungen der ***§§ 331 ff EO*** zu erfolgen (vgl. auch JBl 1930, 152 sowie RZ 1930, 175).

Dies gilt nur dann nicht, wenn alle Miteigentumsanteile von der Exekution erfasst sind (AnwZ 1934, 388 = GH 1934, 142 = JBl 1935, 62), was etwa dann der Fall sein kann, wenn die Miteigentümer einer beweglichen Sache für die betriebene Forderung ***solidarisch haften***.

Gepfändet werden kann hier nur das ***Gesamtrecht***, dh also der ***Miteigentumsanteil***, nicht aber Teilbefugnisse des Miteigentümers (ZBl 1928/305), wie etwa das Recht, Teilung zu verlangen (3 Ob 89/11a ecolex 2011/433 = wobl 2012/112 = MietSlg 63.075; RIS-Justiz RS0004202) (zu all dem mit weiteren Nachweisen aus der Judikatur ausführlich *Oberhammer* in Angst/Oberhammer[3] § 311 Rz 12; vgl. diesbezüglich weiter *Frauenberger* in Burgstaller/Deixler-Hübner § 331 EO Rz 33).

Der Teilungsanspruch wird bei beweglichen Sachen durch das ***Verfügungsverbot*** oder – wenn sich die Sache nicht in der Gewahrsame des Verpflichteten befindet – durch ***Doppelverbot gepfändet*** (der Drittbeteiligte ist innehabender Teilhaber) (*Rechberger/Simotta*, ExV Rz 775; *Holzhammer* ZVR[4] 364).

In der darauf folgenden ***Verwertungstagsatzung*** hat das Exekutionsgericht die ***zweckmäßigste Verwertungsart*** zu bestimmen. In Frage kommen der ***Zwangsverkauf***, bei fruchtbringender Sache die ***Zwangsverwaltung*** des Miteigentumsanteils sowie die ***Überweisung des Teilungsanspruchs zur Einziehung*** (§ 333 Abs 1 EO), welche in der Praxis am häufigsten ist.

Die Bestimmung des § 333 EO sieht ein ***zweistufiges Verwertungsverfahren*** für Fälle vor, in denen der Verpflichtete aufgrund des gepfändeten Rechts die Teilung einer Vermögensmasse und die Ausscheidung des ihm gebührenden Anteils beanspruchen kann (*Oberhammer* in Angst/Oberhammer[3] § 333 Rz 1).

Im ersten Schritt ist der ***betreibende Gläubiger*** auf Antrag zu ***ermächtigen***, das ***Recht des Verpflichteten in dessen Namen*** geltend zu machen (§ 333 Abs 1 EO); er hat etwa ***Kündigungen vorzunehmen*** und die ***Auseinandersetzung einzuleiten***. Der betreibende Gläubiger hat in der Folge die ***Auseinandersetzung*** – nötigenfalls mittels ***Teilungsklage*** (Drittschuldnerklage) gegen den sich widersetzenden Teilhaber – ***durchzuführen***. Die Drittschuldnerklage ist primär auf ***Realteilung*** (§ 351 EO), sekundär auf ***Zivilteilung*** (§§ 352 ff EO gerichtet).

Im zweiten Schritt hat es zur **Verwertung** des auf diese Weise ***herangezogenen Vermögens*** zu kommen (§ 333 Abs 2 EO). Die Verwertung selbst erfolgt in sinngemäßer Anwendung der in der EO für den ***jeweiligen Vermögensgegenstand vorgesehenen Verwertungsart*** – etwa Fahrnisexekution oder Liegenschaftsexekution – (*Oberhammer* in Angst/Oberhammer, EO³ § 333 Rz 5). Zu beachten ist, dass es keiner weiteren Pfändung mehr bedarf, um aus dem Erlös die vollstreckbare Forderung zu befriedigen ***(Surrogationsprinzip)***.

2. Wohnungseigentum

Die Exekution in das Wohnungseigentum – mit alleinigem Nutzungs- und Verfügungsrecht an selbständigen Räumlichkeiten – richtet sich nach den Bestimmungen der ***Liegenschaftsexekution*** (*Oberhammer* in Angst/ Oberhammer³ § 331 Rz 15). Der betreibende Gläubiger eines verpflichteten Wohnungseigentümers führt also ***Liegenschaftsexekution*** in ***dessen Wohnungseigentum***; eine ***Teilungsklage*** ist ***unzulässig***.

Beachte: Wird ein Miteigentumsanteil zwangsversteigert, sind die anderen Wohnungseigentümer insofern geschützt, als der Ersteher die durch das Wohnungseigentum bewirkten Beschränkungen übernehmen muss, selbst wenn sie im Rang der Forderung nachstehen (§ 11 Abs 3 WEG 2002).

Ein ***Wohnungseigentümer*** ist mittels Klage der Mehrheit der übrigen Wohnungseigentümer aus der ***Gemeinschaft wegen gemeinschaftswidrigen Verhaltens auszuschließen*** (§ 36 Abs 1 WEG 2002).

Nach ***Ablauf von drei Monaten*** nach dem Eintritt der ***Rechtskraft des Urteils über die Ausschlussklage*** kann auf ***Antrag eines Wohnungseigentümers*** die ***Versteigerung des Miteigentumsanteils*** und des damit ***verbundenen Wohnungseigentums*** nach den Bestimmungen der Exekutionsordnung über die Zwangsversteigerung durchgeführt werden (§ 36 Abs 4 WEG 2002); das Verfahren richtet sich dabei nach den §§ 133 ff EO (*Würth/Zingher/Kovanyi*, Miet- und Wohnrecht, II²³ § 36 WEG Rz 9) (vgl. zu §§ 133 ff EO oben Sechster Teil, IV.).

3. Partnerschaftswohnungseigentum

Die Zwangsvollstreckung in gemeinsames Wohnungseigentum einer Eigentümergemeinschaft nach §§ 13 ff WEG 2002 unterliegt dann der ***Liegenschaftsexekution***, wenn sich der ***Exekutionstitel gegen beide Ei-***

gentümer richtet; in dem Fall, dass sich der ***Exekutionstitel nur gegen einen*** der ***Partner*** richtet, ist nur dessen ***Anspruch auf Aufhebung des gemeinsamen Wohnungseigentums pfändbar*** (§ 13 Abs 3 WEG 2002).

Beachte: Exekutionsobjekt ist dabei aber nicht der bloße Aufhebungsanspruch, sondern der (selbständig nicht verkehrsfähige) ***Anteil des Verpflichteten am Mindestanteil*** (*Frauenberger* in Burgstaller/Deixler-Hübner § 331 EO Rz 16 mwN). Mit dem Exekutionsantrag nach § 331 EO ist zwingend ein Antrag auf Zwangsversteigerung des gesamten Mindestanteils zu verbinden; gesonderte Anträge sind abzuweisen (3 Ob 49/92 SZ 65/66; 3 Ob 128/91 RdW 1993, 42 = EFSlg 70.017).

In diesem Exekutionsverfahren hat der ***nichtverpflichtete Partner*** die Stellung einer Partei (auch wenn § 331 Abs 3 EO nur von „Beteiligter" spricht); ihm stehen zur Wahrung seiner Rechte alle ***Rechtsmittel des Verpflichteten*** zu; überdies kann er gegen die Exekution die ***Exszindierungsklage*** gem § 37 EO (nicht jedoch die Drittschuldnerklage) erheben, wenn sich die Exekution auf das Wohnungseigentumsobjekt bezieht, das ihm zur Befriedigung seines dringenden Wohnbedürfnisses dient (§ 13 Abs 3 EO).

Beachte: § 13 Abs 3 WEG 2002 regelt nach Meinung des OGH als *lex specialis* die Verwertbarkeit von Anteilen am Mindestanteil wegen Sonderschulden eines Eigentumspartners abschließend (5 Ob 135/08a; 5 Ob 136/08y immolex 2008/149 [*Neugebauer*]; 3 Ob 304/04h JBl 2005, 522 = wobl 2005/96, Call = ecolex 2005, 608 = NZ 2007, 217 [*Hoyer*]). Im Gegensatz dazu steht nach der Lehre – ausgehend von § 13 Abs 6 WEG 2002, wonach die Möglichkeit einer Teilungsklage eines Eigentümerpartners gegen den anderen besteht, wenn die Partner nicht verheiratet sind – einem Gläubiger eines der beiden Eigentümerpartner die Möglichkeit zu, den ***Mindestanteil nach § 331 EO pfänden und sich nach § 333 EO zur Erhebung der Teilungsklage ermächtigen zu lassen*** (*Oberhammer* in Angst/Oberhammer³ § 331 EO Rz 20a).

F. Exekution in Vorbehaltseigentum

Im Fall der Exekution in Vorbehaltseigentum hat der betreibende Gläubiger zwei Möglichkeiten: Er kann wählen zwischen der ***Exekution auf das Anwartschaftsrecht des Verpflichteten*** und der ***Fahrnisexekution auf die Vorbehaltssache***.

► In der ersten Variante wird auf das ***Anwartschaftsrecht des Verpflichteten gegriffen***. Exekutionsobjekt ist das ***Anwartschaftsrecht des Vorbehaltskäufers*** als Gesamtrecht, das sich aus dem ***aufschiebend bedingten Eigentum*** und dem ***Gestaltungsrecht auf Erwerb des Eigentums*** durch ***Zahlung des (Rest-)Kaufpreises*** zusammensetzt (*Oberhammer* in Angst/Oberhammer³ § 331 Rz 52 mwN aus Rsp und Lehre). Das Anwartschaftsrecht wird durch ***Doppelverbot*** (Verfügungsverbot an den Verpflichteten sowie Leistungsverbot an den Drittschuldner [falls vorhanden]) ***gepfändet*** und durch ***Überweisung zur Einziehung verwertet***.

Im Rahmen der Überweisung des Anwartschaftsrechts zur Einziehung hat der Überweisungsgläubiger den Kaufpreisrest zu zahlen (dieser wird zu Exekutionskosten). In der Folge wechselt das Pfandrecht nach dem ***Surrogationsprinzip*** rangwahrend vom Anwartschaftsrecht auf die Sache, die nun im ***Eigentum des Verpflichteten*** steht. Die ***Sache*** wird sodann ***verwertet*** und der ***Überweisungsgläubiger*** aus dem ***Erlös befriedigt*** (zu Details siehe *Oberhammer* in Angst/Oberhammer[3] § 331 Rz 55).

► Bei der ***Fahrnisexekution auf die Vorbehaltssache*** – als zweite Möglichkeit der Exekution auf Vorbehaltseigentum – kommt es zunächst zur ***Fahrnispfändung***, wobei das Vollstreckungsorgan im Pfändungsprotokoll das Vorbehaltseigentum vermerkt und den Vorbehaltseigentümer verständigt. In weiterer Folge macht der Vorbehaltseigentümer seinen ***Exszindierungsanspruch*** nach § 37 EO geltend (*Oberhammer* in Angst/Oberhammer[3] § 331 Rz 57) und teilt dem betreibenden Gläubiger den Kaufpreis mit.

Der betreibende Gläubiger hat nunmehr die ***Wahl*** zwischen ***Exekutionsverzicht*** und Zahlung des ***Kaufpreisrests*** (dieser wird wiederum zu Exekutionskosten).

Durch die Zahlung des Kaufpreisrests wird der betreibende Gläubiger ***Eigentümer der Pfandsache*** (§ 1422 ABGB), wobei ***Verstrickung*** und ***Pfändungspfandrecht aufrecht bleiben***.

Schlussendlich kommt es zur ***Zwangsverwertung*** der ***Gläubigersache*** unter ***Wahrung des Pfandrangs***; der Gläubiger führt in diesem Fall „Fahrnisexekution in die eigene Sache“ (*Holzhammer* ZVR[4] 372).

Achter Teil

Die Naturalexekution – Individualleistungsexekution

I. Allgemeines

Alle bislang behandelten Exekutionsarten verfolgten das Ziel, Geldforderungen, die dem betreibenden Gläubiger gegenüber dem Verpflichteten zustehen, im Exekutionsweg durchzusetzen.

Im Gegensatz dazu dient die Naturalexekution der Durchsetzung von ***nicht in Geld bestehenden Ansprüchen*** (Individualleistungen) des Gläubigers.

Die EO sieht in den §§ 346 – 358 EO sowie § 367 EO folgende Arten der Naturalexekution vor:

- Herausgabe oder Leistung von beweglichen Sachen (§§ 346 – 348 EO),
- Überlassung oder Räumung von unbeweglichen Sachen, Gegenständen des Bergwerkseigentums und Schiffen (§ 349 EO),
- Einräumung oder Aufhebung bücherlicher Rechte (§ 350 EO),
- Aufhebung einer Gemeinschaft, Grenzberichtigung sowie Versteigerung einer gemeinschaftlichen Liegenschaft (§§ 351 – 352c EO),
- Erwirkung von vertretbaren Handlungen (§ 353 EO),
- Erwirkung von unvertretbaren Handlungen (§ 354 EO),
- Erwirkung von Duldungen und Unterlassungen (§§ 355 – 358 EO) sowie
- Abgabe einer Willenserklärung (§ 367 EO).

All diesen Arten der Naturalexekution ist gemeinsam, dass ***kein richterliches Pfand- und Befriedigungsrecht*** begründet wird (*Heller/Berger/Stix* EO^4 III 2470).

Folglich entfällt auch die für die Einbringung von Geldforderungen typische Teilung des Exekutionsverfahrens in Pfändung, Verwertung und Verteilung (*Höllwerth* in Burgstaller/Deixler-Hübner Vor § 346 Rz 4).

Weiters ist zu beachten, dass bei sämtlichen Arten der Naturalexekution das vereinfachte Exekutionsbewilligungsverfahren nicht zur Anwendung kommt.

Die Durchsetzung von Individualleistungen erfolgt durch die Anwendung ***direkten*** oder ***indirekten Zwangs***.

Im Rahmen der ***direkten Naturalexekution*** erfolgt die Durchsetzung des geschuldeten Anspruchs durch Ausübung ***unmittelbaren Zwangs*** (etwa Wegnahme einer beweglichen Sache und anschließende Ausfolgung derselben an den betreibenden Gläubiger gemäß § 346).

Bei der ***indirekten Exekution*** wird der Anspruch durch die Verhängung so genannter Beugestrafen ***(Geld- und Haftstrafen)*** vollstreckt; diese kommen bei der Erzwingung von unvertretbaren Handlungen, Duldungen und Unterlassungen in Betracht.

Der Grund, warum bei der indirekten Exekution Beugestrafen verhängt werden, ist darin zu sehen, dass in diesen Fällen eine direkte Exekution ohne Mitwirkung des Verpflichteten nicht in Frage kommt.

§ 368 Abs 1 EO ordnet an, dass durch die Bestimmungen des Abschnitts über die Naturalexekution der Anspruch des betreibenden Gläubigers auf Leistung des ***Interesses wegen Nichterfüllung*** der dem Verpflichteten obliegenden Verbindlichkeit oder auf Ersatz des dadurch verursachten Schadens nicht berührt wird.

Primär ist diesbezüglich anzumerken, dass die soeben zitierte Bestimmung keine eigene (zivilrechtliche) Anspruchsgrundlage für Ersatzansprüche wegen Nichterfüllung schafft (*Klicka* in Angst/Oberhammer[3] § 368 EO Rz 1); ein materiell-rechtlicher Anspruch wird durch § 368 Abs 1 EO daher nicht begründet (RdW 1992, 242).

Die Bestimmung des § 368 Abs 1 EO bringt lediglich zum Ausdruck, dass die dem betreibenden Gläubiger aufgrund der Nichterfüllung zustehenden zivilrechtlichen Ansprüche durch eine mögliche Naturalexekution unberührt bleiben (*Rechberger/Oberhammer* ExR[5] Rz 426 mit zahlreichen Nachweisen aus der Rsp).

Bei der Geltendmachung eines Anspruchs des betreibenden Gläubigers auf das Interesse ist daher irrelevant, ob bereits eine auf die Naturalleistung gerichtete Klage oder ein Individualleistungsurteil, das der Verpflichtete nicht beachtet hat, vorliegt (Miet 31.825).

Andererseits schadet dem im materiellen Recht begründeten Anspruch auf das Interesse weder die Erlangung eines Leistungsurteils betreffend die Naturalverpflichtung noch eine in Folge versuchte Exekutionsführung (*Klicka* in Angst/Oberhammer[3] § 368 Rz 2).

Für die ***Interessenklage*** schafft § 368 Abs 2 EO – neben dem allgemeinen Gerichtsstand des Beklagten – einen zusätzlichen ***Wahlgerichtsstand*** beim Exekutionsgericht, sofern der Gläubiger die Interessenklage nach Beginn des Exekutionsverfahrens erhebt.

Beachte: Während laufender Individualleistungsexekution hat der betreibende Gläubiger nicht das Recht, auf das Interesse umzusteigen. Voraussetzung ist, dass entweder die Exekution erfolglos durchgeführt worden ist oder der betreibende Gläubiger auf die Fortsetzung des Exekutionsverfahrens verzichtet hat (§ 368 Abs 2 EO).

II. Die Exekution zur Erwirkung der Herausgabe oder Leistung von beweglichen Sachen (§§ 346 bis 348 EO)

Lit.: *Diem*, Die Möglichkeiten der Durchsetzung kartellgerichtlicher Entscheidungen, ÖZK 2013, 54; *Frauenberger*, Einstweiliger Rechtsschutz bei Besitzstörung (1993) 119f; *Jakusch*, Die EO-Novelle 2003, ÖJZ 2004, 201; *Knoll*, Einzelthemen zur Verwaltung des Vermögens Minderjähriger, RZ 2002, 74; *Laschober*, Ausgesuchte Themen zur Rechteexekution (§§ 331 ff EO) mit einem Exkurs zur Anspruchsexekution (§§ 325 ff EO), ÖRPfl 2011 H 2, 61); *Pfersmann*, Die Zulässigkeit sofortiger Sanktionen bei Zuwiderhandeln gegen einstweilige Verfügungen, ÖJZ 1955 H 18, 501; *Pirker*, Die Herausgabe von Arbeitspapieren, RZ 1990, 106; *Reich-Rohrwig*, Unternehmenskauf und Beteiligungserwerb, ecolex 1990, 140, 219; *Rintelen*, Exekution auf Sachen in fremder Gewahrsame und auf Leistungsansprüche (1903) 51, 69; *Rüffler*, Zum Inhalt der Gesellschafterhaftung gemäß § 128 HGB (Teil I und II), JBl 1999, 222 und 293; *Schumacher*, Zwangsvollstreckung in Wertpapiere (1995) 3, 57; *Swoboda*, Die praktischen Auswirkungen des Begriffes der „Gesamtsache“, RZ 1931, 93.

Diese Art der Exekution kommt immer dann zur Anwendung, wenn der betreibende Gläubiger einen Anspruch auf ***Herausgabe einer beweglichen Sache*** hat. Irrelevant ist, ob es sich dabei um einen ***obligatorischen*** oder ***dinglichen Herausgabeanspruch*** handelt; beide sind von § 346 EO erfasst.

Voraussetzung für ein Vorgehen nach § 346 EO ist, dass sich die herauszugebenden Sachen in der ***Gewahrsame des Verpflichteten*** befinden (siehe zum Begriff der Gewahrsame oben Siebenter Teil, III. C. 3.). Befinden sich die Sachen hingegen in der Gewahrsame einer ***dritten Person***, ist nach § 347 EO (dazu unten) vorzugehen.

Die exekutive Durchsetzung des Herausgabeanspruchs erfolgt durch ***zwangsweise Abnahme der Sachen*** durch das Vollstreckungsorgan und Übergabe derselben – gegen ***Empfangsbestätigung*** – an den betreibenden Gläubiger, wobei der Vollzugsauftrag an den Gerichtsvollzieher auch die Aufnahme eines Vermögensverzeichnisses nach § 346a EO erfasst (§ 346 Abs 1 EO).

Über den Vollzug hat der Gerichtsvollzieher ein Protokoll aufzunehmen. In diesem sind die abgenommenen Fahrnisse zu bezeichnen.

Weiters ist der Umstand ihrer Übergabe an den betreibenden Gläubiger oder die Gründe, warum die sofortige Übergabe unterblieben ist, anzuführen.

Schließlich hat das Protokoll auch die Empfangsbestätigung des betreibenden Gläubigers zu enthalten (*Höllwerth* in Burgstaller/Deixler-Hübner §§ 346, 346a EO Rz 27).

Mit der Wegnahme und Übergabe der Sache an den betreibenden Gläubiger ist die Exekution auch schon beendet (*Seiser*, ExR[10] 70).

Ein ***richterliches Pfand- oder Befriedigungsrecht*** wird gerade ***nicht begründet*** (*Holzhammer*, ZVR[4] 375).

Dies ergibt sich bereits daraus, dass der betreibende Gläubiger eben einen Anspruch auf Herausgabe einer Sache (etwa aus einem Leihvertrag oder aus dem Titel des Eigentums) hat.

Er hat allerdings keinen Anspruch auf geldmäßige Befriedigung, womit auch die Begründung eines (richterlichen) Pfand- oder Befriedigungsrechts bereits der Sache nach ausscheidet.

Der betreibende Gläubiger hat einen aus dem Titel resultierenden Anspruch auf Herausgabe; nur dies zu fordern ist er berechtigt (SZ 15/16).

Können die abzunehmenden Sachen aufgrund ihrer Beschaffenheit nicht körperlich abgenommen werden (z.B. Warenlager), ist nach § 427 ABGB (Übergabe durch Zeichen) vorzugehen (§ 348 Abs 1 S 1 EO).

Der Gerichtsvollzieher hat in diesem Fall die entsprechenden Urkunden (Ladenschein des Frachtführers) oder Werkzeuge (Schlüssel zum Warenlager) dem Verpflichteten abzunehmen und dem betreibenden Gläubiger zu übergeben (§ 348 Abs 1 S 2 EO).

Die Übergabe ist auf der Urkunde vom Gerichtsvollzieher anzumerken; andere notwendige urkundliche Erklärungen sind vom Exekutionsgericht oder aufgrund dessen Ermächtigung vom Gerichtsvollzieher abzugeben (§ 348 Abs 2 EO).

Der Umstand, dass die Exekution nach § 346 EO zu keinem Pfandrecht führt und die Pfändungsschutzbestimmungen nur für die Fahrnisexekution zur Hereinbringung von Geldforderungen gelten, sind der Grund dafür, warum bei der Herausgabeexekution die ***Bestimmungen über unpfändbare Gegenstände, vor allem § 250 EO, nicht anwendbar sind*** (*Höllwerth* in Burgstaller/Deixler-Hübner §§ 346, 346a EO Rz 3 mit zahlreichen Nachweisen aus Judikatur und Literatur).

Es können daher auch an sich unpfändbare Sachen nach § 346 EO herausverlangt werden (*Klicka* in Angst/Oberhammer[3] § 346 EO Rz 1).

Werden die Sachen, wegen deren Herausgabeexekution geführt wird, beim Verpflichteten nicht vorgefunden, hat er vor Gericht oder vor dem Vollstreckungsorgan anzugeben, wo sich diese Sachen befinden, oder dass er sie nicht besitze und auch nicht wisse, wo sie sich befinden (§ 346a Abs 1 EO).

Nur dann, wenn der betreibende Gläubiger glaubhaft machen kann, dass sich seit der (ersten) Vermögensangabe nach § 346a Abs 1 EO die Sachlage in Bezug auf die Innehabung der Sachen oder das Wissen des Verpflichteten geändert hat, kann der Verpflichtete auf Antrag desselben betreibenden Gläubigers und wegen desselben Anspruchs zur nochmaligen Vermögensangabe vor Gericht verhalten werden (§ 346a Abs 2 EO).

Auf die Vermögensangabe sind die Bestimmungen über das Vermögensverzeichnis (§§ 47 Abs 2, 48 EO) anzuwenden (§ 346a Abs 3 EO).

Bereits oben wurde darauf hingewiesen, dass, wenn sich die herauszugebenden Sachen in der ***Gewahrsame eines Dritten*** befinden, nicht nach

§ 346 EO, sondern nach § 347 EO vorzugehen ist. Die weitere Vorgehensweise hängt vom Verhalten dieses Dritten ab.

Ist er zur Herausgabe der Sache bereit, hat er die Sachen dem Gerichtsvollzieher zu übergeben, der sie an den betreibenden Gläubiger – wiederum gegen Empfangsbestätigung – übergibt (§ 347 Abs 1 EO).

In diesem Fall ist also so vorzugehen, als ob eigene Gewahrsame des Verpflichteten besteht (*Höllwerth* in Burgstaller/Deixler-Hübner § 347 EO Rz 3).

Ist der Dritte hingegen nicht bereit, die Sachen herauszugeben, muss sich der betreibende Gläubiger den Herausgabeanspruch des Verpflichteten gegen den Dritten überweisen lassen.

Auf die Überweisung sind die Vorschriften über die Überweisung zur Einziehung bei der Forderungsexekution (dazu oben Siebenter Teil, IV. E. 2.) sinngemäß anzuwenden (§ 347 Abs 2 EO).

Der betreibende Gläubiger ist durch die Überweisung ermächtigt, den Dritten auf Herausgabe zu klagen (*Klicka* in Angst/Oberhammer[3] § 347 EO Rz 1). Aus dem aus dieser Drittschuldnerklage resultierenden Titel kann der betreibende Gläubiger wiederum Exekution nach § 346 EO gegen den Dritten führen (*Neumayr/Nunner-Krautgasser*, ExR[3] 259).

Ein Vorgehen nach §§ 325 ff EO (Anspruchsexekution) ist im Falle der Verweigerung der Herausgabe (der Sachen) durch den Dritten unzulässig, da diese Bestimmungen ja der Befriedigung eines ***Geldanspruchs*** des betreibenden Gläubigers aus dem Verwertungserlös der herauszugebenden Sache dienen; bei der Naturalexekution geht es demgegenüber gerade nicht um die geldmäßige Befriedigung des Gläubigers (*Neumayr/Nunner-Krautgasser* aaO).

III. Die Überlassung oder Räumung von unbeweglichen Sachen, Gegenständen des Bergwerkseigentums und Schiffen (§ 349 EO)

Lit.: Angst, Exekutionsrechtliche Bestimmungen in der Zivilverfahrens-Novelle 1983, RZ 1983, 133; *Bechmann,* Rückstellungspflicht und Räumung der Wohnung, ÖJZ 1949, 513; *Czech,* Die Räumungsexekution, ImmZ 1952, 116; *Herz,* Die Einlagerung bei der Räumungsexekution, JBl 1956, 44; *Jesch,* Der Vollzug von Enteignungsbescheiden, ÖJZ 1969, 387; *Kininger,* Die „Übergabe" der geräumten Liegenschaft an den betreibenden Gläubiger, BeitrZPR III 243; *Kohn,* Zur Frage der Entfernung von Personen nach § 349, RZ 1904, 241; *Mini,* Die Räumungsexekution (2007); *Oberhammer,* Das Auftragsverfahren in Bestandsstreitigkeiten (1992) 126 ff; *Oberhammer,* Einstellung der Räumungsexekution infolge eines Wiedereinsetzungsantrages des Verpflichteten und § 75 EO, wobl 1993, 129; *Oberhammer,* „Änderung der Abgabestelle" durch Delogierung und Hinterlegung ohne vorausgehenden Zustellversuch, wobl 1994, 18; *Oberhammer,* Aufschiebung der Räumungsexekution und Fortsetzung beendigter Bestandverhältnisse im gerichtlichen Ausgleich, ZIK 1998, 1; *Petschek*, Zivilprozessrechtliche Streitfragen (1933) 220ff; *Reckenzaun*, Räumungsexekution – Änderungen im Ausgleich nach dem IRÄG 1997, immolex 1997, 277; *Rosifka*, Die Rückstellung des Bestandgegenstands - ein Update, immolex 2011, 198; *Ruttar*, Die zwangsweise Räumung, ImmZ 1952, 116; *Schaar*, Rechte und Pflichten des Erstehers bei exekutivem Liegenschaftserwerb (1993), 101 ff; *Schmid*, Zur Mitwirkung der Gemeinde an der Delogierung, ÖJZ 1953, 647; *Schmid*, Zur Mitwirkung der Exekutive an der Delogierung, ÖJZ 1954, 133; *Sprung/Mayr*, Die Befristung bestandrechtlicher Exekutionstitel (§ 575 ZPO), wobl 1990, 4; *Thiele*, Ansprüche bei Einlagerung, Verwertung, Herausgabe und Beseitigung von geräumten Fahrnissen, immolex 1999, 205.

Ist der Schuldner nach dem Exekutionstitel verpflichtet, eine ***Liegenschaft*** bzw. einen Teil derselben, einen ***Gegenstand des Bergwerkeigentums*** oder ein ***Schiff zu überlassen oder zu räumen***, ist nach § 349 EO vorzugehen. Ziel der Räumungsexekution ist es, dem betreibenden Gläubiger die faktische Verfügungsgewalt über die unbewegliche Sache zu verschaffen (MietSlg 6159). § 349 EO regelt somit die exekutive Durchsetzung der ***Überlassung*** oder ***Räumung unbeweglicher Sachen*** (*Höllwerth* in Burgstaller/Deixler-Hübner § 349 Rz 1).

Beachte: Nach dem OGH kann die Entfernung eines Überbaus nicht nach § 349 Abs 1 EO erzwungen, sondern nur durch Erwirkung eines entsprechenden Exekutionstitels mit einer Exekution nach § 353 EO (dazu unten VI.) durchgesetzt werden (JusGuide 2015/24/13678).

Die Vollstreckung eines Anspruchs nach § 349 EO folgt dergestalt, dass das Vollstreckungsorgan die zu diesem Zweck erforderliche ***Entfernung von Personen und beweglichen Sachen*** vorzunehmen und den betreibenden Gläubiger in den ***Besitz des zu übergebenden Gegenstands*** zu setzen hat.

In dem Fall, dass bei Liegenschaften auch deren Zubehör zu übergeben ist, kommen die §§ 346 – 348 EO (siehe dazu soeben oben unter II.) sinngemäß zur Anwendung (§ 349 Abs 1 S 1 und S 2 EO).

Die Räumung wird allerdings kraft ausdrücklicher gesetzlicher Anordnung nur dann vollzogen, wenn der betreibende Gläubiger die zur Öffnung der Räumlichkeiten und zur Wegschaffung der zu entfernenden beweglichen Sachen erforderlichen Arbeitskräfte und Beförderungsmittel bereitstellt (§ 349 Abs 1 S 3 EO).

Kommt der betreibende Gläubiger dem nicht nach, kommt es zu einem ***faktischen Stillstand*** des Exekutionsverfahrens bis zu dem Zeitpunkt, an dem der betreibende Gläubiger einen Antrag auf neuerliche Durchführung der Räumungsexekution einbringt (*Neumayr/Nunner-Krautgasser*, ExR^3 260).

Die faktische Entfernung von Personen und Fahrnissen erfolgt erforderlichenfalls durch die Anwendung ***direkten Zwangs*** durch das Vollstreckungsorgan (nötigenfalls mit Unterstützung der Sicherheitsorgane nach § 26 Abs 2 EO).

In der Praxis typischer Anwendungsfall von § 349 EO ist die ***Delogierung von Mietern, Pächtern oder Nutznießern*** (*Heller/Berger/Stix* EO[4] III 2485).

Die wegzuschaffenden beweglichen Sachen, welche nicht den Gegenstand der Exekution bilden, sind durch das Vollstreckungsorgan dem Verpflichteten oder im Falle seiner Abwesenheit seinem Bevollmächtigten oder einer zur Familie des Verpflichteten gehörigen oder in dieser beschäftigten erwachsenen Person zu übergeben.

In Ermangelung einer zur Übernahme befugten Person sind diese Sachen auf Kosten des Verpflichteten durch das Vollstreckungsorgan anderweitig in Verwahrung zu bringen. Wenn der Verpflichtete in weiterer Folge die Rückforderung der Sachen verzögert oder mit der Berichtigung der Verwahrungskosten säumig ist und auch von niemandem Rechte an den Sachen geltend gemacht werden, sind diese auf Verfügung des Exekutionsgerichtes nach vorgängiger Androhung für Rechnung des Verpflichteten zu verkaufen; der Verkauf der Sachen ist von Amts wegen oder auf Antrag anzuordnen (§ 349 Abs 2 EO).

Auf das Verkaufsverfahren selbst sind – mangels näherer Regelungen – die Bestimmungen über den Verkauf bei der Fahrnisexekution anzuwenden. Zweck der Fahrnisverwertung ist die möglichst rasche Beendigung der Kosten verursachenden Verwahrung (*Seiser*, ExR[10] 72). Der nach Deckung der Verwahrungs- und Veräußerungskosten übrig bleibende Verkaufserlös ist für den Verpflichteten gerichtlich zu hinterlegen (§ 349 Abs 3 EO).

So wie andere Exekutionsarten auch, kann auch die Räumungsexekution grundsätzlich nur gegen den im Titel als Verpflichteten genannten bewilligt werden; nur diesen Verpflichteten trifft die Pflicht zur Räumung (*Heller/Berger/Stix* EO[4] III 2493).

Nach hM ist die Räumungsexekution aber auch gegen all jene Personen zulässig, die ihr Benützungsrecht lediglich vom ***Bestandnehmer ableiten*** (*Rechberger/Oberhammer* ExR[5] Rz 431).

Dies ergibt sich aus der Bestimmung des § 568 ZPO, die normiert, welche Personen im Rahmen der Räumungsexekution gegen den Verpflichteten zu entfernen sind (vgl. *Frauenberger* in Rechberger, ZPO[4] § 568 ZPO Rz 1).

Zu den Personen, die ihr Benützungsrecht lediglich vom Bestandnehmer ableiten gehören insbesondere Untermieter, Familienangehörige, Angestellte oder Hausbesorger mit Dienstwohnung (*Klicka* in Angst/Oberhammer[3] § 349 EO Rz 22).

Der Exekutionstitel besitzt allerdings keine Wirksamkeit gegen Personen, die ***kraft eigenen Rechts*** befugt sind, in dem zu räumenden Objekt zu bleiben (*Seiser*, ExR[10] 71).

Behauptet ein Dritter, dass ihm ein die Räumungsexekution hinderndes Recht zusteht, hat er dies mit Exszindierungsklage nach § 37 EO geltend zu machen; dies ist allerdings nur solange möglich, als die Exekution nach § 349 EO noch nicht beendet ist.

Die ***Räumungsexekution ist beendet***, wenn das zu räumende Objekt nach Entfernung des Verpflichteten sowie der Fahrnisse dem betreibenden Gläubiger übergeben worden ist (RPflE 1995/38; 3 Ob 120/55); sie geht der Exekution nach den §§ 353 und 354 EO (dazu unten VI. und VII.) als speziellere Norm vor (Miet 37.833/20).

Da die Räumungsexekution für den Verpflichteten oftmals einen massiven Eingriff darstellt, existieren zu seinen Gunsten verschiedene Schutzbestimmungen in Form von Aufschiebungsgründen (siehe zur Aufschiebung allgemein oben Vierter Teil, XI.):

► Die Räumungsexekution ist auf Antrag des ehemaligen Mieters um drei Monate aufzuschieben, wenn dieser der ***Gefahr der Obdachlosigkeit*** ausgesetzt ist und die Aufschiebung dem betreibenden Vermieter nach Lage der Verhältnisse zugemutet werden kann.

Bei ***besonders berücksichtigungswürdigen Umständen*** kann darüber hinaus ein weiterer Aufschub, jedoch höchstens zweimal und jeweils nicht länger als drei Monate, bewilligt werden (§ 35 MRG).

► Der ***Scheinuntermieter***, der in Wahrheit Hauptmieter wäre, aber zur Umgehung des Mieterschutzes Untermieter ist, wird durch § 34a MRG geschützt. Danach ist mit der Räumung zunächst innezuhalten, wenn der Mieter glaubhaft macht, dass die Räumungsexekution zur Umgehung seiner Ansprüche auf Anerkennung als Hauptmieter vollzogen werden soll.

In diesem Fall kann der Mieter bei Stellung eines Antrags auf Anerkennung als Hauptmieter die Aufschiebung der Räumungsexekution beantragen (*Klicka* in Angst/Oberhammer[3] § 349 EO Rz 47).

► Schließlich hat der betreibende Gläubiger bei Exekutionstiteln, die aus einem Bestandverfahren resultieren, die Zwangsvollstreckung ***binnen sechs Monaten*** nach Ablauf der Räumungsfrist, zu beantragen; wird die Frist nicht eingehalten, tritt der Räumungstitel außer Kraft (§ 575 Abs 3 ZPO).

IV. Die Einräumung oder Aufhebung bücherlicher Rechte (§ 350 EO)

Lit.: *P. Bydlinski*, Grund- und Einzelfragen des Liegenschaftserwerbs, ausgehend vom mündlichen Grundstückskauf, NZ 2015/94, 281; *Höllwerth*, Mit dem Scheidungsfolgenvergleich zum Wohnungseigentum an der Liegenschaft des geschiedenen Ehepartners, EF-Z 2010/157, 233; *Holeschofsky*, Erbe und bürgerlicher Vormann; Bemerkungen zu § 24 GBG, JBl 1979, 353; *Hoyer*, Gilt § 440 ABGB noch? Oder: Was leistet das Grundbuchsverfahren für das materielle Recht? JBl 1994, 645; *Kilches*, Exekution auf Internet-Domains, RdW 2001/425, 390; *Regenspursky*, „Die grundbücherliche Anmerkung des Gutsübernahmsrechtes", Eine Erwiderung, ÖJZ 1950, 447; *Stöckl*, Die grundbücherliche Anmerkung des Gutsübernahmsrechtes, ÖJZ 1950, 296; *Urbanek*, Aspekte der zwangsweisen Durchsetzung mündlicher Kaufverträge aus Käufersicht, Zak 2008/525, 303.

§ 350 EO regelt die exekutive Durchsetzung von ***Ansprüchen auf Einräumung, Übertragung, Beschränkung oder Aufhebung eines bücherlichen Rechts***.

Die Exekution eines derartigen Anspruchs geschieht durch die ***Vornahme der bezüglichen bücherlichen Eintragung*** (§ 350 Abs 1 EO) und ist damit auch schon beendet (EvBl 1961/63).

Eine Exekution nach § 350 EO erfordert somit einen Titel, der dem betreibenden Gläubiger einen Anspruch auf Einräumung, Übertragung, Beschränkung oder Aufhebung eines bücherlichen Rechts einräumt (§ 350 Abs 1 EO).

Dieser Exekutionstitel wird in aller Regel die Verpflichtung zur Einwilligung in die Vornahme der bücherlichen Eintragung aussprechen (*Höllwerth* in Burgstaller/Deixler-Hübner § 350 Rz 6).

Ein Exekutionstitel nach § 350 EO muss keine formelle ***Aufsandungserklärung*** des Verpflichteten enthalten; diese wird durch die Exekutionsbewilligung ersetzt (§ 350 Abs 5 EO; LG Klagenfurt NZ 1984, 157/18).

Unter dem Begriff Aufsandungserklärung versteht man die ausdrückliche Erklärung desjenigen, dessen Recht beschränkt, belastet, aufgehoben oder übertragen werden soll, dass er in die Einverleibung einwilligt (*Koziol/Welser*, Bürgerliches Recht I[14] Rz 1130).

Sonstige zum Rechtserwerb erforderliche behördliche Genehmigungen (wie etwa Unbedenklichkeitsbescheinigung oder grundverkehrsbehördliche Genehmigung) sind dem Exekutionsantrag jedenfalls beizuschließen, da diese durch den Exekutionstitel nicht ersetzt werden (*Seiser*, ExR[10] 72).

Beachte: Neben der Möglichkeit, die Einräumung oder Aufhebung bücherlicher Rechte nach § 350 EO durchsetzen zu lassen, steht es dem betreibenden Gläubiger frei, nach § 367 EO ***(Abgabe einer Willenserklärung)*** vorzugehen (*Neumayr/Nunner-Krautgasser*, ExR[3] 262).

Wie unten (IX.) noch aufzuzeigen sein wird, gilt im Rahmen des § 367 EO die abzugebende Willenserklärung (Aufsandungserklärung) mit Rechtskraft des Titels als abgegeben. Daher kann der betreibende Gläubiger aufgrund der Titelurkunde im (außerstreitigen) Grundbuchsverfahren die entsprechenden Eintragungen beantragen (*Rechberger/Oberhammer* ExR[5] Rz 433).

Wählt der betreibende Gläubiger diese Vorgangsweise, hat er die für die Grundbuchseintragung entstehenden Kosten selbst zu tragen; geht er nach § 350 EO vor, sind die Kosten als Exekutionskosten anzusehen, die den Verpflichteten treffen (*Neumayr/Nunner-Krautgasser*, ExR[3] 262).

V. Aufhebung einer Gemeinschaft, Grenzberichtigung sowie Versteigerung einer gemeinschaftlichen Liegenschaft (§§ 351 bis 352c EO)

Lit.: *Angst*, Exekutionsrechtliche Bestimmungen in der ZVN 1983, RZ 1983, 130 f; *Angst*, Liegenschaftsbewertung im Zwangsversteigerungsverfahren, Sach 2002, 17; *Angst*, Die zivil- und vermessungsrechtliche Bedeutung der Festlegung von Grundstücksgrenzen im Zuge von Grundstücksvermessungen, NZ 2010/49, 197; *Derbolav*, Zur Problematik der Klage auf Teilung in Wohnungseigentum, WoBl 2002, 160; *Derbolav*, Nochmals zur Klage auf „Teilung“ in Wohnungseigentum, WoBl 2003, 4; *Fischer/Pochmarski*, Urteil ohne Klage – eine Anomalie des Gesetzes? JBl

2008, 635; *Gassl*, Die Teilung, ImmZ 1970, 327; *Holzner*, Ausschluss der Zivilteilung durch § 364c ABGB, JBl 2004, 477; *Höllwerth*, Mit dem Scheidungsfolgenvergleich zum Wohnungseigentum an der Liegenschaft des geschiedenen Ehepartners, EF-Z 2010/157, 233; *Höllwerth*, Die Teilungsklage im Überblick, EF-Z 2008/127, 198; *Jakusch*, Die Exekutionsordnungsnovelle 2000 – Ein Überblick, ZIK 2000/99, 81; *Kollenprat/B. Bauer*, Erneuerung und Neufestlegung von Grenzen; Vorgehen in Gerichtsverfahren und anlässlich agrarischer Operationen, NZ 2006/4; *Köllensperger*, Worauf zielt das Begehren der Teilungsklage? Zur Aufhebung der Miteigentumsgemeinschaft de lege lata und de lege ferenda, ÖJZ 2015/84, 651; *Lehrfreund*, Einige Bemerkungen zu § 351 EO, JBl 1903, 114; *Markl/Schimetschek*, Die Aufhebung der Eigentumsgemeinschaft, ImmZ 1980, 303; *Mini*, Die neue Zwangsversteigerung von Liegenschaften (2000); *Mini*, Exekutionsverfahren³ (2015); *Mohr*, Die Exekutionsordnungs-Novelle 2000 – ein Überblick, ZIK 2000/99, 81; *Mohr*, Die neue Zwangsversteigerung, ecolex spezial (2000); *Mohr*, Die Zwangsversteigerung einer Liegenschaft nach der Exekutionsordnungs-Novelle 2000, immolex 2000, 275; *Oberhofer*, Die Aufhebung von Miteigentumsgemeinschaften an bebauten Grundstücken, WoBl 1994, 58; *Obermaier*, Kostenseitig – Kostenfragen im Verfahren wegen Realteilung, ÖJZ 2013/103; *Obermaier*, Kostenseitig. Zu den Kosten des Grenzberichtigungsverfahrens, ÖJZ 2014/48, 288; *Rechberger*, Das ganz legale Chaos. Bemerkungen zu „verfahrenen" Verfahrenslösungen der Landesgrundverkehrsgesetze, in GS Hofmeister (1996) 609; *Rechberger*, Exekutionsverfahren Superädifikate, in *Kletečka/Rechberger/Zitta* (Hrsg), Bauten auf fremden Grund² (2004); *Retter*, Richterliche Grundstücksteilung und verwaltungsbehördliche Genehmigung, ZfV 1993, 339; *Schmid*, Die zwangsweise Durchsetzung des Anspruches auf Aufhebung der Gemeinschaft, GerZ 1900, 249, 261; *Swoboda*, Die Aufhebung der Gemeinschaft, ZBl 1926, 815; *C. Twaroch*, Nochmals: Zur Festlegung der Grundstücksgrenzen im Zuge von Grundstücksvermessungen, NZ 2011/9, 42; *Würth*, Richterseminar zum neuen Mieten- und Wohnungseigentumsrecht, WoBl 1996, 93; *Ziehensack*, Die Aufhebung der Eigentumsgemeinschaft (1998); *Zierl*, Die Aufgaben des Grundbuchs und des Vermessungsamtes bei der Teilung von Waldgrundstücken, ÖJZ 1986, 721.

Zunächst ist bei dieser Form der Naturalexekution dahingehend zu unterscheiden, ob die Teilung des gemeinsamen Vermögens durch ***Natural-*** oder ***Zivilteilung*** erfolgen soll.

Die Naturalteilung umfasst die ***körperliche Teilung unbeweglicher und beweglicher Sachen*** (*Rechberger/Simotta*, ExV² Rz 806); Voraussetzung ist, dass der Exekutionstitel auf Naturalteilung lautet (MietSlg 38.046/11; EvBl 1960/352).

Ist die Realteilung ***unmöglich*** oder ***untunlich***, ordnet § 843 ABGB die ***Aufhebung der Miteigentumsgemeinschaft durch Zivilteilung*** an; die Zivilteilung ist gegenüber der Realteilung daher subsidiär. Im Gegensatz zur Realteilung, hat der Exekutionstitel bei der Zivilteilung selbstredend auf Zivilteilung zu lauten.

Das Ziel des Verfahrens bei der Zivilteilung ist erreicht, wenn der Verkauf der gemeinschaftlichen Sache erfolgt ist und der daraus resultierende Erlös unter den Teilhabern aufgeteilt ist (*Höllwerth* in Burgstaller/Deixler-Hübner § 352 Rz 1).

Der Exekutionstitel hat jedenfalls auszusprechen, ob das gemeinschaftliche Vermögen durch Real- oder Zivilteilung aufgeteilt werden soll; andernfalls kann mangels Bestimmtheit des Titels die Exekution nicht bewilligt werden (*Holzhammer*, ZVR⁴ 383).

Beachte: Ist eine gemeinschaftliche Sache real zu teilen, ist nach § 351 EO vorzugehen, lautet der Exekutionstitel allerdings auf Zivilteilung, nach § 352 EO (*Seiser*, ExR[10] 73).

Das Teilungsurteil ist ein so genanntes ***iudicium duplex*** (SZ 16/217); es berechtigt jeden Teilhaber – also nicht nur den Teilungskläger, sondern auch alle Teilungsbeklagten – zum Exekutionsantrag (vgl. RPflE 1963/39). Alle Miteigentümer sind verpflichtete Partei (*Rechberger/Oberhammer* ExR[5] Rz 434).

Die Klage auf Aufhebung der Miteigentumsgemeinschaft wird als ***unvollkommene Rechtsgestaltungsklage*** angesehen (*Klicka* in Angst/Oberhammer[3] § 351 EO Rz 1). Das dieser Klage stattgebende Rechtsgestaltungsurteil bewirkt zwar die Aufhebung der Gemeinschaft, allerdings hat erst der Vollzug der Teilung (Real- oder Zivilteilung) das endgültige Erlöschen des Miteigentums zur Folge (RIS-Justiz RS0113831).

§ 351 EO regelt die Durchführung der Naturalteilung von Sachen, wobei sowohl bewegliche als auch unbewegliche Sachen erfasst werden (*Heller/Berger/Stix* EO[4] III 2523).

► Die Realteilung beweglicher Sachen erfolgt dergestalt, dass bestimmte ***Gegenstände nach Zweckmäßigkeitserwägungen den einzelnen Parteien zugewiesen und allfällige Wertunterschiede durch Geld ausgeglichen*** werden (*Tanczos/Eliskases* in Rummel/Lukas, ABGB[4] § 843 Rz 3 ff).

► Die Teilung von Liegenschaften erfolgt durch ***Zuweisung von wertmäßig den jeweiligen Miteigentumsanteilen möglichst entsprechenden Teilflächen an die einzelnen Teilhaber*** (*Höllwerth* in Burgstaller/Deixler-Hübner § 351 Rz 23).

Dabei sind Bonität, Widmung und Verwendbarkeit der Teilflächen zu berücksichtigen (LGZ Wien MietSlg 29.707 mwN). Bei verbleibenden Wertunterschieden hat – so wie bei der Realteilung von beweglichen Sachen auch – Geldausgleich zu erfolgen (MietSlg 34.083).

Ein konkretes Verfahren auf Teilung einer gemeinschaftlichen Liegenschaft beginnt zunächst mit der Anberaumung einer Tagsatzung an Ort und Stelle durch den Richter. Lässt sich bei dieser Tagsatzung keine Einigung zwischen den Parteien erzielen, hat die Teilung der Sache unter Beachtung der Vorschriften der §§ 841 – 849 ABGB zu erfolgen (MietSlg 38.046/11). Zunächst hat der Richter einen Sachverständigen aus dem Vermessungswesen mit der Verfassung eines Teilungsplans, der jeder Partei soviel zuweist, wie ihrem ideellen Anteil entspricht, zu beauftragen (*Seiser*, ExR[10] 72 f).

Vor Erlassung des Teilungsbeschlusses hat das Gericht jedenfalls allen Beteiligten Gelegenheit zu Stellungnahme, insbesondere zum Gutachten des Sachverständigen über die Größe und Gleichwertigkeit der Grundstücke, zu geben und allenfalls dagegen erhobene Bedenken zu behandeln (LGZ Wien MietSlg 30.845). Der sich daran anschließende Teilungsbeschluss hat den ausdrücklichen Ausspruch zu enthalten, dass der Besitz an den Teilflächen den Teilhabern unter Bezeichnung der Grenzen zugewiesen wird (LGZ Wien MietSlg 29.709).

Nach Rechtskraft des Teilungsbeschlusses beauftragt das Gericht den Sachverständigen mit der Vermarkung der neuen Grenzen (*Neumayr/Nunner-Krautgasser*, ExR[3] 264).

► Die „Realteilung" einer bebauten Liegenschaft durch ***Begründung von Wohnungseigentum*** (§ 3 Abs 1 Z 3 WEG 2002) ist ebenfalls nach § 351 EO durchzuführen; nach der Rsp des OGH stellt dies eine Sonderform der Naturalexekution dar (SZ 69/111 = MietSlg 48/21 = ecolex 1996, 594 m Anm *Kletečka*).

In einem derartigen Fall ist es ausreichend, wenn der Exekutionstitel die Aufhebung der Miteigentumsgemeinschaft durch Begründung von Wohnungseigentum anordnet; konkrete Teilungsvorschläge muss der Exekutionstitel (noch) nicht enthalten (NZ 2001, 340 = bbl 2000/170 = MietSlg 52.044).

Falls die Nutzwertfeststellung nicht bereits im Rahmen des Erkenntnisverfahrens erfolgte, hat die Parifizierung und die konkrete Zuteilung der einzelnen Wohnungsobjekte im Exekutionsverfahren zu erfolgen (immolex 2003, 177/95 = EvBl 2002/201 = RPflE 2002/147).

► Ist eine Realteilung unmöglich oder untunlich (§ 843 ABGB) und lautet der Exekutionstitel daher auf ***Zivilteilung einer unbeweglichen Sache***, steht jedem der Teilhaber das Recht zu, die Versteigerung der gemeinschaftlichen Liegenschaft zu beantragen (§§ 352 – 352c EO).

Wie bereits oben erwähnt, liegt der Zweck der Zivilteilung im Verkauf der gemeinsamen Liegenschaft sowie der daran anschließenden Verteilung des Verkaufserlöses an die Teilhaber.

Beachte: Die §§ 352 – 352c EO gelten für die exekutive Zivilteilung von Liegenschaften und – seit der EO-Novelle 2000 – auch für die Zivilteilung von Superädifikaten (*Höllwerth* in Burgstaller/Deixler-Hübner § 352 Rz 5).

Für die ***Zivilteilung beweglicher Sachen*** existieren keine eigenen Regelungen (*Rechberger/Simotta*, ExV^2 Rz 810). Es sind daher die Regelungen über die Fahrnisexekution (§§ 249 ff EO) heranzuziehen (*Rechberger/Oberhammer* ExR^5 Rz 436).

§ 352 EO bestimmt, dass auf das Verfahren der Zivilteilung die Regelungen über die Zwangsversteigerung von Liegenschaften (dazu oben Sechster Teil, IV.) sinngemäß anzuwenden sind; dies allerdings mit folgenden (wesentlichen) Abweichungen:

- Die dem betreibenden Gläubiger oder dem Verpflichteten im Verfahren eingeräumten Rechte und auferlegten Pflichten treffen alle Miteigentümer (§ 352 Z 1 EO)
- Die Vorlage eines Interessentenverzeichnisses ist nicht erforderlich (§ 352 Z 2 EO)
- Die Exekutionsbewilligung ist dem Verkaufsberechtigten zuzustellen; er ist zum Versteigerungstermin zu laden (§ 352 Z 3 EO)
- Dinglich Berechtigte sind nicht Beteiligte des Verfahrens; sie sind nicht einzuvernehmen und nicht zu Tagsatzungen zu laden; weiters sind ihnen Beschlüsse nicht zuzustellen (§ 352 Z 4 EO)

- Die Einstellung des Exekutionsverfahrens nach § 39 Abs 1 Z 6 EO bedarf auch der Zustimmung des Verpflichteten (§ 352 Z 5 EO)
- In Bezug auf die Kosten des Verfahrens gilt § 351 Abs 3 EO und nicht § 74 EO (§ 352 Z 6 EO)

Die entstandenen Barauslagen sind auf die Parteien im Verhältnis ihrer Miteigentumsanteile aufzuteilen. Barauslagen, die eine Partei in einem darüber hinausgehenden Ausmaß vorläufig bestritten hat, sind ihr, soweit sie zur Rechtsverwirklichung notwendig waren, auf Antrag zu erstatten.

Sowohl der betreibende Gläubiger als auch der Verpflichtete können von den gesetzlichen Bestimmungen ***abweichende Versteigerungsbedingungen*** vorlegen.

Der betreibende Gläubiger kann dies mit dem Exekutionsantrag, die verpflichtete Partei innerhalb von 14 Tagen nach Zustellung der Exekutionsbewilligung tun. Hierüber ist eine Tagsatzung abzuhalten, zu der alle Miteigentümer zu laden sind.

Die abweichenden Versteigerungsbedingungen sind vom Gericht zu genehmigen, wenn alle übrigen Miteigentümer zustimmen und die (abweichenden) Bedingungen keine unerlaubten und ungültigen Bestimmungen enthalten (§ 352a Abs 1 EO).

Die ***Rechte dinglich Berechtigter*** bleiben von der Versteigerung jedenfalls unberührt; sie sind vom Ersteher ohne Anrechnung auf das Meistbot zu übernehmen, auch wenn sie durch das Meistbot nicht gedeckt sind. Abweichungen hiervon sind unzulässig (§ 352a Abs 2 EO).

Das geringste Gebot ist der ***Schätzwert***; abweichende Versteigerungsbedingungen können anderes vorsehen, jedoch nicht weniger als drei Viertel des Schätzwerts (§ 352a Abs 3 EO).

Eine Schätzung ist nicht notwendig, wenn sich die Miteigentümer vor dem Schätzungstermin auf einen Ausrufpreis einigen. Im Versteigerungsedikt ist auf die unterlassene Schätzung hinzuweisen (§ 352a Abs 4 EO).

Beachte: Die Frist des § 169 Abs 2 EO, wonach zwischen Versteigerungsbewilligung und -termin mindestens drei Monate liegen müssen, gilt nicht (§ 352b Z 1 EO). Der Verpflichtete ist vom Bieten nicht ausgeschlossen (§ 352b Z 2 EO).

Wird während des Versteigerungstermins kein Gebot abgegeben, hat das Gericht eine Frist von vier bis acht Wochen festzulegen, innerhalb derer schriftliche Angebote abgegeben werden können; diese dürfen den Schätzwert um ein Viertel unterschreiten und sind in einem verschlossenen Kuvert abzugeben.

Der Inhalt der schriftlichen Angebote ist bis zur Öffnung durch den Richter von der Akteneinsicht ausgenommen. Unverzüglich nach Ablauf der Frist hat der Richter eigenhändig sämtliche Kuverts zu öffnen und den Bieter mit dem höchsten Angebot zum Erlag des Vadiums binnen 14 Tagen aufzufordern. Nach rechtzeitigem Erlag des Vadiums ist dem Bestbieter der Zuschlag zu erteilen (§ 352b Z 3 und Z 4 EO).

VI. Die Exekution zur Erwirkung von vertretbaren Handlungen (§ 353 EO)

Lit.: *Burgstaller*, Beugestrafen zur Durchsetzung von Zivilurteilen, ÖJZ 2000, 134; *Cerha*, Das Unterlassen ist zu unterlassen - zur Exekution nachbarrechtlicher Immissionsabwehransprüche, immolex 2012, 271; *Diem*, Die Möglichkeiten der Durchsetzung kartellgerichtlicher Entscheidungen, ÖZK 2013, 54; *Jakusch*, Die Exekutionsordnungsnovelle 2000 – Ein Überblick, ZIK 2000/99, 81; *Jakusch,* Exekution auf Internet-Domains, RdW 2001, 580; *Kilches,* Exekution auf Internet-Domains, RdW 2001, 390; *Kininger*, Einstweilige Verfügungen zur Sicherung von Rechtsverhältnissen (1991) 42; *Klicka,* Zum Umfang der Unterlassungsexekution nach § 355 EO, wbl 2003, 260; *Konecny*, Einstweilige Verfügungen in Bestandstreitigkeiten, JBl 1994, 18f; *Lepeska*, Der verschuldensunabhängige Beseitigungsanspruch nach dem ABGB als Instrument des Umweltschutzes, RdU 2000, 97; *Oberhofer*, Die entstandene Ersatzverpflichtung als Schadensbild, ÖJZ 1995, 182, 184; *Pick*, Zur Auslegung des § 353, GH 1912, 247; *Pirker*, Die Herausgabe von Arbeitspapieren, RZ 1990, 111; *Rassi*, Verfahrensrechtliche Fragen der Bucheinsicht, ÖJZ 1997, 899; *Rosifka*, Die Rückstellung des Bestandgegenstands – ein Update, immolex 2011, 198; *Schmidt*, Unterlassung, Beseitigung und … ?, RdW 1990, 2; *Wahle*, Wie wird die Verpflichtung, nach einem bestimmten Orte zu liefern, vollstreckt? JBl 1923, 134; *Zangl,* Die Ersatzvornahme in der Naturalexekution (2005).

Die Durchsetzung von Ansprüchen hat nach § 353 EO zu erfolgen, wenn der Verpflichtete eine Handlung vorzunehmen hat, deren Vornahme durch einen Dritten erfolgen kann (§ 353 Abs 1 EO); entscheidend ist dabei, dass dies aus der Sicht des betreibenden Gläubigers zu beurteilen ist.

Es darf für den Gläubiger ***keinen rechtlichen oder wirtschaftlichen Unterschied*** machen, ob die vorzunehmende Handlung vom Verpflichteten selbst oder einem geeigneten Dritten erbracht wird (3 Ob 44/02w = SZ 2002/71; RIS-Justiz RS 0004706); es handelt sich dann um eine so genannte ***vertretbare Handlung*** (*Holzhammer*, ZVR[4] 387; *Rechberger/Simotta*, ExV[2] Rz 821).

Die Exekution nach § 353 EO dient also zusammengefasst (siehe *Höllwerth* in Burgstaller/Deixler-Hübner § 353 Rz 1) der Durchsetzung von Leistungspflichten,

- die ***nicht*** nur vom Verpflichteten persönlich vorgenommen werden können (§ 354 EO),
- in einem ***aktiven Tun***, ***nicht*** in einem (bloßen) ***Dulden oder Unterlassen*** (§ 355 EO) und
- auch ***nicht***
- in einer ***Geldleistung*** (§§ 87 ff EO),
- in der (bloßen) ***Herausgabe (Leistung) von beweglichen Sachen*** (§§ 346 ff EO) oder
- der ***Überlassung oder Räumung von unbeweglichen Sachen*** (§ 349 EO) bestehen.

Beachte: Wie bereits oben (III.) ausgeführt, kann nach dem OGH die Entfernung eines Überbaus nicht nach § 349 Abs 1 EO erzwungen, sondern nur durch Erwirkung eines entsprechenden Exekutionstitels mit einer Exekution nach § 353 EO durchgesetzt werden (JusGuide 2015/24/13678).

Die Exekution einer vertretbaren Handlung erfolgt dergestalt, dass der ***betreibende Gläubiger auf Antrag ermächtigt wird, die Handlung auf Kosten des Verpflichteten*** vornehmen zu lassen (§ 353 Abs 1 EO); zugleich mit dieser ***Ersatzvornahme*** kann der betreibende Gläubiger beantragen, dem Verpflichteten die Vorauszahlung jener Kosten aufzutragen, die durch die Vornahme der Handlung entstehen.

Der diesem Antrag bewilligende Beschluss ist in das Vermögen des Verpflichteten ***vollstreckbar*** (§ 353 Abs 2 EO); es kann also zur Hereinbringung dieser Kosten ***Geldexekution*** geführt werden (*Rechberger/Oberhammer* ExR[5] Rz 438).

Im Exekutionsbewilligungsbeschluss sind die Handlungen, zu denen der betreibende Gläubiger zwecks Ersatzvornahme ermächtigt wird, genau anzugeben (*Rechberger/Simotta*, ExV[2] Rz 823); diese müssen jedenfalls im Exekutionstitel Deckung finden (*Höllwerth* in Burgstaller/Deixler-Hübner § 353 Rz 20).

Der die Ersatzvornahme durchzuführende Dritte ist vom Gericht selbst auszuwählen; dieses kann die Wahl des Dritten aber auch dem betreibenden Gläubiger überlassen (*Klicka* in Angst/Oberhammer[3] § 353 EO Rz 11).

Nach der jüngeren Rsp obliegt die Auswahl des Dritten jedoch dem Gericht (JBl 1986, 257; kritisch dazu *Rechberger/Simotta*, ExV[2] Rz 823).

Zwischen dem Dritten und dem Verpflichteten besteht kein direktes Rechtsverhältnis (*Klicka* aaO). Auch der betreibende Gläubiger selbst kann mit der Ersatzvornahme beauftragt werden (SZ 27/200 = JBl 1955, 309).

Bis zum Beginn der Ausführung der Ersatzvornahme besteht für den Verpflichteten selbst – auch nach Bewilligung der Exekution – noch die Möglichkeit, die geschuldete Leistung zu erbringen (*Seiser*, ExR[10] 75).

Beachte: In dem Fall, dass der Verpflichtete gegen die Ersatzvornahme ***Widerstand*** leistet, hat der betreibende Gläubiger die Möglichkeit, nach § 356 Abs 1 EO analog einen Antrag dahingehend zu stellen, dass ihm zwecks Beseitigung des Widerstands und zum Schutz der auszuführenden Arbeit ein Vollstreckungsorgan beigegeben wird (*Rechberger/Oberhammer* ExR[5] Rz 438); das Vollstreckungsorgan kann seinerseits auf polizeiliche Hilfe zurückgreifen (EvBl 2007/118, 654).

Wenn die Voraussetzungen einer Exekution nach § 353 EO vorliegen, hat die Durchsetzung des Anspruchs auch nach dieser Bestimmung zu erfolgen.

Die Abgrenzung der EO zwischen § 353 und § 354 (dazu sogleich unten VII.) ist ***zwingendes Recht und von Amts wegen*** zu berücksichtigen (RdW 1996, 586).

Ein Wahlrecht, ob Exekution nach § 353 EO oder § 354 EO geführt wird, steht dem betreibenden Gläubiger jedenfalls nicht zu (*Klicka* in Angst/Oberhammer[3] § 353 EO Rz 1 mwN aus der Judikatur).

VII. Die Exekution zur Erwirkung von unvertretbaren Handlungen (§ 354 EO)

Lit.: *Burgstaller,* Beugestrafen zur Durchsetzung von Zivilurteilen, ÖJZ 2000, 134; *Cerha,* Das Unterlassen ist zu unterlassen - zur Exekution nachbarrechtlicher Immissionsabwehransprüche, immolex 2012, 271; *Diem,* Die Möglichkeiten der Durchsetzung kartellgerichtlicher Entscheidungen, ÖZK 2013, 54; *Edlbacher,* Die Abnahme eines Kindes mit Zwang, ÖA 1978, 125; *Harrer,* Zum Rechtsverhältnis zwischen der GmbH&Co und den Geschäftsführern der GmbH, WBl 1991, 145; *Höllwerth,* Obsorgeverfahren und Durchsetzung der Obsorge, in Gitschthaler, KindNamRÄG 2013 (2013) 211; *Jakusch,* Die Exekutionsordnungsnovelle 2000 – Ein Überblick, ZIK 2000/99, 81; *Jakusch,* Exekution auf Internet-Domains, RdW 2001, 580; *Kieweler,* Zu den Erscheinungsformen des gradus executionis. Zugleich eine Besprechung der Entscheidung OGH 3 Ob 177/10s, JBl 2013, 12; *Kilches,* Exekution auf Internet-Domains, RdW 2001, 390; *Klicka,* Zum Umfang der Unterlassungsexekution nach § 355 EO, wbl 2003, 260; *Kropiunig,* Zur Regelung des Erziehungs- und Besuchsrechtes, ÖJZ 1966, 477; *Mottl,* Alte und neue rechtliche Instrumente gegen Gewalt in der Familie, ÖJZ 1997, 542; *Nowotny,* Durchsetzung von Syndikatsverträgen? RdW 1989, 299, *Oberhammer,* Verfassungsgesetzliche Schranken der Haft in zivilgerichtlichen Erkenntnis-, Exekutions- und Insolvenzverfahren, ÖJZ 1994, 265; *Pesendorfer,* Die Durchsetzung des Besuchsrechts, iFamZ 2011, 64; *Pirker,* Die Herausgabe von Arbeitspapieren, RZ 1990, 106; *Rassi,* Verfahrensrechtliche Fragen der Bucheinsicht, ÖJZ 1997, 891; *Schrammel,* Recht auf Belegeinsicht: Keine Kopien. Aus Anlass der E OGH 14.12.2009, 3 Ob 194/09i = Zak 2010/132, 82, Zak 2010/596, 350; *Schumacher,* Zur Exekution der außerordentlichen Kontrollrechte des Kommanditisten, GesRZ 1996, 26; *Schumacher,* Zur Exekution von Rechnungslegungsansprüchen, RdW 2007, 259; *Swoboda,* „Abtausch" von Beugestrafen – Der Frust des OGH über den frustrierten Beugezweck, MR 1999, 178; *Wahle,* Wie wird die Verpflichtung, nach einem bestimmten Orte zu liefern, vollstreckt? JBl 1923, 134.

Mit Hilfe von § 354 EO werden Ansprüche auf solche Handlungen vollstreckt, die durch einen Dritten nicht vorgenommen werden können und deren Vornahme ausschließlich vom Willen des Verpflichteten abhängen ***(unvertretbare Handlungen)***; die Handlung muss also jedenfalls vom Verpflichteten persönlich vorgenommen werden.

Nach der Definition der Judikatur liegt eine unvertretbare Handlung vor, wenn nur ihre Vornahme durch den ***Verpflichteten persönlich***, den betreibenden Gläubiger ***rechtlich und wirtschaftlich zu befriedigen*** vermag (ecolex 1996, 278 = EvBl 1996/110 = RdW 1996, 362).

Weiters muss die Durchführung der Handlung ausschließlich vom Willen des Verpflichteten abhängen.

Dies ist der Fall, wenn der ***Verpflichtete*** (noch) zur Zeit des Exekutionsvollzugs ***tatsächlich und rechtlich in der Lage ist, die geschuldete Handlung selbst und alleine*** durchzuführen (*Höllwerth* in Burgstaller/Deixler-Hübner § 354 Rz 15 m zahlreichen Nachweisen aus der Judikatur).

Die Handlung hängt demgegenüber nicht mehr ausschließlich vom Willen des Verpflichteten ab, wenn ***noch andere Umstände zum Verhalten***

des Verpflichteten hinzutreten müssen, um die Ausführung zu ermöglichen (*Klicka* in Angst/Oberhammer[3] § 354 EO Rz 1).

Dies ist etwa dann der Fall, wenn die Handlung ohne Mitwirkung eines Dritten gar nicht möglich ist (beispielsweise Beibringung einer Bankgarantie).

Es fällt in die Kompetenz des Gerichts zu bestimmen, ob eine Handlung als vertretbar (§ 353 EO) oder unvertretbar (§ 354 EO) zu vollstrecken ist (*Seiser*, ExR[10] 76); maW ist die ***richtige Wahl der Exekutionsart von Amts wegen*** zu prüfen (EvBl 1966/313 = JBl 1966, 572 = RPflE 1966/200).

Bei dieser Entscheidung hat sich das Exekutionsgericht streng an den Wortlaut des Exekutionstitels zu halten; ist der betreibende Gläubiger bei der Wahl des Exekutionsmittels einem Irrtum unterlegen, ist der Exekutionsantrag abzuweisen (*Neumayr/Nunner-Krautgasser*, ExR[3] 270).

Nach § 354 EO sind etwa vollstreckbar (Ansprüche auf):

- ***Rechnungslegung*** (immolex 1998, 283/182),
- ***Gewährung der Bucheinsicht*** (GesRZ 1997, 193 = WBl 1996, 459 = exolex 1997, 262),
- ***Ausstellung eines Dienstzeugnisses*** (JBl 2001, 735 sowie
- ***Veröffentlichung des Widerrufs einer Erklärung durch den Medieninhaber*** (RdW 1996, 586);
- ***nicht*** allerdings beispielsweise die ***Beschaffung einer*** (erst herzustellenden) ***Bankgarantie*** (RPflE 1983/106), da dies von der Mitwirkung eines Dritten (Bank) abhängt (siehe oben) (vgl. zur Abgrenzung von vertretbaren und unvertretbaren Handlungen jüngst die E des OGH in ecolex 2015/153, 389).

Generell unzulässig ist die Zwangsvollstreckung nach § 354 EO zur Durchsetzung von Verpflichtungen, die das ***Privat- und Eheleben*** des Verpflichteten, etwa die (Wieder-)aufnahme der ehelichen Gemeinschaft oder die Durchsetzung von Besuchsrechten, betreffen (*Rechberger/Oberhammer* ExR[5] Rz 440 jeweils mit Nachweisen aus der Judikatur).

Die Erzwingung der ***Abnahme und Übergabe eines Kindes*** kann ebenfalls nicht nach § 354 EO erzwungen werden; die auf diese Fälle anzuwendende Regelung findet sich in § 110 AußStrG (dazu ausführlich *Beck* in Gitschthaler/Höllwerth § 110 AußStrG Rz 1 ff).

Ist es dem ***Verpflichteten*** allerdings durch den Exekutionstitel ***verboten, mit einem Kind zusammenzutreffen***, ist dies nach § 354 EO zu erzwingen (EFSlg 25.501 = RpflSlgE 1974/124).

Strittig ist, inwieweit schöpferische Tätigkeiten, die unter anderem auch von Intuition, Kreativität und innerer Einstellung des Schuldners abhängen (etwa wissenschaftliche oder künstlerische Tätigkeiten) nach § 354 EO vollstreckt werden können.

Die hL stellt dabei darauf ab, ob die zu erbringende Handlung tatsächlich noch möglich oder bereits unmöglich geworden ist (*Rechberger/Simotta*, ExV[2] Rz 828).

Wird die Leistung unmöglich, ist die Exekution als zwecklos einzustellen (SZ 69/226; RIS-Justiz RS0106431); das (bloße) Fehlen der „künstlerischen Inspiration" wird dafür aber jedenfalls nicht als ausreichend angesehen (*Neumayr/Nunner-Krautgasser*, ExR[3] 269).

Die Vollstreckung unvertretbarer Handlungen nach § 354 EO erfolgt dadurch, dass der Verpflichtete auf Antrag vom Exekutionsgericht durch ***Geld- oder Haftstrafen*** bis zur ***Gesamtdauer von sechs Monaten zur Vornahme der Handlung angehalten*** wird (§ 354 Abs 1 EO).

Zunächst kommt es (nur) zur Androhung der Verhängung von Geld- und Haftstrafen; in weiterer Folge werden diese auch tatsächlich verhängt (§ 354 Abs 2 EO).

Die Durchsetzung der Ansprüche nach § 354 EO erfolgt somit durch ***stufenweise zu verschärfenden indirekten Zwang*** gegen den Verpflichteten (*Höllwerth* in Burgstaller/Deixler-Hübner § 354 Rz 1).

Als erste Strafe darf nur eine ***Geldstrafe*** angedroht werden. Nach fruchtlosem Ablauf der in dieser Verfügung für die Vornahme der Handlung gewährten Frist ist das angedrohte Zwangsmittel auf Antrag des betreibenden Gläubigers zu vollziehen und zugleich unter Bestimmung einer neuerlichen Frist für die geschuldete Leistung ein ***stets schärferes Zwangsmittel*** anzudrohen. Der tatsächliche Vollzug der Zwangsmaßnahmen erfolgt nur auf ***Antrag des betreibenden Gläubigers*** (§ 354 Abs 2 EO).

Die ***Höhe der Geldstrafe*** darf je Antrag € 100.000,-- nicht übersteigen (§ 359 Abs 1 EO). Die einzelne Haftstrafe darf höchstens zwei Monate betragen (§ 361 EO); insgesamt ist die Höhe der Gesamtdauer der Haft mich sechs Monaten begrenzt (§ 354 Abs 1 EO).

Die Haft wird durch Anhaltung in einem (öffentlichen) Haftlokal vollzogen (§ 360 Abs 1 EO). Verhängte Geldstrafen fließen dem Bund zu (Art III Abs 16 BGBl I 2000/59). Ist eine Geldstrafe zu Unrecht verhängt worden oder wird der Antrag vor Rechtskraft des Strafbeschlusses zurückgezogen, ist der erhaltene Betrag dem Verpflichteten zurückzuzahlen (§ 359 Abs 2 EO).

Beachte: Eine Strafe nach § 354 EO dient der Verhinderung weiteren Zuwiderhandelns und nicht der Vergeltung (*Klicka* in Angst/Oberhammer[3] § 354 EO Rz 20); es handelt sich daher um ***Beugemittel*** und keine Kriminalstrafen (*Heller/Berger/Stix* EO[4] III 2574); es soll lediglich der Wille des Verpflichteten gebeugt werden. Handelt dieser titelgemäß, ist die gegen ihn verhängte Haftstrafe sofort aufzuheben (*Rechberger/Oberhammer* ExR[5] Rz 441).

VIII. Die Exekution zur Erwirkung von Duldungen und Unterlassungen (§ 355 EO)

Lit.: *Angst,* Die neue Rechtsprechung zur Unterlassungsexekution, ecolex 1994, 768; *Anzenberger/Haas*, Resolutivbedingungen in Unterlassungsgeboten, ÖBl 2016/3; *Berger*, Die Exekutionsnovelle 1980, RZ 1980, 185; *Böhm*, Unterlassungsanspruch und Unterlassungsklage (1979); *Böhm,* Der Anspruch und die Klage auf Unterlassung als funktionale Einheit. Eine Erwiderung, ÖBl 1981, 36; *Burgstaller,* Beugestrafen zur Durchsetzung von Zivilurteilen, ÖJZ 2000, 134; *Cerha*, Das Unterlassen ist zu unterlassen - zur Exekution nachbarrechtlicher Immissionsabwehransprüche, immolex 2012, 271; *Deimbacher,* Wie weit darf ein Unterlassungsbegehren gefaßt sein?

ÖBl 1980, 36; *Fitz,* Die wettbewerbsrechtliche Verbandsklage in der neuesten Rechtsprechung des OGH, HWR 1986 H 4, 21; *Frauenberger,* Die Unterlassungsexekution nach der EO-Novelle 2000, MR 2000, 254; *Frauenberger,* Die Unterlassungsexekution nach der EO-Novelle 2008, MR 2007, 444; *Frauenberger,* Exekutionsführung als unlautere Behinderung? ecolex 2012, 878; *Frauenberger-Pfeiler,* Die EO-Novelle 2008, JAP 2007/2008/25; *Gamerith,* Wettbewerbsrechtliche Unterlassungsansprüche gegen „Gehilfen", wbl 1991, 305; *Graff,* „Mafiaprint" oder Klagebegehren und Rechtsschutzinteresse im Wettbewerbsprozeß, ecolex 1990, 293; *Heger,* Durchsetzung unvertretbarer Handlungspflichten (§ 354 EO) – Ein Plädoyer für die Gleichbehandlung von Handlungs- und Unterlassungspflichten, Zak 2006/700, 407; *Hirsch,* Ist der Unterlassungsanspruch wirklich verschuldensunabhängig? Anmerkung zu OGH 23. 7. 1997, 7 Ob 150/97b, JBl 1998, 543; *Hüttinger/Preslmayr,* Die Exekution zur Erwirkung von Unterlassungen gem § 355 EO bei mehrmaligem Zuwiderhandeln, ÖJZ 1984, 293; *Jelinek,* Zwangsvollstreckung zur Erwirkung von Unterlassungen (1974); *Jelinek,* Das „Klagerecht" auf Unterlassung, ÖBl 1974, 361; *Kieweler,* Zu den Erscheinungsformen des gradus executionis. Zugleich eine Besprechung der Entscheidung OGH 3 Ob 177/10s, JBl 2013, 12; *Klement/Metzler,* Kumulierung von Beugestrafen im Wettbewerbsrecht, ecolex 2000, 804; *Klicka,* Zum Umfang der Unterlassungsexekution nach § 355 EO, wbl 2003, 260; *Klicka,* Aktuelle Probleme der Unterlassungsexekution, Vorschläge zur Neugestaltung des Verfahrens, MR 2005, 484; *Klicka,* Die große Schlacht ist geschlagen, ecolex 2013, 126; *Konecny,* Übergreifende Ansprüche in Wettbewerbsverfahren. Bemerkungen zu OGH 2. 4. 1985, 4 Ob 406/84, RdW 1986, 36; *Kucsko,* OGH zur Fassung des Unterlassungsgebotes, ecolex 1991, 474; *Liebscher,* Doppelbestrafung durch den OGH, ecolex 1999, 102; *Lindacher,* Gesamthandschuld, Gesamthändlerschuld und akzessorische Gesellschafterindividualschuld, GesRZ 1981, 61; *Nowotny,* Durchsetzung von Syndikatsverträgen? RdW 1989, 299; *Oberhammer,* Unterlassungsanspruch und Unterlassungsexekution. Zum Verhältnis von § 18 UWG zu § 355 EO, MR 1992, 99; *Oberhammer,* Gläubigermehrheit in der Unterlassungsexekution. Zugleich ein Beitrag zur Funktion der Beugestrafen nach § 355 EO, JBl 1993, 356; *Oberhammer,* OGH erkennt repressiven Charakter der Beugestrafen gem § 355 EO an, RdW 1994, 10; *Oberhammer,* Verfassungsgesetzliche Schranken der Haft in zivilgerichtlichen Erkenntnis-, Exekutions- und Insolvenzverfahren, ÖJZ 1994, 265; *Oberhammer,* Kostenfolgen der Einstellung der Unterlassungsexekution wegen Gläubigermehrheit, RdW 1995, 289; *Pfersmann,* Einstweilige Verfügungen und Strafandrohung bei Exekution auf Duldungen oder Unterlassungen, ÖJZ 1961, 654; *Rassi,* Die Durchsetzung des Unterlassungsanspruchs, ÖBl 2015/44; *Rechberger,* Wer soll „sitzen"? Zur Problematik der Haftverhängung gegen eine juristische Person bei der Unterlassungsexekution, ÖBl 1988, 57; *Rechberger,* Strafhäufung oder Strafanrechnung? Zur Frage der Zulässigkeit von Parallelexekutionen aus Unterlassungstiteln gegen Gesellschaft, Gesellschafter und Geschäftsführer, ÖBl 1992, 256; *Rechberger,* Unterlassungsexekution gegen eine verbotene Buchveröffentlichung, MR 2003, 88; *Schmidt,* Unterlassung, Beseitigung und . . .? RdW 1990, 2; *Schmidt,* Wiederholungsgefahr und Veröffentlichung, MR 1992, 51; *Schumacher,* Änderungen in der Unterlassungsexekution, ecolex 2008, 250; *Schuster-Bonnott,* Wesen und Grenzen der privatrechtlichen Befugnis zur Urteilsveröffentlichung im Wettbewerbsrecht mit Bemerkungen zur Wiederholungsgefahr, ÖBl 1980, 57; *Schuster-Bonnott,* Unterlassungsanspruch – Vorbeugende Unterlassungsklage – Wiederholungsgefahr, ÖBl 1981, 33; *Schuster-Bonnott,* Die Wiederholungsgefahr bei Unterlassungsverpflichtungen und der seinerzeitige Motivenbericht zum Entwurf des BGB, JBl 1986, 487; *Schuster-Bonnott,* Einstweilige Verfügung und vorbeugende Unterlassungsklage zur Sicherung von Unterlassungsansprüchen, GesRZ 1989, 11; *Swoboda,* Wettbewerbsrechtlicher Unterlassungsvergleich und Äußerungskosten, RdW 1990, 335; *Swoboda,* Änderungen in der Rechtsprechung und Exekutionstitel, RdW 1992, 3; *Swoboda,* Die Unterlassungsexekution als wettbewerbliches Damoklesschwert? ÖJZ 1992, 573; *Swoboda,* Änderungen in der Rechtsprechung und Exekutionstitel, RdW 1992, 3; *Swoboda,* Wer zahlt die Zeche? Eine Replik auf Oberhammer, „Gläubigermehrheit in der Unterlassungsexekution", JBl 1994, 198; *Swoboda,* Nur keine Beschwer – oder doch etwas mehr? ÖJZ 1994, 308; *Swoboda,*

Unterlassungsexekution und § 394 EO, ecolex 1995, 419; *Swoboda,* „Abtausch" von Beugestrafen – Der Frust des OGH über den frustrierten Beugezweck, MR 1999, 178; *Thiele,* Die Stundung von Geldstrafen nach § 355 EO – Ein unlösbarer Kompetenzkonflikt? ecolex 2010, 1077; *Wiltschek,* ecolex-Checklist: Unterlassungsexekution, ecolex 1994, 629; *Woller,* Das Verhältnis zwischen Unterlassungs- und Beseitigungsanspruch bei Domains, ecolex 2014, 112.

Die Durchsetzung von Ansprüchen hat nach § 355 EO zu erfolgen, wenn die verpflichtete Partei nach dem Exekutionstitel verpflichtet ist, bestimmte ***Handlungen zu unterlassen*** oder deren Vornahme durch andere ***zu dulden.***

Verlangt wird vom Verpflichteten daher nicht ein positives Tun, sondern ***passives*** Verhalten (*Höllwerth* in Burgstaller/Deixler-Hübner § 355 Rz 1 mwN).

Die in § 355 EO enthaltene Duldungspflicht wird von der hL als besondere Form der Unterlassungsverpflichtung angesehen (*Klicka* in Angst/Oberhammer[3] § 355 EO Rz 1).

Nach § 355 EO zu vollstreckende Unterlassungsansprüche sind beispielsweise

- ***Verbote*** im ***Wettbewerbsrecht*** und im ***Nachbarrecht*** (Immissionen),
- die ***Verpflichtung***, jeden ***Verkehr*** mit einer ***bestimmten Person zu unterlassen***,
- die ***Verpflichtung*** zur ***Unterlassung von Geschäftsführungshandlungen***,
- der ***Unterlassungsanspruch*** nach ***§ 81 UrhG*** sowie
- die ***Unterlassung*** der ***Fütterung von Tauben***.

Beispiele für Duldungen sind etwa

- die Duldung des ***Zugangs zu einer Wohnung***, um bestimmte Arbeiten durchführen zu lassen sowie
- die ***Gestattung der Mitbenützung von Nebenräumen***.

Die Vollstreckung von Unterlassungs- und Duldungsansprüchen erfolgt in der Weise, dass wegen ***eines jeden Zuwiderhandelns*** gegen die im Exekutionstitel festgestellte Verpflichtung nach Eintritt der Vollstreckbarkeit desselben ***auf Antrag des betreibenden Gläubigers Beugestrafen*** verhängt werden.

Mangels ausdrücklicher Anordnung im Gesetzestext ist eine vorherige Androhung der Strafen nicht notwendig.

Zunächst kommt als erste Strafe nur die Verhängung einer Geldstrafe in Betracht; kommt es zu weiteren Zuwiderhandlungen seitens des Verpflichteten können sowohl Geld- als auch Haftstrafen – bis zu einer Gesamtdauer von einem Jahr – verhängt werden (§ 355 Abs 1 EO).

Die nach § 355 EO zu verhängenden Strafen sind als Beugestrafen grundsätzlich keine Kriminalstrafen; darüber hinaus anerkennt die stRsp seit der E ecolex 1993, 686 = JuS Z 1361 = ÖBl 1993, 116 allerdings auch deren ***repressiven (unterdrückenden, hindernden) Charakter*** (RIS-Justiz RS0010057).

Strafen nach § 355 EO unterscheiden sich also von Strafen nach § 354 EO (die reine Beugestrafen sind) dadurch, dass ihre Funktion nicht nur darin liegt, das geschuldete Verhalten für den ***nach der Verhängung*** gelegenen Zeitraum zu erzwingen.

Die Strafen sollen vielmehr auch der gesetzlichen Strafdrohung Gewicht verschaffen und auf diese Art und Weise schon in dem ***vor der Verhängung*** liegenden Zeitraum Zuwiderhandlungen verhindern (*Höllwerth* in Burgstaller/Deixler-Hübner § 355 Rz 45).

Die einzelne Geldstrafe darf je Antrag € 100.000,-- nicht übersteigen (§ 359 Abs 1 EO). Haftstrafen dürfen je Antrag nicht für länger als für die Dauer von zwei Monaten verhängt werden (§ 361 EO); insgesamt darf die Haft nur bis zu einer Gesamtdauer von einem Jahr verhängt werden (§ 355 Abs 1 EO).

Sowohl Geld- als auch Haftstrafen sind nach Art und Schwere des jeweiligen Zuwiderhandelns auszumessen (§ 355 Abs 1 letzter S EO). Die Bemessung der Strafe obliegt daher dem zweckgebundenen Ermessen des Exekutionsgerichts (ÖBl 1981, 164 = SZ 54/115).

Abzustellen ist dabei auf die konkreten Umstände des Einzelfalls (*Höllwerth* in Burgstaller/Deixler-Hübner § 355 Rz 52 mit jeweils zahlreichen Nachweisen aus der Rsp), wobei

- ***Grad, Schwere und Hartnäckigkeit des Zuwiderhandelns***,
- das ***Ausmaß der Beteiligung an der Zuwiderhandlung,***
- die ***wirtschaftliche Leistungsfähigkeit des Verpflichteten*** und
- der von diesem ***aus dem Zuwiderhandeln gezogenen Nutzen***

maßgeblich sind.

Der betreibende Gläubiger hat den Exekutionsantrag und jeden Strafantrag zugleich dem Verpflichteten direkt zu übersenden. Bei unrichtigen Angaben hat das Gericht dem betreibenden Gläubiger eine mit Rücksicht auf die besonderen Umstände des Einzelfalls zu bemessende ***Mutwillenstrafe*** aufzuerlegen (§ 358 Abs 1 EO).

In diesem Fall hat der betreibende Gläubiger dem Verpflichteten alle verursachten ***Vermögensnachteile*** zu ersetzten (§ 363 EO).

Wie bei § 354 EO wird die Haft durch Anhaltung in einem (öffentlichen) Haftlokal vollzogen (§ 360 Abs 1 EO). Verhängte Geldstrafen fließen ebenfalls dem Bund zu (Art III Abs 16 BGBl I 2000/59). Für die Rückzahlung von Geldstrafen an den Verpflichteten gilt auch § 359 Abs 2 EO (dazu bereits oben VII.).

Sofern nicht Gefahr im Verzug ist, hat das Gericht vor der Verhängung von Geldstrafen dem Verpflichteten Gelegenheit zur Äußerung zu den Strafzumessungsgründen zu geben. ***Gegen die Höhe einer Strafe*** kann der Verpflichtete, falls er nicht bereits vor der Beschlussfassung einvernommen wurde, ***Widerspruch*** erheben; auf diesen sind die §§ 397 f EO sinngemäß anzuwenden (§ 358 Abs 2 EO).

Der betreibende Gläubiger muss im Exekutionsantrag ***konkret*** und ***schlüssig behaupten***, dass der Verpflichtete sich titelwidrig verhalten, also ***gegen das Unterlassungsgebot verstoßen*** hat; eine schlüssige und konkrete Behauptung des Zuwiderhandelns (mit Angabe von Zeit und Ort) ist somit Voraussetzung für die Exekutionsbewilligung nach § 355 EO (*Seiser*, ExR[10] 77).

Voraussetzung für die Vollstreckbarkeit eines Exekutionstitels nach § 355 EO ist, dass dieser – grundsätzlich so wie alle Exekutionstitel nach § 7 Abs 1 EO – ***ausreichend bestimmt*** ist.

Im Exekutionstitel sind also die Person des Verpflichteten, des betreibenden Gläubigers sowie Gegenstand, Art, Umfang und Zeit der Unterlassung eindeutig und bestimmt zu entnehmen (*Klicka* in Angst/Oberhammer[3] § 355 EO Rz 8).

Auf der anderen Seite ist es gerade bei Unterlassungsansprüchen nicht immer einfach all das genau zu umschreiben, was der Verpflichtete unterlassen muss.

Dieser Umstand und weiters die Tatsache, dass ansonsten Umgehungen relativ einfach möglich wären, rechtfertigt es, an die ***Bestimmtheit des Unterlassungsbegehrens*** schon im Titelverfahren ***nicht allzu strenge Maßstäbe*** anzusetzen (*Neumayr/Nunner-Krautgasser*, ExR[3] 274 mN aus der Rsp).

In dem Fall, dass die tatsächlichen Zuwiderhandlungen des Verpflichteten nicht exakt mit den im Exekutionstitel abstrakt umschriebenen Verbotshandlungen übereinstimmen, kann auch wegen (nur) ähnlichen Handlungen eine Strafe verhängt werden (*Rechberger/Oberhammer* ExR[5] Rz 446).

Bei der Beurteilung, ob die tatsächlichen Zuwiderhandlungen den im Titel umschriebenen Verbotshandlungen (noch) ähnlich sind, ist auf die Umstände des Einzelfalls abzustellen; insbesondere sind die Natur des Verstoßes, das bisherige Verhalten des Verpflichteten und die Interessen der Parteien abzuwägen (ÖBl 1991, 108).

Ganz generelle Verbote, wie beispielsweise jedwede Verstöße gegen ein Gesetz (mit zahlreichen möglichen Tatbeständen) oder alle Eingriffe in Urheber- bzw. Werknutzungsrechte des Berechtigten, zu unterlassen, sind jedenfalls ***zu unbestimmt*** und stellen ***keinen tauglichen Exekutionstitel*** dar (*Höllwerth* in Burgstaller/Deixler-Hübner § 355 Rz 9).

Das Zuwiderhandeln des Verpflichteten muss aber ***nicht bewiesen oder bescheinigt*** werden (*Höllwerth* in Burgstaller/Deixler-Hübner § 355 Rz 14 mit Nachweisen der stRsp).

Darüber hinaus ist der betreibende Gläubiger weiters ***nicht verpflichtet***, ein ***Verschulden des Verpflichteten*** am Verstoß ***zu behaupten*** (LGZ Wien MietSlg 31.823).

Möchte der Verpflichtete geltend machen, dass er entweder die behauptete ***Zuwiderhandlung nicht begangen*** hat, oder ihn ***am Verstoß kein Verschulden*** trifft (ÖBl 1991, 280 = wbl 1991, 365), so hat er dies mit ***Impugnationsklage*** (§ 36 Abs 1 Z 1 EO) zu tun. Notwendig zur Strafverhängung über den Verpflichteten ist somit ein ***Verschulden*** desselben ***an der Zuwiderhandlung*** (RIS-Justiz RS0085147).

Bezüglich des notwendigen Verschuldenselements ist darauf hinzuweisen, dass es auch Fälle gibt, wo dem Verpflichteten das ***verbotswidrige Verhalten Dritter*** als eigener Verstoß gegen die ihn treffende Unterlassungs- bzw. Duldungspflicht angerechnet wird (*Jelinek*, Zwangsvollstrekkung 153 f).

Dies gilt etwa für Personen, die anlässlich der Verbotshandlungen ***in Ausübung eines Vertretungsverhältnisses*** für den Verpflichteten tätig sind (SZ 45/84) sowie für ***Familien- und Hausangehörige, Personal und Bedienstete*** des Verpflichteten, die (vermeintlich) davon ausgehen, Rechte des Verpflichteten in Anspruch zu nehmen (LGZ Wien RPflE 1989/160).

Soweit dem Verpflichteten das Verhalten Dritter zugerechnet wird, trifft ihn eine diesbezügliche ***Verhinderungspflicht*** (SZ 55/59 = MietSlg 34.856), somit eine ***Pflicht zu aktivem Handeln*** (*Höllwerth* in Burgstaller/Deixler-Hübner § 355 Rz 26).

Dies kann etwa die Verpflichtung beinhalten, organisatorische Vorkehrungen zu treffen, um Zuwiderhandlungen hintanzuhalten.

So kann aus einem Exekutionstitel, der einem Verpflichteten (Unternehmer, der zugleich Arbeitgeber ist) das Parken auf Nachbarparkplätzen zu unterlassen, vorschreibt, die positive Handlungspflicht abgeleitet werden, dass er organisatorische Vorkehrungen treffen muss, dass die bei ihm beschäftigten Arbeitnehmer oder Kunden nicht ständig auf den entsprechenden Parkplätzen parken.

Denkbar ist weiters die Verpflichtung zur Löschung eines Firmenbucheintrags (siehe zu diesen Beispielen *Neumayr/Nunner-Krautgasser*, ExR^3 273).

In dem Fall, dass der Verpflichtete seiner Aufklärungs- und Handlungspflicht nicht nachkommt, können gegen ihn Strafen nach § 355 EO verhängt werden; er kann sich in solchen Sachverhaltskonstellationen nicht damit entschuldigen, dass ihn kein Verschulden trifft (RIS-Justiz RS0079555, RS0079560).

Auf Antrag des betreibenden Gläubigers kann dem Verpflichteten vom Exekutionsgericht die ***Bestellung einer Sicherheit*** für den ***durch künftiges Zuwiderhandeln entstehenden Schaden*** aufgetragen werden.

Dabei handelt es sich um ein subsidiäres Exekutionsmittel, das nur in Verbindung mit einer Exekution nach § 355 Abs 1 EO bewilligt werden darf (*Heller/Berger/Stix* EO^4 III 2592).

Der betreibende Gläubiger hat im Antrag auf Sicherheitsleistung alle Umstände konkret anzuführen und zu beweisen, aus denen sich die Art und die Höhe des drohenden Schadens ergeben (LGZ Wien EFSlg 70.023).

Wird dem Antrag auf Sicherheitsleistung stattgegeben, sind die Art und die Höhe der Sicherheit sowie der Zeitraum, für den sie haftet, anzugeben (*Jelinek*, Zwangsvollstreckung 225).

Wurde durch das Verhalten des Verpflichteten eine dem ***Recht des betreibenden Gläubigers widerstreitende Veränderung*** herbeigeführt, hat das Exekutionsgericht den betreibenden Gläubiger auf Antrag zu ermächtigen, den ***früheren Zustand auf Gefahr und auf Kosten des Verpflichteten wiederherstellen zu lassen*** (§ 356 Abs 1 EO).

Der Beschluss, durch den die Kosten der Wiederherstellung bestimmt werden, ist in das ***Vermögen des Verpflichteten vollstreckbar*** (§ 356 Abs 2 EO).

Leistet der Verpflichtete gegen die Vornahme einer Handlung, die er nach § 356 Abs 1 EO zu dulden hat, Widerstand, ist dem betreibenden Gläubiger auf Antrag zum Zweck der Beseitigung desselben und zum Schutz der auszuführenden Arbeit ein Vollstreckungsorgan beizugeben (§ 357 Abs 1 EO).

IX. Exekution zur Abgabe einer Willenserklärung (§ 367 EO)

Lit.: *P. Bydlinski*, Grund- und Einzelfragen des Liegenschaftserwerbs, ausgehend vom mündlichen Grundstückskauf, NZ 2015/94, 281; *Nowotny*, Durchsetzung von Syndikatsverträgen? RdW 1989, 299; *Dipplinger/Wiesinger*, Klage auf Ausstellung einer Umsatzsteuerrechnung, SWK 2003, 802; *Jakusch*, Exekution auf Internet-Domains, RdW 2001, 580; *Kipp*, Verurteilung zur Abgabe von Willenserklärungen (1892); *Kohler*, Rechtszwang zur Erzielung des Effekts einer Willenserklärung, AcP 80/1893, 267; *Koppensteiner*, Treuwidrige Stimmabgabe und positive Beschlussfassung, GES 2012, 488; *Müller*, Die Verurteilung eines Mündels zur Leistung (insbesondere zur Abgabe einer Willenserklärung) und das Erfordernis der vormundschaftsgerichtlichen Genehmigung, FamRZ 1956, 44; *Nowotny*, Durchsetzung von Syndikatsverträgen? RdW 1989, 299; *Regenspursky*, „Die grundbücherliche Anmerkung des Gutsübernahmsrechtes", Eine Erwiderung, ÖJZ 1950, 447; *K. Schmidt*, Die sogenannte Zustimmungsklage bei Ausschließungs- und Entziehungsprozessen (§§ 140, 117, 127 HGB): eine Fehlkonstruktion – Studien und Thesen aus Anlaß der jüngsten OGH-Rechtsprechung, JBl 1993, 165; *Urbanek*, Aspekte der zwangsweisen Durchsetzung mündlicher Kaufverträge aus Käufersicht, Zak 2008/525, 303; *Winfried*, Zur Anwendbarkeit des § 367 EO, JBl 1951, 128.

Einen Sonderfall stellt die Verpflichtung zur ***Abgabe einer Willenserklärung*** dar (§ 367 EO).

Diese gilt als abgegeben sobald das entsprechende ***Urteil rechtskräftig*** ist oder ein ***anderer Exekutionstitel gleichen Inhalts*** zum ***Antrag auf Exekutionsbewilligung berechtigt*** (§ 367 Abs 1 EO).

Andere Exekutionstitel iSv § 367 Abs 1 EO sind etwa:

- ***Beschlüsse*** in ***außerstreitigen Verfahren***,
- ***Gerichtliche Vergleiche***,
- ***Vollstreckbare Notariatsakte*** sowie
- ***Schiedsgerichtliche Urteile*** und ***Vergleiche***.

§ 367 EO ersetzt somit den Zwang zur Abgabe einer Willenserklärung durch eine ***(gesetzliche) Fiktion***; das formell rechtskräftige Urteil gilt in jeder Beziehung als Ausweis zur Abgabe der Willenserklärung (*Seiser*, ExR[10] 78).

§ 367 EO fingiert allerdings lediglich die vom Verpflichteten ***geschuldete Willenserklärung***, nicht jedoch die für die Wirksamkeit der Erklärung, des Rechtsgeschäfts oder -erwerbs erforderliche behördliche Zustimmung oder Genehmigung (*Höllwerth* in Burgstaller/Deixler-Hübner EO § 367 Rz 15). Zu nennen ist in diesem Zusammenhang vor allem die grundverkehrsbehördliche Genehmigung, welche durch § 367 EO eben gerade nicht ersetzt wird (2 Ob 7/98p; EvBl 1964/71 = RZ 1964, 17).

Hängt die Abgabe einer Willenserklärung von einer ***Gegenleistung*** ab, tritt die gesetzliche Fiktion des § 367 Abs 1 EO erst mit Bewirkung der Gegenleistung durch den betreibenden Gläubiger – und nicht schon mit der Rechtskraft des Urteils – ein (§ 367 Abs 2 EO).

Die Bestimmung des § 367 EO gilt ausschließlich für ***Willens-, nicht jedoch für Wissenserklärungen*** oder ***andere Handlungen, für die die §§ 353, 354 EO einschlägig sind*** (*Heller/Berger/Stix* EO[4] III 2610 f).

Willenserklärungen sind auf die Herbeiführung von Rechtsfolgen gerichtet; mit Hilfe von Wissenserklärungen werden Fakten und Tatsachen mitgeteilt (zur nicht immer einfachen Unterscheidung beider Erklärungen vgl. *Wiebe* in Kletečka/Schauer § 859 ABGB Rz 19).

Beispiele für nach § 367 EO vollstreckbare ***Willenserklärungen*** sind Erklärungen auf/zur:

- Abschluss eines Vertrages,
- Abtretung von Rechten,
- Zustimmung zum Ansuchen einer Baubewilligung,
- Eintragung im Grundbuch,
- Eintragung oder Löschung im Firmenbuch sowie
- Widerruf einer beleidigenden Behauptung.

Beispiele für ***Wissenserklärungen***, die nach § 367 EO nicht vollstreckt werden können sind etwa:

- Rechnungen,
- Arbeitsbescheinigungen,
- Dienstzeugnis,
- Eidesstattliche Erklärungen,
- Auskünfte sowie
- Werturteile.

Ansprüche zur Abgabe von Wissenserklärungen sind nach § 354 EO (oben VII.) zu vollstrecken (*Rechberger/Simotta* ExV[2] Rz 835).

Eine Exekutionsführung ist im Rahmen von § 367 EO nicht erforderlich und auch gar nicht zulässig (*Neumayr/Nunner-Krautgasser*, ExR[3] 257 mwN aus der Rsp); ein (dennoch) eingebrachter Exekutionsantrag ist unzulässig (LGZ Wien MietSlz 22.713; RPflE 1961/234) und zurückzuweisen (*Rechberger/Simotta*, ExV[2] Rz 834; *Holzhammer*, ZVR[4] 397).

Beachte: Da im Anwendungsbereich des § 367 EO keine Exekution stattfindet, sind gegen die in § 367 EO normierte Fiktionswirkung ***keine Rechtsbehelfe*** (vor allem keine Klagen nach §§ 35 ff) zulässig (SZ 25/232).

Lautet der Exekutionstitel auf die Einräumung, Übertragung, Beschränkung oder Aufhebung bücherlicher Rechte, hat der Gläubiger die ***Wahl*** zwischen einer Exekution nach § 350 EO (oben IV.) und § 367 EO (*Rechberger/Simotta*, ExV[2] Rz 838; *Feil*, EO[5] § 367 Rz 6; *Holzhammer*, ZVR[4] 397).

Neunter Teil

Sicherung

I. Exekution zur Sicherstellung

Lit.: Berger, Die verfahrensrechtlichen Bestimmungen des Konsumentenschutzgesetzes, RZ 1980, 1; *Feichtinger*, Der Schadenersatzanspruch nach § 394 EO und bei Exekution zur Sicherstellung (1995); *Graf,* Zur Zulässigkeit der Pfandrechtsvormerkung trotz Veräußerungs- und Belastungsverbots, ÖBA 1999, 343; *Konecny*, Wirkungen erstinstanzlicher Urteile in arbeitsrechtlichen Streitigkeiten gemäß § 61 ASGG, ZAS 1986, 155; *Konecny*, Gerichtliche Sicherungsmaßnahmen gegen exekutionsvereitelnde oder exekutionserschwerende Bestandverträge, wobl 1991,145; *König*, Deutsches Arresturteil mit Exekution zur Sicherstellung zu vollziehen/Umdeutung des Antrags auf Exekution zur Befriedigung, JBl 2013, 53; *König/Praxmarer*, Vorläufige Vollstreckbarkeit, Rückforderung und Schadenersatz nach nationalem und europäischem Zivilverfahrensrecht (2016); *Lentner*, Fremdwährungsforderungen und Exekution auf das unbewegliche Vermögen, ÖJZ 1967, 569 *Mitrovic,* Die Unterhaltsexekution, ÖA 1987, 119; *Mitrovic,* Probleme und Möglichkeiten der gerichtlichen Unterhaltseinbringung, ÖA 1989, 154; *Mück*, Die Exekution zur Sicherstellung (1900); *Nunner-Krautgasser*, Die Haftungsklagen – Reine Vermögenshaftung und „Duldung" der Exekution, ÖJZ 2007/61, 713; *Oberhammer*, Befristete und kündbare Bankgarantien als prozessuales Sicherungsmittel? ÖBA 1999, 26; *Petschek*, Zivilprozessrechtliche Streitfragen (1933) 174 ff; *Pichler*, Abgabensicherstellung durch Pfandrechtsvormerkung, JBl 1963, 462; *Rechberger*, Die fehlerhafte Exekution (1978) 143 ff; *Rechberger*; Probleme bei der Bekämpfung des Versäumungsurteiles nach § 396 ZPO, JBl 1981, 179; *Sachs*, Ein legistischer Fehler in der Exekutionsordnung, JBl 1927, 287; *Schimik,* Die Exekution zur Sicherstellung (1994); *Schmidt*, Erschwernis bei Auslandsvollstreckung von Auslandstiteln doch möglich?, WBl 1990, 234; *Slonina*, Europäische Urteilsanerkennung und -vollstreckung, ecolex 2013/405; *Winfried*, Kann aufgrund eines Unterhaltsvergleiches Exekution zur Sicherstellung geführt werden? JBl 1954, 548; *Wukowitz*, Der Unterhaltsvergleich im Exekutionsverfahren zur Sicherstellung, JBl 1954, 444; *Zechner,* Sicherungsexekution und einstweilige Verfügung (2000).

A. Allgemeines

Die Exekution zur Sicherstellung dient der vorläufigen Sicherung eines Anspruchs des betreibenden Gläubigers ***vor*** dessen Rechtskraft. In der Praxis gibt es durchaus Umstände, die eine Sicherung vor Rechtskraft rechtfertigen.

Die §§ 370 ff EO dienen somit dem Interessenausgleich zwischen dem betreibenden Gläubiger und der verpflichteten Partei. Ein zahlungsunwilliger Schuldner könnte durch die Erhebung von vornherein aussichtslosen Rechtsmitteln die Vollstreckung der Entscheidung in ungerechtfertigter Weise verzögern; dem betreibenden Gläubiger könnten folglich vermögenswerte Nachteile entstehen.

Mit den Bestimmungen über die Exekution zur Sicherstellung sollte daher sowohl den Interessen des Gläubigers an einem effektiven Vollstreckungsrecht als auch den Interessen des Schuldners hinsichtlich der Frage, ob der noch nicht rechtskräftige Titel wieder wegfällt, entsprochen werden (ausführlich dazu *Klicka* in Angst/Oberhammer[3] § 370 Rz 1).

Wie oben erwähnt, dient die Exekution zur Sicherstellung der vorläufigen Sicherung eines noch nicht vollstreckbaren Anspruchs, der in weiterer Folge exekutiert werden soll; sie ist eine Exekution, deren Vollzugsverfahren nicht über den Pfändungsabschnitt hinausgeht (*Rechberger/Oberhammer* ExR[5] Rz 450). Nach *Holzhammer* handelt es sich bei der Exekution zur Sicherstellung um „ein auf halbem Weg angehaltenes Vollstreckungsverfahren“ (*Holzhammer*, ZVR[4] 409).

Der betreibende Gläubiger erhält durch die Exekution zur Sicherstellung lediglich ein ***bedingtes Verwertungs- und Befriedigungsrecht*** (*Seiser*, ExR[10] 78). Aufgrund der möglichen zukünftigen Entwicklung, dass der Titel (doch) wieder wegfallen könnte, bringt die Exekution zur Sicherstellung für den betreibenden Gläubiger eben gerade ***keine endgültige Befriedigung***.

Sobald der Titel vollstreckbar ist, wandelt sich das bedingte in ein unbedingtes Befriedigungsrecht um (JBl 1953, 424; JBl 1973, 321). Nach hA geht die Exekution zur Sicherstellung nach Eintritt der Vollstreckbarkeit des Titels ohne besonderen Antrag ***nahtlos*** in eine Befriedigungsexekution über (*Seiser* aaO).

Notwendige Voraussetzung für den Erlass einer Exekution zur Sicherstellung ist – anders als bei der Einstweiligen Verfügung – das ***Vorliegen eines Titels***, der jedoch (noch) ***nicht vollstreckbar*** ist.

Da im Stadium der Exekution zur Sicherstellung noch die Möglichkeit besteht, dass der Titel wieder wegfällt, ist die Sicherstellungsexekution grundsätzlich nur zulässig, wenn der Gläubiger ein besonderes ***Sicherungsinteresse*** bescheinigt (§ 370 EO).

Weiters ist eine Sicherstellungsexekution nur zugunsten von ***Geldforderungen*** zulässig (§ 370 EO). Darüber hinaus kann die Exekution zur Sicherstellung vom Verpflichteten durch ***Sicherheitsleistung*** abgewendet werden (§ 376 Abs 1 Z 1 und 2 EO); umgekehrt kann auch der betreibende Gläubiger eine nicht bestehende Gefährdung durch Sicherheitsleistung kompensieren (§ 371a EO).

B. Exekutionstitel

Als Sicherungstitel kommen nach § 370 EO in Betracht:

- ***inländische Urteile*** (Endurteile, Teilurteile),
- ***Außerstreitbeschlüsse*** sowie
- ***Zahlungsaufträge***.

Voraussetzung ist jeweils, dass der Titel noch ***nicht rechtskräftig*** ist; dieser muss jedoch bereits wirksam sein. Die Wirksamkeit eines Titels tritt regelmäßig mit dessen Zustellung ein (§ 416 Abs 1 ZPO); nur in Anwesenheit beider Parteien verkündete Verzichts- und Anerkenntnisurteile werden bereits mit Verkündung wirksam (§ 416 Abs 3 ZPO).

Die Aufzählung der Sicherungstitel in § 370 EO ist nach hM abschließend, also ***taxativ*** (*Heller/Berger/Stix*, EO[4] III 2637; *Sailer* in Burgstaller/Deixler-Hübner § 370 EO Rz 4 mwN).

Keine tauglichen Exekutionstitel iSv § 370 EO sind ***gerichtliche Vergleiche***, ***vollstreckbare Notariatsakte*** sowie ***Zahlungsbefehle*** im Mahnverfahren (*Klicka* in Angst/Oberhammer[3] § 370 EO Rz 6).

Auch ***Schiedssprüche*** können nach hM durch eine Sicherstellungsexekution nicht gesichert werden (*Holzhammer*, ZVR[4] 411; *Rechberger/Simotta* ExV[2] Rz 851; aA *Sailer* in Burgstaller/Deixler-Hübner § 370 EO Rz 4).

Weiters sind auch ***ausländische Entscheidungen*** keine geeigneten Titel nach § 370 EO (*Rechberger/Oberhammer* ExR[5] Rz 449).

C. Zu sichernde Geldforderung

Aus § 370 EO ergibt sich, dass die Exekution zur Sicherstellung nur zugunsten einer ***Geldforderung*** zulässig ist (SZ 5/280); auch reine Prozesskostenansprüche sind erfasst.

Dies selbst dann, wenn sich der Hauptanspruch nicht auf eine Geldforderung richtet (vgl. SZ 5/280; SZ 56/160; SZ 67/143; *Schimik*, Exekution zur Sicherstellung 28).

Nach hM ist die Exekution zur Sicherstellung nicht möglich bei Ansprüchen auf ***Alternativobligationen mit Wahlrecht des Verpflichteten*** (EvBl 1956/91) und auf ***Duldung der Exekution in bestimmte Haftungsmassen*** (SZ 10/17; SZ 32/52; EvBl 1974/151 = JBl 1974, 210).

D. Gefährdung

1. Allgemeines

Voraussetzung einer Sicherstellungsexekution nach § 370 EO sind

- eine ***Gefährdung*** des betreibenden Gläubigers sowie
- deren ***Glaubhaftmachung***.

Auf ein Verschulden des betreibenden Gläubigers ist nicht abzustellen; eine ***objektive*** Gefährdung ist ausreichend (RPflE 1987/119; *Rechberger/Simotta* ExV[2] Rz 856).

Eine bloß ***abstrakte*** Gefährdung genügt jedoch nicht; nach der Rsp muss die Gefährdung vielmehr ***konkret*** sein (SZ 46/51 = EvBl 1973/268 = RPflE 1973/151).

2. Vereitelung oder Erschwerung der Einbringung

Eine objektive Gefährdung liegt nach dem Gesetzeswortlaut vor, wenn die Einbringung der Geldforderung ***vereitelt oder erheblich erschwert*** wird (§ 370 EO). Nach der Rsp ist der Tatbestand der objektiven Gefährdung allerdings nur dann erfüllt, wenn der Verpflichtete schon ***nahe einer Insolvenz*** steht, von ***Exekutionen verfolgt*** wird oder sonst ***Umstände vorliegen***, die zu einer ***ständigen Verschlechterung der Befriedigungslage*** führen (RPflE 1987/119).

Objektive Gefährdung ist also insbesondere gegeben, wenn wegen Überschuldung und wegen Häufigkeit der Exekutionen die ***Konkurseröffnung*** (*jetzt:* Eröffnung des Insolvenzverfahrens) ***droht*** (GlUNF 2373); gleiches gilt bei ***zahlreichen laufenden Exekutionen*** gegen den Verpflichteten (LGZ Wien RPflE 1969/167).

Eine bloß ***gleich bleibend ungünstige Vermögenslage*** reicht für die Annahme einer Gefährdung allerdings nicht aus (*Holzhammer* ZVR[4] 412); weiters nicht hinreichend sind bloß ***einzelne oder geringfügige Exekutionen*** gegen den Verpflichteten (Rsp 1929/240).

Objektive Gefährdung liegt auch dann nicht vor, wenn dem Verpflichteten ***Verfahrenshilfe*** gewährt wurde (GlUNF 6793; ZBl 1937/44), der Verpflichtete ***vermögenslos*** ist (ZBl 1913/382) oder ständig seinen ***Wohnort wechselt*** (JBl 1909, 108).

3. Vollstreckung im Ausland

Eine objektive Gefährdung ist weiters gegeben, wenn die Entscheidung zum Zweck ihrer Eintreibung in Staaten ***vollstreckt werden müsste***, in denen die Vollstreckung des Anspruchs ***weder durch völkerrechtliche Verträge noch durch Unionsrecht gesichert*** ist (§ 370 EO).

Ausschlaggebend ist dabei, dass die Entscheidung in einem ***fremden Staat*** vollstreckt werden müsste. Fremde Staaten sind (eben) Staaten, in denen die Vollstreckung des Anspruchs weder durch völkerrechtliche Verträge noch durch Unionsrecht gesichert ist. Nur solche Staaten gelten in diesem Zusammenhang als Ausland.

In Staaten, in denen die gegenseitige Vollstreckung etwa durch Unionsrecht gesichert ist (die EuGVVO gilt in sämtlichen Mitgliedstaaten der Europäischen Union), ist aufgrund des gegenseitigen Vollstreckungssystems die Vollstreckungsmöglichkeit gewährleistet (*Klicka* in Angst/Oberhammer[3] § 370 Rz 12).

Dasselbe gilt für Staaten, in denen die Vollstreckung des Anspruchs durch völkerrechtliche Verträge gesichert ist.

In Staaten, in denen die Vollstreckung des Anspruchs entweder durch völkerrechtliche Verträge oder durch Unionsrecht gesichert ist, scheidet daher der Erlass einer Exekution zu Sicherstellung aus (*Sailer* in Burgstaller/Deixler-Hübner § 370 EO Rz 24–24b).

Grundlegende Voraussetzung für eine Gefährdung wegen drohender Auslandsvollstreckung ist, dass sich einerseits ***Vermögensteile***, auf die Exekution geführt werden darf, ***im Ausland befinden*** (SZ 46/51 = EvBl 1973/268, 552 = RPflE 1973/151).

Andererseits muss der ***Exekution unterworfenes Vermögen*** auf das mit Hilfe der Sicherstellungsexekution gegriffen werden soll, ***im Inland*** vorhanden sein, (SZ 7/244; Rsp 1925/112).

Irrelevant ist, ob das inländische Urteil im Ausland vollstreckt werden kann, ob der Schuldner In- oder Ausländer ist und ob er im Inland oder Ausland wohnt (*Klicka* in Angst/Oberhammer[3] § 370 EO Rz 12 mN aus der Rsp; aA Rsp 1932/379; EvBl 1973/166, 356: Voraussetzung ist, dass der Verpflichtete seinen Wohnsitz im Ausland hat).

Beachte: Vor Erlass einer Exekution zur Sicherstellung in Zusammenhang mit fremden Staaten ist jedoch notwendig, dass der betreibende Gläubiger versucht, seinen Anspruch im Inland durchzusetzen.

Sollte ***ausreichendes inländisches Vermögen*** vorhanden sein, um eine ***alsbaldige Befriedigung*** zu gewährleisten, ist eine Exekution zur Sicherstellung unzulässig (SZ 46/51 = EvBl 1973/268, 552 = RPflE 1973/151; aA SZ 7/244 = Rsp 1925/112; ZBl 1928/112).

4. Glaubhaftmachung

Die Gefährdung ist ***glaubhaft zu machen***; der Nachweis der Glaubhaftmachung richtet sich nach § 274 ZPO (*Holzhammer*, ZVR[4] 412; *Schimik*, Exekution zur Sicherstellung 100). Die Gründe für die Gefährdung müssen somit ***dargelegt werden*** und ***überwiegend wahrscheinlich*** sein (GlUNF 126; RZ 1989/68, 190).

Ein von einer unbekannten Person abgesendetes Telegramm, über dessen Absender auch im Antrag nichts Näheres vorgebracht wird, reicht dafür nicht aus (GlUNF 5667); ebenso wenig das Telegramm einer dritten Person, wonach beim Schuldner höchste Gefahr bestehe und Exekutionen gegen ihn liefen (ZBl 1912/392).

E. Ersatz der Gefahrenbescheinigung durch Sicherheitsleistung

Nach § 371a EO ***kann*** die unter Punkt D. erläuterte Gefahrenbescheinigung durch eine ***Sicherheitsleistung*** bei einer ***Berufung*** oder ***Revision*** gegen ***Endurteile*** erster bzw. zweiter Instanz ***ersetzt werden***.

Der Gläubiger hat also ein ***Wahlrecht***, ob er die Gefährdung nach § 370 EO bescheinigt oder nach § 371a EO Sicherheit leistet (*Klicka* in Angst/Oberhammer[3] § 371a EO Rz 1).

Beachte: Wählt der Gläubiger die Sicherheitsleistung nach § 371a EO, ***hat das Gericht*** die Sicherstellungsexekution unter Sicherheitsleistung ***zu bewilligen*** (JBl 1954, 595); ein ***Ermessensspielraum*** besteht in diesem Fall ***nicht*** (*Holzhammer*, ZVR[4] 412).

Die Sicherheit ist vom Gericht nach „freiem Ermessen" im Bewilligungsbeschluss festzusetzen (*Rechberger/Oberhammer* ExR[5] Rz 459); die Ermessensentscheidung ist jedoch im Instanzenzug überprüfbar (*Rechberger/Simotta* ExV[2] Rz 855). Vor Nachweis des gerichtlichen Erlags der zu leistenden Sicherheit darf mit dem Vollzug der Exekutionshandlungen nicht begonnen werden (§ 371a letzter Satz EO).

Maßgebend hinsichtlich der Höhe der Sicherheitsleistung sind nach der Rsp die dem Verpflichteten nach § 376 Abs 2 EO zu ersetzenden ***Kosten*** und der ihm allenfalls zu ersetzende ***Schaden*** (*Klicka* in Angst/Oberhammer[3] § 371a Rz 4); weitere Kriterien sind die ***Höhe der Geldforderung*** des betreibenden Gläubigers, die zu erwartende ***Dauer des Exekutionsverfahrens*** zur Sicherstellung sowie die Art der ***beantragten Exekutionshandlungen*** (*Sailer* in Burgstaller/Deixler-Hübner § 371a EO Rz 12). Die Höhe der Sicherheitsleistung ist jedoch ***nicht*** abhängig von der ***finanziellen Leistungsfähigkeit*** des betreibenden Gläubigers (*Klicka* aaO).

F. Sicherungstitel ohne Gefahrenbescheinigung

In § 371 EO sind jene Sicherungstitel angeführt, bei denen das Gesetz davon ausgeht, dass ein unbedingtes Sicherstellungsinteresse besteht, weil der Bestand des Titels sehr wahrscheinlich ist (SZ 56/160; SZ 58/161 = EvBl 1986/69); maW wird die ***Richtigkeit des Titels vorweg mit hoher Wahrscheinlichkeit*** angenommen (*Neumayr/Nunner-Krautgasser*, ExR[3] 279). Die in § 371 EO genannten Titel werden daher als ***unbedingt wirksame Sicherstellungstitel*** bezeichnet (*Seiser*, ExR[10] 79).

Die Aufzählung der in § 371 EO angeführten Titel ist nach hM ***taxativ*** (*Holzhammer*, ZVR[4] 413; *Rechberger/Simotta* ExV[2] Rz 854); bei ihnen entfallen sowohl die Gefahrenbescheinigung als auch die Sicherheitsleistung (*Klicka* in Angst/Oberhammer[3] § 371 EO Rz 1).

Bei den in § 371 EO aufgezählten Titeln handelt es sich um folgende (siehe auch die Aufstellung bei *Neumayr/Nunner-Krautgasser*, ExR[3] 278):

- ***Anerkenntnisurteile*** erster Instanz, gegen die Berufung erhoben wurde,
- ***Versäumungsurteile***, gegen die Widerspruch erhoben wurde,
- in ***zweiter Instanz bestätigte Urteile***, wenn gegen das Berufungsurteil Revision erhoben wurde,
- Urteile zweiter Instanz, wenn gegen diese ein ***Antrag nach § 508 Abs 1 ZPO*** (Abänderungsantrag gegen den Ausspruch über die Unzulässigkeit der ordentlichen Revision), verbunden mit einer ordentlichen Revision, gestellt wurde,

- ***Zahlungsaufträge*** und zwar unabhängig von der Erhebung von Einwendungen,
- rechtskräftige ***Zahlungsbefehle*** im Mahnverfahren, wenn ein Antrag auf Wiedereinsetzung in den vorigen Stand zur Erhebung des Einspruchs gestellt wurde sowie
- ***strafgerichtliche Entscheidungen*** über ***privatrechtliche Ansprüche***, wenn die Wiederaufnahme des Strafverfahrens bewilligt wurde.

Außerhalb der EO sind etwa die Sicherstellungsaufträge der Abgabenbehörden (§§ 232 f BAO) und der Sozialversicherungsträger (§ 66 ASVG, § 39 GSVG und § 38 BSVG) zu nennen (dazu ausführlich *Sailer* in Burgstaller/Deixler-Hübner § 371 EO Rz 20 ff).

G. Die Sicherungsmittel

In § 374 Abs 1 EO sind die Sicherungsmittel ***abschließend*** aufgezählt (*Heller/Berger/Stix*, EO^4 III 2665).

Nach § 374 Abs 2 EO können gleichzeitig ***mehrere Exekutionshandlungen*** bewilligt werden, wenn dies zur Erreichung hinreichender Sicherheit notwendig ist.

§ 374 Abs 1 EO nennt folgende Sicherungsmittel:

- ***Pfändung von Gegenständen des beweglichen Vermögens***,

  (darunter sind Fahrnisse, Geldforderungen, Ansprüche auf Herausgabe und Leistung körperlicher Sachen sowie andere Vermögensrechte zu verstehen)
- ***Bücherliche Vormerkung des Pfandrechts an Liegenschaften*** oder daran haftenden Rechten,
- ***Zwangsverwaltung unbeweglicher Sachen*** und anderer Vermögensrechte sowie

  Diese ist nur zu bewilligen, wenn die bloße Begründung eines Pfandrechts zur Sicherung nicht ausreicht. Dies hat der betreibende Gläubiger zu behaupten und zu bescheinigen (RIS-Justiz RS0004895).
- ***Pfändung von Forderungen***.

  Eine Überweisung der Forderung zur Einziehung ist nur zulässig, wenn mit der Verzögerung der Geltendmachung der gepfändeten Forderung deren Einbringlichkeit gefährdet oder der Verlust von Regressrechten gegen dritte Personen verbunden wäre (*Klicka* in Angst/Oberhammer^3 § 374 EO Rz 8).

Beachte: Eingehende Beträge, die aus einer zulässigen Verwertung der gepfändeten Objekte resultieren (Notverkauf, Zwangsverwaltung), sind so lange ***in gerichtlicher Verwahrung*** zu behalten, als nicht die Vollstreckbarkeit der Forderung eingetreten ist oder die Sicherstellungsexekution aufgehoben wird (§ 374 Abs 3 EO).

H. Verfahren bei der Sicherstellungsexekution

1. Exekutionsbewilligungsverfahren

Zuständig zur Sicherstellungsexekution ist nach § 375 Abs 1 EO bei allen ***Exekutionstiteln***, die von ***inländischen Zivilgerichten*** stammen, nach ***Wahl*** des betreibenden Gläubigers entweder das ***Titelgericht*** (Gericht erster Instanz – § 375 Abs 1 EO) ***oder*** das ***Exekutionsgericht***.

Bei allen ***anderen Titeln*** (etwa Titeln der Finanzbehörden oder Sozialversicherungsträger sowie Entscheidungen von Strafgerichten über privatrechtliche Ansprüche iSv § 371 Z 4 EO) sind ***allein die Exekutionsgerichte*** sachlich zuständig (vgl. *Sailer* in Burgstaller/Deixler-Hübner § 375 EO Rz 2).

Im ***Antrag*** auf Erlass einer Sicherstellungsexekution hat der betreibende Gläubiger neben einer allfälligen Behauptung und Bescheinigung des Sicherungsinteresses das Exekutionsobjekt und das Exekutionsmittel zu benennen (*Neumayr/Nunner-Krautgasser*, ExR[3] 281).

Nicht notwendig ist die Angabe eines Sicherungszeitraums, da dieser von Amts wegen in den Bewilligungsbeschluss aufzunehmen ist (§ 375 Abs 2 Satz 2 EO).

Beachte: Das ***vereinfachte Bewilligungsverfahren*** ist kraft ausdrücklicher gesetzlicher Anordnung auf die Sicherstellungsexekution nicht anzuwenden (§ 375 Abs 2 Satz 3 EO).

Wird das Exekutionsgericht angerufen, sind dem Antrag eine Ausfertigung der Entscheidung und eine Amtsbestätigung des Prozessgerichts über die Erhebung der Berufung, der Revision, des Widerspruchs oder über die Einbringung eines Wiedereinsetzungsantrags anzuschließen (§ 375 Abs 1 Satz 2 EO).

Der ***Bewilligungsbeschluss*** hat neben den allgemeinen Inhaltserfordernissen den zu sichernden Betrag samt Nebengebühren, das Sicherungsmittel, das Exekutionsobjekt, den Sicherungszeitraum und eine allenfalls zu leistende Sicherheit anzugeben (§ 375 Abs 2 EO).

2. Exekutionsvollzug

Wie oben (G.) ausgeführt, geht das Vollzugsverfahren im Wesentlichen nicht über den Pfändungsabschnitt hinaus.

3. Ende der Sicherstellungsexekution

Die Sicherstellungsexekution kann entweder ***in eine Befriedigungsexekution übergeleitet*** oder ***aufgehoben*** werden (*Rechberger/Oberhammer* ExR[5] Rz 468).

a) Überleitung in eine Befriedigungsexekution

Die Exekution zur Sicherstellung geht nach Eintritt der Vollstreckbarkeit des Titels ***von selbst***, also ohne besonderen richterlichen Ausspruch, in eine Exekution zur Befriedigung über (*Rechberger/Simotta* ExV² Rz 865; *Holzhammer*, ZVR⁴ 418).

Erforderlich für weitere Vollzugsschritte des Exekutionsgerichts ist allerdings eine entsprechende Antragstellung des betreibenden Gläubigers; dieser hat dem Exekutionsgericht daher eine vollstreckbare Ausfertigung des Exekutionstitels vorzulegen (*Sailer* in Burgstaller/Deixler-Hübner § 375 EO Rz 19). Bei einer Pfandrechtsvormerkung ist die Anmerkung der Rechtfertigung nach § 41 lit b GBG zu beantragen (*Neumayr/Nunner-Krautgasser*, ExR³ 282).

b) Aufhebung der Sicherstellungsexekution

Die Vollziehung der bewilligten Exekutionshandlungen hat auf Antrag zu ***unterbleiben*** und die bereits vollzogenen Exekutionshandlungen sind ***aufzuheben***, wenn

- glaubhaft gemacht wird, dass die gesicherte ***Geldforderung schon zur Zeit der Bewilligung*** der Sicherstellungsexekution ***berichtigt oder hinlänglich sichergestellt*** war (§ 376 Abs 1 Z 1 EO),
- glaubhaft gemacht wird, dass die gesicherte ***Geldforderung derzeit*** (also nach Bewilligung der Sicherstellungsexekution) ***berichtigt oder hinlänglich sichergestellt*** ist (insbesondere durch Erlag des Betrages der zu sichernden Forderung in barem Geld oder in Wertpapieren); bei verzinslichen Forderungen müssen auch die Zinsen für die Zeit der bewilligten Sicherung erlegt werden (§ 376 Abs 1 Z 2 EO),
- die gesicherte ***Geldforderung*** dem betreibenden Gläubiger ***rechtskräftig aberkannt*** oder deren ***Erlöschen rechtskräftig festgestellt*** wird (§ 376 Abs 1 Z 3 EO),
- dem ***Wiedereinsetzungsantrag*** zur Erhebung eines Einspruchs gegen einen Zahlungsbefehl rechtskräftig ***stattgegeben*** wurde (§ 376 Abs 1 Z 4 EO); nach hL auch dann, wenn ein ***Versäumungsurteil*** aufgrund eines erfolgreichen Wiedereinsetzungsantrags ***aufgehoben*** wird (*Holzhammer*, ZVR⁴ 419).
- Darüber hinaus ist die Sicherstellungsexekution dann aufzuheben, wenn der ***Zeitraum***, für dessen Dauer die Sicherung gewährt wurde, ***abgelaufen*** ist, ohne dass die Vollstreckbarkeit der sichergestellten Geldforderung eingetreten wäre (§ 377 Abs 2 EO).

Auch die Einstellungsgründe der §§ 39 EO und 40 EO kommen – soweit sie mit den Sondervorschriften der Sicherstellungsexekution nicht in Widerspruch stehen – in Frage (*Neumayr/Nunner-Krautgasser*, ExR³ 283).

Weiters können auch die exekutionsrechtlichen Klagen (§§ 35 – 37 EO) Grundlage für eine Einstellung der Sicherstellungsexekution sein (*Sailer* in Burgstaller/Deixler-Hübner §§ 376, 377 EO Rz 4 ff).

Der Aufhebungsantrag ist vor Beginn des Exekutionsvollzugs (§ 33 EO) beim ***Bewilligungsgericht***, nach diesem Zeitpunkt beim ***Exekutionsgericht*** zu stellen; der betreibende Gläubiger ist vor der Entscheidung jedenfalls einzuvernehmen (§ 377 Abs 3 EO).

c) Kosten und Schadenersatzpflicht des betreibenden Gläubigers

Der betreibende Gläubiger hat bei Aufhebung der Sicherstellungsexekution (ausgenommen ist nur der Fall der nachträglichen Sicherheitsleistung nach § 376 Z 2 EO) alle durch die Bewilligung, den Vollzug oder die Wiederaufhebung der Exekutionshandlungen entstandenen Kosten zu tragen und den dem Verpflichteten verursachten Schaden zu ersetzen (§ 376 Abs 2 EO).

Der Schadenersatzanspruch nach § 376 Abs 2 EO umfasst nur den ***positiven Schaden***, nicht aber den entgangenen Gewinn (hM: *Heller/Berger/Stix*, EO[4] III 2681; *Holzhammer*, ZVR[4] 420; aA *Schimik*, Exekution zur Sicherstellung 247 f mwN).

Außer im Fall der Sicherstellungsexekution aufgrund eines Versäumungsurteils, gegen das Widerspruch erhoben wurde, ist die ***Schadenersatzpflicht*** des betreibenden Gläubigers ***verschuldensunabhängig*** (§ 376 Abs 2 letzter Satz EO).

Ein Kausalzusammenhang zwischen Exekutionshandlung und Schaden ist ausreichend (*Neumayr/Nunner-Krautgasser*, ExR[3] 284 mwN aus der Rsp).

Ausschlaggebend für den Schadenersatzanspruch ist, dass die Sicherstellungsexekution bei ***Bewilligung unzulässig*** war (*Klicka* in Angst/Oberhammer[3] §§ 376, 377 EO Rz 13); der Anspruch ist stets gesondert durch ***Klage*** geltend zu machen (*Rechberger/Simotta* ExV[2] Rz 870).

II. Einstweilige Verfügungen

Lit.: *Adensamer*, Vorläufiger Unterhalt – Ein Beitrag zur Unterhaltssicherung, ÖA 1987, 63; *Angst*, Exekutionsrechtliche Bestimmungen in der Zivilverfahrens-Novelle 1983, RZ 1983, 130; *Barth,* Kann ein Rückkehrverbot nach § 382b Abs 1 Z 2 EO gegen jemanden erlassen werden, dessen Aufenthalt unbekannt ist? AnwBl 2002, 83; *Battlogg,* Wertungswidersprüche und Judikaturdivergenzen im liegenschaftsbezogenen Provisorialverfahren, NZ 2001, 461; *Bauer*, Zur Geltungsdauer der Gewaltschutz-EV, EF-Z 2010/127, 190; *Beck*, Wohnungserhaltungsanspruch: Behauptungs- und Bescheinigungsverfahren nach § 382h, ÖJZ 2014/123, 841; *Burgstaller,* Einstweilige Verfügungen der Arbeitsgerichte nach EO und UWG, DRdA 1981, 286; *P. Burgstaller*, Domainübertragung auch im Provisorialverfahren? MR 2002, 49; *Garber*, Einstweiliger Rechtsschutz (2011); *C. Graf*, Die einstweiligen Verfügungen nach § 382g EO zum Schutz vor Eingriffen in die Privatsphäre („Stalking"), Zak 2006/521, 303; *Csoklich*, Zugriff auf Vermögen der Privatstiftung durch Gläubiger der Stifter und Begünstigten, ÖBA 2008, 416; *Deixler/Hübner*, Die Nebenintervention im Zivilprozess (1993); *Deixler-Hübner*, Wiederaufnahme in Verfahren nach § 382 Abs. 1 Z 8 lit a EO? BeitrZPR V 10 ff; *Deixler-Hübner*, Das neue Eherecht (1999) 40 ff; *Deixler-Hübner*, Scheidung, Ehe und Lebensgemeinschaft[12] (2016) 56 ff; *Doralt*, Klage auf Feststellung der Unwirksamkeit einer rechtsmißbräuchlichen Garantieinanspruchnahme oder Klage auf Unterlassung bzw. Widerruf? ÖBA 1990, 182; *E. Kodek*, Probleme bei einstweiligen Verfügungen mit Sicherheitsleistung – ein österreichischer Sonderweg als Irrweg, in FS Griss (2011) 343; *Eypeltauer*, Unterhaltspflicht der Großeltern gegenüber volljährigen Enkelkindern trotz Leistungsfähigkeit der Eltern, ÖJZ 1988, 641; *Fasching*, Die Änderung des Verfahrens zur Erlassung einstweiliger Verfügungen durch die Zivilverfahrens-Novelle 1983, GesRZ 1984, 62; *Feil*, Einstweilige Verfügung (EV)[2] (1990); *Fischl*, Die einstweiligen Verfügungen nach der Exekutionsordnung mit besonderer Berücksichtigung des Immaterialgüterrechtes (1919); *Frauenberger*, Einstweiliger Rechtsschutz bei Besitzstörung (1993); *Frauenberger*, Provisorialverfahren auf Kosten des Beklagten? MR 2012, 201; *Fuchs*, Gerichtliche Kontrolle bei Sperren von Fußballspielern, Zak 2008/329, 188; *G. Kodek*, Zur Zweiseitigkeit des Rekursverfahrens, ÖJZ 2004, 534 und 589; *G. Kodek*, Einstweilige Verfügungen im Familienrecht und Art 6 EMRK, EF-Z 2010/35, 58; *G. Kodek*, Die Anwendbarkeit von Art 6 EMRK im Provisorialverfahren, Zak 2010/7, 8; *G. Kodek*, Funktion und Grenzen des Schadenersatzanspruchs nach § 394 EO – ein Beitrag zum Rechtsschutzsystem des Provisorialverfahrens, in FS Koziol (2010) 1179; *G. Kodek*, Einstweilige Maßnahmen im Europäischen Justizraum – Bilanz und Zukunftsperspektiven, in Fucik/Konecny/Lovrek/Oberhammer (Hrsg), Jahrbuch Zivilverfahrensrecht 2010 (2010) 151; *G. Kodek*, Einstweilige Verfügungen zur Sicherung des Informationsanspruchs nach §§ 108, 109 ArbVG bei beabsichtigten Betriebsänderungen, DRdA 2011, 517; *G. Kodek*, Zum Gefährdungserfordernis bei einstweiligen Verfügungen zur Sicherung der Ehewohnung, Zak 2014/736, 387; *Giefing*, Die familien- und exekutionsrechtlichen Aspekte des ehelichen Wohnens (1998); *Gitschthaler*, Zur Rückforderbarkeit zu Unrecht bezahlter Unterhaltsbeträge, ÖJZ 1995, 652; *Gitschthaler*, Die Verfügungsfrist im Provisorialverfahren, in FS Griss (2011) 187; *Gitschthaler*, Unterhaltsrecht[3] (2015); *Gottwald*, Grenzüberschreitende Zustellung der Forderungspfändung und von einstweiligen Verfügungen, IPrax 1999, 395; *Graf*, Die einstweiligen Verfügungen nach § 382g EO, wobl 2005, 41; *Graff*, Wenn der Erstrichter der Frau glaubt . . ., ecolex 1994, 237; *Grünzweig*, Die Sicherheitsleistung als „Kehrseite" der Einstweiligen Verfügung, RdW 2011/259, 256; *Hagen*, Die Regelungsfunktion der einstweiligen Verfügung, JBl 1971, 337; *Hausmaninger*, Die einstweilige Verfügung im schiedsgerichtlichen Verfahren (1989); *Hausmaninger*, Die Beeinträchtigung Dritter durch einstweilige Verfügungen, JBl 1990, 160; *Herzig*, Die Aufhebung der EV gegen angemessene Sicherheit im Wettbewerbs- und Patentrecht, ÖBl 2003, 116; *Hodik*, Zur Auslegung des § 391 Abs 2 EO, ÖJZ 1984, 14; *Hofmann*, Einstweiliger Rechtsschutz im Familienrecht (§ 382 Z 8 EO) AnwBl 1984, 87; *Holzer*, Punkteabzug in der Fußball-Bundesliga und Anmeldung im Konkursverfahren – Zur einstweiligen Verfügung des LGZ Graz vom 28.3. 2007, 28 Cg 23/07m, Zak 2007, 186; *Holzner*, Keine Anmerkung der Anfechtung eines Veräußerungs- und Belastungsverbots nach § 364c ABGB? JBl 2003, 213; *Hopf/Kathrein*, Eherecht[3] (2014); *Hoyer*, Grundbuchsrecht und Grundbuchspraxis II, NZ 1996, 73; *Hoyer*, Die Wirkungen des richterlichen Veräußerungs- und Belastungsverbotes (§ 382 Abs 1 Z 6, § 384 Abs 3 EO), NZ 1996, 97; *Hoyer*, Zum possessorischen Schutz des Rechtsbesitzes, wbl 1999, 341; *Huber*, Endgültige Zuweisung bei einstweiligem Unterhalt, JBl 1984, 182; *Hügel*, Sperrung eines Anderkontos durch einstweilige Verfügung zur Sicherung von Ansprüchen gegen den Klienten des Kontoinhabers, JBl 1980, 646; *Jahn*, Parate Beweismittel im Provisorialverfahren, ÖBl 1988, 33; *Jelinek*, Zwangsvollstreckung zur Erwirkung von Unterlassungen (1974); *Jelinek*, Die „Durchführung" von einstweiligen Unterlassungs-Verfügungen, in FS Beys (2003) 631; *Jurtela*, Häusliche Gewalt und

Stalking: die Reaktionsmöglichkeiten des österreichischen und deutschen Rechtssystems (2007); *Kathrein*, Zweites Gewaltschutzpaket – Die wichtigsten Neuerungen bei der einstweiligen Verfügung, in FS Koziol (2010) 1157; *Kimeswenger*, Zweiseitigkeit des Rekurses im Verfügungsverfahren, ecolex 1998, 851; *Kininger*, Einstweilige Verfügungen zur Sicherung von Rechtsverhältnissen, BeitrZPR II 61; *Kininger*, Einstweilige Verfügungen zur Sicherung von Rechtsverhältnissen (1991); *Kininger*, Das Verfügungsverfahren, BeitrZPR III 215; *Klamert/Kraft*, Schadenersatzanspruch nach § 394 EO und Gemeinschaftsrecht – Anmerkung zu OGH 17 Ob 28/07b, wbl 2008, 261; *Kloiber*, Vorläufige oder sichernde Maßnahmen durch Schiedsgerichte, Zak 2006/427, 247; *Knoll*, Kann der Unterhaltsanspruch gegen Großeltern durch einstweilige Verfügung nach § 382 Z 8 lit a EO gesichert werden? JBl 1985, 596; *König*, Zum Curriculum der Regelungsverfügung, in FS Sprung (2001) 233; *König*, Die verschuldensunabhängige Haftung für „ungerechtfertigten" einstweiligen Rechtsschutz (§ 394 EO), JBl 2005, 205; *König*, Die Nichtrückführbarkeit einstweiliger Verfügungen, in FS Griss (2011) 389; *König*, Einstweilige Maßnahmen (einstweilige Verfügungen) und die Brüssel I-Verordnung, in König/Mayr, Europäisches Zivilverfahrensrecht in Österreich III (2012) 65 ff; *König*, „Endgültige" einstweilige Verfügungen? in Marinelli/Bajons/Böhm (Hrsg), Die Aktualität der Prozess- und Sozialreform Franz Kleins (2015) 245; *König*, Haben Van Uden & Co ausgedient? ecolex 2016, 685; *König/Praxmarer*, Vorläufige Vollstreckbarkeit, Rückforderung und Schadenersatz nach nationalem und europäischem Zivilverfahrensrecht (2016); *König*, Einstweilige Verfügungen im Zivilverfahren[5] (2017); *Kloiber*, Vorläufige oder sichernde Maßnahmen durch Schiedsgerichte, Zak 2006/427, 247; *Konecny*, Übergreifende Ansprüche in Wettbewerbsverfahren, RdW 1986, 36; *Konecny*, Zur Anwendung fremden Rechts bei der Anspruchsprüfung im Provisorialverfahren, ÖBA 1988, 1184; *Konecny*, Aktuelle Verfahrensfragen bei einstweiligen Verfügungen, ÖBA 1989, 848; *Konecny*, Grundlagen der einstweiligen Verfügungen gegen den Mißbrauch von Bankgarantien, ÖBA 1989, 775; *Konecny*, Gerichtliche Sicherungsmaßnahmen gegen exekutionsvereitelnde oder exekutionserschwerende Bestandverträge, wobl 1991, 143; *Konecny*, Der Anwendungsbereich der einstweiligen Verfügung (1992); *Konecny*, Neue Entwicklungen im einstweiligen Rechtsschutz, in FS Matscher (1993) 265; *Konecny*, Einstweilige Verfügungen in Bestandstreitigkeiten, JBl 1994, 9; *Konecny*, Zur Wirksamkeit einstweiliger Verfügungen nach Ablauf der Verfügungsfrist, ÖBA 1997, 987; *Koppensteiner*, Über einstweiligen Rechtsschutz im Beschlussrecht von GmbH und OG, wbl 2009, 369; *Kralik*, Das Wesen der einstweiligen Verfügung, ÖJZ 1948, 342; *Kucsko*, „Civil inaudita altera parte search – Hausdurchsuchung im Zivilprozess", in FS Dittrich (2000) 801; *Lindinger*, Prozessspiegel – Einstweiliger Mietzins, immolex 2007, 139; *J. Mair*, Neuerungen im Zivilverfahrensrecht durch das 2. GeSchG und die ZVN 2009 – Verbesserter Schutz für Opfer von Gewalt, Ausführungsgesetzgebung zur EuMahnVO und BuBagatellVO sowie Zweiseitigkeit des Rekursverfahrens, JAP 2009/2010/7, 42; *Mitrovic*, Probleme und Möglichkeiten der gerichtlichen Unterhaltseinbringung, ÖA 1989, 154; *Mohr*, Die vorläufige Kontenpfändung – EuKoPfVO (2014); *Mohr*, EO-Novelle 2003, ecolex 2003, 502; *Mohr*, EO-Nov 2014 – ein Überblick über die Änderungen im Allgemeinen Teil und bei der Fahrnis und Forderungsexekution, ÖRPfl 2014 H 1, 20; *Mohr*, Neuerungen bei den einstweiligen Verfügungen zum Schutz vor Gewalt und Stalking. Änderungen durch das 2. Gewaltschutzgesetz, ÖJZ 2009/56, 485; *Mohr*, Die europäischen Schutzmaßnahmen. Anerkennung und Vollstreckung von einstweiligen Verfügungen zum Schutz vor Gewalt, iFamZ 2014, 221; *Mutz*, Untersagung der Stimmrechtsausübung eines GmbH-Gesellschafters, RdW 2003, 301; *Neuhauser*, Der gesetzliche Schutz vor Gewalt in der Familie und dessen Auswirkungen auf den Jugendwohlfahrtsträger, ÖA 1997, 45; *Nimmerrichter*, Einstweilige Maßnahmen im grenzüberschreitenden Kartellrecht, OZK 2009, 231; *Nunner-Krautgasser*, Die Haftungsklagen – Reine Vermögenshaftung und „Duldung" der Exekution, ÖJZ 2007, 713; *Oberhammer*, Verfassungsgesetzliche Schranken der Haft im zivilgerichtlichen Erkenntnis-, Exekutions- und Insolvenzverfahren, ÖJZ 1994, 265; *Oberhammer*, Schadenersatz nach § 394 EO, ecolex 1994, 764; *Oberhammer*, Befristete und kündbare Bankgarantien als prozessuales Sicherungsmittel? ÖBA 1999, 26; *Obermaier*, Im Provisorialverfahren vorbehaltene Kosten des Antragstellers, ÖJZ 2013/39, 384; *Pfersmann*, Zum (Kosten)Ersatzanspruch gemäß § 394 EO nach Aufhebung einer ungerechtfertigten einstweiligen Verfügung, ÖJZ 1982, 638; *Pfersmann*, Zu den Begriffen „Nebenforderungen" und „Kostenpflicht", besonders bei Anwendung exekutionsrechtlicher Bestimmungen, ÖJZ 1985, 205; *Prunbauer*, Einstweilige Verfügung: Ersatzansprüche bei Nichterlag der Sicherheit, RdW 1988, 37; *Prunbauer*, Beseitigung einer einstweiligen Verfügung. Oppositionsklage oder Aufhebungsantrag? ecolex 1990, 233; *Rassi*, Neuerungen im Exekutionsverfahren – Ein Überblick (Teil I), RZ 2007, 59; *Rauer*, Praktische Überlegungen zum einstweiligen Mietzins nach § 382f EO, wobl 2005, 41; *Reiter*, Die einstweiligen Verfügungen im Eheverfahren (2005); *Reith*; Wissenswertes zur Europäischen Kontenpfändungsverordnung, ecolex 2016, 780; *Rintelen*, Die einstweilige Verfügung (1905); *H. Schmidt*, Zum Kostenersatz für Klagebeantwortung und Äußerung, ecolex 1992, 247; *Schober*, Vorläufiger Unterhalt für Minderjährige, ÖRPfl 1988, 18; *Schulz*, Einstweilige Maßnahmen nach dem Brüsseler Gerichtsstands- und Vollstreckungsübereinkommen in der Rechtsprechung des Gerichtshofes der Europäischen Gemeinschaften (EuGH), ZEuP 2001, 805; *Schumacher*, Sperre der Bankgarantie durch einstweilige Verfügung, RdW 1986, 329; *Schumacher*, Die Sicherung bedingter Liegenschaftsverträge durch einstweilige Verfügungen, NZ 2010/15, 73; *Schwarzinger*, Kindesunterhalt im Zivilverfahren (2008) 258; *Sladek*, Eventualbegehren und einstweilige Verfügung, ÖJZ 1982, 482; *Slolina*, Europäische Urteilsanerkennung und –vollstreckung, ecolex 2013/405; *Stabentheiner*, Das Wohnrechtliche Außerstreitbegleitgesetz, wobl 2004, 1; *Swoboda*, Der „verwaiste" eV-Antrag – Königsidee oder Flop? RdW 1991, 199; *Thiele*, Die Nebenintervention im Provisorialverfahren, ÖJZ 2006, 837; *Vonkilch*, Der einstweilige Mietzins, immolex 2004, 228; *Wallisch*, Implizite Befristung und Durchsetzung von Syndikatsverträgen, ÖZW 2004, 55; *Weinmann*, Einstweilige Verfügungen zur Sicherung von Feststellungsansprüchen, AnwZ 1934, 67; *Wolfrum/Dimmel*, Das „Anti-Stalking-Gesetz". Neuerungen im Straf- und Zivilrecht zum Schutz vor Stalking, ÖJZ 2006/29, 475; *Zackl*, Einstweilige Verfügungen und (Un-)Zulässigkeit unwiederbringlicher Eilmaßnahmen, ÖJZ 2005, 12; *Zackl*, Einstweiliger Rechtsschutz im Gesellschaftsrecht (2006); *Zackl*, Einstweilige Verfügung – Gefahr der Auslandsvollstreckung, Eine Stellungnahme zur Entscheidung des OGH vom 7.11.2007 zu 6 Ob 225/07t = Zak 2008/135, 78, Zak 2008/112, 66; *Zechner*, Sicherungsexekution und Einstweilige Verfügung (2000); *Zeiler*, Internationales Sicherungsverfahren (1996); *Zeiler*, Einstweilige Maßnahmen, in Liebscher/Oberhammer/ Rechberger (Hrsg), Schiedsverfahrensrecht I (2012).

A. Allgemeines

Nach § 378 Abs 1 EO kann das Gericht sowohl ***vor Einleitung eines Rechtsstreits*** als auch ***während desselben*** und ***während des Exekutionsverfahrens*** zur ***Sicherung des Rechts einer Partei auf Antrag einstweilige Verfügungen*** treffen.

Weiters ordnet das Gesetz an, dass die Zulässigkeit einstweiliger Verfügungen nicht dadurch ausgeschlossen wird, dass der Anspruch der antragstellenden Partei ein betagter oder bedingter ist (§ 378 Abs 2 EO).

Der Sinn einer einstweiligen Verfügung liegt in der Gewährung von ***einstweiligem Rechtsschutz***, weil ansonsten gerichtliche Hilfe oftmals zu spät käme.

Genauer gesagt, ist Zweck einer einstweiligen Verfügung die Vereitelung der Durchsetzung eines Anspruchs zu verhindern oder die gefährdete Partei gegen eine Veränderung des gegenwärtigen Zustands zu schützen, die für sie mit einem drohenden unwiederbringlichen Schaden verbunden wäre (*E. Kodek* in Angst/Oberhammer[3] § 378 EO Rz 1 mN aus der Rsp; vgl. zum Hintergrund von Einstweiligen Verfügungen auch *König*, Einstweilige Verfügungen[5] Rz 1.1 ff).

Die Parteien des Verfahrens zum Erlass einer Einstweiligen Verfügung sind die ***gefährdete Partei*** und der ***Gegner der gefährdeten Partei***, wobei die Parteirollen im Verfügungsverfahren gegenüber jenen des Hauptprozesses vertauscht sein können (*Rechberger/Oberhammer*, ExR5 Rz 476).

Die einstweiligen Verfügungen unterscheiden sich von der Exekution zur Sicherstellung massiv. Der Zweck beider ist zwar der Schutz von Rechtspositionen gegen jegliche Handlungen, deren Ziel es ist, die Vollstreckung zu vereiteln (*Sailer* in Burgstaller/Deixler-Hübner Vor § 378 EO Rz 3).

Anders als bei der Exekution zur Sicherstellung, benötigt die gefährdete Partei bei der einstweiligen Verfügung allerdings noch ***keinen Titel***, erwirbt durch diese allerdings auch ***weder ein Pfandrecht*** (§ 379 Abs 4 EO; *Heller/Berger/Stix*, EO[4] III 2710; 1 Ob 41/95, SZ 69/16 = EvBl 1996/126 [747]) ***noch einen Rang*** (SZ 66/21 = ecolex 1993, 591 [*Konecny*] = ÖBA 1993/406 [732]).

Wie oben (I. A.) bei der Exekution zur Sicherstellung aufgezeigt, erwirbt der betreibende Gläubiger bei dieser ein bedingtes Verwertungs- und Befriedigungsrecht.

Auch sonst haben Exekution zur Sicherstellung und einstweilige Verfügungen nicht viel gemeinsam (*Rechberger/Oberhammer* ExR[5] Rz 473).

Wie im letzten Absatz erwähnt, erlangt der Gläubiger durch die Exekution zur Sicherstellung ein, wenn auch nur bedingtes, Verwertungs- und Befriedigungsrecht. Diese ist daher ein ***echtes Exekutionsverfahren***, das einen Titel erfordert, allerdings auf halbem Weg stehen bleibt (dazu oben I. A.)

Das Verfahren zur Erlassung einer einstweiligen Verfügung hingegen ist als ***summarisches Erkenntnisverfahren*** ausgestaltet; an dieses summarische Verfahren schließt sich ein Vollstreckungsverfahren an, das mit einem echten Exekutionsverfahren nicht viel gemeinsam hat (*Rechberger/Oberhammer* ExR[5] Rz 473).

In erster Linie ist zu betonen, dass die gefährdete Partei bei der einstweiligen Verfügung ***kein exekutives Verwertungs- oder Befriedigungsrecht*** erlangt.

Jedenfalls unzulässig ist der Erlass einer einstweiligen Verfügung, wenn zur Sicherung des Anspruchs eine Exekution zur Sicherstellung geführt werden kann (§ 379 Abs 1 EO; SZ 45/61 = EvBl 1972/349, 662). Durch diese Bestimmung wird der ***subsidiäre Charakter*** der einstweiligen Verfügung deutlich (*E. Kodek* in Angst/Oberhammer[3] § 379 EO Rz 1).

Der Versuch einer ***allgemein*** gültigen Definition der einstweiligen Verfügung ist durchaus schwierig und – möchte man auch alle Besonderheiten von in Sonderbestimmungen enthaltenen Abweichungen berücksichtigen – wahrscheinlich (von Vornherein) zum Scheitern verurteilt.

Dennoch hat es in der Literatur schon mannigfaltige Definitionsversuche der einstweiligen Verfügung gegeben. Eine mE befriedigende Definition hat *Sailer* in Burgstaller/Deixler-Hübner Vor § 378 EO Rz 4 unternommen.

Nach ihm sind einstweilige Verfügungen ***„in einem einseitigen Eilverfahren gefällte Gerichtsentscheidungen, die zur Vorbeugung der Vereitelung oder Erschwerung der Durchsetzung von auch nur glaubhaft gemachten, der gerichtlichen Zwangsvollstreckung zugänglichen Rechtspositionen des Antragstellers vorläufige Maßnahmen im Rahmen seines Anspruchs gegen seinen Gegner anordnen, die aber kein Befriedigungsrecht gewähren und weder in Rechte Dritter eingreifen noch die Erfüllung des Anspruchs vorwegnehmen“***.

Unabhängig davon, wie man die Einstweiligen Verfügungen rechtlich exakt definiert, ist unzweifelhaft, dass sie im heutigen Gerichtsalltag eine große Rolle spielen (die Bedeutung der Einstweiligen Verfügungen spiegelt sich auch an den umfangreichen Judikaturnachweisen bei *König*, Einstweilige Verfügungen[5] Rz 1.10 ff wider).

B. Verhältnis zum Hauptanspruch

Nach stRsp muss sich eine einstweilige Verfügung stets im ***Rahmen des Hauptanspruchs*** halten; maW ist sie ***anspruchsgebunden*** (3 Ob 2039/96s, MietSlg 48.719; 6 Ob 238/00v, JBl 2001, 390).

Dies bedeutet nichts anderes, als dass Maßnahmen der gefährdeten Partei, auf die sie auch bei Durchsetzung des Hauptanspruchs kein Recht hätte, nach Wesen und Zweck der EV nicht bewilligt werden dürfen (6 Ob 504/94, HS 25.808 = ÖBA 1995/481 [311] [*Konecny*] = RdW 1994, 314; 1 Ob 294/98m = ÖBA 1999/821 [832]).

Zu berücksichtigen ist allerdings, dass die Rsp den von *Konecny* (Anwendungsbereich 53 ff und 101 ff) geprägten ***weiten Anspruchsbindungsbegriff*** zulässt und somit Sicherungsmaßnahmen nicht ihrer Art, sondern bloß ihrem Umfang nach an den Hauptanspruch gebunden sind (vgl. diesbezüglich *Sailer* in Burgstaller/Deixler-Hübner § 378 EO Rz 19 mwN).

Folge der Anspruchsgebundenheit ist weiters, dass eine einstweilige Verfügung nur zur Sicherung des ***konkret geltend gemachten Anspruchs*** (SZ 47/109; SZ 58/81) bzw. vor Einleitung des Prozesses nur zur Sicherung des ***konkret behaupteten Anspruchs*** angeordnet werden kann (1 Ob 294/98m, ÖBA 1999/821 [832]). Ist der ***Hauptanspruch zu unbestimmt***, führt dies in weiterer Folge zur Abweisung des Sicherungsbegehrens (*Sailer* in Burgstaller/Deixler-Hübner § 378 EO Rz 18).

Mit Hilfe einer einstweiligen Verfügung können nach hL jedenfalls ***Leistungs- und Gestaltungsansprüche*** gesichert werden; die Sicherung von ***Feststellungsansprüchen*** durch eine einstweilige Verfügung ist ***umstritten*** (*Neumayr/Nunner-Krautgasser*, ExR[3] 289).

Die neuere Lehre ist hingegen überwiegend der Ansicht, dass einstweilige Verfügungen zur Sicherung von Feststellungsansprüchen sowohl nach § 381 Z 1 EO als auch § 381 Z 2 EO zulässig sind (*Rechberger/Simotta* ExV[2] Rz 889; vgl. diesbezüglich auch *König*, Einstweilige Verfügungen[5] Rz 2.34).

Die Rsp geht von der gegenteiligen Meinung aus; sie lässt den Erlass einstweiliger Verfügungen zur Sicherung von Feststellungsansprüchen nur dann zu, wenn hinter diesen bedingte oder künftige Leistungsansprüche „stecken“ (6 Ob 2031/96m = ÖBA 1997, 648; 2 Ob 138/08w; *Sailer* in Burgstaller/Deixler-Hübner § 378 EO Rz 8 mwN).

Strittig ist weiters auch über welche ***Arten von Ansprüchen*** einstweilige Verfügungen nach §§ 378 ff EO erlassen werden können (*Saiser*, ExR[9] 78). Es entspricht der hM, dass jedenfalls solche Rechte mittels einstweiliger Verfügungen gesichert werden können, die auf dem ***streitigen*** oder ***außerstreitigen Rechtsweg*** durchsetzbar sind (*Heller/Berger/Stix*, EO[4] III 2696 ff; *Holzhammer*, ZVR[4] 422).

Nicht notwendig ist, dass ein ordentliches (staatliches) Gericht auch konkret zuständig ist; staatliche Gerichte können einstweilige Verfügungen daher auch dann erlassen, wenn über den Anspruch ein Schiedsgericht entschieden hat (*Sailer* in Burgstaller/Deixler-Hübner § 378 EO Rz 3).

Weiters können nach hL auch einstweilige Verfügungen betreffend solcher Rechte erlassen werden, die ***nicht auf den Rechtsweg*** (etwa Verwaltungsverfahren) gehören.

Dies ist immer dann möglich, wenn und sobald für diese Rechte ***ein die gerichtliche Exekution ermöglichender Exekutionstitel besteht*** (vgl. *König*, Einstweilige Verfügungen[5] Rz 2.25; weiter *Sailer* in Burgstaller/Deixler-Hübner § 378 EO Rz 6 mwN).

Beachte: Jedenfalls unzulässig ist der Erlass einer einstweiligen Verfügung für Ansprüche, die überhaupt ***nicht vor*** die ***Gerichte*** gehören (*Neumayr/Nunner-Krautgasser*, ExR[3] 290).

C. Arten der einstweiligen Verfügungen

Die einstweiligen Verfügungen werden eingeteilt in

- ***Sicherungsverfügungen*** (diese sind weiters zu unterscheiden in)
  - Einstweilige Verfügungen zur Sicherung von Geldforderungen (§ 379 EO) und
  - Einstweilige Verfügungen zur Sicherung von anderen Ansprüchen (§ 381 Z 1 EO) sowie
- ***Regelungsverfügungen*** (§ 381 Z 2 EO)

1. Sicherungsverfügungen

a) Einstweilige Verfügungen zur Sicherung von Geldforderungen (§ 379 EO)

aa) Voraussetzungen

Voraussetzung für den Erlass einer einstweiligen Verfügung zur Sicherung von Geldforderungen sind die ***Behauptung und Bescheinigung***

- eines ***Anspruchs*** der gefährdeten Partei, der auf ***Geld*** gerichtet ist sowie
- eines ***Sicherungsinteresses***.

Beachte: Wie oben (II. A.) ausgeführt, darf eine einstweilige Verfügung zur Sicherung von Geldforderungen nicht erlassen werden, wenn zur Sicherung des Anspruchs eine Exekution zur Sicherstellung geführt werden kann (§ 379 Abs 1 EO).

Das Sicherungsinteresse kann darin bestehen, dass

einerseits eine konkrete ***subjektive*** Gefährdung der Hereinbringung der Geldforderung besteht, weil es ohne Erlassung der einstweiligen Verfügung wahrscheinlich ist, dass der Gegner der gefährdeten Partei durch Beschädigen, Zerstören, Verheimlichen oder Verbringen von Vermögensstücken durch Veräußerung oder andere Verfügungen über Gegenstände seines Vermögens insbesondere durch darüber mit dritten Personen getroffene Vereinbarungen die ***Hereinbringung der Geldforderung vereiteln oder erheblich erschweren*** würde (§ 379 Abs 1 Z 1 EO).

Die Gefährdung muss in diesem Fall ***subjektiv*** sein; darunter versteht man ein bestimmtes, die künftige Exekution gefährdendes Verhalten des Gegners (*E. Kodek* in Angst/Oberhammer³ § 379 EO Rz 7).

Die gefährdete Partei muss also Umstände behaupten und bescheinigen, die es wahrscheinlich machen, dass durch das Verhalten des Schuldners die Hereinbringung der Forderung eines bestimmten Gläubigers vereitelt oder doch erheblich erschwert würde (9 Ob 48/03d JBl 2004, 123 = RdW 2003/501, 578).

Eine subjektive Gefährdung wurde von der Rsp ***bejaht***, wenn der Gegner der gefährdeten Partei beabsichtigt, wesentliche Vermögenswerte zu veräußern (ecolex 1993, 86) oder auf seiner Liegenschaft ein Belastungs- und Veräußerungsverbot einverleiben lässt (*Neumayr/Nunner-Krautgasser*, ExR[3] 292) (vgl. zu zahlreichen weiteren Einzelfällen, bei denen das Vorliegen subjektiver Gefährdung angenommen wurde *König*, Einstweilige Verfügungen[5] Rz 3.8).

Rein passives Verhalten, Zahlungsunfähigkeit oder Zahlungsschwierigkeiten ***reichen*** für die Annahme einer subjektiven Gefährdung ***nicht aus*** (LGH Wien 43 R 86/06z = EFSlg 115.344). Weiters stellt das bloße Bestreiten des Anspruchs noch keine subjektive Gefährdung dar (*Seiser*, ExR[10] 82).

Andererseits die Entscheidung in Staaten vollstreckt werden müsste, in denen die Vollstreckung des Anspruchs ***weder durch völkerrechtliche Verträge noch durch Unionsrecht*** gesichert ist (§ 379 Abs 2 Z 2 EO).

Im Fall einer Auslandsvollstreckung genügt bereits ***objektive*** Gefährdung (*Sailer* in Burgstaller/Deixler-Hübner § 379 EO Rz 9; vgl. auch *König*, Einstweilige Verfügungen[5] Rz 3.10).

Dafür genügt, die Behauptung und Bescheinigung konkreter Umstände für die Notwendigkeit einer Auslandsvollstreckung des Exekutionstitels in Staaten, in denen die Vollstreckung des Anspruchs weder durch völkerrechtliche Verträge noch durch Unionsrecht gesichert ist (*Neumayr/Nunner-Krautgasser*, ExR[3] 292).

Beachte: Die ***mangelnde Bescheinigung des Anspruchs*** (nicht jedoch der Gefährdung) kann durch eine vom Gericht nach freiem Ermessen zu bestimmende Sicherheitsleistung ersetzt werden (§ 390 Abs 1 EO); dazu noch genauer unten D. 3.

Sind entweder Anspruch und/oder Gefährdung nicht ausreichend bescheinigt, ist der Antrag auf Erlass einer einstweiligen Verfügung ***abzuweisen*** (*Neumayr/Nunner-Krautgasser*, ExR[3] 293).

Schließlich kann das Gericht auch bei ausreichender Bescheinigung von Anspruch und Gefährdung die Bewilligung einer einstweiligen Verfügung nach Lage der Umstände von einer Sicherheitsleistung abhängig machen (§ 390 Abs 2 EO).

Dies gilt allerdings nicht für einstweilige Verfügungen zur Unterhaltsbestimmung (§ 382 Abs 1 Z 8 lit a EO und § 382a EO), zum Schutz vor Gewalt (§§ 382b, 382e EO) sowie zum Schutz der Privatsphäre (§ 382g EO). In all diesen Fällen kann der Erlass einer einstweiligen Verfügung nicht vom Erlag einer Sicherheitsleistung abhängig gemacht werden (§ 390 Abs 4 EO).

Die einstweilige Verfügung zur Sicherung von Geldforderungen ist stets ***anspruchsgebunden***. Mit Hilfe einer einstweiligen Verfügung kann nur die Hereinbringung jener Geldforderung gesichert werden, um die es im Prozess geht oder künftig gehen soll (*Rechberger/Oberhammer* ExR[5] Rz 479).

bb) Sicherungsmittel

Die Sicherungsmittel für eine einstweilige Verfügung zur Sicherung von Geldforderungen sind in § 379 Abs 3 EO nach hM ***abschließend*** aufgezählt (*König*, Einstweilige Verfügungen[5] Rz 3.12; *Sailer* in Burgstaller/Deixler-Hübner § 379 EO Rz 16 mwN aus Lehre und Rsp).

Beachte: Daher kommen weder die Pfändung von Sachen des Gegners der gefährdeten Partei noch die Haft als Sicherungsmittel in Frage (*E. Kodek* in Angst/Oberhammer[3] § 379 EO Rz 14).

Sicherungsmittel nach § 379 Abs 3 EO sind

- die ***Verwahrung und Verwaltung von beweglichen körperlichen Sachen des Gegners der gefährdeten Partei*** (§§ 259 ff EO), einschließlich der Hinterlegung von Geld (§ 379 Abs 3 Z 1 EO),

Diese Art der Sicherung wird auch als ***Realarrest*** bezeichnet (*Holzhammer*, ZVR[4] 424). Die beweglichen körperlichen Sachen müssen sich in der Gewahrsame des Gegners der gefährdeten Partei oder eines zur Herausgabe bereiten Dritten befinden (*Heller/Berger/Stix*, EO[4] III 2711).

Zu den beweglichen Sachen zählen auch Inhaberpapiere nach § 296 EO, insbesondere Sparbücher (*E. Kodek* in Angst/Oberhammer[3] § 379 EO Rz 21). Um Eingriffe in Rechte Dritter möglichst zu vermeiden, sind die in Verwahrung oder Verwaltung genommenen Gegenstände genau zu beschreiben und überdies das Eigentum des Gegners zu bescheinigen (*Sailer* in Burgstaller/Deixler-Hübner § 379 EO Rz 18).

- das ***Verbot der Veräußerung oder Verpfändung beweglicher körperlicher Sachen*** (§ 379 Abs 3 Z 2 EO),

Dieses Sicherungsmittel bezieht sich ebenfalls nur auf bewegliche körperliche Sachen, also nicht auf (Vermögens-)Rechte, wie etwa GmbH-Anteile (GlUNF 6455). Im Rahmen dieses Sicherungsmittels wird ausdrücklich angeordnet, dass eine verbotswidrige Veräußerung oder Verpfändung der betroffenen Sachen ungültig ist, sofern der Erwerber nicht gutgläubig nach §§ 367 f, 456 ABGB oder § 367 UGB ist.

Folge davon ist, dass ein Eigentumserwerb oder Erwerb eines Vertragspfandrechts seitens eines Dritten der gefährdeten Partei gegenüber unwirksam ist, wenn der Dritte das Verbot kannte oder kennen musste (*Rechberger/Oberhammer* ExR[5] Rz 481).

- das ***Drittverbot*** (§ 379 Abs 3 Z 3 EO),

Dieses bezieht sich auf Geldforderungen und auf andere Leistungs- sowie Herausgabeansprüche (*Sailer* in Burgstaller/Deixler-Hübner § 379 EO Rz 22); es enthält einerseits das Verbot an den Gegner der gefährdeten Partei, die Forderung einzuziehen oder darüber zu verfügen (Verfügungs- und Einziehungsverbot) und andererseits an den Dritten den Auftrag, bis auf Weiteres die geschuldete Leistung nicht zu zahlen noch sonst etwas zu unternehmen, das die Exekutionsführung vereiteln oder erheblich erschweren könnte (Leistungsverbot). Die Ähnlichkeit dieses Drittverbots zu jenem des § 294 Abs 1 EO ist kaum zu übersehen; wesentlicher Unterschied ist jedoch, dass die gefährdete Partei bei § 379 Abs 3 Z 3 EO keinen Rang erwirbt (*Seiser*, ExR[10] 83).

- die ***Verwaltung von Liegenschaften des Gegners der gefährdeten Partei*** (§ 379 Abs 3 Z 4 EO) sowie
- das ***Verbot der Veräußerung und Belastung von Liegenschaften oder bücherlichen Rechten des Gegners der gefährdeten Partei*** (§ 379 Abs 3 Z 5 EO).

b) Einstweilige Verfügungen zur Sicherung von anderen Individualansprüchen (§ 381 Z 1 EO)

aa) Allgemeines

Einstweilige Verfügungen zur Sicherung von Geldforderungen werden in der Praxis relativ selten beantragt und noch viel weniger bewilligt; viel häufiger werden einstweilige Verfügungen zur Sicherung anderer Ansprüche als Geldforderungen erlassen (*E. Kodek* in Angst/Oberhammer[3] § 381 EO Rz 1; *König*, Einstweilige Verfügungen[5] Rz 3.35 bezeichnet diese Art der Einstweiligen Verfügung als „Auffangbecken“).

Die Bestimmung des § 381 EO ordnet an, dass zur Sicherung anderer Ansprüche einstweilige Verfügungen erlassen werden können. Der Begriff andere Ansprüche umfasst all jene Ansprüche, die ***keine Geldforderungen*** sind (*Sailer* in Burgstaller/Deixler-Hübner § 381 EO Rz 2).

Es handelt sich um Ansprüche, die auf ***sonstige Leistungen, Duldungen oder Unterlassungen*** gerichtet sind, also um so genannte ***Individualansprüche*** (*Neumayr/Nunner-Krautgasser*, ExR[3] 294).

Beachte: Die Erlassung einstweiliger Verfügungen für andere Ansprüche ist auch dann noch möglich, wenn bereits ein (noch nicht vollstreckbarer) Exekutionstitel vorliegt. Der Grund dafür ist darin zu sehen, dass es für andere Ansprüche keine Exekution zur Sicherstellung gibt (*Rechberger/Simotta* ExV[2] Rz 889).

Beispiele, wo zur Sicherung von Individualansprüchen einstweilige Verfügungen erlassen werden können, sind etwa:

- Unterlassungsansprüche nach dem UWG oder dem Immaterialgüterrecht (Gefahrenbescheinigung nach § 381 Z 1 EO ist in diesen Fällen nicht notwendig),
- Anspruch auf Abtretung einer Forderung,
- Anspruch auf Herausgabe von Schmuck,
- Anspruch auf Bearbeitung einer Sache,
- Anspruch gegen Aktionäre auf Stimmrechtsübertragung,
- Anspruch auf Unterlassung einer Rodung sowie
- Unterlassungsansprüche aus Gesellschaftsverträgen.

Auch die einstweiligen Verfügungen zur Sicherung anderer Ansprüche sind streng ***anspruchsgebunden*** (*Neumayr/Nunner-Krautgasser*, ExR[3] 295). Gesichert werden soll in aller Regel die exekutive Durchsetzung (Verwirklichung) und in Sonderfällen die gerichtliche Geltendmachung (Verfolgung) jenes Anspruchs, um den es im laufenden oder künftigen Prozess geht (*Rechberger/Oberhammer* ExR[5] Rz 484).

bb) Voraussetzungen

Die gefährdete Partei muss – so wie bei der einstweiligen Verfügung zur Sicherung von Geldforderungen – nach § 381 EO ***behaupten und bescheinigen***, dass sie

- einen ***Individualanspruch*** hat und
- ein entsprechendes ***Sicherungsinteresse*** besteht.

Einstweilige Verfügungen können nach § 381 Z 1 EO erlassen werden, wenn zu besorgen ist, dass sonst die ***gerichtliche Verfolgung*** oder ***Verwirklichung*** des fraglichen Anspruchs, insbesondere durch eine Veränderung des bestehenden Zustands, ***vereitelt*** oder ***erheblich erschwert*** werden würde.

Im Gegensatz zu § 379 EO ist die Besorgnis der ***objektiven Vereitelung*** oder ***Erschwerung*** der Rechtsverfolgung bei § 381 Z 1 EO ***ausreichend*** (GlUNF 7008; *E. Kodek* in Angst/Oberhammer[3] § 381 EO Rz 5; vgl. auch *König*, Einstweilige Verfügungen[5] Rz 3.38); eine rein objektive, nicht vom Verhalten des Schuldners abhängige Gefährdung genügt daher (*Sailer* in Burgstaller/Deixler-Hübner § 381 EO Rz 8).

Bejaht wurde der Tatbestand der objektiven Gefährdung unter anderem aufgrund der Erklärung des Vertreters des Gegners der gefährdeten Partei, dass dieser eine bestimmte Vereinbarung nicht mehr als verbindlich anerkenne (SZ 33/78).

Das Vorliegen objektiver Gefährdung wurde beispielsweise ***verneint*** bei der bloßen Weigerung des Gegners der gefährdeten Partei, den behaupteten Anspruch zu erfüllen (JBl 1979, 323; EvBl 1981/188, 547 = MietSlg 33.756; MietSlg 35.882).

Vom Gesetz wird der Fall einer objektiven Gefährdung weiters dann angenommen, wenn eine ***Auslandsvollstreckung*** notwendig ist. Eine objektive Gefährdung liegt vor, wenn eine Entscheidung in Staaten vollstreckt werden müsste, in denen die Vollstreckung des Anspruchs weder durch völkerrechtliche Verträge noch durch Unionsrecht gesichert ist (§ 381 Z 1 EO).

cc) Sicherungsmittel

Die Sicherungsmittel zur Sicherung anderer Ansprüche mittels einstweiliger Verfügung sind in § 382 Abs 1 EO – im Unterschied zu § 379

Abs 3 EO – ***nicht taxativ***, sondern lediglich beispielhaft aufgezählt (*Neumayr/Nunner-Krautgasser*, ExR³ 295; *König*, Einstweilige Verfügungen⁵ Rz 3.45); weiters gehen die in § 382 Abs 1 EO aufgezählten Sicherungsmittel weit über jene des § 379 Abs 3 EO hinaus (*Rechberger/Oberhammer* ExR⁵ Rz 486).

Beachte: Die Auswahl des geeigneten Sicherungsmittels ist vor dem Hintergrund des im Einzelfall verfolgten Sicherungszweck zu treffen (§ 382 Abs 1 EO). Es ist das für den Gegner der gefährdeten Partei ***schonendste*** Mittel anzuwenden (*Sailer* in Burgstaller/Deixler-Hübner § 382 EO Rz 2).

Die Sicherungsmittel gemäß § 382 EO dürfen nur Sachen und Rechte erfassen, auf die sich der zu sichernde Anspruch bezieht; sie sind also ***objektgebunden*** (*Sailer* aaO mwN).

Die in § 382 Abs 1 Z 1 – Z 7 EO genannten Maßnahmen sind ***Sicherungsverfügungen***; diese kommen daher zur Sicherung von anderen Individualansprüchen durch einstweilige Verfügungen in Betracht.

§ 382 Abs 1 Z 8 EO wird als ***Regelungsverfügung*** bezeichnet und wird nur bei einstweiligen Verfügungen zur Sicherung der sonstigen Rechtssphäre (dazu unten c) angewendet.

Folgende Sicherungsmittel werden in § 382 Abs 1 Z 1 – 7 EO genannt:

- die ***gerichtliche Hinterlegung oder Verwahrung von beweglichen Sachen*** (§ 382 Abs 1 Z 1 EO),
- die ***Verwaltung von beweglichen oder unbeweglichen Sachen*** (und Rechten), auf die sich der Anspruch bezieht (§ 382 Abs 1 Z 2 EO),
- die Einräumung eines ***Zurückbehaltungsrechts*** an die gefährdete Partei (§ 382 Abs 1 Z 3 EO; ***Retentionsarrest***),
- das ***Gebot an den Gegner der gefährdeten Partei***, notwendige Handlungen zur Erhaltung des Anspruchsobjekts oder des gegenwärtigen Zustands vorzunehmen (§ 382 Abs 1 Z 4 EO),
- das ***Verbot an den Gegner der gefährdeten Partei***, nachteilige Handlungen oder Veränderungen an den Anspruchsobjekten vorzunehmen (§ 382 Abs 1 Z 5 EO),
- das ***Verbot der Veräußerung, Belastung oder Verpfändung von Liegenschaften*** (§ 382 Abs 1 Z 6 EO) sowie
- das ***Drittverbot*** bei Ansprüchen auf Leistung oder Herausgabe von Sachen (§ 382 Abs 1 Z 7 EO).
- Subsidiär besteht nach § 386 EO die Möglichkeit der Verhängung der ***Haft*** (***Personalarrest***).

Die Haft darf unter anderem nur dann verhängt werden, wenn der Gegner flüchtig oder der Flucht verdächtig ist und zudem die begründete Besorgnis besteht, dass die Flucht die Rechtsverwirklichung vereiteln (und nicht bloß erheblich erschweren) würde; zu verfassungsrechtlichen Bedenken dieser Bestimmung siehe *Oberhammer*, ÖJZ 1994, 265.

2. Regelungsverfügungen (§ 381 Z 2 EO)

a) Allgemeines

Zur Sicherung anderer Ansprüche können einstweilige Verfügungen weiters erlassen werden, wenn diese zur ***Verhütung drohender Gewalt*** oder zur ***Abwendung eines drohenden unwiederbringlichen Schadens*** nötig erscheinen (§ 381 Z 2 EO).

Nach hM wollte der Gesetzgeber durch § 381 Z 2 EO eine ***zweite Kategorie*** von einstweiligen Verfügungen schaffen, die als ***Regelungs- und Leistungsverfügungen*** bezeichnet und den reinen Sicherungsverfügungen gegenübergestellt werden (*Rechberger/Oberhammer* ExR[5] Rz 495).

Der Zweck der Regelungsverfügungen besteht im ***Schutz des gegenwärtigen Zustandes der Rechtssphäre***, wenn diese durch einen unwiederbringlichen Schaden oder durch Gewalt bedroht ist (*Seiser*, ExR[10] 84).

Durch Regelungsverfügungen können zahlreiche ***(Dauer-)Rechtsverhältnisse*** (beispielsweise Eigentum, Dienstbarkeiten, Namens- Urheber- oder Wettbewerbsrechte) provisorisch geregelt werden (*Rechberger/Oberhammer* ExR[5] Rz 496).

Die Regelungsverfügungen sind ***nicht streng an den Hauptanspruch gebunden***; durch sie soll eine Art Friedenszustand hergestellt werden, bis die Rechtslage im Hauptverfahren geklärt ist (*Neumayr/Nunner-Krautgasser*, ExR[3] 296; vgl. diesbezüglich weiters ausführlich *König*, Einstweilige Verfügungen[5] Rz 3.77 f).

Diese Art der einstweiligen Verfügung darf nach der Rsp auch der ***endgültigen Entscheidung in der Hauptsache vorgreifen***; die gefährdete Partei kann also durch die einstweilige Verfügung bereits genauso viel erhalten, wie sie mit Hilfe des Urteils im Hauptverfahren erhalten würde (RIS-Justiz RS0004942; RS 0009418).

Der Erlass von Regelungsverfügungen kommt allerdings immer dann nicht in Frage, wenn damit eine ***Sachlage geschaffen werden würde***, die im Fall eines die einstweilige Verfügung nicht rechtfertigenden Urteils ***nicht rückgängig gemacht*** werden kann (*E. Kodek* in Angst/Oberhammer[3] § 381 EO Rz 3).

Als Beispiele aus der Rsp seien etwa die ***Löschung einer Firma*** (ÖBl 1974, 35; 4 Ob 339/98a) sowie deren ***Verwendung im geschäftlichen Verkehr*** (ÖBl 2000, 72 mwN) genannt.

Ganz ***ausnahmsweise*** sind aber auch einstweilige Verfügungen, die nicht mehr rückgängig gemacht werden können, zulässig. Dies ist dann der Fall, wenn die ***Sicherungsmaßnahmen notwendig*** sind, um die gefährdete Partei zu schützen und die ***Nachteile für den Gegner*** der gefährdeten Partei ***durch Geldersatz ausgeglichen*** werden können (*Rechberger/Oberhammer* ExR[5] Rz 497 mN aus der Rsp).

b) Voraussetzungen

Zum Erlass einer Regelungsverfügung nach § 381 Z 2 EO muss die gefährdete Partei zwei Voraussetzungen ***behaupten*** und ***bescheinigen***:

- Das Vorliegen eines ***ungeklärten Rechts*** oder ***Rechtsverhältnisses*** sowie
- Das ***Regelungsinteresse***; dieses entspricht dem Sicherungsinteresse bei §§ 379 und 381 Z 1 EO und besteht darin, dass die einstweilige Verfügung zur Verhütung drohender Gewalt oder zur Abwendung eines drohenden unwiederbringlichen Schadens notwendig ist (§ 381 Z 2 EO).

Beachte: Regelungsverfügungen dürfen also nur angeordnet werden, wenn „drohende Gewalt" verhütet oder „drohender unwiederbringlicher Schaden" abgewendet werden soll (*Seiser*, ExR[10] 85).

Unter dem Begriff ***„drohende Gewalt"*** ist nicht bereits jedes rechtswidrige oder gegen § 19 ABGB verstoßende Verhalten des Gegners der gefährdeten Partei zu verstehen. Vielmehr muss die Gewalt in der Anwendung eines gegen den Anspruchsberechtigten gerichteten ***Zwangs*** oder in der ***Drohung mit einem solchen Zwang*** bestehen; sie muss ihrem Gewicht nach dazu bestimmt sein, den zu erwartenden ***Widerstand des Berechtigten zu beseitigen*** (MietSlg 34.864, 35.880).

Beispielsweise wurde einem Mieter, der wiederholte körperliche Angriffe gegen den Vermieter unternommen hat, mittels einstweiliger Verfügung verboten, die Liegenschaft während des Räumungsprozesses zu betreten und zu benützen (wobl 1991/56, 67).

Einstweilige Verfügungen können allerdings nicht nur zur Verhütung drohender Gewalt, sondern auch dann erlassen werden, wenn dies zur ***Behebung eines durch Gewaltausübung bereits herbeigeführten rechtswidrigen Zustands*** notwendig ist (SZ 38/133 = MietSlg 17.845/33).

Beachte: Eine analoge Anwendung von § 381 Z 2 EO auf ***List*** wird von der Rsp abgelehnt (genauer dazu *Sailer* in Burgstaller/Deixler-Hübner § 381 EO Rz 10).

Ein ***„drohender unwiederbringlicher Schaden"*** liegt vor, wenn ein ***Nachteil am Vermögen, an Rechten oder an der Person*** eingetreten ist, die ***Zurückversetzung in den vorigen Stand nicht möglich*** oder ***tunlich*** ist und überdies ***Geldersatz entweder nicht geleistet werden kann*** oder die

Leistung des Geldersatzes dem verursachten Schaden ***nicht völlig adäquat*** ist (stRsp; *E. Kodek* in Angst/Oberhammer[3] § 381 EO Rz 11 mit zahlreichen Nachweisen aus Lehre und Rsp).

Notwendig ist also einerseits, dass Naturalrestitution nicht oder nur unter größten Schwierigkeiten und mit unverhältnismäßig hohen Kosten möglich ist; andererseits darf der Nachteil auch in seinen Auswirkungen nicht oder nur zum geringen Teil beseitigt werden können (*Sailer* in Burgstaller/Deixler-Hübner § 381 EO Rz 12 mwN).

Ein unwiederbringlicher Schaden droht beispielsweise bei Angriffen gegen die ***Ehre*** (6 Ob 299/02t MR 2003/90 = RdW 2003/444, 510) und Verletzungen des ***Namensrechts*** (ÖBl 1971, 152); weiters bei Entzug der ***Jagdmöglichkeit*** (8 Ob 647/91, ecolex 1992, 565), ***Verunsicherung der Dienstnehmer und Störung des Arbeitsklimas einer Gesellschaft*** (SZ 51/21 = HS 10.376 = GesRZ 1978, 124) sowie ***bei wesentlicher Minderung der Wohn- und Lebensqualität*** (1 Ob 16/95, RdU 1995/52, 140 [*Kerschner*] = MietSlg 47.741).

c) Sicherungsmittel

Zur Sicherung von Regelungsverfügungen sieht die EO grundsätzlich die in den §§ 382 Abs 1 Z 1 – 8, 382a und 386 EO ***demonstrativ*** angeführten Sicherungsmittel vor (*Neumayr/Nunner-Krautgasser*, ExR[3] 298; *König*, Einstweilige Verfügungen[5] Rz 3.83); auch vorläufige Geldleistungen können zulässige Regelungsmittel sein (*Seiser*, ExR[10] 85).

Von den auch bei den einstweiligen Verfügungen zur Sicherung von anderen Individualansprüchen (§ 381 Z 1 EO) zur Verfügung stehenden Sicherungsmitteln (§ 382 Abs 1 Z 1 – Z 7 EO), kommen bei der einstweiligen Verfügung zur Sicherung der sonstigen Rechtssphäre (§ 381 Z 2 EO) regelmäßig nur § 382 Abs 1 Z 4 und Z 5 EO zur Anwendung (*Rechberger/Oberhammer* ExR[5] Rz 500).

Dabei handelt es sich um ***Gebote*** (etwa Duldung der Einleitung eines Telefons durch einen Arzt [SZ 23/284 = JBl 1951, 343]) und ***Verbote*** (beispielsweise Verbot des Betretens der Geschäftsräume gegenüber einem Prokuristen [7 Ob 335/56] an den Gegner der gefährdeten Partei).

Darüber hinaus ordnet § 384 Abs 1 EO an, dass die §§ 353 – 358 EO entsprechend anwendbar sind, wenn dem Gegner der gefährdeten Partei die Vornahme oder die Unterlassung bestimmter Handlungen und Veränderungen zur Pflicht gemacht werden (näher *E. Kodek* in Angst/Oberhammer[3] § 384 EO Rz 1 ff).

Das Gericht, das die einstweilige Verfügung erlässt, ist nicht an den ***Antrag*** der gefährdeten Partei ***gebunden***; es kann nach seinem (überprüfbaren) Ermessen auch ein anderes Sicherungsmittel anordnen, wenn dies zur

Erreichung des Verfügungszwecks notwendig ist (*Neumayr/Nunner-Krautgasser*, ExR[3] 298).

Abgesehen von den Sicherungsmitteln des § 382 Abs 1 Z 1 – 7 EO, die auch zur Sicherung von anderen Individualansprüchen (§ 381 Z 1 EO) in Frage kommen, sieht die EO die folgenden Regelungsmittel zur Sicherung von Ansprüchen nach § 381 Z 2 EO vor:

► ***Bestimmung des einstweiligen Unterhalts*** für einen Ehegatten, einen geschiedenen Ehegatten oder ein Kind (§ 42 ABGB) im Zusammenhang mit Unterhalts- oder Eheverfahren (§ 382 Abs 1 Z 8 lit a EO)

Eine einstweilige Verfügung nach der soeben zitierten Bestimmung kann auch ***in einem auf Beendigung der Ehe abzielenden Prozess*** ergehen, setzt aber ***nicht unbedingt Hauptverfahren*** wegen Unterhalts voraus (welches aber ausreichend ist) (*Sailer* in Burgstaller/Deixler-Hübner § 382 EO Rz 25 m zahlreichen Nachweisen). Die Wendung „im Zusammenhang“ bedeutet nichts anderes, als dass eine einstweilige Verfügung auf vorläufigen Unterhalt schon beantragt werden kann, noch bevor das Hauptverfahren überhaupt anhängig ist (*Rechberger/Oberhammer* ExR[5] Rz 501).

Notwendige Voraussetzung für die Bewilligung einer einstweiligen Verfügung nach § 382 Abs 1 Z 8 lit a EO ist die ***Verletzung der Unterhaltspflicht*** (*E. Kodek* in Angst/Oberhammer[3] § 382 EO Rz 39). Der Antragsteller hat daher sowohl den Unterhaltsanspruch als auch die Unterhaltsverletzung zu behaupten und zu bescheinigen (SZ 43/44; EFSlg. 41.912).

Beachte: Mit Hilfe einer einstweiligen Verfügung nach § 382 Abs 1 Z 8 lit a EO wird ein ***Exekutionstitel geschaffen***, aufgrund dessen Exekution bewilligt werden kann (3 Ob 300/99k; EFSlg. 94.690).

Die Bewilligung des einstweiligen Unterhalts nach § 382 Abs 1 Z 8 lit a EO kann schließlich nicht vom Erlag einer Sicherheitsleistung abhängig gemacht werden (§ 390 Abs 4 EO).

► ***Bestimmung des vorläufigen Unterhalts für Minderjährige*** (§ 382a EO)

Im Rahmen dieser Bestimmung ist ein Antrag eines ***Minderjährigen*** auf Gewährung vorläufigen Unterhalts durch einen ***Elternteil, in dessen Haushalt der Minderjährige nicht betreut wird***, zu bewilligen, wenn der Elternteil dem Kind nicht bereits aus einem ***vollstreckbaren Unterhaltstitel zu Unterhalt verpflichtet*** ist und weiters ein ***Verfahren*** zur Bemessung des Unterhalts des Minderjährigen gegen den Elternteil ***anhängig ist oder zugleich anhängig*** gemacht wird.

Vorläufiger Unterhalt nach § 382a EO kann höchstens bis zum jeweiligen altersabhängig bestimmten Betrag der ***Familienbeihilfe*** gewährt werden (§ 382a Abs 2 EO). Großeltern können zur Gewährung eines vorläufigen Unterhalts nach § 382a EO nicht verpflichtet werden (§ 382a Abs 3 EO).

Das Vorbringen des Minderjährigen ist für bescheinigt zu halten, soweit sich aus den Pflegschaftsakten nichts anderes ergibt; über den Antrag ist ohne Anhörung des betroffenen Elternteils unverzüglich zu entscheiden (§ 382a Abs 4 EO).

Gegen eine einstweilige Verfügung nach § 382a EO ist ein Widerspruch unzulässig (§ 397 Abs 1 EO); im Gegenzug dazu besteht allerdings eine Erleichterung für die Erwirkung von Einschränkungen und Aufhebungen (§ 399a EO). Weiters darf eine einstweilige Verfügung nach § 382a EO nicht von einer Sicherheitsleistung abhängig gemacht werden (§ 390 Abs 4 EO).

Schließlich bleibt durch § 382a EO die Möglichkeit der Anordnung einer einstweiligen Verfügung nach § 382 Abs 1 Z 8 lit a EO (dazu soeben oben) unberührt (§ 382a Abs 5 EO).

► Einstweilige ***Regelung der Benützung*** und einstweilige ***Sicherung ehelichen Gebrauchsvermögens und ehelicher Ersparnisse*** im Zusammenhang mit einem Verfahren auf Aufteilung des Vermögens oder im Zusammenhang mit einem Verfahren auf Scheidung, Aufhebung oder Nichtigerklärung der Ehe (§ 382 Abs 1 Z 8 lit c EO).

Beachte: Von dieser Bestimmung sind also zwei Tatbestände umfasst; einerseits die Regelung der Benützung, andererseits die Sicherung ehelichen Gebrauchsvermögens und ehelicher Ersparnisse (*Seiser*, ExR[10] 86).

Die einstweilige Regelung der Benützung ehelichen Gebrauchsvermögens (erster Tatbestand) bedarf ***keiner besonderen Gefahrenbescheinigung*** nach § 381 EO; ausreichend ist, wenn der Antragsteller ein ***Regelungsbedürfnis*** dartut (*E. Kodek* in Angst/Oberhammer[3] § 382 EO Rz 55 mwN; aM *Sailer* in Burgstaller/Deixler-Hübner § 382 EO Rz 35; vgl. weiter *König*, Einstweilige Verfügungen[5] Rz 4.35).

Die Sicherung des Aufteilungsanspruchs (zweiter Tatbestand) ist hingegen nur unter der Voraussetzung der Anspruchs- und Gefahrenbescheinigung zu bewilligen (*E. Kodek* in Angst/Oberhammer[3] § 382 EO Rz 58); die ***Bescheinigung einer konkreten Gefährdung*** ist notwendig (4 Ob 18/99x EvBl 1999/171, 729).

Als Sicherungsmittel kommen alle nach § 382 EO denkbaren, etwa die Verbücherung eines Veräußerungs- und Belastungsverbots oder die Zwangsverwaltung (*Seiser*, ExR[10] 86) in Betracht (SZ 67/226) (siehe auch *König*, Einstweilige Verfügungen[5] Rz 4.36 mwN aus der Judikatur).

▶ ***Schutz vor Gewalt in Wohnungen*** (§ 382b EO)

Das Gericht hat einer Person, die einer anderen Person durch einen ***körperlichen Angriff***, eine ***Drohung mit einem solchen*** oder ein die ***psychische Gesundheit*** erheblich ***beeinträchtigendes Verhalten*** das weitere ***Zusammenleben unzumutbar macht***, auf deren Antrag

- das ***Verlassen*** der Wohnung und deren unmittelbarer Umgebung ***aufzutragen*** und
- die ***Rückkehr*** in die Wohnung und deren unmittelbare Umgebung zu ***verbieten***,

wenn die Wohnung der Befriedigung des ***dringenden Wohnbedürfnisses*** des Antragstellers dient (§ 382b Abs 1 EO).

Unter einem körperlichen Angriff versteht man unmittelbare Gewaltanwendung (*Sailer* in Burgstaller/Deixler-Hübner Vor § 382b EO Rz 5). Wie ausgeführt, ist aber auch die Drohung mit einem solchen Angriff ausreichend. Weiters rechtfertigt auch ein die psychische Gesundheit erheblich beeinträchtigendes Verhalten (so genannter ***Psychoterror***) den Erlass einer einstweiligen Verfügung nach § 382b Abs 1 EO.

Maßgebend für die Beurteilung der Unzumutbarkeit des weiteren Zusammenlebens oder auch Zusammentreffens (dazu sogleich unten) sind Ausmaß, Häufigkeit und Intensität der bereits angedrohten oder sogar verwirklichten Angriffe sowie bei Drohungen die Wahrscheinlichkeit deren Ausführung (*Sailer* in Burgstaller/Deixler-Hübner § 382b EO Rz 8) (zum Tatbestand der Unzumutbarkeit des Zusammenlebens siehe weiter ausführlich *König*, Einstweilige Verfügungen[5] Rz 4.55).

Nach der Rsp sind die mit einem Scheidungsverfahren üblicherweise verbundenen Auseinandersetzungen und die daraus allenfalls resultierenden nervlichen Belastungen jedenfalls noch keine erhebliche Beeinträchtigung der psychischen Gesundheit (6 Ob 16/07g = EvBl 2007/104 = JBl 2007, 666 = IFamZ 2007/104 [*Deixler-Hübner*] = EF-Z 2007/91 [*Höllwerth*] = Zak 2007/300).

Beachte: Von der Anhörung des Antragsgegners vor Erlass einer einstweiligen Verfügung nach § 382b Abs 1 EO ist insbesondere dann abzusehen, wenn durch diesen eine weitere Gefährdung unmittelbar droht (§ 382c Abs 1 EO).

Für den Fall, dass eine einstweilige Verfügung nach § 382b Abs 1 EO erlassen worden ist, hat der Gerichtsvollzieher den Antragsgegner aus der Wohnung zu weisen, ihm alle Schlüssel abzunehmen und diese bei Gericht zu erlegen (§ 382d Abs 2 Satz 1 EO).

Der Gerichtsvollzieher hat dem Antragsgegner allerdings Gelegenheit zur Mitnahme seiner persönlichen Wertsachen und Dokumente sowie jener Sachen zu gewähren, die seinem alleinigen persönlichen Gebrauch oder der Ausübung seines Berufs dienen (§ 382d Abs 2 Satz 2 EO).

Das Gericht kann auch die ***Sicherheitsbehörden*** mit dem Vollzug einer einstweiligen Verfügung nach § 382b EO durch die ihnen zur Verfügung stehenden Organe des öffentlichen Sicherheitsdienstes beauftragen (§ 382d Abs 4 EO).

Bei einstweiligen Verfügungen nach § 382b Abs 1 EO ist keine Frist zur Einbringung der Klage (§ 391 Abs 2 EO) zu bestimmen, wenn die einstweilige Verfügung für längstens sechs Monate angeordnet wird (§ 382b Abs 2 EO).

Einstweilige Verfügungen nach § 382b EO sind sofort von Amts wegen oder auf Antrag zu vollziehen (§ 382d Abs 1 EO).

► ***Allgemeiner Schutz vor Gewalt*** (§ 382e EO)

Neben einer einstweiligen Verfügung nach § 382b Abs 1 EO hinsichtlich einer Wohnung hat das Gericht bei Erfüllung der Voraussetzungen nach § 382e Abs 1 EO eine einstweilige Verfügung betreffend das weitere Zusammen***treffen*** zu erlassen:

Danach hat das Gericht einer Person, die einer anderen Person durch einen ***körperlichen Angriff***, eine ***Drohung mit einem solchen*** oder ein die ***psychische Gesundheit*** erheblich ***beeinträchtigendes Verhalten*** (die Voraussetzungen entsprechen somit jenen von § 382b Abs 1 EO) das ***weitere Zusammentreffen unzumutbar macht***, auf deren Antrag

- den ***Aufenthalt*** an bestimmt zu bezeichnenden Orten zu ***verbieten*** und
- ***aufzutragen***, das ***Zusammentreffen*** sowie die ***Kontaktaufnahme*** mit dem Antragsteller zu ***vermeiden***,

soweit dem nicht ***schwerwiegende Interessen*** des Antragsgegners zuwiderlaufen (§ 382e Abs 1 EO).

Die Maßnahmen nach § 382e Abs 1 EO können nur dann vollzogen werden, wenn das weitere Zusammentreffen unzumutbar ist, was – im Gegensatz zu § 382b Abs 1 EO – im Rahmen einer ***zwingenden Interessenabwägung*** zu beurteilen ist (*König*, Einstweilige Verfügungen[5] Rz 4.76).

§ 382e Abs 1 EO soll das Recht einer Person schützen, an Orten, an denen sie sich regelmäßig aufhält, nicht einem gewalttätigen oder psychisch belastenden Verhalten einer anderen Person (die EBRV sprechen noch von „einem nahen Angehörigen“) ausgesetzt zu sein (EBRV 225 BLGNR 20. GP 8); insbesondere soll das „Auflauern“ auf dem Arbeitsweg, vor dem Kindergarten oder vor der Schule verhindert werden (*Sailer* in Burgstaller/Deixler-Hübner § 382e EO Rz 2).

Auch bei einstweiligen Verfügungen nach § 382e Abs 1 EO kann das Gericht die ***Sicherheitsbehörden*** mit dem Vollzug derselben betrauen (§ 382e Abs 4 EO).

Bei einstweiligen Verfügungen nach § 382e Abs 1 EO ist keine Frist zur Einbringung der Klage (§ 391 Abs 2 EO) zu bestimmen, wenn die einstweilige Verfügung für längstens ein Jahr angeordnet wird.

Gleiches gilt für eine Verlängerung der einstweiligen Verfügung nach Zuwiderhandeln durch den Antragsgegner (§ 382e Abs 2 EO).

Beachte: Den Vorschriften der §§ 382b und 382e EO ähnelnde (verwaltungsrechtliche) Bestimmungen enthält § 38a SPG (dazu ausführlich *Sailer* in Burgstaller/Deixler-Hübner Anhang nach § 382b EO: § 38a SPG Rz 1 ff).

▶ *Einstweiliger Mietzins (§ 382f EO)*

§ 382f EO soll den Vermieter davor schützen, dass Mieter gegen sie angestrengte Kündigungs- und Räumungsverfahren bewusst in die Länge ziehen, sie also unnötigerweise und (zumeist) nicht erfolgreich verzögern (*E. Kodek* in Angst/Oberhammer[3] § 382f EO Rz 1).

In der Praxis wird häufig um die Höhe des vereinbarten Mietzinses gestritten (*Sailer* in Burgstaller/Deixler-Hübner § 382f EO Rz 1).

Eine einstweilige Verfügung kann nur in einem ***anhängigen Zivilprozess*** zwischen Vermieter und Mieter über eine ***Kündigung nach § 30 Abs 2 Z 1 MRG*** oder eine ***Räumungsklage*** wegen ***Mietzinsrückstandes*** nach § 1118 ABGB erlassen werden (*Sailer* in Burgstaller/Deixler-Hübner § 382f EO Rz 3).

Daneben wird vom Gesetz ausdrücklich gefordert, dass das Mietverhältnis in den ***Vollanwendungsbereich*** des MRG fällt; nur in diesem Fall gibt es die Möglichkeit ein außerstreitiges Überprüfungsverfahren einzuleiten (*E. Kodek* in Angst/Oberhammer[3] § 382f EO Rz 4). Dies ist auch der Grund, warum nur ***Hauptmietverhältnisse*** geschützt sind (*Stabentheiner*, wobl 2004, 34).

Sind die Anwendungsvoraussetzungen von § 382f EO erfüllt, hat das Gericht auf Antrag des Vermieters dem ***Hauptmieter die Zahlung eines einstweiligen Mietzinses aufzutragen***, sofern der Vermieter ***bescheinigt***, dass der ***Mieter seine Pflicht zur Bezahlung*** des vertraglich vereinbarten oder des nach den Bestimmungen des MRG erhöhten ***Hauptmietzinses*** zuzüglich Betriebskosten und öffentlicher Abgaben ***verletzt*** hat.

Der Vermieter erhält durch § 382f EO somit die Möglichkeit, den ***einstweiligen Mietzins*** in Form einer einstweiligen Verfügung ***gerichtlich festsetzen*** zu lassen (*Rechberger/Oberhammer* ExR[5] Rz 508b). Dadurch wird zugunsten des Vermieters schon während des Kündigungs- oder Räumungsverfahrens ein ***provisorischer Exekutionstitel*** geschaffen (*Neumayr/Nunner-Krautgasser*, ExR[3] 300; *König*, Einstweilige Verfügungen[5] Rz 4.99), aufgrund dessen Exekution zur Hereinbringung des festgesetzten Mietzinses geführt werden kann (*Rechberger/Oberhammer* aaO).

Beachte: Im Gegensatz zur allgemeinen Regelung in § 379 EO ist die Bescheinigung einer besonderen Gefährdung nicht erforderlich; vielmehr reicht eine Verletzung der Zahlungspflicht des Mieters (*Sailer* in Burgstaller/Deixler-Hübner § 382f EO Rz 5).

Die endgültige Höhe des Mietzinses wird im Hauptverfahren geklärt; für den Fall, dass der Mieter zu viel Miete bezahlt hat, steht ihm ein entsprechender ***Rückerstattungsanspruch*** zu (*E. Kodek* in Angst/Oberhammer[3] § 382f EO Rz 7).

► *Schutz vor Eingriffen in die Privatsphäre (§ 382g EO)*

Durch das Strafrechtsänderungsgesetz 2006 (BGBl I 2006/56) wurde die einstweilige Verfügung zum Schutz vor Eingriffen in die Privatsphäre (oftmals mit dem Begriff ***„Stalking“*** betitelt) in die EO aufgenommen.

Auch Eingriffe, die über das Internet (so genantes ***„Cyberstalking“***) oder per ***SMS*** (vgl. 8 Ob 155/06m; 1 Ob 61/08i; 7 Ob 130/15s) erfolgen, sind von § 382g EO erfasst (*König*, Einstweilige Verfügungen[5] Rz 4.81 mwN aus der Rsp).

Gesetzliche Grundlage des zivilrechtlichen Schutzes vor Eingriffen in die Privatsphäre sind die §§ 16 und 1328a ABGB. Dies hat sich auch durch die Einführung von § 382g EO nicht geändert; die darin enthaltenen Regelungen schufen keine neuen (zivilrechtlichen) Anspruchsgrundlagen (*Wolfrum/Dimmel*, ÖJZ 2006, 482).

Voraussetzung des Anspruchs auf Unterlassung von Eingriffen in die Privatsphäre ist eine ***drohende Gefährdung der Privatsphäre*** des Opfers (*E. Kodek* in Angst/Oberhammer[3] § 382g EO Rz 3); auf ein Verschulden des Gegners oder eine mögliche Strafbarkeit nach § 107a StGB kommt es nicht an (8 Ob 155/06m EvBl 2007/81, 457 = JBl 2007, 663 = Zak 2007/170, 98).

Jedenfalls ausreichend für den Erlass einer einstweiligen Verfügung nach § 382g EO ist die ***Bescheinigung des Anspruchs auf Unterlassung weiterer*** Stalking-Handlungen (vgl. *Sailer* in Burgstaller/Deixler-Hübner § 382g EO Rz 5).

Als ***Sicherungsmittel*** kommen nach § 382g Abs 1 Z 1 – 6 EO insbesondere folgende in Betracht:

- Verbot persönlicher Kontaktaufnahme sowie Verbot der Verfolgung der gefährdeten Partei,
- Verbot brieflicher, telefonischer oder sonstiger Kontaktaufnahme,

- Verbot des Aufenthalts an bestimmt zu bezeichnenden Orten,
- Verbot der Weitergabe und Verbreitung von persönlichen Daten und Lichtbildern der gefährdeten Partei,
- Verbot, Waren oder Dienstleistungen unter Verwendung personenbezogener Daten der gefährdeten Partei bei einem Dritten zu bestellen sowie
- Verbot, einen Dritten zur Aufnahme von Kontakten mit der gefährdeten Partei zu veranlassen.

Bei einstweiligen Verfügungen, mit denen die soeben aufgezählten Verbote angeordnet werden, ist ***keine Frist zur Einbringung der Klage*** (§ 391 Abs 2 EO) zu bestimmen, wenn die einstweilige Verfügung für längstens ein Jahr getroffen wird.

Gleiches gilt für die Verlängerung der einstweiligen Verfügung nach Zuwiderhandeln durch den Antragsgegner (§ 382g Abs 2 EO).

Weiters darf die einstweilige Verfügung nach § 382g EO nicht von einer ***Sicherheitsleistung*** abhängig gemacht werden (§ 390 Abs 4 EO).

Schließlich wird in § 382g Abs 3 EO angeordnet, dass das Gericht mit dem Vollzug von einstweiligen Verfügungen nach § 382g Abs 1 Z 1 und Z 3 EO die ***Sicherheitsbehörden*** betrauen kann.

► *Sicherung des dringenden Wohnbedürfnisses eines Ehegatten (§ 382h EO)*

Durch diese einstweilige Verfügung soll sowohl der Anspruch eines Ehegatten auf Befriedigung seines ***dringenden Wohnbedürfnisses*** (§ 97 ABGB) als auch die ihm infolge Verletzung dieses Anspruchs zustehenden, ***nicht in Geld bestehenden Forderungen***, gesichert werden (*E. Kodek* in Angst/Oberhammer[3] § 382h EO Rz 1).

Die Vorschrift des § 382h EO wurde durch das EheRÄG 1999 als § 382e EO eingefügt und im Rahmen des 2. Gewaltschutzgesetzes inhaltlich unverändert als § 382h EO bezeichnet (*Neumayr/Nunner-Krautgasser*, ExR[3] 301).

Die beiden Ansprüche können kraft ausdrücklicher gesetzlicher Anordnung insbesondere durch die Sicherungsmittel nach § 382 Abs 1 Z 4 – 7 EO gesichert werden (§ 382h Abs 1 EO); diese Aufzählung ist – wie sich bereits aus dem Wortlaut „insbesondere“ ergibt – nur ***demonstrativ*** (*Sailer* in Burgstaller/Deixler-Hübner § 382h EO Rz 6).

Nach hL und Rsp handelt es sich bei § 382h EO um eine ***anspruchsgebundene*** einstweilige Verfügung (*E. Kodek* in Angst/Oberhammer[3] § 382h EO Rz 7). Voraussetzung ist daher, dass ein Hauptanspruch nach § 382h Abs 1 EO gerichtlich geltend gemacht wird (*Sailer* in Burgstaller/Deixler-Hübner § 382h EO Rz 7).

Folge von der Anspruchsgebundenheit ist weiters, dass eine Frist zur Einbringung einer Rechtfertigungsklage nach § 391 Abs 2 EO zu setzen ist (RIS-Justiz RS0115045).

Eine Bescheinigung konkreter Gefährdung ist dann nicht notwendig, wenn zwischen den Parteien ein Verfahren auf Scheidung, Aufhebung oder Nichtigerklärung der Ehe anhängig ist (§ 382h Abs 2); in diesem Fall kann die Gefährdung unterstellt werden (*Rechberger/Oberhammer* ExR^5 Rz 508a).

Von der ***Anhörung des Antragsgegners*** vor Erlassung der einstweiligen Verfügung ist insbesondere abzusehen, wenn zu besorgen ist, dass dadurch ihr Zweck vereitelt würde (§ 382h Abs 3 EO).

§ 382h Abs 4 EO enthält schließlich eine für den Erlass der einstweiligen Verfügung zulässige ***Höchstdauer***; diese ist jedenfalls mit der rechtskräftigen Beendigung des Eheverfahrens begrenzt (2 Ob 164/04p, FamZ 2006/18 [30] [*Deixler-Hübner*] = EFSlg 112.644), ansonsten mit dem Zeitpunkt, ab dem ein derartiger Sicherungsanspruch nicht mehr im Zusammenhang mit einem Verfahren auf Scheidung, Aufhebung und/oder Nichtigerklärung der Ehe geltend gemacht werden kann (*Sailer* in Burgstaller/Deixler-Hübner § 382h EO Rz 10).

► ***Einstweilige Verfügungen außerhalb der EO***

Relativ häufig findet sich auch in Sondergesetzen die Möglichkeit zum Erlass einstweiliger Verfügungen durch die Gerichte; diese können in der Regel ***ohne Gefahrenbescheinigung*** erlassen werden (*Neumayr/Nunner-Krautgasser*, ExR^3 302).

Einstweilige Verfügungen außerhalb der EO können etwa erlassen werden

- bei wettbewerbsrechtlichen Unterlassungsansprüchen (§ 24 UWG),
- bei urheberrechtlichen Ansprüchen (§ 87c Abs 3 UrheberrechtsG),
- in Besitzstörungssachen (§ 458 ZPO),
- in Patentsachen (§ 151b Abs 3 PatG) sowie
- in Sozialrechtssachen (§ 74 Abs 1 ASGG).

D. Verfügungsverfahren

1. Zuständigkeit

Österreichische Gerichte sind zur Erlassung einstweiliger Verfügungen ***international zuständig***, wenn die Voraussetzungen für die örtliche Zuständigkeit im Inland gegeben sind (*G. Kodek* in Burgstaller/Deixler-Hübner § 387 EO Rz 1; *König*, Einstweilige Verfügungen^5 Rz 6.12).

Die internationale Zuständigkeit ist im Rahmen einstweiliger Verfügungen ausschließlich nach den Zuständigkeitstatbeständen des § 387 Abs 2 EO zu beurteilen; Anknüpfungspunkte nach der JN kommen nicht in Frage (statt vieler *Rechberger/Oberhammer* ExR[5] Rz 515).

Die ***Unmöglichkeit der Vollstreckung*** einer einstweiligen Verfügung ***im Ausland*** ist für die Frage der inländischen Gerichtsbarkeit bedeutungslos (*G. Kodek* in Burgstaller/Deixler-Hübner § 387 EO Rz 1 mwN). Nach der früheren Rsp war es für den Erlass einer einstweiligen Verfügung im Inland notwendig, dass diese im Inland zu vollziehen ist (7 Ob 600/86 = SZ 59/128; RIS-Justiz RS0004813); nach der jüngeren Rsp wird dies allerdings nicht mehr vorausgesetzt.

Weder die Nichtanerkennung der einstweiligen Verfügung noch die Unmöglichkeit der Vollstreckung im Ausland derselben stehen der Erlassung einer einstweiligen Verfügung im Inland entgegen (7 Ob 658/89 = JBl 1990, 328; 4 Ob 91/90 = JBl 1991, 800).

Als wesentliche Begründung hierfür wird von der Rsp angeführt, dass erwartet werden könne, dass der Gegner sich auch ***„freiwillig"*** an die einstweilige Verfügung hält (SZ 52/100; JBl 1996, 59).

Beachte: Nach einem Teil der Lehre ist die internationale Zuständigkeit für die Erlassung einstweiliger Verfügungen, die im Ausland vollstreckt werden müssen, nur dann gegeben, wenn die Verfügung im betreffenden Ausland aufgrund staatsvertraglicher Regelung anerkannt oder vollstreckt werden kann (*Rechberger/Oberhammer* ExR[5] Rz 515).

Handelt es sich um den Erlass einer einstweiligen Verfügung im Geltungsbereich des ***EU-Rechts***, hat die gefährdete Partei die ***Wahl***, ob sie die nach der EuGVVO in der Hauptsache bestehenden internationalen Gerichtsstände oder die vom nationalen Recht zur Verfügung gestellten in Anspruch nimmt (16 Ok 3/08 = RIS-Justiz RS0123887); letztere können jedoch nur dann geltend gemacht werden, wenn eine reale Verknüpfung zwischen dem Sicherungsgegenstand und dem Gerichtsstand besteht (*Seiser*, ExR[10] 87).

Für die Bewilligung einer einstweiligen Verfügung sieht die EO in § 387 besondere von den §§ 4 – 6 EO abweichende ***Zuständigkeitsregelungen*** vor (*Neumayr/Nunner-Krautgasser*, ExR[3] 303); diese sind ***zwingend*** (*Heller/Berger/Stix*, EO[4] III 2814), eine Zuständigkeitsvereinbarung ist ausgeschlossen (*E. Kodek* in Angst/Oberhammer[3] § 387 EO Rz 8).

Wird ein unzuständiges Gericht angerufen, hat dieses von Amts wegen seine Unzuständigkeit auszusprechen und nach § 44 JN zu überweisen (*Seiser*, ExR[10] 87).

Hinsichtlich der Zuständigkeit ist zu differenzieren, je nachdem wann eine einstweilige Verfügung beantragt wird.

Für einstweilige Verfügungen, die ***während eines Hauptverfahrens*** (auch ***während eines Exekutionsverfahrens***) beantragt werden, ist das ***Gericht der Hauptsache*** (bzw. das ***Exekutionsgericht***) zuständig (§ 387 Abs 1 EO).

Für einstweilige Verfügungen, die ***vor Beginn eines Hauptverfahrens*** oder ***zwischen dem Abschluss des Erkenntnisverfahrens und dem Beginn des Vollstreckungsverfahrens*** beantragt werden, das ***Bezirksgericht***, in dessen Sprengel der Gegner der gefährdeten Partei seinen ***allgemeinen Gerichtsstand*** (§ 66 JN) hat, in Ermangelung eines solchen subsidiär das ***Bezirksgericht***, in dessen Sprengel sich ***die Sache befindet***, in Bezug auf die eine Verfügung getroffen werden soll oder in dem der ***Drittschuldner*** seinen ***Wohnsitz, Sitz oder Aufenthalt*** hat oder in dessen ***Sprengel*** sonst die dem ***Vollzug*** der einstweiligen Verfügung ***dienende Handlung vorzunehmen*** ist (***Bezirksgericht der Zwangsbereitschaft***, § 387 Abs 2 EO).

2. Antrag auf Erlassung einer einstweiligen Verfügung

Einstweilige Verfügungen werden grundsätzlich nur ***auf Antrag*** erlassen (*E. Kodek* in Angst/Oberhammer[3] § 389 EO Rz 1; *König*, Einstweilige Verfügungen[5] Rz 6.4; eine Ausnahme davon bildet etwa § 378a EO für das Außerstreitverfahren); sie müssen sich ***weiters im Rahmen des gestellten Antrags*** halten (SZ SZ 55/144; RZ 1983, 57, 251).

Der Antrag auf Erlass einer einstweiligen Verfügung hat nach § 389 EO Folgendes zu beinhalten:

- die genaue ***Parteienbezeichnung***,
- die ***zuständigkeitsbegründenden Tatsachen***,
- den ***Verfügungsgrund*** (Geldanspruch, Individualanspruch, Recht oder Rechtsverhältnis),
- die Behauptung des ***Sicherungsinteresses***,
- ein bestimmtes ***Begehren*** sowie
- die ***Zeit***, für welche die ***einstweilige Verfügung begehrt*** wird.

Weiters sind nach wohl hM im Antrag die Bescheinigungsmittel, soweit sie nicht ohnedies beiliegen (Urkunden), anzuführen (*E. Kodek* in Angst/Oberhammer[3] § 389 EO Rz 7).

3. Die Bewilligung

Die Entscheidung über den Antrag auf Erlass einer einstweiligen Verfügung ergeht idR in einem ***einseitigen, summarischen Bescheinigungsverfahren***, in welchem bloß die Bescheinigung der Verfahrensgrundlagen geprüft wird (*Seiser*, ExR[10] 88). Die gefährdete Partei hat die ihren Antrag stützenden ***Tatumstände glaubhaft*** zu machen; damit wird gemäß §§ 78, 402 Abs 4 EO auf § 274 ZPO verwiesen (ecolex 1996, 865 = JBl 1996, 728 = RdW 1996, 584). Das Gericht hat nur die ***paraten (also die sofort greifbaren) Beweismittel*** zu berücksichtigen (SZ 29/86; RZ 1959, 36).

Das Bescheinigungsverfahren ist auf den Grundsatz der Beschleunigung ausgerichtet, sodass ein umfangreiches Beweisverfahren nicht durchzuführen ist (*E. Kodek* in Angst/Oberhammer[3] § 389 EO Rz 9).

Beachte: Verfahren betreffend einstweilige Verfügungen, die ***civil rights*** iSd Art 6 EMRK betreffen und zu Entscheidungen führen, müssen nach *König* grundsätzlich ***zweiseitig*** sein (*König*, Einstweilige Verfügungen[5] Rz 6.42/1 mit weiteren Details).

Obwohl das Provisorialverfahren grundsätzlich einseitig ausgestaltet ist, wird der Gegner der gefährdeten Partei in der Praxis regelmäßig einvernommen, weil man sich dadurch die Durchführung des Widerspruchsverfahrens erspart (*Neumayr/Nunner-Krautgasser*, ExR[3] 305).

Durch eine solche Anhörung, die im Ermessen des Gerichts steht (§ 397 Abs 1 EO) darf jedoch der Zweck der einstweiligen Verfügung nicht vereitelt werden (SZ 67/166).

Die Einvernahme des Gegners der gefährdeten Partei sollte jedoch die Ausnahme sein, da die einstweilige Verfügung für den Gegner möglichst überraschend sein sollte (*Rechberger/Oberhammer* ExR[5] Rz 521).

Der Beschluss, mit dem die einstweilige Verfügung bewilligt wird, hat zu enthalten:

- den ***Verfügungsgrund*** (Geldanspruch, Individualanspruch, Recht oder Rechtsverhältnis),
- die ***Sicherungsmittel***,
- die ***Verfügungsfrist*** (also die Zeit, für welche die einstweilige Verfügung erlassen wird),
- die ***Befolgungsfrist*** (Frist, innerhalb derer der Gegner der gefährdeten Partei einem Auftrag nachzukommen hat),
- allenfalls die ***Rechtfertigungsfrist*** (Frist, innerhalb derer die Klage oder der Exekutionsantrag eingebracht und nachgewiesen werden müssen; eine vom Gericht angemessene Rechtfertigungsfrist ist nach § 391 Abs 2 EO in den Bewilligungsbeschluss dann aufzunehmen, wenn die einstweilige Verfügung vor dem Erkenntnisverfahren oder zwischen Erkenntnis- und Exekutionsverfahren bewilligt wird),
- allenfalls einen ***Befreiungsbetrag*** (***Lösungssumme***) nach §§ 389 Abs 2 und 391 Abs 1 Satz 2 EO (jener Betrag, durch dessen Erlag der Antragsgegner den Verfügungsvollzug hemmen und die Aufhebung der schon vollzogenen Verfügung beantragen kann) sowie

- allenfalls eine ***Sicherheitsleistung*** der gefährdeten Partei nach § 390 EO (dies ist nach § 390 Abs 1 EO einerseits möglich bei nicht ausreichender Bescheinigung des zu sichernden Anspruchs bzw. Rechtsverhältnisses; andererseits kann gemäß § 390 Abs 2 EO der Erlag einer Sicherheitsleistung angeordnet werden, wenn dies dem Gericht trotz genügender Bescheinigung des gefährdeten Anspruchs nach Lage der Umstände notwendig erscheint).

4. Der Vollzug der einstweiligen Verfügung

Da der Beschluss, mit dem die einstweilige Verfügung bewilligt wird, grundsätzlich zugleich Exekutionstitel und Exekutionsbewilligung ist (*Holzhammer*, ZVR[4] 422), ist ein eigener Vollzugsantrag regelmäßig nicht notwendig; die einstweilige Verfügung wird ***von Amts wegen*** vollzogen (*Rechberger/Oberhammer* ExR[5] Rz 523).

Dies ***gilt*** nach hM allerdings ***nicht*** bei den ***Regelungs- und Leistungsverfügungen*** nach § 382 Abs 1 Z 8 EO und bei den ***Geboten und Verboten nach § 382 Abs 1 Z 4 und 5 EO*** (*Rechberger/Oberhammer* aaO). In diesen Fällen wird die einstweilige Verfügung als Exekutionstitel iSv § 1 Z 1 EO gesehen; eine ***Exekutionsbewilligung muss beantragt*** werden (1 Ob 571/50 = SZ 23/284; RIS-Justiz RS00004791). Aufgrund der dem Antrag folgenden Exekutionsbewilligung kommt es sodann zum Exekutionsvollzug nach den Regeln des Exekutionsverfahrens (*Neumayr/Nunner-Krautgasser*, ExR[3] 307).

Für den Fall das Vollzugshandlungen erforderlich sind, muss das Vollzugsgericht einen Gerichtsvollzieher beauftragen oder ein (anderes) Bezirksgericht um Rechtshilfe ersuchen (*Neumayr/Nunner-Krautgasser*, ExR[3] 306).

Die (amtswegige) Vollziehung einer einstweiligen Verfügung ist mit ***einem Monat begrenzt***; sie ist unstatthaft, wenn seit dem Tag der Zustellung des Beschlusses an den Antragsteller mehr als ein Monat verstrichen ist (§ 396 EO).

Diese Frist ist in der Praxis allerdings nur dann bedeutsam, wenn der Vollzug vom Erlag einer Sicherheitsleistung abhängig gemacht worden ist (*E. Kodek* in Angst/Oberhammer[3] § 396 EO Rz 2).

Beachte: Die Exekution aufgrund einer einstweiligen Verfügung als Exekutionstitel ist hingegen nicht an die einmonatige Frist des § 396 EO gebunden (*G. Kodek* in Burgstaller/Deixler-Hübner § 396 EO Rz 1 mN aus der Rsp).

5. Rekurs und Widerspruch

a) Rekurs (§ 402 EO)

Rekurslegitimiert sind grundsätzlich nur die Parteien des Provisorialverfahrens, also die gefährdete Partei sowie der Gegner der gefährdeten

Partei; die Parteistellung im Hauptverfahren ist bedeutungslos (*G. Kodek* in Burgstaller/Deixler-Hübner § 402 EO Rz 3).

In Bezug auf den Rekurs und das Rekursverfahren gelten mittels §§ 78 und 402 Abs 2 EO grundsätzlich die ***Bestimmungen der ZPO***; dies gilt beispielsweise für die Anwaltspflicht, das Neuerungsverbot und die Beschränkung der Rekursgründe (*G. Kodek* in Burgstaller/Deixler-Hübner § 402 EO Rz 2; vgl. auch *König*, Einstweilige Verfügungen[5] Rz 6.75 f).

Das Rekursverfahren ist idR ein ***einseitiges Aktenverfahren*** (*Seiser*, ExR[10] 89); nur ***ausnahmsweise*** ist dieses gemäß § 402 Abs 1 EO ***zweiseitig*** ausgestaltet:

- gegen einen Beschluss über einen Antrag auf ***Erlass einer einstweiligen Verfügung***,
- über den ***Widerspruch*** sowie
- über einen Antrag auf ***Einschränkung*** und ***Aufhebung einer einstweiligen Verfügung***.

Die Zweiseitigkeit des Rekursverfahrens erschien dem Gesetzgeber mit dem Gedanken zu rechtfertigen, dass die in § 402 Abs 1 EO angeführten Entscheidungen im Provisorialverfahren einer ***Endentscheidung schon sehr nahe kommen*** (EBRV 669 BlgNR 15. GP 73).

In dem Fall, dass der ***Antrag*** auf Erlass einer einstweiligen Verfügung ***abgewiesen*** worden ist, ***ohne dass der Gegner angehört wurde***, ist der dagegen von der gefährdeten Partei erhobene ***Rekurs*** (wiederum) ***einseitig*** (§ 402 Abs 2 EO).

Der Rekurs ist ***aufsteigend*** (*Rechberger/Oberhammer* ExR[5] Rz 525); die ***Rekursfrist*** beträgt ***14 Tage***; dies gilt auch für die Rekursbeantwortung (§ 402 Abs 3 EO).

Einem Rekurs gegen eine einstweilige Verfügung kommt nach § 524 Abs 1 ZPO grundsätzlich ***keine aufschiebende Wirkung*** zu (*König*, Einstweilige Verfügungen[5] Rz 6.82; SZ 26/179; SZ 54/115); liegen die Voraussetzungen des § 524 Abs 2 ZPO vor, kann ihm jedoch ausnahmsweise aufschiebende Wirkung zuerkannt werden (*E. Kodek* in Angst/Oberhammer[3] § 402 EO Rz 6).

Schließlich ist ein ***Revisionsrekurs*** nicht deshalb unzulässig, weil das Gericht zweiter Instanz den angefochtenen Beschluss zur ***Gänze bestätigt*** hat (§ 402 Abs 1 letzter Satz EO); die allgemeine Regelung des § 528 Abs 2 Z 2 ZPO gilt in diesem Fall also nicht (*G. Kodek* in Burgstaller/Deixler-Hübner § 402 EO Rz 38).

b) Widerspruch (§ 397 EO)

Gegen die Bewilligung einer einstweiligen Verfügung können der Gegner der gefährdeten Partei und der Drittschuldner Widerspruch erheben, falls diese nicht bereits vor der Beschlussfassung einvernommen wurden (§ 397 Abs 1 Satz 1 EO).

Das Widerspruchsrecht des Gegners der gefährdeten Partei ist notwendig, da einerseits einstweilige Verfügungen ohne dessen Anhörung erlassen werden können; andererseits gilt im Rekursverfahren das Neuerungsverbot.

Vor diesem Hintergrund wurde ein eigener Rechtsbehelf eingeführt, mit dem sich der Gegner der gefährdeten Partei zumindest nachträglich Gehör verschaffen kann, wenn die einstweilige Verfügung ohne seine Anhörung erlassen worden ist (*G. Kodek* in Burgstaller/Deixler-Hübner §§ 397, 398 EO Rz 1; *König*, Einstweilige Verfügungen[5] Rz 6.95).

Beachte: Das Widerspruchsrecht ist erst jüngst durch die EO-Novelle 2014 auf den Drittschuldner ausgedehnt worden (*Mohr*, ÖRPfl 2014 H 1, 20; zur Begründung siehe EBRV 180 BlgNR 25. GP 10 f).

Der Widerspruch ist ***nicht aufsteigend*** (*Rechberger/Oberhammer* ExR[5] Rz 528) und muss innerhalb einer Frist von ***14 Tagen*** eingebracht werden (§ 397 Abs 2 EO).

Durch die Erhebung des Widerspruchs wird die Vollziehung der einstweiligen Verfügung nicht gehemmt (§ 397 Abs 3 EO); einem Widerspruch kommt also ***keine aufschiebende Wirkung*** zu (*König*, Einstweilige Verfügungen[5] Rz 6.100; 1 Ob 344/54, SZ 27/136; 1 Ob 2089/ 96d, 2090/96a). Strittig ist, ob dem Widerspruch aufschiebende Wirkung zuerkannt werden kann (dafür *G. Kodek* in Burgstaller/Deixler-Hübner §§ 397, 398 EO Rz 3; dagegen *E. Kodek* in Angst/Oberhammer[3] § 397 EO Rz 12 sowie *König* aaO).

Aufgrund des erhobenen Widerspruchs hat das Gericht erster Instanz nach Durchführung einer ***mündlichen Verhandlung*** mit Beschluss über die Statthaftigkeit und Angemessenheit der einstweiligen Verfügung zu entscheiden (§ 398 Abs 1 EO); gegen diesen Beschluss kann (wiederum) Rekurs erhoben werden (*Seiser*, ExR[10] 90).

Das Gericht kann eine mittels Widerspruch bekämpfte einstweilige Verfügung bestätigen, abändern oder aufheben (4 Ob 257/05f = EFSlg 115.593).

Beachte: Gegen eine einstweilige Verfügung nach § 382a EO (Bestimmung des vorläufigen Unterhalts für Minderjährige) ist die Erhebung eines Widerspruchs unzulässig (§ 397 Abs 1 Satz 2 EO).

Rekurs und Widerspruch können auch miteinander ***kumuliert*** werden (RZ 1994/47, 140; *Rechberger/Simotta* ExV[2] Rz 954 ff). Werden Rekurs und Widerspruch nebeneinander eingebracht, ist nach hM ***zuerst*** über den

Rekurs und erst ***danach*** über den ***Widerspruch*** zu entscheiden (EFSlg 23.483, 39.518; *König*, Einstweilige Verfügungen[5] Rz 6.97; *G. Kodek* in Burgstaller/Deixler-Hübner §§ 397, 398 EO Rz 10).

Der Gegner der gefährdeten Partei hat allerdings das Recht, seine ***Rechtsbehelfe*** dahingehend ***zu reihen***, dass er in erster Linie Widerspruch und nur für den Fall der Erfolglosigkeit desselben Rekurs erhebt (EFSlg 30.160; RZ 1994/47, 140; *Rechberger/Oberhammer* ExR[5] Rz 531).

6. Aufhebung und Einschränkung der einstweiligen Verfügung (§§ 399 ff EO)

Bei den in § 399 EO genannten Aufhebungs- und Einschränkungsgründen handelt es sich ***nicht*** um eine ***taxative Aufzählung*** (*König*, Einstweilige Verfügungen[5] Rz 8.1; *E. Kodek* in Angst/Oberhammer[3] § 399 EO Rz 1 mwN).

Auch andere Gesetzesstellen in der EO (etwa §§ 391 Abs 1, 393 Abs 3, 396) beinhalten entsprechende Tatbestände (*G. Kodek* in Burgstaller/ Deixler-Hübner §§ 399 EO Rz 1a).

Auf Antrag wird die einstweilige Verfügung nach § 399 EO in folgenden Fällen aufgehoben oder eingeschränkt:

- ***Überschießender Vollzug (§ 399 Abs 1 Z 1 EO)***,

Die einstweilige Verfügung wurde zu weit ausgeführt, als es zur Sicherung der gefährdeten Partei notwendig ist.

- ***Geänderte Verhältnisse (§ 399 Abs 1 Z 2 EO)***,

Erfasst sind sowohl der ***nachträgliche*** Wegfall als auch die Verminderung der Gefährdung der Rechte der gefährdeten Partei.

- ***Erlag eines Befreiungsbetrages (§ 399 Abs 1 Z 3 EO)*** sowie

Der Gegner der gefährdeten Partei erlegt in diesem Fall einen Befreiungsbetrag (das Gesetz spricht von „Sicherheitsleistung").

- ***Berichtigung oder Aberkennung des Anspruchs (§ 399 Abs 1 Z 4 EO)***.

Dieser Tatbestand umfasst die tatsächliche Erfüllung des gesicherten Anspruchs, dessen rechtskräftige Aberkennung sowie die rechtskräftige Feststellung, dass der Anspruch erloschen ist.

Abgesehen von § 399 EO kommen nach der EO etwa folgende Gründe für die Aufhebung einer einstweiligen Verfügung in Frage:

- ***Ablauf der Geltungsdauer (§ 391 Abs 1 EO)***,

In diesem Fall ist die Verfügungsfrist (also, die Zeit, für welche die einstweilige Verfügung erlassen wird) abgelaufen. Ist dies der Fall, erlischt die einstweilige Verfügung nicht von selbst, sondern es bedarf nach hM eines gerichtlichen Aufhebungsaktes (*Heller/Berger/Stix*, EO[4] III 2842; *Rechberger/Simotta* ExV[2] Rz 965).

- ***Ablauf der Rechtfertigungsfrist für die Klage oder den Exekutionsantrag (§ 391 Abs 2 EO)*** sowie

In dem Fall, dass es die gefährdete Partei unterlässt, rechtzeitig die Klage oder den Exekutionsantrag einzubringen, ist die einstweilige Verfügung von Amts wegen oder auf Antrag aufzuheben.

- ***Zeitablauf (§ 396 EO).***

Vom Ablauf der Geltungsdauer ist die Unzulässigkeit der Vollziehung der einstweiligen Verfügung wegen Zeitablauf nach § 396 EO zu unterscheiden. Da in diesem Fall die einstweilige Verfügung niemals Wirksamkeit erlangt hat (die einmonatige Frist für die amtswegige Vollziehung des § 396 EO wurde versäumt), ist eine Aufhebung grundsätzlich nicht erforderlich (*G. Kodek* in Burgstaller/Deixler-Hübner § 399 EO Rz 35).

7. Kosten

Einstweilige Verfügungen werden stets auf ***Kosten der antragstellenden Partei*** – unbeschadet eines ihr zustehenden Anspruches auf Ersatz dieser Kosten – getroffen (§ 393 Abs 1 Satz 1 EO). Selbst wenn die gefährdete Partei im Provisorialverfahren obsiegt, steht ihr ***zunächst kein Kostenersatz*** zu (*E. Kodek* in Angst/Oberhammer[3] § 393 EO Rz 1); die gefährdete Partei hat ihre Kosten „***vorläufig selbst zu tragen***" (*Heller/Berger/Stix*, EO[4] III 2710); sie hat jedoch gegenüber ihrem Gegner einen Anspruch auf Ersatz der vorläufig selbst getragenen Kosten, wenn sie in der Hauptsache obsiegt (RIS-Justiz RS0005670).

Ein allfälliger ***Kostenersatzanspruch*** des ***Gegners der gefährdeten Partei*** richtet sich nach den Kostenersatzbestimmungen des Verfahrens in der Hauptsache (§ 393 Abs 1 letzter Satz EO).

Beachte: Im Verfahren über einstweilige Verfügungen nach §§ 382b EO (Schutz vor Gewalt in Wohnungen), 382e EO (Allgemeiner Schutz vor Gewalt) und 382g EO (Schutz vor Eingriffen in die Privatsphäre) EO richtet sich die Kostenersatzpflicht nach den Bestimmungen der ZPO (§ 393 Abs 2 EO).

8. Schadenersatz und Mutwillensstrafe (§ 394 EO)

Die gefährdete Partei hat ihrem Gegner gemäß § 394 Abs 1 EO alle ihm durch die einstweilige Verfügung verursachten Vermögensnachteile zu ersetzen, wenn

- ihr der behauptete ***Anspruch rechtskräftig aberkannt*** wird,

Der Anspruch weswegen die einstweilige Verfügung bewilligt worden ist, muss in diesem Fall im Hauptverfahren rechtskräftig aberkannt worden sein, sodass dem Gegner der gefährdeten Partei der Anspruch auf Aufhebung der Verfügung nach § 399 Abs 1 Z 4 EO zusteht (*E. Kodek* in Angst/Oberhammer[3] § 394 EO Rz 8).

- ihr ***Ansuchen sich sonst als ungerechtfertigt*** erweist oder

Einschlägig ist hier vor allem die Stattgebung eines Rechtsmittels oder Widerspruchs gegen die Einstweilige Verfügung (*Heller/Berger/Stix*, EO[4] III 2861 f; JBl 1993, 733).

- sie die ***Frist zu Erhebung der Klage oder Einleitung des Exekutionsverfahrens*** (Rechtfertigungsfrist) ***versäumt***.

Entscheidend ist ausschließlich, dass die gefährdete Partei die Frist versäumt hat; irrelevant ist, ob die einstweilige Verfügung zu Recht erlassen worden ist bzw. ein Hauptanspruch besteht (*G. Kodek* in Burgstaller/Deixler-Hübner § 394 EO Rz 26). Warum die Rechtfertigungsfrist versäumt wurde, ist ebenfalls nicht ausschlaggebend, da es auf ein Verschulden nicht ankommt (SZ 6/245).

Die Schadenersatztatbestände nach § 394 Abs 1 EO sind nach hL ***taxativ*** aufgezählt (*G. Kodek* in Burgstaller/Deixler-Hübner § 394 EO Rz 12); es handelt sich um eine reine ***Erfolgshaftung*** (*Holzhammer*, ZVR[4] 456), ein allfälliger Anspruch besteht daher ***verschuldensunabhängig*** (*König*, Einstweilige Verfügungen[5] Rz 5.63; *Rechberger/Oberhammer* ExR[5] Rz 535).

Nach überwiegender Lehre besteht ein Schadenersatzanspruch nur dann, wenn die einstweilige Verfügung ***von Anfang an zu Unrecht erlassen*** worden ist (*König*, Einstweilige Verfügungen[5] Rz 5.76, 5.82, 5.86; *E. Kodek* in Angst/Oberhammer[3] § 394 EO Rz 9; aA *G. Kodek* in Burgstaller/Deixler-Hübner § 394 EO Rz 13).

Für die Geltendmachung von Ansprüchen nach § 394 EO ist weiters notwendig, dass die ***einstweilige Verfügung aufgehoben*** wurde (*Konecny*, Anwendungsbereich 132 FN 88).

Ersatzfähig sind nach § 394 Abs 1 EO alle Vermögensnachteile (also ***positiver Schaden*** und ***entgangener Gewinn***), für welche die einstweilige Verfügung maßgebende Ursache war (SZ 62/66 = JBl 1990, 44 = ÖBl 1990, 278); auch gutgläubiges Handeln befreit nicht von der Ersatzpflicht (*E. Kodek* in Angst/Oberhammer[3] § 394 EO Rz 3). Ausgeschlossen ist die Erstattung des Werts der besonderen Vorliebe sowie die Leistung von Schmerzengeld (*König*, Einstweilige Verfügungen[5] Rz 5.66).

Die Höhe des Ersatzanspruchs hat das Gericht auf Antrag nach ***freier Überzeugung*** (§ 273 ZPO) durch Beschluss festzusetzen; der rechtskräftige Beschluss ist in das Vermögen der gefährdeten Partei vollstreckbar (§ 394 Abs 1 EO).

Zuständig für die Entscheidung über Schadenersatzansprüche ist nach § 387 Abs 1 EO ausschließlich das ***Sicherungsgericht*** (*G. Kodek* in Burgstaller/Deixler-Hübner § 394 EO Rz 54; *König*, Einstweilige Verfügungen[5] Rz 5.94); die ***Verjährungsfrist*** beträgt nach § 1489 ABGB drei Jahre (*E. Kodek* in Angst/Oberhammer[3] § 394 EO Rz 16).

Wurde die einstweilige Verfügung ***offenbar mutwillig erwirkt***, ist der gefährdeten Partei überdies auf Antrag ihres Gegners eine vom Gericht mit Rücksicht auf die besonderen Umstände des Einzelfalls zu bemessende ***Mutwillensstrafe*** aufzuerlegen (§ 394 Abs 2 EO).

Die Verhängung der Mutwillensstrafe ist – wie sich aus dem Gesetzeswortlaut ergibt – an einen ***Antrag des Gegners*** gebunden. Die Verfahrensvorschriften ergeben sich gemäß §§ 78, 402 Abs 4 EO aus § 220 ZPO (die ***Höchstgrenze*** beträgt daher derzeit € 4.000,--). Die Bestimmung über die Mutwillensstrafe wird in der Praxis so gut wie nie angewendet (*G. Kodek* in Burgstaller/Deixler-Hübner § 394 EO Rz 71).

E. Europäischer Beschluss zur vorläufigen Kontenpfändung

Am 27.06.2014 wurde im Amtsblatt der Europäischen Union (L 189/59) die *Verordnung (EU) Nr. 655/2014 des Europäischen Parlaments und des Rates vom 15. Mai 2014 zur Einführung eines Verfahrens für einen Europäischen Beschluss zur vorläufigen Kontenpfändung im Hinblick auf die Erleichterung der grenzüberschreitenden Eintreibung von Forderungen in Zivil- und Handelssachen* (EuKoPfVO) veröffentlicht. Die Verordnung trat am 20. Tag nach ihrer Veröffentlichung im Amtsblatt in Kraft; sie gilt, abgesehen von Art 50 EuKoPfVO, seit dem 18.01.2017 (Art 54 EuKoPfVO).

Mit Hilfe der EuKoPfVO wird ein Unionsverfahren eingeführt, mit dem ein Gläubiger einen ***Europäischen Beschluss zur vorläufigen Kontenpfändung*** erwirken kann. Dieser Beschluss soll verhindern, dass die ***spätere Vollstreckung seiner Forderung*** dadurch gefährdet wird, dass ***Gelder*** bis zu dem im Beschluss angegebenen Betrag, die vom Schuldner oder in seinem Namen auf einem in ***einem Mitgliedstaat geführten Bankkonto geführt werden, überwiesen oder abgehoben*** werden (Art 1 Abs 1 EuKoPfVO).

In der Praxis versuchen zahlungsunwillige Schuldner ihren Verpflichtungen oftmals dadurch zu entkommen, dass sie ihre ***Guthaben auf Konten überweisen***, die in ***anderen Mitgliedstaaten eröffnet*** worden sind. Dieser Vorgehensweise versucht die EuKoPfVO einen Riegel vorzuschieben.

Erwägungsgrund 5 der EuKoPfVO führt dazu aus, dass es in allen Mitgliedstaaten nationale Verfahren zur Erwirkung von Sicherungsmaßnahmen, etwa in Gestalt von Beschlüssen zur vorläufigen Kontenpfändung, gibt. Da sich diese aber einerseits inhaltlich stark voneinander unterscheiden, sich andererseits aber die Inanspruchnahme nationaler Sicherungsmaßnahmen in Fällen mit grenzüberschreitendem Bezug häufig als aufwändig erweist (vor allem wenn der Gläubiger mehrere Konten in verschiedenen Mitgliedstaaten vorläufig pfänden lassen will), erschien es dem

EU-Gesetzgeber erforderlich und angemessen, ein verbindliches und unmittelbar geltendes Rechtsinstrument zu erlassen, mit dem ein neues Unionsverfahren eingeführt wird, das in grenzüberschreitenden Fällen die vorläufige Pfändung von Geldern auf Bankkonten in einer effizienten und zügigen Weise ermöglicht.

Beachte: Der Beschluss zur vorläufigen Pfändung steht dem Gläubiger als eine ***Alternative*** zu den Maßnahmen zur vorläufigen Pfändung nach dem ***nationalen Recht*** zur Verfügung (Art 1 Abs 2 EuKoPfVO; vgl. auch Erwägungsgrund 6 EuKoPfVO).

Der Zweck der EuKoPfVO findet sich in Erwägungsgrund 7 wieder. Danach sollte ein Gläubiger eine Sicherungsmaßnahme in Form eines Europäischen Beschlusses zur vorläufigen Kontenpfändung erwirken können, um die Überweisung oder Abhebung von Geldern, die sein Schuldner auf einem in einem Mitgliedstaat geführten Bankkonto hält, zu verhindern.

Dies dann, wenn die Gefahr besteht, dass die spätere Vollstreckung seiner Forderung gegenüber dem Schuldner ohne eine solche Maßnahme unmöglich oder erheblich erschwert wird. Die Pfändung von Geldern auf dem Konto des Schuldners sollte zur Folge haben, dass nicht nur der Schuldner selbst, sondern auch Personen, die von diesem mit der Ausführung von Zahlungen über dieses Konto betraut sind, z.B. in Form von Daueraufträgen oder durch Lastschriftverfahren oder die Verwendung einer Kreditkarte, daran gehindert werden, die Gelder zu verwenden.

Das Verfahren zur Erwirkung eines Beschlusses zur vorläufigen Pfändung findet sich in Art 5 ff EuKoPfVO.

Ein in einem Mitgliedstaat gemäß dieser Verordnung erlassener Beschluss zur vorläufigen Pfändung wird in den ***anderen Mitgliedstaaten anerkannt, ohne dass es eines besonderen Verfahrens bedarf und ist in den anderen Mitgliedstaaten vollstreckbar, ohne dass es einer Vollstreckbarerklärung bedarf*** (Art 22 EuKoPfVO).

Die Vollstreckung des Beschlusses zur vorläufigen Pfändung erfolgt gemäß den Verfahren, die ***in dem Vollstreckungsmitgliedstaat*** für die Vollstreckung ***gleichwertiger nationaler*** Beschlüsse gelten (Art 23 Abs 1 EuKoPfVO). Für den Vollzug des Beschlusses zur vorläufigen Kontenpfändung verweist diese Bestimmung somit auf das jeweilige nationale Vollstreckungsrecht des ersuchten EU-Mitgliedstaates (*Schlosser/Hess*, EuZPR[4] Art 23 EuKoPfVO Rz 1). Wird der Beschluss in Österreich vollzogen, ist die Gesetzeslage bei der einstweiligen Verfügung maßgebend (*Mohr*, Kontenpfändung Rz 311).

Beachte: Durch die EO-Novelle 2016 wurden Begleitregelungen zur EuKoPfVO in die EO (§§ 422 – 424) eingefügt; diese – sowie die EuKoPfVO selbst – werden im Rahmen der Darstellung des internationalen Exekutionsrechts näher erläutert (dazu unten XIV. G.).

Zweites Buch

Anfechtungsordnung

Die Gläubigeranfechtung nach der Anfechtungsordnung

Lit.: *Buchegger,* Das österreichische Insolvenzanfechtungsrecht, in Cranshaw/Hinkel (Hrsg.), Praxiskommentar zum Anfechtungsrecht (2013) 819; *Buchegger,* Das österreichische Anfechtungsrecht, in Cranshaw/Hinkel (Hrsg.), Gläubigerkommentar Anfechtungsrecht, 2. Auflage (2015) 845 , 891 ff; *Burgstaller,* Zur Absichtsanfechtung, ÖJZ 1979, 148; *Bollenberger,* Zugriff auf Stiftungsvermögen durch Gläubiger des Stifters, ecolex 2006, 641; *Csoklich,* Zugriff auf Vermögen der Privatstiftung durch Gläubiger der Stifter und Begünstigten, ÖBA 2008, 416; *Ertl,* Aneignung preisgegebener Sachen, JBl 1974, 343; *Gelter,* Konkurs- und Gläubigeranfechtung bei europäischen Auslandsgesellschaften in Österreich, JBl 2007, 17; *König,* Die (objektive) Nachteiligkeit als allgemeine Anfechtungsvoraussetzung, RdW 1999, 317; *König,* Wissenszurechnung bei der Privatstiftung - Bemerkungen zur Entscheidung OGH 3 Ob 1/10h, PSR 2010/44, 164; *König,* „Unverzügliche" Einbringung und „gehörige Fortsetzung" der Titelklage nach Zustellung der Anfechtungsmitteilung (§ 9 AnfO), in FS Jelinek (2002) 131; *König,* Anfechtung einer kongruenten Deckung außerhalb des Konkurses (§ 2 AnfO) und Partizipation des Anfechtungsgegners am Anfechtungserfolg, in FS Koziol (2010) 1221; *König,* Die Anfechtung nach der Insolvenzordnung, 5. Auflage (2014); *Koziol,* Die Beeinträchtigung fremder Forderungsrechte (1967); *Koziol,* Gläubigeranfechtung bei Unterlassung der Geltendmachung des Pflichtteils und bei Erbverzicht, JBl 1974, 402; *Koziol,* Kreditsicherheiten und Anfechtung der Erfüllung, JBl 1983, 517; *Koziol,* Grundlagen und Streitfragen der Gläubigeranfechtung (1991); *Koziol,* Die Anfechtbarkeit richtiger und fälliger Forderungen gemäß § 2 AnfO, ZIK 1995, 137; *Koziol,* Widerrechtliche Handlungen als anfechtbare Rechtshandlungen im Sinne der §§ 1 AnfO, 27 KO? ZIK 1997, 134; *Langer,* Die Anfechtungsmitteilung nach § 9 AnfO, ZIK 1997, 170; *Musger,* Verfahrensrechtliche Bindungswirkungen und Art 6 MRK. Überlegungen aus Anlaß von OGH 17.1.1990, 1 Ob 694/89 = JBl 1990, 662, JBl 1991, 420; *Schneider,* Die rechtliche Stellung des Lebensgefährten, ÖJZ 1965, 174; *Schumacher,* Die Anfechtung der nachehelichen Vermögensaufteilung, ÖBA 2003, 288; *Schumacher,* Nachträgliche Kreditbesicherung: Insolvenz- und anfechtungsrechtliche Risken, ÖBA 2006, 116; *Schwind,* Auf der Suche nach einem allgemeinen Anfechtungsstatut, IPRax 1986, 249; *Widhalm-Budak,* Anfechtungsrecht² (2013) 73; *Zollner,* Der Stifter in der Krise, PSR 2010/28, 116.

I. Wesen und Überblick

Die Anfechtung nach der AnfO dient der ***Ahndung gläubigerbenachteiligender Vermögensverschiebungen, die der Verpflichtete vor dem exekutiven Zugriff des betreibenden Gläubigers zugunsten eines Dritten vorgenommen hat.***

Die AnfO gewährt dem Gläubiger gegen den Dritten, dem solche Vermögensteile zugekommen sind, einen haftungsrechtlichen Duldungs- oder Rückleistungsanspruch, den er durch ***Anfechtung*** geltend macht.

Die Rechtsquelle für dieses Rechtsinstitut, die ***Anfechtungsordnung – AnfO*** RGBl 1914/337 idgF wurde zusammen mit den Insolvenzgesetzen (damals: Konkursordnung und Ausgleichsordnung) mit Kaiserlicher Verordnung (heute: Insolvenzrechts-Einführungsgesetz – IEG) erlassen und weist über weite Strecken Parallelen zur Insolvenzanfechtung nach den

§§ 27 bis 43 IO auf (vgl. *Holzhammer,* ZVR[4], 458 ff; *Roth/Duursma-Kepplinger,* ExR und InsR[10], 147 ff; *Deixler-Hübner/Klicka*, Rz 678; siehe *Koziol/Bollenberger* in Bartsch/Pollak/Buchegger, Österr. InsR I, zu §§ 27 ff Rz 1 ff; s. dazu *Buchegger* in Cranshaw/Hinkel, Gläubigerkommentar Anfechtungsrecht, 2. Auflage [2015] 845 ff, 860 ff, 891 ff; *Buchegger,* InsR[2], 77 ff; vgl. auch *Neumayr/Nunner-Krautgasser,* ExR[3], 313 ff, 316 ff).

Innerhalb eines Insolvenzverfahrens sind daher die §§ 27 bis 43 IO von dem mit Anfechtungsmonopol ausgestatteten Insolvenzverwalter heranzuziehen.

Außerhalb des Insolvenzverfahrens kann jeder einzelne betreibende Gläubiger im Weg der ***Einzelanfechtung (Gläubigeranfechtung)*** auf verschobene Vermögensgegenstände des Schuldners greifen, wenn die Exekution zugunsten seiner vollstreckbaren Forderung versagt. Dadurch wird die Haftung auf Dritte erstreckt, welche die Zwangsvollstreckung in das Erworbene dulden oder Wertersatz leisten müssen.

Beachte! § 1 AnfO spricht noch immer von der Anwendbarkeit des Gesetzes außerhalb des *Konkurses.* Das wurde weder durch § 275 IO noch durch das IRÄ-BG bereinigt, ist aber wie oben ausgeführt zu interpretieren

Die Einzelanfechtung ist nur zulässig, wenn über das Schuldnervermögen (noch) kein Insolvenzverfahren eröffnet wurde (§ 1 AnfO). Einzelanfechtungsansprüche von Gläubigern gehen durch die Eröffnung des Insolvenzverfahrens auf den Insolvenzverwalter über (§§ 7 Abs 1, 114 Abs 1, 116 Abs 1 Z 3 IO). Eine nach der AnfO erlangte Befriedigung schützt nicht vor Insolvenzanfechtung (§ 19 Abs 2 AnfO).

In der *Einzelanfechtung* gibt es an speziellen Anfechtungstatbeständen nur die Absichtsanfechtung, die Verschleuderungsanfechtung und die Schenkungsanfechtung (s. unten IV. bis VI.). Die Insolvenzanfechtung kennt darüber hinaus noch zwei insolvenzspezifische Anfechtungstatbestände: die Begünstigungsanfechtung und die Kenntnisanfechtung.

Die AnfO spricht völlig korrekt nicht von betreibendem Gläubiger und Verpflichtetem sondern schlicht von ***Gläubiger*** und ***Schuldner:*** Die AnfO eröffnet einen Zivilprozess, die Anfechtung ist ***nicht*** Teil des Exekutionsverfahrens. Der begünstigte Dritte wird als ***Anfechtungsgegner bezeichnet.***

Beachte! Die Anfechtung nach der AnfO ist von der ***zivilrechtliche Vertragsanfechtung*** zu unterscheiden. Diese nimmt ein Vertragspartner einseitig gegen den anderen vor, indem er den Vertrag wegen Willensmängel gerichtlich ex tunc für absolut nichtig erklären lässt; dann ist bereits Geleistetes zurückzustellen, allenfalls Schadenersatz zu gewähren.

Die ***AnfO*** erklärt hingegen die Rechtshandlung zwischen Schuldner und Drittem nur im Verhältnis zum betreibenden Gläubiger für unwirksam (relativ wirksames Gestaltungsrecht), so dass der Dritte das Erworbene an den rückleisten muss; zwischen Schuldner und Drittem bleibt die Rechtshandlung aufrecht.

Es gilt zu unterscheiden:

- Hat der Verpflichtete Vermögensgegenstände bereits an einen Dritten geleistet, so gewährt die AnfO dem betreibenden Gläubiger einen Rückleistungsanspruch, als dieser zur titelgemäßen Befriedigung erforderlich ist (§§ 1, 12, 13 Abs 1 AnfO).

- Hat der Verpflichtete dagegen sein Vermögen zugunsten eines Dritten bloß belastet und es kam noch zu keinem Verfügungsgeschäft, so ficht der betreibende Gläubiger das Titelgeschäft an.

Hier entfällt der Rückleistungsanspruch, es wird lediglich das Geschäft dem Gläubiger gegenüber mit Urteil für unwirksam erklärt.

II. Nahe Angehörige

Nahe Angehörige sind der Ehegatte und Personen, die mit dem Schuldner oder dessen Ehegatten in gerader Linie oder bis zum vierten Grad der Seitenlinie verwandt oder verschwägert sind (zB. Ehefrau des Vetters der Ehefrau des Schuldners), ferner Wahl- und Pflegekinder sowie Personen, die mit dem Schuldner in außerehelicher Gemeinschaft leben. Außereheliche Verwandtschaft ist der ehelichen gleichzustellen (§ 4 Abs 1 AnfO).

Die Bestimmungen des § 4 Abs 1 AnfO gelten sinngemäß für eingetragene Partner und deren Angehörige (§ 43 Abs 1 Z 1 EPG).

Ist der Schuldner eine juristische Person, eine Personengesellschaft oder ein sonstiges parteifähiges Gebilde, so gelten
- ► die Mitglieder des Leitungs- oder Aufsichtsorgans,
- ► die unbeschränkt haftenden Gesellschafter sowie
- ► Gesellschafter im Sinne des § 5 EKEG

als nahe Angehörige des Schuldners. Gleiches gilt für solche Personen, auf die dies im letzten Jahr *vor der anfechtbaren Rechtshandlung* zugetroffen hat, sowie für die im Abs 1 aufgezählten nahen Angehörigen all dieser Personen (§ 4 Abs 2 AnfO).

Nahe Angehörige unterliegen der gesetzlichen Vermutung zumindest der fahrlässigen Unkenntnis, wenn nicht der Kenntnis schuldnerischer Intentionen.

Wenn ein Spezialtatbestand eine schuldnerische Absicht beinhaltet, ist es nicht Sache des klagenden Gläubigers, dem nahen Angehörigen ein Wissenmüssen zu beweisen, vielmehr obliegt diesem der Beweis des Nichtwissens bzw. Nichtwissenmüssens (vgl. § 2 Z 2 AnfO und im Gegensatz dazu § 2 Z 3 AnfO).

Nahe Angehörige haben sich auf der subjektiven Tatbestandsebene mit einem Negativbeweis frei zu beweisen.

III. Allgemeiner Anfechtungstatbestand

§ 1 AnfO normiert einen *Grundtatbestand* der Gläubiger benachteiligenden Vermögensverschiebung oder Vermögensbelastung.

Die §§ 2 und 3 AnfO fügen mehrere *Spezialtatbestände* hinzu, so dass in jedem Anfechtungsfall der ***Grundtatbestand*** im Zusammenhalt mit einem Spezialtatbestand verwirklicht sein muss. Dieser Grundtatbestand lässt sich wie folgt zusammenfassen (siehe dazu *König,* Anfechtungsrecht[5], Rz 3/1 ff, 5/1 ff; vgl. dazu *Buchegger* in Cranshaw/Hinkel, Anfechtungsrecht[2], 862 ff, 893 f mwN):

Anfechtbar sind solche Rechtshandlungen, die vor der Anfechtung stattgefunden haben, das Vermögen des Schuldners betreffen, den betreibenden Gläubiger benachteiligen und deren Beseitigung seine Befriedigungsaussichten verbessern.

► ***Rechtshandlungen*** sind alle Willensäußerungen mit rechtlicher Wirkung, mithin nicht nur Rechtsgeschäfte, auch Prozesshandlungen und sogar gewollte ***Unterlassungen,*** mit der der Schuldner ein Recht verliert, oder durch die vermögensrechtliche Ansprüche Dritter begründet, erhalten oder gesichert werden (§ 7 AnfO).

Dabei ist der Begriff der Rechtshandlung so weit zu verstehen, dass er auch ***Rechtshandlungen nicht bloß des Schuldners sondern auch Dritter*** in sich begreift, wenn durch sie erst die Benachteiligung der Gläubiger begründet wird.

Beispiel: Anfechtbar ist auch der Nichtantritt einer Erbschaft (falls dies eine Gläubigerbenachteiligung in sich birgt und nicht etwa ein überschuldeter Nachlass vorlag).

Unterlassungen sind anfechtbar, sofern zumindest der letzte für die Vornahme der unterlassenen Handlung offen stehende Tag in die Anfechtungsfrist (§§ 2, 3 AnfO) fällt (RS0050284).

Wurde für die anzufechtende Handlung ein ***Exekutionstitel*** erworben oder die Handlung gar durch Exekution bewirkt, so schließt das die Anfechtbarkeit nach der AnfO nicht aus (§ 6 S 1 AnfO). Bei Erfolg der Anfechtung erlischt in diesem Fall die Wirksamkeit des Exekutionstitels *dem Gläubiger gegenüber* (§ 6 S 2 AnfO).

► Die Rechtshandlung muss ***vor der Geltendmachung der Anfechtung,*** was regelmäßig durch Klage geschieht, erfolgt sein. Während des Anfechtungsprozesses vorgenommene weitere Vermögensverschiebungen sind nicht Gegenstand der laufenden Anfechtung.

► Die Rechtshandlung muss ***Schuldnervermögen*** betreffen, Vermögensgegenstände, die sich zwar beim Schuldner befinden aber einem Dritten gehören, sind nicht tatbestandsmäßig.

Beachte! Solche Vermögensgegenstände unterliegen der Exszindierungsklage (§ 37 EO), die der Eigentümer gegen den betreibenden Gläubiger richtet.

► Die Rechtshandlung muss ***den Gläubiger benachteiligen:*** Die Benachteiligung ist immer tatbestandsmäßig, auch wenn sie nicht in allen Sondertatbeständen gesondert erwähnt wird (etwa § 3 AnfO).

Mittelbare Benachteiligung genügt: Der Austausch gleichwertiger Leistungen für sich genommen impliziert noch keine Anfechtbarkeit; treten indes später Umstände ein, die die Rechtshandlung zu einer benachteiligenden werden lassen, genügen: zB. wenn die vom Schuldner veräußerte Sache hinterher eine Wertsteigerung erfährt, wenn er den Erlös verbraucht, das Erworbene später an Wert gewinnt oder wenn die schuldnerische Rechtshandlung - an sich nicht benachteiligend - erst condicio sine qua non für ein darauf aufbauendes, dann für die Gläubiger nachteiliges Geschäft mit einem Dritten ist.

Davon gibt es eine Ausnahme: Bei der *Verschleuderungsanfechtung* ist ***unmittelbare Nachteiligkeit*** Tatbestandsvoraussetzung. Hier schließt der Verpflichtete mit dem Anfechtungsgegner ein zweiseitiges Rechtsgeschäft, das per se eine die Gläubiger *unmittelbar* benachteiligende Vermögensverschleuderung darstellt. Vgl. *König,* Anfechtung[5] Rz 5/34.

► Die Anfechtung muss geeignet sein, die Befriedigungsaussichten des Gläubigers im Exekutionsverfahren zu verbessern: Es muss ***Befriedigungstauglichkeit*** vorliegen.

Es mögen alle anderen Voraussetzungen des Grundtatbestands, ja auch ein Tatbestand der §§ 2 oder 3 AnfO gegeben sein, fehlt es dennoch an der Befriedigungstauglichkeit, so ist die Rechtshandlung nicht tatbestandsmäßig, eine Anfechtung wäre erfolglos.

Es muss daher die Wahrscheinlichkeit bestehen, dass die Anfechtung die Aussichten auf eine Befriedigung des Gläubigers im Exekutionsverfahren verbessert oder aber gänzlich sichert.

Aus diesem Grund geht der Rechtsschutz der AnfO auch nicht über das hinaus, was dem Gläubiger aufgrund seines Titels zusteht (§ 13 Abs 1 AnfO).

Die Veräußerung eines mit Hypotheken überlasteten Hauses vor der Anfechtung durch den Gläubiger G, der selbst an diesem Haus keine Hypothek hat, benachteiligt ihn nicht, weil das Haus seinem Zugriff entzogen ist. Sehr wohl aber benachteiligt die Veräußerung bei Vorlage aller tatbestandsmäßigen Voraussetzungen die Gläubiger, die eine Hypothek an diesem Haus besitzen.

Die Rechtshandlung muss nicht erst während eines laufenden Exekutionsverfahrens vorgenommen werden, sie kann auch schon davor erfolgt sein. Anfechtungsbefugt ist der Gläubiger mit vollstreckbarer Forderung gegen den Schuldner nicht nur, wenn die laufende Exekution nicht zu einer vollständigen Befriedigung geführt hat, sondern bereits dann, wenn eine mangelnde Befriedigung abzusehen ist (§ 8 Abs 1 AnfO).

► Der Anfechtungsanspruch ist ***kein Bereicherungsanspruch:*** Bereicherung des Anfechtungsgegners ist keine Voraussetzung für die Geltendmachung.

► Vielmehr lässt sich der Anfechtungsanspruch am besten als ***Vor- oder Begleitwirkung des Exekutionsverfahrens*** begreifen, die Verbringung des Exekutionsobjekts soll korrigiert und der exekutive Zugriff samt staatlicher Verstrickung gewährleistet werden.

IV. Absichtsanfechtung (actio Pauliana)

Der Schuldner hat Rechtshandlungen vorgenommen in der Absicht, seinen Gläubiger zu benachteiligen *(Benachteiligungsabsicht).*

Dolus eventualis genügt: Die Benachteiligung muss nicht Beweggrund, nur dem Schuldner bewusst gewesen und von ihm in Kauf genommen worden sein (Richterrecht). Wer im Bewusstsein, dass eine volle Befriedigung des einen Gläubigers in Zukunft nicht möglich sein wird, einen anderen Gläubiger voll befriedigt (mithin begünstigt), handelt in Benachteiligungsabsicht.

Zur Benachteiligungsabsicht des Schuldners muss noch die *Kenntnis oder fahrlässige Unkenntnis des Dritten von der Benachteiligungsabsicht* hinzutreten. Danach sind drei Fälle zu unterscheiden:

A. Doluspauliana (§ 2 Z 1 AnfO)

Anfechtbar sind alle Rechtshandlungen der letzten zehn Jahre vor Anfechtung, wenn der Anfechtungsgegner die Benachteiligungsabsicht gekannt hat.

B. Culpapauliana (§ 2 Z 2 AnfO)

Anfechtbar sind alle Rechtshandlungen der letzten zwei Jahre vor Anfechtung, wenn der Anfechtungsgegner die Benachteiligungsabsicht hätte kennen müssen.

Kennenmüssen bedeutet Außerachtlassen der gehörigen Sorgfalt. Schon leichte Fahrlässigkeit ist tatbestandsmäßig.

C. Familienpauliana (§ 2 Z 3 AnfO)

Ist der Anfechtungsgegner ein naher Angehöriger des Schuldners (§ 4 Abs 1 AnfO), so muss er beweisen, dass eine Benachteiligungsabsicht des Schuldners entweder nicht bestand oder ihm nicht bekannt war oder er unverschuldet keine Kenntnis von ihr hatte (anspruchshindernde Sacheinrede). Ein non liquet belastet den Beklagten. Die Anfechtungsfrist beträgt hier zwei Jahre.

In keinem dieser Fälle spielt es eine Rolle, ob der Anfechtungsgegner befriedigt wurde, wie es ihm aus dem Verpflichtungsgeschäft zustand (kongruente Deckung) oder wie er es nicht beanspruchen durfte (inkongruente Deckung). Allein die Benachteiligungsabsicht und deren Kenntnis oder Kennenmüssen geben den Ausschlag.

Die Rechtsprechung verlangt allerdings für die Anfechtung kongruenter Deckung mitunter zusätzliche Tatbestandsmerkmale auf subjektiver Ebene.

V. Verschleuderungsanfechtung

Anfechtbar sind gemäß § 2 Z 4 AnfO die Kauf-, Tausch- und Lieferungsverträge des Schuldners im letzten Jahr vor der Anfechtung, die eine gläubigerbenachteiligende Vermögensverschleuderung bewirkt haben (objektiver Tatbestandsteil).

Der Schuldner muss fahrlässig gehandelt, der Dritte das Geschäft als gläubigerbenachteiligende Vermögensverschleuderung erkannt oder fahrlässig nicht erkannt haben (subjektiver Tatbestandsteil).

Nach hl und hR tritt bei nahen Angehörigen (§ 4 AnfO) hinsichtlich der subjektiven Tatbestandselemente eine Beweislastumkehr ein, wiewohl bei diesem Tatbestand eine Sonderregelung für nahe Angehörige – systemwidrigerweise – fehlt (planwidrige Gesetzeslücke).

Leistungen, die aufgrund von Einzelverkäufen beweglicher Sachen im schuldnerischen gewerbsmäßigen Betrieb vom Anfechtungsgegner erbracht wurden, unterliegen nicht der Verschleuderungsanfechtung (und auch nicht der Anfechtung nach § 3 AnfO), sondern allein der Anfechtung nach den Pauliana-Tatbeständen des § 2 Z 1 bis 3 AnfO.

VI. Anfechtung unentgeltlicher und ihnen gleichgestellter Verfügungen

Unentgeltliche sowie gleichgestellte Verfügungen des Schuldners innerhalb der letzten zwei Jahre vor Anfechtung sind nach § 3 AnfO anfechtbar. Subjektive Tatbestandselemente fehlen, weil der unentgeltliche Erwerb (bzw. ein diesem gleichgestellter Erwerb) weniger Schutz erfordert.

A. Schenkungsanfechtung (§ 3 Z 1 AnfO)

Anfechtbar sind die in den letzten zwei Jahren vor Anfechtung vorgenommenen unentgeltlichen sowie solchen gleichgestellte Verfügungen des Schuldners.

Von der Anfechtung ausgenommen ist die Erfüllung einer gesetzlichen Verpflichtung (Unterhaltspflicht).

Unanfechtbar sind weiters, jeweils aber in bloß angemessener Höhe

- gebräuchliche Gelegenheitsgeschenke (Hochzeitsgeschenk)
- Verfügungen zu gemeinnützigen Zwecken (Caritasspende)
- Verfügungen, mit denen einer sittlichen Pflicht entsprochen wird (freiwilliger Unterhalt bedürftiger Geschwister)
- Verfügungen, mit denen Rücksichten des Anstands entsprochen wird (Verzicht auf die Einforderung eines bloß geringfügigen Geldbetrags gegenüber Verwandten und Freunden).

B. Anfechtung exekutiven Erwerbs (§ 3 Z 2 AnfO)

Der Erwerb von exekutionsunterworfenen Sachen des Schuldners zufolge obrigkeitlicher Verfügung (zwangsweiser Verkauf im Exekutions-, Außerstreit- oder Verwaltungsverfahren) ist anfechtbar, sofern er binnen zwei Jahren vor Anfechtung erfolgte und

- das Entgelt aus Mitteln des Schuldners geleistet worden ist oder
- der Erwerb durch nahe Angehörige des Schuldners erfolgte, wobei vermutet wird, dass das Entgelt aus Mitteln des Schuldners geleistet wurde; der nahe Angehörige hat sich daher frei zu beweisen, wenn er Gegenteiliges behauptet.

VII. Anfechtungsprozess

A. Parteien

Anfechtungsberechtigt ist der ***Gläubiger, der eine vollstreckbare Forderung innehat,*** *sofern die Exekution in das Schuldnervermögen zu einer vollständigen Befriedigung des betreibenden Gläubigers nicht geführt hat oder voraussichtlich nicht führen wird* (§ 8 Abs 1 AnfO).

Anfechtungsgegner ist der Empfänger der anfechtbaren Leistung oder sein Gesamtrechtsnachfolger (Erbe; § 11 Abs 1 AnfO).

Gegen ***Einzelrechtsnachfolger*** oder ***Rechtsnehmer*** (zB. bei Dienstbarkeiten, Pfand- und Bestandrechten) ist die gegen den Rechtsvorgänger begründete Anfechtung nur zulässig (§ 11 Abs 2 AnfO),

- wenn sie bei Erwerb von Umständen Kenntnis hatten oder haben mussten, die das Anfechtungsrecht gegen ihren Vormann begründen,
- wenn sie vom Vorgänger unentgeltlich erworben haben,
- wenn sie nahe Angehörige des Schuldners sind (§ 4 AnfO), es sei denn, dass sie bei Erwerb unverschuldet keine Kenntnis vom Anfechtungsgrund hatten (Beweislastumkehr auf der subjektiven Tatbestandsseite!).

Wenn Ersterwerber und Nacherwerber dem Anfechtungsanspruch unterliegen, können sie gemeinsam als einfache Streitgenossen (§ 11 ZPO) geklagt werden.

B. Geltendmachung

1. Wege

Der Anfechtungsanspruch kann geltend gemacht werden durch (vgl. schon *Holzhammer* ZVR[4], 472):

- Anfechtungsklage,
- Anfechtungseinrede,
- Widerspruch im Verteilungsverfahren,
- Anmeldung im Insolvenzverfahren des Gegners.

Die Anfechtung ist vom ***Gläubiger, der eine vollstreckbare Forderung gegen den Schuldner hat,*** mit ***Klage*** geltend zu machen, kann aber auch mit ***Sacheinrede*** erfolgen.

Die Anfechtung mittels ***Einrede kann auch vor Eintritt der Vollstreckbarkeit der Forderung des Gläubigers geltend gemacht werden*** (§ 10 AnfO).

Beispiel für Einrede: Der betreibende Gläubiger lässt einen Gegenstand, den der Verpflichtete diesem schon verkauft und den dieser schon bezahlt hat, pfänden. Der Dritte erhebt die Exszindierungsklage (§ 37 EO). Der Gläubiger macht die Anfechtung im Einredeweg geltend, wenn bei dem Rechtsgeschäft zwischen Verpflichteten und Drittem einer der Tatbestände der AnfO verwirklicht war und eine Exekution in das übrige Vermögen des Verpflichteten zu einer vollständigen Befriedigung des betreibenden Gläubigers voraussichtlich nicht führen wird.

Beachte: Ist im *Privatinsolvenzverfahren* kein Insolvenzverwalter bestellt, so kann jeder Insolvenzgläubiger die Anfechtungsklage erheben; ein Erlös fällt in die Masse (§ 189 IO). Allerdings gilt bei dieser Anfechtung das Insolvenzanfechtungsrecht der §§ 27 ff IO und nicht die AnfO (§ 1 AnfO).

Im Insolvenzverfahren herrscht, § 189 IO ausgenommen (soeben oben) das ***Anfechtungsmonopol*** des Insolvenz- oder Sanierungsverwalters (§§ 19 AnfO, 37, 172 Abs 1 Z 1 IO).

Hat der Gläubiger vor Eröffnung des Insolvenzverfahrens einen Anfechtungsprozess gegen den Anfechtungsgegner bereits eröffnet, so hat der Insolvenzverwalter zu entscheiden, ob er in den Prozess eintritt.

Er hat dazu vorab die Äußerung des Gläubigerausschusses einzuholen (§ 114 Abs 1 IO) und – wenn der Streitgegenstand 100.000 € übersteigt – auch das Insolvenzgericht zu verständigen (§ 116 Abs 1 Z 3 und Abs 2 IO).

Eine auf dem Weg der AnfO vom Gläubiger vor Eröffnung des Insolvenzverfahrens erlangte Befriedigung oder Sicherstellung, kann nach den Bestimmungen der IO angefochten werden (insbes. §§ 30, 31 IO iVm 19 Abs 2 AnfO).

2. Zuständigkeit für die Anfechtungsklage

Anders als im Insolvenzanfechtungsrecht (§ 43 Abs 5 IO) fehlt in der AnfO eine ausdrückliche Zuständigkeitsnorm für die Anfechtungsklage. Ebenso wenig enthält das Gesetz eine Anfechtungsklagefrist vergleichbar § 43 Abs 2 IO.

Die Anfechtungsklage setzt auf Klägerseite eine vollstreckbare Forderung gegen den Schuldner voraus, weiters eine zumindest teilweise Fruchtlosigkeit des Exekutionsverfahrens oder ihre Absehbarkeit (Anfechtungsvoraussetzungen des § 8 Abs 1 AnfO).

Sofern die Anfechtungsklage vor dem Beginn des Exekutionsverfahrens eingebracht wird, gelten für die ***Zuständigkeit*** die Bestimmungen der JN.

Wird die Klage – wie im Regelfall – während eines laufenden Exekutionsverfahrens eingebracht, so besteht über § 17 Abs 2 EO Zuständigkeit des ***Exekutionsgerichts.***

Wird die Anfechtung mittels Klage geltend gemacht, so kann der Kläger beim Prozessgericht den Antrag auf ***bücherliche Anmerkung*** bei den bücherlichen Einlagen ansuchen, bei denen die Erledigung des Anfechtungsanspruchs Eintragungen erfordert (§ 20 Abs 1 AnfO).

So ist die Anfechtung der Eigentumsübertragung an einer Immobilie im Erfolgsfall im Grundbuch einzutragen, die Klageerhebung auf Antrag anzumerken.

Personen gegenüber, die nach der Anmerkung bücherliche Rechte erworben haben, entfaltet das Urteil aus dem Anfechtungsprozess ***Rechtskraftwirkung*** (gesetzliche Rechtskrafterstreckung, § 20 Abs 2 AnfO).

3. Frist zur Geltendmachung

Hinsichtlich der ***Frist zur Geltendmachung*** der Anfechtung reicht ein Blick auf die Sondertatbestände: Die anfechtungsrechtlich relevante Frist, von der AnfO als ***Anfechtungsfrist*** bezeichnet, binnen der eine Rechtshandlung gesetzt worden sein muss, um anfechtbar zu sein wird – anders als in der IO – nicht von einem statischen Zeitpunkt (dort: Insolvenzverfahrenseröffnung), sondern von einem dynamischen zurück gerechnet, nämlich von der Geltendmachung der Anfechtung selbst.

Das bedeutet: Je länger der Gläubiger zuwartet, desto eher fällt die anfechtbare Rechtshandlung aufgrund großen zeitlichen Abstands aus den Fristen der §§ 2 und 3 AnfO heraus. Das zwingt ihn, zu handeln.

Ist etwa das Verpflichtungsgeschäft nicht mehr anfechtbar, so kann das noch in der Anfechtungsfrist liegende Verfügungsgeschäft angefochten werden (RS0050710).

Die AnfO kennt nur ***Anfechtungsfristen*** und nicht den Dualismus zwischen kritischer Frist und Frist zur Geltendmachung so wie die IO (vgl. oben; OGH 26.4.1990, 6 Ob 567/90 ÖBA 1990, 948 = RdW 1991, 81).

4. Ablaufhemmmung der Anfechtungsfrist

Hat der Gläubiger eine

- vor Ablauf der Anfechtungsfrist fällig gewordene,
- aber noch nicht vollstreckbare Forderung,

so erreicht er die ***Hemmung des Ablaufs der Anfechtungsfrist, wenn er,*** sobald er von der anfechtbaren Rechtshandlung erfahren hat:

► ein ***anhängiges Klageverfahren*** gegen den Schuldner ***gehörig fortsetzt*** oder

► den Schuldner ***unverzüglich klagt und das Verfahren gehörig fortsetzt und***

► ***in jedem dieser beiden Fälle*** dem Anfechtungsgegner (bzw. dessen Erben gemäß § 11 Abs 1 AnfO oder Einzelrechtsnachfolger in den Fällen des § 11 Abs 2 AnfO; § 11 Abs 3 AnfO) seine Anfechtungsabsicht mit gerichtlich oder notariell zugestelltem Schriftsatz mitgeteilt hat: ***Anfechtungsankündigung.***

Die Mitteilung der Anfechtungsabsicht muss dem Anfechtungsgegner noch vor Ablauf der Anfechtungsfrist zugestellt worden sein, um die hemmende Wirkung entfalten zu können; eine Mitteilung vor Ablauf der Anfechtungsfrist erfolgt durch das bloße Einlangen des Schriftsatzes bei Gericht nicht (RS0114352).

Die Hemmung der Anfechtungsfrist dauert bis zum sechsten Monats nach Eintritt der Vollstreckbarkeit der Gläubigerforderung (§ 9 AnfO).

C. Begehren

Über den Inhalt des Anfechtungsbegehrens herrscht Uneinigkeit.

Das dogmatisch korrekte Anfechtungsbegehren (vgl. *König,* Anfechtung[5], Rz 17/25 ff; ebenso *Neumayr/Nunner-Krautgasser,* ExR[3], 322 ff) lautet auf

- Unwirksamerklärung der Rechtshandlung des Schuldners gegenüber dem Gläubiger ***(Rechtsgestaltungsbegehren)*** und auf
- Rückleistung dessen bzw. Duldung der Zwangsvollstreckung in das, was dem Vermögen des Schuldners entgangen ist, subsidiär auf Wertersatz ***(Leistungsbegehren im weiteren Sinn).***

Nach der hR ist eine nur auf ***Leistung*** lautende Anfechtungsklage einzubringen, die Unwirksamerklärung bzw. Unwirksamkeit eine bloße Vorfrage.

Mitunter zieht die Judikatur nicht einmal eine Trennlinie zwischen Rechtsgestaltung und Feststellung und erklärt zu Unrecht das Rechtsgestaltungsbegehren für unzulässig, weil ein Feststellungs- neben dem Leistungsbegehren nicht durch § 12 AnfO gedeckt sei (RS0050318, RS0050321)!

Letztlich hat der Gläubiger zum Rechtsgestaltungsbegehren zurückzukehren, wenn er eine Unterlassung anfechten möchte oder ein bloßes Titelgeschäft, dem der Modus noch nicht folgte, das aber das Vermögen des Verpflichteten zu Lasten des Gläubigers belastet. Welches Begehren hat dann die Anfechtungsklage als das der Rechtsgestaltung?

Sofern der Gläubiger nicht der Verurteilung des Anfechtungsgegners bedarf, muss er ihn zunächst *außergerichtlich* auffordern, die Verbindlichkeit zu erfüllen. Sonst wird er kostenersatzpflichtig, wenn der Gegner den Anfechtungsanspruch sofort bei erster Gelegenheit anerkennt (§ 45 ZPO).

Hat der Anfechtungsgegner noch keine Leistung aus dem anfechtbaren Geschäft erhalten, so macht der Gläubiger die Anfechtung mittels ***Einrede*** gegen den auf Leistung klagenden Anfechtungsgegner geltend. Klagt dieser nicht, so scheitert die hR:

Es in diesem Fall dabei bewenden zu lassen, eine außergerichtliche Anfechtungserklärung abzugeben, führt zu der unbefriedigenden Situation, dass über die Beseitigung oder Nichtbeseitigung von Vermögensbelastungen des Schuldners, die dieser dem Anfechtungsgegner eingeräumt hat ***gar nicht gerichtlich abgesprochen würde.***

► Der nächste Zankapfel liegt in der Frage, ob das Leistungsbegehren eine positive Leistung (Zahlung an den Gläubiger) oder eine bloße Duldung (der Zwangsvollstreckung im begehrten Anfechtungsumfang) beinhaltet. Diese Frage beantwortet § 12 aE AnfO: Beides ist denkbar. Das Fehlen einer privatrechtlichen Leistungspflicht führt wohl letztlich zur primären Duldung. Wenn die AnfO aber einen sicherlich rein haftungsrechtlichen Leistungsanspruch bejaht, ist die Absicherung durch einen privatrechtlichen Titel des Gläubigers gegen den Anfechtungsgegner entbehrlich.

Im Klagebegehren ist bestimmt anzugeben, ***in welchem Umfang*** und in welcher Weise der Beklagte zum Zweck der Gläubigerbefriedigung etwas ***leisten oder dulden*** soll (§ 12 AnfO):

Erfasst ist der urteilsmäßige Auftrag zur Duldung der Zwangsvollstreckung in das von der Anfechtung erfasste Objekt, allenfalls zur Zahlung bei Exekution in dieses Objekt (OGH 6 Ob 2145/96x). Vgl. dazu *König,* Anfechtung[5] Rz 17/37 ff, differenzierend *Nunner-Krautgasser,* Schuld, 187 sowie in ÖJZ 2007, 718.

D. Inhalt des Anfechtungsanspruchs

1. Umfang

Der Gläubiger kann Vermögen des Schuldners, soweit es durch die anfechtbare Handlung veräußert, aufgegeben oder ihm sonst entgangen ist, nur insoweit für sich beanspruchen, als es zu seiner Befriedigung erforderlich ist (§ 13 Abs 1 Hs 1 AnfO).

Den Anfechtungsgegner trifft subsidiär die Pflicht zur Leistung des Interesses, wenn die Rückgabe des Erlangten nicht tunlich ist (§ 13 Abs 1 Hs 2 AnfO).

Daran kann auch die Anfechtung derselben Rechtshandlung durch mehrere Gläubiger nichts ändern: Der Haftungsumfang des Anfechtungsgegners bleibt gleich groß (§ 18 AnfO).

2. *Unredlicher Besitz*

Der ***Anfechtungsgegner*** sowie sein Erbe sind als ***unredliche Besitzer*** anzusehen. Letzter allerdings nur dann, wenn er in Kenntnis oder fahrlässiger Unkenntnis über das Anfechtungsrecht gegen den Erblasser die Erbschaft angenommen hat (§ 13 Abs 2 AnfO).

Einzelrechtsnachfolger oder Rechtsnehmer des Anfechtungsgegners iSd § 11 Abs 2 AnfO trifft im Allgemeinen das Gleiche Schicksal: Bei den Personen nach § 11 Abs 2 Z 1 und 3 AnfO ist Kenntnis oder fahrlässige Unkenntnis vom Anfechtungsrecht ohnehin Tatbestandserfordernis.

Bei Erwerbern aus unentgeltlichen Verfügungen iSd § 11 Abs 2 Z 2 AnfO ist zu unterscheiden.

- bei Kenntnis oder fahrlässiger Unkenntnis vom Anfechtungsrecht sind sie ebenfalls als unredliche Besitzer zu betrachten.
- bei Gutgläubigkeit trifft sie eine Erstattungspflicht nur, soweit sie bereichert sind, es sei denn, das Geschäft wäre auch als entgeltliches anfechtbar (§ 11 Abs 3 AnfO).

3. *Unanfechtbarer Rechtserwerb Dritter*

Haben Dritte an zurückzustellenden Gegenständen unanfechtbare Rechte erworben, so hält sich der Gläubiger an deren Vormann im Schadenersatzweg, sofern sein eigener Erwerb anfechtbar war (§ 14 AnfO). Auch hier ist der Gutglaubensschutz unentgeltlich Erwerbender und die damit verbundenen Anfechtungsbeschränkungen zu beachten (§ 13 Abs 3 iVm § 14 S 2 AnfO; s. oben).

Diese Bestimmungen sind auch bei Anfechtung derselben Rechtshandlung durch mehrere Gläubiger zu beachten (§ 18 AnfO).

E. Ansprüche des Anfechtungsgegners und Anfechtungsabwehr

Hat der Anfechtungsgegner aufgrund des anfechtbaren Rechtsgeschäfts eine Gegenleistung erbracht oder lebt aufgrund der Anfechtung eine Forderung wieder auf, so kann der Anfechtungsgegner

- sich wegen der von ihm erstatteten Gegenleistung nur an den Schuldner halten (§ 15 AnfO)
- gegen den Anfechtungsanspruch nicht mit einer Forderung, die ihm gegen den Schuldner zusteht, aufrechnen (§ 16 AnfO).

Eine erfolgreiche ***Anfechtungsabwehr*** erzielt der Anfechtungsgegner durch Bezahlung der Forderung, die dem Gläubiger gegen den Schuldner zusteht. Es handelt sich hier um eine ***Einlösung*** iSd § 1358 ABGB (vgl. dazu RS0032211).

Drittes Buch

Internationales Exekutionsrecht

Internationales Exekutionsrecht

I. Begriff

Das internationale Exekutionsrecht ist als Teil des internationalen Zivil*verfahrens*rechts anzusehen. Zu diesem zählen neben dem (internationalen) Exekutionsrecht sämtliche klassischen Elemente des Zivilgerichtlichen Verfahrens, nämlich das streitige Erkenntnisverfahren, das Außerstreitverfahren sowie das Insolvenzverfahren.

Spricht man vom internationalen *Zivilprozessrecht,* so umfasst dies nach heute hM nur das (internationale) streitige Erkenntnisverfahren. Ganz allgemein lässt sich das Internationale Zivilprozessrecht dadurch definieren, dass es all jene Normen umfasst, die zivilprozessuale Tatbestände mit internationalem Bezug betreffen (*Mayr*, EuZPR, Rz I/1).

Ist vom europäischen Zivilverfahrensrecht bzw. europäischen Zivilprozessrecht die Rede, so meint man prinzipiell das gleiche, beschränkt allerdings auf den Raum der Europäischen Union.

Angesichts der immer dichter werdenden wirtschaftlichen und rechtlichen Verflechtung unserer Gesellschaft kommt dem internationalen Exekutionsrecht – neben dem internationalen Insolvenzrecht (dazu *Markowetz,* in Buchegger, Insolvenzrecht², 301 ff) – immer größere Bedeutung zu (*Burgstaller/Ritzberger* in Burgstaller, EuZPR 2). Es beschäftigt sich allgemein mit der Frage, ob und unter welchen Voraussetzungen ausländische Exekutionstitel im Inland vollstreckt werden.

Gerichtliche Entscheidungen entfalten als Hoheitsakte aufgrund des völkerrechtlichen Territorialitätsprinzips grundsätzlich nur rechtliche Wirkungen in dem Staat, in dem sie ergangen sind (*Neumayr/Nunner-Krautgasser*, ExR³ 109).

Eine grundlegende Differenzierung ist in dieser Hinsicht – so wie auch im internationalen Insolvenzrecht – zwischen dem europäischen Bereich und Drittstaaten zu treffen:

Auf EU-Ebene existieren schon seit vielen Jahren diverse Rechtsakte, die das internationale Exekutionsrecht in Europa regeln. Gerade in den letzten Jahren ist der europäische Gesetzgeber im Bereich des europäischen (internationalen) Exekutionsrechts durch den Erlass diverser Verordnungen häufig tätig gewesen.

Das europäische Zivilprozessrecht insgesamt, hat sich in den letzten Jahren innerhalb vergleichsweise kurzer Zeit zu einem überaus bedeutsamen Rechtsgebiet entwickelt, das auch in der Praxis der österreichischen Gerichte immer mehr an Bedeutung gewinnt (*Kodek/Mayr*, ZPR³ Rz 186).

Was Drittstaaten betrifft, so sind die einschlägigen Bestimmungen der österreichischen EO (§§ 403 ff) heranzuziehen, falls nicht nach Völkerrecht oder in Rechtsakten der Europäischen Union anderes bestimmt ist (§ 416 Abs 1 EO).

II. Rechtsquellen

Als Rechtsquellen sind zu nennen:

• die Verordnung (EU) Nr 1215/2012 des Europäischen Parlaments und des Rates vom 12. Dezember 2012 über die gerichtliche Zuständigkeit und die Anerkennung und Vollstreckung von Entscheidungen in Zivil- und Handelssachen (Neufassung), ABl vom 20.12.2012, L 351/1 (EuGVVO neu oder Brüssel Ia-Verordnung),

• Luganer Übereinkommen vom 16. September 1988 über die gerichtliche Zuständigkeit und die Anerkennung und die Vollstreckung gerichtlicher Entscheidungen in Zivil- und Handelssachen (LGVÜ); in Österreich in Kraft seit 01.09.1996,

• Luganer Übereinkommen vom 30. Oktober 2007 über die gerichtliche Zuständigkeit und die Anerkennung und die Vollstreckung von Entscheidungen in Zivil- und Handelssachen (LGVÜ 2007); in Österreich in Kraft seit 01.01.2010,

• die Verordnung (EG) Nr 2003/2201 des Rates vom 27. November 2003 über die Zuständigkeit und die Anerkennung und Vollstreckung von Entscheidungen in Ehesachen und Verfahren betreffend die elterliche Verantwortung und zur Aufhebung der Verordnung (EG) 2000/1347, ABl vom 23.12.2003, L 338/1 (EuGVVO II oder Brüssel IIa-Verordnung),

• die Verordnung (EG) Nr 2009/4 des Rates vom 18. Dezember 2008 über die Zuständigkeit, das anwendbare Recht, die Anerkennung und Vollstreckung von Entscheidungen und die Zusammenarbeit in Unterhaltssachen, ABl vom 10.01.2009, L 7 (EuUntVO),

• die Verordnung (EG) Nr 2004/805 des Europäischen Parlaments und des Rates vom 21. April 2004 zur Einführung eines europäischen Vollstreckungstitels für unbestrittene Forderungen, ABl vom 30.04.2004, L 143/15 (EuVTVO),

• die Verordnung (EG) Nr 2006/1896 des Europäischen Parlaments und des Rates vom 12. Dezember 2006 zur Einführung eines Europäischen Mahnverfahrens, ABl vom 30.12.2006, L 399/1 (EuMVO),

• die Verordnung (EG) Nr 2007/861 des Europäischen Parlaments und des Rates vom 11. Juli 2007 zur Einführung eines Europäischen Verfahrens für geringfügige Forderungen, ABl vom 31.07.2007, L 199 (EuBagVO),

• die Verordnung (EU) 650/2012 des Europäischen Parlaments und des Rates vom 4. Juli 2012 über die Zuständigkeit, das anzuwendende Recht, die Anerkennung und die Vollstreckung von Entscheidungen und öffentlichen Urkunden in Erbsachen sowie zur Einführung eines Europäischen Nachlasszeugnisses, ABl vom 27.07.2012, L 201, 107 (EuErbrechtsVO),

• die Verordnung (EU) 606/213 des Europäischen Parlaments und des Rates vom 12. Juni 2013 über die gegenseitige Anerkennung von Schutzmaßnahmen in Zivilsachen, ABl vom 29.06.2013, L 181, 4 (EuSchutzM-VO),

• die Verordnung (EU) Nr. 655/2014 des Europäischen Parlaments und des Rates vom 15. Mai 2014 zur Einführung eines Verfahrens für einen Europäischen Beschluss zur vorläufigen Kontenpfändung im Hinblick auf die Erleichterung der grenzüberschreitenden Eintreibung von Forderungen in Zivil- und Handelssachen, ABl vom 27.06.2014, L 189/59 (EuKoPf-VO),

• die Verordnung (EU) Nr 2016/1103 vom 24.06.2016 zur Durchführung einer verstärkten Zusammenarbeit im Bereich der Zuständigkeit, des anzuwendenden Rechts und der Anerkennung und der Vollstreckung von Entscheidungen in Fragen des ehelichen Güterstands, ABl vom 24.06. 2016, L 183/1 (EuGüVO),

• die Verordnung (EU) Nr 2016/104 vom 24.06.2016 zur Durchführung einer verstärkten Zusammenarbeit im Bereich der Zuständigkeit, des anzuwendenden Rechts und der Anerkennung und der Vollstreckung von Entscheidungen in Fragen güterrechtlicher Wirkungen eingetragener Partnerschaften (ABl vom 24.05.2016, L 183/30) (EuPartVO) sowie

• die §§ 403 ff EO (betreffend Drittstaaten).

A. Europa

Im europäischen Bereich gab es bereits früh Initiativen das Recht der gegenseitigen Anerkennung und Vollstreckung von Entscheidungen zu vereinheitlichen. So wurde – auf Grundlage eines Sachverständigenausschusses – ein Übereinkommen über die gerichtliche Zuständigkeit und die Vollstreckung gerichtlicher Entscheidungen in Zivil- und Handelssachen („*Brüsseler Übereinkommen*“ oder „*EuGVÜ*“) zwischen den sechs ursprünglichen Mitgliedstaaten der Europäischen Gemeinschaft (Belgien, Bundesrepublik Deutschland, Frankreich, Italien, Luxemburg und Niederlande) am 27.09.1968 unterzeichnet, das am 01.02.1973 zwischen diesen Ländern auch in Kraft getreten ist.

Auf eine Initiative Schwedens anlässlich der Beitrittsverhandlungen Dänemarks, Großbritanniens und Irlands zum EuGVÜ wurde eine Expertengruppe eingesetzt, die zwischen Oktober 1985 und März 1988 den Entwurf eines Parallelübereinkommens zum Brüsseler Übereinkommen ausarbeitete (*Mayr* in Fasching/Konecny, V/1² Einleitung Rz 10). Dieser Entwurf endete schließlich im Luganer Übereinkommen vom 16. September 1988 über die gerichtliche Zuständigkeit und die Vollstreckung gerichtlicher Entscheidungen in Zivil- und Handelssachen (*Luganer Übereinkommen* oder *LGVÜ*). Ziel des LGVÜ war es, eine dem EuGVÜ vergleichbare Rechtslage zwischen EU- und EFTA-Staaten sowie zwischen den einzelnen EFTA-Staaten zu schaffen.

Das Luganer Übereinkommen folgt im Aufbau und Inhalt weitgehend dem EuGVÜ und wird daher auch als Parallelübereinkommen zu diesem bezeichnet. Es ist am 01.01.1992 zwischen Frankreich, den Niederlanden und der Schweiz in Kraft getreten, bevor es in der Folge von allen EFTA- und EU-Staaten (ausgenommen Liechtenstein) ratifiziert worden ist.

Einen enormen Schub an Weiterentwicklung in diesem Rechtsbereich gab es durch den ***Vertrag von Amsterdam***. Durch diesen Vertrag, der am 01. Mai 1999 in Kraft getreten ist, wurde ein großer Teil der justiziellen Zusammenarbeit in Zivilsachen in den Zuständigkeitsbereich der EG übertragen (*Mayr*, EuZPR Rz I/9). Es wurde der Titel IV in den EG-Vertrag eingefügt, der den Aufbau eines Raumes der Freiheit, der Sicherheit und des Rechts zum Ziel hat.

Durch Inkrafttreten des Vertrags von Amsterdam wurde der Rat durch Art 61 lit c EGV ermächtigt, zum schrittweisen Aufbau eines Raumes der Freiheit, der Sicherheit und des Rechts, ***Maßnahmen im Bereich der justiziellen Zusammenarbeit in Zivilsachen zu erlassen***. In Art 65 EGV wurden Maßnahmen im Bereich der justiziellen Zusammenarbeit in Zivilsachen mit „grenzüberschreitenden Bezügen" aufgelistet. Diese Maßnahmen konnten – soweit sie für das reibungslose Funktionieren des Binnenmarktes erforderlich sind – erlassen werden.

Zu einer grundlegenden Änderung von Aufbau und Struktur der EU kam es durch den *Vertrag von Lissabon*, der am 01. Dezember 2009 in Kraft getreten ist. Durch die zahlreichen inhaltlichen Änderungen kam es zu einer Umnummerierung der Artikel des EGV (nunmehr AEUV) und des EU-Vertrages (*Leidenmühler*, Europarecht – Die Rechtsordnung der Europäischen Union, 19).

Der Titel V des Vertrages über die Arbeitsweise der Europäischen Union (AEUV – dieser baut im Wesentlichen auf dem EGV auf) trägt die Überschrift „Der Raum der Freiheit, der Sicherheit und des Rechts". Das dritte Kapitel von Teil V dieses Vertrages beschäftigt sich mit der justiziellen Zusammenarbeit in Zivilsachen und umfasst (lediglich) die Vorschrift des Art 81 (ex-Artikel 65 EGV). Nach dieser Bestimmung entwickelt die

EU eine justizielle Zusammenarbeit in Zivilsachen mit grenzüberschreitendem Bezug, die auf dem Grundsatz der ***gegenseitigen Anerkennung gerichtlicher und außergerichtlicher Entscheidungen*** beruht.

Diese Zusammenarbeit kann den Erlass von Maßnahmen zur Angleichung der Rechtsvorschriften der Mitgliedstaaten umfassen (Art 81 Abs 1 AEUV). Für die Erreichung der Zwecke des Art 81 Abs 1 AEUV können das Europäische Parlament und der Rat, insbesondere wenn dies für das reibungslose Funktionieren des Binnenmarkts erforderlich ist, Maßnahmen erlassen (Art 81 Abs 2 AEUV).

In Art 81 Abs 2 lit a – h AEUV werden jene Zielvorgaben aufgezählt, deren Erreichung durch den Erlass oben angeführter Maßnahmen sichergestellt werden soll. Aufgelistet sind unter anderem (für eine vollständige Aufzählung siehe *Mayr*, EuZPR Rz I/13):

- die gegenseitige Anerkennung und die Vollstreckung gerichtlicher und außergerichtlicher Entscheidungen zwischen den Mitgliedstaaten (lit a),
- die Zusammenarbeit bei der Erhebung von Beweismitteln (lit d) sowie
- die Beseitigung von Hindernissen für die reibungslose Abwicklung von Zivilverfahren, erforderlichenfalls durch Förderung der Vereinbarkeit der in den Mitgliedstaaten geltenden zivilrechtlichen Verfahrensvorschriften (lit f)

Der Erlass der in Art 81 Abs 2 AEUV aufgezählten Maßnahmen hat im ordentlichen Gesetzgebungsverfahren, also Mehrheitsentscheidung im Rat, Mitentscheidung des Europäischen Parlaments zu erfolgen. Im Gegensatz dazu werden Maßnahmen zum Familienrecht mit grenzüberschreitendem Bezug nach Art 81 Abs 3 AEUV vom Rat gemäß einem besonderen Gesetzgebungsverfahren erlassen: Nach Anhörung des Europäischen Parlaments hat der Rat einen einstimmigen Beschluss zu fällen (*Mayr*, EuZPR Rz I/13).

B. Drittstaaten

Die Vollstreckung außereuropäischer Exekutionstitel richtet sich vorbehaltlich etwaiger bi- oder multilateraler Abkommen nach den §§ 403 ff EO. Diese Bestimmungen, die vor der EO-Novelle 2016 (BGBl I 2016/100) in den §§ 79 ff EO enthalten waren, wurden durch die EO-Novelle 1995 (BGBl 519/ 1995) neu gefasst und an das EuGVÜ bzw. das Luganer Übereinkommen angepasst (RV 195 BlgNR 19. GP 23).

Beachte: Die EuKoPfVO (dazu noch genauer unten XII.) gilt seit 18. Jänner 2017. Zur Durchführung dieses europäischen Gerichtsverfahrens waren Begleitregelungen in der EO erforderlich; diese sind durch die bereits angesprochene EO-Novelle 2016 in die EO eingefügt worden (vgl. zu den Begleitregelungen zur EuKoPfVO noch genauer unten XIV. G.). Darüber hinaus hat sich der Gesetzgeber – aus Gründen der Übersichtlichkeit – dazu entschlossen, mittels der Novelle 2016 den Abschnitt über das internationale Exekutionsrecht neu zu gliedern (EBRV 1294 BlgNR 25. GP 10).

Bis zur Geltung der EO-Novelle 1995 war die Frage der Vollstreckbarkeit ausländischer Exekutionstitel als Vorfrage der Exekutionsbewilligung zu prüfen; dies war auch der Grund dafür, dass über das Ergebnis dieser Prüfung nicht mittels bindender Entscheidung abgesprochen wurde. Bei jeder Exekutionsbewilligung war die Frage der Vollstreckbarkeit ausländischer Exekutionstitel als Vorfrage daher neuerlich zu prüfen.

Mit anderen Worten, war der EO vor Inkrafttreten der EO-Novelle 1995 ein eigenständiges Verfahren zur Vollstreckbarerklärung (Exequaturverfahren) fremd (*Burgstaller/Höllwerth* in Burgstaller/Deixler-Hübner Vor § 79 EO Rz 5).

Die EO-Novelle 1995 hat diese Rechtslage geändert. Nunmehr ist über die Vollstreckbarkeit ausländischer Exekutionstitel im Inland in einem von der Exekutionsbewilligung losgelösten Verfahren zu entscheiden (*Garber* in Angst/Oberhammer[3] § 79 EO Rz 1).

Das Vollstreckbarerklärungsverfahren der §§ 406 ff EO gilt für alle ausländischen Exekutionstitel und schafft ein einheitliches Verfahren mit Bindungswirkung für alle inländischen Gerichte (*Rechberger/Oberhammer*, ExR[5] Rz 119). Nachdem eine ausländische Entscheidung nach dem Exequaturverfahren der §§ 406 ff EO für vollstreckbar erklärt worden ist, können bei jedem Exekutionsgericht Vollstreckungsmaßnahmen beantragt werden.

Die oben beschriebene Rechtslage, wonach über die Frage der Vollstreckbarkeit ausländischer Exekutionstitel als Vorfrage der Exekutionsbewilligung zu entscheiden war, ist damit obsolet geworden. Folglich können auch durch verschiedene Exekutionsgerichte keine divergierenden Entscheidungen (mehr) erlassen werden (RV 195 BlgNR 19. GP 23).

Mit der Vollstreckbarerklärung eines ausländischen Exekutionstitels im Inland wird diesem – unabhängig von einem einzelnen Exekutionsverfahren – die Vollstreckbarkeit zuerkannt (*Burgstaller/Höllwerth* in Burgstaller/Deixler-Hübner Vor § 79 EO Rz 5). Dies bedeutet gegenüber der früheren Rechtslage eine wesentliche Erleichterung. Die Frage, ob die Exekution aufgrund eines ausländischen Titels zulässig und möglich ist, ist nur mehr einmal (in dem Vollstreckbarerklärungsverfahren nach den §§ 406 ff EO) und nicht mehr anlässlich eines jeden Exekutionsantrags zu prüfen (*Mohr*, ÖJZ 1995, 895).

Grundsätzliche Voraussetzung für eine Vollstreckbarerklärung ausländischer Exekutionstitel ist, dass

- die ausländische ***Entscheidung vollstreckbar*** ist und
- die ***Gegenseitigkeit*** durch ***Staatsverträge*** oder durch ***Verordnungen*** verbürgt ist (§ 406 EO).

Das Vollstreckbarerklärungsverfahren der §§ 406 ff EO ist jedoch nicht anzuwenden, soweit nach Völkerrecht oder in Rechtsakten der Europäischen Union anderes bestimmt ist (§ 416 Abs 1 EO).

In § 416 EO wird somit der Vorrang von Staatsverträgen und Rechtsakten der Europäischen Union vor den Bestimmungen der §§ 406 ff EO angeordnet. Staatsverträge und Rechtsakte der Europäischen Union haben als

leges speciales daher Anwendungsvorrang vor den §§ 406 ff EO (*Burgstaller/Höllwerth* in Burgstaller/Deixler-Hübner EO § 79 Rz 29). Ebenso vorrangig sind Akte supranationaler Organisationen (§ 417 EO); zu den §§ 406 ff vgl. noch ausführlich unten XIV.

III. Verordnung über die gerichtliche Zuständigkeit und Anerkennung (EuGVVO neu oder Brüssel Ia-Verordnung)

Lit. (EuGVVO alt): *Adolphsen*, Europäisches Zivilverfahrensrecht[2] (2014); *Burgstaller*, Europäisches Zivilprozessrecht (2001); *Burgstaller/Neumayr/Geroldinger/Schmaranzer* (Hrsg), Internationales Zivilverfahrensrecht, Band I Art 1 ff EuGVVO; *Czernich/Kodek/Mayr*, Europäisches Gerichtsstands- und Vollstreckungsrecht (2014); *Czernich/Tiefenthaler/Kodek*, Europäisches Gerichtsstands- und Vollstreckungsrecht[3] (2009); *Deixler-Hübner/Klicka*, Zivilverfahren – Erkenntnisverfahren und Grundzüge des Exekutions- und Insolvenzrechts[9] (2015) Rz 394 f; *Finger*, EuGVVO – Eine erste Übersicht über die neue Regelung, MDR 2001, 1394; *Fasching/Konecny* (Hrsg), Kommentar zu den Zivilprozessgesetzen[2], Band V/1 (2008) Art 1 ff EuGVVO; *Garber*, Zur internationalen Zuständigkeit nach Art 5 Nr 3 EuGVVO bei Streitigkeiten wegen Persönlichkeits-, Immaterialgüter- und Lauterkeitsrechtsverletzungen, ÖBl 2014/24, 100; *Geimer*, Gegenseitige Urteilsanerkennung im System der Brüssel I-Verordnung, in FS Beys (2003), 391; *Geimer*, Internationales Zivilprozessrecht[6] (2009); *Geimer*, Salut für die Verordnung (EG) 44/2001 (Brüssel I-VO), IPRax 2002, 69; *Geimer*, The Brussels Convention – Successful Model and Oldtimer, European Journal of Law Reform, 2002, 19; *Geimer/Schütze*, Europäisches Zivilverfahrensrecht[3] (2010) Art 1 ff EuGVVO; *Handig*, Wesentliche Änderungen durch das In-Kraft-Treten der Brüssel I-VO im Vergleich zum EuGVÜ, ecolex 2002, 141; *Hess*, Europäisches Zivilprozessrecht (2010); *Hess*, Die Integrationsfunktion des Europäischen Zivilverfahrensrechts, IPRax 2001, 389; *Jenard*, Bericht über das Brüsseler Übereinkommen, Abl C 1979/59, 1 = 34 BlgNR 20. GP 51 ff (zitiert als *Jenard*-Bericht); *Junker*, Vom Brüsseler Übereinkommen zur Brüsseler Verordnung – Wandlungen des Internationalen Zivilprozessrechts, RIW 2002, 569; *Kohler*, Vom EuGVÜ zur EuGVVO: Grenzen und Konsequenzen der Vergemeinschaftung, in FS Geimer (2002), 461; *Kropholler*, Die Auslegung von EG-Verordnungen zum Internationalen Privat- und Verfahrensrecht – Eine Skizze, in FS 75 Jahre Max Planck Institut für Privatrecht (2001), 583; *Kropholler/von Hein*, Europäisches Zivilprozessrecht[9] (2011) Art 1 ff EuGVVO; *Mayr*, Europäisches Zivilprozessrecht (2011) 229 ff; *Mankowski/Müller/J. Schmidt*, EuInsVO 2015 – Kommentar (2016); *Mohr*, Vereinfachtes Bewilligungsverfahren und andere am 1.10.1995 in Kraft getretene Bestimmungen der EONov 1995, ÖJZ 1995, 889); *Musger*, Das Europäische Zivilverfahrensrecht und Österreich, in *König/Mayr* (Hrsg), Europäisches Zivilverfahrensrecht in Österreich (2007) 1; *Neumayr*, Grundlegendes zur Brüssel I-Verordnung, vor allem zur internationalen Zuständigkeit, ERA-Forum 2005, 172; *Nielsen*, Brussel I and Denmark, IPRax 2007, 506; *Piltz*, Vom EuGVÜ zur Brüssel I-Verordnung, NJW 2002, 789; *Rauscher/Wax/Wenzel* (Hrsg), Münchener Kommentar zur Zivilprozessordnung[4] (2013) Art 1 ff EuGVVO; *Reith*, In Kraft: Die neue europäische Insolvenzverordnung, RdW, 2015, 758; *Schoibl*, Vom Brüsseler Übereinkommen zur Brüssel-I-Verordnung – Neuerungen im europäischen Zivilprozessrecht (Teil I), JBl 2003, 149, (Teil II), 163; *Wagner*, Vom Brüsseler Übereinkommen über die Brüssel I-Verordnung zum Europäischen Vollstreckungstitel, IPRax 2002, 75.

Lit. (EuGVVO neu): *Alio*, Die Neufassung der Brüssel I-Verordnung, NJW 2014, 2395; *Domej*, EuGVVO-Reform: Die angekündigte Revolution, ecolex 2011, 124; *Domej*, Die Neufassung der EuGVVO – Quantensprünge im europäischen Zivilprozessrecht, RabelsZ 78 (2014) 508; *Frau-*

enberger-Pfeiler, EuGVVO „2.0" in Kraft, JAP 2014/2015, 175, 240; *Garber/Neumayr*, Europäisches Zivilverfahrensrecht (Brüssel I/IIa ua), Jahrbuch Europarecht 2013, 226; *Hess*, Die Reform der EuGVVO und die Zukunft des Europäischen Zivilprozessrechts, IPRax 2011, 125; *Kieninger*, Die Abschaffung des Vollstreckbarerklärungsverfahrens in der EuGVVO und die Zukunft des Verbraucherschutzes, VuR 2011, *243*; *Klöpfer*, Im Spannungsverhältnis von europäischem und nationalem Verfahrensrecht: Die isolierte Rüge der örtlichen Zuständigkeit im Anwendungsbereich der EuGVVO, GPR 2013, 112; *Leible*, Wegfall des Exequaturs und Änderung der Anerkennungsversagungsgründe, ecolex 2011, 708; *Magnus/Mankowski*, Brussels I on the Verge of Reform – A Response to the Green Paper on the Review of the Brussels I Regulation, ZVglRWiss 109 (2010) 1; *Magnus/Mankowski*, The Proposal for the Reform of Brussels I – Brussels Ibis *ante portas*, ZVglRWiss 110 (2011) 252; *Markus*, Die revidierte europäische Gerichtsstandsverordnung, AJP 2014, 800; *Mohr*, Neues im internationalen Exekutionsrecht – die Neufassung der EuGVVO (Brüssel I-VO), ÖRPfl 2013 H 1, 32; *Oberhammer*, Schwerpunkt: Reform der Brüssel I-Verordnung (EuGVVO), in Jahrbuch Zivilverfahrensrecht 2010 (2010) 65; *Oberhammer*, Freier Urteilsverkehr durch Abschaffung des Vollstreckbarerklärungsverfahrens und der Anerkennungsversagungsgründe, in Jahrbuch Zivilverfahrensrecht 2010 (2010) 69; *Rauscher*, Die Brüssel I-Verordnung und ihre Reform, in *König/Mayr*, Europäisches Zivilverfahrensrecht in Österreich III (2012) 1 ff; *Reinmüller*, Neufassung der EuGNVVO („Brüssel Ia-VO) seit 10. Januar 2015, IHR 2015, 1; *Saupe*, Reform der Brüssel I-Verordnung, AnwBl 2011, 137; *Stadler*, Kollektiver Rechtsschutz und Revision der Brüssel I-Verordnung, in *Geimer/Schütze* (Hrsg), Recht ohne Grenzen, FS für Athanassios Kaissis zum 65. Geburtstag (2012) 951; *Tretthahn/Hiersche*, How to dismantle an Italian Torpedo. Gerichtsstandsvereinbarungen nach der neuen EuGVVO, ÖJZ 2014/9, 57; *von Hein*, Die Neufassung der Europäischen Gerichtsstands- und Vollstreckungsverordnung (EuGVVO), RIW 2013, 97; *Wagner/Beckmann*, Beibehaltung oder Abschaffung des Vollstreckbarerklärungsverfahrens in der EuGVVO? RIW 2011, 44; *Weller*, Der Kommissionsentwurf zur Reform der Brüssel I-VO, GPR 2012, 34.

A. Allgemeines

Die EuGVVO kann wohl als die wichtigste und bedeutendste europäische Rechtsquelle bezeichnet werden. Neben der internationalen Zuständigkeit, beinhaltet sie als zweiten großen Regelungskomplex die gegenseitige Anerkennung und Vollstreckung von Gerichtsentscheidungen der Mitgliedstaaten (*Deixler-Hübner/Klicka*, Zivilverfahren[9] Rz 377).

Als Verordnung gemäß Art 249 EG-V (sekundäres Gemeinschaftsrecht) enthält die Brüssel I-VO unmittelbar anwendbares Recht, das in seinem Anwendungsbereich das EG *Übereinkommen vom 27.9.1968 über die gerichtliche Zuständigkeit und die Vollstreckung gerichtlicher Entscheidungen in Zivil- und Handelssachen* (kurz *Brüsseler Übereinkommen*, EuGVÜ) ersetzt.

Da die EuGVVO zum sekundären Gemeinschaftsrecht zählt, gebührt ihr jedenfalls der ***Vorrang vor innerstaatlichem Recht*** (EuGH Rs 288/82 *Duijnstee/Goderbauer*, Slg 1983, 3663; vgl. auch den bereits erwähnten § 416 EO); kennzeichnend für die EuGVVO ist weiters ihre ***unmittelbare Wirkung*** (OGH AnwBl 1997/7310 m Anmerkung *Lehner*). Einer Umsetzung in innerstaatliches Recht bedarf die VO daher nicht (*Kodek* in Fasching/Konecny, V/1[2] Vor Art 1 Rz 19). Die EuGVVO ist zwischen den Mitgliedstaaten der Europäischen Union am 1. März 2002 in Kraft getreten und im ABl L 2001/307, 28 veröffentlicht worden (*Mayr*, EuZPR Rz I/33).

Am 06. Dezember 2012 hat der Rat der EU die Neufassung der EuGVVO formell angenommen, nachdem ihr das Europäische Parlament bereits am 20. November 2012 zugestimmt hat. Der wohl wichtigste Punkt der neuen Verordnung (diese wird unter anderem als EuGVVO neu, EuGVVO 2012 oder als Brüssel Ia-VO bezeichnet), die am 10. Jänner 2015 in Kraft getreten ist, ist die ***Abschaffung des Exequaturverfahrens (Vollstreckbarerklärungsverfahren)***.

Die (wenn auch durch die EuGVVO vereinfachte) Vollstreckbarerklärung von Gerichtsentscheidungen aus anderen europäischen Mitgliedstaaten in jenem Staat, in dem die Entscheidung vollstreckt werden soll, gibt es also im Anwendungsbereich der EuGVVO neu nicht mehr (siehe zur Reform der EuGVVO allgemein *Rauscher*, Die Brüssel I-Verordnung und ihre Reform in König/Mayr, Europäisches Zivilverfahrensrecht in Österreich III 1 ff).

B. Ziel der Brüssel Ia-Verordnung

Das Ziel der EuGVVO ist mit jenem des EuGVÜ ident; beide wollen den Zivilrechtsschutz in Europa verbessern (*Geimer* in Geimer/Schütze EZVR[3] Einleitung EuGVVO Rz 17 mwN).

Die regelmäßig großen Unterschiede hinsichtlich Zuständigkeit und Anerkennung gerichtlicher Entscheidungen zwischen den innerstaatlichen Vorschriften der einzelnen Mitgliedstaaten erschweren naturgemäß das reibungslose Funktionieren des Binnenmarkts.

Ist es für einen Unternehmer unmöglich bzw. nur mit großen Schwierigkeiten verbunden, eine Entscheidung in einem anderen Mitgliedstaat durchzusetzen und vollstrecken zu lassen, wird es sich dieser zweimal überlegen, ob er mit jemandem aus einem anderen Mitgliedstaat überhaupt geschäftliche Beziehungen eingehen wird (*Burgstaller/Neumayr* in Burgstaller/Neumayr/Geroldinger/Schmaranzer, IZVR Vor Art 1 EuGVO Rz 1).

Der europäische Gesetzgeber hat es sich daher zur Aufgabe gemacht, Bestimmungen zu erlassen, die die Vorschriften über die internationale Zuständigkeit in Zivil- und Handelssachen vereinheitlichen und eine rasche und unkomplizierte Anerkennung und Vollstreckung von Entscheidungen, die in einem Mitgliedstaat ergangen sind, gewährleisten, (Erwägungsgrund 4 EuGVVO).

Es sollen also die Vorschriften über die internationale Zuständigkeit vereinheitlicht und formelle Erschwernisse bei der Anerkennung und Vollstreckung von Entscheidungen abgebaut werden.

C. Aufbau der Brüssel Ia-Verordnung

Die EuGVVO neu gliedert sich in eine ausführliche Präambel, acht Kapitel und drei Anhänge:

Die ***Präambel*** enthält die wesentlichen Gründe für den Erlass der Verordnung in Form von nicht weniger als 41 „Erwägungsgründen", denen für die Auslegung der EuGVVO – vor allem unter historischen Gesichtspunkten – besondere Bedeutung zukommt (*Staudinger* in Rauscher EuZPR/EuIPR Einleitung Brüssel Ia-VO Rz 38).

Kapitel I beinhaltet den Anwendungsbereich der EuGVVO sowie Begriffsbestimmungen.

Kapitel II enthält Vorschriften über die Zuständigkeit und gliedert sich in Allgemeine Bestimmungen (Art 4 ff EuGVVO), Besondere Zuständigkeiten (Art 7 ff EuGVVO), Zuständigkeiten für Versicherungssachen (Art 10 ff EuGVVO), Zuständigkeiten bei Verbrauchersachen (Art 17 ff EuGVVO), Zuständigkeiten für individuelle Arbeitsverträge (Art 20 ff EuGVVO) sowie Ausschließliche Zuständigkeiten (Art 24 EuGVVO).

Die nachfolgenden Artikel enthalten mit der Zuständigkeit in Zusammenhang stehende Regelungen: Art 27 f EuGVVO beinhalten Vorschriften über die Prüfung der Zuständigkeit und der Zulässigkeit des Verfahrens, Art 29 ff EuGVVO enthalten Regelungen über die Gerichtsanhängigkeit und in Zusammenhang stehende Verfahren, Art 35 EuGVVO trifft schließlich Regelungen über Einstweilige Maßnahmen einschließlich Sicherungsmaßnahmen.

Kapitel III regelt die Anerkennung (Art 36 ff EuGVVO) und Vollstreckung (Art 39 ff EuGVVO) gerichtlicher Entscheidungen. Art 45 EuGVVO beschäftigt sich mit der Versagung der Anerkennung, Art 46 ff EuGVVO mit der Versagung der Vollstreckung, Art 52 ff EuGVVO beinhalten Gemeinsame Vorschriften.

Kapitel IV betrifft Öffentliche Urkunden und Gerichtliche Vergleiche (Art 58 bis 60 EuGVVO).

Kapitel V enthält Allgemeine Vorschriften (Art 61 bis 65 EuGVVO).

Kapitel VI beinhaltet Übergangsvorschriften (Art 66 EuGVVO).

Kapitel VII regelt das Verhältnis der EuGVVO zu anderen Rechtsinstrumenten (Art 67 bis 73 EuGVVO).

Kapitel VIII schließlich beinhaltet die Schlussvorschriften (Art 74 bis 81 EuGVVO).

Anhang I enthält das Formblatt für die Bescheinigung über eine Entscheidung in Zivil- und Handelssachen (Art 53 EuGVVO).

Anhang II beinhaltet das Formblatt für die Bescheinigung über eine Öffentliche Urkunde und einen Gerichtlichen Vergleich in einer Zivil- oder Handelssache (Art 60 EuGVVO).

Anhang III enthält eine Entsprechungstabelle hinsichtlich der Artikel zwischen der EuGVVO alt und der EuGVVO neu. Mit Hilfe dieser Tabelle lässt sich schnell und übersichtlich ausmachen, welche Artikel der alten Verordnung jener der reformierten entsprechen.

Diese Anhänge sind Bestandteile der Verordnung.

D. Anwendungsbereich der Brüssel Ia-Verordnung

1. *Persönlicher Anwendungsbereich*

Wie in der EuGVVO alt, ist auch in der reformierten Fassung der EuGVVO der persönliche Anwendungsbereich nicht ausdrücklich geregelt (*Kodek* in Fasching/Konecny, V/1[2] Art 1 Rz 4; *Mayr*, EuZPR I/49).

Allgemein kann gesagt werden, dass die meisten ***Zuständigkeitsregeln*** dann anzuwenden sind, wenn der Wohnsitz/Sitz des Beklagten zum Zeitpunkt der Klageerhebung in einem Mitgliedstaat liegt (Art 4 EuGVVO; *Burgstaller/Neumayr* in Burgstaller/Neumayr/Geroldinger/Schmaranzer, IZVR Art 1 EuGVO Rz 24). Jedenfalls nicht entscheidend für die Anknüpfung des persönlichen Anwendungsbereichs ist die jeweilige Staatsangehörigkeit (Art 4 Abs 2 EuGVVO; *Garber* in Angst/Oberhammer[3] Vor § 79 Rz 17); diese ist kein geeignetes Kriterium für eine gerechte Bewertung der Zuständigkeitsinteressen (*Geimer* in Geimer/Schütze EZVR[3] Art 2 EuGVVO Rz 96).

Nach hM ist der persönliche Anwendungsbereich für die ***einzelnen Zuständigkeitstatbestände jeweils gesondert zu ermitteln*** (*Kodek* in Fasching/Konecny, V/1[2] Art 1 Rz 4). Es gibt daher in der EuGVVO keinen einheitlichen persönlichen Anwendungsbereich (*Mayr*, EuZPR I/49).

Etwas anderes gilt allerdings generell für die ***Anerkennung und Vollstreckung von Entscheidungen***: Alle in einem Mitgliedstaat ergangenen Entscheidungen sind in den anderen Mitgliedstaaten anzuerkennen und gegebenenfalls auch zu vollstrecken (Art 36 EuGVVO; *Mayr* aaO).

2. *Sachlicher Anwendungsbereich*

Die EuGVVO ist in Zivil- und Handelssachen anzuwenden, ohne dass es auf die Art der Gerichtsbarkeit ankommt; sie gilt insbesondere nicht für Steuer- und Zollsachen sowie verwaltungsrechtliche Angelegenheiten oder die Haftung des Staates für Handlungen oder Unterlassungen im Rahmen der Ausübung hoheitlicher Rechte, also für *acta iure imperii* (Art 1 Abs 1 EuGVVO).

Aus österreichischer Sicht fallen unter Zivil- und Handelssachen alle ***privatrechtlichen Streitigkeiten*** (*Kodek* in Fasching/Konecny, V/1[2] Art 1 Rz 29).

Dazu zählen auch Verfahren vor den Arbeitsgerichten und Entscheidungen von Strafgerichten über zivilrechtliche Ansprüche (Adhäsionsverfahren). Auch Außerstreitverfahren fallen in den Anwendungsbereich der EuGVVO, falls es sich um privatrechtliche Streitigkeiten handelt.

Vom Anwendungsbereich der EuGVVO ausdrücklich ausgenommen sind:

- der Personenstand, die Rechts- und Handlungsfähigkeit sowie die gesetzliche Vertretung von natürlichen Personen, die ehelichen Güterstände oder Güterstände aufgrund von Verhältnissen, die nach dem auf diese Verhältnisse anzuwendenden Recht mit der Ehe vergleichbare Wirkungen entfalten (Art 1 Abs 2 lit a EuGVVO),

- Insolvenzrechtliche Verfahren, also insbesondere Konkurs- und Sanierungsverfahren (Art 1 Abs 2 lit b EuGVVO). Zu beachten ist, dass insolvenznahe Prozesse, also Prozesse die unmittelbar aus einem Insolvenzverfahren hervorgehen und sich eng innerhalb des Rahmens eines Konkurs- oder Vergleichsverfahrens halten, ebenfalls unter den Ausnahmetatbestand des Art 1 Abs 2 lit b EuGVVO fallen. Derartige insolvenznahe Prozesse (so genannte Annexverfahren) unterliegen somit ebenfalls nicht der EuGVVO (EuGH vom 22.2.1979, *Gourdain/Nadler* [Slg 1979, 733]; dazu *Markowetz* in Buchegger, Insolvenzrecht², 308 f; vgl. weiter EuGH vom 12.02.2009, *Seagon/Deko Marty* [Slg 2009, I-767]). Die EuInsVO 2015 kodifiziert die Rsp des EuGH und sieht für derartige Annexverfahren nunmehr eine eigene Zuständigkeitsbestimmung vor (vgl. Art 6 EuInsVO 2015). Insolvenznahe Prozesse (als Beispiel für derartige Prozesse wird in Art 6 EuInsVO 2015 etwa die Anfechtungsklage genannt) unterliegen somit der EuInsVO 2015 und nicht der EuGVVO (vgl. *Reith*, RdW, 2015, 759 sowie *Mankowski* in Mankowski/Müller/J. Schmidt, EuInsVO 2015 – Kommentar Art 6 Rz 1 ff).

- Sozialversicherungsrechtliche Angelegenheiten (Art 1 Abs 2 lit c EuGVVO). Darunter fallen beispielsweise Krankheit, Mutterschaft, Alter, Erwerbsminderung, Tod, Arbeitsunfall, Berufskrankheiten und Arbeitslosigkeit (*Kodek* in Fasching/Konecny, V/1² Art 1 Rz 158),

- Schiedsgerichtsbarkeit (Art 1 Abs 2 lit d EuGVVO). Ausgenommen ist das Schiedsverfahren selbst, allerdings auch Verfahren vor staatlichen Gerichten, die „einem Schiedsverfahren dienen", wie etwa Verfahren zur Bestellung und Abberufung von Schiedsrichtern (EuGH vom 25. 7 1991, Rich/Impianti) oder Verfahren zur Aufhebung eines Schiedsspruchs (*Mayr*, EuZPR I/48),

- Unterhaltspflichten, die auf einem Familien-, Verwandtschafts- oder eherechtlichen Verhältnis oder auf Schwägerschaft beruhen (Art 1 Abs 1 lit e EuGVVO) sowie

- Testament- und Erbrecht, einschließlich Unterhaltspflichten, die mit dem Tod entstehen (Art 1 Abs 2 lit f EuGVVO); vgl. dazu die EuErbrechtsVO unten X.

3. *Räumlicher Anwendungsbereich*

Die EuGVVO gilt in allen EU-Mitgliedstaaten mit Ausnahme von Dänemark. Dieser Ausnahmetatbestand ist auch für die reformierte EuGVVO erhalten geblieben.

Gemäß Art 1 und 2 des dem EUV und dem AEUV beigefügten Protokolls Nr. 22 über die Position Dänemarks beteiligt sich Dänemark nicht an der Annahme dieser Verordnung (gemeint: EuGVVO) und ist weder durch diese Verordnung gebunden noch zu ihrer Anwendung verpflichtet (Erwägungsgrund 41 S 1 EuGVVO).

Zwischen der Europäischen Gemeinschaft und dem Königreich Dänemark wurde jedoch ein ***Abkommen über die gerichtliche Zuständigkeit und die Anerkennung und Vollstreckung von Entscheidungen in Zivil- und Handelssachen*** (ABl L 299 vom 16.11.2005, 62) geschlossen, welches die (EuGVVO alt) vollinhaltlich übernommen hat. Dänemark hatte gemäß Art 3 des soeben angeführten Abkommens die Möglichkeit, die Änderungen der Verordnung (EG) Nr. 44/2001 anzuwenden (Erwägungsgrund 41 S 2 EuGVVO) und somit die EuGVVO neu auch im Verhältnis zu Dänemark wirksam werden zu lassen. Dänemark hat der Europäischen Kommission mit Schreiben vom 20. Dezember 2012 mitgeteilt, dass es die (neue) Verordnung umsetzen wird (Zak 2013/204, 106). Die Brüssel Ia-VO gilt daher als Änderung des ursprünglichen Abkommens und als Anhang dazu; als Folge davon ist die Anwendbarkeit der neuen Verordnung zwischen den Mitgliedstaaten und Dänemark gegeben (näher dazu *Staudinger* in Rauscher EuZPR/EuIPR Einleitung Brüssel Ia-VO Rz 15).

4. Zeitlicher Anwendungsbereich

Die EuGVVO alt ist am 1. März 2002 in Kraft getreten (Art 76 EuGVVO). Mittels der reformierten EuGVVO wurde die EuGVVO alt aufgehoben (Art 80 EuGVVO neu). Die neue EuGVVO ist am 10. Jänner 2015 in Kraft getreten (Art 81 EuGVVO). Sie ist auf Verfahren, öffentliche Urkunden oder gerichtliche Vergleiche anzuwenden, die am 10. Jänner 2015 oder danach eingeleitet, förmlich errichtet oder eingetragen bzw. gebilligt oder geschlossen worden sind (Art 66 Abs 1 EuGVVO).

E. Anerkennung

1. Allgemeines

Gerichtlichen Urteilen kommen als Hoheitsakte aufgrund des Souveränitätsprinzips nur in den Grenzen jenes Staates Wirkungen zu, innerhalb derer sie erlassen worden sind. Wenn beispielsweise der Staat A ein Gerichtsurteil erlässt, so gilt dieses Urteil selbstredend im Staat A, allerdings nicht im Staat B.

Damit dem Urteil aus dem Staat A auch im Staat B Wirkungen zukommen, hat dieser die Möglichkeit das Urteil des Staats A anzuerkennen; anders ausgedrückt, haben Urteile aus einem Erststaat (A) in einem Zweitstaat (B) nur jene Wirkungen, die ihnen dieser beimisst (*Mayr*, EuZPR Rz IV/9). Ein Zweitstaat müsste einem Urteil des Erststaats also regelmäßig jene Wirkungen zuerkennen, die ihm auch in dem Erststaat zukommen. Ist dies nicht der Fall, müsste der (siegreiche) Kläger im Verfahren des Erststaats dasselbe Verfahren im Zweitstaat nochmals durchführen. Erst dann hätte der Kläger im Zweistaat ein Urteil, das jenem des Erststaats entspricht, welches er (im Zweitstaat) vollstrecken lassen könnte. Dass dies mit den Zielen des zwischenstaatlichen Rechtsverkehrs innerhalb der Europäischen Union nur schwer vereinbar ist, liegt auf der Hand.

Wird ein Urteil eines Erststaats anerkannt, so kommt ihm grundsätzlich dieselbe Wirkung zu, wie im Erststaat (*Geimer* in Geimer/Schütze EZVR[3] Art 33 EuGVVO Rz 1; EuGH Rs 145/86, *Hoffmann/Krieg*, Slg 1988, 645 = NJW 1988, 663 = IPRax 1989, 96 [*Schack* 139]). Die Rechtswirkungen der Entscheidung (des Erststaats) werden über dessen Grenzen auf das Gebiet des Zweitstaats erstreckt; die hM spricht daher auch von der ***Theorie der Wirkungserstreckung*** (*Rassi* in Fasching/Konecny, V/1[2] Art 33 EuGVVO Rz 5; *Leible* in Rauscher EuZPR/EuIPR Art 36 Brüssel Ia-VO Rz 3; vgl. weiter *Kodek* in Czernich/Kodek/Mayr, Art 36 EuGVVO Rz 32).

Durch die Wirkungserstreckung werden somit die Rechtswirkungen eines fremden Urteils auf einen anderen Staat übertragen. Das fremde Urteil wird somit nicht in ein inländisches Urteil umgegossen, sondern als (fremdes) Urteil des Erststaats im Zweitstaat anerkannt (*Mayr*, EuZPR Rz IV/10). Eine zeitliche Befristung der Wirkungserstreckung einer ausländischen Entscheidung existiert nicht (*Geimer* in Geimer/Schütze EZVR[3] Art 33 EuGVVO Rz 17).

Die Anerkennung ausländischer Entscheidungen bezieht sich auf die materielle Rechtskraft (Einmaligkeitswirkung, Bindungswirkung und Präklusionswirkung) sowie die Rechtsgestaltungswirkung (*Rassi* in Fasching/Konecny, V/1[2] Art 33 Rz 8 ff; *Neumayr/Nunner-Krautgasser* ExR[3] 109).

Zu beachten ist einerseits weiters, dass einem fremden Urteil im Zweitstaat nur jene Wirkungen zukommen können, die es bereits im Erststaat hat. Wirkungen, die im Erststaat nicht existieren, können schon rechtslogisch im Zweitstaat nicht anerkannt werden (*Burgstaller/Neumayr* in Burgstaller/Neumayr/Geroldinger/Schmaranzer, IZVR Art 33 EuGVO Rz 9). Ein im Erststaat etwa unwirksames Urteil ist auch im Zweitstaat nicht anzuerkennen (*Geimer* in Geimer/Schütze EZVR[3] Art 33 EuGVVO Rz 7 mwN).

Andererseits kommen einem anerkannten ausländischen Urteil auch Wirkungen im Inland zu, die das innerstaatliche Recht nicht kennt (*Rassi* in Fasching/Konecny, V/1[2] Art 32 Rz 20 ff) (vgl. zur Anpassung einer ausländischen Entscheidung nach der EuGVVO unten G.).

Wenn beispielsweise die Leistungsfrist eines anzuerkennenden Urteils jener der inländischen (österreichischen) Rechtsordnung nicht entspricht (größer oder kleiner ist), ist trotzdem die Leistungsfrist des ausländischen Urteils und nicht jene des österreichischen Rechts (§ 409 Abs 1 ZPO) zu beachten (zu diesem und weiteren Beispielen siehe *Mayr*, EuZPR Rz IV/10).

2. *Begriff der Entscheidung*

In der EuGVVO alt wurde der Begriff der Entscheidung in Art 32 EuGVVO definiert. In der neuen Fassung findet sich die entsprechende Definition in Art 2 lit a Abs 1 EuGVVO.

Unter Entscheidung versteht man danach jede von einem Gericht eines Mitgliedstaats erlassene Entscheidung ohne Rücksicht auf ihre Bezeichnung wie Urteil, Beschluss, Zahlungsbefehl oder Vollstreckungsbescheid, einschließlich des Kostenfestsetzungsbeschlusses eines Gerichtsbediensteten. Entscheidend ist, dass es sich dabei um eine gerichtliche Entscheidung in Zivil- und Handelssachen handelt.

Die Aufzählung in Art 2 lit a Abs 1 EuGVVO ist nur beispielhaft (*Rassi* in Fasching/Konecny, V/1[2] Art 32 Rz 15 EuGVVO). Ausschlaggebend für die Qualifizierung als Entscheidung ist, dass es sich dabei um eine Entscheidung handelt, mit der über einen von der EuGVVO umfassten zivil- und handelsrechtlichen Anspruch abgesprochen wird; es kommt also darauf an, dass durch die Entscheidung einem Bürger etwas zu- oder abgesprochen wird (*Schlosser/Hess*, Eu-ZPR[4] Art 2 EuGVVO Rz 2).

Jedenfalls ist eine ***autonome***, von nationalen Merkmalen losgelöste, Auslegung des Begriffs Entscheidung geboten (*Leible* in Rauscher EuZPR/EuIPR Art 2 Brüssel Ia-VO Rz 5). Auch noch nicht rechtskräftige Entscheidungen sind von der Anerkennung umfasst (*Gottwald* in MüKO ZPO[4] Art 32 EuGVVO Rz 16).

Im Gegensatz zur EuGVVO alt, geht die reformierte Fassung in Bezug auf die Definition des Begriffs Entscheidung noch einen Schritt weiter. Für die Zwecke des Kapitels Anerkennung und Vollstreckung (Art 36 ff EuGVVO) umfasst der Ausdruck Entscheidung auch ***einstweilige Maßnahmen einschließlich Sicherungsmaßnahmen***, die von einem nach dieser Verordnung in der Hauptsache zuständigen Gericht angeordnet wurden; hierzu gehören keine einstweiligen Maßnahmen einschließlich Sicherungsmaßnahmen, die von einem solchen Gericht angeordnet wurden, ohne dass der Beklagte vorgeladen wurde, es sei denn, die Entscheidung, welche die Maßnahme enthält, wird ihm vor der Vollstreckung zugestellt (Art 2 lit a Abs 2 EuGVVO).

Grundsätzlich ist also davon auszugehen, dass – betreffend das Kapitel Anerkennung und Vollstreckung – auch einstweilige Maßnahmen einschließlich Sicherungsmaßnahmen, die von einem nach dieser Verordnung in der Hauptsache zuständigen Gericht angeordnet wurden, anzuerkennen sind. Der freie Verkehr von einstweiligen Maßnahmen, einschließlich Sicherungsmaßnahmen sollte durch die EuGVVO somit idR gewährleistet sein (Erwägungsgrund 33 EuGVVO).

Nur dann, wenn der Beklagte nicht vorgeladen worden ist, sollten (angeordnete) einstweilige Maßnahmen, einschließlich Sicherungsmaßnahmen nicht nach der EuGVVO anerkannt und vollstreckt werden. In dem Fall aber, dass die die einstweilige Maßnahme enthaltende Entscheidung dem Beklagten vor der Vollstreckung zugestellt worden ist, sind sowohl Anerkennung als auch Vollstreckung (doch) zulässig.

Werden einstweilige Maßnahmen, einschließlich Sicherungsmaßnahmen, von einem Gericht eines Mitgliedstaats angeordnet, das für die Entscheidung in der Hauptsache ***nicht*** zuständig ist, sollte die Wirkung dieser Maßnahmen auf das Hoheitsgebiet des betreffenden Mitgliedstaats gemäß dieser Verordnung beschränkt werden (Erwägungsgrund 33

EuGVVO). In diesem Fall sind daher (wieder) weder eine Anerkennung noch eine Vollstreckung möglich.

Unter den Begriff einstweilige Maßnahmen, einschließlich Sicherungsmaßnahmen fallen nach der EuGVVO beispielsweise Anordnungen zur Beweiserhebung oder Beweissicherung im Sinne der Artikel 6 und 7 der Richtlinie 2004/48/EG des Europäischen Parlaments und des Rates vom 29. April 2004 zur Durchsetzung der Rechte des geistigen Eigentums. Nicht mit eingeschlossen sein sollten Maßnahmen, die nicht auf Sicherung gerichtet sind, wie Anordnungen zur Zeugenvernehmung.

Die Anwendung der Verordnung (EG) Nr. 1206/2001 des Rates vom 28. Mai 2001 über die Zusammenarbeit zwischen den Gerichten der Mitgliedstaaten auf dem Gebiet der Beweisaufnahme in Zivil- oder Handelssachen (Europäische Beweisaufnahmeverordnung) sollte hiervon unberührt bleiben (Erwägungsgrund 25 EuGVVO).

3. Definition von Gericht

Unter Punkt 2. wurde soeben ausgeführt, dass unter Entscheidung iSv Art 2 lit a Abs 1 EuGVVO jede von einem Gericht eines Mitgliedstaats ergangene Entscheidung zu verstehen ist. Durch die EuGVVO werden also nur gerichtliche Entscheidungen eines anderen Mitgliedstaats anerkannt bzw. vollstreckt (*Rassi* in Fasching/Konecny, V/1[2] Art 32 EuGVVO Rz 7).

Der Begriff des Gerichts wird – auch im Rahmen der reformierten EuGVVO – als selbstverständlich vorausgesetzt (*Schlosser/Hess*, Eu-ZPR[4] Art 2 EuGVVO Rz 6). Entscheidend für die Definition des Begriffs Gericht ist, dass die ***Unabhängigkeit der Entscheidungsorgane*** garantiert ist. Der Begriff Gericht iSd EuGVVO ist daher mit jenem des „tribunal" von Art 6 EMRK zu vergleichen (*Rassi* in Fasching/Konecny, V/1[2] Art 32 EuGVVO Rz 7).

So wie der Begriff Entscheidung, ist auch jener des Gerichts ***autonom*** auszulegen (*Leible* in Rauscher EuZPR/EuIPR Art 2 Brüssel Ia-VO Rz 17a). Private Gerichte (wie etwa Vereinsgerichte oder Schiedsgerichte [Erwägungsgrund 12 EuGVVO]) fallen nicht unter den Begriff „Gericht" iSd EuGVVO; ebenso grundsätzlich nicht kirchliche Gerichte (*Geimer* in Geimer/Schütze EZVR[3] Art 32 EuGVVO Rz 46); weiters weder Verwaltungsbehörden (*Rassi* in Fasching/Konecny, V/1[2] Art 32 EuGVVO Rz 8) noch die Gerichte der Europäischen Gemeinschaften (insbesondere EuGH) (*Geimer* in Geimer/Schütze EZVR[3] Art 32 EuGVVO Rz 55).

Dagegen sind gemeinsame Gerichte mehrerer Mitgliedstaaten (wie etwa der Benelux-Gerichtshof) unter den Begriff „Gericht" iSd EuGVVO zu subsumieren; auch Entscheidungen dieses Gerichtshofs sind daher anzuerkennen und zu vollstrecken (Erwägungsgrund 11 EuGVVO).

Nicht entscheidend ist, ob die Entscheidung von einem Richter gefällt worden ist. Auch Entscheidungen von „Gerichtsbediensteten", etwa Rechtspflegern, sind anerkennungsfähige und vollstreckbare Entscheidungen. Dies ergibt sich eindeutig daraus, dass der Begriff „Gerichtsbedienstete" in Art 2 lit a Abs 1 EuGVVO ausdrücklich genant wird (*Rassi* in Fasching/Konecny, V/1² Art 32 EuGVVO Rz 7).

4. Grundsatz der automatischen Anerkennung

Hinsichtlich der Anerkennung von ausländischen Entscheidungen ist in der EuGVVO kein eigenes Verfahren vorgesehen; diese werden nach Art 36 Abs 1 EuGVVO automatisch (***ipso iure***) anerkannt (*Frauenberger/ Pfeiler*, ecolex 1996, 735; *Rassi* in Fasching/Konecny, V/1² Art 33 EuGVVO Rz 3 f; *Garber* in Angst/Oberhammer³ Vor § 79 Rz 193; *Kodek* in Czernich/Kodek/Mayr, Art 36 EuGVVO Rz 25).

Der Grundsatz der Freizügigkeit gerichtlicher Entscheidungen wird durch diese automatische Anerkennung (nach Art 36 Abs 1 EuGVVO bedarf es hierfür [gemeint Anerkennung] keines besonderen Verfahrens) wohl am effektivsten verwirklicht.

Durch das System der automatischen Anerkennung ist somit ein eigenständiges Anerkennungsverfahren samt einer entsprechenden konstitutiven Entscheidung des Zweitstaats nicht notwendig (*Jenard*-Bericht zu Art 26 EuGVÜ).

Einer Entscheidung in einem Mitgliedstaat der Europäischen Union kommen daher in allen anderen Mitgliedstaaten ***automatisch*** dieselben Wirkungen zu.

Aus der oben dargestellten Theorie der Wirkungserstreckung folgt, dass eine (bereits) anerkannte Entscheidung dann im Zweitstaat wieder wegfällt, wenn sie auch im Erststaat nachträglich (etwa durch Wiederaufnahme) weggefallen ist (*Geimer* in Geimer/Schütze EZVR³ Art 33 EuGVVO Rz 8).

Beachte: Nach Art 36 Abs 2 EuGVVO hat jeder Berechtigte die Möglichkeit gemäß dem Verfahren über die Versagung der Anerkennung (Art 45 EuGVVO) die Feststellung zu beantragen, dass keiner der dort angeführten Gründe für eine Versagung der Anerkennung vorliegt. In diesem Fall kann das Gericht oder die Behörde, bei dem bzw. der eine in einem anderen Mitgliedstaat ergangene Entscheidung geltend gemacht wird, das Verfahren ganz oder teilweise aussetzen. Ein gänzliches oder teilweises Aussetzen des Verfahrens kommt weiters in Betracht, wenn die Entscheidung im Ursprungsstaat angefochten wird (Art 38 EuGVVO).

Eine Partei, die in einem Mitgliedstaat eine in einem anderen Mitgliedstaat ergangene Entscheidung geltend machen will, hat eine Ausfertigung der Entscheidung, die die für ihre Beweiskraft erforderlichen Voraussetzungen erfüllt, und die nach Art 53 EuGVVO ausgestellte ***Bescheinigung*** vorzulegen (Art 37 EuGVVO).

Gemäß Art 53 EuGVVO hat das Ursprungsgericht auf Antrag eines Berechtigten eine Bescheinigung über eine Entscheidung in Zivil- und Handelssachen unter Verwendung des Formblatts in Anhang I EuGVVO auszustellen. In dieser Bescheinigung sind das Ursprungsgericht, der Kläger, der Beklagte sowie die Entscheidung anzuführen (zur Bescheinigung nach Art 53 EuGVVO siehe noch genauer unten F. 3.).

5. Versagung der Anerkennung

a) Allgemeines

In der EuGVVO alt enthielten die Art 34 und 35 EuGVVO die Gründe für eine Versagung der Anerkennung. In der reformierten Fassung der EuGVVO finden sich die Versagungsgründe in Art 45 EuGVVO (siehe diesbezüglich auch Erwägungsgrund 29 EuGVVO). Die Gründe für eine Versagung der Anerkennung sind ***taxativ*** aufgezählt (*Mayr*, EuZPR, Rz IV/23) und – im Sinne der Freizügigkeit von Entscheidungen – grundsätzlich eng auszulegen (*Rassi* in Fasching/Konecny, V/1² Art 34 EuGVVO Rz 2). Auch der OGH spricht in Zusammenhang mit der Versagung der Anerkennung von Entscheidungen von „*sparsamsten Gebrauch*" (3 Ob 84/01 a, ZfRV 2001/76 = JUS Z 3179) und „*größter Zurückhaltung*" (3 Ob 115/95 SZ 71/26 [1998] = ecolex 1998, 549).

Jedenfalls ist es den Gerichten des Anerkennungsstaats ausdrücklich verboten, die in einem anderen Mitgliedstaat ergangene Entscheidung in der Sache selbst nachzuprüfen (Art 52 EuGVVO, ***Verbot der révision au fond***).

Dies lässt sich grundsätzlich mit dem Ziel der Freizügigkeit der Entscheidungen innerhalb Europas begründen. Das (weit reichende) Anerkennungssystem der EuGVVO würde erheblich beeinträchtigt werden, wenn Entscheidungen der Gerichte des Erststaats durch jene des Zweitstaats inhaltlich nachgeprüft werden dürften (*Geimer* in Geimer/Schütze EZVR³ Art 36 EuGVVO Rz 1).

Die Gerichte des Zweitstaats dürfen die Entscheidungen der Gerichte des Erststaats weder materiellrechtlich noch verfahrensrechtlich nachprüfen. Weiters sind auch Fragen der Tatsachenfeststellung sowie die Anwendung von Kollisionsnormen von der Überprüfung ausgeschlossen.

Zulässig und daher als Ausnahme vom Grundsatz des Verbots der révision au fond anzusehen sind die an dieser Stelle zu behandelnden Versagungsgründe für die Anerkennung einer ausländischen Entscheidung (*Rassi* in Fasching/Konecny, V/1² Art 36 Rz 4 EuGVVO).

Das Gericht oder die Behörde, bei dem bzw. der eine in einem anderen Mitgliedstaat ergangene Entscheidung geltend gemacht wird, kann das ***Verfahren ganz oder teilweise aussetzen***, wenn

- die Entscheidung im Ursprungsmitgliedstaat angefochten (Art 38 lit a EuGVVO) wird oder
- die Feststellung begehrt wird,
  - dass keiner der Gründe für eine Versagung der Anerkennung (Art 45 EuGVVO gegeben ist oder
  - dass die Anerkennung aus einem dieser Gründe zu versagen ist (Art 38 lit b EuGVVO).

b) Verstoß gegen den Ordre Public

In diesem Fall wird die Anerkennung einer Entscheidung versagt, wenn diese der öffentlichen Ordnung (ordre public) des ersuchten Mitgliedstaats offensichtlich widersprechen würde (Art 45 Abs 1 lit a EuGVVO). Entscheidend kommt es darauf an, dass die anzuerkennende Entscheidung der ***öffentlichen Ordnung des Anerkennungsstaats widerspricht***. Dies ergibt sich bereits eindeutig aus der Formulierung des Art 45 Abs 1 lit a EuG-VVO. Soll eine ausländische Entscheidung in Österreich anerkannt werden, so ist als Beurteilungsmaßstab der österreichische ordre public heranzuziehen. Was Bestandteil des jeweiligen nationalen ordre public ist, kann daher nur nach nationalem Recht beurteilt werden (*Gottwald* in MüKO ZPO[4] Art 34 EuGVVO Rz 12).

Sowohl Verstöße gegen das ***materielle Recht*** als auch gegen das ***Verfahrensrecht*** kommen als Versagungsgründe nach Art 45 Abs 1 lit a EuGVVO in Betracht (*Rassi* in Fasching/Konecny, V/1[2] Art 34 EuGVVO Rz 19). Entscheidend ist jeweils, dass es sich um ***offensichtliche*** Verstöße gegen den ordre public handelt (auch dies ergibt sich klar aus dem Wortlaut von Art 45 Abs 1 lit a EuGVVO).

Nach der Rsp des EuGH liegt eine offensichtliche Verletzung des ordre public bei einer „offensichtlichen Verletzung einer in der Rechtosordnung des Vollstreckungsstaats als wesentlich geltenden Rechtsnorm oder eines dort als grundlegend anerkannten Rechts“ vor (EuGH Rs C-7/98, *Krombach/Bamberski*, Slg 2000, I-1935 = wbl 2000, 227/135 = IPRax 2000, 406).

Als Verstoß gegen den materiellrechtlichen ordre public kommen beispielsweise die Verletzung zwingender Regeln des Wirtschaftsrechts, insbesondere Kartellrecht oder Umweltrecht (*Rassi* in Fasching/Konecny, V/1[2] Art 34 EuGVVO Rz 20), die Verurteilung zu exorbitant hohem Schadenersatz (*Geimer* in Geimer/Schütze EZVR[3] Art 34 EuGVVO Rz 49) sowie eine Kapitalverzinsung von mehr als 100 % (3 Ob 221/04b, RdW 2005/477) in Betracht. Nicht gegen den materiellrechtlichen ordre public verstoßen etwa vom nationalen Recht abweichende Tatsachenvermutungen oder Beweislastregeln (*Gottwald* in MüKO ZPO[4] Art 34 EuGVVO Rz 14).

Nicht anerkennungsfähig wegen Verstoßes gegen den verfahrensrechtlichen ordre public sind ausländische Entscheidungen bei denen die in Art 6 EMRK garantierten verfahrensrechtlichen Garantien verletzt worden sind. So sind mit dem verfahrensrechtlichen ordre public Entscheidungen nicht in Einklang zu bringen, die das Recht auf Gehör, die Unabhängigkeit und Unparteilichkeit des Gerichts und den Grundsatz der Waffengleichheit missachtet haben (*Rassi* in Fasching/Konecny, V/1[2] Art 34 EuGVVO Rz 21).

Kein Verstoß liegt hingegen bei einer überlangen Verfahrensdauer im Ursprungsstaat vor; ebenso wenig ist das bloße Unterbleiben einer Urteilsbegründung sowie das Fehlen einer Rechtsmittelinstanz als Verstoß gegen den verfahrensrechtlichen ordre public anzusehen (*Leible* in Rauscher EuZPR/EuIPR Art 45 Brüssel Ia-VO Rz 19-21).

c) Verstoß gegen das Rechtliche Gehör

In diesem Fall ist die Anerkennung zu verweigern, wenn

- dem ***Beklagten***, der sich auf das ***Verfahren nicht eingelassen*** hat,
- das ***verfahrenseinleitende Schriftstück*** oder ein ***gleichwertiges Schriftstück***
- nicht so ***rechtzeitig*** und in einer ***Weise zugestellt*** worden ist,
- dass er sich ***verteidigen*** konnte,
- es sei denn, der Beklagte hat gegen die Entscheidung ***keinen Rechtsbehelf*** eingelegt, obwohl er die Möglichkeit dazu hatte (Art 45 Abs 1 lit b EuGVVO).

Die soeben zitierte Bestimmung schützt also das verfahrensrechtliche Grundrecht auf rechtliches Gehör, so wie es in Art 6 EMRK festgeschrieben ist. Schon aus dem klaren Wortlaut der Bestimmung ergibt sich, dass nur die Wahrung des rechtlichen Gehörs bei der Einleitung des Verfahrens gemeint ist.

Weiters kann sich nur der Schuldner auf eine Verletzung der Vorschriften des rechtlichen Gehörs berufen (*Geimer* in Geimer/Schütze EZVR[3] Art 34 EuGVVO Rz 85). Dieser muss durch gewisse Umstände an seiner Verteidigung gehindert gewesen sein. Art 45 Abs 1 lit b EuGVVO nennt den Fall, dass dem Beklagten das verfahrenseinleitende oder ein gleichwertiges Schriftstück nicht ordnungsgemäß zugestellt worden ist.

Unter dem Begriff verfahrenseinleitendes Schriftstück ist jedes Schriftstück zu verstehen, dessen Zustellung an den Beklagten diesen in die Lage versetzt, seine Rechte vor Erlass einer vollstreckbaren Entscheidung im Urteilsstaat geltend zu machen (EuGH Rs C-474/93, *Hengst Import/Campese*, Slg 1995, I-2113 = IPRax 1996, 262 = EuZW 1995, 803). In Österreich fällt darunter idR die Klage (*Kodek* in Czernich/Kodek/Mayr, Art 45 EuGVVO Rz 28). Dem verfahrenseinleitenden Schriftstück gleichzuhalten sind der Zahlungsbefehl, der Wechselmandatsauftrag, die Aufkündigung sowie die Widerklage (*Rassi* in Fasching/Konecny, V/1[2] Art 34 EuGVVO Rz 45).

Das verfahrenseinleitende bzw. diesem gleichzuhaltende Schriftstück darf dem Beklagten ***nicht so rechtzeitig*** und in einer Weise zugestellt worden sein, dass er sich verteidigen konnte.

Bezüglich der Rechtzeitigkeit enthält die EuGVVO keinerlei vorgegebene Fristen. Das Merkmal der Rechtzeitigkeit ist einzellfallbezogen zu beurteilen. Jedenfalls muss dem Beklagen ein ausreichender Zeitraum zur Verfügung gestanden haben, um seine Verteidigung effektiv vorzubereiten oder die zur Vermeidung von Säumnisfolgen notwendigen Schritte einzuleiten (*Rassi* in Fasching/Konecny, V/1[2] Art 34 EuGVVO Rz 55).

Schließlich ist für die Versagung der Anerkennung einer Entscheidung notwendig, dass das entsprechende Schriftstück dem Beklagten ***nicht in einer Weise zugestellt*** worden ist, dass er sich ***verteidigen*** konnte. Wesentlich ist dabei, dass es nicht auf die Ordnungsgemäßheit der Zustellung als Anerkennungserfordernis ankommt, obschon eine ordnungsgemäße Zustellung immer noch eine gewisse Indizienfunktion hat (*Leible* in Rauscher EuZPR/EuIPR Art 45 Brüssel Ia-VO Rz 45). Abzustellen ist ausschließlich darauf, dass dem Beklagten in einer Art und Weise zugestellt worden ist, dass er sich nicht verteidigen konnte.

Zu prüfen ist, ob der Zustellfehler die Verteidigungsrechte des Schuldners beeinträchtigt hat. Ein formaler Zustellfehler allein reicht nicht aus, wenn der Schuldner dadurch nicht an seiner Verteidigung gehindert wurde (*Rassi* in Fasching/Konecny, V/1[2] Art 34 EuGVVO Rz 52).

Selbst wenn dem Beklagten das verfahrenseinleitende bzw. diesem gleichzuhaltende Schriftstück nicht so rechtzeitig oder in einer Art und Weise zugestellt worden ist, dass er sich verteidigen konnte, ist die Entscheidung anzuerkennen, wenn der Beklagte gegen diese keinen Rechtsbehelf eingelegt hat, obwohl er die Möglichkeit dazu hatte.

Abgestellt wird darauf, ob der Schuldner einen ihm möglichen Rechtsbehelf gegen die anzuerkennende Entscheidung verabsäumt hat. Mit dieser Bestimmung soll der Beklagte gezwungen werden, mögliche Fehler bereits im Ursprungsstaat geltend zu machen (*Rassi* in Fasching/Konecny, V/1[2] Art 34 EuGVVO Rz 61).

d) Unvereinbarkeit mit inländischen Entscheidungen

Im Falle des Art 45 Abs 1 lit c EuGVVO ist die Anerkennung zu verweigern, wenn die anzuerkennende Entscheidung mit einer Entscheidung unvereinbar ist, die zwischen denselben Parteien im ersuchten Mitgliedstaat ergangen ist. Der Begriff Unvereinbarkeit ist (wiederum) ***autonom*** auszulegen (vgl. *Leible* in Rauscher EuZPR/EuIPR Art 45 Brüssel I-VO Rz 63).

Die Bestimmung des Art 45 Abs 1 lit c EuGVVO ist als „Notbremse" gedacht und etwa dann anzuwenden, wenn ein Gericht von einem ausländischen Parallelverfahren keine Kenntnis erlangt hat (*Burgstaller/Neumayr* in Burgstaller/Neumayr/Geroldinger/Schmaranzer, IZVR Art 34 EuGVO Rz 42).

Unvereinbar sind beispielsweise ein Urteil auf Leistung und ein negatives Feststellungsurteil; weiters die Gewährung von Schadenersatz wegen Nichterfüllung im Ausland, wenn ein inländisches Urteil den Vertrag für nichtig erklärt (zu diesen und weiteren Beispielen *Leible* in Rauscher EuZPR/EuIPR Art 45 Brüssel Ia-VO Rz 64).

Für eine Unvereinbarkeit zweier Entscheidungen ist jedenfalls nicht Voraussetzung, dass deren Streitgegenstand ident ist (*Jenard*-Bericht zu Art 27 EuGVÜ).

Notwendig ist, dass es sich um Entscheidungen handelt, die zwischen denselben Parteien ergangen sind (*Geimer* in Geimer/Schütze EZVR³ Art 34 EuGVVO Rz 162).

Sind tatsächlich zwei Entscheidungen miteinander unvereinbar, so ist die ausländische Entscheidung nicht anzuerkennen; die inländische Entscheidung genießt daher Vorrang vor jener des Auslands (*Gottwald* in MüKO ZPO⁴ Art 34 EuGVVO Rz 48).

Da bereits durch Art 29 EuGVVO einander widersprechende Entscheidungen innerhalb der Mitgliedstaaten grundsätzlich vermieden werden sollen, ist der praktische Anwendungsbereich von Art 45 Abs 1 lit c EuGVVO als gering anzusehen (*Rassi* in Fasching/Konecny, V/1² Art 34 Rz 65).

e) Unvereinbarkeit mit einer früheren anerkennungsfähigen Entscheidung aus einem anderen Mitgliedstaat oder Drittstaat

Eine Entscheidung ist in diesem Fall dann nicht anzuerkennen, wenn sie mit einer früheren Entscheidung unvereinbar ist, die in einem anderen Mitgliedstaat oder in einem Drittstaat in einem Rechtsstreit wegen desselben Anspruchs zwischen denselben Parteien ergangen ist, sofern die frühere Entscheidung die notwendigen Voraussetzungen für ihre Anerkennung im ersuchten Mitgliedstaat erfüllt (Art 45 Abs 1 lit d EuGVVO).

Inhaltlich ergänzt Art 45 Abs 1 lit d EuGVVO jene des Art 45 Abs 1 lit c EuGVVO. Im Gegensatz dazu liegt beim Versagungsgrund des Art 45 Abs 1 lit d EuGVVO ein **„*Dreistaatenverhältnis*"** vor. Art 45 Abs 1 lit d EuGVVO ist dann einschlägig, wenn der Anerkennungsstaat mit zwei widersprechenden ausländischen Entscheidungen konfrontiert ist (*Rassi* in Fasching/Konecny, V/1² Art 34 Rz 76). Die Entscheidung eines Mitgliedstaats ist dann nicht anzuerkennen, wenn sie mit einer früher ergangenen Entscheidung eines Drittstaats unvereinbar ist (*Gottwald* in MüKO ZPO⁴ Art 34 EuGVVO Rz 52).

Im Unterschied zu Art 45 Abs 1 lit c EuGVVO kommt es bei Art 45 Abs 1 lit d EuGVVO entscheidend auf die ***Priorität der im Widerspruch stehenden Drittstaatenentscheidung*** an (vgl. *Rassi* in Fasching/Konecny aaO). Maßgeblich dafür ist das Datum der Entscheidung, nicht jenes der Klageerhebung (*Leible* in Rauscher EuZPR/EuIPR Art 45 Brüssel Ia-VO Rz 67).

f) Mangel der internationalen Zuständigkeit des Erststaats

aa) Allgemeines

Art 45 Abs 1 lit e i) und ii) erweitern die Gründe für ein Versagen der Anerkennung auf bestimmte Verletzungen der internationalen Zuständigkeit des Erststaats (vgl. *Rassi* in Fasching/Konecny, V/1[2] Art 35 EuGVVO Rz 1).

Zunächst ist festzuhalten, dass die EuGVVO vom Grundsatz der Unüberprüfbarkeit der (internationalen) Zuständigkeit des Erststaats ausgeht (Art 45 Abs 3 S 1 EuGVVO; vgl. *Kodek* in Czernich/Kodek/Mayr, Art 45 EuGVVO Rz 52). Ausdrücklich wird auch festgelegt, dass die Vorschriften über die Zuständigkeit nicht zur öffentlichen Ordnung (ordre public) nach Art 45 Abs 1 lit a gehören (Art 45 Abs 3 S 2 EuGVVO). Ein Rückgriff auf den ordre public ist daher bei Zuständigkeitsverletzungen ausdrücklich ausgeschlossen (vgl. *Rassi* in Fasching/Konecny, V/1[2] Art 35 EuGVVO Rz 2).

Ausnahmsweise ist jedoch auch bei Zuständigkeitsverletzungen ein Rückgriff auf den ordre public möglich. Dies wird von der hL dann zugelassen, wenn der Erststaat mit der Bejahung der Zuständigkeit gegen die in der EMRK verbürgten Garantien eines fairen Verfahrens (Art 6) verstoßen hat (näher *Schlosser/Hess*, Eu-ZPR[4] Art 45 EuGVVO Rz 37).

bb) Ausnahmen vom Überprüfungsverbot

In Art 45 Abs 1 lit e i) und ii) werden die Ausnahmen vom Überprüfungsverbot ***taxativ*** (*Geimer* in Geimer/Schütze EZVR[3] Art 34 EuGVVO Rz 14) aufgelistet. Bei diesen Tatbeständen ist somit eine Überprüfung der erststaatlichen Zuständigkeit zulässig.

Auch bei diesen Ausnahmen kommt allerdings nur eine nachträgliche ***Überprüfung der internationalen Zuständigkeit*** in Betracht; die örtliche, sachliche und funktionelle Zuständigkeit darf auch im Rahmen der Ausnahmetatbestände nicht nachgeprüft werden (*Rassi* in Fasching/Konecny, V/1[2] Art 35 EuGVVO Rz 4).

Gelangt eine Nachprüfung durch die Gerichte des Zweitstaats zum Ergebnis, dass die internationale Zuständigkeit im Erststaat hinsichtlich einer Ausnahmebestimmung verletzt worden ist, ist eine derartige Entscheidung nicht anzuerkennen.

Verletzungen von Zuständigkeitsvorschriften dürfen von den Gerichten des Zweitstaats in Versicherungssachen, Verbrauchersachen und individuellen Arbeitsverträgen (diese waren nach der EuGVVO alt nicht als Ausnahmebestimmung angeführt [kritisch *Leible* in Rauscher EuZPR/EuIPR Art 45 Brüssel Ia-VO Rz 75]) nachgeprüft werden: Art 45 Abs 1 lit e i) EuGVVO.

Bei Versicherungs- und Verbrauchersachen sowie individuellen Arbeitsverträgen gilt die Ausnahmeregelung allerdings nur dann, wenn der ***Beklagte*** die typischerweise ***schwächere Partei*** (also Versicherungsnehmer, Versicherter, Begünstigter des Versicherungsvertrags, Geschädigter, Verbraucher oder Arbeitnehmer ist [*Leible* in Rauscher EuZPR/EuIPR Art 45 Brüssel Ia-VO Rz 76]).

Schließlich ist eine Entscheidung des Erststaats nicht anzuerkennen, die mit Kapitel II, Abschnitt 6 (Art 24 EuGVVO) der Brüssel I-Verordnung nicht vereinbar ist (Art 45 Abs 1 lit e ii EuGVVO). In Kapitel II, Abschnitt 6 (Art 24 EuGVVO) werden die ***ausschließlichen Zuständigkeiten*** der EuGVVO geregelt. Eine Entscheidung, die gegen Art 24 EuGVVO verstößt, ist somit ebenfalls nicht anzuerkennen. Erfasst sind allerdings nur Verletzungen der ausschließlichen Zuständigkeit eines Mitgliedstaats, nicht aber die eines Drittstaats (*Burgstaller/Neumayr* in Burgstaller/Neumayr/Geroldinger/Schmaranzer, IZVR Art 35 EuGVO Rz 11).

F. Vollstreckung

1. Allgemeines

Bereits weiter oben wurde darauf hingewiesen, dass eine wesentliche Änderung der reformierten EuGVVO die ***Abschaffung des Vollstreckbarkeitserklärungsverfahrens (Exequaturverfahren)*** ist (*Garber* in Angst/Oberhammer[3] Vor § 79 Rz 205). Dies kann aus exekutionsrechtlicher Hinsicht zweifelsohne als bedeutendste Änderung der EuGVVO gewertet werden. Nach der neuen EuGVVO bedürfen somit Entscheidungen aus anderen Mitgliedstaaten keiner Vollstreckbarerklärung mehr im Vollstreckungsstaat. Die Versagungsgründe der EuGVVO alt haben allerdings auch in die reformierte Fassung Einzug gefunden; sie sind im Anwendungsbereich der EuGVVO neu allerdings erst im Rahmen des Exekutionsverfahrens zu prüfen (zu all dem *Mohr*, ÖRPfl 2013 H 1, 32).

2. Vollstreckung ohne Vollstreckbarerklärungsverfahren

Eine in einem Mitgliedstaat ergangene Entscheidung, die in diesem Mitgliedstaat vollstreckbar ist, ist in den anderen Mitgliedstaaten vollstreckbar, ***ohne dass es einer Vollstreckbarerklärung bedarf*** (Art 39 EuGVVO).

Eine Entscheidung, die in einem anderen Mitgliedstaat vollstreckbar ist, wird unter den gleichen Bedingungen vollstreckt wie eine im ersuchten Mitgliedstaat ergangene Entscheidung (Art 41 Abs 1 S 2 EuGVVO, *Mohr*, ÖRPfl 2013 H 1, 32 f; vgl. weiter *Garber* in Angst/Ober-hammer[3] Vor § 79 Rz 205 sowie *Kodek* in Czernich/Kodek/Mayr, Art 3 EuGVVO Rz 1 ff).

Die von der EuGVVO angestrebte Reduzierung des Zeit- und Kostenaufwands bei grenzüberschreitenden Rechtsstreitigkeiten rechtfertigt nach Ansicht des EU-Gesetzgebers die Abschaffung der Vollstreckbarerklärung, die der Vollstreckung im ersuchten Mitgliedstaat nach der EuGVVO alt vorausgehen musste. Eine von den Gerichten eines Mitgliedstaats erlassene Entscheidung sollte daher so behandelt werden, als sei sie im ersuchten Mitgliedstaat ergangen (Erwägungsgrund 26 S 2 EuGVVO).

Beachte: Nach der EuGVVO alt wurden die in einem anderen Mitgliedstaat ergangenen Entscheidungen, die in diesem Staat vollstreckbar sind, in einem anderen Mitgliedstaat vollstreckt, wenn sie dort auf Antrag eines Berechtigten für vollstreckbar erklärt worden sind (Art 38 Abs 1 EuGVVO alt).

Nach alter Rechtslage (EuGVVO alt) war somit für die Vollstreckung einer ausländischen Entscheidung ein Vollstreckbarerklärungsverfahren (Exequaturverfahren) notwendig (*Oberhammer* in Fucik/Konecny/Lovrek/Oberhammer, Jahrbuch ZVR 2010 71). Die Voraussetzungen für die Vollstreckbarerklärung, das entsprechende Verfahren samt Rechtsschutz wurde von der EuGVVO alt (Art 38 ff) geregelt.

Wesentliche Voraussetzung für die Vollstreckbarerklärung einer Entscheidung war (dazu insgesamt eingehend *Rassi* in Fasching/Konecny, V/1[2] Art 38 Rz 1 ff), dass diese

- ***anzuerkennen*** und
- nach dem ***Recht des Urteilsstaats vollstreckbar*** ist.

Für das ***Verfahren zur Vollstreckung*** der in einem anderen Mitgliedstaat ergangenen Entscheidungen gilt das Recht des ersuchten Mitgliedstaats (Art 41 Abs 1 EuGVVO). Dies bedeutet für das österreichische Recht, dass – ebenso wie für inländische Exekutionstitel – die EO anwendbar ist (*Mohr*, ÖRPfl 2013 H 1, 33).

3. Bescheinigung nach Art 53 EuGVVO

Soll eine ausländische Entscheidung vollstreckt werden, so hat der Antragsteller der zuständigen Vollstreckungsbehörde eine Ausfertigung der Entscheidung, die die für ihre Beweiskraft erforderlichen Voraussetzungen erfüllt sowie eine ***Bescheinigung nach Art 53 EuGVVO, mit der bestätigt wird, dass die Entscheidung vollstreckbar*** ist, vorzulegen (Art 42 Abs 1 lit a und lit b EuGVVO). Für die Bescheinigung nach Art 53 EuGVVO ist das Formblatt des Anhangs I zu verwenden. Die Bescheinigung nach Art 53 EuGVVO ist dem Verpflichteten vor der ersten Vollzugshandlung zuzustellen (Art 43 Abs 1 S 1 EuGVVO) (vgl. zu Art 53 EuGVVO insgesamt *Kodek* in Czernich/Kodek/Mayr, Art 53 EuGVVO Rz 1 ff).

4. Verfahren zur Vollstreckung eines ausländischen Titels in Österreich

Erster Schritt für die Vollstreckung eines ausländischen Titels ist in Österreich der ***Antrag auf Exekutionsbewilligung*** nach der EO. Die daran anschließende Prüfung des entsprechenden Antrags erfolgt (ebenfalls) nach den Bestimmungen der EO. So wie auch im Rahmen der Anerkennung, darf auch bei der Vollstreckung die ausländische Entscheidung inhaltlich nicht nachgeprüft werden (Art 52 EuGVVO).

Das sich an die Exekutionsbewilligung anschließende ***Vollzugsverfahren*** beginnt mit der ***Zustellung der Exekutionsbewilligung*** und der ***Bescheinigung*** nach Art 53 EuGVVO an den Verpflichteten; diese sollte dem Schuldner innerhalb einer angemessenen Frist vor der ersten Vollstreckungsmaßnahme zugestellt werden (Erwägungsgrund 32 EuGVVO). Darüber hinaus ist der Bescheinigung nach Art 53 EuGVVO die zu vollstreckende Entscheidung beizufügen, sofern sie dem Verpflichteten noch nicht zugestellt wurde (Art 43 Abs 1 letzter S EuGVVO).

In dem Fall, dass der verpflichteten Partei auch die Entscheidung zugestellt wird, kann sie eine Übersetzung der Entscheidung verlangen, um ihre Vollstreckung effektiver anfechten zu können. Voraussetzung ist, dass der Schuldner seinen Wohnsitz in einem anderen Mitgliedstaat als dem Ursprungsmitgliedstaat hat und dass die Entscheidung nicht in einer Sprache, die er versteht, oder der Amtssprache des Mitgliedstaats, in dem er seinen Wohnsitz hat, abgefasst ist oder ihr keine Übersetzung in einer dieser Sprachen beigefügt ist (Art 43 Abs 2 lit a und lit b EuGVVO, *Mohr*, ÖRPfl 2013 H 1, 34).

Wird eine Übersetzung der Entscheidung verlangt, darf das Exekutionsverfahren ***nicht über Sicherungsmaßnahmen hinausgehen***, solange die verpflichtete Partei die Übersetzung nicht erhalten hat (Art 43 Abs 2 EuGVVO). Während dieser Zwischenphase ist daher zu pfänden; Verwertungsschritte dürfen jedoch nicht gesetzt werden. Ist dies bereits geschehen, ist die Innehaltung mit dem weiteren Vollzug – so wie in § 54c Abs 3 EO vorgesehen – auszusprechen (zu all dem *Mohr* aaO).

5. Versagungsgründe für die Vollstreckung

Die Vollstreckung einer Entscheidung wird auf Antrag des Schuldners versagt, wenn festgestellt wird, dass einer der in Art 45 EuGVVO genannten Gründe gegeben ist (Art 46 EuGVVO). Die Vollstreckungsversagungsgründe entsprechen somit jenen der Anerkennung (*Kodek* in Czernich/Kodek/Mayr, Art 46 EuGVVO Rz 1).

Für die Verweigerung oder Aussetzung der Vollstreckung gelten die im nationalen Recht vorgesehenen Gründe, soweit sie nicht mit den in Art 45 EuGVVO genannten Gründen unvereinbar sind (Art 41 Abs 2 EuGVVO). Für das österreichische Recht bedeutet dies, dass die Aufschiebungs- und Einstellungsgründe der EO anzuwenden sind. Bei ausländischen Exekutionstiteln kennt die EO Versagungsgründe nur für die Vollstreckbarerklärung; diese ist aber nach § 416 EO – wie bereits angedeutet – nicht anzuwenden, soweit nach Völkerrecht oder in Rechtsakten der Europäischen Union anderes bestimmt ist (zu all dem *Mohr*, ÖRPfl 2013 H 1, 35).

Die Versagungsgründe sind nach hM mit Einstellungsantrag geltend zu machen (*Mohr*, ÖRPfl 2013 H 1, 32). Dies wird nunmehr in § 418 Abs 1 EO idF der EO-Novelle 2016 (BGBl I 2016/100) festgeschrieben. Das Gericht hat unverzüglich über den Antrag auf Versagung der Vollstreckung zu entscheiden (Art 48 EuGVVO). Gegen die Entscheidung über den Antrag auf Versagung der Vollstreckung kann jede Partei einen Rechtsbehelf einlegen (Art 49 Abs 1 EuGVVO). Das Verfahren für die Versagung der Vollstreckung ist in der EuGVVO nicht näher geregelt; es richtet sich nach den Vorschriften der EO; die Rekursfristen des Vollstreckbarerklärungsverfahrens gelten nicht (*Mohr*, ÖRPfl 2013 H 1, 35). Durch die EO-Novelle 2016 wurden in § 418 EO entsprechende Regelungen (auf Abs 1 dieser Vorschrift wurde bereits hingewiesen) vorgesehen.

Die ***Frist*** für den ***Antrag auf Einstellung*** wegen ***Vorliegens von Versagungsgründen*** beträgt – in Anlehnung an die Fristen für einen Rekurs oder eine Rekursbeantwortung gegen die Vollstreckbarerklärung nach § 84 Abs 1 und 2 aF EO (jetzt: § 411 EO) (vgl. EBRV 1294 BlgNR 25. GP 13) – ***acht Wochen ab Zustellung der Exekutionsbewilligung*** (§ 418 Abs 2 EO). Für Rekurse gegen die Entscheidung über den Einstellungsantrag wegen Versagungsgründen sollen die Rekursfristen des Vollstreckbarerklärungsverfahrens nicht übernommen werden; es soll nach den Erläuterungen die 14tägige Frist nach § 521 Abs 1 ZPO iVm § 78 EO gelten (EBRV aaO).

Beachte: Aufgrund der Tatsache, dass es sich beim Antrag auf Versagung der Vollstreckung um einen Antrag auf Einstellung der Exekution handelt, ist § 65 Abs 3 Z 2 EO anzuwenden, weshalb das ***Rekursverfahren*** gegen eine ***Entscheidung*** über einen ***Antrag*** auf ***Versagung der Vollstreckung zweiseitig*** ist. Die Frist für die Rekursbeantwortung beträgt gem § 521a Abs 1 ZPO iVm § 65 Abs 3 Z 2 EO vierzehn Tage (EBRV 1294 BlgNR 25. GP 13).

§ 418 Abs 3 EO beinhaltet jene Fälle, in denen die ***Versagungsgründe erst nach Zustellung*** der ***Exekutionsbewilligung*** entstehen oder die ***verpflichtete Partei*** von solchen Gründen durch ein ***unvorhergesehenes*** oder ***unabwendbares Ereignis ohne*** ihr ***Verschulden*** (oder ***aufgrund*** eines ***minderen Grad des Versehens***) ***keine Kenntnis*** erlangt hat (EBRV 1294 BlgNR 25. GP 13). In diesem Fall beginnt die (achtwöchige) ***Frist*** des § 418 Abs 2 EO ***mit dem Tag zu laufen***, an dem die ***verpflichtete Partei*** von diesen ***Tatsachen Kenntnis erlangen konnte***, wobei diese die Umstände in ihrem Einstellungsantrag anzuführen und die Mittel zu ihrer Glaubhaftmachung anzugeben hat (§ 418 Abs 3 EO). Diese Regelung hat § 146 ZPO über den Wiedereinsetzungsantrag zum Vorbild (EBRV aaO).

Nach § 418 Abs 4 EO ist schließlich ein ***weiterer Rekurs*** gegen die Entscheidung, mit der über einen Rekurs gegen die Entscheidung über die Versagung der Vollstreckung oder Abweisung eines solchen Antrags entschieden wird, ***nicht deshalb unzulässig***, weil das Gericht zweiter Instanz die angefochtene Entscheidung ***zur Gänze bestätigt*** hat. Es wird somit die Bestimmung des § 411 Abs 4 EO übernommen, wonach die Anrufung des OGH gegen die Entscheidung des Rekursgerichts auch dann zulässig sein soll, wenn damit die Entscheidung des Erstgerichts zur Gänze bestätigt wurde (EBRV 1294 BlgNR 25. GP 13 f).

6. Aussetzung des Verfahrens

Das mit einem Antrag auf Verweigerung der Vollstreckung befasste Gericht oder das mit einem Rechtsbehelf befasste Gericht kann das Verfahren ***aussetzen***, wenn

- gegen die Entscheidung im Ursprungsmitgliedstaat ein ordentlicher Rechtsbehelf eingelegt wurde oder
- die Frist für einen solchen Rechtsbehelf noch nicht verstrichen ist.

Im letztgenannten Fall kann das Gericht eine Frist bestimmen, innerhalb derer der Rechtsbehelf einzulegen ist (Art 51 Abs 1 EuGVVO).

G. Anpassung ausländischer Exekutionstitel (Art 54 EuGVVO)

Enthält eine Entscheidung eine ***Maßnahme*** oder ***Anordnung***, die im Recht des ***ersuchten Mitgliedstaats nicht bekannt*** ist, ist diese ***Maßnahme*** oder ***Anordnung soweit möglich*** an eine im ***Recht dieses Mitgliedstaats bekannte Maßnahme*** oder ***Anordnung anzupassen***, mit der ***vergleichbare Wirkungen*** verbunden sind und die ***ähnliche Ziele*** und ***Interessen*** verfolgt (Art 54 Abs 1 S 1 EuGVVO).

Eine solche Anpassung darf jedoch nicht dazu führen, dass ***Wirkungen entstehen***, die über ***die im Recht des Ursprungsmitgliedstaats vorgesehenen Wirkungen hinausgehen*** (Art 54 Abs 1 S 2 EuGVVO).

Andernfalls wäre das rechtliche Gehör des Schuldners verletzt (*Schlosser/Hess*, EuZPR[4] Art 54 EuGVVO Rz 2).

Beachte: Ein Antrag für die Anpassung ist nicht vorgesehen, sodass diese auch ***von Amts wegen*** vorzunehmen ist (*Leible* in Rauscher EuZPR/EuIPR Art 54 Brüssel Ia-VO Rz 2; vgl. auch EBRV 1294 BlgNR 25. GP 11).

Jede Partei kann die ***Anpassung*** der Maßnahme oder Anordnung vor einem ***Gericht anfechten*** (Art 54 Abs 2 EuGVVO).

Diese Bestimmung eröffnet also den Parteien eine Anfechtung des Adaptionsbeschlusses (*Schlosser/Hess*, EuZPR[4] Art 54 EuGVVO Rz 4).

Nach hM regelt sie den Rechtsschutz nicht abschließend, sondern nur als Mindeststandard; es ist daher nach nationalem Recht zulässig, dass die Entscheidung des Gerichts einem weiteren Rechtszug unterliegt (*Kodek* in Czernich/Kodek/Mayr, Art 54 EuGVVO Rz 3; vgl. zu Art 54 EuGVVO weiters ausführlich *Leible* in Rauscher EuZPR/EuIPR Art 54 Brüssel Ia-VO Rz 1 ff).

Wie und durch wen diese Anpassung zu erfolgen hat, wird durch die einzelnen Mitgliedstaaten bestimmt (Erwägungsgrund 28 letzter S EuGVVO) (siehe diesbezüglich § 404 EO und noch unten XIV. E.).

Angeordnet wird weiters noch, dass der Partei, die in einem Mitgliedstaat eine in einem anderen Mitgliedstaat ergangene Entscheidung vollstrecken lassen will, wegen ihrer Eigenschaft als Ausländer oder wegen Fehlens eines Wohnsitzes oder Aufenthalts im ersuchten Mitgliedstaat eine Sicherheitsleistung oder Hinterlegung, unter welcher Bezeichnung es auch sei, nicht auferlegt werden darf (Art 56 EuGVVO) (zur Parallelbestimmung bei der EuVTVO siehe unten VI. H.).

IV. Brüsseler Übereinkommen von 1968 (EuGVÜ) – Luganer Übereinkommen (LGVÜ)

Lit.: Czernich/Kodek/Mayr, Europäisches Gerichtsstands- und Vollstreckungsrecht[4] (2015); *Czernich/Tiefenthaler,* Neue Aspekte im internationalen Verfahrensrecht durch den Beitritt Österreichs zum EuGVÜ, JBl 1998, 745; *Dietze/Schnichels,* Die Rechtsprechung des EuGH zum EuGVÜ und zur EuGVVO im Jahre 2004, EuZW 2005, 552; *Geimer,* Salut für die Verordnung (EG) 44/2001 (Brüssel I-VO), IPRax 2002, 69; *Handig,* Wesentliche Änderungen durch das In-Kraft-Treten von Brüssel I-VO im Vergleich zum EuGVÜ, ecolex 2002, 141; *Jenard,* Bericht über das Brüsseler Übereinkommen, Abl C 1979/59, 1 = 34 BlgNR 20. GP 51 ff (zitiert als Jenard-Bericht); *Klauser,* Abgrenzung und Unterschiede zwischen EuGVÜ und LGVÜ, ecolex 1996, 679; Klauser, EuGVÜ und EVÜ in Kraft getreten, ecolex 1998, 903; *Kohlegger,* Ein Vergleich zwischen EuGVÜ und LGVÜ, ÖJZ 1999, 41; *König,* Bedarf die EO einer LGVÜ/EuGVÜ-Nachbesserung? ecolex 1999, 310; *Mayr,* Das „Europäische Zivilprozessrecht" und Österreich, ÖJZ 1997, 847; *Mayr,* EuGVÜ und LGVÜ (2001); *Mayr,* Die Reform des internationalen Zivilprozessrechts in Österreich, JBl 2001, 144; *Mayr,* Europäisches Zivilprozessrecht (2011) 89 ff; *Musger,* Das Europäische Zivilverfahrensrecht und Österreich, in König/Mayr, Europäisches Zivilverfahrensrecht in Österreich I 1; *Neumayr,* EuGVÜ – LGVÜ: Österreich und die europäischen Zuständigkeits- und Vollstreckungsübereinkommen (1999); *Piltz,* Vom EuGVÜ zur Brüssel-I-Verordnung, NJW 2002, 789; *Rijavec,* Der Einfluß des Brüsseler Gerichtsstand- und Vollstreckungsübereinkommens (EuGVÜ) auf nationales Recht, FS Posch (1996) 287; *Schoibl,* Zum zeitlichen Anwendungsbereich und zum Ratifikationsstand des Brüsseler Übereinkommens und zum Konkurrenzverhältnis der beiden Europäischen Gerichtsstand- und Vollstreckungsübereinkommen EuGVÜ – LGVÜ, ÖJZ 2000, 481; *Schoibl,* Vom Brüsseler Übereinkommen zur Brüssel-I-Verordnung: Neuerungen im europäischen Zivilprozessrecht, JBl 2003, 149; *Schroeder,* Zur Frage der Vereinbarkeit von Anti-suit injunctions mit dem EuGVÜ, EuZW 2004, 470; *M. Stürner,* Unanwendbarkeit des EuGVÜ auf acta iure imperii: Anmerkung zu EuGH, Urteil vom 15.2.2007, C-292/05 – Lechouritou u.a./ Bundesrepublik Deutschland, GPR 2007, 300; *Wagner,* Der Beitritt Österreichs, Finnlands und Schwedens zum Brüsseler Gerichtsstands- und Vollstreckungsübereinkommen vom 27.9.1968, RIW 1998, 590.

A. Das Brüsseler Übereinkommen

In Artikel 293 EG-Vertrag haben die Mitgliedstaaten die Absicht erklärt, untereinander Verhandlungen einzuleiten, um zugunsten ihrer Staatsangehörigen „die Vereinfachung der Förmlichkeiten für die gegenseitige Anerkennung und Vollstreckung richterlicher Entscheidungen …" sicherzustellen (*Mayr*, EuZPR, Rz I/135).

In weiterer Folge wurde auf Grundlage eines Sachverständigenausschusses ein Übereinkommen über die gerichtliche Zuständigkeit und die Vollstreckung gerichtlicher Entscheidungen in Zivil- und Handelssachen (**„*Brüsseler Übereinkommen* oder *EuGVÜ*"**) zwischen den sechs ursprünglichen Mitgliedstaaten der Europäischen Gemeinschaft (Belgien, Bundesrepublik Deutschland, Frankreich, Italien, Luxemburg und Niederlande) am 27. September 1968 unterzeichnet, das am 1. Februar 1973 zwischen diesen Ländern in Kraft getreten ist (*Mayr* in Fasching/Konecny, V/1[2] Einleitung Rz 2).

Im Gegensatz zur EuGVVO handelt es sich beim EuGVÜ um einen selbständigen völkerrechtlichen Vertrag (*Adolphsen*, EZVR² 10), der weder primäres noch sekundäres Gemeinschaftsrecht schafft.

Zweifelsohne ist das EuGVÜ, selbiges gilt für das LGVÜ, als einer der erfolgreichsten völkerrechtlichen Verträge des letzten Jahrhunderts auf den Kerngebieten des internationalen Verfahrensrechts anzusehen (*Geimer*, IPRax 2002, 69).

Durch das Inkrafttreten der EuGVVO alt mit 01. März 2002 (und im Anschluss daran der EuGVVO neu) ist das EuGVÜ weitestgehend verdrängt worden; es gilt nur mehr für manche überseeischen Gebiete der Niederlande und Frankreichs (näher *Mayr*, EuZPR, Rz I/139; vgl. auch *Staudinger* in Rauscher EuZPR/EuIPR Einleitung Brüssel Ia-VO Rz 24).

B. Das Luganer Übereinkommen

Lit.: *Bajons,* Das Luganer Parallelübereinkommen zum EuGVÜ, ZfRV 1993, 45; *Frauenberger-Pfeiler,* Lugano-Abkommen: Anerkennung und Vollstreckung ausländischer Entscheidungen, ecolex 1996, 735; *Frauenberger-Pfeiler,* Das Lugano-Abkommen – die Einbindung Österreichs in das gesamteuropäische Zivilverfahrenssystem, JAP 1994/95, 227; *Fucik,* Die Zuständigkeit nach dem LGVÜ, RZ 1996, 241; *Hoyer,* Das Parallelübereinkommen der EFTA-Staaten mit der EG über Gerichtsstand und Vollstreckung, NZ 1989, 238; *Klauser,* Abgrenzung und Unterschiede zwischen EuGVÜ und LGVÜ, ecolex 1996, 679; *Kohlegger,* Ein Vergleich zwischen EuGVÜ und LGVÜ, ÖJZ 1999, 41; *König,* Bedarf die EO einer LGVÜ/EuGVÜ-Nachbesserung? ecolex 1999, 310; *Mänhardt,* Das Lugano-Übereinkommen und Österreich, in Reichelt, Europäisches Kollisionsrecht (1993) 81; *Mayr,* Ab wann ist das Lugano Übereinkommen anzuwenden? Wbl 1996, 381; *Mayr,* Das „Europäische Zivilprozessrecht" und Österreich, ÖJZ 1997, 847; *Mayr,* Die Reform des internationalen Zivilprozessrechts in Österreich, JBl 2001, 144; *Mayr,* EuGVÜ und LGVÜ (2001); *Mayr,* Europäisches Zivilprozessrecht (2011) 95 ff; *Mumelter,* Und es gibt sie doch - die Direktklage des Geschädigten in Versicherungssachen des LGVÜ, ZVR 2009/140, 285; *Musger,* Das Europäische Zivilverfahrensrecht und Österreich, in König/Mayr, Europäisches Zivilverfahrensrecht in Österreich I 1; *Musger,* Das Übereinkommen von Lugano: Internationales Zivilverfahrensrecht für den Europäischen Wirtschaftsraum, RZ 1993, 192; *Neumayr,* EuGVÜ – LGVÜ: Österreich und die europäischen Zuständigkeits- und Vollstreckungsübereinkommen (1999); *Pfeiler,* Die Gerichtszuständigkeit nach dem Abkommen von Lugano, ecolex 1996, 659; *Reichelt,* „Lugano" und Österreich – Österreich vor der Ratifikation des Parallelübereinkommens zum EuGVÜ, in Jayme, Ein internationales Zivilverfahrensrecht für Gesamteuropa (1992) 275; *Schoibl,* Zum zeitlichen Anwendungsbereich und zum Ratifikationsstand des Brüsseler Übereinkommens und zum Konkurrenzverhältnis der beiden Europäischen Gerichtsstand- und Vollstreckungsübereinkommen EuGVÜ – LGVÜ, ÖJZ 2000, 481.

Am 16. September 1988 haben die EG-Staaten und die EFTA-Staaten in Lugano ein Übereinkommen über die gerichtliche Zuständigkeit und die Vollstreckung gerichtlicher Entscheidungen in Zivil- und Handelssachen abgeschlossen.

Das LGVÜ schuf eine dem EuGVÜ vergleichbare Rechtslage zwischen EU- und EFTA-Staaten sowie zwischen den einzelnen EFTA-Staaten untereinander. Es wird daher auch als ***Parallel-Übereinkommen zum EuGVÜ*** bezeichnet.

Zwecks Angleichung an die EuGVVO neu wurde am 30. Oktober 2007 in Lugano ein neues Übereinkommen unterzeichnet. Dieses revidierte Luganer Übereinkommen ist mit 01. Jänner 2010 in Kraft getreten und hat das alte Luganer Übereinkommen von 1988 vollständig verdrängt.

Das (neue) LGVÜ (dazu ausführlich *Mayr* in Czernich/Kodek/Mayr, LGVÜ 2007) gilt heutzutage nur mehr im Verhältnis zu Norwegen, der Schweiz und Island (nähere Details bei *Gottwald* in MüKO ZPO[4] Vor Art 1 ff EuGVVO Rz 23).

V. Die Brüssel IIa-Verordnung

Lit.: *Coester-Waltjen,* Die Berücksichtigung der Kindesinteressen in der neuen EU-Verordnung „Brüssel IIa", FamzRZ 2005, 241; *Finger,* Die Verordnung (EU) Nr 1347/2000 des Rates v. 29.5.2000 (EheGVO), JR 2001, 177; *Frank,* Europäische Gerichtstand- und Vollstreckungsverordnung in Ehesachen und Verfahren betreffend die elterliche Verantwortung (EuEheVO – Brüssel IIa), in Gebauer/Wiedmann (Hrsg), Zivilrecht unter europäischem Einfluss[2] (2010) 1591; *Fuchs/Tölg,* Die einstweiligen Maßnahmen nach der EheVO (EuGVVO II), ZfRV 2002, 95; *Garber,* Sind eingetragene Partnerschaften vom Anwendungsbereich der VO Brüssel IIa erfasst? iFamZ 2012, 204; *Garber/Neumayr,* Europäisches Zivilverfahrensrecht (Brüssel I/IIa ua), Jahrbuch Europarecht 2013, 211; *Garber/Neumayr,* Europäisches Zivilverfahrensrecht (Brüssel I/IIa ua), Jahrbuch Europarecht 2014, 199; *Gruber,* Die Brüssel IIa-Verordnung und öffentlich-rechtliche Schutzmaßnahmen, IPRax 2008, 490; *Helms,* Die Anerkennung ausländischer Entscheidungen im Europäischen Eheverfahrensrecht, FamRZ 2001, 257; *Holzmann,* Brüssel IIa VO: Elterliche Verantwortung und internationale Kindesentführungen (2008); *Klauser/Horn,* Brüssel IIa-Verordnung in Kraft, ecolex 2004, 910; *Miklau,* Gemeinsame Obsorge, Kindesentführung und VO Brüssel IIa, iFamZ 2010, 133; *Schulz,* Die Verordnung (EG) Nr. 2201/2003 (Brüssel IIa) – eine Einführung, Beilage zu NjW 18/2004; *Schlosser,* Neue Perspektiven der Zusammenarbeit von Gerichten verschiedener EG-Staaten im Kindschaftsrecht, in FS Schwab (2005) 1255; *Schulz,* Das Haager Kindesentführungsübereinkommen und die Brüssel IIa-Verordnung, in FS Kropholler (2008) 435; *Siehr,* Die Europäische Verordnung über das Verfahren in Ehesachen, in Reichelt/Rechberger (Hrsg), Europäisches Kollisionsrecht (2004) 113; *Solomon,* „Brüssel IIa" – Die neuen europäischen Regeln zum internationalen Verfahrensrecht in Fragen der elterlichen Verantwortung, FamRZ 2004, 1409; *Spellenberg,* Anerkennung eherechtlicher Entscheidungen nach der EheGVO, ZZPInt 6 (2001) 109; *Spellenberg,* Der Anwendungsbereich der EheGVO („Brüssel II") in Statussachen, in FS Schumann (2001) 423; *Tödter,* Europäisches Kindschaftsrecht nach der Verordnung (EG) Nr 2201/2003 (2010); *Verschraegen,* Die Brüssel IIa-Verordnung: ein Danaergeschenk? in König/Mayr (Hrsg), Europäisches Zivilverfahrensrecht in Österreich (2007) 92; *Vogel,* Internationales Familienrecht – Änderungen und Auswirkungen durch die neue EU-Verordnung, MDR 2000, 1045; *Wilderspin,* Verabschiedung einer EG-Verordnung über die Zuständigkeit und Anerkennung von Entscheidungen in Ehesachen, SozSi 2000, 953.

A. Allgemeines

Die Verordnung (EG) Nr 2003/2201 des Rates vom 27. November 2003 über die Zuständigkeit und die Anerkennung und Vollstreckung von Entscheidungen in Ehesachen und Verfahren betreffend die elterliche Verantwortung und zur Aufhebung der Verordnung (EG) 2000/1347, ABl vom 23.12.2003, L 338/1 (Brüssel IIa-VO) ist am 01. März 2005 an die Stelle der bisherigen Brüssel II-Verordnung getreten.

Die Verordnung (EG) Nr 1347/2000 des Rates vom 29. Mai 2000 über die Zuständigkeit und die Anerkennung und Vollstreckung von Entscheidungen in Ehesachen und Verfahren betreffend die elterliche Verantwortung für die gemeinsamen Kinder der Ehegatten (Brüssel II-Verordnung) ist am 01. März 2001 in Kraft, allerdings am 28. Februar 2005 wegen Ersetzung durch eine Nachfolge-Verordnung (eben die Brüssel IIa-VO) bereits nach kurzer Geltungsdauer wieder außer Kraft getreten (*Mayr* EuZPR, Rz I/69).

Dies ist auch der Grund, warum auf die Brüssel II-Verordnung an dieser Stelle nicht näher eingegangen wird.

B. Anwendungsbereich

Die Brüssel IIa-VO, die auch als EuEheKindVO, EuFamVO oder als EuGVVO II bezeichnet wird, ist unmittelbar in den Mitgliedstaaten für gerichtliche Verfahren, öffentliche Urkunden und Vereinbarungen zwischen den Parteien, die nach dem 01. März 2005 eingeleitet, aufgenommen oder getroffen worden sind, anzuwenden (Art 64 Abs 1 iVm Art 72 Brüssel IIa-VO, *Mayr*, EuZPR Rz I/75). Dänemark ist von der Anwendung dieser Verordnung (wiederum) ausgenommen (*Adolphsen*, EZVR² 291; *Garber* in Angst/Oberhammer³ Vor § 79 Rz 415).

Die Brüssel IIa-VO gilt – unabhängig von der Art der Gerichtsbarkeit – für Zivilsachen mit folgendem Gegenstand:

- die Ehescheidung, die Trennung ohne Auflösung des Ehebandes und die Ungültigerklärung einer ***Ehe*** (Art 1 Abs 1 lit a Brüssel IIa-VO) und

- die Zuweisung, die Ausübung, die Übertragung sowie die vollständige oder teilweise Entziehung der ***elterlichen Verantwortung*** (Art 1 Abs 1 lit b Brüssel IIa-VO).

Unter Ehesachen fallen nach österreichischem Recht die Klage auf Scheidung (§§ 46 – 55 EheG), Aufhebung (§§ 33 – 44 EheG), Nichtigerklärung der Ehe (§§ 20 – 28 EheG) sowie die einvernehmliche Scheidung nach § 55a EheG (*Mayr* EuZPR Rz I/77). Nicht unter den Begriff der Ehesachen fallen so genannte andere Partnerschaften, etwa nach dem österreichischen EPG (*Rauscher* in Rauscher EuZPR/EuIPR Art 1 Brüssel IIa-VO Rz 5 ff).

Der Begriff elterliche Verantwortung umfasst die gesamten Rechte und Pflichten, die einer natürlichen oder juristischen Person durch Entscheidung oder kraft Gesetzes oder durch eine rechtlich verbindliche Vereinbarung betreffend die Person oder das Vermögen eines Kindes übertragen wurden. Elterliche Verantwortung umfasst das Sorge- und das Umgangsrecht, insbesondere also das Besuchsrecht (Art 2 Nr. 7 Brüssel IIa-VO).

C. Anerkennung und Vollstreckung

1. Anerkennung

Die in einem Mitgliedstaat ergangenen Entscheidungen werden in den anderen Mitgliedstaaten anerkannt, ohne dass es hierfür eines besonderen Verfahrens bedarf (Art 21 Abs 1 Brüssel IIa-VO).

Wie schon die EuGVVO, geht also auch die Brüssel IIa-VO von einer ***automatischen Anerkennung*** aus (OGH 1 Ob 17/05i; 4 Ob 20/09h; *Garber* in Angst/Oberhammer[3] Vor § 79 Rz 440).

Die Anerkennung einer Entscheidung nach der Brüssel IIa-VO bedeutet – so wie auch in Art 36 EuGVVO – die ***Erstreckung der Wirkungen***, die der Entscheidung im Erststaat zukommt, auf den Anerkennungsstaat (*Rauscher* in Rauscher EuZPR/EuIPR Art 21 Brüssel IIa-VO Rz 13).

Zu beachten ist, dass der Anerkennung nur (positive) Entscheidungen unterliegen, die einem Antrag auf Scheidung, Trennung oder Nichtigerklärung einer Ehe ***stattgeben***, nicht aber auch abweisende Entscheidungen (*Mayr*, EuZPR IV/56).

Für Zweifelsfälle existiert ein fakultatives besonderes Feststellungsverfahren, ob eine Entscheidung anzuerkennen ist oder nicht (Art 21 Abs 3 Brüssel IIa-VO).

2. Versagung der Anerkennung

Art 22 und 23 Brüssel IIa-VO enthalten die (***taxativ*** aufgezählten [*Garber* in Angst/Oberhammer[3] Vor § 79 Rz 444]) Gründe für die Nichtanerkennung von Entscheidungen, wobei Art 22 Brüssel IIa-VO die Gründe für die Nichtanerkennung von Entscheidungen in Ehesachen und Art 23 Brüssel IIa-VO jene für die Nichtanerkennung hinsichtlich der elterlichen Verantwortung auflistet. Die Gründe betreffend die Nichtanerkennung entsprechen jenen der EuGVVO (*Adolphsen*, EZVR[2] 296).

Im Einzelnen sind dies

- (offensichtliche) Verstöße gegen den ***ordre public*** (Art 22 lit a und Art 23 lit a Brüssel IIa-VO),
- Verletzungen des ***rechtlichen Gehörs*** (Art 22 lit b und Art 23 lit b, c und d Brüssel IIa-VO) sowie
- ***Unvereinbarkeiten*** mit anderen Entscheidungen (Art 22 lit c und d sowie Art 23 lit e und f Brüssel IIa-VO).

Die Anerkennung einer Entscheidung darf nicht deshalb abgelehnt werden, weil eine Ehescheidung, Trennung ohne Auflösung des Ehebandes oder Ungültigerklärung einer Ehe nach dem Recht des Mitgliedstaats, in dem die Anerkennung beantragt wird, unter Zugrundelegung desselben Sachverhalts nicht zulässig wäre (Art 25 Brüssel IIa-VO).

Weiters ist auch im Rahmen der Brüssel IIa-VO eine Nachprüfung der anzuerkennenden Entscheidung in der Sache selbst ausdrücklich verboten (Art 26 Brüssel IIa-VO, ***Verbot der révision au fond***).

Im Gegensatz zur EuGVVO, erfolgt die Prüfung der Anerkennungshindernisse jedoch ***von Amts wegen*** durch das erstinstanzliche Gericht (*Mayr* EuZPR Rz IV/58).

3. Vollstreckbarerklärung und Vollstreckung

Die in einem Mitgliedstaat ergangenen Entscheidungen über die elterliche Verantwortung für ein Kind, die in diesem Mitgliedstaat vollstreckbar und zugestellt worden sind, werden in einem anderen Mitgliedstaat vollstreckt, wenn sie dort auf Antrag einer berechtigten Partei (vor allem Eltern, Kinder) für vollstreckbar erklärt wurden (Art 28 Abs 1 Brüssel IIa-VO). So wie bei der EuGVVO alt, bedarf es daher einer ***Vollstreckbarerklärung inklusive entsprechendem Verfahren*** (*Garber* in Angst/Oberhammer[3] Vor § 79 Rz 450; *Mayr* EuZPR Rz IV/60).

Für die Stellung eines Antrags auf Vollstreckbarerklärung ist das Recht des Vollstreckungsmitgliedstaats maßgebend (Art 30 Abs 1 Brüssel IIa-VO).

Beachte: Nur Entscheidungen über die elterliche Verantwortung können vollstreckt werden. Ehesachen können naturgemäß als Rechtsgestaltungsklagen nicht vollstreckt werden; sie sind nicht vollstreckungsfähig (*Adolphsen*, EZVR[2] 297).

Mit dem Antrag auf Vollstreckbarerklärung einer Entscheidung hat der Antragsteller eine Ausfertigung der Entscheidung, die die für ihre Beweiskraft erforderlichen Voraussetzungen erfüllt und eine Bescheinigung nach Art 39 Brüssel IIa-VO vorzulegen (Art 37 Abs 1 Brüssel IIa-VO).

Nach Art 39 Brüssel IIa-VO stellt das zuständige Gericht oder die zuständige Behörde des Ursprungsmitgliedstaats auf Antrag einer berechtigten Partei eine ***Bescheinigung*** unter Verwendung des Formblatts in Anhang I (Entscheidungen in Ehesachen) oder Anhang II (Entscheidungen über die elterliche Verantwortung) aus.

Gegen die Entscheidung über den Antrag auf Vollstreckbarerklärung kann jede Partei einen (zweiseitigen) Rechtsbehelf einlegen (Art 33 Abs 1 Brüssel IIa-VO). Die Rechtsmittelfrist beträgt grundsätzlich einen Monat; für den Antragsgegner, der seinen gewöhnlichen Aufenthalt in einem anderen Mitgliedstaat hat, zwei Monate ab Zustellung der Entscheidung (Art 33 Abs 5 Brüssel IIa-VO).

In Österreich ist das Rechtsmittel beim Bezirksgericht einzubringen und als zweiseitiger Rekurs mit Neuerungserlaubnis ausgestaltet (§ 114 Abs 3 AußStrG; *Mayr* EuZPR Rz IV/64 f).

Die Vollstreckung einer von einem Gericht eines anderen Mitgliedstaats erlassenen Entscheidung, die nach Art 28 Brüssel IIa-VO für vollstreckbar erklärt wurde oder nach Artikel 41 Abs 1 Brüssel IIa-VO oder Art 42 Abs 1 Brüssel IIa-VO ohne Vollstreckbarerklärungsverfahren vollstreckt werden kann (dazu sogleich unter 4.), erfolgt im Vollstreckungsmitgliedstaat ***unter denselben Bedingungen***, die für in diesem Mitgliedstaat ergangene Entscheidungen gelten (Art 47 Abs 2 Brüssel IIa-VO).

Für das Vollstreckungsverfahren ist das Recht des Vollstreckungsmitgliedstaats, also das jeweilige nationale Recht maßgebend (Art 47 Abs 1 Brüssel IIa-VO). Ist österreichisches Recht anwendbar, richtet sich die Durchsetzung von Obsorge- und Besuchsrechtsregelungen nach § 110 AußStrG (*Mayr* EuZPR Rz IV/66).

4. Ausnahmen vom Vollstreckbarerklärungsverfahren

Eine in einem Mitgliedstaat ergangene vollstreckbare Entscheidung über das ***Umgangsrecht (Besuchsrecht)*** sowie eine in einem Mitgliedstaat ergangene vollstreckbare Entscheidung über die ***Rückgabe des Kindes*** kann in einem anderen Mitgliedstaat vollstreckt werden, ohne dass es einer Vollstreckbarerklärung bedarf (Art 41 Abs 1 und 42 Abs 1 Brüssel IIa-VO; dazu ausführlich *Garber* in Angst/Oberhammer[3] Vor § 79 Rz 452 ff).

Für Entscheidungen zum ***Umgangsrecht*** und über die ***Rückgabe des Kindes*** ist somit ***kein Vollstreckbarerklärungsverfahren*** vorgesehen (*Rauscher* in Rauscher EuZPR/EuIPR Art 41, Art 42 Brüssel IIa-VO jeweils Rz 2). Erforderlich ist lediglich eine vom Gericht des Ursprungsmitgliedstaats auszustellende ***Bescheinigung***, mit welcher das Ursprungsgericht bestätigt, dass die Verfahrensgarantien eingehalten worden sind (Art 41 Abs 1 iVm Abs 2 Brüssel IIa-VO; Art 42 Abs 1 iVm Abs 2 Brüssel IIa-VO; *Mayr* EuZPR Rz IV/65).

VI. Europäische Vollstreckungstitel-Verordnung

Lit.: *Bittmann,* Das Verhältnis der EuVTVO zur EuGVVO, IPRax 2011, 55; *Bittmann,* Der Europäische Vollstreckungstitel – einfach und gut? dAnwBl 2011, 378; *Burgstaller/Neumayr,* Der Europäische Vollstreckungstitel für unbestrittene Forderungen, ÖJZ 2006/13, 179; *Frauenberger-Pfeiler,* Neues aus dem EuZVR, JAP 2006/2007, 107; *Garber,* Zur Bestätigung einstweiliger Maßnahmen als Europäischer Vollstreckungstitel, in Jahrbuch Zivilverfahrensrecht 2009 (2009) 73; *Garber,* Kostenentscheidungen als Europäische Vollstreckungstitel Zak 2009, 287; *Garber,* Die Stellung des Verbrauchers im Europäischen Zivilprozessrecht, ÖJZ 2011, 197; *Klöpfer/Ramić,* Der Europäische Vollstreckungstitel in C2C-Streitigkeiten, GPR 2014, 107; *Kohler,* Von der EuGVVO zum Europäischen Vollstreckungstitel: Entwicklungen und Tendenzen im Recht der Anerkennung und Vollstreckung ausländischer Entscheidungen, in Reichelt/Rechberger, Europäisches Kollisionsrecht (2004) 63; *Kohler,* Das Prinzip der gegenseitigen Anerkennung in Zivilsachen im europäischen Justizraum, ZSR 2005 II, 263; *Kohler,* Herkunftslandprinzip und Anerkennung gerichtlicher Entscheidungen im europäischen Justizraum, in Reichelt, Das Herkunftslandprinzip im Europäischen Gemeinschaftsrecht (2006) 71; *König,* Der Europäische Vollstreckungstitel: haben wir gehörig vorgesorgt? in König/Mayr (Hrsg), Europäisches Zivilverfahrensrecht in Österreich II (2007) 63; *König,* EuVTVO: Belehrungserfordernisse und Anwendungsbereich, IPRax 2008, 141 = Rz 2008, 99; *Mankowski,* Europäischer Vollstreckungstitel und prozessualer Verbraucherschutz, in FS Kerameus (2009) 785; *McGuire,* Rechtsbehelfe des Schuldner gegen den EU-Vollstreckungstitel, ecolex 2006, 83; *Moser,* Der Europäische Vollstreckungstitel im Überblick ecolex 2005, 758; *Oberhammer,* Der Europäische Vollstreckungstitel: Rechtspolitische Ziele und Methoden, JBl 2006, 477; *Pietsch,* Die grenzüberschreitenden zivilrechtlichen Vollstreckungsmechanismen in der EU, AnwBl 2013, 639; *Rausch,* Vereinfachte Unterhaltsvollstreckung in der EU mit dem neuen Europäischen Vollstreckungstitel, FuR 2005, 437; *Rauscher,* Der Europäische Vollstreckungstitel für unbestrittene Forderungen (2004); *Rauscher,* Der Europäische Vollstreckungstitel für unbestrittene Forderungen, GPR 2003/04, 286; *Rauscher,* Brüssel: Vollstreckungstitelverordnung, FamZ 2007, 62; *Rechberger,* Die Verordnung zur Einführung eines Europäischen Vollstreckungstitels und die Europäische Prozessrechtskultur, in FS Kerameus (2009) 1141; *Rechberger/Frauenberger-Pfeiler,* Der Europäische Vollstreckungstitel – Eine Annäherung, in FS Peter Fischer (2004) 399; *Rellermeyer,* Der Europäische Vollstreckungstitel für unbestrittene Forderungen, dRpfleger 2005, 389; *Sima,* Der Europäische Vollstreckungstitel, ZIK 2005, 55; *Stadler,* Kritische Anmerkungen zum Europäischen Vollstreckungstitel, RIW 2004, 801; *Stein,* Der Europäische Vollstreckungstitel für unbestrittene Forderungen tritt in Kraft – Aufruf zu einer nüchternen Betrachtung, IPRax 2004, 181: *Stein,* Der Europäische Vollstreckungstitel für unbestrittene Forderungen – Einstieg in den Ausstieg aus dem Exequaturverfahren bei Auslandsvollstreckung, EuZW 2004, 679; *M. Stürner,* Rechtsschutz gegen fehlerhafte Europäische Vollstreckungstitel, GPR 2010, 43; *Tsikrikas,* Die Einlegung von Rechtsbehelfen im Vollsteckungsverfahren aufgrund eines europäischen Vollstreckungstitels, ZZPInt 2006, 51; *R. Wagner,* Der europäische Vollstreckungstitel, NJW 2005, 1151; *R. Wagner,* Die neue Verordnung zum Europäischen Vollstreckungstitel, IPRax 2005, 189; *Windolf/Zemmrich,* Der Europäische Vollstreckungstitel – Schon jetzt ein „Dauerbrenner" im Europäischen Zivilprozessrecht? Jus 2007, 803; *Yessiou-Faltsi,* Die Folgen des Europäischen Vollstreckungstitels für das Vollstreckungsrecht in Europa, in Gottwald (Hrsg), Perspektiven der justiziellen Zusammenarbeit in Zivilsachen in der Europäischen Union (2004) 113.

A. Allgemeines

Mit der EuVTVO wird ein Europäischer Vollstreckungstitel für unbestrittene Forderungen eingeführt, ohne dass im Vollstreckungsmitgliedstaat ein Zwischenverfahren vor der Anerkennung und Vollstreckung angestrengt werden muss; es soll durch die Festlegung von Mindestvorschriften der freie Verkehr von Entscheidungen, gerichtlichen Vergleichen und öffentlichen Urkunden in allen Mitgliedstaaten ermöglicht werden (Art 1 EuVTVO).

Die EuVTVO tritt neben die EuGVVO; der Berechtigte kann daher wählen, ob er nach der EuGVVO oder – wenn die entsprechenden Voraussetzungen erfüllt sind – nach der EuVTVO vorgehen möchte (Art 27, Erwägungsgrund 20 EuVTVO).

§ 2 Abs 2 EO setzt ***ausländische Exekutionstitel*** (dazu genauer unten XIV. B.), die zwar außerhalb des Geltungsbereichs der EO errichtet worden sind, aber aufgrund einer völkerrechtlichen Vereinbarung oder eines Rechtsaktes der Europäischen Union ohne gesonderte Vollstreckbarerklärung zu vollstrecken sind, den in § 1 EO genannten Exekutionstiteln, also inländischen Titeln, gleich. Diese Bestimmung wurde durch die EO-Novelle 2005 in die EO eingefügt und diente zunächst der Umsetzung der Europäischen VollstreckungstitelVO; mittlerweile sind als weitere Rechtsakte der Europäischen Union, die in den Anwendungsbereich des § 2 Abs 2 EO fallen, die EuMahnVO, die EuBagatell-VO, die EuSchMVO, die EuGVVO neu sowie – zumindest teilweise – die EuEheKindVO und die EuUntVO hinzugekommen (*Jakusch* in Angst/Oberhammer[3] § 2 Rz 3).

Kernunterschied zwischen der EuGVVO alt und der EuVTVO war, dass im Geltungsbereich der EuGVVO alt Entscheidungen grundsätzlich für vollstreckbar erklärt werden mussten (Art 38 Abs 1 EuGVVO alt).

Im Anwendungsbereich der EuVTVO ist bei Titeln, die eine unbestrittene Forderung zum Gegenstand haben, eine Vollstreckbarerklärung im Vollstreckungsstaat nicht (mehr) notwendig (Erwägungsgrund 8 EuVT-VO).

Dies entspricht der Rechtslage der EuGVVO neu; eine Vollstreckbarerklärung ist hier (nunmehr) ebenfalls nicht mehr notwendig.

B. Geschichtliche Entwicklung der EuVTVO

Auf seiner Tagung vom 15. und 16. Oktober 1999 in Tampere bekräftigte der Europäische Rat den Grundsatz der gegenseitigen Anerkennung gerichtlicher Entscheidungen als Eckpfeiler für die Schaffung eines echten europäischen Rechtsraums (Erwägungsgrund 3 EuVTVO).

Am 30. November 2000 verabschiedete der Rat ein Programm über Maßnahmen zur Umsetzung des Grundsatzes der gegenseitigen Anerkennung gerichtlicher Entscheidungen in Zivil- und Handelssachen (ABl. C 12 vom 15.1.2001, 1).

Dieses Programm sieht in seiner ersten Phase die Abschaffung des Vollstreckbarerklärungsverfahrens, d.h. die Einführung eines Europäischen Vollstreckungstitels für unbestrittene Forderungen vor (Erwägungsgrund 4 EuVTVO).

Im Rahmen der EuVTVO konnte man sich also darauf einigen, zumindest bei unbestrittenen Forderungen auf ein Vollstreckbarerklärungsverfahren zu verzichten (*Mayr* EuZPR Rz I/92).

C. Anwendungsbereich

Auch die EuVTVO ist in Zivil- und Handelssachen anzuwenden, ohne dass es auf die Art der Gerichtsbarkeit ankommt (Art 2 Abs 1 EuVTVO). Die Ausnahmen vom sachlichen Anwendungsbereich (etwa Personenstand, Rechts- und Handlungsfähigkeit, Insolvenzrecht, soziale Sicherheit und Schiedsgerichtsbarkeit) entsprechen jenen der EuGVVO (Art 2 Abs 2 EuVTVO).

Die EuVTVO ist am 21. Jänner 2005 in Kraft getreten; sie gilt seit dem 21. Oktober 2005 (Art 33 EuVTVO), ist aber bereits auf Exekutionstitel anzuwenden, die nach dem formellen Inkrafttreten (21. Jänner 2005) entstanden sind (Art 26 EuVTVO).

Räumlich gesehen gilt die EuVTVO für alle Mitgliedstaaten der Europäischen Union, mit Ausnahme von Dänemark (Art 2 Abs 3 EuVTVO; *Garber* in Angst/Oberhammer[3] Vor § 79 Rz 230).

D. Von der EuVTVO erfasste Titel

Als Europäischer Vollstreckungstitel können ausschließlich

- ***Entscheidungen***,
- ***gerichtliche Vergleiche*** und
- ***öffentliche Urkunden***

bestätigt werden (Art 3 Abs 1 EuVTVO).

Unter Entscheidung ist jede von einem Gericht eines Mitgliedstaats erlassene ***Entscheidung ohne Rücksicht auf ihre Bezeichnung*** wie Urteil, Beschluss, Zahlungsbefehl oder Vollstreckungsbescheid, einschließlich des Kostenfestsetzungsbeschlusses eines Gerichtsbediensteten zu verstehen (Art 4 Nr 1 EuVTVO). Der Begriff der Entscheidung deckt sich somit inhaltlich mit jenem von Art 2 lit a EuGGVO (dazu oben III. E. 2.).

► ***Gerichtliche Vergleiche*** werden definiert als Vergleiche, die von einem Gericht gebilligt oder vor einem solchen im Laufe eines Verfahrens geschlossen worden und im betreffenden Mitgliedstaat vollstreckbar sind (Art 3 Abs 1 lit a und Art 24 Abs 1 EuVTVO).

In Österreich werden der Prozessvergleich (§ 204 ZPO) und der prätorische Vergleich (§ 433 ZPO) erfasst (*Pabst* in Rauscher EuZPR/EuIPR Art 3 EG-VollstrTitelVO Rz 16).

► ***Öffentliche Urkunden*** werden in zweifacher Weise definiert. Darunter versteht man zum Einem ein Schriftstück, das als öffentliche Urkunde aufgenommen oder registriert worden ist (die Beurkundung muss sich dabei auf die Unterschrift und den Inhalt der Urkunde beziehen und von einer Behörde oder einer anderen von dem Ursprungsmitgliedstaat hierzu ermächtigten Stelle durchgeführt worden sein [Art 4 Nr. 3 lit a EuVTVO]); zum Anderen ist eine öffentliche Urkunde eine vor einer Verwaltungsbehörde geschlossene oder von ihr beurkundete Unterhaltsvereinbarung oder -verpflichtung (Art 4 Nr. 3 lit b EuVTVO).

Ist österreichisches Recht anzuwenden, fallen unter den Begriff öffentliche Urkunden im Wesentlichen vollstreckbare Notariatsakte iSv § 3 NO und § 1 Z 17 EO (*Mayr* EuZPR Rz IV/74).

E. Begriff der unbestrittenen Forderung

Neben der Voraussetzung eines geeigneten Titels, ist die EuVTVO nur bei unbestrittenen Forderungen anzuwenden (Art 3 Abs 1 EuVTVO). Unter Forderung versteht man eine Forderung auf ***Zahlung einer bestimmten Geldsumme***, die fällig ist oder deren Fälligkeitsdatum in der Entscheidung, dem gerichtlichen Vergleich oder der öffentlichen Urkunde angegeben ist (Art 4 Nr. 2 EuVTVO).

Sachleistungsansprüche werden daher von der EuVTVO ebenso wenig erfasst (*Pabst* in Rauscher EuZPR/EuIPR Art 4 EG-VollstrTitelVO Rz 8) wie Rechtsgestaltungsentscheidungen (*Mayr* Eu ZPR Rz IV/75).

Darüber hinaus muss die (fällige) Geldforderung ***unbestritten*** sein (*Adolphsen*, EZVR² 203 f). Dies ist entweder dann der Fall, wenn

- der Schuldner die Forderung ausdrücklich ***anerkannt*** hat (***aktiv unbestrittene Forderungen***) oder
- diese auf eine ***prozessuale Säumnis*** des Schuldners zurückzuführen ist (***passiv unbestrittene Forderungen***, Art 3 Abs 1 EuVTVO).

Zu den ausdrücklich anerkannten Forderungen gehören

- das ***prozessuale Anerkenntnis***,
- der ***gerichtliche Vergleich*** und
- die ***öffentliche Urkunde*** iSd ***vollstreckbaren Notariatsakts*** (Art 3 Abs 1 lit a und d EuVTVO).

Auf eine prozessuale Säumnis ist eine unbestrittene Forderung dann zurückzuführen, wenn der Beklagte der Forderung im gerichtlichen Verfahren zu keiner Zeit widersprochen hat (Art 3 Abs 1 lit b EuVTVO).

In Österreich fallen darunter

- der fehlende ***Einspruch gegen den Zahlungsbefehl***,
- ***fehlende Einwendungen im Wechselmandatsverfahren***,
- das ***Nichterstatten einer Klagebeantwortung*** (im Gerichtshofverfahren),
- das ***Nichterscheinen zum ersten Verhandlungstermin*** (im bezirksgerichtlichen Verfahren) sowie
- eine ***unterlassene Äußerung nach § 17 AußStrG*** (*Mayr* EuZPR Rz IV/78).

F. Voraussetzungen für die Bestätigung als Europäischer Vollstreckungstitel

Eine in einem Mitgliedstaat über eine unbestrittene Forderung ergangene Entscheidung wird auf jederzeitigen Antrag an das Ursprungsgericht als Europäischer Vollstreckungstitel ***bestätigt***, wenn

- sie im Ursprungsmitgliedstaat vollstreckbar ist (Art 6 Abs 1 lit a EuVTVO),

Vollstreckbarkeit im Ursprungsmitgliedstaat ist ausreichend; nicht erforderlich ist, dass die Entscheidung (bereits) rechtskräftig ist (*Rauscher*, GPR 2003/04, 288). Vorläufige Vollstreckbarkeit genügt (*Pabst* in Rauscher EuZPR/EuIPR Art 6 EG-VollstrTitelVO Rz 10).

- die Zuständigkeitsregeln für Versicherungssachen (Art 8 – 14 EuVTVO) sowie die Zwangszuständigkeiten nach der EuGVVO eingehalten worden sind (Art 6 Abs 1 lit b EuVTVO),

Ein Europäischer Vollstreckungstitel darf nur ausgestellt werden, wenn sich das Ursprungsgericht selbst bestätigt, dass es die Zwangszuständigkeiten sowie die zwingenden Zuständigkeitsvorschriften in Versicherungssachen eingehalten hat (*Mayr* EuZPR Rz IV/83).

Beachte: In aller Regel wird die Bestätigung als Europäischer Vollstreckungstitel von dem Gericht, ja oft sogar von dem Richter (Rechtspfleger) ausgestellt werden, der auch in der Sache selbst entschieden hat. Dies und der Umstand, dass die Bestätigung als Europäischer Vollstreckungstitel formularmäßig erfolgt, sind jedenfalls als (erhebliches) Rechtsschutzdefizit anzusehen (ebenfalls kritisch *Mayr* EuZPR Rz IV/70 sowie *Rechberger* in Fasching/Konecny, V/1^2 Art 6 EuVTVO Rz 2 f).

- verfahrensrechtliche Mindeststandards betreffend die Zustellung gerichtlicher Schriftstücke und bestimmte Informationsrechte des Schuldners eingehalten worden sind (Art 6 Abs 1 lit c EuVTVO) und

In dem Fall, dass sich der Schuldner nicht in das Verfahren eingelassen hat (es handelt sich somit um eine passiv unbestrittene Forderung), darf ein Europäischer Vollstreckungstitel nur dann ausgestellt werden, wenn bestimmte verfahrensrechtliche Mindestvorschriften (Art 12 ff EuVTVO) eingehalten wurden. Diese beziehen sich vor allem auf das rechtliche Gehör und Informationsrechte des Schuldners (*Mayr* EuZPR Rz IV/84, zu Einzelheiten siehe IV/92 ff).

- bei Verbrauchersachen der Verbraucher seinen Wohnsitz im Staat des Ursprungsgerichts hatte (Art 6 Abs 1 lit d EuVTVO).

Wenn eine Person einen Vertrag zu einem Zweck geschlossen hat, der nicht der beruflichen oder gewerblichen Tätigkeit dieser Person zugerechnet werden kann (Verbraucher), darf eine gegen ihn erlassene Entscheidung nur dann als Europäischer Vollstreckungstitel bestätigt werden, wenn der Verbraucher zum Zeitpunkt der Klageerhebung seinen Wohnsitz (Art 62 EuGVVO neu) im Staat des Ursprungsgerichts hat (*Rechberger* in Fasching/Konecny, V/1^2 Art 6 EuVTVO Rz 14).

Art 6 Abs 1 lit d EuVTVO ist nur einschlägig, wenn der Schuldner im Prozess passiv geblieben ist, also bei Säumnisentscheidungen iSv Art 3 Abs 1 lit b und c EuVTVO). Hinsichtlich aktiv vom Schuldner anerkannter Forderungen ist Art 6 Abs 1 lit d EuVTVO nicht anwendbar (*Pabst* in Rauscher EuZPR/EuIPR Art 6 EG-VollstrTitelVO Rz 33).

G. Bestätigungsverfahren

Eine in einem Mitgliedstaat über eine unbestrittene Forderung ergangene Entscheidung wird auf jederzeitigen Antrag an das Ursprungsgericht als Europäischer Vollstreckungstitel bestätigt (Art 6 Abs 1 EuVTVO, *Adolphsen*, EZVR² 206; *Garber* in Angst/Oberhammer³ Vor § 79 Rz 263). Der Kläger hat also die Möglichkeit, einen Antrag auf Bestätigung als Europäischer Vollstreckungstitel einzubringen. Der Antrag ist an das Ursprungsgericht zu richten (*Rechberger* in Fasching/Konecny, V/1² Art 6 EuVTVO Rz 2).

Der Begriff Ursprungsgericht meint jenes Gericht, das mit dem Verfahren zum Zeitpunkt der Erfüllung der Voraussetzungen nach Artikel 3 Abs 1 lit a, b, und c befasst war (Art 4 Nr. 6 EuVTVO). In Österreich ist nach § 419 EO das in erster Instanz zuständig gewesene Titelgericht zuständig (*Mayr* EuZPR Rz IV/87). § 419 EO (vor der EO-Novelle 2016 § 7a EO) diente – ebenso wie § 2 Abs 2 EO – ursprünglich nur der Umsetzung der EuVTVO und regelt nur die Zuständigkeit zur Erteilung, Aufhebung und Berichtigung der für die Vollstreckung inländischer Exekutionstitel im Ausland erforderlichen Bestätigung über die Vollstreckbarkeit (*Jakusch* in Angst/Oberhammer³ § 7a EO Rz 1, 3).

Die Bestätigung über die Vollstreckbarkeit nach § 419 EO (vor der EO-Novelle 2016 § 7a EO) stellt ein funktionales Äquivalent zu der im nationalen Exekutionsverfahren erforderlichen Betätigung der Vollstreckbarkeit dar (*Jakusch* in Angst/Oberhammer³ § 7a EO Rz 4).

Mittlerweile existieren im europäischen Bereich mehrere Verordnungen, in deren Anwendungsbereich es keines Vollstreckbarerklärungsverfahrens mehr bedarf. Es sind dies – wie bereits erwähnt – die EuGVVO neu, die EuMahnVO, die EuBagatellVO, die EuSchMVO, die EuVTVO sowie zumindest teilweise die EuEheKindVO und die EuUntVO (*Jakusch* in Angst/Oberhammer³ § 7a EO Rz 1; vgl. zu § 419 EO abschließend ausführlich *Höllwerth* in Burgstaller/Deixler-Hübner § 7a EO Rz 1 ff).

Der Antrag auf Bestätigung als Europäischer Vollstreckungstitel kann jederzeit eingebracht werden; dies ist daher also auch schon vor dem Vorliegen einer Entscheidung, aber auch erst nach Eintritt ihrer Rechtskraft möglich. In erster Linie ist an eine Antragstellung gleichzeitig mit der Klagseinbringung zu denken (*Burgstaller/Neumayr*, ÖJZ 2006, 186).

Nachdem der Kläger einen Antrag auf Bestätigung als Europäischen Vollstreckungstitel gestellt hat, überprüft das Titelgericht zunächst das Vorliegen der Voraussetzungen für eine Bestätigung als Europäischer Vollstreckungstitel.

Fällt die Prüfung positiv aus, stellt das Titelgericht eine Bestätigung als Europäischer Vollstreckungstitel (in der Sprache der Entscheidung) gemäß Anhang I EuVTVO aus (Art 9 EuVTVO).

Gegen die Ausstellung einer Bestätigung als Europäischer Vollstreckungstitel ist (grundsätzlich) ***kein Rechtsbehelf*** möglich (Art 10 Abs 4 EuVTVO).

Die Bestätigung als Europäischer Vollstreckungstitel wird auf Antrag (der Parteien) an das Ursprungsgericht

- ***berichtigt***, wenn die Entscheidung und die Bestätigung aufgrund eines materiellen Fehlers voneinander abweichen (Art 10 Abs 1 lit a EuVTVO) oder

Eine Berichtigung ist nur bei einer Abweichung wegen eines „materiellen Fehlers“ möglich. Gemeint kann damit wohl nur eine „offenbare Unrichtigkeit“ iSv § 419 Abs 1 ZPO sein (*Mayr* EuZPR Rz IV/88; vgl. dazu zum deutschen Recht *Adolphsen*, EZVR² 209).

- ***widerrufen***, wenn sie hinsichtlich der in dieser Verordnung festgelegten Voraussetzungen eindeutig zu Unrecht erteilt wurde (Art 10 Abs 1 lit b EuVTVO).

Wann eine Bestätigung als Europäischer Vollstreckungstitel widerrufen werden kann, ist aus der Formulierung des Art 10 Abs 1 lit b EuVTVO nur schwer herauszulesen. Die hL geht davon aus, dass ein Widerruf immer dann zulässig ist, wenn die Bestätigung als Europäischer Vollstreckungstitel unrechtmäßig erfolgt ist (*Mayr* EuZPR Rz IV/88).

Für die Berichtigung oder den Widerruf der Bestätigung als Europäischer Vollstreckungstitel ist das Recht des Ursprungsmitgliedstaats maßgebend (Art 10 Abs 1 EuVTVO).

H. Vollstreckungsverfahren

Eine Entscheidung, die im Ursprungsmitgliedstaat als Europäischer Vollstreckungstitel bestätigt worden ist, wird in den anderen Mitgliedstaaten anerkannt und vollstreckt, ohne dass es einer Vollstreckbarerklärung bedarf und ohne dass die Anerkennung angefochten werden kann (Art 5 EuVTVO). Ein Zwischenverfahren (Vollstreckbarerklärungsverfahren) ist also nicht vorgesehen.

Für das Vollstreckungsverfahren gilt das Recht des Vollstreckungsstaats. Wird in Österreich vollstreckt, sind daher die Vorschriften der EO heranzuziehen (*Mayr* EuZPR Rz IV/97).

Eine als Europäischer Vollstreckungstitel bestätigte Entscheidung wird unter den gleichen Bedingungen vollstreckt wie eine im Vollstreckungsmitgliedstaat ergangene Entscheidung (Art 20 Abs 1 EuVTVO); zu Recht werden derartige Titel daher als ***supranationale europäische Vollstreckungstitel*** bezeichnet (*Mayr* EuZPR Rz IV/69).

Ergänzend zu der Bestimmung des Art 20 Abs 1 EuVTVO wird angeordnet, dass einer Partei, die in einem Mitgliedstaat eine Entscheidung vollstrecken lassen will, die in einem anderen Mitgliedstaat als Europäischer Vollstreckungstitel bestätigt wurde, wegen ihrer Eigenschaft als Ausländer oder wegen Fehlens eines inländischen Wohnsitzes oder Aufenthaltsorts eine Sicherheitsleistung oder Hinterlegung (unter welcher Bezeichnung auch immer) nicht auferlegt werden darf (Art 20 Abs 3 EuVTVO).

Wird ein Antrag auf Vollstreckung eines Europäischen Vollstreckungstitels durch den betreibenden Gläubiger gestellt, so hat dieser folgende Dokumente vorzulegen:

- eine Ausfertigung der Entscheidung (Art 20 Abs 2 lit a EuVTVO),
- eine Ausfertigung der Bestätigung als Europäischer Vollstreckungstitel (Art 20 Abs 2 lit b EuVTVO) und
- erforderlichenfalls eine beglaubigte Übersetzung der Bestätigung des Titels in die Amtssprache des Vollstreckungsgerichts (Art 20 Abs 2 lit c EuVTVO).

Weder die Entscheidung noch ihre Bestätigung als Europäischer Vollstreckungstitel dürfen im Vollstreckungsmitgliedstaat in der Sache selbst nachgeprüft werden (Art 21 Abs 2 EuVTVO). Das Verbot der ***révision au fond*** gilt daher auch im Rahmen der EuVTVO.

I. Verweigerung und Aussetzung/Beschränkung der Vollstreckung

Auf Antrag des Schuldners wird die Vollstreckung vom zuständigen Gericht im Vollstreckungsmitgliedstaat verweigert, wenn die als Europäischer Vollstreckungstitel bestätigte Entscheidung mit einer früheren Entscheidung unvereinbar ist, die in einem Mitgliedstaat oder einem Drittland ergangen ist, sofern

- die frühere Entscheidung zwischen denselben Parteien wegen desselben Streitgegenstands ergangen ist und (Art 21 Abs 1 lit a EuVTVO),
- die frühere Entscheidung im Vollstreckungsmitgliedstaat ergangen ist oder die notwendigen Voraussetzungen für ihre Anerkennung im Vollstreckungsmitgliedstaat erfüllt (Art 21 Abs 1 lit b EuVTVO) und
- die Unvereinbarkeit im gerichtlichen Verfahren des Ursprungsmitgliedstaats nicht geltend gemacht worden ist und nicht geltend gemacht werden konnte (Art 21 Abs 1 lit c EuVTVO).

In dem Fall, dass der Schuldner einen Rechtsbehelf (dazu zählen alle ordentlichen und außerordentlichen Rechtsbehelfe, die das Prozessrecht des Ursprungsmitgliedstaats gegen die Entscheidung zur Verfügung stellt [*Rechberger* in Fasching/Konecny, V/1^{2} Art 23 EuVTVO Rz 2]) gegen eine als Europäischer Vollstreckungstitelbestätigte Entscheidung eingelegt hat oder die Berichtigung oder den Widerruf einer Bestätigung als Europäischer Vollstreckungstitel beantragt, kann das zuständige Gericht oder die befugte Stelle im Vollstreckungsmitgliedstaat auf Antrag des Schuldners

- das Vollstreckungsverfahren auf Sicherungsmaßnahmen beschränken (Art 23 lit a EuVTVO) oder
- die Vollstreckung von der Leistung einer von dem Gericht oder der befugten Stelle zu bestimmenden Sicherheit abhängig machen (Art 23 lit b EuVTVO) oder
- unter außergewöhnlichen Umständen das Vollstreckungsverfahren aussetzen (Art 23 lit c EuVTVO).

VII. Europäisches Mahnverfahren

Lit: Borić/Rudolf/Knaus, Einspruch gegen den Europäischen Zahlungsbefehl - Zuständigkeitsbegründend? eastlex 2013, 41; *Brenn,* Europäisches Mahnverfahren, Zak 2005, 27; *Bruchbacher/Denk,* Ausgewählte Aspekte bei der Anwendung des Europäischen Mahnverfahrens, RZ 2013, 78; *Eichel,* Keine rügelose Einlassung im Europäischen Mahnverfahren, GPR 2014, 56; *Engels,* Das europäische Mahnverfahren, dAnwBl 2008, 53; *Frauenberger,* EuZVR: Die neue Generation, JAP 2008/2009, 103; *Freitag,* Rechtsschutz des Schuldners gegen den Europäischen Zahlungsbefehl nach der EuMahnVO, IPRax 2007, 509; *Freitag/Leible,* Erleichterung der grenzüberschreitenden Forderungsbetreibung in Europa: Das Europäische Mahnverfahren, Betriebs-Berater 2008, 2750; *Garber/Neumayr,* Europäisches Zivilverfahrensrecht (Brüssel Ia/Brüssel IIa ua), in Jahrbuch Europarecht 15 (2015) 175; *Hess/Bitmann,* Die Verordnungen zur Einführung eines Europäischem Mahnverfahrens und eines Europäischen Verfahrnes für geringfügige Forderungen – ein substantieller Integrationsschritt im Europäischen Zivilprozessrecht, IPRax 2008, 305; *Kloiber,* Das Europäische Mahnverfahren, ZfRV 2009/12, 77; *Kodek,* Auf dem Weg zu einem Europäischen Mahnverfahren? Gedanken zum Verordnungsvorschlag der Kommission, in FS Rechberger (2005) 283; *Kreße,* Das Europäische Mahnverfahren, EWS 2008, 508; *Mayr,* Das europäische Mahnverfahren und Österreich, JBl 2008, 503; *McGuire,* Das neue Europäische Mahnverfahren (EuMVVO): Über das (Miss-)Verhältnis zwischen Effizienz und Schuldnerschutz, GPR 2007, 303; *Meyer-Berger,* Mahnverfahren und Vollstreckung (2007); *Preuß,* Erlass und Überprüfung des Europäischen Zahlungsbefehls, ZZP 2009, 3; *Rechberger,* Ein Plädoyer für ein europäisches Mahnverfahren, in FS Oberhammer (1999) 151; *Rechberger,* Zum Entwurf einer Verordnung zur Einführung eines Europäischen Mahnverfahrens in Studia, in Honorem Pelayia Yessiou-Faltsi (2007) 513; *Rechberger,* Das Europäische Mahnverfahren aus österreichischer Sicht, in König/Mayr (Hrsg), Europäisches Zivilverfahrensrecht in Österreich II – 10 Jahre nach dem Vertrag von Amsterdam (2009) 25; *Rellermeyer*, Grundzüge des Europäischen Mahnverfahrens, dRpfleger 2009, 11; *M. Roth/Hauser,* Das neue Europäische Mahnverfahren, ecolex 2007, 568; *Sujecki,* Europäisches Mahnverfahren nach dem Verordnungsvorschlag der Europäischen Kommission, EuZW 2005, 45; *Sujecki,* Erste Überlegungen zum europäischen elektronischen Mahnverfahren, MMR 2005, 213; *Sujecki,* Europäisches Mahnverfahren – Geänderter Verordnungsvorschlag, EuZW 2006, 330; *Sujecki,* Europäisches Mahnverfahren, ZEuP 2006, 124; *Sujecki,* Das Europäische Mahnverfahren, JNW 2007, 1622; *Sujecki,* Das elektronische Mahnverfahren (2008); *Tschütscher/Weber,* Die Verordnung zur Einführung eines Europäischen Mahnverfahrens, ÖJZ 2007/27, 303; *Weber,* Die Verordnung zur Einführung eines Europäischen Mahnverfahrens, Zak 2006/428, 250; *Weber/Fucik,* Das österreichische und das Europäische Mahnverfahren, ÖJZ 2008/88, 829.

A. Allgemeines

Am 12 Dezember 2006 wurde die Verordnung (EG) Nr 1896/2006 des Europäischen Parlaments und des Rates zur Einführung eines Europäischen Mahnverfahrens (EuMahnVO) beschlossen.

Sie ist am 30. Dezember 2006 veröffentlicht (ABl L 399, 1, berichtigt durch ABl L 2008/46, 52 und ABl L 2008/333, 17) und grundsätzlich am 12. Dezember 2008 wirksam geworden (*Mayr* EuZPR Rz I/96).

Die EuMahnVO wurde 2015 geringfügig novelliert und befindet sich nunmehr idF VO (EU) Nr 2421/2015 (ABl L 2015/341, 1).

Sie gilt in allen EU-Mitgliedstaaten, mit Ausnahme von Dänemark (Art 2 Abs 3; Erwägungsgrund 32 EuMahnVO). In Dänemark kann ein in einem Mitgliedstaat erlassener Europäischer Zahlungsbefehl (dazu unten C) nach den Bestimmungen der EuGVVO neu anerkannt und vollstreckt werden (*Garber* in Angst/Oberhammer[3] Vor § 79 Rz 339).

Die EUMahnVO beruht grundsätzlich auf denselben Erwägungen wie die nationalen Mahnverfahren. Ziel war es, dem Gläubiger in einem einfachen, raschen und kostengünstigen Verfahren zu einem vollstreckbaren Titel zu verhelfen.

Nur in dem Fall, dass der Schuldner einen Rechtsbehelf gegen den Zahlungsbefehl einlegt, wird das Mahnverfahren in ein ordentliches Gerichtsverfahren übergeleitet (*Gruber* in Rauscher EuZPR/EuIPR Einl EG-MahnVO Rz 4).

Das Verfahren nach der EuMahnVO ist stark formalisiert; der Schriftverkehr zwischen dem Gericht und den Parteien wird, soweit möglich, mit Hilfe von Formblättern abgewickelt (Erwägungsgrund 11 EuMahnVO).

Die EuMahnVO ist in den Mitgliedstaaten unmittelbar anwendbar und verdrängt entgegenstehendes nationales Recht (*Mayr* EuZPR Rz V/2); sie stellt eine zusätzliche und freiwillige Alternative zu allen titelschaffenden Verfahren dar (*Gruber* in Rauscher EuZPR/EuIPR Art 1 EG-MahnVO Rz 2). Verfahren nach der EuMahnVO sind daher optional (*Schlosser/Hess*, Eu-ZPR[4] Art 1 EuMahnVO Rz 1).

B. Sachlicher Anwendungsbereich

Die EuMahnVO ist in ***grenzüberschreitenden Rechtssachen in Zivil- und Handelssachen*** anzuwenden, ohne dass es auf die Art der Gerichtsbarkeit ankommt (Art 2 Abs 1 EuMahnVO).

Im Gegensatz zu den bisher behandelten europäischen Verordnungen, ist die EuMahnVO nur in ***grenzüberschreitenden Rechtssachen*** anzuwenden (*Gruber* in Rauscher EuZPR/EuIPR Art 3 EG-MahnVO Rz 1).

Eine für die Anwendung der EuMahnVO erforderliche grenzüberschreitende Rechtssache liegt (nur) vor, wenn mindestens eine der Parteien ihren Wohnsitz oder gewöhnlichen Aufenthalt in einem anderen Mitgliedstaat als dem des befassten Gerichts hat (Art 3 Abs 1 EuMahnVO).

Unschädlich ist daher, wenn sowohl der Antragsteller als auch der Antragsgegner seinen Wohnsitz oder gewöhnlichen Aufenthalt in demselben Mitgliedstaat haben, sich aber das angerufene Gericht in einem anderen Mitgliedstaat befindet (*Weber*, Zak 2006/428, 250). Reine Binnenfälle oder das Bestehen des Auslandsbezugs nur gegenüber einem Drittstaat werden von der EuMahnVO nicht erfasst (*Mayr* EuZPR Rz V/5).

Abgesehen vom Erfordernis der grenzüberschreitenden Rechtssache, deckt sich der sachliche Anwendungsbereich im Wesentlichen mit dem der EuGVVO bzw. EuVTVO (*Adolphsen*, EZVR[2] 273).

Darüber hinaus ist die EuMahnVO nicht anzuwenden auf Ansprüche aus ***außervertraglichen Schuldverhältnissen***, soweit diese

- nicht bereits Gegenstand einer Vereinbarung zwischen den Parteien oder eines Schuldanerkenntnisses sind oder
- sich nicht auf bezifferte Schuldbeträge beziehen, die sich aus gemeinsamem Eigentum an unbeweglichen Sachen ergeben (Art 2 Abs 2 lit d EuMahnVO).

Die EuMahnVO ist weiters nur auf ***bezifferte Geldforderungen*** anzuwenden, die zum Zeitpunkt der Einreichung des Antrags auf Erlass eines Europäischen Zahlungsbefehls fällig sind (Art 4 EuMahnVO).

Eine Betragsobergrenze für die Zulässigkeit eines Europäischen Mahnverfahrens – etwa nach § 244 Abs 1 ZPO – besteht nicht (*Gruber* in Rauscher EuZPR/EuIPR Art 4 EG-MahnVO Rz 1).

C. Verfahren nach der EuMahnVO (Überblick)

Ein Verfahren nach der EuMahnVO beginnt mit einem ***Antrag des Gläubigers auf Erlass eines Europäischen Zahlungsbefehls*** (Art 7 EuMahnVO). Aufgrund der im Antrag notwendigerweise zu enthaltenden Angaben (Art 7 Abs 2 EuMahnVO), ***prüft das angerufene Gericht von Amts wegen, ob die EuMahnVO sachlich, räumlich und zeitlich anwendbar ist***; darüber hinaus prüft es seine Zuständigkeit und „ob die Forderung begründet erscheint" (Art 8 EuMahnVO).

Sind die in Art 8 EuMahnVO genannten Voraussetzungen erfüllt, ***erlässt das Gericht*** so bald wie möglich und in der Regel binnen 30 Tagen nach Einreichung des Antrags einen ***Europäischen Zahlungsbefehl*** unter Verwendung des Formblatts E gemäß Anhang V (Art 12 EuMahnVO).

Der ***Europäische Zahlungsbefehl*** wird sodann dem ***Antragsgegner zugestellt*** (Art 13 bis 16 EuMahnVO). Dieser kann innerhalb von 30 Tagen nach Zustellung ***Einspruch gegen den Zahlungsbefehl*** erheben (Art 16 EuMahnVO).

Macht der Antragsgegner von diesem Recht nicht Gebrach, wird der Europäische Zahlungsbefehl für ***vollstreckbar erklärt*** (Art 18 EuMahnVO).

D. Vollstreckbarerklärung im Ursprungsmitgliedstaat

Soeben wurde ausgeführt, dass das Ursprungsgericht den Europäischen Zahlungsbefehl ***unverzüglich*** für vollstreckbar erklärt, wenn nicht binnen 30 Tagen ab dessen Zustellung ein Einspruch erhoben wurde; zwecks Vollstreckbarerklärung hat das Gericht das Formblatt G gemäß Anhang II zu verwenden (Art 18 Abs 1 S 1 EuMahnVO).

Bevor es zur Vollstreckbarerklärung des Zahlungsbefehls kommt, hat das Ursprungsgericht das Zustelldatum des Europäischen Zahlungsbefehls zu ***überprüfen*** (Art 18 Abs 1 S 2 EuMahnVO). Ab der Vollstreckbarerklärung an ist ein Europäischer Zahlungsbefehl genauso viel wert wie ein nationaler Vollstreckungstitel (*Schlosser/Hess*, Eu-ZPR[4] Art 18 EuMahnVO Rz 2).

Die Voraussetzungen der Zwangsvollstreckung für die Vollstreckbarkeit richten sich nach den Rechtsvorschriften des Ursprungsmitgliedstaats (Art 18 Abs 2 EuMahnVO). Das Gericht hat dem Antragsteller den vollstreckbaren Europäischen Zahlungsbefehl zu übersenden (Art 18 Abs 3 EuMahnVO); die Übersendung des Europäischen Zahlungsbefehls stellt nach der EuMahnVO keine Voraussetzung für die Vollstreckbarkeit dar (*Gruber* in Rauscher EuZPR/EuIPR Art 18 EG-MahnVO Rz 7).

Nach Ablauf der Einspruchsfrist ist der Antragsgegner (allerdings nur in Ausnahmefällen) berechtigt, bei dem ***zuständigen Gericht des Ursprungsmitgliedstaats eine Überprüfung des bereits für vollstreckbar erklärten Zahlungsbefehlt zu beantragen*** (Art 20 Abs 1 EuMahnVO).

Zu den Ausnahmetatbeständen, die eine (nachträgliche) Überprüfung des Zahlungsbefehls rechtfertigen, zählen

- ***Zustellverzögerungen*** ohne Verschulden des Antragsgegners (dieser konnte daher nicht rechtzeitig Vorkehrungen für seine Verteidigung treffen),
- ***höhere Gewalt*** oder sonstige ***außergewöhnliche Umstände*** sowie
- offensichtlich ***unrechtmäßiger*** (weil die von der EuMahnVO geforderten Voraussetzungen [sachliche Anwendbarkeit] nicht oder andere außergewöhnliche Umstände [falsche Angaben im Antragsformular, Erwägungsgrund 25 EuMahnVO] vorlagen) ***Erlass*** des Europäischen Zahlungsbefehls (Art 20 Abs 1 lit a, b, Abs 2 EuMahnVO).

Die Tatbestände des Art 20 Abs 1 lit a und b EuMahnVO entsprechen Situationen, nach denen im österreichischen Recht ein Antrag auf Wiedereinsetzung gerechtfertigt wäre (*Kloiber*, ZfRV 2009/12, 77).

Rechtsfolge einer gerechtfertigen Überprüfung aus einem der in Art 20 Abs 1 und Abs 2 EuMahnVO genannten Gründe, ist die Nichtigerklärung des Europäischen Zahlungsbefehls (Art 20 Abs 3 S 2 EuMahnVO). In dem Fall, dass keine Ausnahmetatbestände vorliegen, bleibt der Zahlungsbefehl in Kraft (Art 20 Abs 3 S 1 EuMahnVO).

E. Vollstreckung im Vollstreckungsmitgliedstaat

Eine zentrale Norm der EuMahnVO ist Art 21 Abs 1 (*Schlosser/Hess*, Eu-ZPR[4] Art 21 EuMahnVO Rz 1: „*Kernstück der VO*“). Danach wird ein für vollstreckbar erklärter Europäischer Zahlungsbefehl unter den gleichen Bedingungen vollstreckt wie eine im Vollstreckungsmitgliedstaat vollstreckbar gewordene Entscheidung (Art 21 Abs 1 S 2 EuMahnVO).

Dem entspricht Art 19 EuMahnVO, der unter der Überschrift „Abschaffung des Exequaturverfahrens“ festlegt, dass der im Ursprungsstaat vollstreckbar gewordene Europäische Zahlungsbefehl in den anderen Mitgliedstaaten anerkannt und vollstreckt wird, ***ohne dass es einer Vollstreckbarerklärung bedarf*** und ohne dass seine Anerkennung angefochten werden kann.

Eines ***besonderen Vollstreckbarerklärungsverfahrens*** in dem Mitgliedstaat, wo der Zahlungsbefehl vollstreckt werden soll, ***bedarf es daher nicht*** (*Gruber* in Rauscher EuZPR/EuIPR Art 19 EG-MahnVO Rz 1).

Für das Vollstreckungsverfahren gilt das Recht des Vollstreckungsmitgliedstaats. Ist österreichisches Recht anwendbar, gilt die EO. Soll ein Europäischer Zahlungsbefehl in Österreich vollstreckt werden, ist ein Exekutionsantrag samt Exekutionsbewilligung, jedoch kein (gesondertes) Vollstreckbarerklärungsverfahren notwendig (*Mayr* EuZPR Rz V/27).

Zur Vollstreckung hat der Antragsteller den zuständigen Vollstreckungsbehörden eine Ausfertigung des vom Ursprungsgericht für vollstreckbar erklärten Europäischen Zahlungsbefehls sowie (erforderlichenfalls) eine Übersetzung desselben in die Amtssprache des Vollstreckungsstaats vorzulegen (Art 21 Abs 2 lit a, b EuMahnVO).

F. Verweigerung und Aussetzung/Beschränkung der Vollstreckung

Auf Antrag des Schuldners wird die Vollstreckung vom zuständigen Gericht im Vollstreckungsmitgliedstaat verweigert, wenn der Europäische Zahlungsbefehl mit einer früheren Entscheidung oder einem früheren Zahlungsbefehl ***unvereinbar*** ist, die bzw. der in einem Mitgliedstaat oder einem Drittland ergangen ist, sofern

- die frühere Entscheidung oder der frühere Zahlungsbefehl zwischen denselben Parteien wegen desselben Streitgegenstands ergangen ist (Art 22 Abs 1 lit a EuMahnVO) und
- die frühere Entscheidung oder der frühere Zahlungsbefehl die notwendigen Voraussetzungen für die Anerkennung im Vollstreckungsmitgliedstaat erfüllt (Art 22 Abs 1 lit b EuMahnVO) und
- die Unvereinbarkeit im gerichtlichen Verfahren des Ursprungsmitgliedstaats nicht geltend gemacht werden konnte (Art 22 Abs 1 lit c EuVMahnO).

Weiters wird die Vollstreckung eines Europäischen Zahlungsbefehls verweigert, sofern und insoweit der Antragsgegner den Betrag, der dem Antragsteller in einem Europäischen Zahlungsbefehl zuerkannt worden ist, an diesen entrichtet, also bezahlt hat (Art 21 Abs 2 EuMahnVO).

Ein Europäischer Zahlungsbefehl darf im Vollstreckungsmitgliedstaat in der Sache selbst nicht nachgeprüft werden (Art 22 Abs 3 EuMahnVO). Das ***Verbot der révision au fond*** gilt daher (auch) im Rahmen des Europäischen Vollstreckungstitels (*Gruber* in Rauscher EuZPR/EuIPR Art 22 EG-MahnVO Rz 45).

In dem Fall, dass der Antragsgegner eine Überprüfung nach Art 20 EuMahnVO beantragt hat, kann das zuständige Gericht im Vollstreckungsmitgliedstaat auf Antrag des Antragsgegners

- das Vollstreckungsverfahren auf Sicherungsmaßnahmen beschränken (Art 23 lit a EuMahnVO),
- die Vollstreckung von der Leistung einer vom Gericht zu bestimmenden Sicherheit abhängig machen (Art 23 lit b EuMahnVO) oder
- unter außergewöhnlichen Umständen das Vollstreckungsverfahren aussetzen (Art 23 lit c EuMahnVO).

VIII. Europäisches Bagatellverfahren

Lit.: *Brokamp,* Das Europäische Verfahren für geringfügige Forderungen (2008); *Frauenberger,* EuZVR: Die neue Generation, JAP 2008/2009, 103; *Freitag,* Anerkennung und Rechtskraft europäischer Titel nach EuVTVO, EuMahnVO und EuBagatellVO, in FS Kropholler (2008) 759; *Freitag/Leible,* Erleichterung der grenzüberschreitenden Forderungsbetreibung in Europa: Das europäische Verfahren für geringfügige Forderungen, Betriebs-Berater 2009, 2; *Fucik,* Das EU-Bagatellverfahren nach der ZVN 2009, ÖJZ 2009/50, 437; *Garber,* Die Stellung des Verbrauchers im Europäischen Zivilprozessrecht, ÖJZ 2011/22, 197; *Garber,* Sprachenregelungen im Europäischen Bagatellverfahren, in *Clavora/Garber,* Sprache und Zivilverfahrensrecht (2013) 123; *Haibach,* Zur Einführung des ersten europäischen Zivilprozessverfahrens. Verordnung (EG) Nr 861/2007, EuZW 2008, 137; *Hau,* Das neue europäische Verfahren zur Betreibung geringfügiger Forderungen, JuS 2008, 1056; *Hess/Bitmann,* Die Verordnungen zur Einführung eines Europäischem Mahnverfahrens und eines Europäischen Verfahrnes für geringfügige Forderungen – ein substantieller Integrationsschritt im Europäischen Zivilprozessrecht, IPRax 2008, 305; *Jahn,* Das europäische Verfahren für geringfügige Forderungen, NJW 2007, 2890; *Jelinek,* Das Europäische Bagatellverfahren aus österreichischer Sicht, in König/Mayr (Hrsg), Europäische Zivilverfahrensrecht in Österreich II (2007) 47; *Mayer,* Grenzüberschreitende Durchsetzung von Bagatellforderungen – Die Verordnung zur Einführung eines europäischen Verfahrnes für geringfügige Forderungen, JR 2009, 270; *Mayer/Lindemann/Haibach,* Small Claims Verordnung (2009); *Mayr,* Das Europäische Bagatellverfahren in Österreich, ZVR 2009/19, 40; *Niesert/Stöckel,* Aktuelle Entwicklungen im Europäischen Zivilprozessrecht: Das Europäische Mahnverfahren und das Europäische Bagatellverfahren in der (insolvenzrechtlichen) Praxis, NZI 2010, 638; *Rechberger,* Die neue Generation: Bemerkungen zu den Verordnungen Nr 805/2004, Nr 1896/2006 und Nr 861/2007 des Europäischen Parlaments und des Rates, in FS Leipold (2009) 301; *M. Roth,* Das neue Europäische Bagatellverfahren, ecolex 2007, 812; *Scheuer,* Die Verordnung zur Einführung eines europäischen Verfahrens für geringfügige Forderungen, Zak 2007/402, 226; *Schoibl,* Miszellen zum Europäischen Bagatellverfahren, in FS Leipold (2009) 335; *Steinbrecher,* Rechtsschutz bei Bagatellforderungen soll ausgebaut werden, AnwBl 2014, 115; *Stürner,* Europäisches Bagatellverfahren, in Europäisches Rechtsschutz- und Verfahrensrecht III § 21 (2014); *Sujecki,* Vereinheitlichung des Erkenntnisverfahrens in Europa: Das Europäische Verfahren für geringfügige Forderungen, EWS 2008, 323; *Sujecki,* Europäische Verordnung zur Einführung eines Europäischen Verfahrens für geringfügige Forderungen, in Gebauer/Wiedmann (Hrsg), Zivilrecht unter europäischem Einfluss² (2010) 2057.

A. Allgemeines

Rechtsgrundlage des Europäischen Bagatellverfahrens ist die Verordnung (EG) Nr 861/2007 des Europäischen Parlaments und des Rates vom 11. Juli 2007 zur Einführung eines europäischen Verfahrens für geringfügige Forderungen (EuBagatellVO); sie ist am 31. Juli 2007 im Amtsblatt veröffentlicht worden (ABl L 199, 1).

Im Jahr 2013 legte die Kommission einen ***Reformvorschlag*** für eine Reformierung der EuBagatellVO vor (COM [2013] 794 final, woraufhin die ***EuBagatellVO im Jahr 2015 novelliert*** worden ist). Die Novelle der VO wurde am 24.12.2015 im ABl kundgemacht (VO [EU] 2015/2421; ABl L 2015/341, 1). Die Novelle ist am 20. Tag nach der Veröffentlichung in Kraft getreten, gilt aber erst seit dem 14.07.2017 (Art 3 der Novelle).

Beachte: In Art 26 f EuBagatellVO neu wird der Kommission zwecks Erleichterung der Aktualisierung der Anhänge die Befugnis zur Erlassung delegierter Rechtsakte eingeräumt (vgl. Erwägungsgrund 26 EuBagatellVO neu).

Durch die EuBagatellVO wurde ein ***europäisches Verfahren für geringfügige Forderungen*** eingeführt, mit dem Streitigkeiten in grenzüberschreitenden Rechtssachen mit geringem Streitwert einfacher und schneller beigelegt und die entsprechenden Kosten reduziert werden sollen.

Wie auch die EuMahnVO, ist die EuBagatellVO nicht zwingend, sondern als Alternative zu den in den Mitgliedstaaten bestehenden innerstaatlichen Verfahren anzusehen (Art 1; Erwägungsgrund 8 EuBagatellVO). Die EuBagatellVO ist in den Mitgliedstaaten unmittelbar anwendbar und verdrängt entgegenstehendes nationales Recht (*Mayr* EuZPR Rz VI/3).

Der EuBagatellVO liegt ein ***vereinfachtes Verfahren*** zugrunde (*Varga* in Rauscher EuZPR/EuIPR Einleitung EG-BagatellVO Rz 56). Zum Einen läuft das Verfahren so weit wie möglich ***schriftlich*** ab; zum Anderen wird es weitgehend unter ***Verwendung vorformulierter Texte***, die die Parteien nur auszufüllen brauchen, geführt (*Schlosser/Hess*, Eu-ZPR⁴ Einleitung EuBagatellVO Rz 2).

Wesentliches Merkmal der EuBagatellVO ist der ***Entfall eines Vollstreckbarerklärungsverfahren*** (Art 1 EuBagatellVO). Jedes im europäischen Verfahren für geringfügige Forderungen ergangene Urteil wird daher unter den gleichen Bedingungen vollstreckt wie ein im Vollstreckungsmitgliedstaat ergangenes Urteil (Art 21 Abs 1 EuBagatellVO).

B. Anwendungsbereich

Die EuBagatellVO ist (grundsätzlich) am 1. Jänner 2009 in Kraft getreten (Art 29 EuBagatellVO) und ist in ***allen Mitgliedstaaten mit Ausnahme von Dänemark*** anzuwenden (Art 2 Abs 3 EuBagatellVO; *Garber* in Angst/Oberhammer³ Vor § 79 Rz 376).

Durch die Novelle der EuBagatellVO wurde Art 2 Abs 3 leg cit zwar gestrichen, Dänemark bleibt aber trotzdem weiterhin vom geographischen Geltungsbereich der VO ausgenommen (vgl. Erwägungsgrund 26 EuBagatellVO idF der Novelle).

In sachlicher Hinsicht gilt die EuBagatellVO in ***Zivil- und Handelssachen***, ohne dass es auf die Art der Gerichtsbarkeit ankommt. So wie auch bei der EuMahnVO ist Voraussetzung, dass es sich bei den Zivil- und Handelssachen um ***grenzüberschreitende Rechtssachen*** handelt (Art 2 Abs 1 EuBagatellVO; *Garber* in Angst/Oberhammer³ Vor § 79 Rz 386).

Maßgeblicher Zeitpunkt zur Feststellung, ob eine grenzüberschreitende Rechtssache vorliegt, ist der Tag, an dem das Klageformblatt beim zuständigen Gericht eingeht (Art 3 Abs 3 EuBagatellVO neu).

Die EuBagatellVO ist jedoch nach Art 2 Abs 2 leg cit nicht anzuwenden

- im Unterhaltsrecht (lit b und lit c EuBagatellVO neu),
- im Arbeitsrecht (lit f und lit h EuBagatellVO neu),
- auf die Miete oder Pacht unbeweglicher Sachen (ausgenommen Klagen wegen Geldforderungen, lit g bzw lit i EuBagatellVO neu) und
- auf Ansprüche aus Verletzung der Privatsphäre oder Persönlichkeitsrechte (lit h und lit j EuBagatellVO neu).

Entscheidende Anwendungsvoraussetzung der EuBagatellVO ist, dass der Streitwert der Klage ohne Zinsen, Kosten und Auslagen zum Zeitpunkt des Eingangs beim zuständigen Gericht ***€ 5.000,--*** nicht überschreitet (Art 2 Abs 1 EuBagatellVO); die EuBagatellVO gilt mithin nur für ***geringfügige Forderungen***. Dadurch unterscheidet sich der sachliche Anwendungsbereich von den übrigen EU-Verordnungen ganz massiv (*Varga* in Rauscher EuZPR/EuIPR Art 2 EG-BagatellVO Rz 6).

Nicht notwendigerweise muss es sich beim eingeklagten Anspruch – so wie nach der EuMahnVO – um einen Geldbetrag handeln (*Mayr* EuZPR Rz VI/11). Da es nicht auf die Art der Klagen ankommt, können etwa auch Herausgabeansprüche, (positive und negative) Feststellungs- und Unterlassungsklagen mit der EuBagatellVO geltend gemacht werden (*Adolphsen*, EZVR² 261).

C. Verfahren nach der EuBagatellVO (Überblick)

► Der Kläger leitet das Verfahren ein, indem er das ***Klageformblatt A*** (Anhang I EuBagatellVO) ausgefüllt direkt beim ***zuständigen Gericht einreicht***, auf dem Postweg übersendet oder auf eine Art und Weise übermittelt, die in dem Mitgliedstaat, in dem das Verfahren eingeleitet wird, zulässig ist (beispielsweise Fax oder E-Mail).

Das Klageformblatt muss eine Beschreibung der Beweise zur Begründung der Forderung enthalten; gegebenenfalls können ihm als Beweismittel geeignete Unterlagen beigefügt werden (Art 4 Abs 1 EuBagatellVO). Das Klageformblatt kann im Internet unter https://e-justice.europa.eu/content_small_claims_forms-177-de.do heruntergeladen werden.

► Fällt die erhobene Klage nicht in den Anwendungsbereich der EuBagatellVO, teilt das Gericht dies dem Kläger mit.

► Der Kläger kann daraufhin die ***Klage zurückziehen***. Tut er dies nicht, so verfährt das Gericht mit ihr nach ***Maßgabe des Verfahrensrechts des Mitgliedstaats***, in dem das Verfahren durchgeführt wird (Art 4 Abs 3 EuBagatellVO).

Sind die Angaben des Klägers unzureichend oder nicht klar genug, oder ist das Klageformblatt nicht ordnungsgemäß ausgefüllt, hat das Gericht einen (befristeten) Verbesserungsauftrag zu erteilen (Formblatt B, Anhang II EuBagatellVO).

Ist die Klage offensichtlich unbegründet oder offensichtlich unzulässig oder kommt der Kläger dem Verbesserungsauftrag nicht fristgerecht nach, wird die Klage sogleich ab- bzw. zurückgewiesen (Art 4 Abs 4 EuBagatellVO; *Mayr* EuZPR Rz VI/14). Das Gericht hat den Kläger von der Zurück- bzw. Abweisung in Kenntnis zu setzen und ihm mitzuteilen, ob ein Rechtsmittel gegen die Zurück- bzw. Abweisung der Klage zur Verfügung steht (Art 4 Abs 4 EuBagatellVO).

► Nach Einlangen des ordnungsgemäß ausgefüllten Klageformulars füllt das Gericht den ***1. Teil des Antwortformulars*** (Formblatt C, Anhang III EuBagatellVO) aus und ***stellt es dem Beklagten innerhalb von 14 Tagen gemeinsam mit einer Kopie des Klageformblatts*** (samt allfälligen Beweisunterlagen) ***zu***.

► Der Beklagte ***hat innerhalb von 30 Tagen*** nach Zustellung des Klageformblatts und des Antwortformblatts (Zustellungen sollen gem Art 13 EuBagatellVO neu durch die Post oder elektronisch erfolgen) zu ***antworten*** (Art 5 Abs 3 EuBagatellVO).

Dies kann er entweder tun indem er Teil II des Formblatts C ausfüllt und dieses gegebenenfalls mit als Beweismittel geeigneten Unterlagen an das Gericht zurücksendet oder er auf andere geeignete Weise ohne Verwendung des Antwortformulars antwortet.

Beachte: Sollte der Beklagte nicht innerhalb der angegebenen Frist antworten, erlässt das Gericht ein Urteilt. Da diesem – obwohl in der EuBagatellVO nicht ausdrücklich ausgesprochen – offenbar das Vorbringen des Klägers zugrunde zu legen ist, handelt es sich dabei um ein Versäumungsurteil (*Kodek/Mayr* ZPR^3 Rz 988).

► Das sich daran anschließende Verfahren wird grundsätzlich ***schriftlich*** durchgeführt (Art 5 Abs 1, Erwägungsgrund 14 EuBagatellVO neu).

Eine mündliche Verhandlung wird nur dann durchgeführt, wenn das Gericht dies für erforderlich hält oder eine Partei dies beantragt; das Gericht kann einen derartigen Antrag ablehnen, wobei diese Entscheidung unanfechtbar ist (Art 5 Abs 1a EuBagatellVO neu).

Das Gericht hat das ***einfachste*** und ***am wenigsten aufwendige Beweismittel*** zu wählen; es entscheidet auch über den Umfang der Beweismittel. Zulässig sind ***schriftliche Zeugenaussagen*** sowie ***schriftliche Parteienvernehmung*** (zu all dem Art 9 EuBagatellVO).

Nach Art 8 EuBagatellVO kann die Beweisaufnahme auch durch ***Video- oder Telefonkonferenz*** oder mittels anderer dem Gericht zur Verfügung stehender Mittel der Fernkommunikationstechnologie durchgeführt werden.

► Das ***Urteil*** ist vom Gericht entweder innerhalb von ***30 Tagen nach einer etwaigen mündlichen Verhandlung oder nach Vorliegen sämtlicher Entscheidungsgrundlagen zu erlassen*** (Art 7 Abs 2 EuBagatellVO); es ist ungeachtet eines möglichen Rechtsmittels ***sofort vollstreckbar;*** es darf auch ***keine Sicherheitsleistung*** verlangt werden (Art 15, Erwägungsgrund 25 EuBagatellVO).

Beachte: Die Frage, ob gegen ein Urteil nach der EuBagatellVO ein Rechtsmittel ergriffen werden kann, richtet sich nach dem nationalen Recht des Mitgliedstaats, in dem das Verfahren durchgeführt worden ist (Art 17 Abs 1 EuBagatellVO); siehe für Österreich § 501 Abs 1 ZPO über die Bagatellberufung (*Mayr* EuZPR Rz VI/22).

D. Überprüfung des Urteils

Der ***Beklagte***, der sich auf das Verfahren nicht eingelassen hat, ***ist berechtigt***, beim zuständigen Gericht des Mitgliedstaats, in dem das Urteil im europäischen Verfahren für geringfügige Forderungen ergangen ist, ***eine Überprüfung des Urteils zu beantragen***, wenn

- ihm das ***Klageformblatt*** oder im Falle einer mündlichen Verhandlung die ***Ladung zu dieser Verhandlung nicht*** so ***rechtzeitig*** und in einer ***Weise zugestellt*** worden ist, dass er ***Vorkehrungen*** für seine ***Verteidigung*** hätte treffen können (Art 18 Abs 1 lit a EuBagatellVO neu) oder

- der Beklagte aufgrund ***höherer Gewalt*** oder aufgrund ***außergewöhnlicher Umstände ohne eigenes Verschulden*** daran ***gehindert war***, das ***Bestehen*** der ***Forderung zu bestreiten*** (Art 18 Abs 1 lit b EuBagatellVO neu),

- ***es sei denn***, der ***Beklagte*** hat gegen das ***Urteil kein Rechtsmittel eingelegt***, obwohl er die ***Möglichkeit*** dazu ***hatte***.

Die Frist für den Antrag auf Überprüfung des Urteils beträgt 30 Tage; eine Verlängerung ist ausgeschlossen (Art 18 Abs 2 EuBagatellVO neu).

Weist das Gericht den Antrag auf Überprüfung des Urteils zurück, bleibt das Urteil in Kraft. Entscheidet das Gericht, dass eine Überprüfung gerechtfertigt ist, so ist das im europäischen Verfahren für geringfügige Forderungen ergangene Urteil nichtig (Art 18 Abs 3 EuBagatellVO).

E. Anerkennung und Vollstreckung

Hinsichtlich der Ausgestaltung der Regelungen über die Anerkennung und Vollstreckbarerklärung eines Urteils folgt die EuBagatellVO dem Modell der EuVTVO (*Adolphsen*, EZVR² 269).

Ein im europäischen Verfahren für geringfügige Forderungen ergangenes Urteil wird in einem anderen Mitgliedstaat anerkannt und vollstreckt, ***ohne*** dass es einer ***Vollstreckbarerklärung*** bedarf und ohne dass die Anerkennung angefochten werden kann (Art 20 Abs 1; Erwägungsgrund 30 EuBagatellVO); es wird unter den gleichen Bedingungen vollstreckt wie ein im Vollstreckungsmitgliedstaat ergangenes Urteil (Art 21 Abs 1 S 2 EuBagatellVO).

Beachte: Seit der Novellierung der EuBagatellVO werden (vollstreckbare) gerichtliche Vergleiche, die im Zuge eines EuBagatellverfahrens geschlossen worden sind, in den anderen Mitgliedstaaten wie ein Bagatell-Urteil anerkannt und vollstreckt (vgl. Art 23a EuBagatellVO).

Für das Vollstreckungsverfahren selbst gilt das Recht des Staates, in dem das Urteil vollstreckt werden soll (Art 21 Abs 1 EuBagatellVO). Ist österreichisches Recht anwendbar, gilt somit die EO (*Mayr* EuZPR Rz VI/25).

Notwendige Voraussetzung für die Vollstreckung eines Urteils nach der EuBagatellVO ist eine ***Bestätigung der Entscheidung*** gemäß Formblatt D (Anhang IV); diese ist auf Antrag des betreibenden Gläubigers vom Gericht – ohne zusätzliche Kosten – auszufertigen (Art 20 Abs 2 EuBagatell-VO).

Zwecks Durchführung einer Vollstreckung muss der betreibende Gläubiger eine Ausfertigung des Urteils und eine Bestätigung nach Art 20 Abs 2 EuBagatellVO (erforderlichenfalls samt Übersetzung in die Amtssprache des Vollstreckungsstaats) vorlegen (Art 21 Abs 2 EuBagatellVO).

F. Ablehnung und Aussetzung/Beschränkung der Vollstreckung

Auf Antrag der Person, gegen die die Vollstreckung gerichtet ist, wird die ***Vollstreckung*** vom zuständigen Gericht im Vollstreckungsmitgliedstaat ***abgelehnt***, wenn das Urteil mit einem früheren in einem Mitgliedstaat oder einem Drittland ergangenen Urteil ***unvereinbar*** ist, wenn

- das frühere Urteil zwischen denselben Parteien wegen desselben Streitgegenstandes ergangen ist (Art 22 Abs 1 lit a EuBagatellVO),
- das frühere Urteil im Vollstreckungsmitgliedstaat ergangen ist oder die Voraussetzungen für die Anerkennung im Vollstreckungsmitgliedstaat erfüllt (Art 22 Abs 1 lit b EuBagatellVO) und
- die Unvereinbarkeit im gerichtlichen Verfahren des Mitgliedstaats, in dem das Urteil im europäischen Verfahren für geringfügige Forderungen ergangen ist, nicht geltend gemacht wurde und nicht geltend gemacht werden konnte (Art 22 Abs 1 lit c EuBagatellVO).

Keinesfalls darf ein im europäischen Verfahren für geringfügige Forderungen ergangenes Urteil im Vollstreckungsmitgliedstaat in der Sache selbst nachgeprüft werden (Art 22 Abs 1 EuBagatellVO). Das ***Verbot der révision au fond*** findet sich daher auch in der EuBagatellVO (*Varga* in Rauscher EuZPR/EuIPR Art 22 EG-BagatellVO Rz 9).

Das Vollstreckungsgericht oder die sonst zuständige Behörde im Vollstreckungsstaat kann auf Antrag des Verpflichteten, wenn eine Partei eine Überprüfung des Urteils beantragt (Art 18 EuBagatellVO) oder das Urteil sonst angefochten hat bzw. eine Anfechtung noch möglich ist

- das Vollstreckungsverfahren auf Sicherungsmaßnahmen beschränken (Art 23 lit a EuBagatellVO),
- die Vollstreckung von der Leistung einer von dem Gericht zu bestimmenden Sicherheit abhängig machen (Art 23 lit b EuBagatellVO) oder
- unter außergewöhnlichen Umständen das Vollstreckungsverfahren aussetzen (Art 23 lit c EuBagatellVO).

IX. Die EuUnterhaltsVO

Lit.: *Fucik,* Unterhaltsansprüche in der Europäischen Union, iFamZ 2007, 97; *Fucik,* Unterhaltsdurchsetzung mit Auslandsbezug, iFamZ 2007, 315; *Fucik,* Rechtsdurchsetzung von Unterhalt im Ausland, iFamZ 2008, 356; *Fucik,* Die Europäische Unterhaltsverordnung. Gemeinschaftsrechtliche Anerkennungs- und Vollstreckungsmechanismen, iFamZ 2009, 305; *Fucik,* Die neue Europäische Unterhaltsverordnung, iFamZ 2009, 245 und 305; *Fucik,* Die neue Unterhaltsverordnung (und weitere Projekte im Bereich des Familienrechts), in König/Mayr (Hrsg), Europäisches Zivilverfahrensrecht in Österreich II (2009) 105; *Fucik,* Habemus Regulationem! Europäische Unterhaltsverordnung beschlossen, iFamZ 2009, 126; *Fucik,* Das Haager Unterhaltsübereinkommen – Gemeinschaftsrechtliche Kooperations- und Anerkennungsmechanismen, iFamZ 2009, 219; *Fucik,* Die neue Europäische Unterhaltsverordnung: Gemeinschaftsrechtliche Zuständigkeits- und Kooperationsmechanismen, iFamZ 2009, 245; *Fucik,* Die neue Unterhaltsverordnung: Gemeinsame Anerkennungs- und Vollstreckungsmechanismen, iFamZ 2009, 305; *Fucik,* Neues zur Unterhaltsdurchsetzung im Ausland, iFamZ 2011, 170; *Fucik,* Das neue Auslandsunterhaltsgesetz 2014 – Durchsetzung von Unterhaltsansprüchen mit Auslandsbezug, iFamZ 2014, 192; *Gebauer,* Vollstreckung von Unterhaltstiteln nach der EuVTVO und der geplanten Unterhaltsverordnung, FPR 2006, 252; *Gottwald,* Prozessuale Zweifelsfragen der geplanten EU-Verordnung in Unterhaltsachen, in Liber amicorum Walter F. Lindacher (2007) 13; *Gruber,* Die neue EG-Unterhaltsverordnung, IPRax 2010, 128; *Gsell/Netzer,* Vom grenzüberschreitenden zum potenziell grenzüberschreitenden Sachverhalt – Art 19 EuUnterhVO als Paradigmenwechsel im Europäischen Zivilverfahrensrecht, IPRax 2010, 403; *Hohloch,* Grenzüberschreitende Unterhaltsvollstreckung, FPR 2004, 315; *Janzen,* Die neuen Haager Übereinkünfte zum Unterhalt und die Arbeiten an einer EG-Unterhaltsverordnung, FPR 2008, 218; *Junker,* Das Internationale Zivilverfahrensrecht der Europäischen Unterhaltsverordnung in FS Simotta (2012) 263; *Linke,* Die Europäisierung des Unterhaltsverfahrensrechts, FPR 2006, 237; *Looschelders/Boos,* Das grenzüberschreitende Unterhaltsrecht in der internationalen Entwicklung, FamRZ 2006, 374; *Martiny,* Grenzüberschreitende Unterhaltsdurchsetzung nach europäischem und internationalem Recht, FamRZ 2008, 1681; *Martiny,* Zuständigkeit sowie Anerkennung und Vollstreckung von Entscheidungen und Zusammenarbeit in Unterhaltssachen, in Europäisches Rechtsschutz- und Verfahrensrecht III § 17 (2014); *Moser,* Das Kollisionsrecht für Unterhaltssachen nach der EuUnterhaltsVO und dem Haager Unterhaltsprotokoll, JAP 2013/2014/15, 108; *Nademleinsky,* Der internationale Unterhaltsstreit, EF-Z 2009/89, 115; *Nademleinsky,* Die neue EU-Unterhaltsverordnung samt dem neuen Haager Unterhaltsprotokoll, EF-Z 2011, 130; *Nimmerrichter,* Handbuch internationales Unterhaltsrecht (2012); *Ofner,* Neues Internationales Unterhaltsrecht - EU-UntVO, HUP, ZfRV 2012/1; *Pietsch,* Vom großen Vorschlag zum kleinen Rückschlag, AnwBl 2009, 486; *Rake,* Die Vollstreckbarkeit von Unterhaltstiteln, FPR 2013, 159; *Rausch,* Unterhaltsvollstreckung im Ausland, FPR 2007, 448; *Reuß,* Unterhaltsregress revisited – Die internationale gerichtliche Zuständigkeit für Unterhaltsregressklagen nach der EuUntVO in FS Simotta (2012) 483; *M. Roth/Egger,* EU-Unterhaltsverordnung, ecolex 2009, 818; *Simotta,* Zur Gerichtsstandsvereinbarung in Unterhaltssachen nach Art 4 EuUnterhaltsVO in GedS Koussoulis (2010) 527; *R. Wagner,* Der Wettstreit um neue kollisionsrechtliche Vorschriften im Unterhaltsrecht, FamRZ 2006, 979; *Weber,* Der sachliche Anwendungsbereich der EU-Unterhaltsverordnung, ÖJZ 2011/99, 947; *Weber,* Die Zuständigkeitstatbestände des Art 3 EU-Unterhaltsverordnung, EF-Z 2012/3, 13; *Weber,* Der europäische Unterhaltsstreit, EF-Z 2012, 88; *Weber,* Die privilegierten Unterhaltsansprüche nach Art 4 des Haager Unterhaltsprotokolls, EF-Z 2012/123, 204.

A. Allgemeines

Die VO (EG) Nr 4/2009 über die Zuständigkeit, das anwendbare Recht, die Anerkennung und Vollstreckung von Entscheidungen und die Zusammenarbeit in Unterhaltssachen (ABl L 2009/7 S 1) ist vom Rat am 18. Dezember 2008 erlassen worden. Sie kommt im Wesentlichen seit dem 18. Juni 2011 zur Anwendung (Art 75, 76 EuUnterhaltsVO) und gilt für alle Mitgliedstaaten der EU mit Ausnahme von Dänemark (*Mayr* EuZPR I/88).

Dänemark hat allerdings (bereits) eine Erklärung (ABl L 2009/149, 80) dahingehend abgegeben, dass es die durch die EuUnterhaltsVO bewirkten Änderungen der EuGVVO anwenden wird (*Mayr* aaO; Erwägungsgrund 48 EuUnterhaltsVO).

Die EuUnterhaltsVO findet Anwendung auf ***Unterhaltspflichten***,

- die auf einem ***Familien-, Verwandtschafts-, oder eherechtlichen Verhältnis*** oder
- auf ***Schwägerschaft*** beruhen (Art 1 Abs 1 EuUnterhaltsVO).

Auf diese Art und Weise soll die Gleichbehandlung aller Unterhaltsberechtigten gewährleistet werden; der Begriff „Unterhaltspflicht" ist ***autonom*** auszulegen (Erwägungsgrund 11 EuUnterhaltsVO). Für erb- und ehegüterrechtliche Ansprüche gilt die EuUnterhaltsVO nicht (*Garber* in Angst/Oberhammer[3] Vor § 79 EO Rz 286).

Auf die Bezeichnung in den nationalen Rechtsordnungen kommt es nicht an. Ausschlaggebend ist die Funktion des Anspruchs, dem Begünstigten das Bestreiten seines Lebensunterhalts zu ermöglichen (*Andrae* in Rauscher EuZPR/EuIPR Art 1 EG-UntVO Rz 23); unerheblich ist auch, ob die Unterhaltspflicht nach dem nationalen Recht im streitigen oder außerstreitigen Verfahren geltend zu machen ist (*Mayr* EuZPR Rz I/90).

Anerkannt und vollstreckt werden nach der EuUnterhaltsVO

- Entscheidungen,
- gerichtliche Vergleiche und
- öffentliche Urkunden (Art 16 ff, Art 48 EuUnterhaltsVO).

Auch im Rahmen der EuUnterhaltsVO gilt der Grundsatz des ***Verbots*** der ***révision au fond*** (*Andrae* in Rauscher EuZPR/EuIPR Art 42 EG-UntVO Rz 1). Eine in einem Mitgliedstaat ergangene Entscheidung darf in dem Mitgliedstaat, in dem die Anerkennung, die Vollstreckbarkeit oder die Vollstreckung beantragt wird, in der Sache selbst nicht nachgeprüft werden (Art 42 EuUnterhaltsVO).

Hinsichtlich des Vollstreckungsverfahrens gilt das Recht des Vollstreckungsmitgliedstaats (in Österreich die EO). Eine in einem Mitgliedstaat ergangene Entscheidung, die im Vollstreckungsmitgliedstaat vollstreckbar ist, wird dort unter den gleichen Bedingungen vollstreckt wie eine im Vollstreckungsmitgliedstaat ergangene Entscheidung (Art 41 Abs 1 EuUnerhaltsVO).

Beachte: Das Auslandsunterhaltsgesetz 2014 (BGBl I/2014), welches mit 1. August 2014 in Kraft getreten ist, regelt das Verfahren zur Geltendmachung und Durchsetzung von Unterhaltsansprüchen mit Auslandsbezug. Für den Bereich der Europäischen Union führt es die Bestimmungen der EuUnterhaltsVO über die Zuständigkeit, das anwendbare Recht, die Anerkennung und Vollstreckung von Entscheidungen und die Zusammenarbeit in Unterhaltssachen näher aus (§ 1 Abs 1 Auslandsunterhaltsgesetz 2014) (vgl. zum Auslandsunterhaltsgesetz 2014 ausführlich *Fucik*, iFamZ 2014, 192).

B. Anerkennung und Vollstreckung

Einschlägig für die Anerkennung, die Vollstreckbarkeit und die Vollstreckung der unter die EuUnterhaltsVO fallenden Entscheidungen sind Art 16 ff EuUnterhaltsVO. Dabei wird von einer ***Zweiteilung***, einem ***dualen System*** (*Mayr* EuZPR Rz VI/100) ausgegangen (dazu ausführlich *Garber* in Angst/Oberhammer[3] Vor § 79 Rz 302 ff):

Der erste Abschnitt (Art 17 bis 22 EuUnterhaltsVO) gilt nur für Entscheidungen aus Mitgliedstaaten, in denen das ***Haager Unterhaltsprotokoll***, welches einheitliches Kollisionsrecht schafft, ***anzuwenden ist***. In diesem Fall ist ein Vollstreckbarerklärungsverfahren nicht vorgesehen; die Entscheidung kann unmittelbar vollstreckt werden (*Mayr* EuZPR Rz VI/100).

Der zweite Abschnitt (Art 23 bis 38 EuUnterhaltsVO) betrifft Entscheidungen aus Mitgliedstaaten, in denen das ***Haager Unterhaltsprotokoll nicht gilt***. Derartige Entscheidungen müssen im Vollstreckungsstaat erst für vollstreckbar erklärt werden; ein Vollstreckbarerklärungsverfahren ist in diesen Fällen daher notwendig (*Adolphsen*, EZVR² 301).

1. Anerkennung und Vollstreckung ohne Vollstreckbarerklärungsverfahren

Eine in einem Mitgliedstaat, der durch das Haager Unterhaltsprotokoll gebunden ist, ergangene Entscheidung, wird in einem anderen Mitgliedstaat ***(ipso iure)*** anerkannt und vollstreckt, ohne dass es hierfür eines besonderen Verfahrens bedarf; ein Vollstreckbarerklärungsverfahren gibt es nicht (*Mayr* EuZPR Rz VI/102).

Eine Bestätigung wie in der EuVTVO gibt es dagegen nicht, was zur Folge hat, dass es zu keiner Kontrolle im Ursprungsmitgliedstaat kommt (*Adolphsen*, EZVR² 302). Auch im Vollstreckungsmitgliedstaat findet keinerlei Überprüfung (auch nicht hinsichtlich eines möglichen ordre public Verstoßes) mehr statt (*Mayr* aaO).

Für die Vollstreckung einer Entscheidung in einem anderen Mitgliedstaat hat der Antragsteller den zuständigen Vollstreckungsbehörden (Gericht oder Behörde) folgende Schriftstücke vorzulegen:

- eine Ausfertigung der Entscheidung, die die für ihre Beweiskraft erforderlichen Voraussetzungen erfüllt (Art 20 Abs 1 lit a EuUnterhaltsVO),
- einen Auszug aus der Entscheidung, den die zuständige Behörde des Ursprungsmitgliedstaats unter Verwendung des in Anhang I vorgesehenen Formblatts erstellt hat (Art 20 Abs 1 lit b EuUnterhaltsVO),
- gegebenenfalls ein Schriftstück, aus dem die Höhe der Zahlungsrückstände und das Datum der Berechnung hervorgehen (Art 20 Abs 1 lit c EuUnterhaltsVO) sowie
- allenfalls eine Übertragung in eine andere Schriftart (Transkript) oder eine Übersetzung des Auszugs in die Amtssprache des Vollstreckungsmitgliedstaats (Art 20 Abs 1 lit d EuUnterhaltsVO).

Ein Antragsgegner, der sich im Ursprungsmitgliedstaat nicht auf das Verfahren eingelassen hat, hat das Recht, eine ***Nachprüfung*** der Entscheidung durch das zuständige Gericht des Ursprungsmitgliedstaats zu beantragen, wenn

- ihm das verfahrenseinleitende Schriftstück oder ein gleichwertiges Schriftstück nicht so rechtzeitig und in einer Weise zugestellt worden ist, dass er sich verteidigen konnte (Art 19 Abs 1 lit a EuUnterhaltsVO) oder

- er aufgrund höherer Gewalt oder aufgrund außergewöhnlicher Umstände ohne eigenes Verschulden nicht in der Lage gewesen ist, Einspruch gegen die Unterhaltsforderung zu erheben (Art 19 Abs 1 lit b EuUnterhaltsVO),

es sei denn, er hat gegen die Entscheidung keinen Rechtsbehelf eingelegt, obwohl er die Möglichkeit dazu hatte.

Der Antragsgegner muss unverzüglich, jedenfalls aber innerhalb einer Frist von 45 Tagen tätig werden (Art 19 Abs 2 EuUnterhaltsVO).

Kommt das Gericht zur Erkenntnis, dass keine Gründe vorliegen, die eine Nachprüfung rechtfertigen, bleibt die Entscheidung in Kraft; andernfalls wird sie für nichtig erklärt (Art 19 Abs 3 EuUnterhaltsVO).

Die zuständige Behörde (Gericht) des Vollstreckungsmitgliedstaats hat auf Antrag der verpflichteten Person die ***Vollstreckung der Entscheidung*** des Ursprungsgerichts zu ***verweigern*** (Art 21 Abs 2 EuUnterhaltsVO) wenn,

- die Forderung verjährt ist oder
- die Entscheidung mit einer im Vollstreckungsmitgliedstaat ergangenen Entscheidung oder einer in einem anderen Mitgliedstaat oder einem Drittstaat ergangenen Entscheidung, unvereinbar ist.

Schließlich ist die ***Vollstreckung auszusetzen*** bzw. ***aufzuschieben*** (Art 21 Abs 3 EuUnterhaltsVO), wenn

- im Ursprungsmitgliedstaat eine Nachprüfung (Art 19 EuUnterhaltsVO) eingebracht oder
- die Vollstreckbarkeit im Ursprungsmitgliedstaat ausgesetzt worden ist.

Die im Recht des Vollstreckungsmitgliedstaats vorgesehenen Gründe für die Verweigerung oder Aussetzung der Vollstreckung gelten weiterhin, soweit sie nicht mit den soeben angeführten Gründen (Art 21 Abs 3 EuUnterhaltsVO) unvereinbar sind (Art 21 Abs 1 EuUnterhaltsVO; *Mayr* EuZPR Rz VI/105).

2. Anerkennung und Vollstreckung mit Vollstreckbarerklärungsverfahren

Die in einem Mitgliedstaat, der nicht durch das Haager Unterhaltsprotokoll gebunden ist, ergangenen Entscheidungen werden in den anderen Mitgliedstaaten anerkannt, ohne dass es hierfür eines besonderen Verfahrens bedarf (Art 23 Abs 1 EuUnterhaltsVO); auch in diesem Fall kommt es somit zu einer ***ipso iure*** Anerkennung.

Die Versagungsgründe (ordre public Verstoß, Verletzung des rechtlichen Gehörs, Unvereinbarkeit mit früheren Entscheidungen) sind in Art 24 EuUnterhaltsVO geregelt und entsprechen jenen der EuGVVO.

Soll eine Entscheidung aus einem Mitgliedstaat, in dem das Haager Unterhaltsprotokoll nicht gilt, in einem anderen Mitgliedstaat vollstreckt werden, ist sie auf Antrag eines Berechtigten für vollstreckbar zu erklären (Art 26 EuUnterhaltsVO); ein ***Vollstreckbarerklärungsverfahren*** ist somit erforderlich.

Sobald die für eine Vollstreckbarerklärung notwendigen Dokumente vorliegen, spätestens aber 30 Tage nach Vorlage derselben, wird die Entscheidung für vollstreckbar erklärt, es sei denn, dies erweist sich aufgrund außergewöhnlicher Umstände als unmöglich.

Eine Prüfung der Gründe für eine Verweigerung der Vollstreckbarerklärung erfolgt nicht. Die Partei, gegen die die Vollstreckung erwirkt werden soll, erhält in diesem Abschnitt des Verfahrens keine Gelegenheit, eine Erklärung abzugeben (Art 30 EuUnterhaltsVO).

Gegen die Entscheidung über den Antrag auf Vollstreckbarerklärung kann jede Partei einen Rechtsbehelf einlegen (Art 32 Abs 1 EuUnterhaltsVO). Die Versagungsgründe dürfen erst im Verfahren über den Rechtsbehelf geprüft werden (Art 34 Abs 1 EuUnterhalts-VO; *Adolphsen*, EZVR² 302).

X. Die EuErbrechtsVO

Lit.: *Arnold*, Privatstiftung und Pflichtteilsrecht – Änderungen durch das ErbRÄG 2015 und die EU-ErbVO, GesRZ 2015, 346; *Bajons*, Internationale Zuständigkeit und anwendbares Recht in grenzüberschreitenden Erbrechtsfällen innerhalb des europäischen Justizraums – Eine Abkehr von nationalen Grundwertungen durch freie Orts- und Rechtswahl? In FS Heldrich (2005) 495; *Bajons*, Internationale Zuständigkeit und anwendbares Recht in Erbsachen, in Schauer/Scheuba (Hrsg), Europäische Erbrechtsverordnung (2012) 29; *Bajons*, Die Nachlassabwicklung in internationalen Erbsachen nach zukünftigem Recht, ecolex 2014, 204; *Balthasar-Wach/Jahn*, EU-Erbrechtsverordnung, JAP 2015/2016, 39; *Bonimaier*, Anwendung fremden Erbrechts in Österreich nach der Eu-ErbVO: Wegfall der Einantwortung und Vonselbsterwerb, Zak 2015/553; *Burgstaller/Neumayr/Geroldinger/Schmaranzer* (Hrsg.), Die EU-Erbrechtsverordnung, Kommentar (2016); *Buschbaum/Simon*, EuErbVO: Das Europäische Nachlasszeugnis, ZEV 2012, 525; *Cach/Weber*, Privatautonomie im Internationalen Erbrecht, ZfRV 2013, 263; *Cach/Weber*, Rechtswahl im Internationalen Erbrecht – Novum oder zu erwartender Entwicklungsschritt? JEV 2013, 90; *Deixler-Hübner/Schauer* (Hrsg.), Kommentar zur EU-Erbrechtsverordnung (2015); *Dorsel/Schall*, Die Umsetzung der ErbVO durch die Europäische Kommission – Ein erster Überblick unter besonderer Berücksichtigung des Europäischen Nachlasszeugnisses, GPR 2015, 36; *Dörner*, Der Entwurf einer europäischen Verordnung zum Internationalen Erb- und Erbverfahrensrecht – Überblick und ausgewählte Probleme, ZEV 2010, 221; *Dörner*, EuErbVO: Die Verordnung zum Internationalen Erb- und Erbverfahrensrecht ist in Kraft! ZEV 2012, 505; *Dutta*, Das neue internationale Erbrecht der Europäischen Union, FamRZ 2013, 4; *Dutta*, Europäisches Erbverfahren, in Europäisches Rechtsschutz- und Verfahrensrecht III § 18 (2014); *Dutta*, Die europäische Erbrechtsverordnung vor ihrem Anwendungsbereich: Zehn ausgewählte Streitstandsminiaturen, IPRax 2015, 32; *Dutta/Herrler*, Die Europäische Erbrechtsverordnung (2014); *Fischer-Czermak*, Gestaltung der Erbfolge durch Rechtswahl, EF-Z 2013/38; *Frodl*, Einheit durch Aufgabe nationaler Rechtstraditionen? – EU-Erbrechtsverordnung kundgemacht, ÖJZ 2012, 950; *Fucik*, Die EU-Erbrechtsverordnung (VO Rom IV), iFamZ 2012, 275; *Gruber/Kalss/Müller/Schauer*, Handbuch Erbrecht und Vermögensnachfolge (2010); *Hager*, Die neue europäische Erbrechtsverordnung (2013); *Herzog*, Die EU-Erbrechtsverordnung (EU-ErbVO), ErbR 2013, 2; *Kiener*, EuErbVO: Zuständigkeit und Zuständigkeitswahl, Zak 2015/519, 284; *Kunz*, Die neue Europäische Erbrechtsverordnung (Teil I), GPR 2012, 208; *Kunz*, Die neue Europäische Erbrechtsverordnung (Teil II), GPR 2012, 253; *Lechner*, Die EuErbVO im Spannungsfeld zwischen Erbstatut und Sachenrecht, IPRax 2013, 497; *Lehmann*, EuErbVO: Die Verordnung im Kurzüberblick, ZEV 2012, 533; *Leipold*, Das Europäische Erbrecht (EuErbVO) und das deutsche gemeinschaftliche Testament, ZEV 2014, 139; *Mohr*, Neues im internationalen Exekutionsrecht – die Europäische Erbrechtsverordnung (EuErbVO), ÖRPfl 2013, H 2, 27; *Motal*, EU-Erbrechtsverordnung: Anpassungsbedarf im IPRG und der JN, EF-Z 2014, 241; *Motal*, EU-Erbrechtsverordnung: Anpassungsbedarf im Außerstreitgesetz, EF-Z 2015, 62; *Müller-Lukoschek*, Die neue EU-Erbrechtsverordnung (2013); *Nademleinsky*, Das internationale Erbrecht Österreichs – kurz und mit Beispielen, EF-Z 2012/35, 61; *Rechberger*, Das Europäische Nachlasszeugnis und seine Wirkungen, ÖJZ 2012/3, 14; *Rechberger*, Die Erbrechts-Verordnung in Österreich, in König/Mayr (Hrsg.), Europäisches Zivilverfahrensrecht in Österreich IV (2015) 61; *Reichelt/Rechberger* (Hrsg.), Europäisches Erbrecht: Zum Verordnungsvorschlag der Europäischen Kommission zum Erb- und Testamentsrecht (2011); *Rechberger/Zöchling-Jud*, Die EU-Erbrechtsverordnung in Österreich (2015); *M. Roth*, Die wichtigsten Eckpunkte der EU-Erbrechtsverordnung, RdW 2015/422; *Rudolf*, Die Erbrechtsverordnung der Europäischen Union, NZ 2013/103, 225; *Schauer*, Die neue Erbrechts-VO der Europäischen Union – eine Annäherung, JEV 2012, 78; *Schauer*, Europäisches Nachlasszeugnis, EF-Z 2012/154, 245; *Schauer/Scheuba* (Hrsg), Europäische Erbrechtsverordnung (2012); *Scherer*, Anwaltshandbuch Erbrecht[4] (2014); *Scheuba*, Aus der Praxis: Die Rechtswahl im Erbrecht wirft ihre Schatten voraus, ecolex 2014, 210; *Schilchegger/Brucker*, Die Veredelung des beschränkten deutschen Erbscheins durch das österreichische Ausfolgungsverfahren, ZErb 2014, 153; *Schoppe*, Die Übergangsbestimmungen zur Rechtswahl im internationalen Erbrecht: Anwendungsprobleme und Gestaltungspotential, IPRax 2014, 27; *Schöberl*, EU-Erbrechtsverordnung – das (noch) unbekannte Wesen? NetV 2014, 77; *Simon/Buschbaum*, Die neue EU-Erbrechtsverordnung, NJW 2012, 2393; *Steiner*, EU-Verordnung in Erbsachen sowie zur Einführung eines europäischen Nachlasszeugnisses, NZ 2012/26, 104; *Stürner*, Die Bedeutung des ordre public in der EuErbVO, GPR 2014, 317; *Süß*, Das Europäische Nachlasszeugnis, ZEuP 2013, 725; *Traar*, Entwicklungen im Bereich des Familien- und Erbrechts der EU, iFamZ 2007, 324; *Volmer*, Definitive Entscheidung von Vorfragen aufgrund der Gerichtszuständigkeit nach der EuErbVO, ZEV 2014, 129; *Wilke*, Das internationale Erbrecht nach der neuen EU-Erbrechtsverordnung, RIW 2012, 601; *Wittwer*, Praxisfragen des Europäischen Nachlasszeugnisses, insbesondere im Verhältnis zu Drittstaaten, AnwBl 2015, 87.

A. Allgemeines

Bereits im Jahr 2005 veröffentlichte die Kommission ein Grünbuch zum Erb- und Testamentsrecht (KOM [2005] 65 endg.); darauf folgte im Jahr 2009 ein Verordnungsvorschlag (KOM [2009] 154 endg.).

Die endgültig beschlossene EuErbrechtsVO wurde schließlich am 27. Juli 2012 veröffentlicht (ABl L 201, 107) (vgl. zur Entstehungsgeschichte der EuErbrechtsVO ausführlich *Hertel* in Rauscher EuZPR/EuIPR Einleitung EU-ErbVO Rz 4 ff).

Bereits aus dem Ausnahmetatbestand von Art 1 Abs 2 lit f EuGGVO, wonach das Testaments- und Erbrecht nicht unter diese Verordnung fallen, ergibt sich ein grundsätzliches Bedürfnis zur Regelung der internationalen

Zuständigkeit sowie der Anerkennung und Vollstreckung in Erbsachen (*Rauscher* in Rauscher EuZPR/EuIPR[3] Einleitung EG-ErbVO Rz 1).

Ziel der EuErbrechtsVO ist die ***Vereinheitlichung der Zuständigkeit*** und des ***Kollisionsrechts in grenzüberschreitenden Erbrechtsfällen*** sowie die Schaffung von ***Regelungen für die Anerkennung und Vollstreckung*** von ***Entscheidungen*** und ***öffentlichen Urkunden***.

Darüber hinaus wird mit der EuErbrechtsVO ein einheitlicher ***europäischer Erbrechtsnachweis*** eingeführt (*Frodl*, ÖJZ 2012/108, 950). Die EuErbrechtsVO strebt somit keine Vereinheitlichung der materiellen Erbrechtsordnungen der Mitgliedstaaten an; jeder Mitgliedstaat hat nach wie vor das Recht, sein (materielles) Erbrecht autonom zu gestalten (*Schauer*, JEV 2012, 79).

Ein Versuch der Angleichung der verschiedenen Erbrechte der europäischen Staaten wäre höchstwahrscheinlich aufgrund der (teilweise) großen Unterschiede, die schon über Jahrhunderte bestehen, (derzeit noch) relativ schnell zum Scheitern verurteilt.

So wie auch die Begriffe der übrigen Eu-Verordnungen, sind auch jene der EuErbrechtsVO ***autonom auszulegen***; ein Rückgriff auf das nationale Recht ist nicht zulässig (*Rudolf*, NZ 2013/103, 226).

B. Anwendungsbereich

In sachlicher Hinsicht ist die EuErbrechtsVO auf die ***Rechtsnachfolge von Todes wegen*** anzuwenden (Art 1 Abs 1 EuErbrechtsVO). Darunter ist nach Art 3 Abs 1 lit a EuErbrechtsVO (vgl. auch Erwägungsgrund 9 EuErbrechtsVO) jede Form des Übergangs von Vermögenswerten, Rechten und Pflichten von Todes wegen, sei es

- im Wege der ***gewillkürten Erbfolge*** durch eine Verfügung von Todes wegen oder
- im Wege der ***gesetzlichen Erbfolge*** zu verstehen.

Als „Verfügung von Todes wegen" gilt ein Testament, ein gemeinschaftliches Testament oder ein Erbvertrag (Art 3 Abs 1 lit d EuErbrechtsVO).

Die EuErbrechtsVO ist somit auf sämtliche ***zivilrechtlichen Aspekte der Rechtsnachfolge von Todes wegen*** anzuwenden (siehe zum sachlichen Anwendungsbereich näher *Garber* in Angst/Oberhammer[3] Vor § 79 Rz 487 ff); der erbrechtliche Berufungsgrund ist ebenso irrelevant (*Frodl*, ÖJZ 2012/108, 952) wie die Tatsache, ob es sich um streitige oder außerstreitige Verfahren handelt.

Die Verordnung gilt nicht für Steuer- und Zollsachen sowie verwaltungsrechtliche Angelegenheiten (Art 1 Abs 1 S 2 EuErbrechtsVO). Für weitere Ausnahmen vom (sachlichen) Anwendungsbereich der Verordnung (etwa Personenstand, Familienverhältnisse, Fragen des ehelichen Güterrechts) siehe Art 1 Abs 2 EuErbrechtsVO.

In räumlicher Hinsicht ist die EuErbrechtsVO in ***sämtlichen Mitgliedstaaten, mit Ausnahme von Dänemark*** anzuwenden (Erwägungsgrund 83 EuErbrechtsVO). Sie gilt weiters nicht für Irland und das Vereinigte Königreich, die jedoch für eine Anwendung der Verordnung optieren können (Erwägungsgrund 82 EuErbrechtsVO).

Die EuErbrechtsVO trat am zwanzigsten Tag nach ihrer Veröffentlichung im Amtsblatt der Europäischen Union in Kraft und ist grundsätzlich seit dem 17. August 2015 anzuwenden (Art 84 EuErbrechtsVO). Sie findet auf die Rechtsnachfolge von Personen Anwendung, die am 17. August 2015 oder danach verstorben sind (Art 83 EuErbrechtsVO).

C. Anerkennung

Das Kapitel IV (Art 39 – 58 EuErbrechtsVO) regelt die Anerkennung, Vollstreckbarkeit und Vollstreckung von gerichtlichen Entscheidungen der Mitgliedstaaten in Erbsachen. Die Bestimmungen entsprechen über weite Strecken den Vorschriften der EuGVVO über die Anerkennung und Vollstreckung (*Rudolf*, NZ 2013/103, 230; vgl. auch Erwägungsgrund 59 EuErbrechtsVO).

Die in einem Mitgliedstaat ergangenen Entscheidungen werden in den anderen Mitgliedstaaten anerkannt, ohne dass es hierfür eines besonderen Verfahrens bedarf (39 Abs 1 EuErbrechtsVO). Wie bei der EuGVVO auch, werden Entscheidungen im Rahmen der EuErbrechtsVO ***automatisch (ipso iure) anerkannt*** (*Fucik*, iFamZ 2012, 275; *Garber* in Angst/Oberhammer³ Vor § 79 Rz 491). Durch diese automatische Anerkennung bedarf es – dies wird auch ausdrücklich in Art 39 EuERbrechtsVO festgehalten – keines eigenständigen Anerkennungsverfahrens (*Hertel* in Rauscher EuZPR/EuIPR Art 39 EU-ErbVO Rz 1).

Auch die Verweigerungsgründe für eine Anerkennung entsprechen jenen der EuGVVO (*Hertel* in Rauscher EuZPR/EuIPR Art 40 EU-ErbVO Rz 1).

Eine ***Entscheidung*** wird ***nicht anerkannt***, wenn

- die ***Anerkennung dem ordre public widersprechen*** würde (Art 40 lit a EuErbrechtsVO),
- das ***rechtliche Gehör des Beklagten verletzt*** wird (Art 40 lit b EuErbrechtsVO),
- eine ***Unvereinbarkeit mit anderen Entscheidungen*** vorliegt (Art 40 lit c und d EuErbrechtsVO).

Jedenfalls darf eine in einem Mitgliedstaat ergangene Entscheidung in einem anderen Mitgliedstaat in der Sache selbst nicht nachgeprüft werden

(Art 41 EuErbrechtsVO); das ***Verbot der révision au fond*** gilt daher auch im Rahmen der EuErbrechtsVO (*Frodl*, ÖJZ 2012/108, 956).

Das Gericht eines Mitgliedstaats, vor dem die Anerkennung einer in einem anderen Mitgliedstaat ergangenen Entscheidung geltend gemacht wird, kann das Verfahren aussetzen, wenn im Ursprungsmitgliedstaat gegen die Entscheidung ein ordentlicher Rechtsbehelf eingelegt worden ist (Art 42 EuErbrechtsVO).

D. Vollstreckung

Die in einem Mitgliedstaat ergangenen und in diesem Staat vollstreckbaren Entscheidungen sind in einem anderen Mitgliedstaat vollstreckbar, wenn sie auf Antrag eines Berechtigten dort nach dem ***Verfahren der Artikel 45 bis 58 EuErbrechtsVO für vollstreckbar erklärt*** worden sind (Art 43 EuErbrechtsVO; siehe auch *Garber* in Angst/Oberhammer[3] Vor § 79 Rz 491). Die EuErbrechtsVO bleibt also – hinsichtlich der Vollstreckbarkeit von Entscheidungen – hinter der EuGVVO neu zurück. Ein Vollstreckbarerklärungsverfahren ist dort nicht (mehr) notwendig, hier sehr wohl.

Beachte: Dem Erstgericht kommt allerdings nur eine Prüfung in formeller Hinsicht zu; im erstinstanzlichen Verfahren erfolgt daher keine Prüfung der Versagungsgründe; diese werden erst aufgrund eines Rechtsbehelfs des Antragsgegners geprüft (*Mohr*, ÖRPfl 2013 H 2, 27; *Garber* aaO).

Für das Verfahren der Antragstellung, also das Vollstreckbarerklärungsverfahren, ist das Recht des Vollstreckungsmitgliedstaats maßgebend (Art 46 Abs 1 EuErbrechtsVO). In dem Fall, dass österreichisches Recht anzuwenden ist, gilt daher die EO.

Einem Antrag auf Vollstreckbarerklärung sind eine Ausfertigung der Entscheidung und die Bescheinigung über den Exekutionstitel und dessen Vollstreckbarkeit, die von dem Gericht oder der zuständigen Behörde des Ursprungsmitgliedstaats unter Verwendung eines Formblatts ausgestellt wurde, beizufügen (Art 46 Abs 3 EuErbrechtsVO).

Sobald die für eine Vollstreckbarerklärung erforderlichen Dokumente vorliegen, wird die Entscheidung unverzüglich – ohne Prüfung der Versagungsgründe – für vollstreckbar erklärt. Die Partei, gegen die die Vollstreckung erwirkt werden soll, erhält in diesem Abschnitt des Verfahrens keine Gelegenheit, eine Erklärung abzugeben (Art 48 EuErbrechtsVO).

Gegen die Entscheidung über den Antrag auf Vollstreckbarerklärung kann jede Partei einen Rechtsbehelf einlegen (Art 50 Abs 1 EuErbrechtsVO). Ist österreichisches Recht anwendbar, ist darunter der Rekurs nach § 411 EO zu verstehen (*Mohr*, ÖRPfl 2013 H 2, 27).

Die Vollstreckbarerklärung darf nur von dem mit einem Rechtsbehelf befassten Gericht wegen Vorliegens eines auch für die Versagung der Anerkennung gültigen Grundes (Art 40 EuErbrechtsVO) versagt oder aufgehoben werden. Das Gericht hat seine Entscheidung unverzüglich zu erlassen (Art 52 EuErbrechtsVO).

Schließlich hat das mit einem Rechtsbehelf befasste Gericht das ***Verfahren auszusetzen***, wenn die Entscheidung im Ursprungsmitgliedstaat wegen der Einlegung eines Rechtsbehelfs vorläufig nicht vollstreckbar ist (Art 53 EuErbrechtsVO).

XI. Die EuSchutzMVO

Lit.: *Beck*, Anerkennung von Maßnahmen zum Schutz vor Gewalt im EU-Raum, EF-Z 2015/2; *Binder* in Rauscher, EuZPR/EuIPR IV[4] (2015) Einl EU-SchutzMVO; *Deixler-Hübner/Mayrhofer*, Aktuelle Entwicklungen im Gewaltschutzrecht, Zak 2015, 84; *Dutta*, Grenzüberschreitender Gewaltschutz in der Europäischen Union, FamRZ 2015, 85; *Garber/Neumayr*, Europäisches Zivilverfahrensrecht (Brüssel I/IIa ua), Jahrbuch Europarecht 2012, 235; *Garber/Neumayr*, Europäisches Zivilverfahrensrecht (Brüssel I/IIa ua), Jahrbuch Europarecht 2013, 211; *Garber/Neumayr*, Europäisches Zivilverfahrensrecht (Brüssel I/IIa ua), Jahrbuch Europarecht 2014, 199; *Garber/Neumayr*, Europäisches Zivilverfahrensrecht (Brüssel Ia/IIa ua), Jahrbuch Europarecht 2015, 175; *Hager/Rosenkranz*, Die EU-Verordnung über die gegenseitige Anerkennung von Schutzmaßnahmen in Zivilsachen, EF-Z 2015/117; *Hinterhofer/Schallmoser*, Europäisches Strafrecht, Jahrbuch Europarecht 2012, 361; *Kohler/Pintens*, Entwicklungen im europäischen Personen- und Familienrecht 2012-2013, FamRZ 2013, 1439; *Mansel/Thorn/Wagner*, Europäisches Kollisionsrecht 2011: Gegenläufige Entwicklungen, IPRax 2012, 1; *Mansel/Thorn/Wagner*, Europäisches Kollisionsrecht 2013: Atempause im status quo, IPRax 2014, 1; *Mayr*, Neuigkeiten im Europäischen Zivilprozessrecht, Zak 2011/773, 407; *Mohr*, Die Europäischen Schutzmaßnahmen – Anerkennung und Vollstreckung von einstweiligen Verfügungen zum Schutz vor Gewalt, iFamZ 2014/5, 221; *Pesendorfer*, Familienrechtliche Neuerungen durch die EO-Novelle 2014, iFamZ 2014, 209; *Pietsch*, Die EU-Verordnung über die gegenseitige Anerkennung von Schutzmaßnahmen, NZFam 2014/16, 726; *Pollak*, Das Stockholmer Programm – Ein offenes und sicheres Europa im Dienste und Schutz der Bürger, ÖJZ 2010, 49; *Saupe*, Stockholm Programm, AnwBl 2009, 382; *Schmidt-Kessel/Herden*, Neues aus Brüssel, Stand: 6.2.2013, GPR 2013, 58; *Schmidt-Kessel/Herden*, Neues aus Brüssel, Stand: 19.7.2013, GPR 2013, 239; *Schneiderhan*, Gegenseitige Anerkennung im Stockholmer Programm – weiter wie bisher? DRiZ 2009, 294; *Wagner*, Die politischen Leitlinien zur justiziellen Zusammenarbeit in Zivilsachen im Stockholmer Programm, IPRax 2010, 97; *Wagner*, Die Rechtsinstrumente der justiziellen Zusammenarbeit in Zivilsachen – Eine Bestandsaufnahme, NJW 2013, 3128; *Winkler*, EU Update Juni – Juli 2013, AnwBl 2013, 496; *Zeder*, Europastrafrecht aktuell: Opferschutzpaket, Schutzanordnung – and more (Teil 2), JSt 2011, 217.

Einführungserlass vom 13. Jänner 2015 zur Verordnung (EU) Nr. 606/2013 des Europäischen Parlaments und des Rates vom 12. Juni 2013 über die gegenseitige Anerkennung von Schutzmaßnahmen in Zivilsachen (Verordnung Schutzmaßnahmen), BMJ-Z30.072/0001-I 9/2015

A. Allgemeines

Das Ziel dieser Verordnung liegt in der Schaffung von Regeln für einen einfachen und zügigen Mechanismus zur Anerkennung von in einem Mitgliedstaat zum ***Schutz von Gewaltopfern angeordneten Schutzmaßnahmen in Zivilsachen*** (Erwägungsgrund 39 EuSchutzMVO); mit anderen

Worten soll (auch) der ***freie Verkehr von Schutzmaßnahmen innerhalb Europas*** erreicht werden (Erwägungsgrund 5 EuSchutzMVO).

Um die Erreichung dieses Ziels zu erleichtern, wird mit dieser Verordnung ein einheitliches Muster für eine entsprechende Bescheinigung festgelegt und ein mehrsprachiges Standardformular für diesen Zweck bereitgestellt (Erwägungsgrund 22 EuSchutzMVO).

Der Erlass der EuSchutzMVO lässt sich damit rechtfertigen, dass einem EU-Bürger, der Opfer von Gewalttaten geworden ist, wenig geholfen ist, wenn er nur in seinem Heimatland geschützt wird.

Notwendig ist ein EU-weiter Schutz von Gewaltopfern immer dann, wenn sie ihr Recht auf Freizügigkeit und freien Aufenthalt ausüben.

Würden die Schutzmaßnahmen auf das Heimatland beschränkt, wäre die Sicherheit von Gewaltopfern nicht mehr gewährleistet, sobald sie ihr Land verlassen haben.

Wie unten noch aufzuzeigen sein wird, gilt die EuSchutzMVO für Zivilsachen. Der Begriff Zivilsachen ist im Einklang mit den Grundsätzen des Unionsrechts ***autonom auszulegen***.

Für die Beurteilung des zivilrechtlichen Charakters einer Schutzmaßnahme ist nicht entscheidend, ob eine zivil-, verwaltungs- oder strafrechtliche Behörde die Schutzmaßnahme anordnet (Erwägungsgrund 10 EuSchutzMVO).

Entscheidungen, die im Rahmen der Brüssel IIa-VO ergangen sind (dazu oben V.), sind auch weiterhin nach dieser VO und nicht nach der EuSchutzMVO anzuerkennen und zu vollstrecken (Erwägungsgrund 11 EuSchutzMVO).

Weiters verpflichtet die EuSchutzMVO die Mitgliedstaaten nicht, in ihren nationalen Rechtsordnungen den Erlass von Schutzmaßnahmen einzuführen (Erwägungsgrund 12 EuSchutzMVO).

Der Erlass der EuSchutzMVO fällt unter die justizielle Zusammenarbeit in Zivilsachen im Sinne des Artikels 81 AEUV; die Verordnung gilt nur für Schutzmaßnahmen, die in Zivilsachen angeordnet werden.

Schutzmaßnahmen, die in Strafsachen angeordnet werden, sind von der Richtlinie 2011/99/EU des Europäischen Parlaments und des Rates vom 13. Dezember 2011 über die Europäische Schutzanordnung (ABl L 338 vom 21.12.2011, 2) erfasst (Erwägungsgrund 9 EuSchutzMVO).

Die EuSchutzMVO selbst geht auf einen entsprechenden Vorschlag der Europäischen Kommission zurück (KOM [2011] 276 vom 18.5.2011); sie ist am 29.06.2013 im Amtsblatt der Europäischen Union (L 181, 4) veröffentlicht worden.

B. Anwendungsbereich

In ***sachlicher Hinsicht*** gilt die EuSchutzMVO für ***Schutzmaßnahmen*** in Zivilsachen, die eine Ausstellungsbehörde im Sinne des Art 3 Nr. 4 EuSchutzMVO angeordnet hat (Art 2 Abs 1 EuSchutzMVO).

Unter Schutzmaßnahme ist jede von der Ausstellungsbehörde des Ursprungsmitgliedstaats gemäß ihrem innerstaatlichen Recht ***angeordnete Entscheidung*** (auf die Bezeichnung kommt es nicht an) zu verstehen, die dem Schutz der so genannten ***„geschützten Person"*** dient, wenn deren körperliche oder seelische Unversehrtheit gefährdet sein könnte (Art 3 Z 1 EuSchutzMVO).

Nach Erwägungsgrund 6 EuSchutzMVO gilt die VO für Schutzmaßnahmen, die angeordnet werden, um eine Person zu schützen, wenn es ernsthafte Gründe zu der Annahme gibt, dass

- das Leben dieser Person,
- ihre körperliche oder psychische Unversehrtheit,
- ihre persönliche Freiheit,
- ihre Sicherheit oder
- ihre sexuelle Integrität in Gefahr ist.

Das können geschlechtsbezogene Gewalt oder Gewalt in engen Beziehungen wie körperliche Gewalt, Belästigung, sexuelle Übergriffe, Stalking, Einschüchterung oder andere Formen der indirekten Nötigung einer Person sein.

Als konkrete Schutzmaßnahmen, die der ***„gefährdenden Partei"*** auferlegt werden können, kommen in Frage

- das ***Verbot oder die Regelung des Betretens bestimmter Orte***, an denen die geschützte Person wohnt, an denen sie arbeitet oder die sie regelmäßig aufsucht oder an denen sie sich regelmäßig aufhält (Art 3 Z 1 lit a EuSchutzMVO),

- das ***Verbot oder die Regelung jeglicher Form des Kontakts mit der geschützten Person***, auch telefonisch, auf elektronischem Weg, per Post oder Fax oder mit anderen Mitteln (Art 3 Z 1 lit b EuSchutzMVO) sowie

- das ***Verbot oder die Regelung, sich der geschützten Person mehr als bis auf eine vorgeschriebene Entfernung zu nähern*** (Art 3 Z 1 lit c EuSchutzMVO).

Beachte: Diese Aufzählung ist ***taxativ*** (*Mohr*, iFamZ 2014, 222; *Garber* in Angst/Oberhammer[3] Vor § 79 Rz 474).

Eine in einem Ursprungsmitgliedstaat angeordnete Schutzmaßnahme darf im ersuchten Mitgliedstaat keinesfalls in der Sache selbst nachgeprüft werden (Art 12 EuSchutzMVO); das ***Verbot der révision au fond*** gilt daher auch im Rahmen der EuSchutzMVO.

Was den ***räumlichen Anwendungsbereich*** anbelangt, gilt die EuSchutzMVO in der gesamten Europäischen Union mit Ausnahme von Dänemark (Erwägungsgrund 41 EuSchutzMVO; *Garber* in Angst/Oberhammer[3] Vor § 79 Rz 473).

Die EuSchutzMVO gilt nur für ***grenzüberschreitende Fälle***. Ein grenzüberschreitender Fall iSd VO liegt dann vor, wenn die Anerkennung einer Schutzmaßnahme, die in einem Mitgliedstaat angeordnet wurde, in einem anderen Mitgliedstaat beantragt wird (Art 2 Abs 2 EuSchutzMVO).

Die EuSchutzMVO ist am zwanzigsten Tag nach ihrer Veröffentlichung im Amtsblatt der Europäischen Union (29.06.2013) ***in Kraft getreten***, also am 19.07.2013; sie gilt für Schutzmaßnahmen, die am oder nach dem 11.01.2015 angeordnet wurden bzw. werden, unabhängig davon, wann das Verfahren eingeleitet worden ist (Art 22 EuSchutzMVO).

C. Der Begriff der Ausstellungsbehörde

Zunächst ist festzuhalten, dass eine Schutzmaßnahme iSd VO nur vorliegt, wenn sie eine ***Ausstellungsbehörde*** nach Art 3 Z 4 EuSchutzMVO angeordnet hat (*Mohr*, iFamZ 2014/5, 222). Ausstellungsbehörde ist jedes ***Gericht*** oder jede ***andere Behörde***, die ein Mitgliedstaat als für die in den Anwendungsbereich der EuSchutzMVO fallenden Sachverhalte zuständig benennt (Art 3 Nr 4 S 1 EuSchutzMVO); zur Frage, welche Gerichte konkret von Österreich benannt wurden siehe sogleich unten.

Beachte: Eine „andere Behörde" fällt nur dann unter den Begriff der Ausstellungsbehörde, wenn sie den Parteien einerseits Garantien hinsichtlich der ***Unparteilichkeit*** bietet; andererseits muss ***ihre Entscheidung*** im Zusammenhang mit der Schutzmaßnahme nach dem Recht des Mitgliedstaats, in dem sie tätig ist, von einem ***Gericht nachgeprüft*** werden können und ***vergleichbare Wirkungen und Folgen*** haben wie die einer Entscheidung eines Gerichts, die denselben Gegenstand betreffen (Art 3 Nr 4 S 1 EuSchutzMVO).

In Österreich sind Ausstellungsbehörde daher jedenfalls die ***Gerichte***. Generell nicht unter den Begriff der Ausstellungsbehörde fallen die ***Polizeibehörden*** (Erwägungsgrund 13 EuSchutzMVO). Ein von den österreichischen Organen des öffentlichen Sicherheitsdienstes ausgesprochenes Betretungsverbot gem § 38a SPG kann daher nicht in einem anderen Mitgliedstaat anerkannt werden (*Mohr*, iFamZ 2014/5, 222).

Nach Art 18 Abs 1 EuSchutzMVO haben die Mitgliedstaaten der Kommission bis zum 11. Juli 2014 unter anderem mitteilen müssen, welche Behörden zuständig sind, Schutzmaßnahmen anzuordnen. Gemäß der Mitteilung Österreichs sind folgende Gerichte zum Erlass einer Schutzmaßnahme berechtigt (die Mitteilung Österreichs kann im Internet unter https://e-justice.europa.eu/content_mutual_recognition_of_protection_measures_in_civil_matters-352-at-en.do?member=1#13 abgerufen werden [letztes Abfragedatum: 26.06.2017]):

- die Bezirksgerichte,
- die Landesgerichte,
- die Oberlandesgerichte sowie
- der Oberste Gerichtshof

Beachte: Da die EuSchutzMVO die gegenseitige Anerkennung von Schutzmaßnahmen in Zivilsachen regelt und somit eine in einem Mitgliedstaat angeordnete Schutzmaßnahme in den anderen Mitgliedstaaten anerkannt wird (dazu noch genauer unten F.), enthält die EuSchutzMVO keinerlei Bestimmungen über die (örtliche, sachliche, funktionelle oder internationale) Zuständigkeit.

Die Begleitregelungen zur EuSchutzMVO finden sich in §§ 420 f EO; die Zuständigkeit (etwa für die Anordnung der Vollstreckung einer ausländischen Schutzmaßnahme) wird in § 420 EO (dazu noch genauer unten XIV. F.) geregelt.

D. Notwendige Bescheinigung

Will die zu schützende Person eine Schutzmaßnahme in einem anderen Mitgliedstaat geltend machen, benötigt diese eine ***Bescheinigung*** nach Art 5 EuSchutzMVO.

Die Bescheinigung wird von der Ausstellungsbehörde des Ursprungsmitgliedstaats auf Antrag der geschützten Person mittels mehrsprachigem Formblatts gemäß Art 19 EuSchutzMVO ausgestellt (Art 5 Abs 1 EuSchutzMVO); sie ist nur insoweit wirksam, als die Schutzmaßnahme vollstreckbar ist (Art 4 Abs 3 EuSchutzMVO).

Gegen die Ausstellung einer Bescheinigung ist kein Rechtsbehelf möglich (Art 5 Abs 2 EuSchutzMVO).

Die Bescheinigung darf grundsätzlich nur dann ausgestellt werden, wenn die gefährdende Person gemäß dem Recht des Ursprungsmitgliedstaats von der Schutzmaßnahme in Kenntnis gesetzt worden ist (Art 6 Abs 1 EuSchutzMVO).

Der notwendige Inhalt der Bescheinigung ist in Art 7 EuSchutzMVO geregelt; anzuführen sind unter anderem

- Name und Anschrift/Kontaktdaten der Ausstellungsbehörde,
- Aktenzeichen,
- Ausstellungsdatum der Bescheinigung,
- Angaben der zu schützenden und gefährdenden Person.

Die Bescheinigung ist durch die Ausstellungsbehörde des Ursprungsmitgliedstaats der gefährdenden Person mit dem gleichzeitigen Hinweis zuzustellen, dass die Ausstellung der Bescheinigung die Anerkennung und gegebenenfalls die Vollstreckbarkeit der Schutzmaßnahme in allen Mitgliedstaaten zur Folge hat (Art 8 Abs 1 EuSchutzMVO).

E. Anpassung von Schutzmaßnahmen

Die zuständige Behörde des ersuchten Mitgliedstaats hat die Möglichkeit, sofern und soweit erforderlich, die faktischen Elemente der Schutzmaßnahme anzupassen, um dadurch der Schutzmaßnahme in diesem Mitgliedstaat Wirkung zu verleihen (Art 11 Abs 1 EuSchutzMVO).

Zu den faktischen Elementen gehören nach Erwägungsgrund 20 EuSchutzMVO

- die Anschrift,
- der Ort im Allgemeinen oder
- der Mindestabstand, den die gefährdende Person
  - zur geschützten Person,
  - zur Anschrift oder
  - zum Ort im Allgemeinen halten muss.

Die Art und der zivilrechtliche Charakter der Schutzmaßnahme dürfen durch eine solche Anpassung jedenfalls nicht berührt werden (Erwägungsgrund 20 EuSchutzMVO).

Das Verfahren für die Anpassung einer Schutzmaßnahme unterliegt dem Recht des ersuchten Mitgliedstaats (Art 11 Abs 2 EuSchutzMVO).

In Ausführung dieser Bestimmung hat der österreichische Gesetzgeber durch die EO-Novelle 2014 § 86c EO neu in die Exekutionsordnung eingefügt; dieser erhielt durch die EO-Novelle 2016 die Bezeichnung § 421 EO (siehe zu dieser Bestimmung im Einzelnen unten XIV. F.).

Die Anpassung der Schutzmaßnahme ist der gefährdenden Person mitzuteilen (Art 11 Abs 3 EuSchutzMVO).

Sowohl die geschützte als auch die gefährdende Person haben das Recht, einen Rechtsbehelf nach dem Recht des Vollstreckungsstaats gegen die Anpassung der Schutzmaßnahme einzulegen; diesem Rechtsbehelf kommt keine aufschiebende Wirkung zu (Art 11 Abs 5 EuSchutzMVO).

F. Anerkennung

Eine in einem Mitgliedstaat angeordnete Schutzmaßnahme wird in den anderen Mitgliedstaaten anerkannt, ohne dass es hierfür eines besonderen Verfahrens bedarf (Art 4 Abs 1 EuSchutzMVO; *Garber* in Angst/Oberhammer[3] Vor § 79 Rz 477). Es gilt somit auch im Rahmen der EuSchutzMVO der ***Grundsatz der automatischen Anerkennung*** (Erwägungsgrund 14 EuSchutzMVO).

Nach Erwägungsgrund 4 EuSchutzMVO rechtfertigen das gegenseitige Vertrauen in die Rechtspflege in der Europäischen Union sowie das Ziel, einen zügigeren und kostengünstigeren Umlauf von Schutzmaßnahmen innerhalb der Europäischen Union zu gewährleisten, den Grundsatz, wonach in einem Mitgliedstaat angeordnete Schutzmaßnahmen in allen anderen Mitgliedstaaten anerkannt werden, ohne dass es hierzu besonderer Verfahren bedarf.

Eine in einem Mitgliedstaat angeordnete Schutzmaßnahme ist daher so zu behandeln, als wäre sie in dem Mitgliedstaat angeordnet worden, in dem um Anerkennung ersucht wird.

Zu beachten ist hinsichtlich der Anerkennung von Schutzmaßnahmen allerdings, dass die Wirkung der Anerkennung auf ***maximal 12 Monate seit Ausstellung der Bescheinigung befristet*** ist (Art 4 Abs 4 EuSchutzMVO); dies wird immer dann virulent, wenn die Schutzmaßnahme im Ursprungsstaat für länger als 12 Monate angeordnet wird.

Begründet wird die befristete Anerkennung von Schutzmaßnahmen einerseits mit der Vielfalt der in den nationalen Rechtsordnungen bestehenden Schutzmaßnahmen (insbesondere hinsichtlich deren Dauer), andererseits damit, dass die EuSchutzMVO typischerweise in dringenden Fällen angewendet wird (Erwägungsgrund 15 EuSchutzMVO).

G. Vollstreckung

Eine in einem Mitgliedstaat angeordnete Schutzmaßnahme ist in den anderen Mitgliedstaaten vollstreckbar, ohne dass es einer Vollstreckbarerklärung bedarf (Art 14 Abs 1 EuSchutzMVO); es gibt daher (auch) im Rahmen der EuSchutzMVO ***keine Vollstreckbarerklärung*** (*Garber* in Angst/Oberhammer[3] Vor § 79 Rz 477).

Das Verfahren für die Vollstreckung von Schutzmaßnahmen unterliegt dem Recht des ersuchten Mitgliedstaats (Art 4 Abs 5 EuSchutzMVO).

H. Versagung der Anerkennung und Vollstreckung

Auf Antrag der gefährdenden Person wird die Anerkennung und gegebenenfalls die Vollstreckung der Schutzmaßnahme versagt, soweit diese Anerkennung

- der ***öffentlichen Ordnung*** (ordre public) des ersuchten Mitgliedstaats offensichtlich widersprechen würde (Art 13 Abs 1 lit a EuSchutzMVO) oder
- mit einer ***Entscheidung unvereinbar*** ist, die im ersuchten Mitgliedstaat ergangen oder anerkannt worden ist (Art 13 Abs 1 lit b EuSchutzMVO).

Der Antrag auf Versagung der Anerkennung oder Vollstreckung ist bei dem Gericht des ersuchten Mitgliedstaats einzubringen, das der Kommission vom jeweiligen Mitgliedstaat mitgeteilt wurde (Art 13 Abs 2 EuSchutzMVO).

Die Anerkennung der Schutzmaßnahme darf nicht mit der Begründung versagt werden, dass im Recht des ersuchten Mitgliedstaats eine solche Maßnahme für denselben Sachverhalt nicht vorgesehen, also nicht bekannt ist (Art 13 Abs 3 EuSchutzMVO).

Wird eine Schutzmaßnahme im Ursprungsmitgliedstaat

- ausgesetzt oder aufgehoben oder
- wird ihre Vollstreckbarkeit ausgesetzt oder beschränkt oder
- wird die Bescheinigung aufgehoben (siehe Art 9 Abs 1 lit b EuSchutzMVO),

stellt die Ausstellungsbehörde des Ursprungsmitgliedstaats auf Ersuchen der geschützten oder der gefährdenden Person eine Bescheinigung über diese Aussetzung, Beschränkung oder Aufhebung aus (Art 14 Abs 1 EuSchutzMVO).

XII. Die Europäische Kontenpfändungsverordnung (EuKoPfVO)

Lit.: Cranshaw, Der europäische Beschluss zur vorläufigen Kontenpfändung – Ein Entwurf zur Verbesserung der Forderungsdurchsetzung und der Zahlungsmoral innerhalb der EU?, DZWIR 2012, 399; *Domej*, Das Rechtsbehelfsverfahren bei der europäischen vorläufigen Kontenpfändung, in Garber/Geimer/Schütze (Hrsg.) Festschrift für *Daphne Ariane Simotta* zum 65. Geburtstag (2012) 129; *Domej*, Ein wackeliger Balanceakt – Die geplante Verordnung über die Europäische vorläufige Kontenpfändung, ZEuP 2013, 496; *Garber/Neumayr,* Europäisches Zivilverfahrensrecht (Brüssel I/II a ua), in Jahrbuch Europarecht 11 (2011) 255; *Garber/Neumayr,* Europäisches Zivilverfahrensrecht (Brüssel I/II a ua), in Jahrbuch Europarecht 12 (2012) 235; *Garber/Neumayr,* Europäisches Zivilverfahrensrecht (Brüssel I/II a ua), in Jahrbuch Europarecht 13 (2013) 211; *Garber/Neumayr,* Europäisches Zivilverfahrensrecht (Brüssel I/II a ua), in Jahrbuch Europarecht 14 (2014) 199; *Garber/Neumayr,* Europäisches Zivilverfahrensrecht (Brüssel Ia/Brüssel IIa ua), in Jahrbuch Europarecht 15 (2015) 175; *Häcker*, Die geplante EU-Verordnung zur grenzüberschreitenden vorläufigen Kontopfändung - Eine kritische Analyse, WM 2012, 2180; *Harbeck*, Zum Vorschlag einer Europäischen Verordnung zur vorläufigen Kontenpfändung in grenzüberschreitenden Verfahren, ZInsO 2012, 805; *Hess*, Der Vorschlag der EU-Kommission zur vorläufigen Kontenpfändung – Ein weiterer Integrationsschritt im Europäischen Zivilverfahrensrecht, in Geimer/Schütze (Hrsg.) Festschrift für *Athanassios Kaissis* zum 65. Geburtstag (2012) 399; *Hess/Raffelsieper*, Eckpunkte der Kontenpfändungsverordnung, in Hess, Die Anerkennung im internationalen Zivilprozessrecht - Europäisches Vollstreckungsrecht (2014) 214; *Hess/Raffelsieper*, Die Europäische Kontenpfändungsverordnung: eine überfällige Reform zur Effektuierung grenzüberschreitender Vollstreckung im Europäischen Justizraum, IPRax 2015, 46; *Mayr*, Neuigkeiten im Europäischen Zivilprozessrecht, Zak 2011/773, 407; *Mohr*, Die vorläufige Kontenpfändung (2014); *Müller*, Der Kommissionsvorschlag für einen Europäischen Beschluss zur vorläufigen Kontenpfändung, RIW 2012, 151; *Nunner-Krautgasser*, Der geplante Rechtsakt zur europäischen Kontenpfändung, in: Hess (Hrsg.), Die Anerkennung im Internationalen Zivilprozessrecht – Europäisches Vollstreckungsrecht (2014) 125; *Raschauer*, Grenzüberschreitende vorläufige Kontenpfändung, ZFR 2012, 43; *Rechberger*, Zu den Bewilligungsvoraussetzungen einer vorläufigen Kontenpfändung nach der EuKoPfVO, in FS Coester-Waltjen (2015) 651; *Reith*; Wissenswertes zur Europäischen Kontenpfändungsverordnung, ecolex 2016, 780; *Riebold*, Die Europäische Kontopfändung (2014); *Schumacher/Köllensperger*, Die „Europäische Kontenpfändung“ und der Schutz des Unternehmens. Gibt es noch Anpassungsbedarf auf dem Weg zum „fair trial“? JBl 2014, 413; *Skamel/Wilhelm*, Der Europäische Beschluss zur vorläufigen Kontenpfändung im Vergleich mit Maßnahmen des einstweiligen Rechtsschutzes im deutschen und spanischen Recht, ZInsO 2014, 1789; *Stamm*, Plädoyer für einen Verzicht auf den Europäischen Beschluss zur vorläufigen Kontenpfändung – Zehn gute Gründe gegen dessen Einführung, IPRax 2014, 124; *Sujecki*, Grenzüberschreitende Kontenpfändung in der EU, EWS 2011, 414; *Trenkler*, Vorläufige Kontenpfändung: Überblick und ausgewählte Fragen, in König/Mayr (Hrsg.), Europäisches Zivilverfahrensrecht in Österreich IV (2015) 129.

A. Allgemeines

Die Verordnung (EU) 655/2014 zur Einführung eines Verfahrens für einen Europäischen Beschluss zur vorläufigen Kontenpfändung im Hinblick auf die Erleichterung der grenzüberschreitenden Eintreibung von Forderungen in Zivil- und Handelssachen (EuKoPfVO) ist am 18.01.2017 in Kraft getreten.

Ziel der EuKoPfVO ist die ***grenzüberschreitende vorläufige Sicherung*** von ***Geldforderungen*** auf ***Bankguthaben***, um die ***Einbringlichkeit*** einer ***Geldforderung abzusichern***; es handelt sich dabei um eine Maßnahme des ***einstweiligen Rechtsschutzes*** (*Trenkler* in König/Mayr EZVR, IV 131).

Sicherungsmittel ist der so genannte ***Europäische Beschluss zur vorläufigen Kontenpfändung***. Dies ist ein – in Form eines Beschlusses – an die Bank gerichtetes ***Auszahlungsverbot,*** mit dessen Hilfe verhindert werden soll, dass vom Konto des Schuldners Gelder überwiesen oder abgehoben werden (*Mohr*, Kontenpfändung 1).

Wie bereits angedeutet, ist von der EuKoPfVO nur die ***grenzüberschreitende*** Sicherung von Geldforderungen auf Bankkonten umfasst (vgl. dazu Art 3 EuKoPfVO und *Buchegger/Markowetz*, Grundriss des Zivilprozessrechts, 682 sowie *Rauscher/Wiedemann* in Rauscher, EuZPR/EuIPR Art 3 EU-KPfVO Rz 1 ff). Reine Binnensachverhalte sind von der VO nicht erfasst (*Mohr*, Kontenpfändung Rz 47).

Beachte: Die Regelungen der EuKoPfVO sind allerdings auch dann anzuwenden, wenn sich das vorläufig zu pfändende Bankkonto, das zuständige Gericht und der Wohnsitz des Gläubigers im Inland befinden (§ 422 Abs 3 EO). Das Verfahren der EuKoPfVO sollte durch diese – mit der EO-Novelle 2016 eingeführten – Regelung auch inländischen Gläubigern zur Verfügung stehen (dazu näher EBRV 1294 BlgNR 25. GP 14 f sowie unten XIV. G.).

Die EuKoPfVO gilt für ***Geldforderungen in Zivil- und Handelssachen***, ohne dass es auf die Art des Gerichts ankommt (Art 2 Abs 1 EuKoPfVO); sie gilt gem Art 2 Abs 2 EuKoPfVO nicht für die ehelichen Güterstände (lit a), das Gebiet des Testaments- und Erbrechts (lit b), Insolvenzverfahren (lit c), die soziale Sicherheit (lit d) sowie die Schiedsgerichtsbarkeit (lit e).

Die EuKoPfVO gilt ***nicht in allen Mitgliedstaaten*** der Europäischen Union. Sowohl das Vereinigte Königreich als auch Dänemark beteiligen sich nicht an der EuKoPfVO. Irland hat von seinem „Opt in" Gebrauch gemacht (näher Erwägungsgründe 49 ff EuKoPfVO sowie *Garber* in Angst/Oberhammer[3] Vor § 79 Rz 497).

B. Anerkennung und Vollstreckung

Gem Art 22 EuKoPfVO wird ein in einem Mitgliedstaat erlassener Beschluss zur vorläufigen Pfändung in den anderen Mitgliedstaaten anerkannt, ohne dass es eines besonderen Verfahrens bedarf; weiters ist er in den anderen Mitgliedstaaten vollstreckbar, ohne dass es einer Vollstreckbarerklärung bedarf (*Garber* in Angst/Oberhammer[3] Vor § 79 Rz 504).

In Bezug auf die Anerkennung eines Beschlusses zur vorläufigen Kontenpfändung gilt somit auch im Rahmen der EuKoPfVO der Grundsatz der ***automatischen Anerkennung*** (*Rauscher/Wiedemann* in Rauscher, EuZPR/EuIPR Art 22 EU-KPfVO Rz 2).

Wie soeben ausgeführt, ist ein Beschluss zur vorläufigen Kontenpfändung in anderen Mitgliedstaaten vollstreckbar, ohne dass es einer Vollstreckbarerklärung bedarf. Ein Verfahren zur ***Vollstreckbarerklärung*** (Exequaturverfahren) ist daher in der EuKoPfVO ***nicht vorgesehen*** (*Garber* in Angst/Oberhammer[3] Vor § 79 Rz 504).

Beachte: Im Gegensatz zu einer Vollstreckung eines ausländischen Exekutionstitels oder einer ausländischen einstweiligen Verfügung bedarf es hier auch ***keiner Exekutionsbewilligung*** (*Mohr*, Kontenpfändung Rz 288).

Eine unmittelbare grenzüberschreitende Vollstreckung sieht die EuKoPfVO nicht vor (*Domej*, ZEuP 2013, 501). Ein in Österreich erlassener Europäischer Beschluss zur vorläufigen Kontenpfändung ist vom Gericht, das den Beschluss erlassen hat, an die zuständige Behörde des Vollstreckungsmitgliedstaats zu übermitteln (§ 422 Abs 1 EO iVm Art 23 Abs 3 EuKoPfVO).

Für die Vollstreckung eines nicht im Inland erlassenen – also eines ausländischen – Beschlusses zur vorläufigen Kontenpfändung ist ausschließlich das ***Bezirksgericht Innere Stadt Wien*** sachlich und örtlich zuständig (§ 423 Abs 2 S 1 EO). Dieses Gericht hat den Europäischen Beschluss zur vorläufigen Kontenpfändung von Amts wegen an die Bank zuzustellen (*König*, Einstweilige Verfügungen[4] Rz 7/2a), welche den Beschluss auszuführen hat (Art 24 EuKoPfVO).

Die Bank muss in weiterer Folge sicherstellen, dass der zu sichernde Betrag nicht vom Bankkonto überwiesen oder abgehoben wird (Art 24 Abs 2 lit a EuKofPfVO); weiters muss sie eine Drittschuldnererklärung abgeben. Der Gläubiger erwirbt mit Zustellung des Europäischen Beschlusses zur vorläufigen Kontenpfändung an die Bank ein ***exekutives Pfandrecht***, sofern er bereits eine gerichtliche Entscheidung, einen gerichtlichen Vergleich oder eine öffentliche Urkunde erwirkt hat (§ 422 Abs 2 S 2 EO) (vgl. zu all dem ausführlich *Martin*, JAP 2016/2017/12, 165; vgl. zu den österreichischen Begleitregelungen zur EuKoPfVO [§§ 422 bis 424 EO] noch näher unten XIV. G.).

Die Vollstreckung eines Beschlusses zur vorläufigen Kontenpfändung selbst erfolgt gemäß den Verfahren, die in dem Vollstreckungsmitgliedstaat für die Vollstreckung ***gleichwertiger nationaler Beschlüsse*** gelten (Art 23 Abs 1 EuKoPfVO).

Für den Vollzug eines Beschlusses zur vorläufigen Kontenpfändung verweist diese Bestimmung somit auf das jeweilige nationale Vollstreckungsrecht des ersuchten EU-Mitgliedstaates (*Schlosser/Hess*, EuZPR[4] Art 23 EuKoPfVO Rz 1). Wird der Beschluss in Österreich vollzogen, ist die Gesetzeslage bei der einstweiligen Verfügung maßgebend (*Mohr*, Kontenpfändung Rz 311).

XIII. Europäische Güterrechtsverordnungen

Lit: *Buschbaum*, Vom Königsweg der Kollisionsrechtsharmonisierung als Leitlinie für das Mehrjahresprogramm für die EU-Ziviljustiz 2015 - 2020, GPR 2014, 4; *Buschbaum/Simon*, Die Vorschläge der EU-Kommission zur Harmonisierung des Güterkollisionsrechts für Ehen und eingetragene Partnerschaften – eine erste kritische Analyse Teil I, GPR 2011, 262, (Teil II), GPR 2011, 305; *Deixler-Hübner*, Scheidung, Ehe und Lebensgemeinschaft[11] (2013) Rz 327; *Döbereiner*, Der Kommissionsvorschlag für das internationale Güterrecht, MittBayNot 2011, 463; *Garber/Neumayr,* Europäisches Zivilverfahrensrecht (Brüssel I/II a ua), in Jahrbuch Europarecht 12 (2012) 235; *Garber/Neumayr,* Europäisches Zivilverfahrensrecht (Brüssel I/II a ua), in Jahrbuch Europarecht 13 (2013) 211; *Garber/Neumayr,* Europäisches Zivilverfahrensrecht (Brüssel I/II a ua), in Jahrbuch Europarecht 14 (2014) 199; *Garber/Neumayr,* Europäisches Zivilverfahrensrecht (Brüssel Ia/Brüssel II a ua), in Jahrbuch Europarecht 15 (2015) 175; *Henrich*, Zur EU-Güterrechtsverordnung: Handlungsbedarf für die nationalen Gesetzgeber, ZfRV 2016/23; *Kohler/Pintens*, Entwicklungen im europäischen Personen- und Familienrecht 2010 - 2011, FamRZ 2011, 1433; *Kroll-Ludwigs*, Die EU-Ehegüterrechts- und EU-Partnerschaftsverordnung, GPR 2016, 231; *Martiny*, Das Grünbuch zum Internationalen Ehegüterrecht - Erste Regelungsvorschläge, FPR 2008, 206; *Mayr*, Neuigkeiten im Europäischen Zivilprozessrecht, Zak 2011/773, 407; *Melcher*, Ein einheitliches Güterkollisionsrecht der EU, iFamZ 2011, 221; *Rudolf*, Vereinheitlichtes internationales Güterrecht, EF-Z 2011, 214; *Simotta,* Die internationale Zuständigkeit nach den geplanten Europäischen Güterrechtsverordnungen, in König/Mayr (Hrsg.), Europäisches Zivilverfahrensrecht in Österreich IV (2015) 77; *Walther*, Die Qualifikation des § 1371 Abs 1 BGB im Rahmen der europäischen Erb- und Güterrechtsverordnungen, GPR 2014, 325; *Wagner*, Konturen eines Gemeinschaftsinstruments zum internationalen Güterrecht, FamRZ 2009, 269.

Es wurde bereits oben (I.) darauf hingewiesen, dass das Europäische Zivilverfahrensrecht immer mehr an Bedeutung gewinnt; der Europäische Gesetzgeber ist in den letzten Jahren umfangreich tätig gewesen.

Zu seinen Vorhaben zählen auch zwei im Jahr 2011 von der Europäischen Kommission veröffentlichte Verordnungsvorschläge betreffend das ***Ehegüterrecht*** sowie das ***Güterrecht der eingetragenen Partnerschaften***.

Diese Vorschläge (siehe dazu ausführlich *Simotta* in König/Mayr, EuZVR IV 77 ff) mündeten in folgende Verordnungen:

- Verordnung (EU) Nr 2016/1103 vom 24.06.2016 zur Durchführung einer verstärkten Zusammenarbeit im Bereich der Zuständigkeit, des anzuwendenden Rechts und der Anerkennung und der Vollstreckung von Entscheidungen in Fragen des ***ehelichen Güterstands*** (ABl. 2016, L 183/1) (EuGüVO) sowie
- Verordnung (EU) Nr 2016/104 vom 24.06.2016 zur Durchführung einer verstärkten Zusammenarbeit im Bereich der Zuständigkeit, des anzuwendenden Rechts und der Anerkennung und der Vollstrekkung von Entscheidungen in Fragen ***güterrechtlicher Wirkungen eingetragener Partnerschaften*** (ABl. 2016, L 183/30) (EuPartVO).

Beachte: Bei beiden Verordnungen handelt es sich ***nicht um gesamteuropäische Rechtsakte*** (die für Art 81 Abs 3 AEUV erforderliche Einstimmigkeit unter den Mitgliedstaaten konnte nicht erreicht werden). 17 Staaten (Belgien, Bulgarien, Deutschland, Finnland, Frankreich, Griechenland, Italien, Kroatien, Luxemburg, Malta, Niederlande, Österreich, Portugal, Schweden, Slowenien, Spanien und Tschechien) haben einen Antrag auf Erlass der Verordnungen im Wege der ***Verstärkten Zusammenarbeit*** nach Art 328 Abs 1 AEUV gestellt (*Henrich*, ZfRV, 2016, 171).

Sowohl die EuGüVO als auch EuPartVO sind am 29.07.2016 in Kraft getreten; sie gelten allerdings erst ab dem 29.01.2019 (Art 70 EuGüVO bzw. EuPartVO).

In sachlicher Hinsicht findet die EuGüVO auf die ***ehelichen Güterstände*** Anwendung (Art 1 EuGüVO).

Darunter fallen Aspekte, die mit der ***Verwaltung des Vermögens*** der Eheleute im Alltag zusammenhängen, aber auch solche, die bei der ***güterrechtlichen Trennung des Paares*** oder des ***Todes eines Ehegatten*** von Bedeutung sind (*Kroll-Ludwigs*, GPR 2016, 232).

Vom Anwendungsbereich der EuGüVO sind gem Art 1 Abs 2 etwa ausgenommen:

- die ***Rechts-, Geschäfts- und Handlungsfähigkeit der Ehegatten*** (lit a),
- die ***Unterhaltspflichten*** (lit c) sowie
- die ***Rechtsnachfolge nach dem Tod eines Ehegatten*** (lit d).

Die EuPartVO ist anwendbar auf die ***Güterstände eingetragener Partnerschaften*** (Art 1 EuPartVO).

Die ***Ausnahmen vom Anwendungsbereich*** entsprechen jenen der EuGüVO (Art 1 Abs 2 EuPartVO).

Die ***internationale Zuständigkeit*** ist in Art 4 ff EuGüVO bzw. EuPartVO geregelt.

Art 4 beider Verordnungen regelt die Zuständigkeit im Fall des ***Todes eines Ehegatten*** bzw. ***Partners***. Die Bestimmung des Art 5 EuGüVO/Eu-

PartVO beinhaltet die (internationale) Zuständigkeit in Bezug auf die ***Scheidung, Trennung ohne Auflösung des Ehebandes oder Ungültigerklärung der Ehe*** bzw. hinsichtlich der ***Auflösung oder Ungültigerklärung der eingetragenen Partnerschaft***.

International zuständig für güterrechtliche Fragestellungen ist in beiden Fällen automatisch das nach ***Art 4 f EuErbrechtsVO*** bzw. ***Art 3 f Brüssel IIa-VO zuständige Gericht*** (*Kroll-Ludwigs*, GPR 2016, 232).

In allen anderen Verfahren, die nicht von Art 4 und 5 EuGüVO sowie EuPartVO erfasst werden, enthält Art 6 lit a und b beider Verordnungen eine Zuständigkeitsvorschrift, die in erster Linie auf den ***aktuellen*** bzw. ***letzten gemeinsamen Aufenthalt*** der Eheleute/Partner abstellt (*Kroll-Ludwigs* aaO).

Weiters enthalten beide Verordnungen unter anderem auch Regelungen hinsichtlich

- der ***Gerichtsstandsvereinbarung*** (Art 7 EuGüVO/EuPartVO),
- der ***Zuständigkeit aufgrund rügeloser Einlassung*** (Art 8 EuGüVO/EuPartVO),
- der ***Notzuständigkeit*** (Art 11 EuGüVO/EuPartVO),
- des ***anwendbaren Rechts*** (Art 20 ff EuGüVO/EuPartVO).

Die ***Anerkennung und Vollstreckung*** güterrechtlicher Entscheidungen folgt sowohl nach der EuGüVO als auch nach der EuPartVO dem System der EuErbrechtsVO (*Kroll-Ludwigs*, GPR 2016, 239) (dazu oben X.).

Die ***Anerkennung*** von ***Entscheidungen*** erfolgt daher in allen Mitgliedstaaten ***automatisch***, ohne das es hierfür eines besonderen Verfahrens bedarf (Art 36 Abs 1 EuGüVO/EuPartVO).

Eine ***Entscheidung wird vollstreckt***, wenn sie im ***Vollstreckungsstaat*** auf ***Antrag*** eines ***Berechtigten*** für ***vollstreckbar erklärt*** worden ist (Art 42 EuGüVO/EuPartVO). Auch im Rahmen der EuGüVO bzw. der EuPartVO ist somit die ***Vollstreckbarerklärung einer Entscheidung*** notwendig.

XIV. Österreichisches Internationales Exekutionsrecht nach der EO

Lit.: *Angst/Jakusch/Mohr,* Exekutionsordnung[15] (2012) §§ 79 ff EO; *Ch. Böhmer,* Vollstreckbarerklärung ausländischer Unterhaltstitel, insbesondere österreichischer Titel, IPRax 1991, 90; *A. Burgstaller,* Beugestrafen zur Durchsetzung von Zivilurteilen, ÖJZ 2000, 134; *A. Burgstaller,* Vollstreckung ausländischer Schiedssprüche in Österreich, ZfRV 2000, 83; *A. Burgstaller/ Höllwerth* in Burgstaller/Deixler-Hübner, Kommentar zur Exekutionsordnung (Loseblattsammlung ab 1999) §§ 79 ff EO; *Czernich,* Die Vollstreckung österreichischer Leistungsurteile in den Vereinigten Staaten von Amerika, WBl 1995, 10; *Czernich,* Zu den Voraussetzungen der Anerkennung und Vollstreckung fremder Entscheidungen nach autonomem Recht (§ 79 EO), JBl 1996, 495; *Czernich,* Neue Aspekte im österreichisch-amerikanischen Rechtsverkehr durch das Haager Gerichtsstandsübereinkommen, wbl 2012, 309; *Frauenberger/Pfeiler,* Die Die Anerkennung ausländischer Titel in Österreich, JAP 1995/96, 275; *Frauenberger-Pfeiler,* Die Vollstreckung aufgrund ausländischer Titel, JAP 1996/97, 63; *Frauenberger/Pfeiler*, Lugano-Abkommen: Anerkennung und Vollstreckung ausländischer Entscheidungen, ecolex 1996, 735; *Fricke,* Zur Geschichte der österreichischen Jurisdiktionsformel, ZfRV 1995, 64; *Fucik*, Das neue Auslandsunterhaltsgesetz 2014, iFamZ 2014, 192; *Graf-Schimek*, Die Anerkennung ausländischer Entscheidungen in Sachwalterschaftssachen, iFamZ 2009, 309; *Harnik/Kodek,* Klagen gegen österreichische Unternehmen in den USA - ein Überblick, RdW 2010/641, 622; *Heller,* Die Anerkennung einander widersprechender ausländischer Entscheidungen, ZfRV 1982, 162; *Hoyer,* Die Anerkennung ausländischer Entscheidungen und ihre Vollstreckung, JBl 1982, 634; *Jakusch* et al in Angst (Hrsg.) Kommentar zur Exekutionsordnung[3] (2015) §§ 79 ff EO; *Klicka/Albrecht,* Die EO-Novelle 1995 – Änderungen im Allgemeinen Teil, ecolex 1995, 707; *Klicka/Albrecht,* Die EO-Novelle 1995 im Überblick, JAP 1995/96, 131; *Kloiber,* Die Exekutionsordnungs-Novelle 1995 - ein Überblick über die mit 1.10.1995 in Kraft getretenen Änderungen, ÖA 1996, 2; *Koch,* Neuere Probleme der internationalen Zwangsvollstreckung einschließlich des einstweiligen Rechtsschutzes, in Schlosser (Hrsg), Materielles Recht und Prozeßrecht und die Auswirkungen der Unterscheidung im Recht der Internationalen Zwangsvollstreckung (1992) 171; *König,* Bedarf die EO einer LGVÜ-/EuGVÜ-Nachbesserung? ecolex 1999, 310; *Kralik*, Die Gegenseitigkeit bei der Zwangsvollstreckung ausländischer Titel, ÖJZ 1959, 253; *Matscher*, Zur Theorie der Anerkennung ausländischer Entscheidungen nach österreichischem Recht in FS Schima (1969) 265; *Matscher*, Einige Probleme der internationalen Urteilsanerkennung und -vollstreckung: Erläutert am Beispiel der Verträge der BRD mit Österreich, mit Belgien und mit Großbritannien, ZZP 86 (1973) 404; *Matscher*, Der Vorbehalt ausschließlicher Zuständigkeit im österreichischen Recht: Systemfragen der Anerkennung ausländischer Entscheidungen, JBl 1979, 182; *Matscher,* Die internationalrechtlichen Bestimmungen der Zivilverfahrens-Novelle 1983, Richterwoche 1983, 210; *Matscher*, Grundfragen der Anerkennung und Vollstreckung ausländischer Entscheidungen in Zivilsachen (aus österreichischer Sicht), ZZP 103 (1990) 294; *Matscher,* Die Neuregelung der inländischen Gerichtsbarkeit durch die WGN 1997, JBl 1998, 488; *Mini,* Exekutionsverfahren[3] (2014) 256; *Mohr,* Vereinfachtes Bewilligungsverfahren und andere am 1. 10. 1995 in Kraft getretene Bestimmungen der EO-Nov 1995, ÖJZ 1995, 889; *Mohr,* Die Exekutionsordnungs-Novelle 2000 – ein Überblick, ZIK 2000, 81; *Nunner-Krautgasser,* Die Anerkennung ausländischer Entscheidungen – Dogmatische Grundfragen, ÖJZ 2009/87, 793; *Nunner-Krautgasser,* Die Anerkennung ausländischer Entscheidungen - Rechtsentwicklung im Überblick, ÖJZ 2009/60, 533; *Rauscher*, Grenzüberschreitende Forderungsexekution in Europa, AnwBl 2006, 628; *Rechberger*, Das Anerkennungs- und Vollstreckungsabkommen zwischen Österreich und dem Fürstentum Liechtenstein, ZfRV 1975, 122; *Rechberger*, Das Anerkennungs- und Vollstreckungsabkommen zwischen Österreich und Italien, ZfRV 1975, 17; *Reiser,* Anerkennung und Vollstreckung zwischen Liberalismus und Prozeßvergleich, in FS Walder (1994), 357; *M. Roth/Duursma-Kepplinger,* Exekutions- und Insolvenzrecht[10] (2016) 195; *Schoibl*, Die „Exekution auf Grund von Akten und Urkunden supranationaler Organisationen,, in Österreich: Zur Zwangsvollstreckung von vollstreckungsfähigen Gemeinschaftsrechtsakten im österreichischen Recht in FS Geimer (2002) 981; *Schütz,* Anerkennung ausländischer Entscheidungen in Status-, Vormundschafts- und Pflegschaftssachen österreichischer Staatsbürger, ÖStA 1986, 4; *Szécsényi*, Zur Anerkennung und Vollstreckung österreichischer Urteile in Ungarn, ZfRV 2000, 105; *Wiehe,* Zustellungen, Zustellmängel und Urteilsanerkennung am Beispiel fiktiver Inlandszustellungen in Deutschland, Frankreich und den USA (1993).

A. Allgemeines

Rechtsgrundlage für die Anerkennung und Vollstreckung außereuropäischer Exekutionstitel ist die EO, genauer gesagt die Regelungen der §§ 403 bis 424 EO.

Der Abschnitt über das internationale Exekutionsrecht ist – wie bereits erwähnt (siehe oben II. B.) – durch die EO-Novelle 2016 (BGBl I 2016/100) neu gestaltet worden. Er besteht aus folgenden Abschnitten:

- Erster Abschnitt: ***Allgemeine Bestimmungen***
- Zweiter Abschnitt: ***Vollstreckbarerklärung*** und ***Anerkennung*** von ***Akten*** und ***Urkunden***, die im ***Ausland errichtet*** wurden
- Dritter Abschnitt: ***Exekution*** aufgrund von ***Akten*** und ***Urkunden supranationaler Organisationen***
- Vierter Abschnitt. ***Keine Vollstreckbarerklärung***
- Fünfter Abschnitt: ***Bestätigung über die Vollstreckbarkeit***
- Sechster Abschnitt: ***Begleitregelungen zur EuSchMaVO***.

Die Bestimmungen der §§ 403 ff EO sind jedoch nicht anzuwenden, soweit nach Völkerrecht oder in Rechtsakten der Europäischen Union anderes bestimmt ist (§ 416 EO). In § 416 EO wird also der ***Vorrang von Staatsverträgen*** und ***Rechtsakten des Gemeinschaftsrechts*** vor den Bestimmungen der §§ 403 ff EO angeordnet (*Burgstaller/Höllwerth* in Burgstaller/Deixler-Hübner EO § 86 Rz 1). Staatsverträge sowie Rechtsakte der EU gehen somit den nationalen Bestimmungen der EO vor.

In Bezug auf die europäischen Rechtsakte hätte sich der Gesetzgeber die Anordnung des Anwendungsvorrangs sparen können, da Gemeinschaftsrecht ipso iure primär anzuwenden ist (*Schütz* in Angst[2] § 86 EO Rz 3).

Der in § 416 EO angeordnete Anwendungsvorrang bezieht sich vor allem auf die Voraussetzungen der Vollstreckbarerklärung, die Verweigerungsgründe sowie auf das Verfahren selbst (OGH 3 Ob 20/02 = JBl 2003, 191; 3 Ob 93/09 b).

Beachte: Durch die EO-Novelle 1995 ist die EO inhaltlich dem europäischen Recht (EuGVÜ, LGVÜ) angepasst worden; teilweise ist die Formulierung der §§ 403 (vor der EO-Novelle 2016: 79 ff EO) sogar textgleich (*Burgstaller/Höllwerth* in Burgstaller/Deixler-Hübner EO Vor § 79 Rz 4). Es kann daher grundsätzlich auf die Ausführungen zur EuGVVO verwiesen werden. Zu beachten ist allerdings, dass es nach der EuGVVO neu und auch nach anderen europäischen Verordnungen kein Vollstreckbarerklärungsverfahren (mehr) gibt.

B. Ausländische Exekutionstitel

1. Allgemeines

Ein ***ausländischer Exekutionstitel*** nach § 403 EO ist ein Titel, der im Ausland von einem dortigen, keiner inländischen Behörde unterstehenden

Entscheidungsorgan erlassen worden ist (*Burgstaller/Höllwerth* in Burgstaller/Deixler-Hübner EO § 79 Rz 3).

Notwendige Voraussetzung ist, dass der ausländische Exekutionstitel im Erststaat ***exekutionstauglich*** ist (*Rechberger/Simotta*, ExV[2] Rz 249); er muss im Erststaat zwar noch ***nicht rechtskräftig***, aber (wenigstens iS einer möglichen Exekution zur Sicherstellung) ***vollstreckbar*** sein (*Bajons* in Holzhammer, ZVR[4] 95).

Beachte: Einem ausländischen Exekutionstitel können jedoch keine Wirkungen verliehen werden, die er nicht schon im Ursprungsstaat hat (*Rechberger/Oberhammer* ExR[5] Rz 122):

Der Begriff der in § 403 EO genannten Akte und Urkunden ist weit auszulegen: Zum einen geht er über Urteile, Erkenntnisse oder Vergleiche hinaus; zum anderen ist nicht notwendig, dass der ausländische Titel einem der in § 1 EO genannten Titel gleicht oder ähnlich ist (*Burgstaller/Höllwerth* in Burgstaller/Deixler-Hübner EO § 79 Rz 4). Einstweilige Verfügungen und Maßnahmen sind ebenfalls vollstreckbare Entscheidungen (SZ 4/101).

Beachte: § 2 Abs 1 EO stellt den in § 1 Z 1 – 10 und Z 12 – 15 EO bezeichneten (inländischen) Exekutionstitel die gleichartigen Urkunden jener Behörden oder öffentlichen Organe gleich, welche sich zwar außerhalb des Geltungsgebietes der EO befinden, aber einer Behörde unterstehen, welche in diesem Geltungsgebiet ihren Sitz hat; zu diesen Behörden zählen insbesondere die diplomatischen Vertretungen Österreichs im Ausland (*Angst/Jakusch/Mohr*[15] § 2 Anm 1 a EO).

Die Gleichsetzung von Exekutionstiteln nach dieser Vorschrift spielt nur noch im Gebührenrecht eine Rolle (*Höllwerth* in Burgstaller/Deixler-Hübner § 2 Rz 1 EO).

Zu § 2 Abs 2 EO, der jene ausländischen Exekutionstitel den inländischen gleichstellt, die aufgrund einer völkerrechtlichen Vereinbarung oder eines Rechtsaktes der Europäischen Union (EuVTVO, EuMahnVO, EuBagatellVO, EuSchMVO, die EuGVVO neu sowie – zumindest teilweise – die EuEheKindVO und die EuUntVO) ohne gesonderte Vollstreckbarerklärung zu vollstrecken sind, siehe bereits oben VI. A.

2. *Zwingendes Vollstreckbarerklärungsverfahren*

Die Bewilligung der Exekution auf Grund von Akten und Urkunden, die im Ausland errichtet wurden (ausländische Exekutionstitel) setzt voraus, dass sie in Österreich für vollstreckbar erklärt werden (§ 403 EO).

Dasselbe gilt für ***Akte und Urkunden supranationaler Organisationen***, denen Österreich angehört, da diese – unabhängig davon, ob sie im Geltungsbereich oder außerhalb des Geltungsbereichs der EO errichtet worden sind – ausländischen Exekutionstiteln gleichgestellt sind (§ 417 EO). Es kommt also nicht darauf an, ob die Organisationen ihren Sitz im Inland haben oder nicht.

Beachte: Ein Vollstreckbarerklärungsverfahren betreffend Akte und Urkunden supranationaler Organisationen ist daher auch dann erforderlich, wenn die Organisation ihren Sitz im Inland hat (*Angst/Jakusch/Mohr*[15] § 86 a Anm 1 EO).

Entscheidungen supranationaler Organisationen sind beispielsweise jene des Rates oder der Kommission der Europäischen Union, die einem Privaten eine Zahlung auferlegen oder Urteile des EuGH (*Schütz* in Angst[2] § 86a EO Rz 3; vgl. auch *Slonina* in Angst/Oberhammer[3] § 86a Rz 3).

Wie bei der vor der Reformierung der EuGVVO noch geltenden Fassung (EuGVVO alt) setzt somit eine Vollstreckung ausländischer Exekutionstitel im Inland nach den §§ 403 ff EO ein ***eigenständiges Vollstreckbarerklärungsverfahren*** voraus (*Burgstaller/Höllwerth* in Burgstaller/Deixler-Hübner EO Vor § 79 Rz 5).

Nach Eintritt der Rechtskraft der Vollstreckbarerklärung sind ausländische Exekutionstitel wie inländische zu behandeln; ihnen kommt aber nie mehr Wirkung als im Ursprungsstaat zu (§ 413 EO).

Beachte: Ein Vollstreckbarerklärungsverfahren ist bei der Feststellungswirkung (materielle Rechtskraft) und Gestaltungswirkung einer ausländischen Entscheidung grundsätzlich nicht notwendig.

Die Erstreckung der Wirkungen der ausländischen Entscheidung geschieht in beiden Fällen – ipso iure – mittels Anerkennung derselben (*Rechberger/Oberhammer*, ExR Rz 121).

C. Anerkennung

Auch nach der EO erfolgt die Anerkennung einer ausländischen Entscheidung – so wie im Rahmen der EuGVVO – nach dem ***Grundsatz der automatischen Anerkennung***, also ipso iure (*Neumayr/Nunner-Krautgasser* ExR[3] 110). Für die Anerkennung ist daher auch nach der EO kein besonderes Verfahren vorgesehen (*Nunner-Krautgasser*, ÖJZ 2009/87, 800).

Ausländische Exekutionstitel werden also auch nach österreichischem Recht automatisch anerkannt und somit deren Wirkungen auf das österreichische Recht übertragen.

Hinsichtlich der Reichweite der Wirkungserstreckung bestehen nach der EO allerdings verschiedene Auffassungen (vgl. in diesem Zusammenhang nunmehr auch § 404 EO über die Anpassung ausländischer Exekutionstitel [dazu noch genauer unten E.]):

► Ein Teil der Lehre vertritt die so genannte ***Kumulierungstheorie***, wonach die Entscheidungswirkungen kumuliert und begrenzt sind: Einerseits dürfen sie nicht über die vom Ursprungsstaat beabsichtigten hinausgehen; andererseits maximal denjenigen einer inländischen Entscheidung entsprechen (*Burgstaller/Höllwerth* in Burgstaller/Deixler-Hübner EO § 84b Rz 3). Ausländische Entscheidungen sind daher nur insoweit anzuerkennen, als sie ***zumindest ihrer Art nach österreichischem Recht nicht fremd sind*** (*Pfeifer*, JAP 1995/96, 276; ebenso *Nunner-Krautgasser*, *Nunner-Krautgasser*, ÖJZ 2009/87, 800).

► Nach der gegenteiligen Ansicht gilt auch im Rahmen des österreichischen (autonomen) internationalen Exekutionsrechts hinsichtlich der Anerkennung von Entscheidungen die ***Theorie der Wirkungserstreckung*** (*Rassi* in Fasching/Konecny, V/1[2] Art 33 EuGVVO Rz 7); ausländische Entscheidungen werden daher ohne Einschränkung anerkannt.

D. Vollstreckung

1. Voraussetzungen der Vollstreckbarerklärung

Die Voraussetzungen für eine Vollstreckbarerklärung finden sich in § 406 EO. Danach werden ausländische Titel für vollstreckbar erklärt, wenn

- sie nach den Bestimmungen des Staats, in dem sie errichtet worden sind, ***vollstreckbar*** sind und
- die ***Gegenseitigkeit*** durch Staatsverträge oder durch Verordnungen verbürgt ist.

Allgemeine Voraussetzungen für eine Vollstreckbarerklärung ausländischer Exekutionstitel in Österreich sind daher Vollstreckbarkeit des Titels im Ausland sowie Gegenseitigkeit.

Wie bereits ausgeführt, muss ein ausländischer Exekutionstitel exekutionstauglich, (noch) nicht rechtskräftig, aber zumindest ***vollstreckbar*** sein (*Bajons* in Holzhammer, ZVR[4] 95).

Neben der Vollstreckbarkeit der ausländischen Entscheidung im Ursprungsstaat ist – für eine Vollstreckbarerklärung – die ***(formelle) Gegenseitigkeit*** erforderlich.

Das Erfordernis der Gegenseitigkeit ist dann erfüllt, wenn die Entscheidungen von zwei verschiedenen Staaten im jeweils anderen Staat vollstreckt werden. Österreich vollstreckt daher einen ausländischen Exekutionstitel nur dann, wenn auch österreichische Titel in dem betreffenden Staat vollstreckt werden (*Roth/Duursma-Kepplinger*, Exekutions- und Insolvenzrecht[10] 196).

Das Vorliegen der Gegenseitigkeit muss durch Staatsverträge oder Verordnungen verbürgt sein; sie muss im Zeitpunkt des Entstehens des Exekutionstitels vorliegen (OLG Wien EFSlg 70.000).

Österreich hat die folgenden, die Gegenseitigkeit verbürgenden, multilateralen Abkommen abgeschlossen (dazu ausführlich *Burgstaller/Höllwerth* in Burgstaller/Deixler-Hübner EO § 79 Rz 29 ff und *Rechberger/Oberhammer* ExR[5] Rz 122 ff):

► Das Haager Prozessrechtsübereinkommen 1954 (HPÜ), BGBl 1957/91 regelt die Durchsetzung von Prozesskostenentscheidungen gegen den von einer aktorischen Kaution befreiten Kläger. Darunter versteht man eine Kaution, die ein ausländischer Kläger auf Verlangen des Beklagten als Sicherheit für die Prozesskosten zu leisten hat (sofern nicht Staatsverträge etwas anderes vorsehen).

► Betreffend Unterhaltsentscheidungen sind das Haager Unterhaltsvollstreckungsabkommen (BGBl 1961/294) sowie das New Yorker Unterhaltsschutzabkommen (BGBl 1969/316) von Bedeutung.

► Im Rahmen der multilateralen Abkommen sind schließlich jene des internationalen Transportrechts zu nennen:

- Übereinkommen über den Beförderungsvertrag im internationalen Straßengüterverkehr (CMR), BGBl 1961/138 idF BGBl 1981/192,
- Warschauer Abkommen zur Vereinheitlichung von Regeln über die Beförderung im internationalen Luftverkehr, BGBl 1961/286 idF BGBl 1971/161 mit dem Zusatzabkommen von Guadalajara, BGBl 1966/46,
- Übereinkommen über den internationalen Eisenbahnverkehr (COTIF), BGBl 1985/225 samt den Verträgen über die internationale Eisenbahnbeförderung von Personen und Gepäck (CIV) sowie von Gütern (CIM).

► Die Durchsetzung von Unterhaltstiteln zwischen Österreich und den USA (BGBl 1990/479), Australien (BGBl 1992/399) sowie den Kanadischen Provinzen British Columbia, Nova Scotia, Saskachewan (BGBl 1992/495), New Brunswick Newfoundland (BGBl 1996/209), Yukon Territorium (BGBl II 1997/180), Alberta, Ontario (BGBl II 1998/47), Northwest Territories (BGBl II 1998/82 und II 1999/356) und Prince Edward Island (BGBl II 1999/356) erfolgt durch ***Gegenseitigkeitsverordnungen des BMJ*** nach dem Auslandsunterhaltsgesetz 2014 (BGBl I 2014/34), die mit diesen Staaten akkordiert wurden.

► Von überragender Bedeutung ist das ***New Yorker-Übereinkommen über die Anerkennung und Vollstreckung ausländischer Schiedssprüche vom 10.6.1958*** (BGBl 1961/200). Auf Grundlage dieses Abkommens, dem inzwischen 157 Vertragsstaaten (abrufbar unter http://www.uncitral.org/uncitral/en/uncitral_texts/arbitration/NYConvention_status.html [letztes Abfragedatum: 26.06.2017]) angehören, vollstreckt Österreich jeden, wo auch immer gefällten Schiedsspruch.

Im Gegensatz zu den bisher erwähnten Übereinkommen, ist im Rahmen des New Yorker-Abkommens die ***Gegenseitigkeit grundsätzlich nicht Voraussetzung*** für eine Vollstreckung. Das Erfordernis der Gegenseitigkeit ist ausschließlich dann zu prüfen, wenn ein Staat anlässlich der Ratifizierung des Abkommens einen ***Gegenseitigkeitsvorbehalt*** nach Art I/3 abgegeben hat.

2. *Versagungsgründe der Vollstreckbarerklärung*

a) Fehlen der internationalen Zuständigkeit des Erststaats

Die internationale Zuständigkeit des Erststaats muss im Vollstreckbarerklärungsverfahren nach der so genannten ***österreichischen Jurisdiktionsformel*** geprüft werden (§ 407 Z 1 EO).

Zu klären ist dabei die Frage, ob irgendein Gericht des Erststaats, hätte es (hypothetisch) österreichisches Recht angewendet, international zuständig gewesen wäre.

Es kommt also darauf an, ob eine Rechtssache – gemessen nach den im Inland über die Zuständigkeit geltenden Bestimmungen – im auswärtigen Staat anhängig gemacht werden kann (*Rechberger/Oberhammer* ExR[5] Rz 131).

b) Wahrung des rechtlichen Gehörs

Dieser fundamentale verfahrensrechtliche Grundsatz wird im Rahmen der EO

- einerseits dadurch geschützt, dass die Ladung oder Verfügung, durch die das ausländische Verfahren eingeleitet worden ist, entweder in dem betreffenden ausländischen Gebiet oder mittels Gewährung der Rechtshilfe in einem anderen Staatsgebiet oder im Inland nach den für die Zustellung von ***Klagen geltenden Vorschriften*** (vgl. § 106 ZPO) ***zuzustellen*** ist (§ 407 Z 2 EO),
- andererseits ist die Vollstreckbarerklärung zu versagen, wenn es dem Antragsgegner wegen einer ***Unregelmäßigkeit des Verfahrens*** nicht möglich war, sich an dem vor dem ausländischen Gericht oder der ausländischen Behörde stattfindenden Verfahren, zu beteiligen (§ 408 Z 1 EO).

c) Verstoß gegen den ordre public

Wie bei der EuGVVO ist auch im Rahmen der EO die Vollstreckbarerklärung zu versagen, wenn eine ordre public-Widrigkeit vorliegt.

► Unter dem ***verfahrensrechtlichen ordre public***, der durch § 408 Z 3 EO geschützt wird, versteht man die tragenden, ein geordnetes rechtsstaatliches Verfahren gewährleistenden Grundprinzipien des österreichischen Verfahrensrechts (*Burgstaller/Höllwerth* in Burgstaller/Deixler-Hübner EO § 81 Rz 7).

► Ein Verstoß gegen den ***materiell-rechtlichen ordre public*** (§ 408 Z 2 EO) liegt vor, wenn dem Exekutionstitel mit der inländischen Rechtsordnung vollkommen unvereinbare (ausländische) Rechtsgedanken zugrunde liegen und daher die Vollstreckbarerklärung mit der inländischen Rechtsordnung völlig unvereinbar ist (*Burgstaller/Höllwerth* in Burgstaller/Deixler-Hübner EO § 81 Rz 12 mwN).

3. Verfahren zur Vollstreckbarerklärung

a) Allgemeines

Das Verfahren zur Erlangung der Vollstreckbarerklärung ist in den §§ 409 ff EO geregelt.

Sachlich zuständig für das Vollstreckbarerklärungsverfahren ist das Bezirksgericht.

Die ***örtliche Zuständigkeit*** richtet sich grundsätzlich nach dem Wohnsitz bzw. (bei juristischen Personen) dem Sitz des Verpflichteten (§ 409 Z 1 EO). Hat der Verpflichtete keinen Wohnsitz (Sitz) im Inland, so ist subsidiär das Bezirksgericht des Vollstreckungsorts (§§ 18 f EO) zuständig (§ 409 Z 2 EO).

Funktionell zuständig für die Vollstreckbarerklärung (und die Anpassung) eines ausländischen Exekutionstitels ist der Richter (§ 17 Abs 3 RpflG).

Das Vollstreckbarerklärungsverfahren selbst setzt einen Antrag voraus; über diesen ist ohne vorhergehende mündliche Verhandlung und ohne Einvernehmung des Gegners mit Beschluss zu entscheiden (§ 410 Abs 1 EO).

Das Verfahren ist daher von den Grundsätzen der ***Einseitigkeit*** (vorerst keine Einvernahme des Verpflichteten) und ***Schriftlichkeit*** geprägt (*Burgstaller/Höllwerth* in Burgstaller/Deixler-Hübner EO § 83 Rz 1).

Mit dem Antrag auf Vollstreckbarerklärung kann der Antrag auf Bewilligung der Exekution verbunden werden; über beide Anträge hat das Gericht zugleich zu entscheiden (§ 412 Abs 1 EO).

Nach Eintritt der Rechtskraft der Vollstreckbarerklärung ist der ausländische Exekutionstitel wie ein inländischer zu behandeln (§ 413 S 1 EO). Die (rechtskräftige) Vollstreckbarerklärung stellt den ausländischen Exekutionstitel somit hinsichtlich seiner Vollstreckbarkeit einem inländischen gleich. Der Vollstreckbarerklärung kommt ***konstitutive Wirkung*** zu; erst durch sie erfolgt die Gleichstellung mit inländischen Titeln (*Jakusch* in Angst² § 84b EO Rz 1).

Einem (rechtskräftig) für vollstreckbar erklärten Exekutionstitel kommen aber nie mehr Wirkungen als im Ursprungsstaat zu (§ 413 S 2 EO). Damit ist gemeint, dass Beschränkungen des ausländischen Titels hinsichtlich seiner Vollstreckbarkeit (beispielsweise Unzulässigkeit einzelner Exekutionsarten, Exekutionsfreiheit einzelner Exekutionsobjekte) auch im Inland zu beachten sind (*Jakusch* in Angst² § 84b EO Rz 4) (vgl. in diesem Zusammenhang nunmehr auch die Regelung über die Anpassung von Exekutionstiteln gem § 404 EO [dazu noch genauer unten E.]).

b) Rekurs

Gegen die Vollstreckbarerklärung eines ausländischen Exekutionstitels kann der Verpflichtete ***Rekurs erheben*** (§ 411 EO).

Da der Verpflichtete durch die Einseitigkeit des Vollstreckbarerklärungsverfahrens zunächst vom Verfahren ausgeschlossen war, soll ihm durch den Rekurs das Recht zur Geltendmachung möglicher fehlender Voraussetzungen für eine Vollstreckbarerklärung eingeräumt werden (*Burgstaller/Höllwerth* in Burgstaller/Deixler-Hübner EO § 84 Rz 1).

Die ***Rekursfrist*** beträgt grundsätzlich vier Wochen; dasselbe gilt für die Rekursbeantwortung (§ 411 Abs 1 EO).

In dem Fall, dass sich der Wohnsitz oder Sitz des Antragsgegners nicht im Inland befindet und der Rekurs die erste Möglichkeit darstellt, sich am Verfahren zu beteiligen, beträgt die Rekursfrist acht Wochen. Die Frist für die Rekursbeantwortung beträgt allerdings auch in diesem Fall (nur) vier Wochen (§ 411 Abs 2 Z 1 EO).

c) Neuerungserlaubnis

Da der Verpflichtete im Vollstreckbarerklärungsverfahren (zunächst) nicht eingebunden war und somit im Rekursverfahren erstmals die Möglichkeit hat, zur Vollstreckbarerklärung Stellung zu nehmen (etwa auf das Vorliegen von Versagungsgründen), enthält § 411 Abs 2 Z 2 EO eine ***Neuerungserlaubnis*** (*Burgstaller/Höllwerth* in Burgstaller/Deixler-Hübner EO § 84 Rz 14).

Der Verpflichtete hat das Recht in einem Rekurs gegen den erstgerichtlichen Beschluss, mit dem die Vollstreckbarerklärung erteilt wurde, oder in seiner Rekursbeantwortung zum Rekurs des Gläubigers (Antragstellers) gegen den Beschluss, mit dem die Vollstreckbarerklärung verweigert wurde, ***neue Tatsachen*** geltend zu machen (*Jakusch* in Angst[2] § 84 EO Rz 10; vgl. auch *Slonina* in Angst/Oberhammer[3] § 84 Rz 16 ff); in sachlicher Hinsicht ist die Neuerungserlaubnis eingeschränkt auf die Versagungsgründe (*Rechberger/Oberhammer*, ExR Rz 136).

Der Verpflichtete ist zur gleichzeitigen Geltendmachung aller nicht aktenkundigen Versagungsgründe bei sonstigem Ausschluss verpflichtet; es gilt mithin die ***Eventualmaxime*** (*Neumayr/Nunner-Krautgasser*, ExR[3] 118).

Beachte: Bis zur EO-Novelle 2000 konnten neue Tatsachen – aufgrund des im Rekursverfahrens geltenden Neuerungsverbots – nur mit Widerspruch vorgebracht werden (*Burgstaller/Höllwerth* in Burgstaller/Deixler-Hübner EO § 84 Rz 14). Der Widerspruch wurde – bedingt durch Vorgaben des EU-Gesetzgebers – ersatzlos abgeschafft (*Roth*, Exekutions- und Insolvenzrecht[9] 186).

d) Innehalten von Verwertungshandlungen

Wenn bis zur Vornahme von Verwertungshandlungen über den Antrag auf Vollstreckbarerklärung nicht rechtskräftig entschieden ist, hat das Exekutionsgericht von Amts wegen mit dem weiteren Vollzug bis zum Eintritt der Rechtskraft dieser Entscheidung ***innezuhalten*** (§ 412 Abs 2 EO).

Wie oben aufgezeigt, kann die Vollstreckbarerklärung eines ausländischen Titels durch das Rekursverfahren wieder beseitigt werden. Für den Fall, dass die Exekutionsbewilligung vor Rechtskraft der Entscheidung über die Vollstreckbarerklärung erteilt worden ist, sieht daher § 412 Abs 2 EO ein Innehalten des Vollzugs von Exekutionshandlungen vor (*Roth/Duursma-Kepplinger*, Exekutions- und Insolvenzrecht[10] 199).

e) Sonstiges

Wird der Exekutionstitel im Ursprungsstaat ***nach Rechtskraft der Vollstreckbarerklärung aufgehoben*** oder ***abgeändert***, so kann der Verpflichtete die Aufhebung oder Abänderung der Vollstreckbarerklärung beantragen. Dieser Antrag kann mit einem Antrag auf Einstellung oder Einschränkung der Exekution verbunden werden (§ 414 Abs 1 EO).

Ist der ausländische Exekutionstitel nach den Rechtsvorschriften des Ursprungsstaates noch nicht rechtskräftig, so kann das mit einem Rekurs gegen die Entscheidung über den Antrag auf Vollstreckbarerklärung befasste Gericht auf Antrag des Antragsgegners das Verfahren zur Vollstreckbarerklärung bis zum Eintritt der Rechtskraft des ausländischen Exekutionstitels ***unterbrechen.*** Das Gericht kann in einem derartigen Fall dem Antragsgegner eine angemessene Frist für das Einlegen eines Rechtsmittels im Ursprungsstaat setzen (§ 411 Abs 5 S 1 EO).

Darüber hinaus kann das Gericht die Vornahme bereits zulässiger Exekutionshandlungen davon abhängig machen, dass der betreibende Gläubiger eine vom Gericht nach freiem Ermessen zu bestimmende ***Sicherheit*** für den dem Verpflichteten drohenden Schaden leistet (§ 411 Abs 5 S 2 EO).

E. Die Anpassung von ausländischen Exekutionstiteln (§§ 404, 405 EO)

Wie im Rahmen der EuGVVO neu bereits ausgeführt (siehe oben III. G.), enthält Art 54 leg.cit. Sondervorschriften für den Fall, dass eine ***ausländische Entscheidung*** eine ***Maßnahme*** oder ***Anordnung*** enthält, die im ***Recht*** des ***ersuchten Mitgliedstaats nicht bekannt*** ist. In diesem Fall ist diese ***Maßnahme*** oder ***Anordnung soweit möglich*** an eine im ***Recht*** dieses ***Mitgliedstaats bekannte Maßnahme*** oder ***Anordnung anzupassen***, mit der ***vergleichbare Wirkungen*** verbunden sind und die ***ähnliche Ziele*** und ***Interessen*** verfolgt (siehe dazu bereits oben III. G.). Wie vorzugehen ist, wenn ein ausländischer Exekutionstitel anzupassen ist, regelt § 404 EO (EBRV 1294 BlgNR 25. GP 11).

Nach dieser Bestimmung sind ausländische Exekutionstitel die eine Maßnahme oder Anordnung enthalten, die in der österreichischen Rechtsordnung nicht vorgesehen sind, ***auf Antrag oder*** – soweit sich das aus einem unmittelbar anwendbaren internationalen Rechtsakt ergibt – ***von Amts wegen zugleich mit der Exekutionsbewilligung*** an eine in der österreichischen Rechtsordnung vorgesehene Maßnahme oder Anordnung anzupassen, mit der vergleichbare Wirkungen verbunden sind und die ähnliche Ziele und Interessen verfolgt (§ 404 S 1 EO).

So wie auch in Art 54 Abs 1 letzter S EuGVVO wird weiters angeordnet, dass die ***Anpassung nicht zu Wirkungen führen darf***, die über die im ***Recht des Ursprungsstaates vorgesehenen Wirkungen hinausgehen*** (§ 404 Abs 1 S 2 EO).

Aus § 404 Abs 1 EO, der zum großen Teil Art 54 Abs 1 EuGVVO wiederholt, ergibt sich somit zunächst, dass die Anpassung ***zugleich mit der Exekutionsbewilligung*** zu erfolgen hat.

Angeordnet wird weiters, dass vor der Entscheidung über die Anpassung der ***Verpflichtete*** und der ***betreibende Gläubiger einvernommen*** werden können (§ 404 Abs 2 EO).

Zu Recht weisen diesbezüglich die EBRV zur EO-Novelle 2016 darauf hin, dass die Einvernahme des Verpflichteten wegen der gemeinsamen Entscheidung mit der Exekutionsbewilligung eine Ausnahme von § 3 EO – wonach über den Antrag auf Bewilligung der Exekution ohne vorhergehende mündliche Verhandlung und ohne Einvernahme des Gegners der Beschluss zu fällen ist – darstellt. Da die Entscheidung über die Anpassung in die Entscheidung des zivilrechtlichen Erkenntnisverfahrens eingreift, soll der ***Anspruch auf rechtliches Gehör gewahrt*** werden und daher sowohl dem ***Verpflichteten*** als auch dem ***betreibenden Gläubiger Gelegenheit*** zur ***Äußerung*** (zur Anpassung) und gegebenenfalls zur ***Replik*** gegeben werden (zu all dem EBRV 1294 BlgNR 25. GP 11).

Jene Partei, die ***nicht*** bereits ***vor der Beschlussfassung*** über die Anpassung ***einvernommen*** wurde, kann gegen die ***Anpassung der Entscheidung Widerspruch*** erheben (§ 404 Abs 3 EO).

In dem Fall, dass Anpassungen ohne Anhörung des Verpflichteten oder des betreibenden Gläubigers vorgenommen wurden, muss ihnen ein Rechtsbehelf zur Verfügung stehen, mit dem sie Neuerungen geltend machen können. Da dies beim Rekurs nicht möglich ist, steht der verpflichteten Partei und dem betreibenden Gläubiger der Widerspruch zu (die EBRV 1294 BlgNR 25. GP 11 verweisen auf die Parallele zu den Regelungen über die einstweiligen Verfügung).

Beachte: Aus § 404 Abs 3 EO ergibt sich auch, was ohnehin klar ist, nämlich, dass die ***Anpassung mittels Beschluss*** zu erfolgen hat.

Der ***Widerspruch*** muss innerhalb von ***vierzehn Tagen*** nach Zustellung des Beschlusses über die Anpassung erhoben werden. Wird ***Widerspruch erhoben***, ist über die ***Rechtmäßigkeit*** der Anpassung ***mündlich zu verhandeln*** und mit Beschluss zu entscheiden (§ 404 Abs 4 EO).

Die ***Anpassung von Bruchteilstiteln*** beinhaltet § 405 EO. Die österreichische Regelung zur Durchsetzung von Bruchteilstiteln – darunter versteht man die Möglichkeit der Exekutionsführung aufgrund eines Exekutionstitels, der auf einen ***Bruchteil des Dienst- oder Arbeitseinkommens*** des Verpflichteten lautet (*Jakusch* in Angst/Oberhammer[3] § 10a Rz 1) – in § 10a EO wurde mit der EO-Novelle 1991 aufgehoben. In einigen Staaten sind jedoch Bruchteilstitel zulässig und auch üblich. Zur Ermöglichung der Durchsetzung ausländischer Bruchteilstitel wurde daher mit der EO-Novelle 2016 eine neue Regelung geschaffen (dazu und zu Details der neuen Regelung siehe EBRV 1294 BlgNR 25. GP 11 f).

F. Ergänzende Bestimmungen zur Verordnung über die gegenseitige Anerkennung von Schutzmaßnahmen in Zivilsachen (EuSchutzMVO)

Lit.: *Beck*, Anerkennung von Maßnahmen zum Schutz vor Gewalt im EU-Raum, EF-Z 2015/2; *Binder* in Rauscher, EuZPR/EuIPR IV[4] (2015) Einl EU-SchutzMVO; *Deixler-Hübner/Mayrhofer*, Aktuelle Entwicklungen im Gewaltschutzrecht, Zak 2015, 84; *Hager/Rosenkranz*, Die EU-Verordnung über die gegenseitige Anerkennung von Schutzmaßnahmen in Zivilsachen, EF-Z 2015/117; *Dutta*, Grenzüberschreitender Gewaltschutz in der Europäischen Union, FamRZ 2015, 85; *König*, Einstweilige Verfügungen im Zivilverfahren[4] (2014); *Mohr*, Die europäischen Schutzmaßnahmen, iFamZ 2014, 221; *Oberhammer*, Der Europäische Vollstreckungstitel: Rechtspolitische Ziele und Methoden, JBl 2006, 477; *Pesendorfer*, Familienrechtliche Neuerungen durch die EO-Novelle 2014, iFamZ 2014, 209; *Pietsch*, Die EU-Verordnung über die gegenseitige Anerkennung von Schutzmaßnahmen, NZFam 2014, 726; *Plavec*, Die Abschaffung des Exequaturverfahrens durch die Neufassung der EuGVVO, ecolex 2015, 9.

Wie bereits oben (XI. B.) erläutert, ist die EuSchutzMVO bereits in Kraft getreten und seit 11. Jänner 2015 anwendbar. Der österreichische Gesetzgeber hat die EO-Novelle 2014 unter anderem dafür genützt, mit der EuSchutzMVO korrespondierende Bestimmungen in die EO einzufügen. Konkret geht es dabei um die Bestimmungen der §§ 86b bis 86c EO (vgl. zu diesen Bestimmungen ausführlich *Scholz* in Angst/Oberhammer[3] § 86b Rz 1 ff sowie § 86c Rz 1 ff). Diese Bestimmungen haben durch die EO-Novelle 2016 neue Bezeichnungen erhalten (§ 86b EO entspricht nunmehr § 420 EO; § 86c EO erhielt die Bezeichnung § 421 EO).

§ 420 Abs 1 EO bestimmt, dass das Bezirksgericht, bei dem die geschützte Person ihren allgemeinen Gerichtsstand hat, zuständig ist für

- die ***Anordnung der Vollstreckung*** einer ***ausländischen Schutzmaßnahme*** nach der EuSchutzMVO und die ***Entscheidung*** über den ***Exekutionsantrag*** aufgrund einer solchen Schutzmaßnahme (Z 1) sowie
- die ***Anpassung*** nach Art 11 EuSchutzMVO (Z 2).

In dem Fall, dass die geschützte Person ihren allgemeinen Gerichtsstand in Streitsachen nicht im Inland hat, ist das Bezirksgericht Innere Stadt Wien zuständig (§ 420 Abs 1 letzter Satz EO).

Mittels § 420 Abs 2 EO wird angeordnet, dass das Bezirksgericht, das die Vollstreckung einer Schutzmaßnahme angeordnet oder das die Exekution bewilligt hat, zuständig ist für

- die ***Versagung der Anerkennung oder der Vollstreckung*** nach Art 13 EuSchutzMVO (Z 1) und
- die ***Aufhebung der Anerkennung oder der Vollstreckung*** nach Art 14 EuSchutzMVO (Z 2).

Für die Anordnung und Vollziehung einer einstweiligen Verfügung nach §§ 382e und 382g EO ist das Bezirksgericht zuständig, in dessen Sprengel die gefährdete Partei ihren allgemeinen Gerichtsstand in Streitsachen hat (§ 387 Abs 3 und 4 EO). Diese Zuständigkeitsregelungen sollen auf die Anordnung der zur Durchführung notwendigen Maßnahmen und der Entscheidung über den Exekutionsantrag auf Grund von Schutzmaßnahmen nach der EuSchutzMVO sowie deren Anpassung ***ausgedehnt*** werden. Das über die Anordnung der Vollstreckung einer Schutzmaßnahme oder den diesbezüglichen Exekutionsantrag entscheidende Gericht soll auch für die Versagung und Aufhebung der Anerkennung oder der Vollstreckung zuständig sein (EBRV 180 BlgNR 25. GP 5 f).

§ 421 EO regelt das ***Verfahren bei der Anpassung von Schutzmaßnahmen*** iSv Art 11 EuSchutzMVO (dazu oben XI. E.); dieses unterliegt dem Recht des ersuchten Mitgliedstaats (Art 11 Abs 2 EuSchutzMVO).

In Ausführung dieser Regelung wird zunächst angeordnet, dass die geschützte Person im Antrag auf Anpassung der Schutzmaßnahme die begehrte Anpassung anzugeben hat (§ 421 Abs 1 EO). Das Gericht hat über den Antrag ohne Anhörung der gefährdenden Person zu entscheiden; diese kann gegen den Beschluss auf Anpassung Widerspruch iSd § 397 Abs 2 EO erheben (§ 421 Abs 2 EO).

Schließlich wurde durch die EO-Novelle 2014 noch eine Regelung bezüglich des Kostenersatzes im Rahmen der Anpassung einer Schutzmaßnahme nach der EuSchutzMVO eingefügt. Nach § 86c Abs 3 EO (seit der EO-Novelle 2016 findet sich die Regelung in § 421 Abs 3 EO) richtet sich die Kostenersatzpflicht im Verfahren über die Anpassung einer Schutzmaßnahme nach den Bestimmungen der ZPO.

G. Begleitregelungen zur Europäischen Kontenpfändungsverordnung (EuKoPfVO)

Lit.: *Garber/Neumayr,* Europäisches Zivilverfahrensrecht (Brüssel I/II a ua), in Jahrbuch Europarecht 11 (2011) 255; *Garber/Neumayr,* Europäisches Zivilverfahrensrecht (Brüssel I/II a ua), in Jahrbuch Europarecht 12 (2012) 235; *Garber/Neumayr,* Europäisches Zivilverfahrensrecht (Brüssel I/II a ua), in Jahrbuch Europarecht 13 (2013) 211; *Garber/Neumayr,* Europäisches Zivilverfahrensrecht (Brüssel I/II a ua), in Jahrbuch Europarecht 14 (2014) 199; *Garber/Neumayr,* Europäisches Zivilverfahrensrecht (Brüssel Ia/Brüssel IIa ua), in Jahrbuch Europarecht 15 (2015) 175; *Hess/Raffelsieper*, Die Europäische Kontenpfändungsverordnung: eine überfällige Reform zur Effektuierung grenzüberschreitender Vollstreckung im Europäischen Justizraum, IPRax 2015, 46; *Martin*, Die europäische und die österreichische vorläufige Kontenpfändung, JAP 2016/2017/12, 163; *Mayr*, Neuigkeiten im Europäischen Zivilprozessrecht, Zak 2011/773, 407; *Mohr*, Die vorläufige Kontenpfändung (2014); *Nunner-Krautgasser*, Der geplante Rechtsakt zur europäischen Kontenpfändung, in: Hess (Hrsg.), Die Anerkennung im Internationalen Zivilprozessrecht – Europäisches Vollstreckungsrecht (2014) 125; *Raschauer*, Grenzüberschreitende vorläufige Kontenpfändung, ZFR 2012, 43; *Rechberger*, Zu den Bewilligungsvoraussetzungen einer vorläufigen Kontenpfändung nach der EuKoPfVO, in FS Coester-Waltjen (2015) 651; *Reith*; Wissenswertes zur Europäischen Kontenpfändungsverordnung, ecolex 2016, 780; *Riebold*, Die Europäische Kontopfändung (2014); *Schumacher/Köllensperger*, Die „Europäische Kontenpfändung" und der Schutz des Unternehmens. Gibt es noch Anpassungsbedarf auf dem Weg zum „fair trial"? JBl 2014, 413; *Sujecki*, Grenzüberschreitende Kontenpfändung in der EU, EWS 2011, 414; *Trenkler*, Vorläufige Kontenpfändung: Überblick und ausgewählte Fragen, in König/Mayr (Hrsg.), Europäisches Zivilverfahrensrecht in Österreich IV (2015) 129.

Die Europäische Kontenpfändungsverordnung (EuKoPfVO) ist am 18.01.2017 in Kraft getreten. Der österreichische Gesetzgeber hat mit der EO-Novelle 2016 (BGBl I 2016/100) Begleitregelungen zur EuKoPfVO

(§§ 422 bis 424 EO) erlassen (siehe zum Inhalt dieser Regelungen allgemein EBRV 1294 BlgNR 25. GP 1 f).

Beachte: Die Begleitregelungen zur EuKoPfVO sind – so wie die EuKoPfVO selbst – ebenfalls am 18.01.2017 in Kraft getreten; sie sind auf Verfahren anzuwenden, die nach dem 17. Jänner 2017 beantragt wurden (§ 447 Abs 1 EO).

Da der Europäische Beschluss zur vorläufigen Kontenpfändung den Charakter einer einstweiligen Verfügung hat (vgl. zu diesem Beschluss bereits oben [9. Teil, II. E.]), wird in § 422 Abs 1 EO klarstellend festgehalten, dass die Bestimmungen über die einstweilige Verfügung grundsätzlich anzuwenden sind (EBRV 1294 BlgNR 25. GP 14).

§ 422 Abs 3 EO bestimmt, dass die Vorschriften über die EuKoPfVO auch dann anzuwenden sind, wenn sich das vorläufig zu pfändende ***Bankkonto***, das ***zuständige Gericht*** und der ***Wohnsitz des Gläubigers*** im ***Inland befinden***. Diese Bestimmung ist – da die EuKoPfVO gem Art 46 das Verfahren nicht abschließend regelt – so zu verstehen, dass auch die österreichischen Begleitregelungen (§§ 422 – 424 EO) für den Erlass und die Vollziehung eines ***österreichischen Beschlusses zur vorläufigen Kontenpfändung*** (öBvKoPf) (dazu sogleich) anzuwenden sind (*Martin*, JAP 2016/2017/12, 166 f).

Da die EuKoPfVO nur bei ***grenzüberschreitenden Sachverhalten*** zur Anwendung kommt (Art 3 EuKoPfVO), wäre sie in dem Fall, dass das vorläufig zu pfändende Bankkonto in Österreich geführt wird und der Gläubiger, der seinen Wohnsitz in Österreich hat, bei einem österreichischen Gericht die Bewilligung der vorläufigen Pfändung dieses Bankkontos erwirken möchte, ***mangels grenzüberschreitenden Sachverhalts nicht anwendbar***. Der österreichische Gesetzgeber hat daher – unter Verweis auf den Gleichheitssatz (Art 7 B-VG und Art 2 StGG) – entschieden, das ***Verfahren nach der EuKoPfVO auch inländischen Gläubigern zur Verfügung zu stellen*** (EBRV 1294 BlgNR 25. GP 14 f). Gem § 422 Abs 3 EO sind daher – wie bereits ausgeführt – die Regelungen der EuKoPfVO auch dann anzuwenden, wenn sich das vorläufig zu pfändende Bankkonto, das zuständige Gericht und der Wohnsitz des Gläubigers im Inland befinden.

Beachte: Aus dem Generalverweis des § 422 Abs 3 EO auf die Regelungen der EuKoPfVO ergibt sich etwa, dass der Antrag auf Erlass eines öBvKoPf mittels Formblatt der EuKoPfVO einzubringen ist (*Martin*, JAP 2016/2017/12, 167).

Art 6 EuKoPfVO enthält Vorschriften in Bezug auf die ***internationale Zuständigkeit*** hinsichtlich der Erlassung eines Europäischen Beschlusses zur vorläufigen Kontenpfändung. Die Festlegung der ***innerstaatlichen Zuständigkeit*** bleibt den nationalen Rechtsordnungen vorbehalten (*Buchegger/Markowetz*, Grundriss des Zivilprozessrechts, 683).

Zuständig für den Erlass eines ***österreichischen Beschlusses*** zur vorläufigen Kontenpfändung ist ***während eines Verfahrens in der Hauptsache*** jenes ***Gericht***, bei dem das ***Hauptverfahren anhängig*** ist (§§ 387 Abs 1 iVm 423 Abs 1 EO iVm Art 46 EuKoPfVO iVm 422 Abs 3 EO).

Vor Einleitung eines Rechtsstreits in der ***Hauptsache*** und nach ***dessen Abschluss*** ist ausschließlich (*Martin*, JAP 2016/2017/12, 167) das ***Bezirksgericht Innere Stadt*** Wien zuständig (§ 423 Abs 1 EO).

Für die ***Vollstreckung eines nicht im Inland erlassenen*** – also eines ausländischen – ***Beschlusses zur vorläufigen Kontenpfändung*** ist ausschließlich das ***Bezirksgericht Innere Stadt Wien sachlich und örtlich zuständig*** (§ 423 Abs 2 S 1 EO).

§ 423 Abs 3 S 1 EO bestimmt, dass der ***Schuldner Anträge*** und ***Rechtsbehelfe*** nach der ***EuKoPfVO*** beim ***Bezirksgericht seines Aufenthalts mündlich zu Protokoll erklären*** kann; dieses Gericht hat das Protokoll unverzüglich dem zuständigen Gericht zu übersenden (§ 423 Abs 3 S 2 EO).

§ 424 EO regelt schließlich die ***Einholung von Kontoinformationen***. Nach der EuKoPfVO hat der Gläubiger im Antrag auf Erlass eines Europäischen Beschlusses zur vorläufigen Kontenpfändung die Bank, bei der der Schuldner ein Konto hat, anzugeben (Art 8 Abs 2 lit d EuKoPfVO). In dem Fall, dass der Gläubiger die Bank, bei der das vorläufig zu pfändende Konto geführt wird, nicht kennt, steht ihm ein Antrag auf Einholung von Kontoinformationen zur Verfügung (Art 14 EuKoPfVO). Die EuKoPfVO selbst regelt die Einholung von Kontoinformationen allerdings nicht (EBRV 1294 BlgNR 25. GP 16).

Zuständig für die ***Einholung von Kontoinformationen*** ist in Österreich jenes ***Bezirksgericht, in dessen Sprengel*** der ***Schuldner*** seinen ***Wohnsitz*** oder ***gewöhnlichen Aufenthalt*** hat. ***Liegt weder*** der ***Wohnsitz noch*** der ***gewöhnliche Aufenthalt*** des Schuldners ***in Österreich***, ist das ***Bezirksgericht Innere Stadt Wien*** zuständig (§ 424 Abs 1 EO).

Das zuständige Gericht hat den Schuldner mittels ***Beschluss zur Bekanntgabe seiner im Inland geführten Bankkonten aufzufordern***; zugleich erlässt es ein ***Verbot an den Schuldner, über den Betrag***, der mit dem Europäischen Beschluss zur vorläufigen Kontenpfändung vorläufig gepfändet werden soll, ***zu verfügen*** (§ 424 Abs 2 EO).

Sofern der Schuldner seinen Wohnsitz oder gewöhnlichen Aufenthalt im Österreich hat, stellt das ***Vollstreckungsorgan den Beschluss*** nach § 424 Abs 2 EO ***zu*** und nimmt mit dem ***Schuldner das Vermögensverzeichnis*** auf (§ 424 Abs 3 EO).

Über den Schuldner, der gegen einen Beschluss nach § 424 Abs 2 EO verstößt, hat das Gericht eine ***Ordnungsstrafe bis zu € 5.000,--*** zu verhängen (§ 424 Abs 4 EO).

Sachverzeichnis

Über die Autoren

Univ.-Prof. Dr. Walter Buchegger

Vorstand des Instituts für Zivilprozessrecht, Insolvenzrecht und Vergleichendes Prozessrecht an der Rechtswissenschaftlichen Fakultät der Johannes-Kepler-Universität Linz, Herausgeber und Mitautor des im gleichen Verlag erschienenen Großkommentars zum Österreichischen Insolvenzrecht, Verfasser zahlreicher Veröffentlichungen zum Zivilverfahrensrecht mit einer langjährigen Lehrerfahrung im Zivilverfahrensrecht und insbesondere im Insolvenzrecht sowie mit internationaler rechtsvergleichender Vortragstätigkeit in Deutschland, Griechenland, Japan, USA.

Dr. Klaus Markowetz, PG DipICA (London)

Stellvertretender Vorstand des Instituts für Zivilprozessrecht, Insolvenzrecht und Vergleichendes Prozessrecht an der Rechtswissenschaftlichen Fakultät der Johannes-Kepler-Universität Linz, Verfasser des Teils Internationales Insolvenzrecht in dem im gleichen Verlag erschienenen Lehrbuch Buchegger, Insolvenzrecht, Autor zahlreicher Veröffentlichungen zum Zivilrecht und zum Zivilverfahrensrecht, internationale Vortragstätigkeit sowie mehrjährige Tätigkeit in der Praxis, Postgraduelles Studium an der University of London (Queen Mary and Westfield College) mit Schwerpunkt internationale Schiedsgerichtsbarkeit.